2023

TÉCNICO BANCÁRIO – CAIXA ECONÔMICA FEDERAL - CEF

5ª Edição

EDITORA
AlfaCon
Concursos Públicos

Proteção de direitos

Todos os direitos autorais desta obra são reservados e protegidos pela Lei nº 9.610/1998. É proibida a reprodução de qualquer parte deste material didático, sem autorização prévia expressa por escrito do autor e da editora, por quaisquer meios empregados, sejam eletrônicos, mecânicos, videográficos, fonográficos, reprográficos, microfílmicos, fotográficos, gráficos ou quaisquer outros que possam vir a ser criados. Essas proibições também se aplicam à editoração da obra, bem como às suas características gráficas.

Diretor Geral: Evandro Guedes
Diretor de TI: Jadson Siqueira
Diretor Editorial: Javert Falco
Gerente Editorial: Mariana Passos
Editor(a): Mateus Ruhmke Vazzoller
Gerente de Editoração: Alexandre Rossa
Diagramador(a): Emilly Lazarotto

Língua Portuguesa
Adriano Paccielo, Giancarla Bombonato, Glaucia Cansian, Pablo Jamilk, Priscila Conte

Redação
Rachel Ribeiro

Matemática Financeira
André Arruda, Daniel Lustosa

Conhecimentos Bancários
Thais Vieira, Ricardo Barrios, Luiz de Menezes, Luiz Rezende e André Adriano

Conhecimentos de Informática
João Paulo, Kátia Quadros e Luiz Rezende

Atendimento Bancário
Aline Betiatto, Giovana Carranza, Nilton Matos e Fabyanne Cavagionni

Dados Internacionais de Catalogação na Publicação (CIP)
Jéssica de Oliveira Molinari CRB-8/9852

T253

Técnico bancário novo : Caixa Econômica Federal : CEF / Equipe de professores Alfacon. – 5. ed. - Cascavel, PR : AlfaCon, 2023.
 390 p.

ISBN 978-65-5918-543-6

1. Serviço público - Concursos – Brasil 2. Brasil -Caixa Econômica Federal 3. Matemática financeira 4. Conhecimentos bancários 5. Língua portuguesa 6. Informática 7. Atendimento bancário

22-6604   CDD 351.81076

Índices para catálogo sistemático:
1. Serviço público - Brasil - Concursos

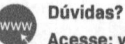

Dúvidas?
Acesse: www.alfaconcursos.com.br/atendimento

Núcleo Editorial:
Rua: Paraná, nº 3193, Centro - Cascavel/PR
CEP: 85810-010

Núcleo Comercial/Centro de Distribuição:
Rua: Dias Leme, nº 489, Mooca - São Paulo/SP
CEP: 03118-040

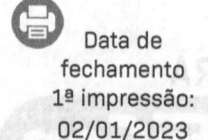

SAC: (45) 3037-8888

Data de fechamento 1ª impressão: 02/01/2023

EDITORA AlfaCon Concursos Públicos

www.alfaconcursos.com.br/apostilas

Atualizações e erratas

Esta obra é vendida como se apresenta. Atualizações - definidas a critério exclusivo da Editora AlfaCon, mediante análise pedagógica – e erratas serão disponibilizadas no site www.alfaconcursos.com.br/codigo, por meio do código disponível no final do material didático. Ressaltamos que há a preocupação de oferecer ao leitor uma obra com a melhor qualidade possível, sem a incidência de erros técnicos e/ou de conteúdo. Caso ocorra alguma incorreção, solicitamos que o leitor, atenciosamente, colabore com sugestões, por meio do setor de atendimento do AlfaCon Concursos Públicos.

APRESENTAÇÃO

A chance de fazer parte do Serviço Público chegou, e a oportunidade está no concurso para **Técnico Bancário – Caixa Econômica Federal - CEF**. Neste universo dos concursos públicos, estar bem-preparado faz toda a diferença e para ingressar nesta carreira, é fundamental que esteja preparado com os conteúdos que o AlfaCon julga mais importante cobrados na prova:

Aqui, você encontrará os conteúdos básicos de

- Língua Portuguesa
- Redação
- Matemática Financeira
- Conhecimentos Bancários
- Conhecimentos de Informática
- Atendimento Bancário

O AlfaCon preparou todo o material com explicações, reunindo os principais conteúdos relacionados a prova, dando ênfase aos tópicos mais cobrados. ESTEJA ATENTO AO CONTEÚDO ONLINE POR MEIO DO CÓDIGO DE RESGATE, para que você tenha acesso a todo conteúdo do solicitado pelo edital.

Desfrute de seu material o máximo possível, estamos juntos nessa conquista!

Bons estudos e rumo à sua aprovação!

EDITORA
AlfaCon
Concursos Públicos

COMO ESTUDAR PARA UM CONCURSO PÚBLICO!

AlfaCon
Concursos Públicos

Para se preparar para um concurso público, não basta somente estudar o conteúdo. É preciso adotar metodologias e ferramentas, como plano de estudo, que ajudem o concurseiro em sua organização.

As informações disponibilizadas são resultado de anos de experiência nesta área e apontam que estudar de forma direcionada traz ótimos resultados ao aluno.

Curso on-line GRATUITO

- Como montar caderno
- Como estudar
- Como e quando fazer simulados
- O que fazer antes, durante e depois de uma prova!

Ou pelo link: alfaconcursos.com.br/cursos/material-didatico-como-estudar

ORGANIZAÇÃO

Organização é o primeiro passo para quem deseja se preparar para um concurso público.

Conhecer o conteúdo programático é fundamental para um estudo eficiente, pois os concursos seguem uma tendência e as matérias são previsíveis. Usar o edital anterior - que apresenta pouca variação de um para outro - como base é uma boa opção.

Quem estuda a partir desse núcleo comum precisa somente ajustar os estudos quando os editais são publicados.

PLANO DE ESTUDO

Depois de verificar as disciplinas apresentadas no edital, as regras determinadas para o concurso e as características da banca examinadora, é hora de construir uma tabela com seus horários de estudo, na qual todas as matérias e atividades desenvolvidas na fase preparatória estejam dispostas.

PASSO A PASSO

VEJA AS ETAPAS FUNDAMENTAIS PARA ORGANIZAR SEUS ESTUDOS

PASSO 1
Selecionar as disciplinas que serão estudadas.

PASSO 2
Organizar sua rotina diária: marcar pontualmente tudo o que é feito durante 24 horas, inclusive o tempo que é destinado para dormir, por exemplo.

PASSO 3
Organizar a tabela semanal: dividir o horário para que você estude 2 matérias por dia e também destine um tempo para a resolução de exercícios e/ou revisão de conteúdos.

PASSO 4
Seguir rigorosamente o que está na tabela, ou seja, destinar o mesmo tempo de estudo para cada matéria. Por exemplo: 2h/dia para cada disciplina.

PASSO 5
Reservar um dia por semana para fazer exercícios, redação e também simulados.

COMO ESTUDAR PARA UM CONCURSO PÚBLICO!

Esta tabela é uma sugestão de como você pode organizar seu plano de estudo. Para cada dia, você deve reservar um tempo para duas disciplinas e também para a resolução de exercícios e/ou revisão de conteúdos. Fique atento ao fato de que o horário precisa ser determinado por você, ou seja, a duração e o momento do dia em que será feito o estudo é você quem escolhe.

TABELA SEMANAL

SEMANA	SEGUNDA	TERÇA	QUARTA	QUINTA	SEXTA	SÁBADO	DOMINGO
1							
2							
3							
4							

SUMÁRIO

LÍNGUA PORTUGUESA **19**
   1 FONOLOGIA **20**
      1.1 Partição silábica 20
   2 ACENTUAÇÃO GRÁFICA **21**
      2.1 Padrões de tonicidade 21
      2.2 Encontros vocálicos 21
      2.3 Regras gerais 21
   3 ACORDO ORTOGRÁFICO DA LÍNGUA PORTUGUESA **22**
      3.1 Trema 22
      3.2 Regras de acentuação 22
      3.3 Hífen com compostos 22
      3.4 Uso do hífen com palavras formadas por prefixos 23
   4 ORTOGRAFIA **25**
      4.1 Alfabeto 25
      4.2 Emprego da letra H 25
      4.3 Emprego de E e I 25
      4.4 Emprego de O e U 25
      4.5 Emprego de G e J 26
      4.6 Orientações sobre a grafia do fonema /s/ 26
      4.7 Emprego da letra Z 27
      4.8 Emprego do X e do CH 27
      4.9 Escreveremos com X 27
      4.10 Escreveremos com CH 27
   5 NÍVEIS DE ANÁLISE DA LÍNGUA **28**
   6 ESTRUTURA E FORMAÇÃO DE PALAVRAS **29**
      6.1 Estrutura das palavras 29
      6.2 Radicais gregos e latinos 29
      6.3 Origem das palavras de Língua Portuguesa 29
      6.4 Processos de formação de palavras 30
      6.5 Acrônimo ou sigla 30
      6.6 Onomatopeia ou reduplicação 30
   7 MORFOLOGIA **31**
      7.1 Substantivos 31
      7.2 Artigo 31
      7.3 Pronome 32
      7.4 Verbo 36
      7.5 Adjetivo 41
      7.6 Advérbio 43

Sumário

- 7.7 Conjunção 43
- 7.8 Interjeição 44
- 7.9 Numeral 44
- 7.10 Preposição 45

8 SINTAXE BÁSICA **47**
- 8.1 Período simples (oração) 47
- 8.2 Termos integrantes da oração 48
- 8.3 Termos acessórios da oração 48
- 8.4 Período composto 48

9 FUNÇÕES DO "SE" **51**
- 9.1 Partícula apassivadora 51
- 9.2 Pronome reflexivo 51
- 9.3 Pronome recíproco 51
- 9.4 Partícula expletiva (de realce) 51
- 9.5 Pronome indeterminador do sujeito 51
- 9.6 Parte do verbo pronominal 51
- 9.7 Conjunção 51

10 FUNÇÕES DO "QUE" **52**
- 10.1 Substantivo 52
- 10.2 Pronome 52
- 10.3 Interjeição 52
- 10.4 Preposição 52
- 10.5 Advérbio 52
- 10.6 Conjunção 52
- 10.7 Conjunção subordinativa 52
- 10.8 Partícula expletiva (de realce) 52

11 CONCORDÂNCIA VERBAL E NOMINAL **53**
- 11.1 Concordância verbal 53
- 11.2 Concordância nominal 54

12 REGÊNCIA VERBAL E NOMINAL **55**
- 12.1 Regência verbal 55
- 12.2 Regência nominal 56

13 PARALELISMO **57**
- 13.1 Paralelismo sintático 57
- 13.2 Paralelismo semântico 57

14 COLOCAÇÃO PRONOMINAL **58**
- 14.1 Regras de próclise 58
- 14.2 Regras de mesóclise 58
- 14.3 Regras de ênclise 58
- 14.4 Casos facultativos 58

15 CRASE 59
15.1 Crase proibitiva 59
15.2 Crase obrigatória 59
15.3 Crase facultativa 59
16 PONTUAÇÃO 60
16.1 Principais sinais e usos 60
17 PARÁFRASE 62
17.1 Passos da paráfrase 62
18 REESCRITURA DE FRASES 63
18.1 Substituição de palavras ou de trechos de texto 63
18.2 Conectores de mesmo valor semântico 63
18.3 Retextualização de diferentes gêneros e níveis de formalidade 63
19 FIGURAS DE LINGUAGEM 66
19.1 Vícios de linguagem 67
19.2 Funções da linguagem 67
20 TIPOLOGIA TEXTUAL 68
20.1 Texto narrativo 68
20.2 Texto dissertativo 68
20.3 Texto descritivo 69
20.4 Conotação × denotação 70
21 GÊNEROS TEXTUAIS 71
21.1 Gêneros textuais e esferas de circulação 71
21.2 Exemplos de gêneros textuais 71
22 COMPREENSÃO E INTERPRETAÇÃO DE TEXTOS 74
22.1 Ideias preliminares sobre o assunto 74
22.2 Semântica ou pragmática? 74
22.3 Questão de interpretação 74
22.4 Dicas para interpretação 74
22.5 Dicas para organização 75
23 TIPOS DE DISCURSO 77
23.1 Discurso direto 77
23.2 Discurso indireto 77
23.3 Discurso indireto livre 77
24 REDAÇÃO DE CORRESPONDÊNCIAS OFICIAIS 78
24.1 Aspectos Gerais da Redação Oficial 78
24.2 Redação das Comunicações Oficiais 80

REDAÇÃO 96
1 REDAÇÃO PARA CONCURSOS PÚBLICOS 97
1.1 Por que tenho que me preparar com antecedência para a redação? ... 97
1.2 Os Primeiros Passos 97

Sumário

1.3 Orientações Para O Texto Definitivo 98
1.4 Temas e Textos Motivadores 99
1.5 Título 99
1.6 O Texto Dissertativo 99
1.7 Estrutura do Texto Dissertativo 100
2 DISSERTAÇÃO EXPOSITIVA E ARGUMENTATIVA 101
2.1 Dissertação Expositiva 101
2.2 Estrutura do Texto Dissertativo-Expositivo 101
2.3 Propostas de Dissertação Expositiva 101
2.4 Dissertação Argumentativa 104
2.5 Estrutura do Texto Dissertativo-Argumentativo 104
2.6 Propostas de Dissertação Argumentativa 105
2.7 Elementos de Coesão 107
2.8 Critérios de Avaliação das Bancas 107

MATEMÁTICA FINANCEIRA 109

1 PORCENTAGEM E REGIMES DE CAPITALIZAÇÃO 110
1.1 Porcentagem 110
1.2 Juros Simples 110
1.3 Juros Compostos 110
1.4 Convenção Linear e Convenção Exponencial 111
2 TAXAS DE JUROS 112
2.1 Taxas Proporcionais 112
2.2 Taxa Efetiva 112
2.3 Taxa Nominal 112
2.4 Taxas Equivalentes 112
2.5 Taxa Média (im) 112
2.6 Prazo Médio (tm) 112
2.7 Saldo Médio (Sm) 112
2.8 Taxa Real e Aparente 113
3 DESCONTOS 114
3.1 Desconto Simples 114
3.2 Desconto Composto 114
4 EQUIVALÊNCIA DE CAPITAIS 116
4.1 Fluxo de Caixa 116
4.2 Equivalência Financeira (ou de Capitais) 117
4.3 Série Uniforme de Pagamentos 117
4.4 Capitalização 118
4.5 Análise de Investimentos - Valor Presente Líquido e Taxa Interna de Retorno 118

5 PLANOS OU SISTEMAS DE AMORTIZAÇÃO DE EMPRÉSTIMOS E FINANCIAMENTOS...**120**
   5.1 Sistema de Amortização Constante (Sac)........................... 120
   5.2 Sistema de Amortização Francês (Price) 120
6 SEQUÊNCIAS NUMÉRICAS...**123**
   6.1 Definições 123
   6.2 Lei de formação de uma sequência 123
   6.3 Progressão aritmética (P.A.).. 123
   6.4 Progressão geométrica (P.G.).. 124

CONHECIMENTOS BANCÁRIOS 125
1 POLÍTICAS ECONÔMICAS **126**
   1.1 Inflação (ou Processo Inflacionário) 126
   1.2 Políticas Restritivas ou Políticas Expansionistas 127
   1.3 Política Fiscal 127
   1.4 Política Cambial 128
   1.5 Política Creditícia 128
   1.6 Política de Rendas 128
   1.7 Política Monetária 128
   1.8 Mercado Monetário 130
2 O SISTEMA FINANCEIRO NACIONAL **132**
   2.1 Conceitos Gerais 132
   2.2 O Sistema Financeiro Nacional e a Legislação 133
   2.3 Conselho Monetário Nacional (CMN) 133
   2.4 Banco Central do Brasil (BACEN) 135
3 INSTITUIÇÕES FINANCEIRAS **139**
   3.1 As Três Principais Operações Passivas de uma Instituição Financeira 139
   3.2 Mercado de Crédito – Operações Ativas 140
   3.3 Créditos Rotativos.. 141
   3.4 Crédito Rural 143
   3.5 Operadores do SFN 144
4 SISTEMA DE SEGUROS PRIVADOS **148**
   4.1 Sociedades de Capitalização 148
   4.2 Entidades Abertas de Previdência Complementar 148
   4.3 Previdência Complementar Fechada 150
5 SISTEMA DE PAGAMENTOS BRASILEIRO **152**
6 MERCADO DE CAPITAIS **156**
   6.1 Mercado de Valores Mobiliários.. 156
   6.2 Mercados de Atuação das Companhias 157
   6.3 Mercado de Ações 159
   6.4 Mercado à Vista de Ações 162

Sumário

6.5 Debêntures (Lei nº 6.404/76 - Art. 64) 162
6.6 Commercial Papers 164

7 MERCADO DE CÂMBIO **165**
    7.1 O Que é Câmbio? 165
    7.2 Quem Opera no Mercado de Câmbio? 165
    7.3 Banda Cambial no Brasil 166
    7.4 Operações no Mercado de Câmbio 166
    7.5 Forma de Materializar as Operações de Câmbio 166
    7.6 SISCOMEX - Sistema de Comércio Exterior 167
    7.7 Posição de Câmbio 167

8 ABERTURA, MANUTENÇÃO, MOVIMENTAÇÃO, TARIFAS E ENCERRAMENTO DE CONTAS **168**

9 CHEQUE **170**
    9.1 Lei nº 7.357/85 170

10 PRODUTOS BANCÁRIOS NOVOS **173**
    10.1 Programa Casa Verde e Amarela 173
    10.2 Programa Fundo de Financiamento Estudantil (FIES) 174
    10.3 Programa de Crédito Penhor 174
    10.4 Programa Nacional de Microcrédito Produtivo Orientado (PNMPO) .. 175
    10.5 Correspondentes Bancários 175

11 CIRCULAR Nº 3.978/20 .... **177**
    11.1 Política de Prevenção 177
    11.2 Da Governança da Política de Prevenção à Lavagem de Dinheiro 177
    11.3 Avaliação Interna de Risco 177
    11.4 Procedimentos Destinados a Conhecer os Clientes 177
    11.5 Registro de Operações 178
    11.6 Monitoramento, da Seleção e da Análise de Operações e Situações Suspeitas 179
    11.7 Procedimentos de Comunicação ao COAF 180
    11.8 Procedimentos Destinados a Conhecer Funcionários, Parceiros e Prestadores de Serviços Terceirizados 180
    11.9 Disposições Finais 180

12 ATUALIDADES DO MERCADO FINANCEIRO **181**
    12.1 Shadow Banking 181
    12.2 Shadow Banking: O Lado Sombrio do Mercado Financeiro 181

13 BANCOS NA ERA DIGITAL **182**
    13.1 Internet *Banking* *182*
    13.2 Mobile *Banking* *182*
    13.3 Questões sobre Internet *Banking* *182*
    13.4 Open *banking* *183*
    13.5 PIX 183

14 LEI Nº 9.613/1998 – CRIMES DE LAVAGEM DE BENS 184
    14.1 Crimes de "lavagem" ou ocultação de bens, direitos e valores 184
15 NOVOS MODELOS DE NEGÓCIO 194
16 CÓDIGO DE ÉTICA DA CAIXA 195

CONHECIMENTOS DE INFORMÁTICA 196
1 SOFTWARE 197
    1.1 Licenças de software 197
    1.2 Tipos de software 198
2 SEGURANÇA DA INFORMAÇÃO 203
    2.1 Princípios básicos da segurança da informação 203
    2.2 Criptografia 204
    2.3 Ataques 205
3 WINDOWS 10 206
    3.1 Requisitos mínimos 206
    3.2 Diferenças em relação à versão anterior 206
    3.3 Estrutura de diretórios 214
    3.4 Ferramentas administrativas 214
    3.5 Configurações 217
    3.6 Sistema 217
    3.7 Dispositivos 217
    3.8 Rede e internet 218
    3.9 Personalização 218
    3.10 Facilidade de acesso 219
    3.11 Atualização e segurança 220
    3.12 Backup no Windows 10 221
    3.13 Explorador de arquivos 223
4 REDES DE COMPUTADORES 224
    4.1 Paradigma de comunicação 224
    4.2 Dispositivos de rede 224
    4.3 Topologia de rede 224
    4.4 Firewall 225
    4.5 Tipos de redes 226
    4.6 Padrões de infraestrutura 226
    4.7 Correio eletrônico 226
    4.8 URL (Uniform Resource Locator) 227
    4.9 Navegadores 227
    4.10 Conceitos relacionados à internet 228
5 MICROSOFT EXCEL 365 229
    5.1 Características do Excel 229
    5.2 Interface 229

Sumário

    5.3 Seleção de células 230
    5.4 Página Inicial 230
    5.5 Formatação condicional 231
    5.6 Validação de dados – Guia dados 231
    5.7 Funções 235
    5.8 Aninhar uma função dentro de outra função 241
    5.9 Recursos automatizados do Excel 247
    5.10 Endereço absoluto e endereço relativo 247
    5.11 Erros do Excel 248

6 MICROSOFT POWERPOINT 365 249
    6.1 Arquivo 249
    6.2 Imprimir 249
    6.3 Página Inicial 249
    6.4 Inserir 250
    6.5 Transições 251
    6.6 Animações 251
    6.7 Apresentação de slides 251
    6.8 Guia Exibir 251

7 MICROSOFT WORD 365 253
    7.1 Extensões 253
    7.2 Selecionando texto 255
    7.3 Guia página inicial 255
    7.4 Inserir 259
    7.5 Guia Design 262
    7.6 Guia Layout 262
    7.7 Guia Referências 263
    7.8 Guia Correspondências 264
    7.9 Revisão 264
    7.10 Exibir 264
    7.11 Barra de Status 265
    7.12 Visualização do Documento 265
    7.13 Atalhos 265

8 VISÃO GERAL SOBRE SISTEMAS DE SUPORTE À DECISÃO E INTELIGÊNCIA DE NEGÓCIO 267
    8.1 Sistemas de Informação 267
    8.2 Os Papéis Fundamentais das Aplicações de si na Empresa 269
    8.3 Componentes de um Sistema de Apoio à Decisão 271
    8.4 Técnicas Computacionais de Apoio 271
    8.5 Vantagens de um Sistema de Apoio à Decisão 271
    8.6 Desvantagens de um Sistema de Apoio à Decisão 271
    8.7 Exemplos de Empresas que usam DSS 272

8.8 DSS está Relacionado com: 273
8.9 Bi - Business Intelligence 273
8.10 DSS x Business Intelligence (BI) 274
8.11 Ferramentas DSS 274

9 FERRAMENTAS DE PRODUTIVIDADE E TRABALHO À DISTÂNCIA: MICROSOFT TEAMS E CISCO WEBEX 276
9.1 Software de Videoconferência 276
9.2 Ferramenta Colaborativa 276

10 FERRAMENTAS DE PRODUTIVIDADE E TRABALHO À DISTÂNCIA: GOOGLE HANGOUT E GOOGLE DRIVE 282
10.1 Software de Videoconferência 282
10.2 Ferramenta Colaborativa 282

11 FERRAMENTAS DE PRODUTIVIDADE E TRABALHO À DISTÂNCIA: SKYPE 285
11.1 Software de Videoconferência 285
11.2 Ferramenta Colaborativa 285

ATENDIMENTO BANCÁRIO 291

1 NOÇÕES DE ADMINISTRAÇÃO DE VENDAS E TÉCNICAS DE VENDAS 292
1.1 Elementos Mais Importantes da Negociação 292
1.2 Metas 294
1.3 Técnicas de Vendas 294
1.4 Os Quatro "Ps": Produto, Preço, Praça e Promoção 295
1.5 Vantagem Competitiva 297
1.6 Noções de Imaterialidade ou Intangibilidade, Inseparabilidade e Variabilidade dos Produtos Bancários 298
1.7 Manejo de Carteira de Pessoa Física e de Pessoa Jurídica 298
1.8 Marketing de Relacionamento 298

2 PLANEJAMENTO ESTRATÉGICO 301
2.1 Processo de Planejamento 301
2.2 Níveis de Planejamento 301

3 GESTÃO DA QUALIDADE 310
3.1 Os Períodos ou Eras da Qualidade 310
3.2 Principais Teóricos e Suas Contribuições Para a Gestão da Qualidade 310
3.3 Qualidade Total 312
3.4 Melhoria Contínua 313
3.5 Qualidade na Administração Pública 313
3.6 Ferramentas da Qualidade 319

4 ESTATUTO DA PESSOA COM DEFICIÊNCIA (OU LEI DE INCLUSÃO) 325
4.1 Da Igualdade e Não Discriminação 326
4.2 Do Atendimento Prioritário 326
4.3 Direitos Fundamentais 327
4.4 Da Inclusão da Pessoa com Deficiência no Trabalho 330

Sumário

5 ACESSIBILIDADE **332**
    5.1 Do Acesso à Justiça... 334
    5.2 Do Reconhecimento Igual perante à Lei 334
    5.3 Crimes e Infrações 334

6 LEIS FEDERAIS, DECRETOS E RESOLUÇÕES **335**
    6.1 Lei nº 10.048/2000 - Atendimento Prioritário 336
    6.2 Lei nº 10.098/2000 — Promoção da Acessibilidade 337

7 RESOLUÇÃO Nº 230/2016 - CNJ **341**
    7.1 Princípios Gerais da Convenção Internacional sobre os Direitos das Pessoas com Deficiência 341

8 LEI Nº 8.078/1990 – CÓDIGO DE DEFESA DO CONSUMIDOR **342**
    8.1 Sobre o código de defesa do consumidor 342

9 PRINCÍPIOS DO CDC **344**
    9.1 Vulnerabilidade do consumidor e inversão do ônus da prova 344
    9.2 Defesa do consumidor pelo Estado 344
    9.3 Harmonização 344
    9.4 Boa-fé objetiva 344
    9.5 Transparência 344
    9.6 Informação 344
    9.7 Segurança 344
    9.8 Equilíbrio nas prestações 344
    9.9 Reparação integral 344
    9.10 Solidariedade (responsabilidade solidária) 344
    9.11 Interpretação mais favorável ao consumidor 344
    9.12 Reparação objetiva 345
    9.13 Conservação do contrato 345
    9.14 Obrigatoriedade dos contratos ou da intangibilidade contratual (pacta sunt servanda) 345

10 RELAÇÃO JURÍDICA DE CONSUMO **346**
    10.1 Internet e relações de consumo 346
    10.2 Teoria da qualidade 346
    10.3 Caráter solidário 348
    10.4 Vício no produto ou serviço e fato do produto ou serviço 348
    10.5 Fato do produto ou serviço 348

11 PRESCRIÇÃO E DECADÊNCIA NO CDC **350**

12 DESCONSIDERAÇÃO DA PERSONALIDADE JURÍDICA **351**
    12.1 Teoria maior e teoria menor da desconsideração da personalidade jurídica 351

13 PRÁTICAS COMERCIAIS **352**
    13.1 Oferta 352

14 PUBLICIDADE NAS RELAÇÕES DE CONSUMO **353**
    14.1 Princípios da publicidade 353
    14.2 Sanções... 353
15 PRÁTICAS ABUSIVAS..**355**
    15.1 Práticas abusivas em espécie.. 355
    15.2 Produtos ou serviços sujeitos ao regime de controle de preços 355
    15.3 Cobrança de dívidas... 355
    15.4 Repetição de indébito no CDC 355
16 BANCO DE DADOS E CADASTRO DE CONSUMIDORES...............................**356**
17 PROTEÇÃO CONTRATUAL..**357**
    17.1 Princípios... 357
    17.2 Cláusulas abusivas 357
    17.3 Contratos que envolvam outorga de crédito ou financiamento 357
    17.4 Capitalização dos juros.. 358
    17.5 Comissão de permanência 358
    17.6 Cobrança indevida pela emissão de boletos bancários 358
    17.7 Retenção salarial 358
    17.8 Cláusulas de decaimento e contratos de compra e venda de imóveis 358
    17.9 Contratos de adesão 358
18 SANÇÕES ADMINISTRATIVAS **359**
    18.1 Sistema nacional de defesa do consumidor 359
    18.2 Competência legislativa e material em matéria consumerista........... 359
    18.3 Sanções administrativas em espécie.. 359
    18.4 Pena de multa 359
    18.5 Penas 359
19 INFRAÇÕES PENAIS **361**
20 DEFESA DO CONSUMIDOR EM JUÍZO **362**
    20.1 Direitos coletivos lato sensu... 362
    20.2 Estímulo à efetividade... 362
    20.3 Custas, emolumentos, despesas e honorários................................... 363
    20.4 Ação de regresso do comerciante... 363
    20.5 Competência 363
    20.6 Princípio da publicidade e *right to opt in* 363
    20.7 Coisa julgada 363
    20.8 Prescrição 363
    20.9 Disposições processuais específicas do microssistema consumerista 363
    20.10 LGPD e o CDC... 363

Sumário

21 NOÇÕES DE MARKETING DIGITAL 366
    21.1 Geração de leads 366
    21.2 Técnica de copywriting 366
    21.3 Gatilhos mentais 366
    21.4 Inbound marketing 366

22 POLÍTICA DE RELACIONAMENTO COM O CLIENTE: VENDAS E NEGOCIAÇÃO 367
    22.1 Teoria de Philip Kotler sobre valor percebido pelo cliente 367

23 RESOLUÇÃO Nº 4.539/2016 368

24 ÉTICA E CONDUTA PROFISSIONAL EM VENDAS 370
    24.1 Ética e concorrência 370
    24.2 Globalização nas empresas 370
    24.3 Competição e Mercado (Michael Porter) 370
    24.4 Benchmarking 370

25 RESOLUÇÃO CMN Nº 4.860/2020 371

SIMULADO PARA CEF 374
    1 GABARITOS 390

LÍNGUA PORTUGUESA

1 FONOLOGIA

Para escrever corretamente, dentro das normas aplicadas pela gramática, é preciso estudar o menor elemento sonoro de uma palavra: o fonema. A fonologia, então, é o estudo feito dos fonemas.

Os fonemas podem ser classificados em vogais, semivogais e consoantes. Esta qualificação ocorre de acordo com a forma como o ar passa pela boca e/ou nariz e como as cordas vocais vibram para produzir o som deles.

Cuidado para não confundir fonema com letra! A letra é a representação gráfica do fonema. Uma palavra pode ter quantidades diferentes de letras e fonemas.

Por exemplo:

Manhã: 5 letras

m/ /a/ /nh/ /ã/: 4 fonemas

- **Vogais:** existem **vogais nasais**, quando ocorre o movimento do ar saindo pela boca e pelo nariz. Tais vogais acompanham as letras m e n, ou também podem estar marcadas pelo til (~). No caso das **vogais orais**, o som passa apenas pela boca.

    Por exemplo:

    Mãe, lindo, tromba → vogais nasais

    Flor, calor, festa → vogais orais

- **Semivogais:** os fonemas /i/ e /u/ acompanhados por uma vogal na mesma sílaba da palavra constituem as semivogais. O som das semivogais é mais fraco do que o das vogais.

    Por exemplo: automóvel, história.

- **Consoantes:** quando o ar que sai pela boca sofre uma quebra formada por uma barreira como a língua, os lábios ou os dentes. São elas: b, c, d, f, g, j, k, l, lh, m, n, nh, p, rr, r, s, t, v, ch, z.

Lembre-se de que estamos tratando de fonemas, e não de letras. Por isso, os dígrafos também são citados como consoantes: os dígrafos são os encontros de duas consoantes, também chamados de encontros consonantais.

O encontro de dois sons vocálicos, ou seja, vogais ou semivogais, chama-se encontro vocálico. Eles são divididos em: ditongo, tritongo e hiato.

- **Ditongo:** na mesma sílaba, estão uma vogal e uma semivogal.

    Por exemplo: p**ai** (A → vogal, I → semivogal).

- **Tritongo:** na mesma sílaba, estão juntas uma semivogal, uma vogal e outra semivogal.

    Por exemplo: Uru**guai** (U → semivogal, A → vogal, I → semivogal).

- **Hiato:** são duas vogais juntas na mesma palavra, mas em sílabas diferentes.

    Por exemplo: juíza (ju-í-za).

1.1 Partição silábica

Quando um fonema é falado em uma só expiração, ou seja, em uma única saída de ar, ele recebe o nome de sílaba. As palavras podem ser classificadas de diferentes formas, de acordo com a quantidade de sílabas ou quanto à sílaba tônica.

Pela quantidade de sílabas, as palavras podem ser:
- Monossílaba: 1 sílaba.

    Por exemplo: céu (monossílaba).

- Dissílaba: 2 sílabas.

    Por exemplo: jovem (jo-vem).

- Trissílaba: 3 sílabas.

    Por exemplo: palhaço (pa-lha-ço).

- Polissílaba: 4 ou mais sílabas.

    Por exemplo: dignidade (dig-ni-da-de,), particularmente (par-ti-cu-lar-men-te).

Pela tonicidade, ou seja, pela força com que a sílaba é falada e sua posição na palavra:

- **Oxítona:** a última sílaba é a tônica.
- **Paroxítona:** a penúltima sílaba é a tônica.
- **Proparoxítona:** a antepenúltima sílaba é a tônica.

A identificação da posição da sílaba tônica de uma palavra é feita de trás para frente. Desta forma, uma palavra oxítona possui como sílaba tônica a sílaba final da palavra.

Para realizar uma correta divisão silábica, é preciso ficar atento às regras.

- Não separe ditongos e tritongos.

    Por exemplo: sau-da-de, sa-guão.

- Não separe os dígrafos **CH, LH, NH, GU, QU**.

    Por exemplo: ca-**ch**o, a-be-**lh**a, ga-li-**nh**a, Gui-**lh**er-me, **qu**e-ri-do.

- Não separe encontros consonantais que iniciam sílaba.

    Por exemplo: **ps**i-có-lo-go, a-**gl**u-ti-nar.

- Separe as vogais que formam um hiato.

    Por exemplo: pa-ra-í-so, sa-ú-de.

- Separe os dígrafos **RR, SS, SC, SÇ, XC**.

    Por exemplo: ba**r-r**i-ga, a**s-s**a-do, pi**s-c**i-na, cre**s-ç**o, e**x-c**e-der.

- Separe as consoantes que estejam em sílabas diferentes.

    Por exemplo: a**d-j**un-to, subs-tan-ti-vo, pra**g-m**á-ti-co.

2 ACENTUAÇÃO GRÁFICA

Antes de começar o estudo, é importante que você entenda quais são os padrões de tonicidade da Língua Portuguesa e quais são os encontros vocálicos presentes na Língua. Assim, fica mais fácil entender quais são as regras e como elas surgem.

2.1 Padrões de tonicidade

- **Palavras oxítonas:** última sílaba tônica (so-**fá**, ca-**fé**, ji-**ló**).
- **Palavras paroxítonas:** penúltima sílaba tônica (fer-**ru**-gem, a-**du**-bo, sa-**ú**-de).
- **Palavras proparoxítonas:** antepenúltima sílaba tônica (**â**-ni-mo, **ví**-ti-ma, **ó**-ti-mo).

2.2 Encontros vocálicos

- **Hiato:** encontro vocálico que se separa (pi-a-no, sa-ú-de).
- **Ditongo:** encontro vocálico que permanece unido na sílaba (cha-péu, to-néis).
- **Tritongo:** encontro vocálico que permanece unido na sílaba (sa-guão, U-ru-guai).

2.3 Regras gerais

2.3.1. Quanto às proparoxítonas

Acentuam-se todas as palavras proparoxítonas:
- Por exemplo: **ví**-ti-ma, **â**-ni-mo, hi-per-**bó**-li-co.

2.3.2. Quanto às paroxítonas

Não se acentuam as paroxítonas terminadas em **A, E, O** (seguidas ou não de **S**) **M** e **ENS**.
- Por exemplo: cas**te**lo, gra**na**da, pa**ne**la, pe**pi**no, **pa**jem, i**ma**gens etc.

Acentuam-se as terminadas em **R, N, L, X, I** ou **IS, US, UM, UNS, PS, Ã** ou **ÃS** e ditongos.

Por exemplo: sus**ten**tável, **tó**rax, **hí**fen, **tá**xi, **ál**bum, **bí**ceps, prin**cí**pio etc.

Fique de olho em alguns casos particulares, como as palavras terminadas em **OM, ON, ONS**.
- Por exemplo: **iân**dom; **pró**ton, **nêu**trons etc.

Com a reforma ortográfica, deixam de se acentuar as paroxítonas com **OO** e **EE**.
- Por exemplo: voo, enjoo, perdoo, magoo, leem, veem, deem, creem etc.

2.3.3. Quanto às oxítonas

São acentuadas as terminadas em:
- **A** ou **AS**: sofá, Pará.
- **E** ou **ES**: rapé, café.
- **O** ou **OS**: avô, cipó.
- **EM** ou **ENS**: também, parabéns.

2.3.4. Acentuação de monossílabos

Acentuam-se os monossílabos tônicos terminados em **A, E O**, seguidos ou não de **S**.
- Por exemplo: pá, pó, pé, já, lá, fé, só.

2.3.5. Acentuação dos hiatos

Acentuam-se os hiatos quando forem formados pelas letras **I** ou **U**, sozinhas ou seguidas de **S**:
- Por exemplo: saúva, baú, balaústre, país.

Exceções:
- Seguidas de **NH**: tainha.
- Paroxítonas antecedidas de ditongo: feiura.
- Com o **I** duplicado: xiita.

2.3.6. Ditongos abertos

Serão acentuados os ditongos abertos **ÉU, ÉI** e **ÓI**, com ou sem **S**, quando forem oxítonos ou monossílabos.
- Por exemplo: chap**éu**, r**éu**, ton**éis**, her**ói**, past**éis**, hot**éis**, lenç**óis** etc.

Com a reforma ortográfica, caiu o acento do ditongo aberto em posição de paroxítona.
- Por exemplo: ideia, onomatopeia, jiboia, paranoia, heroico etc.

2.3.7. Formas verbais com hífen

Para saber se há acento em uma forma verbal com hífen, deve-se analisar o padrão de tonicidade de cada bloco da palavra:
- Aju**dá**-lo (oxítona terminada em "a" → monossílabo átono).
- Con**tar**-lhe (oxítona terminada em "r" → monossílabo átono).
- Convi**dá**-la-íamos (oxítona terminada em "a" → proparoxítona).

2.3.8. Verbos "ter" e "vir"

Quando escritos na 3ª pessoa do singular, não serão acentuados:
- Ele tem/vem.

Quando escritos na **3ª pessoa do plural**, receberão o **acento circunflexo**:
- Eles têm/vêm.

Nos verbos derivados das formas apresentadas anteriormente:
- Acento agudo para singular: contém, convém.
- Acento circunflexo para o plural: contêm, convêm.

2.3.9. Acentos diferenciais

Alguns permanecem:
- Pôde/pode (pretérito perfeito/presente simples).
- Pôr/por (verbo/preposição).
- Fôrma/forma (substantivo/verbo ou ainda substantivo).

Caiu o acento diferencial de:
- Para/pára (preposição/verbo).
- Pelo/pêlo (preposição + artigo/substantivo).
- Polo/pólo (preposição + artigo/substantivo).
- Pera/pêra (preposição + artigo/substantivo).

3 ACORDO ORTOGRÁFICO DA LÍNGUA PORTUGUESA

O Acordo Ortográfico busca simplificar as regras ortográficas da Língua Portuguesa e unificar a nossa escrita e a das demais nações de língua portuguesa: Portugal, Angola, Moçambique, Cabo Verde, Guiné-Bissau, São Tomé e Príncipe e Timor-Leste.

Sua implementação no Brasil passou por algumas etapas:
- **2009**: vigência ainda não obrigatória.
- **2010-2015**: adaptação completa às novas regras.
- **A partir de 1º de janeiro de 2016**: emprego obrigatório. O acordo ortográfico passa a ser o único formato da língua reconhecido no Brasil.

Entre as mudanças na língua portuguesa decorrentes da reforma ortográfica, podemos citar o fim do trema, alterações na forma de acentuar palavras com ditongos abertos e que sejam hiatos, supressão dos acentos diferenciais e dos acentos tônicos, novas regras para o emprego do hífen e inclusão das letras w, k e y ao idioma.

3.1 Trema

Não se usa mais o trema (¨), sinal colocado sobre a letra u para indicar que ela deve ser pronunciada nos grupos **gue**, **gui**, **que**, **qui**.

- Por exemplo: aguentar, bilíngue, cinquenta, delinquente, eloquente, ensanguentado, frequente, linguiça, quinquênio, sequência, sequestro, tranquilo etc.

Obs.: o trema permanece apenas nas palavras estrangeiras e em suas derivadas. Exemplos: Müller, mülleriano.

3.2 Regras de acentuação

3.2.1. Ditongos abertos em paroxítonas

Não se usa mais o acento dos ditongos abertos **EI** e **OI** das palavras paroxítonas (palavras que têm acento tônico na penúltima sílaba).

- Por exemplo: alcateia, androide, apoia, apoio (verbo), asteroide, boia, celuloide, claraboia, colmeia, Coreia, debiloide, epopeia, estoico, estreia, geleia, heroico, ideia, jiboia, joia, odisseia, paranoia, paranoico, plateia, tramoia etc.

Obs.: a regra vale somente para palavras paroxítonas. Assim, continuam a ser acentuadas as palavras oxítonas e os monossílabos tônicos terminados em ÉI(**S**), ÓI(**S**).

- Por exemplo: papéis, herói, heróis, dói (verbo doer), sóis etc.

A palavra **ideia** não leva mais acento, assim como **heroico**, mas o termo **herói** é acentuado.

3.2.2. I e U tônicos depois de um ditongo

Nas palavras paroxítonas, não se usa mais o acento no **I** e no **U** tônicos quando vierem depois de um ditongo.

- Por exemplo: baiuca, bocaiuva (tipo de palmeira), cauila (avarento).

Obs.:
- Se a palavra for oxítona e o I ou o U estiverem em posição final (ou seguidos de S), o acento permanece. Exemplos: tuiuiú, tuiuiús, Piauí.
- Se o I ou o U forem precedidos de ditongo crescente, o acento permanece. Exemplos: guaíba, Guaíra.

3.2.3. Hiatos EE e OO

Não se usa mais acento em palavras terminadas em **EEM** e **OO(S)**.

- Abençoo, creem, deem, doo, enjoo, leem, magoo, perdoo, povoo, veem, voos, zoo.

3.2.4. Acento diferencial

Não se usa mais o acento que diferenciava os pares pára/para, péla(s)/pela(s), pêlo(s)/pelo(s), pólo(s)/polo(s) e pêra/pera. Por exemplo:
Ele para o carro.
Ele foi ao polo Norte.
Ele gosta de jogar polo.
Esse gato tem pelos brancos.
Comi uma pera.

Obs.:
- Permanece o acento diferencial em **pôde/pode**. **Pôde** é a forma do passado do verbo poder (pretérito perfeito do indicativo), na 3ª pessoa do singular. **Pode** é a forma do presente do indicativo, na 3ª pessoa do singular.
  - Por exemplo: Ontem, ele não **pôde** sair mais cedo, mas hoje ele **pode**.
- Permanece o acento diferencial em **pôr/por**. **Pôr** é verbo. **Por** é preposição.
  - Por exemplo: Vou **pôr** o livro na estante que foi feita **por** mim.
- Permanecem os acentos que diferenciam o singular do plural dos verbos ter e vir, assim como de seus derivados (manter, deter, reter, conter, convir, intervir, advir etc.). Por exemplo:
  Ele **tem** dois carros. Eles **têm** dois carros.
  Ele **vem** de Sorocaba. Eles **vêm** de Sorocaba.
  Ele **mantém** a palavra. Eles **mantêm** a palavra.
  Ele **convém** aos estudantes. Eles **convêm** aos estudantes.
  Ele **detém** o poder. Eles **detêm** o poder.
  Ele **intervém** em todas as aulas. Eles **intervêm** em todas as aulas.
- É facultativo o uso do acento circunflexo para diferenciar as palavras **forma/fôrma**. Em alguns casos, o uso do acento deixa a frase mais clara. Por exemplo: Qual é a forma da fôrma do bolo?

3.2.5. Acento agudo no U tônico

Não se usa mais o acento agudo no **U** tônico das formas (tu) arguis, (ele) argui, (eles) arguem, do presente do indicativo dos verbos **arguir** e **redarguir**.

3.3 Hífen com compostos

3.3.1. Palavras compostas sem elementos de ligação

Usa-se o hífen nas palavras compostas que não apresentam elementos de ligação.

- Por exemplo: guarda-chuva, arco-íris, boa-fé, segunda-feira, mesa-redonda, vaga-lume, joão-ninguém, porta-malas, porta-bandeira, pão-duro, bate-boca etc.

Exceções: não se usa o hífen em certas palavras que perderam a noção de composição, como girassol, madressilva, mandachuva, pontapé, paraquedas, paraquedista, paraquedismo.

3.3.2. Compostos com palavras iguais

Usa-se o hífen em compostos que têm palavras iguais ou quase iguais, sem elementos de ligação.

- Por exemplo: reco-reco, blá-blá-blá, zum-zum, tico-tico, tique-taque, cri-cri, glu-glu, rom-rom, pingue-pongue, zigue-zague, esconde-esconde, pega-pega, corre-corre.

3.3.3. Compostos com elementos de ligação

Não se usa o hífen em compostos que apresentam elementos de ligação.

- Por exemplo: pé de moleque, pé de vento, pai de todos, dia a dia, fim de semana, cor de vinho, ponto e vírgula, camisa de força, cara de pau, olho de sogra.

Obs.: incluem-se nesse caso os compostos de base oracional.
- Por exemplo: Maria vai com as outras, leva e traz, diz que diz que, Deus me livre, Deus nos acuda, cor de burro quando foge, bicho de sete cabeças, faz de conta.

Exceções: água-de-colônia, arco-da-velha, cor-de-rosa, mais-que-perfeito, pé-de-meia, ao deus-dará, à queima-roupa.

3.3.4. Topônimos

Usa-se o hífen nas palavras compostas derivadas de topônimos (nomes próprios de lugares), com ou sem elementos de ligação. Por exemplo:
- Belo Horizonte: belo-horizontino.
- Porto Alegre: porto-alegrense.
- Mato Grosso do Sul: mato-grossense-do-sul.
- Rio Grande do Norte: rio-grandense-do-norte.
- África do Sul: sul-africano.

3.4 Uso do hífen com palavras formadas por prefixos

3.4.1. Casos gerais

Antes de H

Usa-se o hífen diante de palavra iniciada por **H**.
- Por exemplo: anti-higiênico, anti-histórico, macro-história, mini-hotel, proto-história, sobre-humano, super-homem, ultra-humano.

Letras iguais

Usa-se o hífen se o prefixo terminar com a mesma letra com que se inicia a outra palavra.
- Por exemplo: micro-ondas, anti-inflacionário, sub-bibliotecário, inter-regional.

Letras diferentes

Não se usa o hífen se o prefixo terminar com letra diferente daquela com que se inicia a outra palavra.
- Por exemplo: aeroespacial agroindustrial autoescola, antiaéreo, intermunicipal, supersônico, superinteressante, semicírculo.

Obs.: se o prefixo terminar por vogal e a outra palavra começar por **R** ou **S**, dobram-se essas letras.
- Por exemplo: minissaia, antirracismo, ultrassom, semirreta.

3.4.2. Casos particulares

Prefixos SUB- e SOB-

Com os prefixos **SUB-** e **SOB-**, usa-se o hífen também diante de palavra iniciada por **R**.
- Por exemplo: sub-região, sub-reitor, sub-regional, sob-roda.

Prefixos CIRCUM- e PAN-

Com os prefixos **CIRCUM-** e **PAN-**, usa-se o hífen diante de palavra iniciada por **M, N** e vogal.
- Por exemplo: circum-murado, circum-navegação, pan-americano.

Outros prefixos

Usa-se o hífen com os prefixos **EX-, SEM-, ALÉM-, AQUÉM-, RECÉM-, PÓS-, PRÉ-, PRÓ-, VICE-**.
- Por exemplo: além-mar, além-túmulo, aquém-mar, ex-aluno, ex-diretor, ex-hospedeiro, pós-graduação, pré-história, pré-vestibular, pró-europeu, recém-casado, recém-nascido, sem-terra, vice-rei.

Prefixo CO

O prefixo **CO** junta-se com o segundo elemento, mesmo quando este se inicia por **O** ou **H**. Neste último caso, corta-se o **H**. Se a palavra seguinte começar com **R** ou **S**, dobram-se essas letras.
- Por exemplo: coobrigação, coedição, coeducar, cofundador, coabitação, coerdeiro, corréu, corresponsável, cosseno.

Prefixos PRE- e RE-

Com os prefixos **PRE-** e **RE-**, não se usa o hífen, mesmo diante de palavras começadas por **E**.
- Por exemplo: preexistente, reescrever, reedição.

Prefixos AB-, OB- e AD-

Na formação de palavras com **AB-, OB-** e **AD-**, usa-se o hífen diante de palavra começada por **B, D** ou **R**.
- Por exemplo: ad-digital, ad-renal, ob-rogar, ab-rogar.

3.4.3. Outros casos do uso do hífen

NÃO e QUASE

Não se usa o hífen na formação de palavras com **não** e **quase**.
- Por exemplo: (acordo de) não agressão, (isto é, um) quase delito.

MAL

Com **mal**, usa-se o hífen quando a palavra seguinte começar por vogal, **H** ou **L**.
- Por exemplo: mal-entendido, mal-estar, mal-humorado, mal-limpo.

Obs.: quando **mal** significa doença, usa-se o hífen se não houver elemento de ligação.
- Por exemplo: mal-francês.

Se houver elemento de ligação, escreve-se sem o hífen.
- Por exemplo: mal de Lázaro, mal de sete dias.

Tupi-guarani

Usa-se o hífen com sufixos de origem tupi-guarani que representam formas adjetivas: **açu, guaçu, mirim**:
- Por exemplo: capim-açu, amoré-guaçu, anajá-mirim.

Combinação ocasional

Usa-se o hífen para ligar duas ou mais palavras que ocasionalmente se combinam, formando não propriamente vocábulos, mas encadeamentos vocabulares.
- Por exemplo: ponte Rio-Niterói, eixo Rio-São Paulo.

Hífen e translineação

Para clareza gráfica, se no final da linha a partição de uma palavra ou combinação de palavras coincidir com o hífen, ele deve ser repetido na linha seguinte.
- Por exemplo: O diretor foi receber os ex-
-alunos.

3.4.4. Síntese das principais regras do hífen

	Síntese do hífen	Exemplos
Letras diferentes	Não use hífen	Infraestrutura, extraoficial, supermercado
Letras iguais	Use hífen	Anti-inflamatório, contra-argumento, inter-racial, hiper-realista
Vogal + R ou S	Não use hífen (duplique R ou S)	Corréu, cosseno, minissaia, autorretrato
Bem	Use hífen	Bem-vindo, bem-humorado

ACORDO ORTOGRÁFICO DA LÍNGUA PORTUGUESA

3.4.5. Quadro resumo do emprego do hífen com prefixos

Prefixos	Letra que inicia a palavra seguinte
Ante-, anti-, contra-, entre-, extra-, infra-, intra-, sobre-, supra-, ultra-	**H/VOGAL IDÊNTICA À QUE TERMINA O PREFIXO** Exemplos com H: ante-hipófise, anti-higiênico, anti-herói, contra-hospitalar, entre-hostil, extra-humano, infra-hepático, sobre-humano, supra-hepático, ultra-hiperbólico. Exemplos com vogal idêntica: anti-inflamatório, contra-ataque, infra-axilar, sobre-estimar, supra-auricular, ultra-aquecido.
Ab-, ad-, ob-, sob-	**B/R/D (Apenas com o prefixo "Ad")** Exemplos: ab-rogar (pôr em desuso), ad-rogar (adotar), ob-reptício (astucioso), sob-roda, ad-digital
Circum-, pan-	**H/M/N/VOGAL** Exemplos: circum-meridiano, circum-navegação, circum-oral, pan-americano, pan-mágico, pan-negritude.
Ex- (no sentido de estado anterior), sota-, soto-, vice-, vizo-	**DIANTE DE QUALQUER PALAVRA** Exemplos: ex-namorada, sota-soberania (não total), soto-mestre (substituto), vice-reitor, vizo-rei.
Hiper-, inter-, super-	**H/R** Exemplos: hiper-hidrose, hiper-raivoso, inter-humano, inter-racial, super-homem, super-resistente.
Pós-, pré-, pró- (tônicos e com significados próprios)	**DIANTE DE QUALQUER PALAVRA** Exemplos: pós-graduação, pré-escolar, pró-democracia. Obs.: se os prefixos não forem autônomos, não haverá hífen. Exemplos: predeterminado, pressupor, pospor, propor.
Sub-	**B /H/R** Exemplos: sub-bloco, sub-hepático, sub-humano, sub-região. Obs.: "submano" e "subepático" também são aceitas.
Pseudoprefixos (diferem-se dos prefixos por apresentarem elevado grau de independência e possuírem uma significação mais ou menos delimitada, presente à consciência dos falantes.) Aero-, agro-, arqui-, auto-, bio-, eletro-, geo-, hidro-, macro-, maxi-, mega, micro-, mini-, multi-, neo-, pluri-, proto-, pseudo-, retro-, semi-, tele-	**H/VOGAL IDÊNTICA À QUE TERMINA O PREFIXO** Exemplos com H: geo-histórico, mini-hospital, neo-helênico, proto-história, semi-hospitalar. Exemplos com vogal idêntica: arqui-inimigo, auto-observação, eletro-ótica, micro-ondas, micro-ônibus, neo-ortodoxia, semi-interno, tele-educação.

Não se utilizará o hífen:
- Em palavras iniciadas pelo prefixo **CO-**.
  - Por exemplo: Coadministrar, coautor, coexistência, cooptar, coerdeiro corresponsável, cosseno.
- Em palavras iniciadas pelos prefixos **DES-** ou **IN-** seguidos de elementos sem o "h" inicial.
  - Por exemplo: desarmonia, desumano, desumidificar, inábil, inumano etc.
- Com a palavra não.
  - Por exemplo: Não violência, não agressão, não comparecimento.
- Em palavras que possuem os elementos **BI, TRI, TETRA, PENTA, HEXA** etc.
  - Por exemplo: bicampeão, bimensal, bimestral, bienal, tridimensional, trimestral, triênio, tetracampeão, tetraplégico, pentacampeão, pentágono etc.
- Em relação ao prefixo **HIDRO-**, em alguns casos pode haver duas formas de grafia.
  - Por exemplo: hidroelétrica e hidrelétrica.
- No caso do elemento **SOCIO**, o hífen será utilizado apenas quando houver função de substantivo (= de associado).
  - Por exemplo: sócio-gerente / socioeconômico.

4 ORTOGRAFIA

A ortografia é a parte da Gramática que estuda a escrita correta das palavras. O próprio nome da disciplina já designa tal função. É oriunda das palavras gregas *ortho* que significa "correto" e *graphos* que significa "escrita".

4.1 Alfabeto

As letras **K, W e Y** foram inseridas no alfabeto devido a uma grande quantidade de palavras que são grafadas com tais letras e não podem mais figurar como termos exóticos em relação ao português. Eis alguns exemplos de seu emprego:

- Em abreviaturas e em símbolos de uso internacional: **kg** - quilograma / **w** - watt.
- Em palavras estrangeiras de uso internacional, nomes próprios estrangeiros e seus derivados: Kremlin, Kepler, Darwin, Byron, byroniano.

O alfabeto, também conhecido como abecedário, é formado (a partir do novo acordo ortográfico) por 26 letras.

FORMA MAIÚSCULA	FORMA MINÚSCULA	FORMA MAIÚSCULA	FORMA MINÚSCULA
A	a	N	n
B	b	O	o
C	c	P	p
D	d	Q	q
E	e	R	r
F	f	S	s
G	g	T	t
H	h	U	u
I	i	V	v
J	j	W	w
K	k	X	x
L	l	Y	y
M	m	Z	z

4.2 Emprego da letra H

A letra H demanda um pouco de atenção. Apesar de não possuir verdadeiramente sonoridade, ainda a utilizamos por convenção histórica. Seu emprego, basicamente, está relacionado às seguintes regras:

- No início de algumas palavras, por sua origem: hoje, hodierno, haver, Helena, helênico.
- No fim de algumas interjeições: Ah! Oh! Ih! Uh!
- No interior de palavra compostas que preservam o hífen, nas quais o segundo elemento se liga ao primeiro: super-homem, pré-história, sobre-humano.
- Nos dígrafos **NH, LH e CH**: tainha, lhama, chuveiro.

4.3 Emprego de E e I

Existe uma curiosidade a respeito do emprego dessas letras nas palavras que escrevemos: o fato de o "e", no final da palavra, ser pronunciado como uma semivogal faz com que muitos falantes pensem ser correto grafar a palavra com **I**.

Aqui, veremos quais são os principais aspectos do emprego dessas letras.

- Escreveremos com "e" palavras formadas com o prefixo **ANTE-** (que significa antes, anterior).
    - Por exemplo: antebraço, antevéspera, antecipar, antediluviano etc.
- A sílaba final de formas conjugadas dos verbos terminados em **–OAR** e **–UAR** (quando estiverem no subjuntivo).
    - Por exemplo: abençoe (abençoar), continue (continuar), pontue (pontuar).
- Algumas palavras, por sua origem.
    - Por exemplo: arrepiar, cadeado, creolina, desperdiçar, desperdício, destilar, disenteria, empecilho, indígena, irrequieto, mexerico, mimeógrafo, orquídea, quase, sequer, seringa, umedecer etc.
- Escreveremos com "i" palavras formadas com o prefixo **ANTI-** (que significa contra).
    - Por exemplo: antiaéreo, anticristo, antitetânico, anti-inflamatório.
- A sílaba final de formas conjugadas dos verbos terminados em **-AIR, -OER e -UIR**.
    - Por exemplo: cai (cair), sai (sair), diminui (diminuir), dói (doer).
- Os ditongos AI, OI, ÓI, UI.
    - Por exemplo: pai, foi, herói, influi.
- As seguintes palavras: aborígine, chefiar, crânio, criar, digladiar, displicência, escárnio, implicante, impertinente, impedimento, inigualável, lampião, pátio, penicilina, privilégio, requisito etc.

Vejamos alguns casos em que o emprego das letras **E e I** pode causar uma alteração semântica:

- Escrito com **E**:
    Arrear = pôr arreios.
    Área = extensão de terra, local.
    Delatar = denunciar.
    Descrição = ação de descrever.
    Descriminação = absolver.
    Emergir = vir à tona.
    Emigrar = sair do país ou do local de origem.
    Eminente = importante.
- Escrito com **I**:
    Arriar = abaixar, desistir.
    Ária = peça musical.
    Dilatar = alargar, aumentar.
    Discrição = separar, estabelecer diferença.
    Imergir = mergulhar.
    Imigrar = entrar em um país estrangeiro.
    Iminente = próximo, prestes a ocorrer.

O Novo Acordo Ortográfico explica que, agora, escreve-se com **I** antes de sílaba tônica. Veja alguns exemplos: acriano (admite-se, por ora, acreano, de Acre), rosiano (de Guimarães Rosa), camoniano (de Camões), nietzschiano (de Nietzsche) etc.

4.4 Emprego de O e U

Apenas por exceção, palavras em português com sílabas finais átonas (fracas) terminam por **US**; o comum é que se escreva com **O** ou **OS**. Por exemplo: carro, aluno, abandono, abono, chimango etc.

Exemplos das exceções a que aludimos: bônus, vírus, ônibus etc.

Em palavras proparoxítonas ou paroxítonas com terminação em ditongo, são comuns as terminações em **-UA, -ULA, -ULO**: tábua, rábula, crápula, coágulo.

ORTOGRAFIA

As terminações em -AO, -OLA, -OLO só aparecem em algumas palavras: mágoa, névoa, nódoa, agrícola, vinícola, varíola etc.

Fique de olho na grafia destes termos:

- **Com a letra O:** abolir, boate, botequim, bússola, costume, engolir, goela, moela, moleque, mosquito etc.
- **Com a letra U:** bulício, buliçoso, bulir, camundongo, curtume, cutucar, jabuti, jabuticaba, rebuliço, urtiga, urticante etc.

4.5 Emprego de G e J

Essas letras, por apresentarem o mesmo som, eventualmente, costumam causar problemas de ortografia. A letra **G** só apresenta o som de **J** diante das letras **E** e **I**: gesso, gelo, agitar, agitador, agir, gíria.

4.5.1. Escreveremos com G

- Palavras terminadas em **-AGEM, -IGEM, -UGEM**. Por exemplo: garagem, vertigem, rabugem, ferrugem, fuligem etc.
  > **Exceções:** pajem, lambujem (doce ou gorjeta), lajem (pedra da sepultura).
- Palavras terminadas em **-ÁGIO, -ÉGIO, -ÍGIO, -ÓGIO, -ÚGIO**: contágio, régio, prodígio, relógio, refúgio.
- Palavras derivadas de outras que já possuem a letra **G**. Por exemplo: **viagem** – viageiro; **ferrugem** – ferrugento; **vertigem** – vertiginoso; **regime** – regimental; **selvagem** – selvageria; **regional** – regionalismo.
- Em geral, após a letra "r". Por exemplo: aspergir, divergir, submergir, imergir etc.
- Palavras:
  > **De origem latina:** agir, gente, proteger, surgir, gengiva, gesto etc.
  > **De origem árabe:** álgebra, algema, ginete, girafa, giz etc.
  > **De origem francesa:** estrangeiro, agiotagem, geleia, sargento etc.
  > **De origem italiana:** gelosia, ágio etc.
  > **Do castelhano:** gitano.
  > **Do inglês:** gim.

4.5.2. Escreveremos com J

- Os verbos terminados em **-JAR** ou **-JEAR** e suas formas conjugadas:
  > **Gorjear:** gorjeia (lembre-se das "aves"), gorjeiam, gorjearão.
  > **Viajar:** viajei, viaje, viajemos, viajante.

> Cuidado para não confundir os termos **viagem** (substantivo) com **viajem** (verbo "viajar"). Vejamos o emprego:
> Ele fez uma bela viagem.
> Tomara que eles viajem amanhã.

- Palavras derivadas de outras terminadas em **-JA**. Por exemplo: **granja:** granjeiro, granjear; **loja:** lojista, lojinha; **laranja:** laranjal, laranjeira; **lisonja:** lisonjeiro, lisonjeador; **sarja:** sarjeta.
- Palavras cognatas (raiz em comum) ou derivadas de outras que possuem o J. Por exemplo:
  > **Laje:** lajense, lajedo.
  > **Nojo:** nojento, nojeira.
  > **Jeito:** jeitoso, ajeitar, desajeitado.
- Palavras de origem ameríndia (geralmente tupi-guarani) ou africana: canjerê, canjica, jenipapo, jequitibá, jerimum, jia, jiboia, jiló, jirau, Moji, pajé.

- Palavras: conjetura, ejetar, injeção, interjeição, objeção, objeto, objetivo, projeção, projeto, rejeição, sujeitar, sujeito, trajeto, trajetória, trejeito, berinjela, cafajeste, jeca, jegue, Jeremias, jerico, jérsei, majestade, manjedoura, ojeriza, pegajento, rijeza, sujeira, traje, ultraje, varejista.

4.6 Orientações sobre a grafia do fonema /s/

Podemos representar o fonema /s/ por:

- S: ânsia, cansar, diversão, farsa.
- SS: acesso, assar, carrossel, discussão.
- C, Ç: acetinado, cimento, açoite, açúcar.
- SC, SÇ: acréscimo, adolescente, ascensão, consciência, nasço, desça.
- X: aproximar, auxiliar, auxílio, sintaxe.
- XC: exceção, exceder, excelência, excepcional.

4.6.1. Escreveremos com S

- A correlação **ND – NS**:
  > **Pretender** – pretensão, pretenso.
  > **Expandir** – expansão, expansivo.
- A correlação **RG – RS**:
  > **Aspergir** – aspersão.
  > **Imergir** – imersão.
  > **Emergir** – emersão.
- A correlação **RT – RS**:
  > **Divertir** – diversão.
  > **Inverter** – inversão.
- O sufixo **-ENSE**:
  > Paranaense.
  > Cearense.
  > Londrinense.

4.6.2. Escreveremos com SS

- A correlação **CED – CESS**:
  > **Ceder** – cessão.
  > **Interceder** – intercessão.
  > **Retroceder** – retrocesso.
- A correlação **GRED – GRESS**:
  > **Agredir** – agressão, agressivo.
  > **Progredir** – progressão, progresso.
- A correlação **PRIM – PRESS**:
  > **Imprimir** – impressão, impresso.
  > **Oprimir** – opressão, opressor.
  > **Reprimir** – repressão, repressivo.
- A correlação **METER – MISS**:
  > **Submeter** – submissão.
  > **Intrometer** – intromissão.

4.6.3. Escreveremos com C ou com Ç

- Palavras de origem tupi ou africana. Por exemplo: açaí, araçá, Iguaçu, Juçara, muçurana, Paraguaçu, caçula, cacimba.
- **O Ç só será usado antes das vogais A, O e U.**
- Com os sufixos:
  > **-AÇA:** barcaça.
  > **-AÇÃO:** armação.
  > **-ÇAR:** aguçar.
  > **-ECER:** esmaecer.
  > **-IÇA:** carniça.

-NÇA: criança.
-UÇA: dentuça.

- Palavras derivadas de verbos terminados em -TER (não confundir com a regra do –METER – -MISS):
    Abster: abstenção.
    Reter: retenção.
    Deter: detenção.
- Depois de ditongos:
    Feição; louça; traição.
- Palavras de origem árabe:
    Açúcar; açucena; cetim; muçulmano.

4.6.4. Emprego do SC

Escreveremos com **SC** palavras que são termos emprestados do latim. Por exemplo: adolescência; ascendente; consciente; crescer; descer; fascinar; fescenino.

4.6.5. Grafia da letra S com som de /z/

Escreveremos com **S**:
- Terminações em -ÊS, -ESA e -ISA, que indicam nacionalidade, título ou origem:
    Japonês – japonesa.
    Marquês – marquesa.
    Camponês – camponesa.
- Após ditongos: causa; coisa; lousa; Sousa.
- As formas dos verbos **pôr** e **querer** e de seus compostos:
    Eu pus, nós pusemos, pusésseis etc.
    Eu quis, nós quisemos, quisésseis etc.
- Terminações -OSO e -OSA, que indicam qualidade. Por exemplo: gostoso; garboso; fervorosa; talentosa.
- Prefixo **TRANS**-: transe; transação; transoceânico.
- Em diminutivos cujo radical termine em **S**:
    Rosa – rosinha.
    Teresa – Teresinha.
    Lápis – lapisinho.
- Na correlação **D** – **S**:
    Aludir – alusão, alusivo.
    Decidir – decisão, decisivo.
    Defender – defesa, defensivo.
- Verbos derivados de palavras cujo radical termina em **S**:
    Análise – analisar.
    Presa – apresar.
    Êxtase – extasiar.
    Português – aportuguesar.
- Substantivos com os sufixos gregos -ESE, -ISA e -OSE: catequese, diocese, poetisa, virose, (obs.: "catequizar" com **Z**).
- Nomes próprios: Baltasar, Heloísa, Isabel, Isaura, Luísa, Sousa, Teresa.
- Palavras: análise, cortesia, hesitar, reses, vaselina, avisar, defesa, obséquio, revés, vigésimo, besouro, fusível, pesquisa, tesoura, colisão, heresia, querosene, vasilha.

4.7 Emprego da letra Z

Escreveremos com **Z**:
- Terminações -EZ e -EZA de substantivos abstratos derivados de adjetivos:
    Belo – beleza.
    Rico – riqueza.
    Altivo – altivez.
    Sensato - sensatez.
- Verbos formados com o sufixo -IZAR e palavras cognatas: balizar, inicializar, civilizar.
- As palavras derivadas em:
    -ZAL: cafezal, abacaxizal.
    -ZEIRO: cajazeiro, açaizeiro.
    -ZITO: avezita.
    -ZINHO: cãozinho, pãozinho, pezinho
- Derivadas de palavras cujo radical termina em **Z**: cruzeiro, esvaziar.
- Palavras: azar, aprazível, baliza, buzina, bazar, cicatriz, ojeriza, prezar, proeza, vazamento, vizinho, xadrez, xerez.

4.8 Emprego do X e do CH

A letra X pode representar os seguintes fonemas:
/ch/: xarope.
/cx/: sexo, tóxico.
/z/: exame.
/ss/: máximo.
/s/: sexto.

4.9 Escreveremos com X

- Em geral, após um ditongo. Por exemplo: caixa, peixe, ameixa, rouxinol, caixeiro. **Exceções**: recauchutar e guache.
- Geralmente, depois de sílaba iniciada por **EN**-: enxada; enxerido; enxugar; enxurrada.
- Encher (e seus derivados); palavras que iniciam por **CH** e recebem o prefixo **EN**-. Por exemplo: encharcar, enchumaçar, enchiqueirar, enchumbar, enchova.
- Palavras de origem indígena ou africana: abacaxi, xavante, xará, orixá, xinxim.
- Após a sílaba **ME** no início da palavra. Por exemplo: mexerica, mexerico, mexer, mexida. **Exceção**: mecha de cabelo.
- Palavras: bexiga, bruxa, coaxar, faxina, graxa, lagartixa, lixa, praxe, vexame, xícara, xale, xingar, xampu.

4.10 Escreveremos com CH

- As seguintes palavras, em razão de sua origem: chave, cheirar, chuva, chapéu, chalé, charlatão, salsicha, espadachim, chope, sanduíche, chuchu, cochilo, fachada, flecha, mecha, mochila, pechincha.
- **Atente para a divergência de sentido com os seguintes elementos:**
    Bucho – estômago.
    Buxo – espécie de arbusto.
    Cheque – ordem de pagamento.
    Xeque – lance do jogo de xadrez.
    Tacha – pequeno prego.
    Taxa – imposto.

5 NÍVEIS DE ANÁLISE DA LÍNGUA

A Língua Portuguesa possui quatro níveis de análise. Veja cada um deles:

▷ **Nível fonético/fonológico:** estuda a produção e articulação dos sons da língua.
▷ **Nível morfológico:** estuda a estrutura e a classificação das palavras.
▷ **Nível sintático:** estuda a função das palavras dentro de uma sentença.
▷ **Nível semântico:** estuda as relações de sentido construídas entre as palavras.

Na **Semântica**, entre outras coisas, estuda-se a diferença entre linguagem de sentido denotativo (ou literal, do dicionário) e linguagem de sentido conotativo (ou figurado).

▷ Rosa é uma flor.
  - **Morfologia:**
      Rosa: substantivo;
      É: verbo ser;
      Uma: artigo;
      Flor: substantivo
  - **Sintaxe:**
      Rosa: sujeito;
      É uma flor: predicado;
      Uma flor: predicativo do sujeito.
  - **Semântica:**
      Rosa pode ser entendida como uma pessoa ou como uma planta, depende do sentido.

6 ESTRUTURA E FORMAÇÃO DE PALAVRAS

6.1 Estrutura das palavras

Para compreender os termos da Língua Portuguesa, deve-se observar, nos vocábulos, a presença de algumas estruturas como **raiz**, **desinências** e **afixos**:

- **Raiz ou radical (morfema lexical):** parte que guarda o sentido da palavra.
    > **Pedr**eiro.
    > **Pedr**ada.
    > Em**pedr**ado.
    > **Pedr**egulho.

- **Desinências:** fazem a flexão dos termos.
    > **Nominais:**
    > **Gênero:** jogador/jogadora.
    > **Número:** aluno/alunos.
    > **Grau:** cadeira/cadeirinha.
    > **Verbais:**
    > **Modo-tempo:** cantá**va**mos, vend**ê**ramos.
    > **Número-pessoa:** fize**mos**, compra**stes**.

- **Afixos: conectam-se às raízes dos termos.**
    > **Prefixos:** colocados antes da raiz.
    > **In**feliz, **des**fazer, **re**tocar.
    > **Sufixos:** colocados após a raiz.
    > Feliz**mente**, capac**idade**, igual**dade**.

Também é importante atentar aos termos de ligação. São eles:

- **Vogal de ligação:**
    > Gas**ô**metro, bar**ô**metro, café**i**cultura, carn**í**voro.

- **Consoante de ligação:**
    > Gira**s**sol, cafe**t**eira, pau**l**ada, cha**l**eira.

6.2 Radicais gregos e latinos

O conhecimento sobre a origem dos radicais é, muitas vezes, importante para a compreensão e memorização de inúmeras palavras.

6.2.1. Radicais gregos

Os radicais gregos têm uma importância expressiva para a compreensão e fácil memorização de diversas palavras que foram criadas e vulgarizadas pela linguagem científica.

Podemos observar que esses radicais se unem, geralmente, a outros elementos de origem grega e, frequentemente, sofrem alterações fonéticas e gráficas para formarem palavras compostas.

Seguem alguns radicais gregos, seus respectivos significados e algumas palavras de exemplo:

- *Ácros* **(alto):** acrópole, acrobacia, acrofobia.
- *Álgos* **(dor):** algofilia, analgésico, nevralgia.
- *Ánthropos* **(homem):** antropologia, antropófago, filantropo.
- *Astér, astéros* **(estrela):** asteroide, asterisco.
- *Ástron* **(astro):** astronomia, astronauta.
- *Biblíon* **(livro):** biblioteca, bibliografia, bibliófilo.
- *Chéir, cheirós* **(mão – cir–, quiro):** cirurgia, cirurgião, quiromante.
- *Chlorós,* **(verde):** cloro, clorofila, clorídrico.
- *Chróma, chrómatos,* **(cor):** cromático, policromia.
- *Dáktylos* **(dedo):** datilografia, datilografar.
- *Déka* **(dez):** decálogo, decâmetro, decassílabo.
- *Gámos,* **(casamento):** poligamia, polígamo, monogamia.
- *Gastér, gastrós,* **(estômago):** gastrite, gastrônomo, gástrico.
- *Glótta, glóssa,* **(língua):** poliglota, epiglote, glossário.
- *Grámma* **(letra, escrito):** gramática, anagrama, telegrama.
- *Grápho* **(escrevo):** grafia, ortografia, caligrafia.
- *Heméra* **(dia):** herneroteca, hernerologia, efêmero.
- *Hippos* **(cavalo):** hipódromo, hipismo, hipopótamo.
- *Kardía* **(coração):** cardíaco, cardiologia, taquicardia.
- *Mésos,* **(meio, do meio):** mesocarpo, mesóclise, mesopotâmia.
- *Mnéme* **(memória, lembrança):** mnemônico, amnésia, mnemoteste.
- *Morphé* **(forma):** morfologia, amorfo, metamorfose.
- *Nekrós* **(morto):** necrotério, necropsia, necrológio.
- *Páis, paidós* **(criança):** pedagogia, pediatria, pediatra.
- *Pyr, pyrós* **(fogo):** pirosfera, pirotécnico, antipirético.
- *Rhis, rhinós* **(nariz):** rinite, rinofonia, otorrino.
- *Theós* **(deus):** teologia, teólogo, apoteose.
- *Zóon* **(animal):** zoologia, zoológico, zoonose.

6.2.2. Radicais latinos

Outras palavras da língua portuguesa possuem radicais latinos. A maioria delas entrou na língua entre os séculos XVIII e XX. Seguem algumas das que vieram por via científica ou literária:

- *Ager, agri* **(campo):** agrícola, agricultura.
- *Ambi* **(de ambo, ambos):** ambidestro, ambíguo.
- *Argentum, argenti* **(prata):** argênteo, argentífero, argentino.
- *Capillus, capilli* **(cabelo):** capilar, capiliforme, capilaridade.
- *Caput, capitis* **(cabeça):** capital, decapitar, capitoso.
- *Cola-, colere* **(habitar, cultivar):** arborícola, vitícola.
- *Cuprum, cupri* **(cobre):** cúpreo, cúprico, cuprífero.
- *Ego* **(eu):** egocêntrico, egoísmo,ególatra.
- *Equi-, aequus* **(igual):** equivalente, equinócio, equiângulo.
- *-fero, ferre* **(levar, conter):** aurífero, lactífero, carbonífero.
- *Fluvius* **(rio):** fluvial, fluviômetro.
- *Frigus, frigoris* **(frio):** frigorífico, frigomóvel.
- *Lapis, lapidis* **(pedra):** lápide, lapidificar, lapidar.
- *Lex, legis* **(lei):** legislativo, legislar, legista.
- *Noceo, nocere* **(prejudicar, causar mal):** nocivo, inocente, inócuo.
- *Pauper, pauperis* **(pobre):** pauperismo, depauperar.
- *Pecus* **(rebanho):** pecuária, pecuarista, pecúnia.
- *Pluvia* **(chuva):** pluvial, pluviômetro.
- *Radix, radieis* **(raiz):** radical, radicar, erradicar.
- *Sidus, sideris* **(astro):** sideral, sidéreo, siderar.
- *Stella* **(estrela):** estelar, constelação.
- *Triticum, tritici* **(trigo):** triticultura, triticultor, tritícola.
- *Vinum, vini* **(vinho):** vinicultura, vinícola.
- *Vitis* **(videira):** viticultura, viticultor, vitícola.
- *Volo, volare* **(voar):** volátil, noctívolo.
- *Vox, vocis* **(voz):** vocal, vociferar.

6.3 Origem das palavras de Língua Portuguesa

As palavras da Língua Portuguesa têm múltiplas origens, mas a maioria delas veio do latim vulgar, ou seja, o latim que era falado pelo povo duzentos anos antes de Cristo.

ESTRUTURA E FORMAÇÃO DE PALAVRAS

No geral, as palavras que formam o nosso léxico podem ser de origem latina, de formação vernácula ou de importação estrangeira.

Quanto às palavras de origem latina, sabe-se que algumas datam dos séculos VI e XI, aproximadamente, e outras foram introduzidas na língua por escritores e letrados ao longo do tempo, sobretudo no período áureo, o século XVI, e de forma ainda mais abundante durante os séculos que o seguiram, por meios literário e científico. As primeiras, as formas populares, foram grandemente alteradas na fala do povo rude, mas as formas eruditas tiveram leves alterações.

Houve, ao longo desses séculos, com incentivo do povo luso-brasileiro, a criação de palavras que colaboraram para enriquecer o vocabulário. Essas palavras são chamadas criações vernáculas.

Desde os primórdios da língua, diversos termos estrangeiros entraram em uso, posteriormente enriquecendo definitivamente o patrimônio léxico, porque é inevitável que palavras de outros idiomas adentrem na língua por meio das relações estabelecidas entre os povos e suas culturas.

Devido a isso, encontramos, no vocabulário português, palavras provenientes:

- Do grego: por influência do cristianismo e do latim literário: anjo, bíblia, clímax. E por criação de sábios e cientistas: nostalgia, microscópio.
- Do hebraico: veiculadas pela Bíblia: aleluia, Jesus, Maria, sábado.
- Do alemão: guerra, realengo, interlância.
- Do árabe: algodão, alfaiate, algema.
- Do japonês: biombo, micado, samurai.
- Do francês: greve, detalhe, pose.
- Do inglês: bife, futebol, tênis.
- Do turco: lacaio, algoz.
- Do italiano: piano, maestro, lasanha.
- Do russo: vodca, esputinique.
- Do tupi: tatu, saci, jiboia, pitanga.
- Do espanhol: cavalheiro, ninharia, castanhola.
- De línguas africanas: macumba, maxixe, marimbondo.

Atualmente, o francês e o inglês são os idiomas com maior influência sobre a língua portuguesa.

6.4 Processos de formação de palavras

Há dois processos mais fortes (presentes) na formação de palavras em Língua Portuguesa: a composição e a derivação. Vejamos suas principais características.

6.4.1. Composição

É uma criação de vocábulo. Pode ocorrer por:
- **Justaposição:** sem perda de elementos.
  Guarda-chuva, girassol, arranha-céu etc.
- **Aglutinação:** com perda de elementos.
  Embora, fidalgo, aguardente, planalto, boquiaberto etc.
- **Hibridismo:** união de radicais oriundos de línguas distintas.
  Automóvel (latim e grego); sambódromo (tupi e grego).

6.4.2. Derivação

É uma transformação no vocábulo. Pode ocorrer das seguintes maneiras:
- **Prefixal (prefixação):** reforma, anfiteatro, cooperação.
- **Sufixal (sufixação):** pedreiro, engenharia, florista.
- **Prefixal – sufixal:** infelizmente, ateísmo, desordenamento.
- **Parassintética:** prefixo e sufixo simultaneamente, sem a possibilidade de remover umas das partes.
  Avermelhado, anoitecer, emudecer, amanhecer.
- **Regressão (regressiva) ou deverbal:** advinda de um verbo.
  Abalo (abalar), luta (lutar), fuga (fugir).
- **Imprópria (conversão):** mudança de classe gramatical.
  O jantar, um não, o seu sim, o pobre.

6.4.3. Estrangeirismo

Pode-se entender como um empréstimo linguístico.
- **Com aportuguesamento:** abajur (do francês *abat-jour*), algodão (do árabe *al-qutun*), lanche (do inglês *lunch*) etc.
- **Sem aportuguesamento:** *networking, software, pizza, show, shopping* etc.

6.5 Acrônimo ou sigla

- **Silabáveis:** podem ser separados em sílabas.
  Infraero (Infraestrutura Aeroportuária), **Petrobras** (Petróleo Brasileiro) etc.
- **Não-silabáveis:** não podem ser separados em sílabas.
  FMI, MST, SPC, PT, INSS, MPU etc.

6.6 Onomatopeia ou reduplicação

- **Onomatopeia:** tentativa de representar um som da natureza.
  Pow, paf, tum, psiu, argh.
- **Reduplicação:** repetição de palavra com fim onomatopaico.
  Reco-reco, tique-taque, pingue-pongue.
- **Redução ou abreviação:** eliminação do segmento de alguma palavra.
  Fone (telefone), cinema (cinematógrafo), pneu (pneumático) etc.

7 MORFOLOGIA

Antes de adentrar nas conceituações, veja a lista a seguir para facilitar o estudo. Nela, temos uma classe de palavra seguida de um exemplo.

Artigo: o, a, os, as, um, uma, uns, umas.
Adjetivo: legal, interessante, capaz, brasileiro, francês.
Advérbio: muito, pouco, bem, mal, ontem, certamente.
Conjunção: que, caso, embora.
Interjeição: Ai! Ui! Ufa! Eita!
Numeral: sétimo, vigésimo, terço.
Preposição: a, ante, até, após, com, contra, de, desde, em, entre.
Pronome: cujo, o qual, quem, eu, lhe.
Substantivo: mesa, bicho, concursando, Pablo, José.
Verbo: estudar, passar, ganhar, gastar.

7.1 Substantivos

É a palavra variável que designa qualidades, sentimentos, sensações, ações etc.

Quanto à sua classificação, o substantivo pode ser:
- **Primitivo** (sem afixos): pedra.
- **Derivado** (com afixos): pedreiro/empedrado.
- **Simples** (1 núcleo): guarda.
- **Composto** (mais de 1 núcleo): guarda-roupas.
- **Comum** (designa ser genérico): copo, colher.
- **Próprio** (designa ser específico): Maria, Portugal.
- **Concreto** (existência própria): cadeira, lápis.
- **Abstrato** (existência dependente): glória, amizade.

7.1.1. Substantivos concretos

Designam seres de existência própria, como: padre, político, carro e árvore.

7.1.2. Substantivos abstratos

Nomeiam qualidades ou conceitos de existência dependente, como: beleza, fricção, tristeza e amor.

7.1.3. Substantivos próprios

São sempre concretos e devem ser grafados com iniciais maiúsculas. Alguns substantivos próprios, no entanto, podem vir a se tornar comuns pelo processo de derivação imprópria que, geralmente, ocorre pela anteposição de um artigo e a grafia do substantivo com letra minúscula (um judas = traidor/um panamá = chapéu). As flexões dos substantivos podem se dar em gênero, número e grau.

7.1.4. Gênero dos substantivos

Quanto à distinção entre masculino e feminino, os substantivos podem ser:
- **Biformes:** quando apresentam uma forma para o masculino e outra para o feminino. Por exemplo: gato, gata, homem, mulher.
- **Uniformes:** quando apresentam uma única forma para ambos os gêneros. Nesse caso, eles estão divididos em:
  - **Epicenos:** usados para animais de ambos os sexos (macho e fêmea). Por exemplo: besouro, jacaré, albatroz.
  - **Comum de dois gêneros:** aqueles que designam pessoas. Nesse caso, a distinção é feita por um elemento ladeador (artigo, pronome). Por exemplo: o/a terrícola, o/a estudante, o/a dentista, o/a motorista.
  - **Sobrecomuns:** apresentam um só gênero gramatical para designar seres de ambos os sexos. Por exemplo: o indivíduo, a vítima, o algoz.

Em algumas situações, a mudança de gênero altera também o sentido do substantivo:
- O cabeça (líder).
- A cabeça (parte do corpo).

7.1.5. Número dos substantivos

Tentemos resumir as principais regras de formação do plural nos substantivos.

TERMINAÇÃO	VARIAÇÃO	EXEMPLO
vogal ou ditongo	acréscimo do S	barco – barcos
M	NS	pudim – pudins
ÃO (primeiro caso)	ÕES	ladrão – ladrões
ÃO (segundo caso)	ÃES	pão – pães
ÃO (terceiro caso)	S	cidadão – cidadãos
R	ES	mulher – mulheres
Z	ES	cartaz – cartazes
N	ES	abdômen – abdômenes
S (oxítonos)	ES	inglês – ingleses
AL, EL, OL, UL	IS	tribunal – tribunais
IL (oxítonos)	S	barril – barris
IL (paroxítonos)	EIS	fóssil – fósseis
ZINHO, ZITO	S	anelzinho – aneizinhos

Alguns substantivos são grafados apenas no plural: alvíssaras, anais, antolhos, arredores, belas-artes, calendas, cãs, condolências, esponsais, exéquias, fastos, férias, fezes, núpcias, óculos, pêsames.

7.1.6. Grau do substantivo

Aumentativo/diminutivo

Analítico: quando se associam os adjetivos ao substantivo. Por exemplo: carro grande, pé pequeno.

Sintético: quando se adiciona ao substantivo sufixos indicadores de grau, carrão, pezinho.
- **Sufixos:**
  - **Aumentativos:** -ÁZIO, -ORRA, -OLA, -AZ, -ÃO, -EIRÃO, -ALHÃO, -ARÃO, -ARRÃO, -ZARRÃO.
  - **Diminutivos:** -ITO, -ULO-, -CULO, -OTE, -OLA, -IM, -ELHO, -INHO, -ZINHO. O sufixo -ZINHO é obrigatório quando o substantivo terminar em vogal tônica ou ditongo: cafezinho, paizinho etc.

O aumentativo pode exprimir tamanho (casarão), desprezo (sabichão, ministraço, poetastro) ou intimidade (amigão); enquanto o diminutivo pode indicar carinho (filhinho) ou ter valor pejorativo (livreco, casebre), além das noções de tamanho (bolinha).

7.2 Artigo

O artigo é a palavra variável que tem por função individualizar algo, ou seja, possui como função primordial indicar um elemento, por meio de definição ou indefinição da palavra que, pela anteposição do artigo, passa a ser substantivada. Os artigos se subdividem em:

MORFOLOGIA

- **Artigos definidos (O, A, OS, AS):** definem o substantivo a que se referem. Por exemplo:

    Hoje à tarde, falaremos sobre **a** aula da semana passada.
    Na última aula, falamos **do** conteúdo programático.

- **Artigos indefinidos (um, uma, uns, umas):** indefinem o substantivo a que se referem. Por exemplo:

    Assim que eu passar no concurso, eu irei comprar **um** carro.
    Pela manhã, papai, apareceu **um** homem da loja aqui.

É importante ressaltar que os artigos podem ser contraídos com algumas preposições essenciais, como demonstrado na tabela a seguir:

PREPOSIÇÕES	ARTIGO							
	DEFINIDO				INDEFINIDO			
	O	A	OS	AS	UM	UMA	UNS	UMAS
A	ao	à	aos	às	-	-	-	-
De	do	da	dos	das	dum	duma	duns	dumas
Em	no	na	nos	nas	num	numa	nuns	numas
Per	pelo	pela	pelos	pelas	-	-	-	-
Por	polo	pola	polos	polas	-	-	-	-

O artigo é utilizado para substantivar um termo. Ou seja, quer transformar algo em um substantivo? Coloque um artigo em sua frente.

Cantar alivia a alma. (Verbo)
O **cantar** alivia a alma. (Substantivo)

7.2.1. Emprego do artigo com a palavra "todo"

Quando inserimos artigos ao lado da palavra "todo", em geral, o sentido da expressão passa a designar totalidade. Como no exemplo abaixo:

Pobreza é um problema que acomete **todo país**. (todos os países)
Pobreza é um problema que acomete **todo o país**. (o país em sua totalidade).

7.3 Pronome

Em uma definição breve, podemos dizer que pronome é o termo que substitui um substantivo, desempenhando, na sentença em que aparece, uma função coesiva. Podemos dividir os pronomes em sete categorias, são elas: pessoais, tratamento, demonstrativos, relativos, indefinidos, interrogativos, possessivos.

Antes de partir para o estudo pormenorizado dos pronomes, vamos fazer uma classificação funcional deles quando empregados em uma sentença:

- **Pronomes substantivos:** são aqueles que ocupam o lugar do substantivo na sentença. Por exemplo:

    Alguém apareceu na sala ontem.
    Nós faremos todo o trabalho.

- **Pronomes adjetivos:** são aqueles que acompanham um substantivo na sentença. Por exemplo:

    Meus alunos são os mais preparados.
    Pessoa **alguma** fará tal serviço por **esse** valor.

7.3.1. Pronomes substantivos e adjetivos

É chamado **pronome substantivo** quando um pronome substitui um substantivo.

É chamado **pronome adjetivo** quando determina o substantivo com o qual se encontra.

7.3.2. Pronomes pessoais

Referem-se às pessoas do discurso, veja:

- Quem fala (1ª pessoa).
- Com quem se fala (2ª pessoa).
- De quem se fala (3ª pessoa).

Classificação dos pronomes pessoais (caso **reto** × caso **oblíquo**):

PESSOA GRAMATICAL	RETOS	OBLÍQUOS	
		ÁTONOS	TÔNICOS
1ª – Singular	eu	me	mim, comigo
2ª – Singular	tu	te	ti, contigo
3ª – Singular	ele, ela	o, a, lhe, se	si, consigo
1ª – Plural	nós	nos	nós, conosco
2ª – Plural	vós	vos	vós, convosco
3ª – Plural	eles, elas	os, as, lhes, se	si, consigo
Função	Sujeito	Complemento/Adjunto	

Veja a seguir o emprego de alguns pronomes (**certo** × **errado**).

Eu e tu × mim e ti

1ª regra: depois de preposição essencial, usa-se pronome oblíquo. Observe:

Entre mim e ti, não há acordo.
Sobre Manoel e ti, nada se pode falar.
Devo **a** ti esta conquista.
O presente é **para** mim.
Não saia **sem** mim.
Comprei um livro **para** ti.
Observe a preposição essencial destacada nas sentenças.

2ª regra: se o pronome utilizado na sentença for sujeito de um verbo, deve-se empregar os do caso reto.

Não saia sem **eu** deixar.
Comprei um livro para **tu** leres.
O presente é para **eu** desfrutar.

Observe que o pronome desempenha a função de sujeito do verbo destacado. Ou seja: "mim" não faz nada!

Não se confunda com as sentenças em que a ordem frasal está alterada. Deve-se, nesses casos, tentar colocar a sentença na ordem direta.

Para mim, fazer exercícios é muito bom. → Fazer exercícios é muito bom para mim.
Não é tarefa para mim realizar esta revisão. → Realizar esta revisão não é para mim.

Com causativos e sensitivos

Regra com verbos causativos (mandar, fazer, deixar) ou sensitivos (ver, ouvir, sentir): quando os pronomes oblíquos átonos são empregados com verbos causativos ou sensitivos, pode haver a possibilidade de desempenharem a função de sujeito de uma forma verbal próxima. Veja os exemplos:

Fiz **Juliana** chorar. (Sentença original).
Fi-**la** chorar. (Sentença reescrita com a substituição do termo Juliana pelo pronome oblíquo).

Em ambas as situações, a "Juliana é a chorona". Isso quer dizer que o termo feminino que está na sentença é sujeito do verbo "chorar". Pensando dessa maneira, entenderemos a primeira função da forma pronominal "la" que aparece na sentença reescrita.

Outro fator a ser considerado é que o verbo "fazer" necessita de um complemento, portanto, é um verbo transitivo. Ocorre que o complemento do verbo "fazer" não pode ter outro referente senão "Juliana". Então, entendemos que, na reescrita da frase, a forma pronominal "la" funciona como complemento do verbo "fazer" e sujeito do verbo "chorar".

Si e consigo

Esses pronomes somente podem ser empregados se se referirem ao sujeito da oração, pois possuem função reflexiva. Observe:
Alberto só pensa em si. ("Si" refere-se a "Alberto": sujeito do verbo "pensar").
O aluno levou as apostilas consigo. ("consigo" refere-se ao termo "aluno").

Estão erradas, portanto, frases como estas:
Creio muito em si, meu amigo.
Quero falar consigo.

Corrigindo:
Creio muito em você, meu amigo.
Quero falar contigo.

Conosco e convosco

As formas **"conosco"** e **"convosco"** são substituídas por **"com nós"** e **"com vós"** quando os pronomes pessoais são reforçados por palavras como **outros, mesmos, próprios, todos, ambos** ou **algum numeral**. Por exemplo:
Ele disse que iria com nós três.

Ele(s), ela(s) × o(s), a(s)

É muito comum ouvirmos frases como: "vi **ela** na esquina", "não queremos **eles** aqui". De acordo com as normas da Língua Portuguesa, é errado falar ou escrever assim, pois o pronome em questão está sendo utilizado fora de seu emprego original, ou seja, como um complemento (ao passo que deveria ser apenas sujeito). O certo é: "vi-**a** na esquina", "não **os** queremos aqui".

"O" e "a"

São **complementos diretos**, ou seja, são utilizados juntamente aos verbos transitivos diretos, ou nos bitransitivos, como no exemplo a seguir:
Comprei **um carro** para minha namorada = Comprei-**o** para ela. (Ocorreu a substituição do objeto direto)

É importante lembrar que há uma especificidade em relação à colocação dos pronomes "o" e "a" depois de algumas palavras:
- Se a palavra terminar em **R, S** ou **Z**: tais letras devem ser suprimidas e o pronome será empregado como **lo, la, los, las**.
    Fazer as tarefas = fazê-**las**.
    Querer o dinheiro = querê-**lo**.
- Se a palavra terminar com **ÃO, ÕE** ou **M**: tais letras devem ser mantidas e o pronome há de ser empregado como **no, na, nos, nas**.
    Compraram a casa = compraram-**na**.
    Compõe a canção = compõe-**na**.

Lhe

É um complemento indireto, equivalente a "a ele" ou "a ela". Ou seja, é empregado juntamente a um verbo transitivo indireto ou a um verbo bitransitivo, como no exemplo:
- Comprei um carro **para minha namorada** = comprei-**lhe** um carro. (Ocorreu a substituição do objeto indireto).

Muitas bancas gostam de trocar as formas "o" e "a" por "lhe", o que não pode ser feito sem que a sentença seja totalmente reelaborada.

7.3.3. Pronomes de tratamento

São pronomes de tratamento **você, senhor, senhora, senhorita, fulano, sicrano, beltrano** e as expressões que integram o quadro seguinte:

PRONOME	ABREVIATURA SINGULAR	ABREVIATURA PLURAL
Vossa Excelência(s)	V. Ex.ª	V. Ex.ªs
USA-SE PARA:		
Presidente (sem abreviatura), ministro, embaixador, governador, secretário de Estado, prefeito, senador, deputado federal e estadual, juiz, general, almirante, brigadeiro e presidente de câmara de vereadores.		
PRONOME	ABREVIATURA SINGULAR	ABREVIATURA PLURAL
Vossa(s) Magnificência(s)	V. Mag.ª	V. Mag.ªs
USA-SE PARA:		
Reitor de universidade para o qual também se pode usar V. Ex.ª.		
PRONOME	ABREVIATURA SINGULAR	ABREVIATURA PLURAL
Vossa(s) Senhoria(s)	V. Sª	V. S.ªs

MORFOLOGIA

USA-SE PARA:		
Qualquer autoridade ou pessoa civil não citada acima.		
PRONOME	**ABREVIATURA SINGULAR**	**ABREVIATURA PLURAL**
Vossa(s) Santidade(s)	V. S	VV. SS.
USA-SE PARA:		
Papa.		
PRONOME	**ABREVIATURA SINGULAR**	**ABREVIATURA PLURAL**
Vossa(s) Eminência(s)	V. Em.ª	V. Em.ᵃˢ
USA-SE PARA:		
Cardeal.		
PRONOME	**ABREVIATURA SINGULAR**	**ABREVIATURA PLURAL**
Vossa(s) Excelência(s) Reverendíssima(s)	V. Exª. Rev.ma	V. Ex.ᵉˢ. Rev.ᵐᵃˢ
USA-SE PARA:		
Arcebispo e bispo.		
PRONOME	**ABREVIATURA SINGULAR**	**ABREVIATURA PLURAL**
Vossa(s) Reverendíssima(s)	V. Rev.ᵐᵃ	V. Rev.ᵐᵃˢ
Usa-se para:		
Autoridade religiosa inferior às acima citadas.		
PRONOME	**ABREVIATURA SINGULAR**	**ABREVIATURA PLURAL**
Vossa(s) Reverência(s)	V. Rev.ª	V. Rev.ᵐᵃˢ
USA-SE PARA:		
Religioso sem graduação.		
PRONOME	**ABREVIATURA SINGULAR**	**ABREVIATURA PLURAL**
Vossa(s) Majestade(s)	V. M.	VV. MM.
USA-SE PARA:		
Rei e imperador.		
PRONOME	**ABREVIATURA SINGULAR**	**ABREVIATURA PLURAL**
Vossa(s) Alteza(s)	V. A.	VV. AA.
USA-SE PARA:		
Príncipe, arquiduque e duque.		

Todas essas expressões se apresentam também com "Sua" para cujas abreviaturas basta substituir o "V" por "S".

Emprego dos pronomes de tratamento

- **Vossa Excelência** etc. × **Sua Excelência** etc.

Os pronomes de tratamento iniciados com "Vossa(s)" empregam-se em uma relação direta, ou seja, indicam o nosso interlocutor, pessoa com quem falamos:

Soube que V. Ex.ª, Senhor Ministro, falou que não estava interessado no assunto da reunião.

Empregaremos o pronome com a forma "sua" quando a relação não é direta, ou seja, quando falamos sobre a pessoa:

A notícia divulgada é de que Sua Excelência, o Presidente da República, foi flagrado em uma boate.

Utilização da 3ª pessoa

Os pronomes de tratamento são de 3ª pessoa; portanto, todos os elementos relacionados a eles devem ser empregados também na 3ª pessoa, para que se mantenha a uniformidade:

É preciso que V. Ex.ª **diga** qual será o **seu** procedimento no caso em questão, a fim de que seus assessores possam agir a tempo.

Uniformidade de tratamento

No momento da escrita ou da fala, não é possível ficar fazendo "dança das pessoas" com os pronomes. Isso quer dizer que se deve manter a uniformidade de tratamento. Para tanto, se for utilizada 3ª pessoa no início de uma sentença, ela deve permanecer ao longo de todo o texto. Preste atenção para ver como ficou estranha a construção abaixo:

Quando **você** chegar, eu **te** darei o presente.

"Você" é de 3ª pessoa e "te" é de 2ª pessoa. Não há motivo para cometer tal engano. Tome cuidado, portanto. Podemos corrigir a sentença:

Quando tu chegares, eu te darei o presente.
Quando você chegar, eu lhe darei o presente.

7.3.4. Pronomes possessivos

São os pronomes que atribuem posse de algo às pessoas do discurso.
Eles podem estar em:
- **1ª pessoa do singular:** meu, minha, meus, minhas.
- **2ª pessoa do singular:** teu, tua, teus, tuas.
- **3ª pessoa do singular:** seu, sua, seus, suas.
- **1ª pessoa do plural:** nosso, nossa, nossos, nossas.
- **2ª pessoa do plural:** vosso, vossa, vossos, vossas.
- **3ª pessoa do plural:** seu, sua, seus, suas.

Emprego
- Ambiguidade: "seu", "sua", "seus" e "suas" são os reis da ambiguidade (duplicidade de sentido).

    O policial prendeu o maconheiro em **sua** casa. (casa de quem?).
    Meu pai levou meu tio para casa em **seu** carro. (no carro de quem?).

- Corrigindo:

    O policial prendeu o maconheiro na casa **deste**.
    Meu pai, em **seu** carro, levou meu tio para casa.

- Emprego especial: não se usam os possessivos em relação às partes do corpo ou às faculdades do espírito. Devemos, pois, dizer:

    Machuquei a mão. (E não "a minha mão").
    Ele bateu a cabeça. (E não "a sua cabeça").
    Perdeste a razão? (E não "a tua razão").

7.3.5. Pronomes demonstrativos

São os que localizam ou identificam o substantivo ou uma expressão no espaço, no tempo ou no texto.
- **1ª pessoa:**
    Masculino: este(s).
    Feminino: esta(s).
    Neutro: isto.
    No espaço: com o falante.
    No tempo: presente.
    No texto: o que se pretende dizer ou o imediatamente retomado.
- **2ª pessoa**
    Masculino: esse(s).
    Feminino: essa(s).
    Neutro: isso.
    No espaço: pouco afastado.
    No tempo: passado ou futuro próximos.
    No texto: o que se disse anteriormente.
- **3ª pessoa**
    Masculino: aquele(s).
    Feminino: aquela(s).
    Neutro: aquilo.
    No espaço: muito afastado.
    No tempo: passado ou futuro distantes.
    No texto: o que se disse há muito ou o que se pretende dizer.

Quando o pronome retoma algo já mencionado no texto, dizemos que ele possui função **anafórica**. Quando aponta para algo que será dito, dizemos que possui função **catafórica**. Essa nomenclatura começou a ser cobrada em algumas questões de concurso público, portanto, é importante ter esses conceitos na ponta da língua.

Exemplos de emprego dos demonstrativos:

Veja **este** livro que eu trouxe, é muito bom.
Você deve estudar mais! **Isso** é o que eu queria dizer.
Vê **aquele** mendigo lá na rua? Terrível futuro o aguarda.

Há outros pronomes demonstrativos: **o, a, os, as**, quando antecedem o relativo que e podem ser permutados por **aquele(s), aquela(s), aquilo**. Veja os exemplos:

Não entendi o que disseste. (Não entendi aquilo que disseste.).
Esta rua não é a que te indiquei. (Esta rua não é aquela que te indiquei.).

Tal: quando puder ser permutado por qualquer demonstrativo:
Não acredito que você disse **tal** coisa. (Aquela coisa).

Semelhante: quando puder ser permutado por qualquer demonstrativo:
Jamais me prestarei a **semelhante** canalhice. (Esta canalhice).

Mesmo: quando modificar os pronomes eu, tu, nós e vós:
Eu **mesmo** investiguei o caso.

De modo análogo, classificamos o termo "**próprio**" (eu próprio, ela própria).

O termo "**mesmo**" pode ainda funcionar como pronome neutro em frases como: "é o mesmo", "vem a ser o mesmo".

Vejamos mais alguns exemplos:

José e João são alunos do ensino médio. Este gosta de matemática, **aquele** gosta de português.

Veja que a verdadeira relação estabelecida pelos pronomes demonstrativos focaliza, por meio do "este" o elemento mais próximo, por meio do "aquele" o elemento mais afastado.

Esta sala precisa de bons professores.
Gostaria de que esse órgão pudesse resolver meu problema.

Este(s), esta(s), isto indicam o local de onde escrevemos. **Esse(s), essa(s), isso** indicam o local em que se encontra o nosso interlocutor.

7.3.6. Pronomes relativos

São termos que relacionam palavras em um encadeamento. Os relativos da Língua Portuguesa são:
- **Que:** quando puder ser permutado por "o qual" ou um de seus termos derivados. Utiliza-se o pronome "que" para referências a pessoas ou coisas.

    O peão a **que** me refiro é Jonas.

- **O qual:** empregado para referência a coisas ou pessoas.

    A casa **na qual** houve o tiroteio foi interditada.

- **Quem:** é equivalente a dois pronomes: "aquele" e "que".

    O homem para **quem** se enviou a correspondência é Alberto.

MORFOLOGIA

- **Quanto:** será relativo quando seu antecedente for o termo "tudo".

    Não gastes tudo **quanto** tens.

- **Onde:** é utilizado para estabelecer referência a lugares, sendo permutável por "em que" ou "no qual" e seus derivados.

    O estado para **onde** vou é Minas Gerais.

- **Cujo:** possui um sentido possessivo. Não permite permuta por outro relativo. Também é preciso lembrar que o pronome "cujo" não admite artigo, pois já é variável (cujo/cuja, jamais "cujo o", "cuja a").

    Cara, o pedreiro em **cujo** serviço podemos confiar é Marcelino.

> A preposição que está relacionada ao pronome é, em grande parte dos casos, oriunda do verbo que aparece posteriormente na sentença.

7.3.7. Pronomes indefinidos

São os pronomes que se referem, de forma imprecisa e vaga, à 3ª pessoa do discurso.

Eles podem ser:

- **Pronomes indefinidos substantivos:** têm função de substantivo: alguém, algo, nada, tudo, ninguém.
- **Pronomes indefinidos adjetivos:** têm função de adjetivo: cada, certo(s), certa (s).
- **Que variam entre pronomes adjetivos e substantivos:** variam de acordo com o contexto: algum, alguma, bastante, demais, mais, qual etc.

VARIÁVEIS					INVARIÁVEIS
MASCULINO		FEMININO			
SINGULAR	PLURAL	SINGULAR	PLURAL		
Algum	Alguns	Alguma	Algumas		Alguém
Certo	Certos	Certa	Certas		Algo
Muito	Muitos	Muita	Muitas		Nada
Nenhum	Nenhuns	Nenhuma	Nenhumas		Ninguém
Outro	Outros	Outra	Outras		Outrem
Qualquer	Quaisquer	Qualquer	Quaisquer		Cada
Quando	Quantos	Quanta	Quantas		-
Tanto	Tantos	Tanta	Tantas		-
Todo	Todos	Toda	Todas		Tudo
Vário	Vários	Vária	Várias		-
Pouco	Poucos	Pouca	Poucas		-

Fique bem atento para as alterações de sentido relacionadas às mudanças de posição dos pronomes indefinidos.

Alguma pessoa passou por aqui ontem. (Alguma pessoa = ao menos uma pessoa).

Pessoa alguma passou por aqui ontem. (Pessoa alguma = ninguém).

Locuções pronominais indefinidas

"Cada qual", "cada um", "seja qual for", "tal qual", "um ou outro" etc.

7.3.8. Pronomes interrogativos

Chamam-se interrogativos os pronomes **que, quem, qual** e **quanto**, empregados para formular uma pergunta direta ou indireta:

Que conteúdo estão estudando?
Diga-me **que** conteúdo estão estudando.
Quem vai passar no concurso?
Gostaria de saber **quem** vai passar no concurso.
Qual dos livros preferes?
Não sei **qual** dos livros preferes.
Quantos de coragem você tem?
Pergunte **quanto** de coragem você tem.

7.4 Verbo

É a palavra com que se expressa uma ação (cantar, vender), um estado (ser, estar), mudança de estado (tornar-se) ou fenômeno da natureza (chover).

Quanto à noção que expressam, os verbos podem ser classificados da seguinte maneira:

- **Verbos relacionais:** exprimem estado ou mudança de estado. São os chamados verbos de ligação.
- **Verbos de ligação: ser, estar, continuar, andar, parecer, permanecer, ficar, tornar-se** etc.
- **Verbos nocionais:** exprimem ação ou fenômeno da natureza. São os chamados verbos significativos.

Os verbos nocionais podem ser classificados da seguinte maneira:

- **Verbo Intransitivo (VI):** diz-se daquele que não necessita de um complemento para que se compreenda a ação verbal. Por exemplo: "morrer", "cantar", "sorrir", "nascer", "viver".
- **Verbo Transitivo (VT):** diz-se daquele que necessita de um complemento para expressar o afetado pela ação verbal. Divide-se em três tipos:
    - **Diretos (VTD):** não possuem preposição para ligar o complemento verbal ao verbo. São exemplos os verbos "querer", "comprar", "ler", "falar" etc.
    - **Indiretos (VTI):** possuem preposição para ligar o complemento verbal ao verbo. São exemplos os verbos "gostar", "necessitar", "precisar", "acreditar" etc.
    - **Diretos e Indiretos (VTDI) ou bitransitivos:** possuem dois complementos, um não preposicionado, outro com preposição. São exemplos os verbos "pagar", "perdoar", "implicar" etc.

Preste atenção na dica que segue:

João morreu. (Quem morre, morre. Não é preciso um complemento para entender o verbo).

Eu quero um aumento. (Quem quer, quer alguma coisa. É preciso um complemento para entender o sentido do verbo).

Eu preciso de um emprego. (Quem precisa, precisa "de" alguma coisa. Deve haver uma preposição para ligar o complemento ao seu verbo).

Mário pagou a conta ao padeiro. (Quem paga, paga algo a alguém. Há um complemento com preposição e um complemento sem preposição).

7.4.1. Estrutura e conjugação dos verbos

Os verbos possuem:

- **Raiz:** o que lhes guarda o sentido (**cant**ar, **corr**er, **sorr**ir).

- **Vogal temática:** o que lhes garante a família conjugacional (AR, ER, IR).
- **Desinências:** o que ajuda a conjugar ou nominalizar o verbo (cant**ando**, cant**ávamos**).

Os verbos apresentam três conjugações, ou seja, três famílias conjugacionais. Em função da vogal temática, podem-se criar três paradigmas verbais. De acordo com a relação dos verbos com esses paradigmas, obtém-se a seguinte classificação:

- **Regulares:** seguem o paradigma verbal de sua conjugação sem alterar suas raízes (amar, vender, partir).
- **Irregulares:** não seguem o paradigma verbal da conjugação a que pertencem. As irregularidades podem aparecer na raiz ou nas desinências (ouvir – ouço/ouve, estar – estou/estão).
- **Anômalos:** apresentam profundas irregularidades. São classificados como anômalos em todas as gramáticas os verbos "ser" e "ir".
- **Defectivos:** não são conjugados em determinadas pessoas, tempo ou modo, portanto, apresentam algum tipo de "defeito" ("falir", no presente do indicativo, só apresenta a 1ª e a 2ª pessoa do plural). Os defectivos distribuem-se em grupos:
  - Impessoais.
  - Unipessoais: vozes ou ruídos de animais, só conjugados nas terceiras pessoas.
  - Antieufônicos: a sonoridade permite confusão com outros verbos – "demolir"; "falir", "abolir" etc.
- **Abundantes:** apresentam mais de uma forma para uma mesma conjugação.

Existe abundância **conjugacional** e **participial**. A primeira ocorre na conjugação de algumas formas verbais, como o verbo "haver", que admite "nós havemos/hemos", "vós haveis/heis". A segunda ocorre com as formas nominais de particípio.

A seguir segue uma lista dos principais abundantes na forma participial.

VERBOS	PARTICÍPIO REGULAR – EMPREGADO COM OS AUXILIARES "TER" E "HAVER"	PARTICÍPIO IRREGULAR – EMPREGADO COM OS AUXILIARES "SER", "ESTAR" E "FICAR"
aceitar	aceitado	aceito
acender	acendido	aceso
benzer	benzido	bento
eleger	elegido	eleito
entregar	entregado	entregue
enxugar	enxugado	enxuto
expressar	expressado	expresso
expulsar	expulsado	expulso
extinguir	extinguido	extinto
matar	matado	morto
prender	prendido	preso
romper	rompido	roto
salvar	salvado	salvo
soltar	soltado	solto
suspender	suspendido	suspenso
tingir	tingido	tinto

7.4.2. Flexão verbal

Relativamente à flexão verbal, anotamos:
- **Número:** singular ou plural.
- **Pessoa gramatical:** 1ª, 2ª ou 3ª.

Tempo: referência ao momento em que se fala (pretérito, presente ou futuro). O modo imperativo só tem um tempo, o presente.
- **Voz:** ativa, passiva, reflexiva e recíproca (que trabalharemos mais tarde).
- **Modo:** indicativo (certeza de um fato ou estado), subjuntivo (possibilidade ou desejo de realização de um fato ou incerteza do estado) e imperativo (expressa ordem, advertência ou pedido).

7.4.3. Formas nominais do verbo

As três formas nominais do verbo (infinitivo, gerúndio e particípio) não possuem função exclusivamente verbal.
- **Infinitivo:** assemelha-se ao substantivo, indica algo atemporal – o nome do verbo, sua desinência característica é a letra R: ama**r**, realça**r**, ungi**r** etc.
- **Gerúndio:** equipara-se ao adjetivo ou advérbio pelas circunstâncias que exprime de ação em processo. Sua desinência característica é -**NDO**: ama**ndo**, realça**ndo**, ungi**ndo** etc.
- **Particípio:** tem valor e forma de adjetivo – pode também indicar ação concluída, sua desinência característica é -**ADO** ou -**IDO** para as formas regulares: am**ado**, realç**ado**, ung**ido** etc.

7.4.4. Tempos verbais

Dentro do **modo indicativo**, anotamos os seguintes tempos:
- **Presente do indicativo:** indica um fato situado no momento ou época em que se fala.

  Eu amo, eu vendo, eu parto.
- **Pretérito perfeito do indicativo:** indica um fato cuja ação foi iniciada e concluída no passado.

  Eu amei, eu vendi, eu parti.
- **Pretérito imperfeito do indicativo:** indica um fato cuja ação foi iniciada no passado, mas não foi concluída ou era uma ação costumeira no passado.

  Eu amava, eu vendia, eu partia.
- **Pretérito mais-que-perfeito do indicativo:** indica um fato cuja ação é anterior a outra ação já passada.

  Eu amara, eu vendera, eu partira.
- **Futuro do presente do indicativo:** indica um fato situado em momento ou época vindoura.

  Eu amarei, eu venderei, eu partirei.
- **Futuro do pretérito do indicativo:** indica um fato possível, hipotético, situado num momento futuro, mas ligado a um momento passado.

  Eu amaria, eu venderia, eu partiria.

Dentro do **modo subjuntivo**, anotamos os seguintes tempos:
- Presente do subjuntivo: indica um fato provável, duvidoso ou hipotético, situado no momento ou época em que se fala. Para facilitar a conjugação, utilize a conjunção "que".

  Que eu ame, que eu venda, que eu parta.
- **Pretérito imperfeito do subjuntivo:** indica um fato provável, duvidoso ou hipotético, cuja ação foi iniciada, mas não concluída no passado. Para facilitar a conjugação, utilize a conjunção "se".

  Se eu amasse, se eu vendesse, se eu partisse.
- **Futuro do subjuntivo:** indica um fato provável, duvidoso, hipotético, situado num momento ou época futura. Para facilitar a conjugação, utilize a conjunção "quando".

  Quando eu amar, quando eu vender, quando eu partir.

MORFOLOGIA

7.4.5. Tempos compostos da voz ativa

Constituem-se pelos verbos auxiliares "**ter**" ou "**haver**" + particípio do verbo que se quer conjugar, dito principal.

No **modo indicativo**, os tempos compostos são formados da seguinte maneira:

- **Pretérito perfeito:** presente do indicativo do auxiliar + particípio do verbo principal (tenho amado).
- **Pretérito mais-que-perfeito:** pretérito imperfeito do indicativo do auxiliar + particípio do verbo principal (tinha amado).
- **Futuro do presente:** futuro do presente do indicativo do auxiliar + particípio do verbo principal (terei amado).
- **Futuro do pretérito:** futuro do pretérito indicativo do auxiliar + particípio do verbo principal (teria amado).

No **modo subjuntivo**, a formação se dá da seguinte maneira:

- **Pretérito perfeito:** presente do subjuntivo do auxiliar + particípio do verbo principal (tenha amado).
- **Pretérito mais-que-perfeito:** imperfeito do subjuntivo do auxiliar + particípio do verbo principal (tivesse amado).
- **Futuro composto:** futuro do subjuntivo do auxiliar + particípio do verbo principal (tiver amado).

Quanto às **formas nominais**, elas são formadas da seguinte maneira:

- **Infinitivo composto:** infinitivo pessoal ou impessoal do auxiliar + particípio do verbo principal (ter vendido/teres vendido).
- **Gerúndio composto:** gerúndio do auxiliar + particípio do verbo principal (tendo partido).

7.4.6. Vozes verbais

Quanto às vozes, os verbos apresentam voz:

- **Ativa:** o sujeito é agente da ação verbal.
  O **corretor** vende casas.
- **Passiva:** o sujeito é paciente da ação verbal.
  Casas são vendidas **pelo corretor**.
- **Reflexiva:** o sujeito é agente e paciente da ação verbal.
  A garota feriu-**se** ao cair da escada.
- **Recíproca:** há uma ação mútua descrita na sentença.
  Os amigos entreolh**aram-se**.

Voz passiva: sua característica é possuir um sujeito paciente, ou seja, que é afetado pela ação do verbo.

- **Analítica:** verbo auxiliar + particípio do verbo principal. Isso significa que há uma locução verbal de voz passiva.
  Casas **são** *vendidas* pelo corretor.
  Ele fez o trabalho – O trabalho **foi feito** por ele (mantido o pretérito perfeito do indicativo).
  O vento ia levando as folhas – As folhas iam **sendo levadas** pelo vento (mantido o gerúndio do verbo principal em um dos auxiliares).
  Vereadores entregarão um prêmio ao gari – Um prêmio **será entregue** ao gari por vereadores (veja como a flexão do futuro se mantém na locução).
- **Sintética:** verbo apassivado pelo termo "se" (partícula apassivadora) + sujeito paciente.
  Roubou-se **o dinheiro do povo**.
  Fez-se **o trabalho** com pressa.

É comum observar, em provas de concurso público, questões que mostram uma voz passiva sintética como aquela que é proveniente de uma ativa com sujeito indeterminado.

Alguns verbos da língua portuguesa apresentam **problemas de conjugação**:

Compraram um carro novo (ativa).
Comprou-se um carro novo (passiva sintética).

7.4.7. Verbos com a conjugação irregular

Abolir: defectivo – não possui a 1ª pessoa do singular do presente do indicativo, por isso não possui presente do subjuntivo e o imperativo negativo. (= banir, carpir, colorir, delinquir, demolir, descomedir-se, emergir, exaurir, fremir, fulgir, haurir, retorquir, urgir).

Acudir: alternância vocálica O/U no presente do indicativo – acudo, acodes etc. Pretérito perfeito do indicativo com U. (= bulir, consumir, cuspir, engolir, fugir).

Adequar: defectivo – só possui a 1ª e a 2ª pessoa do plural no presente do indicativo.

Aderir: alternância vocálica E/I no presente do indicativo – adiro, adere etc. (= advertir, cerzir, despir, diferir, digerir, divergir, ferir, sugerir).

Agir: acomodação gráfica G/J no presente do indicativo – ajo, ages etc. (= afligir, coagir, erigir, espargir, refulgir, restringir, transigir, urgir).

Agredir: alternância vocálica E/I no presente do indicativo – agrido, agrides, agride, agredimos, agredis, agridem. (= prevenir, progredir, regredir, transgredir).

Aguar: regular. Presente do indicativo – águo, águas etc. Pretérito perfeito do indicativo – aguei, aguaste, aguou, aguamos, aguastes, aguaram. (= desaguar, enxaguar, minguar).

Aprazer: irregular. Presente do indicativo – aprazo, aprazes, apraz etc. Pretérito perfeito do indicativo – aprouve, aprouveste, aprouve, aprouvemos, aprouvestes, aprouveram.

Arguir: irregular com alternância vocálica O/U no presente do indicativo – arguo (ú), arguis, argui, arguimos, arguis, arguem. Pretérito perfeito – argui, arguiste etc.

Atrair: irregular. Presente do indicativo – atraio, atrais etc. Pretérito perfeito – atraí, atraíste etc. (= abstrair, cair, distrair, sair, subtrair).

Atribuir: irregular. Presente do indicativo – atribuo, atribuis, atribui, atribuímos, atribuís, atribuem. Pretérito perfeito – atribuí, atribuíste, atribuiu etc. (= afluir, concluir, destituir, excluir, instruir, possuir, usufruir).

Averiguar: alternância vocálica O/U no presente do indicativo – averiguo (ú), averiguas (ú), averigua (ú), averiguamos, averiguais, averiguam (ú). Pretérito perfeito – averiguei, averiguaste etc. Presente do subjuntivo – averigue, averigues, averigue etc. (= apaziguar).

Cear: irregular. Presente do indicativo – ceio, ceias, ceia, ceamos, ceais, ceiam. Pretérito perfeito indicativo – ceei, ceaste, ceou, ceamos, ceastes, cearam. (= verbos terminados em -ear: falsear, passear... - alguns apresentam pronúncia aberta: estreio, estreia...).

Coar: irregular. Presente do indicativo – coo, côas, côa, coamos, coais, coam. Pretérito perfeito – coei, coaste, coou etc. (= abençoar, magoar, perdoar).

Comerciar: regular. Presente do indicativo – comercio, comerciais etc. Pretérito perfeito – comerciei etc. (= verbos em -iar, exceto os seguintes verbos: mediar, ansiar, remediar, incendiar, odiar).

Compelir: alternância vocálica E/I. Presente do indicativo – compilo, compeles etc. Pretérito perfeito indicativo – compeli, compeliste.

Compilar: regular. Presente do indicativo – compilo, compilas, compila etc. Pretérito perfeito indicativo – compilei, compilaste etc.

Construir: irregular e abundante. Presente do indicativo – construo, constróis, constrói, construímos, construís, constroem. Pretérito perfeito indicativo – construí, construíste etc.

Crer: irregular. Presente do indicativo – creio, crês, crê, cremos, credes, creem. Pretérito perfeito indicativo – cri, creste, creu, cremos, crestes, creram. Imperfeito indicativo – cria, crias, cria, críamos, críeis, criam.

Falir: defectivo. Presente do indicativo – falimos, falis. Pretérito perfeito indicativo – fali, faliste etc. (= aguerrir, combalir, foragir-se, remir, renhir).

Frigir: acomodação gráfica G/J e alternância vocálica E/I. Presente do indicativo – frijo, freges, frege, frigimos, frigis, fregem. Pretérito perfeito indicativo – frigi, frigiste etc.

Ir: irregular. Presente do indicativo – vou, vais, vai, vamos, ides, vão. Pretérito perfeito indicativo – fui, foste etc. Presente subjuntivo – vá, vás, vá, vamos, vades, vão.

Jazer: irregular. Presente do indicativo – jazo, jazes etc. Pretérito perfeito indicativo – jázi, jazeste, jazeu etc.

Mobiliar: irregular. Presente do indicativo – mobílio, mobílias, mobília, mobiliamos, mobiliais, mobíliam. Pretérito perfeito indicativo – mobiliei, mobiliaste.

Obstar: regular. Presente do indicativo – obsto, obstas etc. Pretérito perfeito indicativo – obtei, obstaste etc.

Pedir: irregular. Presente do indicativo – peço, pedes, pede, pedimos, pedis, pedem. Pretérito perfeito indicativo – pedi, pediste etc. (= despedir, expedir, medir).

Polir: alternância vocálica E/I. Presente do indicativo – pulo, pules, pule, polimos, polis, pulem. Pretérito perfeito indicativo – poli, poliste etc.

Precaver-se: defectivo e pronominal. Presente do indicativo – precavemo-nos, precaveis-vos. Pretérito perfeito indicativo – precavi-me, precaveste-te etc.

Prover: irregular. Presente do indicativo – provejo, provês, provê, provemos, provedes, proveem. Pretérito perfeito indicativo – provi, proveste, proveu etc.

Reaver: defectivo. Presente do indicativo – reavemos, reaveis. Pretérito perfeito indicativo – reouve, reouveste, reouve etc. (verbo derivado do haver, mas só é conjugado nas formas verbais com a letra v).

Remir: defectivo. Presente do indicativo – remimos, remis. Pretérito perfeito indicativo – remi, remiste etc.

Requerer: irregular. Presente do indicativo – requeiro, requeres etc. Pretérito perfeito indicativo – requeri, requereste, requereu etc. (Derivado do querer, diferindo dele na 1ª pessoa do singular do presente do indicativo e no pretérito perfeito do indicativo e derivados, sendo regular).

Rir: irregular. Presente do indicativo – rio, ris, ri, rimos, rides, riem. Pretérito perfeito indicativo – ri, riste. (= sorrir).

Saudar: alternância vocálica. Presente do indicativo – saúdo, saúdas etc. Pretérito perfeito indicativo – saudei, saudaste etc.

Suar: regular. Presente do indicativo – suo, suas, sua etc. Pretérito perfeito indicativo – suei, suaste, sou etc. (= atuar, continuar, habituar, individuar, recuar, situar).

Valer: irregular. Presente do indicativo – valho, vales, vale etc. Pretérito perfeito indicativo – vali, valeste, valeu etc.

Também merecem atenção os seguintes verbos irregulares:

▷ **Pronominais:** apiedar-se, dignar-se, persignar-se, precaver-se.

- **Caber**

  Presente do indicativo: caibo, cabes, cabe, cabemos, cabeis, cabem.

  Presente do subjuntivo: caiba, caibas, caiba, caibamos, caibais, caibam.

  Pretérito perfeito do indicativo: coube, coubeste, coube, coubemos, coubestes, couberam.

  Pretérito mais-que-perfeito do indicativo: coubera, couberas, coubera, coubéramos, coubéreis, couberam.

  Pretérito imperfeito do subjuntivo: coubesse, coubesses, coubesse, coubéssemos, coubésseis, coubessem.

  Futuro do subjuntivo: couber, couberes, couber, coubermos, couberdes, couberem.

- **Dar**

  Presente do indicativo: dou, dás, dá, damos, dais, dão.

  Presente do subjuntivo: dê, dês, dê, demos, deis, deem.

  Pretérito perfeito do indicativo: dei, deste, deu, demos, destes, deram.

  Pretérito mais-que-perfeito do indicativo: dera, deras, dera, déramos, déreis, deram.

  Pretérito imperfeito do subjuntivo: desse, desses, desse, déssemos, désseis, dessem.

  Futuro do subjuntivo: der, deres, der, dermos, derdes, derem.

- **Dizer**

  Presente do indicativo: digo, dizes, diz, dizemos, dizeis, dizem.

  Presente do subjuntivo: diga, digas, diga, digamos, digais, digam.

  Pretérito perfeito do indicativo: disse, disseste, disse, dissemos, dissestes, disseram.

  Pretérito mais-que-perfeito do indicativo: dissera, disseras, dissera, disséramos, disséreis, disseram.

  Futuro do presente: direi, dirás, dirá etc.

  Futuro do pretérito: diria, dirias, diria etc.

  Pretérito imperfeito do subjuntivo: dissesse, dissesses, dissesse, disséssemos, dissésseis, dissessem.

  Futuro do subjuntivo: disser, disseres, disser, dissermos, disserdes, disserem.

- **Estar**

  Presente do indicativo: estou, estás, está, estamos, estais, estão.

  Presente do subjuntivo: esteja, estejas, esteja, estejamos, estejais, estejam.

  Pretérito perfeito do indicativo: estive, estiveste, esteve, estivemos, estivestes, estiveram.

  Pretérito mais-que-perfeito do indicativo: estivera, estiveras, estivera, estivéramos, estivéreis, estiveram.

  Pretérito imperfeito do subjuntivo: estivesse, estivesses, estivesse, estivéssemos, estivésseis, estivessem.

  Futuro do subjuntivo: estiver, estiveres, estiver, estivermos, estiverdes, estiverem.

- **Fazer**

  Presente do indicativo: faço, fazes, faz, fazemos, fazeis, fazem.

  Presente do subjuntivo: faça, faças, faça, façamos, façais, façam.

  Pretérito perfeito do indicativo: fiz, fizeste, fez, fizemos, fizestes, fizeram.

  Pretérito mais-que-perfeito do indicativo: fizera, fizeras, fizera, fizéramos, fizéreis, fizeram.

  Pretérito imperfeito do subjuntivo: fizesse, fizesses, fizesse, fizéssemos, fizésseis, fizessem.

  Futuro do subjuntivo: fizer, fizeres, fizer, fizermos, fizerdes, fizerem.

MORFOLOGIA

Seguem esse modelo os verbos: desfazer, liquefazer e satisfazer.

Os particípios destes verbos e seus derivados são irregulares: feito, desfeito, liquefeito, satisfeito etc.

- **Haver**

    Presente do indicativo: hei, hás, há, havemos, haveis, hão.
    Presente do subjuntivo: haja, hajas, haja, hajamos, hajais, hajam.
    Pretérito perfeito do indicativo: houve, houveste, houve, houvemos, houvestes, houveram.
    Pretérito mais-que-perfeito do indicativo: houvera, houveras, houvera, houvéramos, houvéreis, houveram.
    Pretérito imperfeito do subjuntivo: houvesse, houvesses, houvesse, houvéssemos, houvésseis, houvessem.
    Futuro do subjuntivo: houver, houveres, houver, houvermos, houverdes, houverem.

- **Ir**

    Presente do indicativo: vou, vais, vai, vamos, ides, vão.
    Presente do subjuntivo: vá, vás, vá, vamos, vades, vão.
    Pretérito imperfeito do indicativo: ia, ias, ia, íamos, íeis, iam.
    Pretérito perfeito do indicativo: fui, foste, foi, fomos, fostes, foram.
    Pretérito mais-que-perfeito do indicativo: fora, foras, fora, fôramos, fôreis, foram.
    Pretérito imperfeito do subjuntivo: fosse, fosses, fosse, fôssemos, fôsseis, fossem.
    Futuro do subjuntivo: for, fores, for, formos, fordes, forem.

- **Poder**

    Presente do indicativo: posso, podes, pode, podemos, podeis, podem.
    Presente do subjuntivo: possa, possas, possa, possamos, possais, possam.
    Pretérito perfeito do indicativo: pude, pudeste, pôde, pudemos, pudestes, puderam.
    Pretérito mais-que-perfeito do indicativo: pudera, puderas, pudera, pudéramos, pudéreis, puderam.
    Pretérito imperfeito do subjuntivo: pudesse, pudesses, pudesse, pudéssemos, pudésseis, pudessem.
    Futuro do subjuntivo: puder, puderes, puder, pudermos, puderdes, puderem.

- **Pôr**

    Presente do indicativo: ponho, pões, põe, pomos, pondes, põem.
    Presente do subjuntivo: ponha, ponhas, ponha, ponhamos, ponhais, ponham.
    Pretérito imperfeito do indicativo: punha, punhas, punha, púnhamos, púnheis, punham.
    Pretérito perfeito do indicativo: pus, puseste, pôs, pusemos, pusestes, puseram.
    Pretérito mais-que-perfeito do indicativo: pusera, puseras, pusera, puséramos, puséreis, puseram.
    Pretérito imperfeito do subjuntivo: pusesse, pusesses, pusesse, puséssemos, pusésseis, pusessem.
    Futuro do subjuntivo: puser, puseres, puser, pusermos, puserdes, puserem.

Todos os derivados do verbo pôr seguem exatamente este modelo: antepor, compor, contrapor, decompor, depor, descompor, dispor, expor, impor, indispor, interpor, opor, pospor, predispor, pressupor, propor, recompor, repor, sobrepor, supor, transpor são alguns deles.

- **Querer**

    Presente do indicativo: quero, queres, quer, queremos, quereis, querem.
    Presente do subjuntivo: queira, queiras, queira, queiramos, queirais, queiram.
    Pretérito perfeito do indicativo: quis, quiseste, quis, quisemos, quisestes, quiseram.
    Pretérito mais-que-perfeito do indicativo: quisera, quiseras, quisera, quiséramos, quiséreis, quiseram.
    Pretérito imperfeito do subjuntivo: quisesse, quisesses, quisesse, quiséssemos, quisésseis, quisessem.
    Futuro do subjuntivo: quiser, quiseres, quiser, quisermos, quiserdes, quiserem.

- **Saber**

    Presente do indicativo: sei, sabes, sabe, sabemos, sabeis, sabem.
    Presente do subjuntivo: saiba, saibas, saiba, saibamos, saibais, saibam.
    Pretérito perfeito do indicativo: soube, soubeste, soube, soubemos, soubestes, souberam.
    Pretérito mais-que-perfeito do indicativo: soubera, souberas, soubera, soubéramos, soubéreis, souberam.
    Pretérito imperfeito do subjuntivo: soubesse, soubesses, soubesse, soubéssemos, soubésseis, soubessem.
    Futuro do subjuntivo: souber, souberes, souber, soubermos, souberdes, souberem.

- **Ser**

    Presente do indicativo: sou, és, é, somos, sois, são.
    Presente do subjuntivo: seja, sejas, seja, sejamos, sejais, sejam.
    Pretérito imperfeito do indicativo: era, eras, era, éramos, éreis, eram.
    Pretérito perfeito do indicativo: fui, foste, foi, fomos, fostes, foram.
    Pretérito mais-que-perfeito do indicativo: fora, foras, fora, fôramos, fôreis, foram.
    Pretérito imperfeito do subjuntivo: fosse, fosses, fosse, fôssemos, fôsseis, fossem.
    Futuro do subjuntivo: for, fores, for, formos, fordes, forem.

As segundas pessoas do imperativo afirmativo são: sê (tu) e sede (vós).

- **Ter**

    Presente do indicativo: tenho, tens, tem, temos, tendes, têm.
    Presente do subjuntivo: tenha, tenhas, tenha, tenhamos, tenhais, tenham.
    Pretérito imperfeito do indicativo: tinha, tinhas, tinha, tínhamos, tínheis, tinham.
    Pretérito perfeito do indicativo: tive, tiveste, teve, tivemos, tivestes, tiveram.
    Pretérito mais-que-perfeito do indicativo: tivera, tiveras, tivera, tivéramos, tivéreis, tiveram.
    Pretérito imperfeito do subjuntivo: tivesse, tivesses, tivesse, tivéssemos, tivésseis, tivessem.
    Futuro do subjuntivo: tiver, tiveres, tiver, tivermos, tiverdes, tiverem.

Seguem esse modelo os verbos: ater, conter, deter, entreter, manter, reter.

- **Trazer**

    Presente do indicativo: trago, trazes, traz, trazemos, trazeis, trazem.

Presente do subjuntivo: traga, tragas, traga, tragamos, tragais, tragam.
Pretérito perfeito do indicativo: trouxe, trouxeste, trouxe, trouxemos, trouxestes, trouxeram.
Pretérito mais-que-perfeito do indicativo: trouxera, trouxeras, trouxera, trouxéramos, trouxéreis, trouxeram.
Futuro do presente: trarei, trarás, trará etc.
Futuro do pretérito: traria, trarias, traria etc.
Pretérito imperfeito do subjuntivo: trouxesse, trouxesses, trouxesse, trouxéssemos, trouxésseis, trouxessem.
Futuro do subjuntivo: trouxer, trouxeres, trouxer, trouxermos, trouxerdes, trouxerem.

- Ver

Presente do indicativo: vejo, vês, vê, vemos, vedes, veem.
Presente do subjuntivo: veja, vejas, veja, vejamos, vejais, vejam.
Pretérito perfeito do indicativo: vi, viste, viu, vimos, vistes, viram.
Pretérito mais-que-perfeito do indicativo: vira, viras, vira, víramos, víreis, viram.
Pretérito imperfeito do subjuntivo: visse, visses, visse, víssemos, vísseis, vissem.
Futuro do subjuntivo: vir, vires, vir, virmos, virdes, virem.

Seguem esse modelo os derivados antever, entrever, prever, rever. Prover segue o modelo acima apenas no presente do indicativo e seus tempos derivados; nos demais tempos, comporta-se como um verbo regular da segunda conjugação.

- Vir

Presente do indicativo: venho, vens, vem, vimos, vindes, vêm.
Presente do subjuntivo: venha, venhas, venha, venhamos, venhais, venham.
Pretérito imperfeito do indicativo: vinha, vinhas, vinha, vínhamos, vínheis, vinham.
Pretérito perfeito do indicativo: vim, vieste, veio, viemos, viestes, vieram.
Pretérito mais-que-perfeito do indicativo: viera, vieras, viera, viéramos, viéreis, vieram.
Pretérito imperfeito do subjuntivo: viesse, viesses, viesse, viéssemos, viésseis, viessem.
Futuro do subjuntivo: vier, vieres, vier, viermos, vierdes, vierem.
Particípio e gerúndio: vindo.

7.4.8. Emprego do infinitivo

Apesar de não haver regras bem definidas, podemos anotar as seguintes ocorrências:

▷ Usa-se o **impessoal**:
- Sem referência a nenhum sujeito:
  É proibido **estacionar** na calçada.
- Nas locuções verbais:
  Devemos **pensar** sobre a sua situação.
- Se o infinitivo exercer a função de complemento de adjetivos:
  É uma questão fácil de **resolver**.
- Se o infinitivo possuir valor de imperativo:
  O comandante gritou: "**marchar!**"

▷ Usa-se o **pessoal**:
- Quando o sujeito do infinitivo é diferente do sujeito da oração principal:
  Eu não te culpo por **seres** um imbecil.

- Quando, por meio de flexão, se quer realçar ou identificar a pessoa do sujeito:
  Não foi bom **agires** dessa forma.

7.5 Adjetivo

É a palavra variável que expressa uma qualidade, característica ou origem de algum substantivo ao qual se relaciona.

- Meu terno é azul, elegante e italiano.

Analisando, entendemos assim:
Azul: característica.
Elegante: qualidade.
Italiano: origem.

7.5.1. Estrutura e a classificação dos adjetivos

Com relação à sua formação, eles podem ser:

- **Explicativos:** quando a característica é comum ao substantivo referido.
  Fogo **quente**, homem **mortal**. (Todo fogo é quente, todo homem é mortal).
- **Restritivos:** quando a característica não é comum ao substantivo, ou seja, nem todo substantivo é assim caracterizado.
  Terno **azul**, casa **grande**. (Nem todo terno é azul, nem toda casa é grande).
- **Simples:** quando possui apenas uma raiz.
  Amarelo, brasileiro, competente, sagaz, loquaz, inteligente, grande, forte etc.
- **Composto:** quando possui mais de uma raiz.
  Amarelo-canário, luso-brasileiro, verde-escuro, vermelho-sangue etc.
- **Primitivo:** quando pode dar origem a outra palavra, não tendo sofrido derivação alguma.
  Bom, legal, grande, rápido, belo etc.
- **Derivado:** quando resultado de um processo de derivação, ou seja, oriundo de outra palavra.
  Bondoso (de bom), grandioso (de grande), maléfico (de mal), esplendoroso (de esplendor) etc.

Os adjetivos que designam origem de algum termo são denominados adjetivos pátrios ou gentílicos.

Adjetivos pátrios de estados:
Acre: acriano.
Alagoas: alagoano.
Amapá: amapaense.
Aracaju: aracajuano ou aracajuense.
Amazonas: amazonense ou baré.
Belém (PA): belenense.
Belo Horizonte: belo-horizontino.
Boa Vista: boa-vistense.
Brasília: brasiliense.
Cabo Frio: cabo-friense.
Campinas: campineiro ou campinense.
Curitiba: curitibano.
Espírito Santo: espírito-santense ou capixaba.
Fernando de Noronha: noronhense.
Florianópolis: florianopolitano.
Fortaleza: fortalezense.
Goiânia: goianiense.
João Pessoa: pessoense.
Macapá: macapaense.

MORFOLOGIA

Maceió: maceioense.
Manaus: manauense.
Maranhão: maranhense.
Marajó: marajoara.
Natal: natalense ou papa-jerimum.
Porto Alegre: porto alegrense.
Ribeirão Preto: ribeiropretense.
Rio de Janeiro (estado): fluminense.
Rio de Janeiro (cidade): carioca.
Rio Branco: rio-branquense.
Rio Grande do Norte: rio-grandense-do-norte, norte-riograndense ou potiguar.
Rio Grande do Sul: rio-grandense-do-sul, sul-rio-grandense ou gaúcho.
Rondônia: rondoniano.
Roraima: roraimense.
Salvador: salvadorense ou soteropolitano.
Santa Catarina: catarinense ou barriga verde.
Santarém: santarense.
São Paulo (estado): paulista.
São Paulo (cidade): paulistano.
Sergipe: sergipano.
Teresina: teresinense.
Tocantins: tocantinense.

Adjetivos pátrios de países:
Croácia: croata.
Costa Rica: costarriquense.
Curdistão: curdo.
Estados Unidos: estadunidense, norte-americano ou ianque.
El Salvador: salvadorenho.
Guatemala: guatemalteco.
Índia: indiano ou hindu (os que professam o hinduísmo).
Israel: israelense ou israelita.
Irã: iraniano.
Moçambique: moçambicano.
Mongólia: mongol ou mongólico.
Panamá: panamenho.
Porto Rico: porto-riquenho.
Somália: somali.

Na formação de adjetivos pátrios compostos, o primeiro elemento aparece na forma reduzida e, normalmente, erudita.

Observe alguns exemplos de adjetivos pátrios compostos:
África: afro-americana.
Alemanha: germano- ou teuto-: competições teutoinglesas.
América: Américo-: companhia américo-africana.
Ásia: ásio-: encontros ásio-europeus.
Áustria: austro-: peças austro-búlgaras.
Bélgica: belgo-: acampamentos belgo-franceses.
China: sino-: acordos sino-japoneses.
Espanha: hispano- + mercado: hispano-português.
Europa: euro + negociações euro-americanas.
França: franco- ou galo-: reuniões franco-italianas.
Grécia: greco-: filmes greco-romanos.
Índia: indo-: guerras indo-paquistanesas.
Inglaterra: anglo-: letras anglo-portuguesas.
Itália: ítalo-: sociedade ítalo-portuguesa.
Japão: nipo-: associações nipo-brasileiras.
Portugal: luso-: acordos luso-brasileiros.

7.5.2. Locução adjetiva

Expressão que tem valor adjetival, mas que é formada por mais de uma palavra. Geralmente, concorrem para sua formação uma preposição e um substantivo. Veja alguns exemplos de locução adjetiva seguida de adjetivo:

De águia: aquilino.
De aluno: discente.
De anjo: angelical.
De bispo: episcopal.
De cabelo: capilar.
De cão: canino.
De dedo: digital.
De estômago: estomacal ou gástrico.
De fera: ferino.
De gelo: glacial.
De homem: viril ou humano.
De ilha: insular.
De lago: lacustre.
De madeira: lígneo.
De neve: níveo ou nival.
De orelha: auricular.
De paixão: passional.
De quadris: ciático.
De rio: fluvial.
De serpente: viperino.
De trigo: trítício.
De urso: ursino.
De velho: senil.

7.5.3. Flexão do adjetivo

O adjetivo pode ser flexionado em gênero, número e grau.

Flexão de gênero (masculino/feminino)

Com relação ao gênero, os adjetivos podem ser classificados de duas formas:
- Biformes: quando possuem uma forma para cada gênero.
    Homem **belo**/mulher **bela**.
    Contexto **complicado**/questão **complicada**.
- Uniformes: quando possuem apenas uma forma, como se fossem elementos neutros.
    Homem **fiel**/mulher **fiel**.
    Contexto **interessante**/questão **interessante**.

Flexão de número (singular/plural)

Os adjetivos simples seguem a mesma regra de flexão que os substantivos simples. Serão, por regra, flexionados os adjetivos compostos que, em sua formação, possuírem dois adjetivos. A flexão ocorrerá apenas no segundo elemento da composição.

Guerra greco-**romana** – Guerras greco-**romanas**.
Conflito **socioeconômico** – Análises **socioeconômicas**.

Por outro lado, se houver um substantivo como elemento da composição, o adjetivo fica invariável.

Blusa **amarelo-canário** – Blusas **amarelo-canário**.
Mesa **verde-musgo** – Mesas **verde-musgo**.

O caso em questão também pode ocorrer quando um substantivo passa a ser, por derivação imprópria, um adjetivo, ou seja, também serão invariáveis os "substantivos adjetivados".

Terno cinza – Ternos cinza.
Vestido rosa – Vestidos rosa.

E também:
> Surdo mudo – surdos mudos.
> Pele vermelha – peles vermelhas.

Azul- marinho e azul-celeste são invariáveis.

7.5.4.Flexão de grau (comparativo e superlativo)

Há duas maneiras de se estabelecer o grau do adjetivo: por meio do **grau comparativo** e por meio do **grau superlativo**.

Grau comparativo: estabelece um tipo de comparação de características, sendo estabelecido de três maneiras:
- **Inferioridade:** o açúcar é **menos** doce (do) **que** os teus olhos.
- **Igualdade:** o meu primo é **tão** estudioso **quanto** o meu irmão.
- **Superioridade:** gramática **é mais legal** (do) **que** matemática.

Grau superlativo: reforça determinada qualidade em relação a um referente. Pode-se estabelecer o grau superlativo de duas maneiras:
▷ **Relativo:** em relação a um grupo.
- **De superioridade:** José é o **mais** inteligente dos alunos.
- **De inferioridade:** o presidente foi o **menos** prestigiado da festa.
▷ **Absoluto:** sem relações, apenas reforçando as características:
- **Analítico:** com auxílio de algum termo:
  > Pedro é muito magro.
  > Pedro é magro, magro, magro.
- **Sintético** (com o acréscimo de -íssimo ou -érrimo):
  > Pedro é macérrimo.
  > Somos todos estudiosíssimos.

Veja, agora, alguns exemplos de superlativos sintéticos:
> Ágil: agilíssimo.
> Bom: ótimo ou boníssimo.
> Capaz: capacíssimo.
> Difícil: dificílimo.
> Eficaz: eficacíssimo.
> Fiel: fidelíssimo.
> Geral: generalíssimo.
> Horrível: horribilíssimo.
> Inimigo: inimicíssimo.
> Jovem: juveníssimo.
> Louvável: laudabilíssimo.
> Mísero: misérrimo.
> Notável: notabilíssimo.
> Pequeno: mínimo ou pequeníssimo.
> Sério: seríssimo.
> Terrível: terribilíssimo.
> Vão: vaníssimo.

Atente à mudança de sentido provocada pela alteração de posição do adjetivo.
> Homem **grande** (alto, corpulento).
> **Grande** homem (célebre).

Mas isso nem sempre ocorre. Se você analisar a construção "giz azul" e "azul giz", perceberá que não há diferença semântica.

7.6 Advérbio

É a palavra invariável que se relaciona ao verbo, ao adjetivo ou a outro advérbio para atribuir-lhes uma circunstância. Veja os exemplos:
> Os alunos saíram **apressadamente**.
> O caso era muito **interessante**.
> Resolvemos **muito bem** o problema.

7.6.1.Classificação do advérbio
- **Afirmação:** sim, certamente, efetivamente etc.
- **Negação:** não, nunca, jamais.
- **Intensidade:** muito, pouco, assaz, bastante, mais, menos, tão, tanto, quão etc.
- **Lugar:** aqui, ali, aí, aquém, acima, abaixo, atrás, dentro, junto, defronte, perto, longe, algures, alhures, nenhures etc.
- **Tempo:** agora, já, depois, anteontem, ontem, hoje, jamais, sempre, outrora, breve etc.
- **Modo:** assim, bem, mal, depressa, devagar, melhor, pior e a maior parte das palavras formadas de um adjetivo, mais a terminação "mente" (leve + mente = levemente; calma + mente = calmamente).
- **Inclusão:** também, inclusive.
- **Designação:** eis.
- **Interrogação:** onde, como, quando, por que.

Também existem as chamadas locuções adverbiais que vêm quase sempre introduzidas por uma preposição: à farta (= fartamente), às pressas (= apressadamente), à toa, às cegas, às escuras, às tontas, às vezes, de quando em quando, de vez em quando etc.

Existem casos em que utilizamos um adjetivo como forma de advérbio. É o que chamamos de adjetivo adverbializado. Veja os exemplos:
> Aquele orador fala **belamente**. (Advérbio de modo).
> Aquele orador fala **bonito**. (Adjetivo adverbializado que tenta designar modo).

7.7 Conjunção

É a palavra invariável que conecta elementos em algum encadeamento frasal. A relação em questão pode ser de natureza lógico-semântica (relação de sentido) ou apenas indicar uma conexão exigida pela sintaxe da frase.

7.7.1.Coordenativas

São as conjunções que conectam elementos que não possuem dependência sintática, ou seja, as sentenças que são conectadas por meio desses elementos já estão com suas estruturas sintáticas (sujeito / predicado / complemento) completas.

- **Aditivas:** e, nem (= e não), também, que, não só..., mas também, não só... como, tanto ... como, assim... como etc.
  > José não foi à aula **nem** fez os exercícios.
  > Devemos estudar **e** apreender os conteúdos.
- **Adversativas:** mas, porém, contudo, todavia, no entanto, entretanto, senão, não obstante, aliás, ainda assim.
  > Os países assinaram o acordo, **mas** não o cumpriram.
  > A menina cantou bem, **contudo** não agradou ao público.
- **Alternativas:** ou... ou, já ... já, seja... seja, quer... quer, ora... ora, agora... agora.
  > **Ora** diz sim, **ora** diz não.
  > **Ou** está feliz, **ou** está no ludibriando.
- **Conclusivas:** logo, pois (depois do verbo), então, portanto, assim, enfim, por fim, por conseguinte, conseguintemente, consequentemente, donde, por onde, por isso.
  > O **concursando** estudou muito, **logo**, deverá conseguir seu cargo.
  > É professor, **por conseguinte** deve saber explicar o conteúdo.

MORFOLOGIA

- **Explicativas:** isto é, por exemplo, a saber, ou seja, verbi gratia, pois (antes do verbo), pois bem, ora, na verdade, depois, além disso, com efeito, que, porque, ademais, outrossim, porquanto etc.

    Deve ter chovido, **pois** o chão está molhado.
    O homem é um animal racional, **porque** é capaz de raciocinar.
    Não converse agora, **que** eu estou explicando.

7.7.2. Subordinativas

São as conjunções que denotam uma relação de subordinação entre orações, ou seja, a conjunção subordinativa evidencia que uma oração possui dependência sintática em relação a outra. O que se pretende dizer com isso é que uma das orações envolvidas nesse conjunto desempenha uma função sintática para com sua oração principal.

Integrantes
- Que, se:
    Sei **que** o dia do pagamento é hoje.
    Vejamos **se** você consegue estudar sem interrupções.

Adverbiais
▷ **Causais:** indicam a causa de algo.
- Já que, porque, que, pois que, uma vez que, sendo que, como, visto que, visto como, como etc.
    Não teve medo do perigo, **já que** estava protegido.
    Passou no concurso, **porque** estudou muito.
▷ **Comparativas:** estabelecem relação de comparação:
- Como, mais... (do) que, menos... (do) que, tão como, assim como, tanto quanto etc.
    Tal como procederes, receberás o castigo.
    Alberto é aplicado **como** quem quer passar.
▷ **Concessivas (concessão):** estabelecem relação de quebra de expectativa com respeito à sentença à qual se relacionam.
- Embora, ainda que, dado que, posto que, conquanto, em que, quando mesmo, mesmo que, por menos que, por pouco que, apesar de (que).
    Embora tivesse estudado pouco, conseguiu passar.
    Conquanto estudasse, não conseguiu aprender.
▷ **Condicionais:** estabelecem relação de condição.
- Se, salvo se, caso, exceto se, contanto que, com tal que, caso, a não ser que, a menos que, sem que etc.
    Se tudo der certo, estaremos em Portugal amanhã.
    Caso você tenha dúvidas, pergunte a seu professor.
▷ **Consecutivas:** estabelecem relação de consequência.
- Tanto que, de modo que, de sorte que, tão...que, sem que etc.
    O aluno estudou **tanto que** morreu.
    Timeto Amon era **tão** feio **que** não se olhava no espelho.
▷ **Conformativas:** estabelecem relação de conformidade.
- Conforme, consoante, segundo, da mesma maneira que, assim como, como que etc.
    Faça a prova **conforme** teu pai disse.
    Todos agem **consoante** se vê na televisão.
▷ **Finais:** estabelecem relação de finalidade.
- Para que, a fim de que, que, porque.
    Estudou muito **para que** pudesse ter uma vida confortável.
    Trabalhei **a fim de que** o resultado seja satisfatório.

▷ **Proporcionais:** estabelecem relação de proporção.
- À proporção que, à medida que, quanto mais... tanto mais, quanto menos... tanto menos, ao passo que etc.
    À medida que o momento de realizar a prova chegava, a ansiedade de todos aumentava.
    Quanto mais você estudar, **tanto mais** terá a chance de ser bem-sucedido.
▷ **Temporais:** estabelecem relação de tempo.
- Quando, enquanto, apenas, mal, desde que, logo que, até que, antes que, depois que, assim que, sempre que, senão quando, ao tempo que, apenas que, antes que, depois que, sempre que etc.
    Quando todos disserem para você parar, continue.
    Depois que terminar toda a lição, poderá descansar um pouco.
    Mal chegou, já quis sair.

7.8 Interjeição

É o termo que exprime, de modo enérgico, um estado súbito de alma. Sem muita importância para a análise a que nos propomos, vale apenas lembrar que elas possuem uma classificação semântica:
- **Dor:** ai! ui!
- **Alegria:** ah! eh! oh!
- **Desejo:** oxalá! tomara!
- **Admiração:** puxa! cáspite! safa! quê!
- **Animação:** eia! sus! coragem!
- **Aplauso:** bravo! apoiado!
- **Aversão:** ih! chi! irra! apre!
- **Apelo:** ó, olá! psit! pitsiu! alô! socorro!
- **Silêncio:** psit! psiu! caluda!
- **Interrogação, espanto:** hem!

Há, também, locuções interjeitivas: **minha nossa! Meu Deus!**

A despeito da classificação acima, o que determina o sentido da interjeição é o seu uso.

7.9 Numeral

É a palavra que indica uma quantidade, multiplicação, fração ou um lugar em uma série. Os numerais podem ser divididos em:
- **Cardinais:** quando indicam um número básico: um, dois, três, cem mil etc.
- **Ordinais:** quando indicam um lugar numa série: primeiro, segundo, terceiro, centésimo, milésimo etc.
- **Multiplicativos:** quando indicam uma quantidade multiplicativa: dobro, triplo, quádruplo etc.
- **Fracionários:** quando indicam parte de um inteiro: meio, metade, dois terços etc.

ALGARISMO		CARDINAIS	ORDINAIS
ROMANOS	ARÁBICOS		
I	1	um	primeiro
II	2	dois	segundo
III	3	três	terceiro
IV	4	quatro	quarto
V	5	cinco	quinto
VI	6	seis	sexto
VII	7	sete	sétimo

VIII	8	oito	oitavo
IX	9	nove	nono
X	10	dez	décimo
XI	11	onze	undécimo ou décimo primeiro
XII	12	doze	duodécimo ou décimo segundo
XIII	13	treze	décimo terceiro
XIV	14	quatorze ou catorze	décimo quarto
XV	15	quinze	décimo quinto
XVI	16	dezesseis	décimo sexto
XVII	17	dezessete	décimo sétimo
XVIII	18	dezoito	décimo oitavo
XIX	19	dezenove	décimo nono
XX	20	vinte	vigésimo
XXI	21	vinte e um	vigésimo primeiro
XXX	30	trinta	trigésimo
XXXL	40	quarenta	quadragésimo
L	50	cinquenta	quinquagésimo
LX	60	sessenta	sexagésimo
LXX	70	setenta	septuagésimo ou setuagésimo
LXXX	80	oitenta	octogésimo
XC	90	noventa	nonagésimo
C	100	cem	centésimo
CC	200	duzentos	ducentésimo
CCC	300	trezentos	trecentésimo
CD	400	quatrocentos	quadringentésimo
D	500	quinhentos	quingentésimo
DC	600	seiscentos	seiscentésimo ou sexcentésimo
DCC	700	setecentos	septingentésimo
DCCC	800	oitocentos	octingentésimo
CM	900	novecentos	nongentésimo ou noningentésimo
M	1.000	mil	milésimo
X'	10.000	dez mil	dez milésimos
C'	100.000	cem mil	cem milésimos
M'	1.000.000	um milhão	milionésimo
M''	1.000.000.000	um bilhão	bilionésimo

Lista de numerais multiplicativos e fracionários:

Algarismos	Multiplicativos	Fracionários
2	duplo, dobro, dúplice	meio ou metade
3	triplo, tríplice	terço
4	quádruplo	quarto
5	quíntuplo	quinto
6	sêxtuplo	sexto
7	sétuplo	sétimo
8	óctuplo	oitavo
9	nônuplo	nono
10	décuplo	décimo
11	undécuplo	onze avos
12	duodécuplo	doze avos
100	cêntuplo	centésimo

7.9.1. Cardinais

Para realizar a leitura dos cardinais, é necessário colocar a conjunção "e" entre as centenas e dezenas, assim como entre as dezenas e a unidade.

Exemplo: 3.068.724 = três milhões, sessenta **e** oito mil, setecentos **e** vinte **e** quatro.

7.9.2. Ordinais

Quanto à leitura do numeral ordinal, há duas possibilidades: quando é inferior a 2.000, lê-se inteiramente segundo a forma ordinal.
- 1.766° = milésimo septingentésimo sexagésimo sexto.

Acima de 2.000, lê-se o primeiro algarismo como cardinal e os demais como ordinais. Hodiernamente, entretanto, tem-se observado a tendência a ler os números redondos segundo a forma ordinal.
- 2.536° = dois milésimos quingentésimo trigésimo sexto.
- 8 000° = oitavo milésimo.

7.9.3. Fracionários

O numerador de um numeral fracionário é sempre lido como cardinal. Quanto ao denominador, há dois casos:
- Primeiro: se for inferior ou igual a 10, ou ainda for um número redondo, será lido como ordinal 2/6 = dois sextos; 9/10 = nove décimos; centésimos (se houver). São exceções: 1/2 = meio; 1/3 = um terço.
- Segundo: se for superior a 10 e não constituir número redondo, é lido como cardinal, seguido da palavra "avos". 1/12 = um doze avos; 4/25 = quatro vinte e cinco avos.

Ao se fazer indicação de reis, papas, séculos, partes de uma obra, usam-se os numerais ordinais até décimo. A partir daí, devem-se empregar os cardinais. Século V (século quinto), século XX (vinte), João Paulo II (segundo), Bento XVI (dezesseis).

7.10 Preposição

É a palavra invariável que serve de ligação entre dois termos de uma oração ou, às vezes, entre duas orações. Costuma-se denominar "regente" o termo que exige a preposição e "regido" aquele que recebe a preposição:

Ele comprou um livro **de** poesia.

Ele tinha medo **de** ficar solitário.

Como se vê, a preposição "de", no primeiro caso, liga termos de uma mesma oração; no segundo, liga orações.

MORFOLOGIA

7.10.1. Preposições essenciais

São aquelas que têm como função primordial a conexão das palavras:

- a, ante, até, após, com contra, de, desde, em, entre, para, per, perante, por, sem, sob, sobre, trás.

Veja o emprego de algumas preposições:

Os manifestantes lutaram **contra** a polícia.
O aluno chegou **ao** salão rapidamente.
Aguardo sua decisão **desde** ontem.
Entre mim e ti, não há qualquer problema.

7.10.2. Preposições acidentais

São palavras que pertencem a outras classes, empregadas, porém, eventualmente como preposições: conforme, consoante, durante, exceto, fora, agora, mediante, menos, salvante, salvo, segundo, tirante.

O emprego das preposições acidentais é mais comum do que parece, veja os exemplos:

Todos saíram da sala, **exceto** eu.
Tirante as mulheres, o grupo que estava na sala parou de falar.
Escreveu o livro **conforme** o original.

7.10.3. Locuções prepositivas

Além das preposições simples, existem também as chamadas locuções prepositivas, que terminam sempre por uma preposição simples:

- abaixo de, acerca de, acima de, a despeito de, adiante de, a fim de, além de, antes de, ao lado de, a par de, apesar de, a respeito de, atrás de, através de, de acordo com, debaixo de, de cima de, defronte de, dentro de, depois de, diante de, embaixo de, em cima de, em frente de(a), em lugar de, em redor de, em torno de, em vez de, graças a, junto a (de), para baixo de, para cima de, para com, perto de, por baixo de, por causa de, por cima de, por detrás de, por diante de, por entre, por trás de.

7.10.4. Conectivos

Os conectivos têm a função de ligar palavras ou orações. Eles podem ser coordenativos (ligam orações coordenadas) ou subordinativos (ligam orações subordinadas).

Coordenativos

- Conjunções coordenativas que iniciam as orações coordenadas:
    Aditivas: e.
    Adversativas: mas.
    Alternativas: ou.
    Conclusivas: logo.
    Explicativas: pois.

Subordinativos

- Pronomes relativos que iniciam as orações adjetivas:
    Que.
    Quem.
    Cujo/cuja.
    O qual/a qual.
- Conjunções subordinativas que iniciam as orações adverbiais:
    Causais: porque.
    Comparativas: como.
    Concessivas: embora.
    Condicionais: se.
    Conformativas: conforme.
    Consecutivas: (tão) que.

  Finais: para que.
  Proporcionais: à medida que.
  Temporais: quando.

- Conjunções subordinativas que iniciam as orações substantivas:
    Integrantes: que, se.

7.10.5. Formas variantes

Algumas palavras possuem mais de uma forma, ou seja, junto à forma padrão existem outras formas variantes.

Em algumas situações, é irrelevante a variação utilizada, mas em outros deve-se escolher a variação mais generalizada.

Exemplos:

Assobiar, assoviar.
Coisa, cousa.
Louro, loiro.
Lacrimejar, lagrimejar.
Infarto, enfarte.
Diabete, diabetes.
Transpassar, traspassar, trespassar.

8 SINTAXE BÁSICA

Sintaxe é a parte da Gramática que estuda a função das palavras ou das expressões em uma oração ou em um período.

Antes de iniciar o estudo da sintaxe, faz-se necessário definir alguns conceitos, tais como: frase, oração e período (conceitos essenciais).

- **Frase**: qualquer sentença dotada de sentido.
    Eu adoro estudar português!
    Fogo! Socorro!
- **Oração**: frase organizada em torno de uma forma verbal.
    Os alunos farão a prova amanhã!
- **Período**: conjunto de orações.
    - Período simples: 1 oração.
        Ex.: **Estudarei** português.
    - Período composto: mais de 1 oração.
        Ex.: **Estudarei** português e **farei** a prova.

8.1 Período simples (oração)

A oração é dividida em termos. Assim, o estudo fica organizado e impossibilita a confusão. São os termos da oração:
- Essenciais.
- Integrantes.
- Acessórios.

8.1.1. Termos essenciais da oração

Sujeito e predicado: são chamados de essenciais, porque são os elementos que dão vida à oração. Quer dizer, sem um deles (o predicado, ao menos) não se pode formar oração.

- O **Brasil** caminha para uma profunda transformação social.
    O Brasil: sujeito.
    Para uma profunda transformação social: predicado.

Sujeito

Sujeito é o termo sintático sobre o qual se declara ou se constata algo. Deve-se observar que há uma profunda relação entre o verbo que comporá o predicado e o sujeito da oração. Usualmente, o sujeito é formado por um substantivo ou por uma expressão substantivada.

O sujeito pode ser: simples; composto; oculto, elíptico ou desinencial; indeterminado; inexistente ou oracional.

- **Sujeito simples**: aquele que possui apenas um núcleo.
    O **país** deverá enfrentar difíceis rivais na competição.
    A **perda** de fôlego de algumas das grandes economias também já foi notada por outras gigantes do setor.
- **Sujeito composto**: é aquele que possui mais de um núcleo.
    João e Maria são amigos inseparáveis.
    Eu, meus **amigos** e todo o **resto** dos alunos faremos a prova.
- **Sujeito oculto, elíptico ou desinencial**: aquele que não se encontra expresso na oração, porém é facilmente subentendido pelo verbo apresentado.
    Acord**amos** cedo naquele dia. (Nós)
    Abri o blusão, tirei o 38, e perguntei com tanta raiva que uma gota de meu cuspe bateu na cara dele. (R. Fonseca) (eu)
    Vanderlei caminh**ou** pela manhã. À tarde pass**eou** pelo lago municipal, onde encont**rou** a Anaconda da cidade. (Ele, Vanderlei)

Perceba que o sujeito não está grafado na sentença, mas é facilmente recuperável por meio da terminação do verbo.

▷ **Sujeito indeterminado**: ocorre quando o verbo não se refere a um núcleo determinado. São situações de indeterminação do sujeito:
- Terceira pessoa do plural sem um referente:
    Nunca lhe **deram** nada.
    Fizeram comentários maldosos a seu respeito.
- Com verbos transitivos indiretos, intransitivo e relacionais (de ligação) acompanhados da partícula "se" que, no caso, será classificada como índice de indeterminação de sujeito:
    Vive-**se** muito bem.
    Precisa-**se** de força e coragem na vida de estudante.
    Nem sempre **se está** feliz na riqueza.

▷ **Sujeito inexistente ou oração sem sujeito**: ocorre em algumas situações específicas.
- Com verbos impessoais (principalmente os que denotam fenômeno da natureza).
    Em setembro **chove** muito.
    Nevava em Palotina.
- Com o verbo haver, desde que empregado nos sentidos de existir, acontecer ou ocorrer.
    Há poemas perfeitos, não **há** poetas perfeitos.
    Deveria haver soluções para tais problemas.
- Com os verbos ir, haver e fazer, desde que empregado fazendo alusão a tempo transcorrido.
    Faz um ano que não viajo. (verbo "fazer" no sentido de "tempo transcorrido")
    Há muito tempo que você não aparece. (verbo "haver" no sentido de "tempo")
    Vai para dois meses que não recebo salário. (verbo "ir" no sentido de "tempo")
- Com os verbos ser ou estar indicando tempo.
    Era noite fechada.
    É tarde, eles não vêm!
- Com os verbos bastar e chegar indicando cessamento.
    Basta de tanta corrupção no Senado!
    Chega de ficar calado quando a situação aperta!
- Com o verbo ser indicando data ou horas.
    São dez horas no relógio da torre.
    Amanhã **serão** dez de dezembro.

▷ **Sujeito oracional**: ocorre nas análises do período composto, quando se verifica que o sujeito de um verbo é uma oração.
    É preciso **que você estude Língua Portuguesa**.

Predicado

É o termo que designa aquilo que se declara acerca do sujeito. É mais simples e mais prudente para o aluno buscar identificar o predicado antes do sujeito, pois, se assim o fizer, terá mais concretude na identificação do sujeito.

O predicado pode ser nominal, verbal ou verbo-nominal.

- **Predicado Nominal**: o predicado nominal é formado por um verbo relacional (de ligação) + predicativo.

Principais verbos de ligação: ser, estar, permanecer, continuar, ficar, parecer, andar e torna-se.

    A economia da Ásia parecia derrotada após a crise.
    O deputado, de repente, virou patriota.
    Português é legal.

- **Predicado Verbal:** o predicado verbal tem como núcleo um verbo nocional.

    Empresários **investirão R$ 250 milhões em novo berço para o Porto de Paranaguá**.

- **Predicado Verbo-nominal:** ocorre quando há um verbo significativo (nocional) + um predicativo do sujeito.

    O trem chegou atrasado. ("atrasado" é uma qualidade do sujeito que aparece após o verbo, portanto, é um predicativo do sujeito).

    Pedro Paladino já nasceu rico.

    Acompanhei a indignação de meus alunos preocupado.

Predicativo

O predicativo é um termo componente do predicado. Qualifica sujeito ou objeto.

Josefina era **maldosa, ruim, sem valor**. (predicativo do sujeito)

Leila deixou o garoto **louco**. (predicativo do objeto)

O diretor nomeou João **chefe da repartição**. (predicativo do objeto)

8.2 Termos integrantes da oração

Os termos integrantes da oração são: objeto direto (complemento verbal); objeto indireto (complemento verbal); complemento nominal e agente da passiva.

- **Objeto Direto:** é o complemento de um verbo transitivo direto.

    Os bons cidadãos cumprem **as leis**. (quem cumpre, cumpre algo)

    Em resumo: ele queria **uma mulher**. (quem quer, quer algo)

- **Objeto Indireto:** é o complemento de um verbo transitivo indireto.

    Os bons cidadãos obedecem **às leis**. (quem obedece, obedece a algo)

    Necessitamos **de manuais mais práticos** nos dias de hoje. (quem necessita, necessita de algo)

- **Complemento Nominal:** é o complemento, sempre preposicionado, de adjetivos, advérbios e substantivos que, em determinadas circunstâncias, pedem complemento, assim como os verbos transitivos indiretos.

    O filme era impróprio para crianças.

    Finalizou-se a construção do prédio.

    Agiu favoravelmente ao réu.

- **Agente da Passiva:** é o complemento que, na voz passiva, designa o ser praticante da ação sofrida ou recebida pelo sujeito. Veja os exemplos:

    Voz ativa: o zagueiro executou a jogada.

    Voz passiva: a jogada foi executada **pelo zagueiro**. (**Agente da passiva**)

    Conversas foram interceptadas pela **Polícia Federal**. (Agente da passiva)

8.3 Termos acessórios da oração

Os termos acessórios da oração são: adjunto adnominal; adjunto adverbial; aposto e vocativo.

▷ **Adjunto Adnominal:** a função do adjunto adnominal é desempenhada por qualquer palavra ou expressão que, junto de um substantivo ou de uma expressão substantivada, modifica o seu sentido. Vejamos algumas palavras que desempenham tal função.

- **Artigos: as** alunas serão aprovadas.
- **Pronomes adjetivos: aquela** aluna será aprovada.
- **Numerais adjetivos: duas** alunas serão aprovadas.
- **Adjetivos:** aluno **estudioso** é aprovado.
- **Locuções adjetivas:** aluno **de gramática** passa no concurso.

▷ **Adjunto Adverbial:** o adjunto adverbial é o termo acessório (que não é exigido por elemento algum da sentença) que exprime circunstância ao verbo e, às vezes, ao adjetivo ou mesmo ao advérbio.

- **Advérbios:** os povos antigos trabalhavam mais.
- **Locuções Adverbiais:** li vários livros **durante as férias**.
- **Alguns tipos de adjuntos adverbiais:**

    Tempo: ontem, choveu muito.

    Lugar: gostaria de que me encontrasse **na esquina da padaria**.

    Modo: Alfredo executou a aria **fantasticamente**.

    Meio: fui para a escola **a pé**.

    Causa: por amor, cometem-se loucuras.

    Instrumento: quebrou a **vidraça com uma pedra**.

    Condição: se estudar muito, será aprovado.

    Companhia: faremos sucesso **com essa banda**.

▷ **Aposto:** o aposto é o termo sintático que, possuindo equivalência semântica, esclarece seu referente. Tipos de aposto:

Explicativo: Alencar, **escritor romântico**, possui uma obra vastíssima.

Resumitivo ou recapitulativo: estudo, esporte, cinema, **tudo** o chateava.

Enumerativo: preciso de duas coisas: **saúde e dinheiro**.

Especificativo: a notícia foi publicada na revista **Veja**.

Distributivo: havia grupos interessados: **o da direita e o da esquerda**.

Oracional: desejo só uma coisa: **que vocês passem no concurso**.

Vocativo: é uma interpelação, é um chamamento. Normalmente, indica com quem se fala.

▷ Ó **mar**, por que não me levas contigo?
- Vem, **minha amiga**, abraçar um vitorioso.

8.4 Período composto

O período composto possui dois processos: coordenação e subordinação.

- **Coordenação:** ocorre quando são unidas orações independentes sintaticamente. Ou seja, são autônomas do ponto de vista estrutural. Vamos a um exemplo:

    - Altamiro pratica esportes e estuda muito.

- **Subordinação:** ocorre quando são unidas orações que possuem dependência sintática. Ou seja, não estão completas em sua estrutura. O processo de subordinação ocorre de três maneiras:

    - **Substantiva:** quando a oração desempenhar a função de um substantivo na sentença (**sujeito, predicativo, objeto direto, objeto indireto, complemento nominal ou aposto**).

    - **Adjetiva:** quando a oração desempenhar a função de adjunto adnominal na sentença.

    - **Adverbial:** quando a oração desempenhar a função de adjunto adverbial na sentença.

    Eu quero **que vocês passem no concurso**. (Oração subordinada substantiva objetiva direta – a função de objeto direto está sendo desempenhada pela oração)

    O Brasil, **que é um belíssimo país**, possui vegetação exuberante. (Oração subordinada adjetiva explicativa)

    Quando José entrou na sala, Manoel saiu. (Oração subordinada adverbial temporal)

8.4.1. Processo de coordenação

Há dois tipos de orações coordenadas: **assindéticas** e **sindéticas**.

- **Assindéticas:**

O nome vem da palavra grega *sýndetos*, que significa conjunção, união. Ou seja, oração que não possui conjunção quando está colocada ao lado de outra.

> Valdevino **correu (oração coordenada assindética), correu (oração coordenada assindética), correu (oração coordenada assindética)** o dia todo.

Perceba que não há conjunções para ligar os verbos, ou seja, as orações estão colocadas uma ao lado da outra sem síndeto, portanto, são **orações coordenadas assindéticas**.

- **Sindéticas:**

Contrariamente às assindéticas, as sindéticas possuem conjunção para exprimir uma relação lógico-semântica. Cada oração recebe o nome da conjunção que a introduz. Por isso é necessário decorar as conjunções.

- **Aditivas:** são introduzidas pelas conjunções e, nem, mas também, também, como (após "não só"), como ou quanto (após "tanto"), mais etc., dando a ideia de adição à oração anterior.

> A seleção brasileira venceu a Dinamarca / **e empatou com a Inglaterra.** (Oração coordenada assindética / **oração coordenada sindética aditiva**)

- **Adversativas:** são introduzidas pelas conjunções: mas, porém, todavia, contudo, entretanto, no entanto, não obstante, senão, apesar disso, embora etc., indicando uma relação de oposição à sentença anterior.

> O time batalhou muito, / **mas não venceu o adversário.** (Oração coordenada assindética / **oração coordenada sindética adversativa**)

- **Alternativas:** são introduzidas pelas conjunções ou... ou, ora... ora, já... já, quer... quer, seja... seja, nem... nem etc., indicando uma relação de alternância entre as sentenças.

> Ora estuda, / ora trabalha. (**Oração coordenada sindética alternativa / oração coordenada sindética alternativa**)

- **Conclusivas:** são introduzidas pelas conjunções: pois (posposto ao verbo), logo, portanto, então, por conseguinte, por consequência, assim, desse modo, destarte, com isso, por isto, consequentemente, de modo que, indicando uma relação de conclusão do período anterior.

> Comprei a carne e o carvão, / **portanto podemos fazer o churrasco.** (Oração coordenada assindética / **oração coordenada sindética conclusiva**)

> Estou muito doente, / **não posso, pois, ir à aula.** (Oração coordenada assindética/ **oração coordenada sindética conclusiva**)

- **Explicativas:** são introduzidas pelas conjunções que, porque, porquanto, por, portanto, como, pois (anteposta ao verbo), ou seja, isto é, indicando uma relação de explicação para com a sentença anterior.

> Não converse, / **pois estou estudando.** (Oração coordenada assindética / **oração coordenada sindética explicativa**)

8.4.2. Processo de subordinação

As orações subordinadas substantivas se dividem em seis tipos, introduzidas, geralmente, pelas conjunções "**que**" e "**se**".

- **Subjetiva:** exerce função de sujeito do verbo da oração principal.

> É interessante / **que todos joguem na loteria.** (Oração principal / **oração subordinada substantiva subjetiva**)

- **Objetiva direta:** exerce função de objeto direto.

> Eu quero / **que você entenda a matéria.** Quem quer, quer algo ou alguma coisa. (Oração principal / **oração subordinada substantiva objetiva direta**)

- **Objetiva indireta:** exerce função de objeto indireto.

> Os alunos necessitam / **de que as explicações fiquem claras.** Quem necessita, necessita de algo. (Oração principal / **oração subordinada substantiva objetiva indireta**)

- **Predicativa:** exerce função de predicativo.

> O bom é / **que você faça exercícios todos os dias.** (Oração principal / **oração subordinada substantiva predicativa**)

- **Completiva nominal:** exerce função de complemento nominal de um nome da oração principal.

> Jonas tem vontade / **de que alguém o mande calar a boca.** (Oração principal / **oração subordinada substantiva completiva nominal**)

- **Apositivas:** possuem a função de aposto da sentença principal, geralmente são introduzidas por dois-pontos (:).

> Eu quero apenas isto: / **que você passe no concurso.** (Oração principal / **oração subordinada substantiva apositiva**)

- **Orações subordinadas adjetivas:** dividem-se em dois tipos. Quando desenvolvidas, são introduzidas por um pronome relativo.

O nome oração subordinada adjetiva se deve ao fato de ela desempenhar a mesma função de um adjetivo na oração, ou seja, a função de adjunto adnominal. Na Gramática de Portugal, são chamadas de orações relativas pelo fato de serem introduzidas por pronome relativo.

- **Restritivas:** restringem a informação da oração principal. Não possuem vírgulas.

> O homem / **que mora ao lado** / é mal-humorado. (Oração principal / **oração subordinada adjetiva restritiva** / oração principal)

Para entender basta perguntar: qualquer homem é mal-humorado? Não. Só o que mora ao lado.

- **Explicativas:** explicam ou dão algum esclarecimento sobre a oração principal.

> João, / **que é o ex-integrante da comissão,** / chegou para auxiliar os novos contratados. (Oração principal / **oração subordinada adjetiva explicativa** /oração principal)

- **Orações subordinadas adverbiais:** dividem-se em nove tipos. Recebem o nome da conjunção que as introduz. Nesse caso, teremos uma principal (que não está negritada) e uma subordinada adverbial (que está em negrito).

Essas orações desempenham a função de adjunto adverbial da oração principal.

- **Causais:** exprimem a causa do fato que ocorreu na oração principal. Introduzidas, principalmente, pelas conjunções porque, visto que, já que, uma vez que, como que, como.

> **Já que precisamos de dinheiro,** vamos trabalhar.

- **Comparativas:** representam o segundo termo de uma comparação. Introduzidas, na maior parte dos casos, pelas conjunções que, do que, como, assim como, (tanto) quanto.

> Tiburcina fala **como uma gralha** (fala - o verbo está elíptico).

- **Concessivas:** indica uma concessão entre as orações. Introduzidas, principalmente, pelas conjunções embora, a menos que, ainda que, posto que, conquanto, mesmo que, se bem que, por mais que, apesar de que. Fique de olho na relação da conjunção com o verbo.

> **Embora não tivesse tempo disponível,** consegui estudar.

SINTAXE BÁSICA

- **Condicionais:** expressa ideia de condição. Introduzidas, principalmente, pelas conjunções se, salvo se, desde que, exceto, caso, desde, contanto que, sem que, a menos que.

    Se ele não se defender, acabará como "boi-de-piranha" no caso.

- **Conformativas:** exprimem acordo, concordância entre fatos ou ideias. Introduzidas, principalmente, pelas conjunções como, consoante, segundo, conforme, de acordo com etc.

    Realize as atividades **conforme eu expliquei**.

- **Consecutivas:** indicam a consequência ou o efeito daquilo que se diz na oração principal. Introduzidas, principalmente, pelas conjunções que (precedida de tal, tão, tanto, tamanho), de sorte que, de modo que.

    Estudei tanto, **que saiu sangue dos olhos**.

- **Finais:** exprimem finalidade da ação primeira. Introduzidas, em grande parte dos casos, pelas conjunções para que, a fim de que, que e porque.

    Estudei muito **para que pudesse fazer a prova**.

- **Proporcionais:** expressa uma relação de proporção entre as orações. Introduzidas, principalmente, pelas conjunções (locuções conjuntivas) à medida que, quanto mais... mais, à proporção que, ao passo que, quanto mais.

    - José piorava, **à medida que abandonava seu tratamento**.

- **Temporais:** indicam circunstância de tempo. Introduzidas, principalmente, pelas conjunções quando, antes que, assim que, logo que, até que, depois que, mal, apenas, enquanto etc.

    Logo que iniciamos o trabalho os alunos ficaram mais tranquilos.

9 FUNÇÕES DO "SE"

A palavra "se", assim como o "que", possui diversas funções e costuma gerar muitas dúvidas. Por isso, para entender cada função e identificá-las, observe os exemplos a seguir.

9.1 Partícula apassivadora

Vendem-**se** plantas. (É possível passar a oração para a voz passiva analítica: plantas são vendidas).

Neste caso, o "se" nunca será seguido por preposição.

9.2 Pronome reflexivo

Nesse caso, o pronome expressa a igualdade entre o sujeito e o objeto da ação, exercendo a função de complemento verbal.

Penteou-**se** com capricho.

9.3 Pronome recíproco

Denota a ocorrência de que houve uma ação trocada entre os elementos do sujeito.

Amaram-**se** durante anos.

9.4 Partícula expletiva (de realce)

Tem o papel de realçar ou enfatizar um vocábulo ou um segmento da frase. Pode ser retirada da frase sem prejuízo sintático ou semântico.

Foi-**se** o tempo em que confiávamos nos políticos. (Não possui função na oração, apenas realça o que foi dito).

9.5 Pronome indeterminador do sujeito

O pronome "se" serve como índice de indeterminação do sujeito. O sujeito indeterminado é o sujeito que não quer ou não se pode identificar.

Precisa-**se** de secretária. (Não se pode passar a oração para a voz passiva analítica).

Nessa casa, come-**se** muito.

9.6 Parte do verbo pronominal

Alguns verbos exigem a presença da partícula "se" para indicar que a ação é referente ao sujeito que a pratica. Veja os exemplos:

Arrependeu-**se** de ter ligado.

Outros exemplos de verbos pronominais: lembrar-**se**, queixar-**se**, enganar-**se**, suicidar-**se**.

9.7 Conjunção

A conjunção "se" pode assumir várias funções, veja alguns exemplos:

Vou chegar no horário **se** não chover. (Conjunção condicional).

Não sei **se** dormirei em casa hoje. (Conjunção integrante).

Se vai ficar aqui, então fale comigo. (Conjunção adverbial causal).

Se queria ser mãe, nunca demonstrou amor pelas crianças. (Conjunção concessiva).

10 FUNÇÕES DO "QUE"

A palavra "que" possui diversas funções e costuma gerar muitas dúvidas. Por isso, para entender cada função e identificá-las, observe os exemplos a seguir:

10.1 Substantivo

Senti um **quê** de falsidade naquela fala.

Neste caso, o que está precedido por um determinante – um artigo –, e é acentuado, pois assume o papel de um substantivo. Poderia ser substituído por outro substantivo:

Senti um **ar** de falsidade naquela fala.

Quanto atua como substantivo, o quê será sempre acentuado e precedido por um artigo, pronome ou numeral.

10.2 Pronome

Exemplos:

Que beleza de festa! (Pronome exclamativo)
O livro **que** comprei estava em promoção. (Pronome relativo)
Que dia é a prova? (Pronome interrogativo)

10.3 Interjeição

Exemplos:

Quê? Não entendi.
Quê! Ela sabe sim!

10.4 Preposição

Temos **que** chegar cedo.

Observe que a regência do verbo ter exige a preposição "de": *temos de chegar cedo*. No entanto, na fala coloquial, já é aceito o uso do "que" como preposição.

10.5 Advérbio

Que bela está a casa!

Neste caso, antecede um adjetivo, modificando-o: **como** a casa está bela!

Que longe estava da cidade!

Neste caso, antecede um advérbio, intensificando-o: Estava **muito longe** da cidade.

10.6 Conjunção

Exemplos:

Que gostem ou **que** não gostem, tomei minha decisão. (Conjunção alternativa).
Pode entrar na fila **que** não será atendida. (Conjunção adversativa).
Não falte à aula **que** o conteúdo é importante. (Conjunção explicativa).

10.7 Conjunção subordinativa

Exemplos:

Estava tão cansada **que** não quis recebê-lo. (Conjunção subordinativa consecutiva).
Gostei da viagem, cara **que** tenha sido. (Conjunção subordinativa concessiva).
Não corra **que** o chão está molhado! (Conjunção subordinativa causal).

10.8 Partícula expletiva (de realce)

Que bonito **que** está o seu cabelo! (Não tem função na oração, apenas realça o que está sendo falado)

11 CONCORDÂNCIA VERBAL E NOMINAL

Trata-se do processo de flexão dos termos a fim de se relacionarem harmoniosamente na frase. Quando se pensa sobre a relação do verbo com os demais termos da oração, o estudo focaliza a concordância verbal. Quando a análise se volta para a relação entre pronomes, substantivos, adjetivos e demais termos do grupo nominal, diz-se que o foco é concordância nominal.

11.1 Concordância verbal

11.1.1. Regra geral

O verbo concorda com o sujeito em número e pessoa.

O **primeiro-ministro** russo **acusou** seus inimigos.
Dois **parlamentares rebateram** a acusação.
Contaram-se **mentiras** no telejornal.
Vós sois os responsáveis por vosso destino.

Regras para sujeito composto

▷ Anteposto se colocado antes do verbo, o verbo vai para o plural:

Eu e meus irmãos vamos à praia.

▷ Posposto se colocado após o verbo, o verbo concorda com o mais próximo ou vai para o plural:

Morreu (morreram), no acidente, **o prefeito e o vereador**.

▷ Formado por pessoas (gramaticais) diferentes: plural da predominante.

Eu, você e os alunos **estudaremos** para o concurso. (a primeira pessoa é a predominante, por isso, o verbo fica na primeira pessoa do plural).

▷ Com núcleos em correlação, a concordância se dá com o mais próximo ou fica no plural:

O professor assim como o monitor auxilia(m) os estudantes.

▷ Ligado por NEM o verbo concordará:
- No singular: se houver exclusão.

  Nem Josias nem Josué **percebeu** o perigo iminente.
- No singular: quando se pretende individualizar a ação, aludindo a um termo em específico.

  Nem os esportes nem a leitura **o entretém**.
- No plural: quando não houver exclusão, ou seja, quando a intenção for aludir ao sujeito em sua totalidade.

  Nem a minha rainha nem o meu mentor **serão** tão convincentes a ponto de me fazerem mudar de ideia.

▷ Ligado por COM o verbo concorda com o antecedente do COM ou vai para o plural:

O vocalista com os demais integrantes da banda **realizaram (realizou)** o show.

▷ Ligado por OU o verbo fica no singular (se houver exclusão) ou no plural (se não houver exclusão):

Ou Pedro Amorim ou Jurandir Leitão **será** eleito vereador da cidade.

O aviso ou o ofício **deveriam** ser expedidos antes da data prevista.

▷ Se o sujeito for construído com os termos: um e outro, nem um nem outro, o verbo fica no singular ou plural, dependendo do sentido pretendido.

Um e outro **passou (passaram)** no concurso.
Um ou outro: verbo no singular.
Um ou outro fez a lição.

▷ **Expressões partitivas seguidas de nome plural:** verbo no singular ou plural.

A maior parte das pessoas **fez (fizeram)** o exercício recomendado.

▷ **Coletivo geral:** verbo no singular.

O cardume **nadou** rio acima.

▷ **Expressões que indicam quantidade aproximada seguida de numeral:** o verbo concorda com o substantivo.

Aproximadamente 20% dos eleitores **compareceram** às urnas.
Aproximadamente 20% do eleitorado **compareceu** às urnas.

▷ **Pronomes (indefinidos ou interrogativos) seguidos dos pronomes "nós" e/ou "vós":** o verbo fica no singular ou plural.

Quem de nós **fará (faremos)** a diferença?

▷ **Palavra QUE (pronome relativo):** o verbo concorda com o antecedente do pronome "que".

Fui eu que **fiz** a diferença.

▷ **Palavra QUEM:** verbo na 3ª pessoa do singular.

Fui eu *quem* **fez** a diferença.

Pela repetida utilização errônea, algumas gramáticas já toleram a concordância do verbo com a pessoa gramatical distinta da terceira, no caso de se utilizar um pronome pessoal como antecedente do "quem".

▷ **Um dos que:** verbo no singular ou plural.

Ele foi *um dos que* **fez (fizeram)** a diferença.

▷ **Palavras sinônimas:** verbo concorda com o mais próximo ou fica no plural.

A ruindade, a maldade, a vileza **habita (habitam)** a alma do ser humano.

▷ **Quando os verbos estiverem acompanhados da palavra "SE":** fique atento à função da palavra "SE".

- **SE na função de pronome apassivador:** o verbo concorda com o sujeito paciente.

  Vendem-se casas e sobrados em Alta Vista.
  Presenteou-se o aluno aplicado com uma gramática.

- **SE na função de índice de indeterminação do sujeito:** o verbo fica sempre na 3ª pessoa do singular.

  Precisa-se de empregados com capacidade de aprender.
  Vive-se muito bem na riqueza.

A dica é ficar de olho na transitividade do verbo. Se o verbo for VTI, VI ou VL, o termo "SE" será índice de indeterminação do sujeito.

▷ **Casos de concordância com o verbo "ser":**

- **Quando indicar tempo ou distância:** concorda com o predicativo.

  Amanhã **serão** 7 de fevereiro.
  São 890 quilômetros daqui até Florianópolis.

- **Quando houver sujeito que indica quantidade e predicativo que indica suficiência ou excesso:** concorda com o predicativo.

  Vinte milhões **era** muito por aquela casa.
  Sessenta centavos **é** pouco por aquele lápis.

- **O verbo "dar", no sentido de "bater" ou "soar", acompanhado do termo "hora(s)":** concorda com o sujeito.

  Deram cinco horas no relógio do juiz.
  Deu cinco horas o relógio juiz.

- **Verbo "parecer" somado a infinitivo:** flexiona-se um dos dois.

  Os alunos **pareciam** estudar novos conteúdos.
  Os alunos **pareciam estudarem** novos conteúdos.

CONCORDÂNCIA VERBAL E NOMINAL

- **Quando houver sujeito construído com nome no plural,** com artigo no singular ou sem artigo: o verbo fica no singular.

    Memórias Póstumas de Brás Cubas **continua** sendo lido por jovens estudantes.

    Minas Gerais **é** um lindo lugar.

- Com artigo plural: o verbo fica no plural.

    Os Estados Unidos **aceitaram** os termos do acordo assinado.

11.2 Concordância nominal

A concordância nominal está relacionada aos termos do grupo nominal. Ou seja, relaciona-se com o substantivo, o pronome, o artigo, o numeral e o adjetivo. Vamos à regra geral para a concordância.

11.2.1. Regra geral

O artigo, o numeral, o adjetivo e o pronome adjetivo devem concordar com o substantivo a que se referem em gênero e número.

Meu belíssimo e **antigo** carro **amarelo** quebrou, ontem, em **uma** rua **estreita**.

Os termos destacados acima, mantém uma relação harmoniosa com o núcleo de cada expressão. Relação essa que se estabelece em questões de gênero e de número.

A despeito de a regra geral dar conta de grande parte dos casos de concordância, devemos considerar a existência de casos particulares, que merecem atenção.

11.2.2. Casos que devem ser estudados

Dependendo da intencionalidade de quem escreve, pode-se realizar a concordância atrativa, primando por concordar com apenas um termo de uma sequência ou com toda a sequência. Vejamos:

Vi um carro e uma **moto** *vermelha*. (concordância apenas com o termo "moto")

Vi um carro e uma **moto** *vermelhos*. (concordância com ambos os elementos)

A palavra "**bastante**", por exemplo, varia de acordo com o contexto. Se "bastante" é pronome adjetivo, será variável; se for advérbio (modificando o verbo), será invariável, ou seja, não vai para o plural.

Há *bastantes* **motivos** para sua ausência. (adjetivo)

Os alunos **falam** *bastante*. (advérbio)

Troque a palavra "bastante" por "muito". Se "muito" for para o plural, "bastante" também irá.

Anexo, incluso, apenso, obrigado, mesmo, próprio: são adjetivos que devem concordar com o substantivo a que se referem.

O *relatório* segue **anexo** ao documento.

Os *documentos* irão **apensos** ao relatório.

A expressão "em anexo" é invariável (não vai para plural nem para o feminino).

As planilhas irão **em anexo**.

É bom, é necessário, é proibido, é permitido: variam somente se o sujeito vier antecedido de um artigo ou outro termo determinante.

Maçã **é bom** para a voz. / A maçã **é boa** para a voz.

É necessário **aparecer** na sala. / É necessária **sua aparição** na sala.

"**Menos**" e "**alerta**" são sempre invariáveis, contanto que respeitem sua classe de origem - advérbio: se forem derivadas para substantivo, elas poderão variar.

Encontramos **menos** alunos na escola. / Encontramos **menos** alunas na escola.

O policial ficou **alerta**. / Os policiais ficaram **alerta**.

"**Só**" e "**sós**" variam apenas quando forem adjetivos: quando forem advérbios, serão invariáveis.

Pedro apareceu **só** (sozinho) na sala. / Os meninos apareceram **sós** (sozinhos) na sala. (adjetivo)

Estamos **só** (somente) esperando sua decisão. (advérbio)

- A expressão "a sós" é invariável.

A menina ficou **a sós** com seus pensamentos.

Troque "só" por "sozinho" (vai para o plural) ou "somente" (fica no singular).

12 REGÊNCIA VERBAL E NOMINAL

Regência é a parte da Gramática Normativa que estuda a relação entre dois termos, verificando se um termo serve de complemento a outro e se nessa complementação há uma preposição.

Dividimos a regência em:
- Regência verbal (ligada aos verbos).
- Regência nominal (ligada aos substantivos, adjetivos ou advérbios).

12.1 Regência verbal

Deve-se analisar, nesse caso, a necessidade de complementação, a presença ou ausência da preposição e a possibilidade de mudança de sentido do texto.

Vamos aos casos:
- **Agradar e desagradar:** são transitivos indiretos (com preposição a) nos sentidos de satisfazer, contentar.
    A biografia de Aníbal Machado **agradou/desagradou** à maioria dos leitores.
    A criança **agradava** ao pai por ser muito comportada.
- **Agradar:** pode ser transitivo direto (sem preposição) se significar acariciar, afagar.
    Agradar a esposa.
    Pedro passava o dia todo **agradando** os seus gatos.
- **Agradecer:** transitivo direto e indireto, com a preposição a, no sentido de demonstrar gratidão a alguém.
    Agradecemos a Santo Antônio o milagre alcançado.
    Agradecemos-lhes a benesse concedida.

O verbo em questão também pode ser transitivo direto no sentido de mostrar gratidão por alguma coisa:
    Agradeço a dedicação de todos os estudantes.
    Os pais **agradecem** a dedicação dos professores para com os alunos.
- **Aspirar:** é transitivo indireto (preposição "a") nos sentidos de desejar, pretender ou almejar.
    Sempre **aspirei** a um cargo público.
    Manoel **aspirava** a ver novamente a família na Holanda.
- **Aspirar:** é transitivo direto na acepção de inalar, sorver, tragar, ou seja, mandar para dentro.
    Aspiramos o perfume das flores.
    Vimos a empregada **aspirando** a poeira do sofá.
- **Assistir:** é transitivo direto no sentido de ajudar, socorrer etc.
    O professor **assistia** o aluno.
    Devemos **assistir** os mais necessitados.
- **Assistir:** é transitivo indireto (complemento regido pela preposição "a") no sentido de ver ou presenciar.
    Assisti ao comentário da palestra anterior.
    Você deve **assistir** às aulas do professor!
- **Assistir:** é transitivo indireto (complemento regido pela preposição "a") no sentido de "ser próprio de", "pertencer a".
    O direito à vida **assiste** ao ser humano.
    Esse comportamento **assiste** às pessoas vitoriosas.
- **Assistir:** é intransitivo no sentido de morar ou residir.
    Maneco **assistira** em Salvador.
- **Chegar:** é verbo intransitivo e possui os adjuntos adverbiais de lugar introduzidos pela preposição "a".
    Chegamos a Cascavel pela manhã.
    Este é o ponto a que pretendia **chegar**.

Caso a expressão indique posição em um deslocamento, admite-se a preposição em:
    Cheguei no trem à estação.
Os verbos ir e vir têm a mesma regência de chegar:
    Nós **iremos** à praia amanhã.
    Eles **vieram** ao cursinho para estudar.
- **Custar** no sentido de ter valor ou preço: verbo transitivo direto.
    O avião **custa** 100 mil reais.
- **Custar** no sentido de ter como resultado certa perda ou revés é verbo transitivo direto e indireto:
    Essa atitude **custou**-lhe a vida.
- **Custar** no sentido de ser difícil ou trabalhoso é intransitivo:
    Custa muito entender esse raciocínio.
- **Custar** no sentido de levar tempo ou demorar é intransitivo:
    Custa a vida para aprender a viver.
- **Esquecer/lembrar:** possuem a seguinte regra – se forem pronominais, terão complemento regido pela preposição "de"; se não forem, não haverá preposição.
    Lembrei-**me de** seu nome.
    Esqueci-**me de** seu nome.
    Lembrei seu nome.
    Esqueci seu nome.
- **Gostar:** é transitivo indireto no sentido de apreciar (complemento introduzido pela preposição "de").
    Gosto de estudar.
    Gosto muito de minha mãe.
- **Gostar:** como sinônimo de experimentar ou provar é transitivo direto.
    Gostei a sobremesa apenas uma vez e já adorei.
    Gostei o chimarrão uma vez e não mais o abandonei.
- **Implicar** pode ser:
    - **Transitivo direto** (sentido de acarretar):
        Cada escolha **implica** uma renúncia.
    - **Transitivo direto e indireto** (sentido de envolver alguém em algo):
        Implicou a irmã no crime.
    - **Transitivo indireto** (sentido de rivalizar):
        Joana estava **implicando** com o irmão menor.
- **Informar:** é bitransitivo, ou seja, é transitivo direto e indireto. Quem informa, informa:
    Algo a alguém: **informei** o acontecido para Jonas.
    Alguém de algo: **informei**-o do acontecido.
    Alguém sobre algo: **informei**-o sobre o acontecido.
- **Morar/residir:** verbos intransitivos (ou, como preconizam alguns dicionários, transitivo adverbiado), cujos adjuntos adverbiais de lugar são introduzidos pela preposição "em".
    José **mora** em Alagoas.
    Há boas pessoas **residindo** em todos os estados do Brasil.
- **Obedecer:** é um verbo transitivo indireto.
    Os filhos **obedecem** aos pais.
    Obedeça às leis de trânsito.
Embora transitivo indireto, admite forma passiva:
    Os pais são obedecidos pelos filhos.
O antônimo "desobedecer" também segue a mesma regra.
- **Perdoar:** é transitivo direto e indireto, com objeto direto de coisa e indireto de pessoa.
    Jesus **perdoou** os pecados aos pecadores.
    Perdoava-lhe a desconsideração.

REGÊNCIA VERBAL E NOMINAL

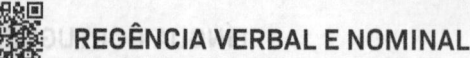

Perdoar admite a voz passiva:

Os pecadores foram perdoados por Deus.

- **Precisar:** é transitivo indireto (complemento regido pela preposição de) no sentido de "necessitar".

    Precisaremos de uma nova Gramática.

- **Precisar:** é transitivo direto no sentido de indicar com precisão.

    Magali não soube **precisar** quando o marido voltaria da viagem.

- **Preferir:** é um verbo bitransitivo, ou seja, é transitivo direto e indireto, sempre exigindo a preposição a (preferir alguma coisa à outra).

    Adelaide **preferiu** o filé ao risoto.
    Prefiro estudar a ficar em casa descansando.
    Prefiro o sacrifício à desistência.

É incorreto reforçar o verbo "preferir" ou utilizar a locução "do que".

- **Proceder:** é intransitivo na acepção de "ter cabimento":

    Suas críticas são vazias, não **procedem**.

- **Proceder:** é também intransitivo na acepção de "portar-se":

Todas as crianças **procederam** bem ao lavarem as mãos antes do lanche.

- **Proceder:** no sentido de "ter procedência" é utilizado com a preposição de:

    Acredito que a dúvida **proceda** do coração dos curiosos.

- **Proceder:** é transitivo indireto exigindo a preposição a no sentido de "dar início":

    Os investigadores **procederam** ao inquérito rapidamente.

- **Querer:** é transitivo direto no sentido de "desejar":

    Eu **quero** um carro novo.

- **Querer:** é transitivo indireto (com o complemento de pessoa) no sentido de "ter afeto":

    Quero muito a meus alunos que são dedicados.

- **Solicitar:** é utilizado, na maior parte dos casos, como transitivo direto e indireto. Nada impede, entretanto, que se construa como transitivo direto.

    O juiz **solicitou** as provas ao advogado.
    Solicito seus documentos para a investidura no cargo.

- **Visar:** é transitivo direto na acepção de mirar.

    O atirador **visou** o alvo e disparou um tiro certeiro.

- **Visar:** é transitivo direto também no sentido de "dar visto", "assinar".

    O gerente havia **visado** o relatório do estagiário.

- **Visar:** é transitivo indireto, exigindo a preposição a, na acepção de "ter em vista", "pretender", "almejar".

    Pedro **visava** ao amor de Mariana.
    As regras gramaticais **visam** à uniformidade da expressão linguística.

12.2 Regência nominal

Alguns nomes (substantivos, adjetivos e advérbios) são comparáveis aos verbos transitivos indiretos: precisam de um complemento introduzido por uma preposição.

Acompanhemos os principais termos que exigem regência especial.

SUBSTANTIVO		
Admiração a, por	Devoção a, para, com, por	Medo a, de
Aversão a, para, por	Doutor em	Obediência a
Atentado a, contra	Dúvida acerca de, em, sobre	Ojeriza a, por
Bacharel em	Horror a	Proeminência sobre
Capacidade de, para	Impaciência com	Respeito a, com, para com, por
Exceção a	Excelência em	Exatidão de, em
Dissonância entre	Divergência com, de, em, entre, sobre	Referência a
Alusão a	Acesso a	Menção a

ADJETIVOS		
Acessível a	Diferente de	Necessário a
Acostumado a, com	Entendido em	Nocivo a
Afável com, para com	Equivalente a	Paralelo a
Agradável a	Escasso de	Parco em, de
Alheio a, de	Essencial a, para	Passível de
Análogo a	Fácil de	Preferível a
Ansioso de, para, por	Fanático por	Prejudicial a
Apto a, para	Favorável a	Prestes a
Ávido de	Generoso com	Propício a
Benéfico a	Grato a, por	Próximo a
Capaz de, para	Hábil em	Relacionado com
Compatível com	Habituado a	Relativo a
Contemporâneo a, de	Idêntico a	Satisfeito com, de, em, por
Contíguo a	Impróprio para	Semelhante a
Contrário a	Indeciso em	Sensível a
Curioso de, por	Insensível a	Sito em
Descontente com	Liberal com	Suspeito de
Desejoso de	Natural de	Vazio de
Distinto de, em, por	Dissonante a, de, entre	Distante de, para

ADVÉRBIOS		
Longe de	Perto de	Relativamente a
Contemporaneamente a	Impropriamente a	Contrariamente a

É provável que você encontre muitas listas com palavras e suas regências, porém a maneira mais eficaz de se descobrir a regência de um termo é fazer uma pergunta para ele e verificar se, na pergunta, há uma preposição. Havendo, descobre-se a regência.

- A descoberta era **acessível** a todos.

Faz-se a pergunta: algo que é acessível é acessível? (a algo ou a alguém). Descobre-se, assim, a regência de acessível.

13 PARALELISMO

Ocorre quando há uma sequência de expressões com estrutura idêntica.

13.1 Paralelismo sintático

O paralelismo sintático é possível quando a estrutura de termos coordenados entre si é idêntica. Nesse caso, entende-se que "termos coordenados entre si" são aqueles que desempenham a mesma função sintática em um período ou trecho.

> João comprou **balas e biscoitos**.

Perceba que "balas" e "biscoitos" têm a mesma função sintática (objeto direto). Além disso, ambas são expressões nominais. Assim, apresentam, na sentença, uma estrutura sintática idêntica.

> Os formandos **estão pensando na carreira, isto é, no futuro**.

Tanto "na carreira" quanto "no futuro" são complementos do verbo pensar. Ademais, as duas expressões são formadas por preposição e substantivo.

13.2 Paralelismo semântico

Estrutura-se pela coerência entre as informações.

> Lucélia **gosta de maçã e de pera**.

Percebe-se que há uma relação semântica entre maçã e pera, pois ambas são frutas.

> Lucélia **gosta de livros de ação e de pizza**.

Observa-se que os termos "livros de ação" e "pizza" não possuem sentidos semelhantes que garantam a sequência lógica esperada no período.

14 COLOCAÇÃO PRONOMINAL

Esta parte do conteúdo é relativa ao estudo da posição dos pronomes oblíquos átonos em relação ao verbo. Antes de iniciar o estudo, memorize os pronomes em questão.

PRONOMES OBLÍQUOS ÁTONOS
me
te
o, a, lhe, se
nos
vos
os, as, lhes, se

Quatro casos de colocação:

- **Próclise** (anteposto ao verbo):
    Nunca **o** vi.
- **Mesóclise** (medial em relação ao verbo):
    Dir-**te**-ei algo.
- **Ênclise** (posposto ao verbo):
    Passa-**me** a resposta.
- **Apossínclise** (intercalação de uma ou mais palavras entre o pronome e o verbo):
    - Talvez tu **me** já não creias.

14.1 Regras de próclise

- Palavras ou expressões negativas:
    Não **me** deixe aqui neste lugar!
    Ninguém **lhe** disse que seria fácil.
- Pronomes relativos:
    O material de que **me** falaste é muito bom.
    Eis o conteúdo que **me** causa nojo.
- Pronomes indefinidos:
    Alguém **me** disse que você vai ser transferido.
    Tudo **me** parece estranho.
- Conjunções subordinativas:
    Confiei neles, assim que **os** conheci.
    Disse que **me** faltavam palavras.
- Advérbios:
    Sempre **lhe** disse a verdade.
    Talvez **nos** apareça a resposta para essa questão.
- Pronomes interrogativos:
    Quem **te** contou a novidade?
    Que **te** parece essa situação?
- "Em + gerúndio"
    Em **se** tratando de Gramática, eu gosto muito!
    Nesta terra, em **se** plantando, tudo há de nascer.
- Particípio
    Ele havia avisado-**me**. (errado)
    Ele **me** havia avisado. (certo)
- Sentenças optativas:
    Deus **lhe** pague!
    Deus **o** acompanhe!

14.2 Regras de mesóclise

Emprega-se o pronome oblíquo átono no meio da forma verbal, quando ela estiver no futuro do presente ou no futuro simples do pretérito do indicativo.

Chamar-**te**-ei, quando ele chegar.
Se houver tempo, contar-**vos**-emos nossa aventura.
Contar-**te**-ia a novidade.

14.3 Regras de ênclise

Não se inicia sentença, em Língua Portuguesa, por pronome oblíquo átono. Ou seja, o pronome átono não deve ficar no início da frase.
Formas verbais:

- Do **infinitivo impessoal** (precedido ou não da preposição "a");
- Do **gerúndio**;
- Do **imperativo afirmativo**:

    Alcança-**me** o prato de salada, por favor!
    Urge obedecer-**se** às leis.
    O garoto saiu da sala desculpando-**se**.
    Tratando-**se** desse assunto, não gosto de pensar.
    Dá-**me** motivos para estudar.

Se o gerúndio vier precedido da preposição "em", deve-se empregar a próclise.

Em **se** tratando de Gramática, eu gosto muito.

14.4 Casos facultativos

Sujeito expresso, próximo ao verbo.
    O menino se machucou (**-se**).
    Eu **me** refiro (**-me**) ao fato de ele ser idiota.
Infinitivo antecedido de "não" ou de preposição.
    Sabemos que não se habituar (**-se**) ao meio causa problemas.
    O público o incentivou a se jogar (**-se**) do prédio.

15 CRASE

O acento grave é solicitado nas palavras quando há a união da preposição "a" com o artigo (ou a vogal dependendo do caso) feminino "a" ou com os pronomes demonstrativos (aquele, aquela, aquilo e "a").

- Mário foi **à** festa ontem.
    Tem-se o "a" preposição e o "a" artigo feminino.
    Quem vai, vai a algum lugar. "Festa" é palavra feminina, portanto, admite o artigo "a".
- Chegamos **àquele** assunto (a + aquele).
- A gravata que eu comprei é semelhante **à** que você comprou (a + a).

Decore os casos em que não ocorre crase, pois a tendência da prova é perguntar se há crase ou não. Sabendo os casos proibitivos, fica muito fácil.

15.1 Crase proibitiva

Não se pode usar acento grave indicativo de crase:
- Antes de palavras masculinas.
    Fez uma pergunta **a** Mário.
- Antes de palavras de sentido indefinido.
    Não vai **a** festas, **a** reuniões, **a** lugar algum.
- Antes de verbos.
    Todos estão dispostos **a** colaborar.
- Antes de pronomes pessoais.
    Darei um presente **a ela**.
- Antes de nomes de cidade, estado ou país que não utilizam o artigo feminino.
    Fui **a** Cascavel.
    Vou **a** Pequim.
- Antes da palavra "casa" quando tem significado de próprio lar, ou seja, quando ela aparecer indeterminada na sentença.
    Voltei a casa, pois precisava comer algo.

> Quando houver determinação da palavra casa, ocorrerá crase.
> "Voltei à casa de meus pais."

- Da palavra "terra" quando tem sentido de solo.
    Os tripulantes vieram a terra.

> A mesma regra da palavra "casa" se aplica à palavra terra.

- De expressões com palavras repetidas.
    Dia a dia, mano a mano, face a face, cara a cara etc.
- Diante de numerais cardinais referentes a substantivos que não estão determinados pelo artigo.
    Assistirei a duas aulas de Língua Portuguesa.

> No caso de locuções adverbiais que exprimem hora determinada e nos casos em que o numeral estiver precedido de artigo, acentua-se:
> "Chegamos às oito horas da noite."
> "Assisti às duas sessões de ontem."

> No caso dos numerais, há uma dica para facilitar o entendimento dos casos de crase. Se houver o "a" no singular e a palavra posterior no plural, não ocorrerá o acento grave. Do contrário, ocorrerá.

15.2 Crase obrigatória

Deve-se usar acento grave indicativo de crase:
- Antes de locução adverbial feminina.
    À noite, à tarde, às pressas, às vezes, à farta, à vista, à hora certa, à esquerda, à direita, à toa, às sete horas, à custa de, à força de, à espera de, à vontade, à toa.
- Antes de termos femininos ou masculinos com sentido da expressão "à moda de" ou "ao estilo de".
    Filé à milanesa, servir à francesa, brigar à portuguesa, gol à Pelé, conto à Machado de Assis, discurso à Rui Barbosa etc.
- Antes de locuções conjuntivas proporcionais.
    À medida que, à proporção que.
- Antes de locuções prepositivas.
    À procura de, à vista de, à margem de, à beira de, à custa de, à razão de, à mercê de, à maneira de etc.
- Para evitar ambiguidade: receberá o acento o termo afetado pela ação do verbo (objeto direto preposicionado).
    Derrubou a menina **à panela**.
    Matou a vaca **à cobra**.
    Diante da palavra distância quando houver determinação da distância em questão:
    Achava-se à **distância de cem** (ou de alguns) **metros**.
- Antes das formas de tratamento "senhora", "senhorita" e "madame" = não há consenso entre os gramáticos, no entanto, opta-se pelo uso.
    Enviei lindas flores à **senhorita**.
    Josias remeteu uma carta à **senhora**.

15.3 Crase facultativa

- Após a preposição até.
    As crianças foram até **à escola**.
- Antes de pronomes possessivos femininos.
    Ele fez referência à **nossa causa!**
- Antes de nomes próprios femininos.
    Mandei um SMS à **Joaquina**.
- Antes da palavra "Dona".
    Remeti uma carta à **Dona Benta**.
    Não se usa crase antes de nomes históricos ou sagrados.
    O padre fez alusão a Nossa Senhora.
    Quando o professor fez menção a Joana D'Arc, todos ficaram entusiasmados.

16 PONTUAÇÃO

A pontuação assinala a melodia de nossa fala, ou seja, as pausas, a ênfase etc.

16.1 Principais sinais e usos

16.1.1. Vírgula

É o sinal mais importante para concurso público.

Usa-se a vírgula para:

- Separar termos que possuem mesma função sintática no período.

    José, **Maria**, **Antônio** e **Joana** foram ao mercado. (Função de núcleo do sujeito)

- Isolar o vocativo.

    Então, **minha cara**, não há mais o que se dizer!

- Isolar um aposto explicativo (cuidado com essa regra, veja que não há verbo no aposto explicativo).

    O João, **ex-integrante da comissão**, veio fazer parte da reunião.

- Isolar termos antecipados, como: complemento, adjunto ou predicativo.

    Na semana passada, comemos camarão no restaurante português. (Antecipação de adjunto adverbial).

- Separar expressões explicativas, conjunções e conectivos.

    Isto é, ou seja, por exemplo, além disso, pois, porém, mas, no entanto, assim etc.

- Separar os nomes dos locais de datas.

    Cascavel, 2 de maio de 2012.

- Isolar orações adjetivas explicativas (pronome relativo + verbo + vírgula).

    O Brasil, **que é um belíssimo país**, possui ótimas praias.

- Separar termos de uma enumeração.

    Vá ao mercado e traga **cebola**, **alho**, **sal**, **pimenta e coentro**.

- Separar orações coordenadas.

    Esforçou-se muito, **mas não venceu o desafio**. (Oração coordenada sindética adversativa).

    Roubou todo o dinheiro, **e ainda apareceu na casa**. (Oração coordenada sindética aditiva).

A vírgula pode ser utilizada antes da conjunção aditiva "e" caso se queira enfatizar a oração por ela introduzida.

- Omitir um termo, elipse (no caso da elipse verbal, chamaremos "zeugma").

    - De dia era um anjo, de noite um **demônio**. (Omissão do verbo "ser").

- Separar termos de natureza adverbial deslocados dentro da sentença.

    Na semana passada, trinta alunos foram aprovados no concurso. (Locução adverbial temporal)

    Se estudar muito, você será aprovado no concurso. (Oração subordinada adverbial condicional)

16.1.2. Ponto final

Usa-se o ponto final:

- Ao final de frases para indicar uma pausa total; é o que marca o fim de um período.

    Depois de passar no concurso, comprarei um carro.

Em abreviaturas:

Sr., a. C., Ltda., num., adj., obs., máx., *bat., brit. etc.*

16.1.3. Ponto e vírgula

Usam-se ponto e vírgula para:

- Separar itens que aparecem enumerados.

    Uma boa dissertação apresenta:

    Coesão;
    Coerência;
    Progressão lógica;
    Riqueza lexical;
    Concisão;
    Objetividade;
    Aprofundamento.

- Separar um período que já se encontra dividido por vírgulas.

    Não gostava de trabalhar; queria, no entanto, muito dinheiro no bolso.

- Separar partes do texto que se equilibram em importância.

    Os pobres dão pelo pão o trabalho; os ricos dão pelo pão a fazenda; os de espíritos generosos dão pelo pão a vida; os de nenhum espírito dão pelo pão a alma. (Vieira)

    O capitalismo é a exploração do homem pelo homem; o socialismo é exatamente o contrário.

16.1.4. Dois pontos

São usados dois pontos quando:

- Se vai fazer uma citação ou introduzir uma fala.

    José respondeu:
    – Não, muito obrigado!

- Se quer indicar uma enumeração.

    Quero apenas uma coisa: que vocês sejam aprovados no concurso!

16.1.5. Aspas

São usadas aspas para indicar:

- Citação presente no texto.

    "Há distinção entre categorias do pensamento" – disse o filósofo.

- Expressões estrangeiras, neologismos, gírias.

    Na parede, haviam pintado a palavra "love". (Expressão estrangeira).

    Ficava "bailarinando", como diria Guimarães. (Neologismo).

    "Velho", esconde o "cano" aí e "deixa baixo". (Gíria).

16.1.6. Reticências

São usadas para indicar supressão de um trecho, interrupção na fala, ou dar ideia de continuidade ao que se estava falando.

[...] Profundissimamente hipocondríaco. Este ambiente me causa repugnância. Sobe-me à boca uma ânsia análoga à ânsia. Que se escapa pela boca de um cardíaco [...]

Eu estava andando pela rua quando...

Eu gostei da nova casa, mas da garagem...

16.1.7. Parênteses

- São usados quando se quer explicar melhor algo que foi dito ou para fazer simples indicações.

    Foi o homem que cometeu o crime (o assassinato do irmão).

16.1.8. Travessão

- Indica a fala de um personagem.
    > Ademar falou.
    > Amigo, preciso contar algo para você.
- Isola um comentário no texto.
    > O estudo bem realizado – **diga-se de passagem, que quase ninguém faz** – é o primeiro passo para a aprovação.
- Isola um aposto na sentença.
    > A Semântica – **estudo sobre as relações de sentido** – é importantíssima para o entendimento da Língua.
- Reforçar a parte final de um enunciado.
    > Para passar no concurso, é preciso estudar muito – **muito mesmo.**

16.1.9. Trocas

A banca, eventualmente, costuma perguntar sobre a possibilidade de troca de termos, portanto, atenção!

> Vírgulas, travessões e parênteses, quando isolarem um aposto, podem ser trocados sem prejuízo para a sentença.

> Travessões podem ser trocados por dois pontos, a fim de enfatizar um enunciado.

16.1.10. Regra de ouro

Na ordem natural de uma sentença, é proibido:

- Separar sujeito e predicado com vírgulas:
    > Aqueles maravilhosos velhos ensinamentos de meu pai foram de grande utilidade. (Certo)
    > Aqueles maravilhosos velhos ensinamentos de meu pai, foram de grande utilidade. (Errado)
- Separar verbo de objeto:
    > "O presidente do maravilhoso país chamado Brasil assinou uma lei importante. (Certo)
    > O presidente do maravilhoso país chamado Brasil assinou, uma lei importante. (Errado)

17 PARÁFRASE

Parafrasear, em sentido lato, significa reescrever uma sequência de texto sem alterar suas informações originais. Isso quer dizer que o texto resultante deve apresentar o mesmo sentido do texto original, modificando, evidentemente, apenas a ordem frasal ou o vocabulário. Há algumas exigências para uma paráfrase competente. São elas:

- Usar a mesma ordem das ideias que aparecem no texto original.
- Em hipótese alguma é possível omitir informações essenciais.
- Não tecer comentários acerca do texto original, apenas parafrasear, sem frescura.
- Usar construções sintáticas e vocabulares que, apesar de manterem o sentido original, sejam distintas das do texto base.

17.1 Passos da paráfrase

Há alguns recursos para parafrasear um texto:

- Utilização de termos sinônimos.

    O presidente assinou o documento, **mas** esqueceu-se de pegar sua caneta.

    O presidente assinou o documento, **contudo** esqueceu-se de pegar sua caneta.

- Uso de palavras antônimas, valendo-se de palavra negativa.

    José era um **covarde.**

    José **não** era um **valente.**

- Emprego de termos anafóricos.

    São Paulo e Palmeiras são dois times brasileiros. O São Paulo venceu o Palmeiras na semana passada.

    São Paulo e Palmeiras são dois times brasileiros. **Aquele** (São Paulo) venceu **este** (Palmeiras) na semana passada.

- Permuta de termo verbal por nominal, e vice-versa.

    É importante que chegue cedo.

    Sua chegada é importante.

- Deixar termos elípticos.

    Eu preciso da colaboração de todos.

    Preciso da colaboração de todos.

- Alteração da ordem frasal.

    Adalberto venceu o último desafio de sua vida ontem.

    Ontem, Adalberto venceu o último desafio de sua vida.

- Transposição de voz verbal.

    Joel cortou a seringueira centenária. A seringueira centenária foi cortada por Joel.

- Troca de discurso.

    Naquela manhã, Oséas dirigiu-se ao pai dizendo: "Cortarei a grama sozinho." (Discurso direto).

    Naquela manhã, Oséas dirigiu-se ao pai dizendo que cortaria a grama sozinho. (Discurso indireto).

- Troca de palavras por expressões perifrásticas.

    O Rei do Futebol esteve presente durante as celebrações.

    Pelé esteve presente durante as celebrações.

- Troca de locuções por palavras de mesmo sentido.

    A turma **da noite** está comprometida com os estudos.

    A turma **noturna** está mais comprometida com os estudos.

18 REESCRITURA DE FRASES

A reescrita de frases é uma paráfrase que visa à mudança da forma de um texto. Para que o novo período esteja correto, é preciso que sejam respeitadas a correção gramatical e o sentido do texto original. Desse modo, quando há qualquer inadequação do ponto de vista gramatical e/ou semântico, o trecho reescrito deve ser considerado incorreto.

Assim, para resolver uma questão que envolve reescrita de trechos ou períodos, é necessário verificar os aspectos gramaticais (principalmente, pontuação, elementos coesivos, ortografia, concordância, emprego de pronomes, colocação pronominal, regência etc.) e aspectos semânticos (significação de palavras, alteração de sentido etc.).

Existem diversas maneiras de se parafrasear uma frase, por isso cada banca examinadora pode formular questões a partir de muitas formas. Nesse sentido, é essencial conhecer e dominar as variadas estruturas que uma sentença pode assumir quando ela é reescrita.

18.1 Substituição de palavras ou de trechos de texto

No processo de reescrita, pode haver a substituição de palavras ou trechos. Ao se comparar o texto original e o que foi reestruturado, é necessário verificar se essa substituição mantém ou altera o sentido e a coerência do primeiro texto.

18.1.1. Locuções × palavras

Em muitos casos, há locuções (expressões formadas por mais de uma palavra) que podem ser substituídas por uma palavra, sem alterar o sentido e a correção gramatical. Isso é muito comum com verbos.

Os alunos **têm buscado** formação profissional. (Locução: têm buscado).

Os alunos **buscam** formação profissional. (Uma palavra: buscam).

Ambas as frases têm sentido atemporal, ou seja, expressam ações constantes, que não têm fim.

18.1.2. Significação das palavras

Ao avaliarmos a significação das palavras, devemos ficar atentos a alguns aspectos: sinônimos, antônimos, polissemia, homônimos e parônimos.

Sinônimos

Palavras que possuem significados próximos, mas não são totalmente equivalentes.

Casa – lar – moradia – residência.

Carro – automóvel.

Para verificar a validade da substituição, deve-se também ficar atento ao significado contextual. Por exemplo, na frase "as fronteiras entre o bem e o mal", não há menção a limites geográficos, pois a palavra "fronteira" está em sentido conotativo (figurado).

Além disso, nem toda substituição é coerente. Por exemplo, na frase "eu comprei uma casa", fica incoerente reescrever "eu comprei um lar".

Antônimos

Palavras que possuem significados diferentes, opostos, contrários.

Mal – bem.

Ausência – presença.

Subir – descer.

Cheio – vazio.

Possível – impossível.

Polissemia

Ocorre quando uma palavra apresenta mais de um significado em diferentes contextos.

Banco (instituição comercial financeira; assento).

Manga (parte da roupa; fruta).

A polissemia está relacionada ao significado contextual, ou seja, uma palavra tem um sentido específico apenas no contexto em que está inserida. Por exemplo:

A eleição foi marcada por debates explosivos (ou seja: debates acalorados, e não com sentido de explodir algo).

Homônimos

Palavras com a mesma pronúncia (algumas vezes, a mesma grafia), mas com significados diferentes.

Acender: colocar fogo. **A**scender: subir.

Con**c**erto: sessão musical. Con**s**erto: reparo.

Homônimos perfeitos

Palavras com a mesma grafia e o mesmo som.

Eu **cedo** este lugar você. (**Cedo** = verbo).

Cheguei **cedo** para jantar. (**Cedo** = advérbio de tempo).

Percebe-se que o significado depende do contexto em que a palavra aparece. Portanto, deve-se ficar atento à ortografia quando a questão é de reescrita.

Parônimos

Palavras que possuem significados diferentes, mas são muito parecidas na pronúncia e na escrita.

Ab**s**olver: perdoar, inocentar. Ab**s**orver: aspirar.

Co**m**primento: extensão. Cu**m**primento: saudação.

18.2 Conectores de mesmo valor semântico

Há palavras, principalmente as conjunções, que possuem valores semânticos específicos, os quais devem ser levados em conta no momento de fazer uma substituição.

Logo, pode-se reescrever um período, alterando a conjunção. Para tanto, é preciso que a outra conjunção tenha o mesmo valor semântico. Além disso, é importante verificar como ficam os tempos verbais após a substituição.

Embora fosse tarde, fomos visitá-lo. (Conjunção subordinativa concessiva).

Apesar de ser tarde, fomos visitá-lo. (Conjunção subordinativa concessiva).

No exemplo anterior, o verbo também sofreu alteração.

Toque o sinal **para que** todos entrem na sala. (Conjunção subordinativa final).

Toque o sinal **a fim de que** todos entrem na sala. (Conjunção subordinativa final).

No exemplo anterior, o verbo permaneceu da mesma maneira.

18.3 Retextualização de diferentes gêneros e níveis de formalidade

Na retextualização, pode-se alterar o nível de linguagem do texto, dependendo de qual é a finalidade da transformação proposta. Nesse caso, são possíveis as seguintes alterações: linguagem informal para a formal; tipos de discurso; vozes verbais; oração reduzida para desenvolvida; inversão sintática; dupla regência.

REESCRITURA DE FRASES

18.3.1. Linguagem formal × linguagem informal

Um texto pode estar escrito em linguagem coloquial (informal) ou formal (norma padrão). A proposta de reescrita pode mudar de uma linguagem para outra. Veja o exemplo:

Pra que serve a política? (Informalidade)

Para que serve a política? (Formalidade)

A oralidade, geralmente, é mais informal. Portanto, fique atento: a fala e a escrita são diferentes, ou seja, a escrita não reproduz a fala e vice-versa.

18.3.2. Tipos de discurso

Discurso está relacionado à construção de textos, tanto orais quanto escritos, portanto, ele é considerado uma prática social.

Em um texto, podem ser encontrados três tipos de discurso: o discurso direto, o indireto e o indireto livre.

Discurso direto

São as falas das personagens. Esse discurso pode aparecer em forma de diálogos e citações, e vêm marcados com alguma pontuação (travessão, dois pontos, aspas etc.). Ou seja, o discurso direto reproduz fielmente a fala de alguém.

O médico disse à paciente:

Você precisa fazer exercícios físicos regularmente.

Discurso indireto

É a reprodução da fala de alguém, a qual é feita pelo narrador. Normalmente, esse discurso é escrito em terceira pessoa.

O médico disse à paciente que ela precisava fazer exercícios regulamente.

Discurso indireto livre

É a ocorrência do discurso direto e indireto ao mesmo tempo. Ou seja, o narrador conta a história, mas as personagens também têm voz própria.

No exemplo a seguir, há um discurso direto: "que raiva", que mostra a fala da personagem.

> Retirou as asas e estraçalhou-a. Só tinham beleza. Entretanto, qualquer urubu... que raiva...
>
> (Ana Maria Machado)

No trecho a seguir, há uma fala da personagem, mesclada com a narração: "Para que estar catando defeitos no próximo?".

> D. Aurora sacudiu a cabeça e afastou o juízo temerário. Para que estar catando defeitos no próximo? Eram todos irmãos. Irmãos.
>
> (Graciliano Ramos)

Exemplo de uma transposição de discurso direto para indireto:

Ana perguntou:

– Qual é a resposta correta?

Ana perguntou qual era a resposta correta.

Nas questões de reescrita que tratam da transposição de discursos, é mais frequente a substituição do direto pelo indireto. Nesse caso, deve-se ficar atento aos tempos verbais.

18.3.3. Voz verbal

Um verbo pode apresentar-se na voz ativa, passiva ou reflexiva.

Ativa

Ocorre quando o sujeito é agente, ou seja, pratica a ação expressa pelo verbo.

O aluno resolveu o exercício.

Passiva

Ocorre quando o sujeito é paciente, ou seja, recebe a ação expressa pelo verbo.

O exercício foi resolvido pelo aluno.

Reflexiva

Ocorre quando o sujeito é agente e paciente ao mesmo tempo, ou seja, pratica e recebe a ação.

A criança feriu-se com a faca.

Não confunda o emprego reflexivo do verbo com a reciprocidade. Por exemplo:

Os lutadores de MMA feriram-se. (Um ao outro)

Formação da voz passiva

A voz passiva pode ocorrer de forma analítica ou sintética.

- **Voz passiva analítica:** verbo SER + particípio do verbo principal.

  A academia de polícia **será pintada**.

  O relatório é **feito** por ele.

- A variação de tempo é determinada pelo verbo auxiliar (SER), pois o particípio é invariável.

  João **fez** a tarefa. (Pretérito perfeito do indicativo)

  A tarefa **foi** feita por João. (Pretérito perfeito do indicativo)

  João **faz** a tarefa. (Presente do indicativo)

  A tarefa **é** feita por João. (Presente do indicativo)

  João **fará** a tarefa. (Futuro do presente)

  A tarefa **será** feita por João. (Futuro do presente)

- **Voz passiva sintética:** verbo na 3ª pessoa, seguido do pronome apassivador SE.

  Abriram-se as inscrições para o concurso.

Transposição da voz ativa para a voz passiva

Pode-se mudar de uma voz para outra sem alterar o sentido da frase.

Os médicos brasileiros **lançaram** um tratamento para o câncer.

Um tratamento para o câncer **foi lançado** pelos médicos brasileiros.

Nas questões de concursos, costuma-se cobrar a transposição da voz ativa para a passiva, e da voz passiva sintética para a analítica.

Veja os exemplos:

A fiscalização exige o passaporte.

O passaporte é exigido pela fiscalização.

Exige-se comprovante de pagamento.

É exigido comprovante de pagamento.

18.3.4. Oração reduzida × oração desenvolvida

As orações subordinadas podem ser reduzidas ou desenvolvidas. Não há mudança de sentido se houver a substituição de uma pela outra. Veja os exemplos:

Ao terminar a aula, todos podem sair. (Reduzida de infinitivo)

Quando terminarem a prova, todos podem sair. (Desenvolvida)

Os vizinhos ouviram uma criança chorando na rua. (Reduzida de gerúndio)

Os vizinhos ouviram uma criança que chorava na rua. (Desenvolvida)

Terminada a reforma, a família mudou-se para a nova casa. (Reduzida de particípio)

Assim que terminou a reforma, a família mudou-se para a nova casa. (Desenvolvida)

18.3.5. Inversão sintática

Um período pode ser escrito na ordem direta ou indireta. Nesse caso, quando ocorre a inversão sintática, a correção gramatical é mantida. Apenas é necessário ficar atento ao sentido do período.

- Ordem direta: sujeito – verbo – complementos/adjuntos adverbiais.

    Os documentos foram levados para o gerente. (Direta)
    Foram levados os documentos para o gerente. (Indireta)

18.3.6. Dupla regência

Há verbos que exigem a presença da preposição e outros não. Deve-se ficar atento ao fato de que a regência pode influenciar no significado de um verbo.

Verbos transitivos diretos ou indiretos

Sem alterar o sentido, alguns verbos admitem duas construções: uma transitiva direta e outra indireta. Portanto, a ocorrência ou não da preposição mantém um trecho com o mesmo sentido.

- Almejar

    Almejamos **a** paz entre os países que estão em guerra.
    Almejamos **pela** paz entre os países que estão em guerra.

- Atender

    O gerente atendeu **os** meus pedidos.
    O gerente atendeu **aos** meus pedidos.

- Necessitar

    Necessitamos algumas horas para organizar o evento.
    Necessitamos **de** algumas horas para organizar o evento.

Transitividade e mudança de significado

Existem alguns verbos que, conforme a mudança de transitividade, têm o sentido alterado.

- **Aspirar:** é **transitivo direto** no sentido de sorver, inspirar (o ar), inalar.

    Aspirava o suave perfume. (Aspirava-o.)

- **Aspirar:** é **transitivo indireto** no sentido de desejar, ter como ambição.

    Aspirávamos ao cargo de diretor.

19 FIGURAS DE LINGUAGEM

As figuras de linguagem (também chamadas de figuras de pensamento) são construções que se relacionam com a função **poética da linguagem**, ou seja, estão articuladas em razão de modificar o código linguístico para dar ênfase no sentido de uma frase.

É comum vermos exemplos de figuras de linguagem em propagandas publicitárias, poemas, músicas etc. Essas figuras estão presentes em nossa fala cotidiana, principalmente na fala de registro **informal**.

O registro dito informal é aquele que não possui grande preocupação com a situação comunicativa, uma vez que não há tensão para a comunicação entre os falantes. Gírias, erros de concordância e subtração de termos da frase são comuns nesse baixo nível de formalidade comunicativa. Até grandes poetas já escreveram textos sobre esse assunto, veja o exemplo do escritor Oswald de Andrade, que discute a norma gramatical em relação à fala popular do brasileiro:

> *Pronominais*
> *Dê-me um cigarro*
> *Diz a gramática*
> *Do professor e do aluno*
> *E do mulato sabido*
> *Mas o bom negro e o bom branco*
> *Da Nação Brasileira*
> *Dizem todos os dias*
> *Deixa disso camarada*
> *Me dá um cigarro*

ANDRADE, Oswald de Andrade. **Os Cem Melhores Poemas Brasileiros do Século** - Seleção e Organização de Ítalo Moriconi. Rio de Janeiro: Editora Objetiva, 2001.

Vejamos agora algumas das principais figuras de linguagem que costumam ser cobradas em provas de concursos públicos:

- **Metáfora:** uma figura de linguagem, que consiste na comparação de dois termos sem o uso de um conectivo.
  > Rosa **é uma flor**. (A pessoa é como uma flor: perfumada, delicada, bela etc.).
  > Seus olhos **são dois oceanos**. (Os olhos possuem a profundidade do oceano, a cor do oceano etc.).
  > João **é fera**. (João é perito em alguma coisa, desempenha determinada tarefa muito bem etc.).

- **Metonímia:** figura de linguagem que consiste em utilização de uma expressão por outra, dada a semelhança de sentido ou a possibilidade de associação lógica entre elas.

Há vários tipos de metonímia, vejamos alguns deles:
  Efeito pela causa: O carrasco ergueu **a morte**. (O efeito é a morte, a causa é o machado)
  Marca pelo produto: Vá ao mercado e traga um Nescau. (Achocolatado em pó)
  Autor pela obra: Li Camões com entusiasmo. (Quem leu, leu a obra, não o autor)
  Continente pelo conteúdo: Comi dois pratos de feijão. (Comeu o feijão, ou seja, o conteúdo do prato)
  Parte pelo todo: Peço sua **mão** em casamento. (Pede-se, na verdade, o corpo todo)
  Possuidor pelo possuído: Mulher, vou **ao médico**. (Vai-se ao consultório que pertence ao médico, não ao médico em si)

- **Antítese:** figura de linguagem que consiste na exposição de ideias opostas.
  > *Nasce o **Sol** e **não dura** mais que um **dia***
  > *Depois da **Luz** se segue à **noite escura***
  > *Em **tristes sombras** morre a formosura,*
  > *Em contínuas **tristezas** e **alegrias**.*
  >
  > (Gregório de Matos)

Os termos em negrito evidenciam relações semânticas de distinção (oposição). Nascer é o contrário de morrer, assim como sombra é o contrário de luz. Essa figura foi muito utilizada na poesia brasileira, em especial pelo autor dos versos citados anteriormente: Gregório de Matos Guerra.

- **Paradoxo:** expressão que contraria o senso comum. Ilógica.
  > *Amor é fogo que **arde sem se ver**;*
  > *É ferida que **dói e não se sente**;*
  > *É um **contentamento descontente**;*
  > *É dor que **desatina sem doer**.*
  >
  > (Luís de Camões)

A construção semântica apresentada é totalmente ilógica, pois é impossível uma ferida doer e não ser sentida, assim como não é possível o contentamento ser descontente.

- **Perífrase:** expressão que tem por função substituir semanticamente um termo:
  > **A última flor do Lácio** anda muito judiada. (Português é a última flor do Lácio)
  > **O país do futebol** é uma grande nação. (Brasil)
  > **O Bruxo do Cosme Velho** foi um grande escritor. (Machado de Assis era conhecido como o Bruxo do Cosme Velho)
  > **O anjo de pernas tortas** foi o melhor jogador do mundo. (Garrincha)

- **Eufemismo:** figura que consiste em atenuar uma expressão desagradável:
  > José **pegou emprestado sem avisar**. (Roubou)
  > Maurício **entregou a alma a Deus.** (Morreu)
  > Coitado, só porque **é desprovido de beleza**. (Feio)

- **Disfemismo:** contrário ao eufemismo, é a figura de linguagem que consiste em tornar uma expressão desagradável em algo ainda pior.
  > O homem **abotoou o paletó de madeira**. (Morreu)
  > Está **chupando cana pela raiz**. (Morreu)
  > **Sentou no colo do capeta**. (Morreu)

- **Prosopopeia:** atribuição de características animadas a seres inanimados.
  > O vento **sussurrou em meus ouvidos**.
  > Parecia que a **agulha odiava o homem**.

- **Hipérbole:** exagero proposital de alguma característica.
  > **Estou morrendo de rir.**
  > **Chorou rios de lágrimas.**

- **Hipérbato:** inversão sintática de efeito expressivo.
  > Ouviram do Ipiranga as margens plácidas. / De um povo heroico o brado e retumbante.
  - **Colocando na ordem direta:**
    > As margens plácidas do Ipiranga ouviram o brado retumbante de um povo heroico.

- **Gradação:** figura que consiste na construção de uma escala de termo que fazem parte do mesmo campo semântico.
  > Plantou **a semente**, zelou pelo **broto**, regou a **planta** e colheu o **fruto**. (A gradação pode ser do campo semântico da palavra semente – broto, planta e fruto – ou da palavra plantar – zelar, regar, colher)

- **Ironia:** figura que consiste em dizer o contrário do que se pensa.
  > **Lamento por ter sido eu o vencedor dessa prova.** (Evidentemente a pessoa não lamenta ser o vencedor de alguma coisa)

- **Onomatopeia:** tentativa de representar um som da natureza. Figura muito comum em histórias em quadrinhos.
  > Pof, tic-tac, click, bum, vrum!

- **Sinestesia:** confusão dos sentidos do corpo humano para produzir efeitos expressivos.
  > Ouvi uma **voz suave** saindo do quarto.
  > O seu **perfume doce** é extremamente inebriante.

19.1 Vícios de linguagem

Em âmbito geral, vício de linguagem é toda expressão contrária à lógica da norma gramatical. Vejamos quais são os principais deslizes que se transformam em vícios.

- **Pleonasmo vicioso:** consiste na repetição desnecessária de ideias.
    Subir para cima.
    Descer para baixo.
    Entrar para dentro.
    Cardume de peixes.
    Enxame de abelhas.
    Elo de ligação.
    Fato real.

> **OBSERVAÇÃO**
> Pode existir o plágio expressivo em um texto poético. Na frase "ele penetrou na escura treva" há pleonasmo, mas não é vicioso.

- **Ambiguidade:** ocorre quando a construção frasal permite que a sentença possua dois sentidos.
    Tenho de buscar **a cadela da sua irmã**.
    A empregada disse para o chefe que o cheque estava sobre **sua mesa**.
- **Cacofonia:** ocorre quando a pronúncia de determinadas palavras permite a construção de outra palavra.
    Dei um beijo na bo**ca dela**. (Cadela)
    Nos**so hino** é belo. (Suíno)
    Na **vez passada**, esca**pei de** uma. (Vespa assada)
- **Barbarismo:** é um desvio na forma de falar ou grafar determinada palavra.
    Mortandela (em vez de mortadela).
    Poblema (em vez de problema).
    Mindingo (em vez de mendigo).
    Salchicha (em vez de salsicha).

Esse conteúdo costuma ser simples para quem pratica a leitura de textos poéticos, portanto, devemos sempre ler poesia.

19.2 Funções da linguagem

Deve-se a Roman Jakobson a discriminação das seis funções da linguagem na expressão e na comunicação humanas, conforme o realce particular que cada um dos componentes do processo de comunicação recebe no enunciado. Por isso mesmo, é raro encontrar em uma única mensagem apenas uma dessas funções, ou todas reunidas em um mesmo texto. O mais frequente é elas se superporem, apresentando-se uma ou outra como predominante.

Em que pese tal fato, é preciso considerar que há particularidades com relação às funções da linguagem, ou seja, cada função descreve algo em particular. Com isso, pretendo dizer que, antes de o estudante se ater às funções em si, é preciso que ele conheça o sistema que é um pouco mais amplo, ou seja, o ato comunicativo. Afinal, a teoria de Roman Jakobson se volta à descrição do ato comunicativo em si.

Na obra *Linguística e comunicação*, o linguista Roman Jakobson, pensando sobre o ato comunicativo e seus elementos, identifica seis funções da linguagem.

- Nesse esquema, identificamos:
    - **Emissor:** quem enuncia.
    - **Mensagem:** aquilo que é transmitido pelo emissor.
    - **Receptor:** quem recebe a mensagem.
    - **Código:** o sistema em que a mensagem é codificada. O código deve ser comum aos polos da comunicação.
    - **Canal:** meio físico porque ocorre a comunicação.

Pensando sobre esses elementos, Jakobson percebeu que cada função da linguagem está centrada em um elemento específico do ato comunicativo. É o que veremos agora.

As funções da linguagem são:

- **Referencial:** centrada na mensagem, ou seja, na transmissão do conteúdo. Como possui esse caráter, a objetividade é uma constante para a função referencial. É comum que se busque a imparcialidade quando dela se faz uso. É também conhecida como função denotativa. Como a terceira pessoa do singular é predominante, podem-se encontrar exemplos de tal função em textos científicos, livros didáticos, textos de cunho apenas informativo etc.
- **Emotiva:** centrada no emissor, ou seja, em quem enuncia a mensagem. Basicamente, a primeira pessoa predomina quando o texto se apoia sobre a função emotiva. É muito comum a observarmos em depoimentos, discursos, em textos sentimentais, e mesmo em textos líricos.
- **Apelativa:** centrada no receptor, ou seja, em quem recebe a mensagem. As características comuns a manifestações dessa função da linguagem são os verbos no modo imperativo, a tentativa de persuadir o receptor, a utilização dos pronomes de tratamento que tangenciem o interlocutor. É comum observar a função apelativa em propaganda, em discursos motivacionais etc.
- **Poética:** centrada na transformação da mensagem, ou seja, em como modificar o conteúdo da mensagem a fim de torná-lo mais expressivo. As figuras de linguagem são abundantes nessa função e, por sua presença, convencionou-se chamar, também, função poética de função conotativa. Textos literários, poemas e brincadeiras com a mensagem são fontes em que se pode verificar a presença da função poética da linguagem.
- **Fática:** centrada no canal comunicativo. Basicamente, busca testar o canal para saber se a comunicação está ocorrendo. Expressões como "olá", "psiu" e "alô você" são exemplos dessa função.
- **Metalinguística:** centrada no código. Quando o emissor se vale do código para explicar o próprio código, ou seja, num tipo de comunicação autorreferente. Como exemplo, podemos citar um livro de gramática, que se vale da língua para explicar a própria língua; uma aula de didática (sobre como dar aula); ou mesmo um poema que se refere ao processo de escrita de um poema. O poema a seguir é um ótimo exemplo de função metalinguística.

> *Catar feijão*
> *Catar feijão se limita com escrever:*
> *jogam-se os grãos na água do alguidar*
> *e as palavras na da folha de papel;*
> *e depois, joga-se fora o que boiar.*
> *Certo, toda palavra boiará no papel,*
> *água congelada, por chumbo seu verbo:*
> *pois para catar esse feijão, soprar nele,*
> *e jogar fora o leve e oco, palha e eco.*
> *Ora, nesse catar feijão entra um risco:*
> *o de que entre os grãos pesados entre*
> *um grão qualquer, pedra ou indigesto,*
> *um grão imastigável, de quebrar dente.*
> *Certo não, quando ao catar palavras:*
> *a pedra dá à frase seu grão mais vivo:*
> *obstrui a leitura fluviante, flutual,*
> *açula a atenção, isca-a com risco.*

MELO NETO, João Cabral de. **Obra completa**. Rio de Janeiro: Nova Aguilar, 1995.

20 TIPOLOGIA TEXTUAL

O primeiro item que se deve ter em mente na hora de analisar um texto segundo sua tipologia é o caráter da predominância. Isso quer dizer que um mesmo agrupamento textual pode possuir características de diversas tipologias distintas, porém as questões costumam focalizar qual é o "tipo" predominante, o que mais está evidente no texto. Um pouco de bom-senso e uma pequena dose de conhecimento relativo ao assunto são necessários para obter sucesso nesse conteúdo.

Trabalharemos com três tipologias básicas: **narração, dissertação e descrição.**

20.1 Texto narrativo

Facilmente identificável, a tipologia narrativa guarda uma característica básica: contar algo, transmitir a ocorrência de fatos e/ou ações que possuam um registro espacial e temporal. Quer dizer, a narração necessita, também, de um espaço bem-marcado e de um tempo em que as ações narradas ocorram. Discorramos sobre cada aspecto separadamente.

São elementos de uma narração:

- **Personagem:** quem pratica ação dentro da narrativa, é claro. Deve-se observar que os personagens podem possuir características físicas (altura, aparência, cor do cabelo etc.) e psicológicas (temperamento, sentimentos, emoções etc.), as quais podem ser descritas ao longo do texto.
- **Espaço:** trata-se do local em que a ação narrativa ocorre.
- **Tempo:** é o lapso temporal em que a ação é descrita. O tempo pode ser enunciado por um simples "era uma vez".
- **Ação:** não existe narração sem ação! Ou seja, os personagens precisam fazer algo, ou sofrer algo para que haja ação narrativa.
- **Narrador:** afinal, como será contada uma estória sem uma voz que a narre? Portanto, este é outro elemento estruturante da tipologia narrativa. O narrador pode estar inserido na narrativa ou apenas "observar" e narrar os acontecimentos.

Note-se que, na tipologia narrativa, os verbos flexionados no pretérito são mais evidentes.

Eis um exemplo de narração, tente observar os elementos descritos anteriormente, no texto a seguir:

Um apólogo

Era uma vez uma agulha, que disse a um novelo de linha:

— Por que está você com esse ar, toda cheia de si, toda enrolada, para fingir que vale alguma cousa neste mundo?

— Deixe-me, senhora.

— Que a deixe? Que a deixe, por quê? Por que lhe digo que está com um ar insuportável? Repito que sim, e falarei sempre que me der na cabeça.

— Que cabeça, senhora? A senhora não é alfinete, é agulha. Agulha não tem cabeça. Que lhe importa o meu ar? Cada qual tem o ar que Deus lhe deu. Importe-se com a sua vida e deixe a dos outros.

— Mas você é orgulhosa.

— Decerto que sou.

— Mas por quê?

— É boa! Porque coso. Então os vestidos e enfeites de nossa ama, quem é que os cose, senão eu?

— Você? Esta agora é melhor. Você é que os cose? Você ignora que quem os cose sou eu e muito eu? – Você fura o pano, nada mais; eu é que coso, prendo um pedaço ao outro, dou feição aos babados...

— Sim, mas que vale isso? Eu é que furo o pano, vou adiante, puxando por você, que vem atrás obedecendo ao que eu faço e mando...

— Também os batedores vão adiante do imperador.

— Você é imperador?

— Não digo isso. Mas a verdade é que você faz um papel subalterno, indo adiante; vai só mostrando o caminho, vai fazendo o trabalho obscuro e ínfimo. Eu é que prendo, ligo, ajunto...

Estavam nisto, quando a costureira chegou à casa da baronesa. Não sei se disse que isto se passava em casa de uma baronesa, que tinha a modista ao pé de si, para não andar atrás dela. Chegou à costureira, pegou do pano, pegou da agulha, pegou da linha, enfiou a linha na agulha, e entrou a coser. Uma e outra iam andando orgulhosas, pelo pano adiante, que era a melhor das sedas, entre os dedos da costureira, ágeis como os galgos de Diana – para dar a isto uma cor poética. E dizia a agulha:

— Então, senhora linha, ainda teima no que dizia há pouco? Não repara que esta distinta costureira só se importa comigo; eu é que vou aqui entre os dedos dela, unidinha a eles, furando abaixo e acima...

A linha não respondia; ia andando. Buraco aberto pela agulha era logo enchido por ela, silenciosa e ativa, como quem sabe o que faz, e não está para ouvir palavras loucas. A agulha, vendo que ela não lhe dava resposta, calou-se também, e foi andando. E era tudo silêncio na saleta de costura; não se ouvia mais que o plic-plic-plic-plic da agulha no pano. Caindo o sol, a costureira dobrou a costura, para o dia seguinte. Continuou ainda nessa e no outro, até que no quarto acabou a obra, e ficou esperando o baile.

Veio a noite do baile, e a baronesa vestiu-se. A costureira, que a ajudou a vestir-se, levava a agulha espetada no corpinho, para dar algum ponto necessário. E enquanto compunha o vestido da bela dama, e puxava de um lado ou outro, arregaçava daqui ou dali, alisando, abotoando, acolchetando, a linha para mofar da agulha, perguntou-lhe:

— Ora, agora, diga-me, quem é que vai ao baile, no corpo da baronesa, fazendo parte do vestido e da elegância? Quem é que vai dançar com ministros e diplomatas, enquanto você volta para a caixinha da costureira, antes de ir para o balaio das mucamas? Vamos, diga lá.

Parece que a agulha não disse nada; mas um alfinete, de cabeça grande e não menor experiência, murmurou à pobre agulha:

— Anda, aprende, tola. Cansas-te em abrir caminho para ela e ela é que vai gozar da vida, enquanto aí ficas na caixinha de costura. Faze como eu, que não abro caminho para ninguém. Onde me espetam, fico. Contei esta história a um professor de melancolia, que me disse, abanando a cabeça:

— Também eu tenho servido de agulha a muita linha ordinária!

ASSIS, Machado de. Um apólogo. In: **Para Gostar de Ler.** v. 9, Contos. São Paulo: Ática, 1984, p. 59.

20.2 Texto dissertativo

O texto dissertativo, também chamado por alguns de informativo, possui a finalidade de discorrer sobre determinado assunto, apresentando fatos, opiniões de especialistas, dados quantitativos ou mesmo informações sobre o assunto da dissertação. É preciso entender que nem sempre a dissertação busca persuadir o seu interlocutor, ela pode simplesmente transmitir informações pertinentes ao assunto dissertado.

Quando a persuasão é objetivada, o texto passa a ter também características argumentativas. A rigor, as questões de concurso público focalizam a tipologia, não seus interstícios, portanto, não precisa ficar desesperado com o fato de haver diferença entre texto dissertativo-expositivo e texto dissertativo-argumentativo. Importa saber que ele é dissertativo.

Ressalta-se que toda boa dissertação possui a **introdução** do tema, o **desenvolvimento** coeso e coerente, que está vinculado ao que se diz na introdução, e uma **conclusão** lógica do texto, evidenciando o que se permite compreender por meio da exposição dos parágrafos de desenvolvimento.

A tipologia dissertativa pode ser facilmente encontrada em editoriais, textos de divulgação acadêmica, ou seja, com caráter científico, ensaios, resenhas, artigos científicos e textos pedagógicos.

Exemplo de dissertação:

Japão foi avisado sobre problemas em usinas dois anos antes, diz Wikileaks

O Wikileaks, site de divulgação de informações consideradas sigilosas, vazou um documento que denuncia que o governo japonês já havia sido avisado pela vigilância nuclear internacional que suas usinas poderiam não ser capazes de resistir a terremotos. O relatório, assinado pelo embaixador Thomas Schieffer obtido pelo WikiLeaks foi publicado hoje pelo jornal britânico, The Guardian.

O documento revela uma conversa de dezembro de 2008 entre o então deputado japonês, Taro Kono, e um grupo diplomático norte-americano durante um jantar. Segundo o relatório, um membro da Agência Internacional de Energia Atômica (AIEA) disse que as normas de segurança estavam obsoletas para aguentar os fortes terremotos, o que significaria "um problema grave para as centrais nucleares". O texto diz ainda que o governo do Japão encobria custos e problemas associados a esse ramo da indústria.

Diante da recomendação da AIEA, o Japão criou um centro de resposta de emergência em Fukushima, capaz de suportar, apenas, tremores até magnitude 7,0.

Como visto anteriormente, conceituar, polemizar, questionar a lógica de algum tema, explicar ou mesmo comentar uma notícia são estratégias dissertativas. Vamos dividir essa tipologia textual em dois tipos essencialmente diferentes: o **dissertativo-expositivo** e o **dissertativo-argumentativo**.

Padrão dissertativo-expositivo

A característica fundamental do padrão expositivo da dissertação é utilizar a estrutura da prosa não para convencer alguém de alguma coisa, e sim para apresentar uma ideia, apresentar um conceito. O princípio do texto expositivo não é a persuasão, é a informação e, justamente por tal fato, ficou conhecido como informativo. Para garantir uma boa interpretação desse padrão textual, é importante buscar a ideia principal (que deve estar presente na introdução do texto) e, depois, entender quais serão os aspectos que farão o texto progredir.

- **Onde posso encontrar esse tipo de texto?** Jornais revistas, sites sobre o mundo de economia e finanças. Diz-se que esse tipo de texto focaliza a função referencial da linguagem.
- **Como costuma ser o tipo de questão relacionada ao texto dissertativo-expositivo?** Geralmente, os elaboradores questionam sobre as informações veiculadas pelo texto. A tendência é que o elaborador inverta as informações contidas no texto.
- **Como resolver mais facilmente?** Toda frase que mencionar o conceito ou a quantidade de alguma coisa deve ser destacada para facilitar a consulta.

Padrão dissertativo-argumentativo

No texto do padrão dissertativo-argumentativo, existe uma opinião sendo defendida e existe uma posição ideológica por detrás de quem escreve o texto. Se analisarmos a divisão dos parágrafos de um texto com características argumentativas, perceberemos que a introdução apresenta sempre uma tese (ou hipótese) que é defendida ao longo dos parágrafos.

Uma vez feito isso, o candidato deve entender qual é a estratégia utilizada pelo produtor do texto para defender seu ponto de vista. Na verdade, agora é o momento de colocar "a mão na massa" para valer, uma vez que aqueles enunciados que iniciam com "infere-se da argumentação do texto", "depreende-se dos argumentos do autor" serão vencidos caso se observem os fatores de interpretação corretos:

- Conexão entre as ideias do texto (atenção para as conjunções).
- Articulação entre as ideias do texto (atenção para a combinação de argumentos).
- Progressão do texto.

Recursos argumentativos

Quando o leitor interage com uma fonte textual, deve observar – tratando-se de um texto com o padrão dissertativo-argumentativo – que o autor se vale de recursos argumentativos para construir seu raciocínio dentro do texto. Vejamos alguns recursos importantes:

- **Argumento de autoridade:** baseado na exposição do pensamento de algum especialista ou alguma autoridade no assunto. Citações, paráfrases e menções ao indivíduo podem ser tomadas ao longo do texto. É importante saber diferenciar se a opinião colocada em foco é a do autor ou se é a do indivíduo que ele cita ao longo do texto.
- **Argumento com base em consenso:** parte de uma ideia tomada como consensual, o que leva o leitor a entender apenas aquilo que o elaborador mostra. Sentenças do tipo "todo mundo sabe que", "é de conhecimento geral que" identificam esse tipo de argumentação.
- **Argumento com fundamentação concreta:** basear aquilo que se diz em algum tipo de pesquisa ou fato que ocorre com certa frequência.
- **Argumento silogístico (com base em um raciocínio lógico):** do tipo hipotético – "Se ... então".
- **Argumento de competência linguística:** consiste em adequar o discurso ao panorama linguístico de quem é tido como possível leitor do texto.
- **Argumento de exemplificação:** utilizar casos ou pequenos relatos para ilustrar a argumentação do texto.

20.3 Texto descritivo

Em um texto descritivo, faz-se um tipo de retrato por escrito de um lugar, uma pessoa, um animal ou um objeto. Os adjetivos são abundantes nessa tipologia, uma vez que a sua função de caracterizar os substantivos é extremamente exigida nesse contexto. É possível existir um texto descritivo que enuncie características de sensações ou sentimentos, porém não é muito comum em provas de concurso público. Não há relação temporal na descrição. Os verbos relacionais são mais presentes para poder evidenciar aspectos e características. Significa "criar" com palavras uma imagem.

Exemplo de texto descritivo:

Texto extraído da prova do BRB (2010) – Banca CESPE/UnB

Nome científico: Ginkgo biloba L.
Nome popular: Nogueira-do-japão
Origem: Extremo Oriente

Aspecto: as folhas dispõem-se em leque e são semelhantes ao trevo; a altura da árvore pode chegar a 40 metros; o fruto lembra uma ameixa e contém uma noz que pode ser assada e comida

20.4 Conotação × denotação

É interessante, quando se estuda o conteúdo de tipologia textual, ressaltar a distinção conceitual entre o sentido conotativo e o sentido denotativo da linguagem. Vejamos como se opera essa distinção:

Sentido conotativo: figurado, ou abstrato. Relaciona-se com as figuras de linguagem.

- Adalberto **entregou sua alma a Deus**.

  A ideia de entregar a alma a Deus é figurada, ou seja, não ocorre literalmente, pois não há um serviço de entrega de almas. Essa é uma figura que convencionamos chamar de **metáfora**.

Sentido denotativo: literal, ou do dicionário. Relaciona-se com a função **referencial** da linguagem.

- Adalberto **morreu**.

  Quando dizemos função referencial, entende-se que o falante está preocupado em transmitir precisamente o fato ocorrido, sem apelar para figuras de pensamento. Essa frase do exemplo serviu para mostrar o sinônimo da figura de linguagem anterior.

21 GÊNEROS TEXTUAIS

Os gêneros textuais podem ser textos orais ou escritos, formais ou informais. Eles possuem características em comum, como a intenção comunicativa, mas há algumas características que os distinguem uns dos outros.

21.1 Gêneros textuais e esferas de circulação

Cada gênero textual está vinculado a uma esfera de circulação, ou seja, um lugar comum em que ele pode ser encontrado.

Cotidiana: adivinhas, diário, álbum de família exposição oral, anedotas, fotos, bilhetes, músicas, cantigas de roda, parlendas, carta pessoal, piadas, cartão, provérbios, cartão postal, quadrinhas, causos, receitas, comunicado, relatos de experiências vividas, convites, trava-línguas, *curriculum vitae*.

Literária/artística: autobiografia, letras de músicas, biografias, narrativas de aventura, contos, narrativas de enigma, contos de fadas, narrativas de ficção, contos de fadas contemporâneos, narrativas de humor, crônicas de ficção, narrativas de terror, escultura, narrativas fantásticas, fábulas, narrativas míticas, fábulas contemporâneas, paródias, haicais, pinturas, histórias em quadrinhos, poemas, lendas, romances, literatura de cordel, tankas, memórias, textos dramáticos.

Científica: artigos, relatos históricos, conferências, relatórios, debates, palestras, verbetes, pesquisas.

Escolar: atas, relatos históricos, cartazes, relatórios, debates, regrados, relatos de experiências, diálogos/discussões argumentativas científicas, exposições orais, resenhas, júris simulados, resumos, mapas, seminários, palestras, textos argumentativos, pesquisas, textos de opinião, verbetes de enciclopédias.

Jornalística: imprensas, agendas culturais, fotos, anúncios de emprego, horóscopos, artigos de opinião, infográficos, caricaturas, manchetes, cartas ao leitor, mapas, mesas redondas, cartuns, notícias, charges, reportagens, classificados, resenhas críticas, crônicas jornalísticas, sinopses de filmes, editoriais, tiras, entrevistas (orais e escritas).

Publicidade: anúncios, músicas, caricaturas, **paródias**, cartazes, placas, comerciais para televisão, publicidades comerciais, *e-mails*, publicidades institucionais, *folders*, publicidades oficiais, fotos, textos políticos, *slogans*.

Política: abaixo-assinados, debates regrados, assembleias, discursos políticos, cartas de emprego, fóruns, cartas de reclamação, manifestos, cartas de solicitação, mesas redondas, debates, panfletos.

Jurídica: boletins de ocorrência, estatutos, constituição brasileira, leis, contratos, ofícios, declaração de direitos, procurações, depoimentos, regimentos, discursos de acusação, regulamentos, discursos de defesa, requerimentos.

Social: bulas, relatos históricos, manuais técnicos, relatórios, placas, relatos de experiências científicas, resenhas, resumos, seminários, textos argumentativos, textos de opinião, verbetes de enciclopédias.

Midiática: *blogs, realities show, chats, talks show*, desenhos animados, telejornais, e-mails, telenovelas, entrevistas, torpedos, filmes, vídeos clip, fotoblogs, videoconferências, *home page*.

21.2 Exemplos de gêneros textuais

Artigo: o artigo de opinião é um gênero textual que faz parte da esfera jornalística e tem por finalidade a exposição do ponto de vista sobre um determinado assunto. Assim como a dissertação, ele também se compõe de um título, uma introdução, um desenvolvimento e uma conclusão.

Ata: a ata tem como finalidade registrar ocorrências, resoluções e decisões de reuniões, sessões realizadas por algum órgão, setor, entidade etc.

Estrutura da ata:
- Dia, mês, ano e hora (por extenso);
- Local da reunião;
- Pessoas presentes, devidamente qualificadas;
- Ordem do dia (pauta);
- Fecho.

Observações:
- Não há disposição quanto à quantidade de pessoas que deve assinar a ata; pode ser assinada apenas pelo presidente e pelo secretário.
- A ata deve ser redigida de modo que não sejam possíveis alterações posteriores à assinatura (há o emprego de expressões "digo" e "em tempo").
- Não há parágrafos ou alíneas.
- A ata é o registro fiel.

Atestado: atestado é o documento mediante o qual a autoridade comprova um fato ou situação de que tenha conhecimento em razão do cargo que ocupa ou da função que exerce. Destina-se à comprovação de fatos ou situações passíveis de modificações frequentes. É uma mera declaração, ao passo que a certidão é uma transcrição. Ato administrativo enunciativo, o atestado é, em síntese, afirmação oficial de fatos.

Partes:
- **Título ou epígrafe:** denominação do ato (atestado).
- **Texto:** exposição do objeto da atestação. Pode-se declarar, embora não seja obrigatório, a pedido de quem e com que finalidade o documento é emitido.
- **Local e data:** cidade, dia, mês e ano da emissão do ato, podendo também citar, preferentemente sob forma de sigla, o nome do órgão em que a autoridade signatária do atestado exerce suas funções.
- **Assinatura:** nome e cargo ou função da autoridade que atesta.

Apostila: apostila é a averbação, feita abaixo dos textos ou no verso de decretos e portarias pessoais (nomeação, promoção, ascensão, transferência, readaptação, reversão, aproveitamento, reintegração, recondução, remoção, exoneração, demissão, dispensa, disponibilidade e aposentadoria), para que seja corrigida flagrante inexatidão material do texto original (erro na grafia de nomes próprios, lapso na especificação de datas etc.), desde que essa correção não venha a alterar a substância do ato já publicado.

Tratando-se de erro material em decreto pessoal, a apostila deve ser feita pelo Ministro de Estado que o propôs. Se o lapso houver ocorrido em portaria pessoal, a correção por apostilamento estará a cargo do ministro ou secretário signatário da portaria. Nos dois casos, a apostila deve sempre ser publicada no Boletim de Serviço ou Boletim Interno correspondente e, quando se tratar de ato referente a ministro de Estado, também no Diário Oficial da União.

A finalidade da correção de inexatidões materiais por meio de apostila é evitar que se sobrecarregue o Presidente da República com a assinatura de atos repetidos, e que se onere a Imprensa Nacional com a republicação de atos.

Forma e estrutura:
- Título, em maiúsculas e centralizado sobre o texto.
- Texto, no qual deve constar a correção que está sendo feita, a ser iniciada com a remissão ao decreto que autoriza esse procedimento.

GÊNEROS TEXTUAIS

- Local e data, por extenso:
  - Por exemplo: Brasília, em 12 de novembro de 1990.
- Identificação do signatário, abaixo da assinatura:
  - Por exemplo: NOME (em maiúsculas)
    Secretário da Administração Federal

No original do ato normativo, próximo à apostila, deverá ser mencionada a data de publicação da apostila no Boletim de Serviço ou no Boletim Interno.

Carta: pode ter caráter argumentativo quando se trata de uma carta aberta ou carta do leitor. Quando se trata de carta pessoal, há a presença de aspectos narrativos ou descritivos.

Charge: é um gênero textual em que é feita uma ilustração cômica, irônica, por meio de caricaturas, com o objetivo de satirizar, criticar ou fazer um comentário sobre algum acontecimento, que é atual, em sua grande maioria.

A charge é um dos gêneros textuais mais cobrados em questões de concurso. Deve-se dar atenção à crítica feita pelo autor, a qual pode ser percebida pela relação texto verbal e não verbal (palavras e imagens).

Certidão: certidão é o ato pelo qual se procede à publicidade de algo relativo à atividade Cartorária, a fim de que não haja dúvidas. Possui formato padrão próprio, termos essenciais que lhe dão suas características. Exige linguagem formal, objetiva e concisão.

Termos essenciais da certidão:
- **Afirmação:** certidão e dou fé que.
- **Identificação do motivo de sua expedição:** a pedido da parte interessada.
- **Ato a que se refere:** revendo os assentamentos constantes deste cartório, não logrei encontrar ação movida contra (nome).
- **Data:** de sua expedição.
- **Assinatura:** do escrivão.

Circular: é utilizada para transmitir avisos, ordens, pedidos ou instruções, dar ciência de leis, decretos, portarias etc.

- Destina-se a uma ou mais de uma pessoa/órgão/empresa. No caso de mais de um destinatário, todas as vias distribuídas devem ser iguais.
- A paragrafação pode seguir o estilo americano (sem entradas de parágrafo), ou estilo tradicional. No caso de estilo americano, todo o texto, a data e a assinatura devem ser alinhados à margem esquerda. No estilo tradicional, devem ser centralizados.

Partes:
- **Timbre:** impresso no alto do papel.
- **Título e número:** cerca de três linhas do timbre e no centro da folha. O número pode vir seguido do ano.
- **Data:** deve estar próxima do título e número, ao lado ou abaixo, podendo se apresentar de várias formas:
  - Por exemplo:
    - CIRCULAR N° 01, DE 2 MARÇO DE 2002
    - CIRCULAR N° 01
    - De 2 de março de 2002
    - CIRCULAR N° 01/02
    - Rio de Janeiro, 2 de março de 2002
- **Ementa (opcional):** deve vir abaixo do título e data, cerca de três linhas.
  - Ementa: Material de consumo.
  - Ref.: Material de consumo.

- **Invocação:** cerca de quatro linhas do título. Dependendo do assunto e destinatários, a invocação é dispensável.
  - Excelentíssimo Senhor:
  - Senhor Prefeito:
  - Senhores Pais:
- **Texto:** cerca de três linhas do título. Deve conter:
  - Exposição do assunto, desenvolvida a partir dos objetivos.
  - A sensibilização do receptor/destinatário;
  - Convite a agir.
  - Cumprimento final:
  - Respeitosamente,
  - Atenciosamente,
- **Assinatura:** cerca de quatro linhas do cumprimento final. É composta do nome do emissor (só as iniciais maiúsculas) e cargo ou função (todo em maiúscula):
  - Por exemplo:
    Herivelto Nascimento
    DIRETOR
- **Anexos:** quando houver documentos a anexar, escreve-se a palavra anexo à margem esquerda, seguida da relação do que está anexado:
  - Por exemplo:
    Anexo: quadro de horários.
    Anexa: cópia do documento.
    Anexas: tabela de horários e cópia dos documentos.
- **Iniciais:** na última linha útil do papel, à esquerda, devemos escrever as iniciais de quem elaborou o texto (redator), seguidas das iniciais de quem a datilografou/digitou (em maiúscula ou minúscula, tanto faz). Quando o redator e o datilógrafo forem a mesma pessoa, basta colocar a barra seguida das iniciais:
  - PPS/AZ
  - Pps/az
  - /pps
  - /PPS
- **Declaração:** a declaração deve ser fornecida por pessoa credenciada ou idônea que nele assume a responsabilidade sobre uma situação ou a concorrência de um fato. Portanto, é uma comprovação escrita com caráter de documento. A declaração pode ser manuscrita em papel almaço simples ou digitada. Quanto ao aspecto formal, divide-se nas seguintes etapas:
  - **Timbre:** impresso com cabeçalho, contendo o nome do órgão ou empresa. Nas declarações particulares, usa-se papel sem timbre.
  - **Título:** no centro da folha, em caixa alta.
  - **Texto:**
    - Identificação do emissor.
    - O verbo atestar ou declarar deve aparecer no presente do indicativo, terceira pessoa do singular ou do plural.
    - Finalidade do documento: em geral, costuma-se usar o termo "para os devidos fins". Também se pode especificar: "para fins de trabalho", "para fins escolares" etc.
    - Nome e dados de identificação do interessado.
    - Citação do fato a ser atestado.
  - **Local e data:** deve-se escrevê-lo acerca de três linhas do texto.

Editorial: é um gênero textual dissertativo-argumentativo que apresenta o posicionamento de uma empresa, revista, jornal sobre determinado assunto.

Entrevista: é um gênero textual em que aparece o diálogo entre o entrevistador e o(s) entrevistado(s), para obter informações sobre o entrevistado ou algum assunto. Podem aparecer elementos expositivos, argumentativos e narrativos.

Edital: é um documento em que são apresentados avisos, citações, determinações.

São diversos os tipos de editais, de acordo com o objetivo: pode comunicar uma citação, um proclame, um contrato, uma exoneração, uma licitação de obras, serviços, tomada de preço etc.

Entre eles, os editais mais comuns são os de concursos públicos, que determinam as etapas dos processos seletivos e as competências necessárias para a sua execução.

22 COMPREENSÃO E INTERPRETAÇÃO DE TEXTOS

22.1 Ideias preliminares sobre o assunto

Para interpretar um texto, o indivíduo precisa de muita atenção e de muito treino. Interpretar pode ser comparado com o disparar de uma arma: apenas temos chance de acertar o alvo se treinarmos muito e soubermos combinar todos os elementos externos ao disparo: velocidade do ar, direção, distância etc.

Quando o assunto é texto, o primordial é estabelecer uma relação contextual com aquilo que estamos lendo. Montar o contexto significa associar o que está escrito no texto-base com o que está disposto nas questões. Lembre-se de que as questões são elaboradas com a intenção de testar os concursandos, ou seja, deve ficar atento para todas as palavras e para todas as possibilidades de mudança de sentido que possa haver nas questões.

É preciso, para entender as questões de interpretação de qualquer banca, buscar o raciocínio que o elaborador da questão emprega na redação da questão. Usualmente, objetiva-se a depreensão dos sentidos do texto. Para tanto, destaque os itens fundamentais (as ideias principais contidas nos parágrafos) para poder refletir sobre tais itens dentro das questões.

22.2 Semântica ou pragmática?

Existe uma discussão acadêmica sobre o que possa ser considerado como semântica e como pragmática. Em que pese o fato de os universitários divergirem a respeito do assunto, vamos estabelecer uma distinção simples, apenas para clarear nossos estudos.

- **Semântica:** disciplina que estuda o **significado** dos termos. Para as questões relacionadas a essa área, o comum é que se questione acerca da troca de algum termo e a manutenção do sentido original da sentença.
- **Pragmática:** disciplina que estuda o **sentido** que um termo assume dentro de determinado contexto. Isso quer dizer que a identificação desse sentido depende do entorno linguístico e da intenção de quem exprime a sentença.

Para exemplificar essa situação, vejamos o exemplo a seguir:
- **Pedro está na geladeira.**

Nesse caso, é possível que uma questão avalie a capacidade de o leitor compreender que há, no mínimo, dois sentidos possíveis para essa sentença: um deles diz respeito ao fato de a expressão "na geladeira" poder significar algo como "ele foi até a geladeira buscar algo", o que – coloquialmente – significaria uma expressão indicativa de lugar.

O outro sentido diz respeito ao fato de "na geladeira" significar que "foi apartado de alguma coisa para receber algum tipo de punição".

A questão sobre **semântica** exigiria que o candidato percebesse a possibilidade de trocar a palavra "geladeira" por "refrigerador" – havendo, nesse caso, uma relação de sinonímia.

A questão de **pragmática** exigiria que o candidato percebesse a relação contextualmente estabelecida, ou seja, a criação de uma figura de linguagem (um tipo de metáfora) para veicular um sentido particular.

22.3 Questão de interpretação

Como se faz para saber que uma questão de interpretação é uma questão de interpretação?

Respondendo a essa pergunta, entende-se que há pistas que identificam a questão como pertencente ao rol de questões para interpretação. Os indícios mais precisos que costumam aparecer nas questões são:
- Reconhecimento da intenção do autor.
- Ponto de vista defendido.
- Argumentação do autor.
- Sentido da sentença.

Apesar disso, não são apenas esses os indícios de que uma questão é de interpretação. Dependendo da banca, podemos ter a natureza interpretativa distinta, principalmente porque o critério de interpretação é mais subjetivo que objetivo. Algumas bancas podem restringir o entendimento do texto; outras podem extrapolá-lo.

22.4 Dicas para interpretação

Há três elementos fundamentais para boa interpretação:
- Eliminação dos vícios de leitura.
- Organização.
- Sagacidade.

22.4.1. Vícios de leitura

A pior coisa que pode acontecer com o concursando, quando recebe um texto complexo para ler e interpretar, é cair num vício de leitura. Veja se você possui algum deles. Caso possua, tente eliminar o quanto antes.

Movimento

Como tudo inicia. O indivíduo pega o texto para ler e não para quieto. Troca a maneira de sentar, troca a posição do texto, nada está bom, nada está confortável. Em casa, senta para estudar e o que acontece? Fome. Depois? Sede. Então, a pessoa fica se mexendo para pegar comida, para tomar água, para ficar mais sossegado e o fluxo de leitura vai para o espaço. Fique quieto! O conceito é militar! Sente-se e permaneça assim até acabar a leitura, do contrário, vai acabar com a possibilidade de entender o que está escrito. Estudar com televisão, rádio, redes sociais e qualquer coisa dispersiva desse gênero só vai atrapalhar você.

Apoio

Não é aconselhável utilizar apoios para a leitura, tais como: réguas, acompanhar a linha com a caneta, ler em voz baixa, passar o dedo pelo papel etc. Basta pensar que seus olhos são muito mais rápidos que qualquer movimento ou leitura em voz alta.

"Garoto da borboleta"

Se você possui os vícios anteriores, certamente é um "garoto da borboleta" também. Isso quer dizer que é desatento e fica facilmente (fatalmente) disperso. Tudo chama sua atenção: caneta batendo na mesa, o concorrente barulhento, a pessoa estranha que está em sua frente, o tempo passando etc. Você vai querer ficar voltando ao início do texto porque não conseguiu compreender nada e, finalmente, vai perder as questões de interpretação.

22.4.2. Organização da leitura

Para que ocorra organização, é necessário compreender que todo texto possui:
- **Posto:** aquilo que é dito no texto. O conteúdo expresso.
- **Pressuposto:** aquilo que não está dito, mas que é facilmente compreendido.
- **Subentendido:** o que se pode interpretar por uma soma de dito com não-dito.

Veja um exemplo:

Alguém diz: "felizmente, meu tio parou de beber." É certo que o dito se compõe pelo conteúdo da mensagem: o homem parou de beber. O não-dito, ou pressuposto, fica a cargo da ideia de que o homem bebia e, agora, não bebe mais. Por sua vez, o subentendido pode ser abstraído como "meu tio possuía problemas com a bebida e eu assumo isso por meio da sentença que profiro". Não é difícil! É necessário, no entanto, possuir uma certa "malandragem linguística" para perceber isso de início.

22.5 Dicas para organização

As dicas de organização não são novas, mas são eficazes, vamos lá:

- **Ler mais de uma vez o texto (quando for curto, é lógico)**

A primeira leitura é para tomar contato com o assunto, a segunda, para observar como o texto está articulado.

Ao lado de cada parágrafo, escreva a principal ideia (tópico frasal) ou argumento mais forte do trecho. Isso ajuda você a ter clareza da temática e como ela está sendo desenvolvida.

Se o texto for muito longo, recomenda-se ler primeiro a questão de interpretação, para, então, buscá-la na leitura.

- **Observar as relações entre parágrafos**

Observar que há relações de exemplificação, oposição e causalidade entre os parágrafos do texto, por isso, tente compreender as relações intratextuais nos parágrafos.

Ficar de olho aberto para as conjunções adversativas: *no entanto*, *contudo*, *entretanto* etc.

- **Atentar para o comando da questão**

Responda àquilo que foi pedido.

- **Dica:** entenda que modificar e prejudicar o sentido não são a mesma coisa.

- **Palavras de alerta (polarizadoras)**

Sublinhar palavras como: *erro*, *incorreto*, *correto* e *exceto*, para não se confundir no momento de responder à questão.

Inaceitável, *incompatível* e *incongruente* também podem aparecer.

- **Limitar os horizontes**

Não imaginar que você sabe o que o autor quis dizer, mas sim entender o que ele disse: o que ele escreveu. Não extrapolar a significação do texto. Para isso, é importante prestar atenção ao significado das palavras.

Pode até ser coerente o que você concluiu, mas se não há base textual, descarte.

O homem **pode** morrer de infarto. / O homem **deve** morrer de infarto.

- **Busque o tema central do texto**

Geralmente aparece no primeiro parágrafo do texto.

- **Desenvolvimento**

Se o enunciado mencionar a argumentação do texto, você deve buscar entender o que ocorre com o desenvolvimento dos parágrafos.

Verificar se o desenvolvimento ocorre por:

- Causa e consequência.
- Enumeração de fatos.
- Retrospectiva histórica.
- Fala de especialista.
- Resposta a um questionamento.
- Sequência de dados.
- Estudo de caso.
- Exemplificação.

- **Relatores**

Atentar para os pronomes relativos e demonstrativos no texto. Eles auxiliam o leitor a entender como se estabelece a coesão textual.

Alguns deles: *que, cujo, o qual, onde, esse, este, isso, isto* etc.

- **Entender se a questão é de interpretação ou de compreensão**
  - Interpretação

Parte do texto para uma conclusão. As questões que solicitam uma inferência costumam apresentar as seguintes estruturas:

"É possível entender que..."
"O texto possibilita o entendimento de que..."
"O texto encaminha o leitor para..."
"O texto possibilita deduzir que..."
"Depreende-se do texto que..."
"Com apoio no texto, infere-se que..."
"Entende-se que..."
"Compreende-se que..."
"Compreensão"

Buscam-se as informações solicitadas pela questão no texto. As questões dessa natureza possuem as seguintes estruturas:

"De acordo com o texto, é possível afirmar..."
"Segundo o texto..."
"Conforme o autor..."
"No texto..."
"Conforme o texto..."

- **Tome cuidado com as generalizações**

Na maior parte das vezes, o elaborador da prova utiliza a generalização para tornar a questão incorreta.

Atenção para as palavras: *sempre, nunca, exclusivamente, unicamente, somente*.

O que você não deve fazer!

"Viajar" no texto: interpretar algo para além do que o texto permite.
Interpretar apenas um trecho do texto.
Entender o contrário: fique atento a palavras como "pode", "não", "deve" etc.

22.5.1. Astúcia da banca

Talvez seja essa a característica mais difícil de se desenvolver no concursando, pois ela envolve o conhecimento do tipo de interpretação e dos limites estabelecidos pelas bancas. Só há uma maneira de ficar esperto estudando para concurso público: realizando provas! Pode parecer estranho, mas depois de resolver 200 questões da mesma banca, você já consegue prever como será a próxima questão. Prever é garantir o acerto! Então, faça exercícios até cansar e, quando cansar, faça mais um pouco.

Vamos trabalhar com alguns exemplos agora:

- **Exemplo I**

Entre os maiores obstáculos ao pleno desenvolvimento do Brasil, está a educação. Este é o próximo grande desafio que deve ser enfrentado com paciência, mas sem rodeios. É a bola da vez dentro das políticas públicas prioritárias do Estado. Nos anos 1990 do século passado, o país derrotou a inflação – que corroía salários, causava instabilidade política e irracionalidade econômica. Na primeira década deste século, os avanços deram-se em direção a uma agenda social, voltada para a redução da pobreza e da desigualdade estrutural. Nos próximos anos, a questão da melhoria da qualidade do ensino deve ser uma obrigação dos governantes, sejam quais forem os ungidos pelas decisões das urnas.

Jornal do Brasil, Editorial, 21/1/2010 (com adaptações).

COMPREENSÃO E INTERPRETAÇÃO DE TEXTOS

Agora o mesmo texto, devidamente marcado.

*Entre **os maiores obstáculos** ao pleno desenvolvimento do Brasil, está a educação. Este é o **próximo grande desafio** que deve ser enfrentado com paciência, mas sem rodeios. É a **bola da vez** dentro das políticas públicas prioritárias do Estado. **Nos anos 90 do século passado**, o país derrotou a inflação – que corroía salários, causava instabilidade política e irracionalidade econômica. **Na primeira década deste século**, os avanços deram-se em direção a uma agenda social, voltada para a redução da pobreza e da desigualdade estrutural. **Nos próximos anos**, a questão da melhoria da qualidade do ensino deve ser uma **OBRIGAÇÃO DOS GOVERNANTES**, sejam quais forem os ungidos pelas decisões das urnas.*

Observe que destacamos para você elementos que podem surgir, posteriormente como questões. O texto inicia falando que há mais obstáculos além da educação. Também argumenta, posteriormente, que já houve outros desafios além desse que ele chama de "próximo grande desafio". Utilizando uma expressão de sentido **conotativo** (bola da vez), o escritor anuncia que a educação ocupa posição de destaque quando o assunto se volta para as políticas públicas prioritárias do Estado.

No decorrer do texto, que se desenvolve por um tipo de retrospectiva histórica (veja o que está destacado), o redator traça um panorama dessas políticas públicas ao longo da história do país, fazendo uma previsão para os anos vindouros (o que foi destacado em caixa alta).

- **Exemplo II**

*Um passo fundamental para que não nos enganemos quanto à **natureza do capitalismo contemporâneo** e o significado das políticas empreendidas pelos países centrais para enfrentar a recente **crise econômica** é problematizarmos, com cuidado, o termo **neoliberalismo**: "começar pelas palavras talvez não seja coisa vã", escreve Alfredo Bosi em Dialética da Colonização.*

***A partir da década de 1980**, buscando exprimir a natureza do capitalismo contemporâneo, muitos, principalmente os críticos, utilizaram esta palavra que, por fim, se generalizou. Mas o que, de fato, significa? O prefixo neo quer dizer novo; portanto, novo liberalismo. Ora, durante o século XIX deu-se a construção de um liberalismo que viria encontrar a sua crise definitiva na I Guerra Mundial em 1914 e na crise de 1929. Mas desde o período entre guerras e, sobretudo, depois, com o término da II Guerra Mundial, em 1945, tomou corpo um novo modelo, principalmente na Europa, que de certa forma se contrapunha ao velho liberalismo: era **o mundo da socialdemocracia**, da presença do Estado na vida econômica, das ações políticas inspiradas na reflexão teórica do economista britânico John Keynes, um crítico do liberalismo econômico clássico que viveu na primeira metade do século XX. Quando esse modelo também entrou em crise, no princípio da década de 1970, surgiu a perspectiva de **reconstrução da ordem liberal**. Por isso, novo liberalismo, neoliberalismo.*

Grupo de São Paulo, disponível em: http://www.correiocidadania.com.br/content/view/5158/9/. Acesso em: 28/10/2010. (Adaptado)

- **Exemplo III**

Em Defesa do Voto Obrigatório

*O voto, direito duramente conquistado, **deve ser considerado um dever** cívico, sem o exercício do qual o **direito se descaracteriza ou se perde**, afinal liberdade e democracia são fins e não apenas meios. Quem vive em uma comunidade política não pode estar **desobrigado** de opinar sobre os rumos dela. Nada contra a desobediência civil, recurso legítimo para o protesto cidadão, que, no caso eleitoral, se pode expressar no voto nulo (cuja tecla deveria constar na máquina utilizada para votação). Com o **voto facultativo**, o direito de votar e o de não votar ficam inscritos, em pé de igualdade, no corpo legal. Uma parte do eleitorado deixará voluntariamente de opinar sobre a constituição do poder político. O desinteresse pela política e a descrença no voto são registrados como mera "escolha", sequer como desobediência civil ou protesto. **A consagração da alienação política** como um direito legal interessa aos conservadores, reduz o peso da soberania popular e desconstitui o sufrágio como universal.*

*Para o **cidadão ativo**, que, além de votar, se organiza para garantir os direitos civis, políticos e sociais, o enfoque é inteiramente outro. O tempo e o **trabalho dedicados ao acompanhamento continuado da política não se apresentam como restritivos da liberdade individual**. Pelo contrário, são obrigações auto assumidas no esforço de construção e aprofundamento da democracia e de vigília na defesa das liberdades individuais e públicas. A ideia de que a democracia se constrói nas lutas do dia a dia se contrapõe, na essência, ao modelo liberal. O cidadão escolado na disputa política sabe que a liberdade de não ir votar é uma armadilha. Para que o sufrágio continue universal, para que todo poder emane do povo e não, dos donos do poder econômico, o voto, além de ser um direito, **deve conservar a sua condição de dever cívico**.*

23 TIPOS DE DISCURSO

Discurso está relacionado à construção de textos, tanto orais quanto escritos, portanto, ele é considerado uma prática social.

Em um texto, podem ser encontrados três tipos de discurso: o discurso **direto**, o **indireto** e o **indireto livre**.

23.1 Discurso direto

São as falas das personagens. Esse discurso pode aparecer em forma de diálogos e citações, e vem marcado com alguma pontuação (travessão, dois pontos, aspas etc.). Ou seja, o discurso direto reproduz fielmente a fala de alguém.

- Por exemplo:
    O médico disse à paciente:
    Você precisa fazer exercícios físicos regularmente.

23.2 Discurso indireto

É a reprodução da fala de alguém, a qual é feita pelo narrador. Normalmente, esse discurso é escrito em terceira pessoa.

- Por exemplo:
    O médico disse à paciente que ela precisava fazer exercícios regulamente.

23.3 Discurso indireto livre

É a ocorrência do discurso direto e indireto ao mesmo tempo. Ou seja, o narrador conta a história, mas as personagens também têm voz própria.

No exemplo a seguir, há um discurso direto: "que raiva", que mostra a fala da personagem.

"Retirou as asas e estraçalhou-a. Só tinham beleza. Entretanto, qualquer urubu... que raiva..." (Ana Maria Machado)

No trecho a seguir, há uma fala da personagem, mesclada com a narração: "Para que estar catando defeitos no próximo?".

"D. Aurora sacudiu a cabeça e afastou o juízo temerário. Para que estar catando defeitos no próximo? Eram todos irmãos. Irmãos." (Graciliano Ramos)

Exemplo de uma transposição de discurso direto para indireto:
Ana perguntou:
– Qual a resposta correta?
Ana perguntou qual era a resposta correta.

Ressalta-se que nas questões de reescrita que tratam da transposição de discursos, é mais frequente a substituição do direto pelo indireto.

24 REDAÇÃO DE CORRESPONDÊNCIAS OFICIAIS

24.1 Aspectos Gerais da Redação Oficial

24.1.1. Panorama da comunicação oficial

A finalidade da língua é comunicar, quer pela fala, quer pela escrita. Para que haja comunicação, são necessários:

a) alguém que comunique;
b) algo a ser comunicado;
c) alguém que receba essa comunicação.

No caso da redação oficial, quem comunica é sempre o serviço público (este/esta ou aquele/aquela Ministério, Secretaria, Departamento, Divisão, Serviço, Seção); o que se comunica é sempre algum assunto relativo às atribuições do órgão que comunica; e o destinatário dessa comunicação é o público, uma instituição privada ou outro órgão ou entidade pública, do Poder Executivo ou dos outros Poderes. Além disso, deve-se considerar a intenção do emissor e a finalidade do documento, para que o texto esteja adequado à situação comunicativa.

A necessidade de empregar determinado nível de linguagem nos atos e nos expedientes oficiais decorre, de um lado, do próprio caráter público desses atos e comunicações; de outro, de sua finalidade. Os atos oficiais, aqui entendidos como atos de caráter normativo, ou estabelecem regras para a conduta dos cidadãos, ou regulam o funcionamento dos órgãos e entidades públicos, o que só é alcançado se, em sua elaboração, for empregada a linguagem adequada. O mesmo se dá com os expedientes oficiais, cuja finalidade precípua é a de informar com clareza e objetividade.

24.1.2. O que é redação oficial

Em uma frase, pode-se dizer que redação oficial é a maneira pela qual o Poder Público redige comunicações oficiais e atos normativos. Neste Manual, interessa-nos tratá-la do ponto de vista da administração pública federal.

A redação oficial não é necessariamente árida e contrária à evolução da língua. É que sua finalidade básica – comunicar com objetividade e máxima clareza – impõe certos parâmetros ao uso que se faz da língua, de maneira diversa daquele da literatura, do texto jornalístico, da correspondência particular etc.

Apresentadas essas características fundamentais da redação oficial, passemos à análise pormenorizada de cada um de seus atributos.

24.1.3. Atributos da redação oficial

▷ A redação oficial deve caracterizar-se por:
  • clareza e precisão;
  • objetividade;
  • concisão;
  • coesão e coerência;
  • impessoalidade;
  • formalidade e padronização; e
  • uso da norma padrão.

Fundamentalmente, esses atributos decorrem da Constituição, que dispõe, no art. 37: "A administração pública direta, indireta, de qualquer dos Poderes da União, dos Estados, do Distrito Federal e dos Municípios obedecerá aos princípios de legalidade, impessoalidade, moralidade, publicidade e eficiência (...)". Sendo a publicidade, a impessoalidade e a eficiência princípios fundamentais de toda a administração pública, devem igualmente nortear a elaboração dos atos e das comunicações oficiais.

Clareza e precisão

Clareza

A clareza deve ser a qualidade básica de todo texto oficial. Pode-se definir como claro aquele texto que possibilita imediata compreensão pelo leitor. Não se concebe que um documento oficial ou um ato normativo de qualquer natureza seja redigido de forma obscura, que dificulte ou impossibilite sua compreensão. A transparência é requisito do próprio Estado de Direito: é inaceitável que um texto oficial ou um ato normativo não seja entendido pelos cidadãos. O princípio constitucional da publicidade não se esgota na mera publicação do texto, estendendo-se, ainda, à necessidade de que o texto seja claro.

▷ Para a obtenção de clareza, sugere-se:
  • utilizar palavras e expressões simples, em seu sentido comum, salvo quando o texto versar sobre assunto técnico, hipótese em que se utilizará nomenclatura própria da área;
  • usar frases curtas, bem estruturadas; apresentar as orações na ordem direta e evitar intercalações excessivas. Em certas ocasiões, para evitar ambiguidade, sugere-se a adoção da ordem inversa da oração;
  • buscar a uniformidade do tempo verbal em todo o texto;
  • não utilizar regionalismos e neologismos;
  • pontuar adequadamente o texto;
  • explicitar o significado da sigla na primeira referência a ela; e
  • utilizar palavras e expressões em outro idioma apenas quando indispensáveis, em razão de serem designações ou expressões de uso já consagrado ou de não terem exata tradução. Nesse caso, grafe-as em itálico, conforme orientações do subitem 10.2 deste Manual.

Precisão

▷ O atributo da precisão complementa a clareza e caracteriza-se por:
  • articulação da linguagem comum ou técnica para a perfeita compreensão da ideia veiculada no texto;
  • manifestação do pensamento ou da ideia com as mesmas palavras, evitando o emprego de sinonímia com propósito meramente estilístico; e
  • escolha de expressão ou palavra que não confira duplo sentido ao texto.

É indispensável, também, a releitura de todo o texto redigido. A ocorrência, em textos oficiais, de trechos obscuros provém principalmente da falta da releitura, o que tornaria possível sua correção. Na revisão de um expediente, deve-se avaliar se ele será de fácil compreensão por seu destinatário. O que nos parece óbvio pode ser desconhecido por terceiros. O domínio que adquirimos sobre certos assuntos, em decorrência de nossa experiência profissional, muitas vezes, faz com que os tomemos como de conhecimento geral, o que nem sempre é verdade. Explicite, desenvolva, esclareça, precise os termos técnicos, o significado das siglas e das abreviações e os conceitos específicos que não possam ser dispensados.

A revisão atenta exige tempo. A pressa com que são elaboradas certas comunicações quase sempre compromete sua clareza. "Não há assuntos urgentes, há assuntos atrasados", diz a máxima. Evite-se, pois, o atraso, com sua indesejável repercussão no texto redigido.

A clareza e a precisão não são atributos que se atinjam por si sós: elas dependem estritamente das demais características da redação oficial, apresentadas a seguir.

Objetividade

Ser objetivo é ir diretamente ao assunto que se deseja abordar, sem voltas e sem redundâncias. Para conseguir isso, é fundamental que o redator saiba de antemão qual é a ideia principal e quais são as secundárias.

Procure perceber certa hierarquia de ideias que existe em todo texto de alguma complexidade: as fundamentais e as secundárias. Essas últimas podem esclarecer o sentido daquelas, detalhá-las, exemplificá-las; mas existem também ideias secundárias que não acrescentam informação alguma ao texto, nem têm maior relação com as fundamentais, podendo, por isso, ser dispensadas, o que também proporcionará mais objetividade ao texto.

A objetividade conduz o leitor ao contato mais direto com o assunto e com as informações, sem subterfúgios, sem excessos de palavras e de ideias. É errado supor que a objetividade suprime a delicadeza de expressão ou torna o texto rude e grosseiro.

Concisão

A concisão é antes uma qualidade do que uma característica do texto oficial. Conciso é o texto que consegue transmitir o máximo de informações com o mínimo de palavras. Não se deve de forma alguma entendê-la como economia de pensamento, isto é, não se deve eliminar passagens substanciais do texto com o único objetivo de reduzi-lo em tamanho. Trata-se, exclusivamente, de excluir palavras inúteis, redundâncias e passagens que nada acrescentem ao que já foi dito.

Detalhes irrelevantes são dispensáveis: o texto deve evitar caracterizações e comentários supérfluos, adjetivos e advérbios inúteis, subordinação excessiva. A seguir, um exemplo1 de período mal construído, prolixo:

>Exemplo:
>Apurado, com impressionante agilidade e precisão, naquela tarde de 2009, o resultado da consulta à população acriana, verificou-se que a esmagadora e ampla maioria da população daquele distante estado manifestou-se pela efusiva e indubitável rejeição da alteração realizada pela Lei nº 11.662/2008. Não satisfeita, inconformada e indignada, com a nova hora legal vinculada ao terceiro fuso, a maioria da população do Acre demonstrou que a ela seria melhor regressar ao quarto fuso, estando cinco horas a menos que em Greenwich.

Nesse texto, há vários detalhamentos desnecessários, abusou-se no emprego de adjetivos (impressionante, esmagadora, ampla, inconformada, indignada), o que lhe confere carga afetiva injustificável, sobretudo em texto oficial, que deve primar pela impessoalidade. Eliminados os excessos, o período ganha concisão, harmonia e unidade:

>Exemplo:
>Apurado o resultado da consulta à população acreana, verificou-se que a maioria da população manifestou-se pela rejeição da alteração realizada pela Lei no 11.662/2008. Não satisfeita com a nova hora legal vinculada ao terceiro fuso, a maioria da população do Acre demonstrou que a ela seria melhor regressar ao quarto fuso, estando cinco horas menos que em Greenwich.

Coesão e coerência

É indispensável que o texto tenha coesão e coerência. Tais atributos favorecem a conexão, a ligação, a harmonia entre os elementos de um texto. Percebe-se que o texto tem coesão e coerência quando se lê um texto e se verifica que as palavras, as frases e os parágrafos estão entrelaçados, dando continuidade uns aos outros.

Alguns mecanismos que estabelecem a coesão e a coerência de um texto são: referência, substituição, elipse e uso de conjunção.

A referência diz respeito aos termos que se relacionam a outros necessários à sua interpretação. Esse mecanismo pode dar-se por retomada de um termo, relação com o que é precedente no texto, ou por antecipação de um termo cuja interpretação dependa do que se segue.

>Exemplos:
>O Deputado evitou a instalação da CPI da corrupção. Ele aguardou a decisão do Plenário. O TCU apontou estas irregularidades: falta de assinatura e de identificação no documento.

A substituição é a colocação de um item lexical no lugar de outro(s) ou no lugar de uma oração.

>Exemplos:
>O Presidente assinou o acordo. O Chefe do Poder Executivo federal propôs reduzir as alíquotas.
>
>O memorando está pronto. O documento trata da exoneração do servidor.
>
>Os governadores decidiram acatar a decisão. Em seguida, os prefeitos fizeram o mesmo.

A elipse consiste na omissão de um termo recuperável pelo contexto.

>Exemplo:
>O decreto regulamenta os casos gerais; a portaria, os particulares. (Na segunda oração, houve a omissão do verbo "regulamenta").

Outra estratégia para proporcionar coesão e coerência ao texto é utilizar conjunção para estabelecer ligação entre orações, períodos ou parágrafos.

>Exemplo:
>O Embaixador compareceu à reunião, pois identificou o interesse de seu Governo pelo assunto.

Impessoalidade

A impessoalidade decorre de princípio constitucional (Constituição, art. 37), e seu significado remete a dois aspectos: o primeiro é a obrigatoriedade de que a administração pública proceda de modo a não privilegiar ou prejudicar ninguém, de que o seu norte seja, sempre, o interesse público; o segundo, a abstração da pessoalidade dos atos administrativos, pois, apesar de a ação administrativa ser exercida por intermédio de seus servidores, é resultado tão-somente da vontade estatal.

A redação oficial é elaborada sempre em nome do serviço público e sempre em atendimento ao interesse geral dos cidadãos. Sendo assim, os assuntos objetos dos expedientes oficiais não devem ser tratados de outra forma que não a estritamente impessoal.

Percebe-se, assim, que o tratamento impessoal que deve ser dado aos assuntos que constam das comunicações oficiais decorre:

- da ausência de impressões individuais de quem comunica: embora se trate, por exemplo, de um expediente assinado por Chefe de determinada Seção, a comunicação é sempre feita em nome do serviço público. Obtém-se, assim, uma desejável padronização, que permite que as comunicações elaboradas em diferentes setores da administração pública guardem entre si certa uniformidade;
- da impessoalidade de quem recebe a comunicação: ela pode ser dirigida a um cidadão, sempre concebido como público, ou a uma instituição privada, a outro órgão ou a outra entidade pública. Em todos os casos, temos um destinatário concebido de forma homogênea e impessoal; e
- do caráter impessoal do próprio assunto tratado: se o universo temático das comunicações oficiais se restringe a questões que dizem respeito ao interesse público, é natural não caber qualquer tom particular ou pessoal.

Não há lugar na redação oficial para impressões pessoais, como as que, por exemplo, constam de uma carta a um amigo, ou de um artigo assinado de jornal, ou mesmo de um texto literário. A redação oficial deve ser isenta da interferência da individualidade de quem a elabora. A concisão, a clareza, a objetividade e a formalidade de que nos valemos para elaborar os expedientes oficiais contribuem, ainda, para que seja alcançada a necessária impessoalidade.

Formalidade e padronização

As comunicações administrativas devem ser sempre formais, isto é, obedecer a certas regras de forma (BRASIL, 2015a). Isso é válido tanto para as comunicações feitas em meio eletrônico (por exemplo, o e-mail, o documento gerado no SEI!, o documento em html etc), quanto para os eventuais documentos impressos.

É imperativa, ainda, certa formalidade de tratamento. Não se trata somente do correto emprego deste ou daquele pronome de tratamento para uma autoridade de certo nível, mais do que isso: a formalidade diz respeito à civilidade no próprio enfoque dado ao assunto do qual cuida a comunicação.

A formalidade de tratamento vincula-se, também, à necessária uniformidade das comunicações. Ora, se a administração pública federal é una, é natural que as comunicações que expeça sigam o mesmo

REDAÇÃO DE CORRESPONDÊNCIAS OFICIAIS

padrão. O estabelecimento desse padrão, uma das metas deste Manual, exige que se atente para todas as características da redação oficial e que se cuide, ainda, da apresentação dos textos.

A digitação sem erros, o uso de papéis uniformes para o texto definitivo, nas exceções em que se fizer necessária a impressão, e a correta diagramação do texto são indispensáveis para a padronização. Consulte o Capítulo II, "As comunicações oficiais", a respeito de normas específicas para cada tipo de expediente.

Em razão de seu caráter público e de sua finalidade, os atos normativos e os expedientes oficiais requerem o uso do padrão culto do idioma, que acata os preceitos da gramática formal e emprega um léxico compartilhado pelo conjunto dos usuários da língua. O uso do padrão culto é, portanto, imprescindível na redação oficial por estar acima das diferenças lexicais, morfológicas ou sintáticas, regionais; dos modismos vocabulares e das particularidades linguísticas.

▷ Recomendações:
- a língua culta é contra a pobreza de expressão e não contra a sua simplicidade;
- o uso do padrão culto não significa empregar a língua de modo rebuscado ou utilizar figuras de linguagem próprias do estilo literário;
- a consulta ao dicionário e à gramática é imperativa na redação de um bom texto.

Pode-se concluir que não existe propriamente um padrão oficial de linguagem, o que há é o uso da norma padrão nos atos e nas comunicações oficiais. É claro que haverá preferência pelo uso de determinadas expressões, ou será obedecida certa tradição no emprego das formas sintáticas, mas isso não implica, necessariamente, que se consagre a utilização de uma forma de linguagem burocrática. O jargão burocrático, como todo jargão, deve ser evitado, pois terá sempre sua compreensão limitada.

24.2 Redação das Comunicações Oficiais

24.2.1. Introdução

A redação das comunicações oficiais deve, antes de tudo, seguir os preceitos explicitados no Capítulo I, "Aspectos gerais da redação oficial". Além disso, há características específicas de cada tipo de expediente, que serão tratadas em detalhe neste capítulo. Antes de passarmos à sua análise, vejamos outros aspectos comuns a quase todas as modalidades de comunicação oficial.

24.2.2. Pronomes de tratamento

Tradicionalmente, o emprego dos pronomes de tratamento adota a segunda pessoa do plural, de maneira indireta, para referenciar atributos da pessoa à qual se dirige. Na redação oficial, é necessário atenção para o uso dos pronomes de tratamento em três momentos distintos: no endereçamento, no vocativo e no corpo do texto. No vocativo, o autor dirige-se ao destinatário no início do documento. No corpo do texto, pode-se empregar os pronomes de tratamento em sua forma abreviada ou por extenso. O endereçamento é o texto utilizado no envelope que contém a correspondência oficial.

A seguir, alguns exemplos de utilização de pronomes de tratamento no texto oficial.

Autoridade	Endereçamento	Vocativo	Tratamento no corpo do texto	Abreviatura
Presidente da República	A Sua Excelência o Senhor	Excelentíssimo Senhor Presidente da República,	Vossa Excelência	Não se usa
Presidente do Congresso Nacional	A Sua Excelência o Senhor	Excelentíssimo Senhor Presidente do Congresso Nacional,	Vossa Excelência	Não se usa
Presidente do Supremo Tribunal Federal	A Sua Excelência o Senhor	Excelentíssimo Senhor Presidente do Supremo Tribunal Federal,	Vossa Excelência	Não se usa
Vice-Presidente da República	A Sua Excelência o Senhor	Senhor Vice-Presidente da República,	Vossa Excelência	V. Exa.
Ministro de Estado	A Sua Excelência o Senhor	Senhor Ministro,	Vossa Excelência	V. Exa.
Secretário-Executivo de Ministério e demais ocupantes de cargos de natureza especial	A Sua Excelência o Senhor	Senhor Secretário-Executivo,	Vossa Excelência	V. Exa.

Autoridade	Endereçamento	Vocativo	Tratamento no corpo do texto	Abreviatura
Embaixador	A Sua Excelência o Senhor	Senhor Embaixador,	Vossa Excelência	V. Exa.
Oficial-General das Forças Armadas	A Sua Excelência o Senhor	Senhor + Posto,	Vossa Excelência	V. Exa.
Outros postos militares	Ao Senhor	Senhor + Posto,	Vossa Senhoria	V. Sa.

Senador da República	A Sua Excelência o Senhor	Senhor Senador,	Vossa Excelência	V. Exa.
Deputado Federal	A Sua Excelência o Senhor	Senhor Deputado,	Vossa Excelência	V. Exa.
Ministro do Tribunal de Contas da União	A Sua Excelência o Senhor	Senhor Ministro do Tribunal de Contas da União,	Vossa Excelência	V. Exa.
Ministro dos Tribunais Superiores	A Sua Excelência o Senhor	Senhor Ministro,	Vossa Excelência	V. Exa.

Os exemplos acima são meramente exemplificativos. A profusão de normas estabelecendo hipóteses de tratamento por meio do pronome "Vossa Excelência" para categorias específicas tornou inviável arrolar todas as hipóteses.

24.2.3. Concordância com os pronomes de tratamento

Exemplo:
Vossa Senhoria designará o assessor.

Os pronomes de tratamento apresentam certas peculiaridades quanto às concordâncias verbal, nominal e pronominal. Embora se refiram à segunda pessoa gramatical (à pessoa com quem se fala), levam a concordância para a terceira pessoa. Os pronomes Vossa Excelência ou Vossa Senhoria são utilizados para se comunicar diretamente com o receptor.

Da mesma forma, os pronomes possessivos referidos a pronomes de tratamento são sempre os da terceira pessoa.

Exemplo:
Vossa Senhoria designará seu substituto. (E não "Vossa Senhoria designará vosso substituto")

Já quanto aos adjetivos referidos a esses pronomes, o gênero gramatical deve coincidir com o sexo da pessoa a que se refere, e não com o substantivo que compõe a locução.

Exemplos:
Se o interlocutor for homem, o correto é: Vossa Excelência está atarefado.
Se o interlocutor for mulher: Vossa Excelência está atarefada.

O pronome Sua Excelência é utilizado para se fazer referência a alguma autoridade (indiretamente).

Exemplo:
A Sua Excelência o Ministro de Estado Chefe da Casa Civil (por exemplo, no endereçamento do expediente)

24.2.4. Signatário

Cargos interino e substituto

Na identificação do signatário, depois do nome do cargo, é possível utilizar os termos interino e substituto, conforme situações a seguir: interino é aquele nomeado para ocupar transitoriamente cargo público durante a vacância; substituto é aquele designado para exercer as atribuições de cargo público vago ou no caso de afastamento e impedimentos legais ou regulamentares do titular. Esses termos devem ser utilizados depois do nome do cargo, sem hífen, sem vírgula e em minúsculo.

Exemplos:
Diretor-Geral interino Secretário-Executivo substituto

Signatárias do sexo feminino

Na identificação do signatário, o cargo ocupado por pessoa do sexo feminino deve ser flexionado no gênero feminino.

Grafia de cargos compostos

Exemplos:
Ministra de Estado Secretária-Executiva interina Técnica Administrativa

Coordenadora Administrativa

▷ Escrevem-se com hífen:
- cargos formados pelo adjetivo "geral": diretor-geral, relator-geral, ouvidor-geral;
- postos e gradações da diplomacia: primeiro-secretário, segundo-secretário;
- postos da hierarquia militar: tenente-coronel, capitão-tenente;

Atenção: nomes compostos com elemento de ligação preposicionado ficam sem hífen: general de exército, general de brigada, tenente-brigadeiro do ar, capitão de mar e guerra;
- cargos que denotam hierarquia dentro de uma empresa: diretor-presidente, diretor-adjunto, editor-chefe, editor-assistente, sócio-gerente, diretor-executivo;
- cargos formados por numerais: primeiro-ministro, primeira-dama;
- cargos formados com os prefixos "ex" ou "vice": ex-diretor, vice-coordenador.

O novo Acordo Ortográfico tornou opcional o uso de iniciais maiúsculas em palavras usadas reverencialmente, por exemplo para cargos e títulos (exemplo: o Presidente francês ou o presidente francês). Porém, em palavras com hífen, após se optar pelo uso da maiúscula ou da minúscula, deve-se manter a escolha para a grafia de todos os elementos hifenizados: pode-se escrever "Vice-Presidente" ou "vice-presidente", mas não "Vice-presidente".

24.2.5. Vocativo

O vocativo é uma invocação ao destinatário. Nas comunicações oficiais, o vocativo será sempre seguido de vírgula.

Em comunicações dirigidas aos Chefes de Poder, utiliza-se a expressão Excelentíssimo Senhor ou Excelentíssima Senhora e o cargo respectivo, seguidos de vírgula.

Exemplos:
Excelentíssimo Senhor Presidente da República,
Excelentíssimo Senhor Presidente do Congresso Nacional,
Excelentíssimo Senhor Presidente do Supremo Tribunal Federal,

As demais autoridades, mesmo aquelas tratadas por Vossa Excelência, receberão o vocativo Senhor ou Senhora seguido do cargo respectivo.

Exemplos:
Senhora Senadora, Senhor Juiz, Senhora Ministra,

Na hipótese de comunicação com particular, pode-se utilizar o vocativo Senhor ou Senhora e a forma utilizada pela instituição para referir-se ao interlocutor: beneficiário, usuário, contribuinte, eleitor etc.

Exemplos:
Senhora Beneficiária, Senhor Contribuinte,

Ainda, quando o destinatário for um particular, no vocativo, pode-se utilizar Senhor ou Senhora seguido do nome do particular ou pode-se utilizar o vocativo "Prezado Senhor" ou "Prezada Senhora".

Exemplos:
Senhora [Nome], Prezado Senhor,

Em comunicações oficiais, está abolido o uso de Digníssimo (DD) e de Ilustríssimo (Ilmo.).

Evite-se o uso de "doutor" indiscriminadamente. O tratamento por meio de Senhor confere a formalidade desejada.

O padrão ofício

Até a segunda edição deste Manual, havia três tipos de expedientes que se diferenciavam antes pela finalidade do que pela forma: o ofício, o aviso e o memorando. Com o objetivo de uniformizá-los, deve-se adotar nomenclatura e diagramação únicas, que sigam o que chamamos de padrão ofício.

▷ A distinção básica anterior entre os três era:
- aviso: era expedido exclusivamente por Ministros de Estado, para autoridades de mesma hierarquia;
- ofício: era expedido para e pelas demais autoridades; e
- memorando: era expedido entre unidades administrativas de um mesmo órgão.

Atenção: Nesta nova edição ficou abolida aquela distinção e passou-se a utilizar o termo ofício nas três hipóteses.

A seguir, será apresentada a estrutura do padrão ofício, de acordo com a ordem com que cada elemento aparece no documento oficial.

24.2.6. Partes do documento no padrão ofício

Cabeçalho

O cabeçalho é utilizado apenas na primeira página do documento, centralizado na área determinada pela formatação (ver subitem "5.2 Formatação e apresentação").

▷ No cabeçalho deverão constar os seguintes elementos:
- brasão de Armas da República2: no topo da página. Não há necessidade de ser aplicado em cores. O uso de marca da instituição deve ser evitado na correspondência oficial para não se sobrepor ao Brasão de Armas da República.
- nome do órgão principal;
- nomes dos órgãos secundários, quando necessários, da maior para a menor hierarquia; e
- espaçamento: entrelinhas simples (1,0).

Exemplo:

[Nome do órgão] [Secretaria/Diretoria]
[Departamento/Setor/Entidade]

Os dados do órgão, tais como endereço, telefone, endereço de correspondência eletrônica, sítio eletrônico oficial da instituição, podem ser informados no rodapé do documento, centralizados.

Identificação do expediente

Os documentos oficiais devem ser identificados da seguinte maneira:
- nome do documento: tipo de expediente por extenso, com todas as letras maiúsculas;
- indicação de numeração: abreviatura da palavra "número", padronizada como No;
- informações do documento: número, ano (com quatro dígitos) e siglas usuais do setor que expede o documento, da menor para a maior hierarquia, separados por barra (/); e
- alinhamento: à margem esquerda da página.

Exemplo:
OFÍCIO Nº 652/2018/SAA/SE/MT

Local e data do documento

Na grafia de datas em um documento, o conteúdo deve constar da seguinte forma:
- composição: local e data do documento;
- informação de local: nome da cidade onde foi expedido o documento, seguido de vírgula. Não se deve utilizar a sigla da unidade da federação depois do nome da cidade;
- dia do mês: em numeração ordinal se for o primeiro dia do mês e em numeração cardinal para os demais dias do mês. Não se deve utilizar zero à esquerda do número que indica o dia do mês;
- nome do mês: deve ser escrito com inicial minúscula;
- pontuação: coloca-se ponto-final depois da data; e
- alinhamento: o texto da data deve ser alinhado à margem direita da página.

Exemplo:
Brasília, 2 de fevereiro de 2018.

Endereçamento

O endereçamento é a parte do documento que informa quem receberá o expediente.

▷ Nele deverão constar os seguintes elementos:
- vocativo: na forma de tratamento adequada para quem receberá o expediente (ver subitem "4.1 Pronomes de tratamento");
- nome: nome do destinatário do expediente;
- cargo: cargo do destinatário do expediente;
- endereço: endereço postal de quem receberá o expediente, dividido em duas linhas:

Primeira linha: informação de localidade/logradouro do destinatário ou, no caso de ofício ao mesmo órgão, informação do setor;

Segunda linha: CEP e cidade/unidade da federação, separados por espaço simples. Na separação entre cidade e unidade da federação pode ser substituída a barra pelo ponto ou pelo travessão. No caso de ofício

ao mesmo órgão, não é obrigatória a informação do CEP, podendo ficar apenas a informação da cidade/unidade da federação; e
- alinhamento: à margem esquerda da página.

O pronome de tratamento no endereçamento das comunicações dirigidas às autoridades tratadas por Vossa Excelência terá a seguinte forma: "A Sua Excelência o Senhor" ou "A Sua Excelência a Senhora".

Quando o tratamento destinado ao receptor for Vossa Senhoria, o endereçamento a ser empregado é "Ao Senhor" ou "À Senhora". Ressalte-se que não se utiliza a expressão "A Sua Senhoria o Senhor" ou "A Sua Senhoria a Senhora".

Exemplos:

A Sua Excelência o Senhor

[Nome]

Ministro de Estado da Justiça
Esplanada dos Ministérios
Bloco T 70064-900 Brasília/
DF 70070-030 Brasília. DF
Brasília — DF

À Senhora

[Nome]

Diretora de Gestão de Pessoas
SAUS Q. 3 Lote 5/6 Ed Sede
I Diretoria de Material, Seção

Ao Senhor

[Nome]

Chefe da Seção de Compras
I Diretoria de Material, Seção
70064-900 Brasília/DF

Assunto

O assunto deve dar uma ideia geral do que trata o documento, de forma sucinta. Ele deve ser grafado da seguinte maneira:
- título: a palavra Assunto deve anteceder a frase que define o conteúdo do documento, seguida de dois-pontos;
- descrição do assunto: a frase que descreve o conteúdo do documento deve ser escrita com inicial maiúscula, não se deve utilizar verbos e sugere-se utilizar de quatro a cinco palavras;
- destaque: todo o texto referente ao assunto, inclusive o título, deve ser destacado em negrito;
- pontuação: coloca-se ponto-final depois do assunto; e
- alinhamento: à margem esquerda da página.

Exemplos:
Assunto: Encaminhamento do Relatório de Gestão julho/2018.
Assunto: Aquisição de computadores.

Texto do documento

O texto do documento oficial deve seguir a seguinte padronização de estrutura:
▷ nos casos em que não seja usado para encaminhamento de documentos, o expediente deve conter a seguinte estrutura:
- introdução: em que é apresentado o objetivo da comunicação. Evite o uso das formas: Tenho a honra de, Tenho o prazer de, Cumpre-me informar que. Prefira empregar a forma direta: Informo, Solicito, Comunico;
- desenvolvimento: em que o assunto é detalhado; se o texto contiver mais de uma ideia sobre o assunto, elas devem ser tratadas em parágrafos distintos, o que confere maior clareza à exposição; e
- conclusão: em que é afirmada a posição sobre o assunto.
▷ quando forem usados para encaminhamento de documentos, a estrutura é modificada:
- introdução: deve iniciar com referência ao expediente que solicitou o encaminhamento. Se a remessa do documento não tiver sido solicitada, deve iniciar com a informação do motivo da comunicação, que é encaminhar, indicando a seguir os dados completos do documento encaminhado (tipo, data, origem ou signatário e assunto de que se trata) e a razão pela qual está sendo encaminhado; e

Exemplos:
Em resposta ao Ofício nº 12, de 1º de fevereiro de 2018, encaminho cópia do Ofício nº 34, de 3 de abril de 2018, da Coordenação-Geral de Gestão de Pessoas, que trata da requisição do servidor Fulano de Tal.

Encaminho, para exame e pronunciamento, cópia do Ofício nº 12, de 1º de fevereiro de 2018, do Presidente da Confederação Nacional da Indústria, a respeito de projeto de modernização de técnicas agrícolas na região Nordeste.

- desenvolvimento: se o autor da comunicação desejar fazer algum comentário a respeito do documento que encaminha, poderá acrescentar parágrafos de desenvolvimento. Caso contrário, não há parágrafos de desenvolvimento em expediente usado para encaminhamento de documentos.

▷ tanto na estrutura I quanto na estrutura II, o texto do documento deve ser formatado da seguinte maneira:
- alinhamento: justificado;
- espaçamento entre linhas: simples;
- parágrafos:
  i espaçamento entre parágrafos: de 6 pontos após cada parágrafo;
  ii recuo de parágrafo: 2,5 cm de distância da margem esquerda;
  iii numeração dos parágrafos: apenas quando o documento tiver três ou mais parágrafos, desde o primeiro parágrafo. Não se numeram o vocativo e o fecho;
- fonte: Calibri ou Carlito;
  corpo do texto: tamanho 12 pontos;
  citações recuadas: tamanho 11 pontos; e iii notas de Rodapé: tamanho 10 pontos;
- símbolos: para símbolos não existentes nas fontes indicadas, pode-se utilizar as fontes
  Symbol e Wingdings;

Fechos para comunicações

O fecho das comunicações oficiais objetiva, além da finalidade óbvia de arrematar o texto, saudar o destinatário. Os modelos para fecho anteriormente utilizados foram regulados pela Portaria nº 1, de 1937, do Ministério da Justiça, que estabelecia quinze padrões.

Com o objetivo de simplificá-los e uniformizá-los, este Manual estabelece o emprego de somente dois fechos diferentes para todas as modalidades de comunicação oficial:
- Para autoridades de hierarquia superior a do remetente, inclusive o Presidente da República:

  Respeitosamente,

- Para autoridades de mesma hierarquia, de hierarquia inferior ou demais casos:

  Atenciosamente,

Ficam excluídas dessa fórmula as comunicações dirigidas a autoridades estrangeiras, que atendem a rito e tradição próprios.

O fecho da comunicação deve ser formatado da seguinte maneira:
- alinhamento: alinhado à margem esquerda da página;
- recuo de parágrafo: 2,5 cm de distância da margem esquerda;
- espaçamento entre linhas: simples;
- espaçamento entre parágrafos: de 6 pontos após cada parágrafo; e
- não deve ser numerado.

Identificação do signatário

Excluídas as comunicações assinadas pelo Presidente da República, todas as demais comunicações oficiais devem informar o signatário segundo o padrão:
- nome: nome da autoridade que as expede, grafado em letras maiúsculas, sem negrito. Não se usa linha acima do nome do signatário;
- cargo: cargo da autoridade que expede o documento, redigido apenas com as iniciais maiúsculas. As preposições que liguem as palavras do cargo devem ser grafadas em minúsculas; e
- alinhamento: a identificação do signatário deve ser centralizada na página.

Para evitar equívocos, recomenda-se não deixar a assinatura em página isolada do expediente. Transfira para essa página ao menos a última frase anterior ao fecho.

Exemplo:

(espaço para assinatura)
NOME
Ministro de Estado Chefe da Casa Civil da Presidência da República
(espaço para assinatura)
NOME
Coordenador-Geral de Gestão de Pessoas

Numeração das páginas

A numeração das páginas é obrigatória apenas a partir da segunda página da comunicação.

Ela deve ser centralizada na página e obedecer à seguinte formatação:
- posição: no rodapé do documento, dentro da área de 2 cm da margem inferior; e
- fonte: Calibri ou Carlito.

Formatação e apresentação

Os documentos do padrão ofício devem obedecer à seguinte formatação:
- tamanho do papel: A4 (29,7 cm x 21,0 cm);
- margem lateral esquerda: no mínimo, 3 cm de largura;
- margem lateral direita: 1,5 cm;
- margens superior e inferior: 2 cm;
- área de cabeçalho: na primeira página, 5 cm a partir da borda superior do papel;
- área de rodapé: nos 2 cm da margem inferior do documento;
- impressão: na correspondência oficial, a impressão pode ocorrer em ambas as faces do papel. Nesse caso, as margens esquerda e direita terão as distâncias invertidas nas páginas pares (margem espelho);
- cores: os textos devem ser impressos na cor preta em papel branco, reservando-se, se necessário, a impressão colorida para gráficos e ilustrações;
- destaques: para destaques deve-se utilizar, sem abuso, o negrito. Deve-se evitar destaques com uso de itálico, sublinhado, letras maiúsculas, sombreado, sombra, relevo, bordas ou qualquer outra forma de formatação que afete a sobriedade e a padronização do documento;
- palavras estrangeiras: palavras estrangeiras devem ser grafadas em itálico;
- arquivamento: dentro do possível, todos os documentos elaborados devem ter o arquivo de texto preservado para consulta posterior ou aproveitamento de trechos para casos análogos. Deve ser utilizado, preferencialmente, formato de arquivo que possa ser lido e editado pela maioria dos editores de texto utilizados no serviço público, tais como DOCX, ODT ou RTF.
- nome do arquivo: para facilitar a localização, os nomes dos arquivos devem ser formados da seguinte maneira:
- tipo do documento + número do documento + ano do documento (com 4 dígitos) + palavras-chaves do conteúdo

Exemplo:

Ofício 123_2018_relatório produtividade anual

Seguem exemplos de Ofício:

Presidência da República

Casa Civil

Subchefia para Assuntos Jurídicos

OFÍCIO Nº 197/2022/SAJ/CC

Brasília, 8 de agosto de 2022.

Ao Senhor
[Nome]
Chefe de Gabinete Ministério dos Transportes
Esplanada dos Ministérios, Bloco R
70044-902 - Brasília/DF

Assunto: Apresentação de novas funcionalidades do Sidof – Módulo I.

Senhor Chefe de Gabinete,

1. A Subchefia para Assuntos Jurídicos da Casa Civil da Presidência da República aprimorou o Sistema de Geração e Tramitação de Documentos Oficiais – Sidof, com a inserção de novas funcionalidades. Os novos recursos do sistema serão apresentados aos servidores em módulos organizados por esta Subchefia.

2. Convido os servidores do [nome do Ministério] para assistir à apresentação do primeiro módulo, a ser realizada em 10 de setembro de 2022, às 9h30, no Auditório desta Subchefia.

3. Para assegurar o credenciamento, solicito a esse órgão a indicação dos servidores que trabalham com o Sidof, até 28 de agosto de 2022, por meio do endereço eletrônico [endereço eletrônico]:

    a) nome completo do servidor;

    b) número de Cadastro de Pessoa Física;

    c) *e-mail* institucional, unidade/órgão em que atua; e

    d) *login* no Sidof (caso esteja cadastrado no Sistema).

4. Caso o servidor ainda não esteja cadastrado no Sistema, será necessário o envio de autorização da chefia imediata. O envio das informações solicitadas supracitadas é fundamental para garantir a inscrição do servidor no evento.

Atensiosamente,

(espaço para assinatura)

[NOME DO SIGNATÁRIO]
[Cargo do signatário]

2
[Endereço] – Telefone: (xx) xxxx-xxxx
CEP 00000-000 Cidade/UF – http://www.xxxxxxxxxxxxxxxxxx.gov.br

[Nome do Ministério]
[Secretaria/Diretoria]
[Departamento/Setor/Entidade]

OFÍCIO Nº 10.457/2022/MDH

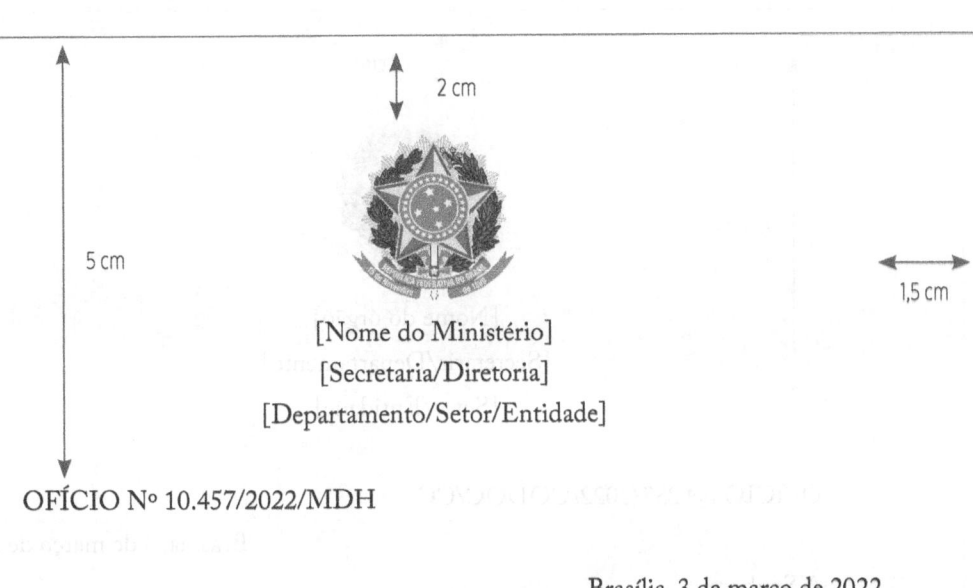

Brasília, 3 de março de 2022.

A Sua Excelência o Senhor [Nome]
Ministro de Estado
Esplanada dos Ministérios, Bloco X 70064-900 - Brasília/DF

Assunto: Debates sobre o Plano Nacional da Pessoa com Deficiência.

Senhor Ministro,

Convido Vossa Excelência a participar do lançamento do Ciclo de Debates sobre a Execução do Plano Nacional da Pessoa com Deficiência, a ser realizado em 15 de março de 2022, às 9 horas, no Auditório da Escola Nacional de Administração Pública (Enap), no Setor de Áreas Isoladas Sul, em Brasília/DF.

O debate inicial faz parte de uma sequência de cinco encontros, com o objetivo de acompanhar o desenvolvimento das diversas ações contidas no referido Plano.

Atenciosamente,

(espaço para assinatura)

[NOME DO SIGNATÁRIO]
[Ministro de Estado]

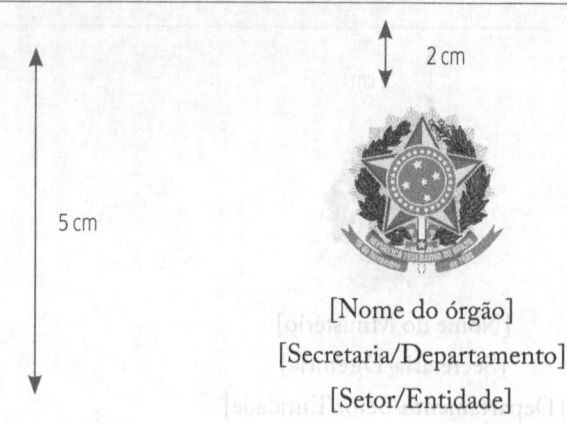

[Nome do órgão]
[Secretaria/Departamento]
[Setor/Entidade]

OFÍCIO Nº 257/2022/CODOC/CC

Brasília, 3 de março de 2022

À Senhora
[Nome]
Diretora de Tecnologia da Presidência da República
Palácio do Planalto, Anexo II, Ala B, sala 100
Brasília/DF

Senhora Diretora,

Solicito a criação de software para mensurar os índices de produtividade no âmbito desta Coordenação-Geral, de modo a disponibilizar informações gerenciais completas para todos os cadastros, como dados quantitativos de tempo de entrada e conclusão de tarefas, por usuário, por equipe, por tipo de ato, além de dados quantitativos e gráficos referentes às tarefas atribuídas e concluídas por usuário em determinado período de tempo e outras informações que possibilitem a produção de relatórios gerenciais, conforme especificação completa em anexo.

Respeitosamente,

(espaço para assinatura)

[NOME DO SIGNATÁRIO]
[Cargo do Signatário]

24.2.7. Tipos de documentos

Variações dos documentos oficiais

Os documentos oficiais podem ser identificados de acordo com algumas possíveis variações:
- [NOME DO EXPEDIENTE] + CIRCULAR: Quando um órgão envia o mesmo expediente para mais de um órgão receptor. A sigla na epígrafe será apenas do órgão remetente.
- [NOME DO EXPEDIENTE] + CONJUNTO: Quando mais de um órgão envia, conjuntamente, o mesmo expediente para um único órgão receptor. As siglas dos órgãos remetentes constarão na epígrafe.
- [NOME DO EXPEDIENTE] + CONJUNTO CIRCULAR: Quando mais de um órgão envia, conjuntamente, o mesmo expediente para mais de um órgão receptor. As siglas dos órgãos remetentes constarão na epígrafe.

Exemplos:
OFÍCIO CIRCULAR Nº 652/2018/MEC
OFÍCIO CONJUNTO Nº 368/2018/SECEX/SAJ
OFÍCIO CONJUNTO CIRCULAR Nº 795/2018/CC/MJ/MRE

Nos expedientes circulares, por haver mais de um receptor, o órgão remetente poderá inserir no rodapé as siglas ou nomes dos órgãos que receberão o expediente.

Exposição de Motivos

Definição e finalidade

Exposição de motivos (EM) é o expediente dirigido ao Presidente da República ou ao Vice-Presidente para:
- propor alguma medida;
- submeter projeto de ato normativo à sua consideração; ou
- informá-lo de determinado assunto.

A exposição de motivos é dirigida ao Presidente da República por um Ministro de Estado. Nos casos em que o assunto tratado envolva mais de um ministério, a exposição de motivos será assinada por todos os ministros envolvidos, sendo, por essa razão, chamada de interministerial.

Independentemente de ser uma EM com apenas um autor ou uma EM interministerial, a sequência numérica das exposições de motivos é única. A numeração começa e termina dentro de um mesmo ano civil.

Forma e estrutura

As exposições de motivos devem, obrigatoriamente:
- apontar, na introdução: o problema que demanda a adoção da medida ou do ato normativo proposto; ou informar ao Presidente da República algum assunto;
- indicar, no desenvolvimento: a razão de aquela medida ou de aquele ato normativo ser o ideal para se solucionar o problema e as eventuais alternativas existentes para equacioná-lo; ou fornecer mais detalhes sobre o assunto informado, quando for esse o caso; e
- na conclusão: novamente, propor a medida a ser tomada ou o ato normativo a ser editado para solucionar o problema; ou apresentar as considerações finais no caso de EMs apenas informativas.

As Exposições de Motivos que encaminham proposições normativas devem seguir o prescrito no Decreto nº 9.191, de 1º de novembro de 2017. Em síntese, elas devem ser instruídas com parecer jurídico e parecer de mérito que permitam a adequada avaliação da proposta.

O atendimento dos requisitos do Decreto nº 9.191, de 2017, nas exposições de motivos que proponham a edição de ato normativo, tem como propósito:
- permitir a adequada reflexão sobre o problema que se busca resolver;
- ensejar avaliação das diversas causas do problema e dos efeitos que podem ter a adoção da medida ou a edição do ato, em consonância com as questões que devem ser analisadas na elaboração de proposições normativas no âmbito do Poder Executivo;
- conferir transparência aos atos propostos;
- resumir os principais aspectos da proposta; e
- evitar a devolução a proposta de ato normativo para complementação ou reformulação da proposta.

A exposição de motivos é a principal modalidade de comunicação dirigida ao Presidente da República pelos ministros. Além disso, pode, em certos casos, ser encaminhada cópia ao Congresso Nacional ou ao Poder Judiciário.

Exemplo de exposição de motivos:

EM nº 38/2022/MTB/MS

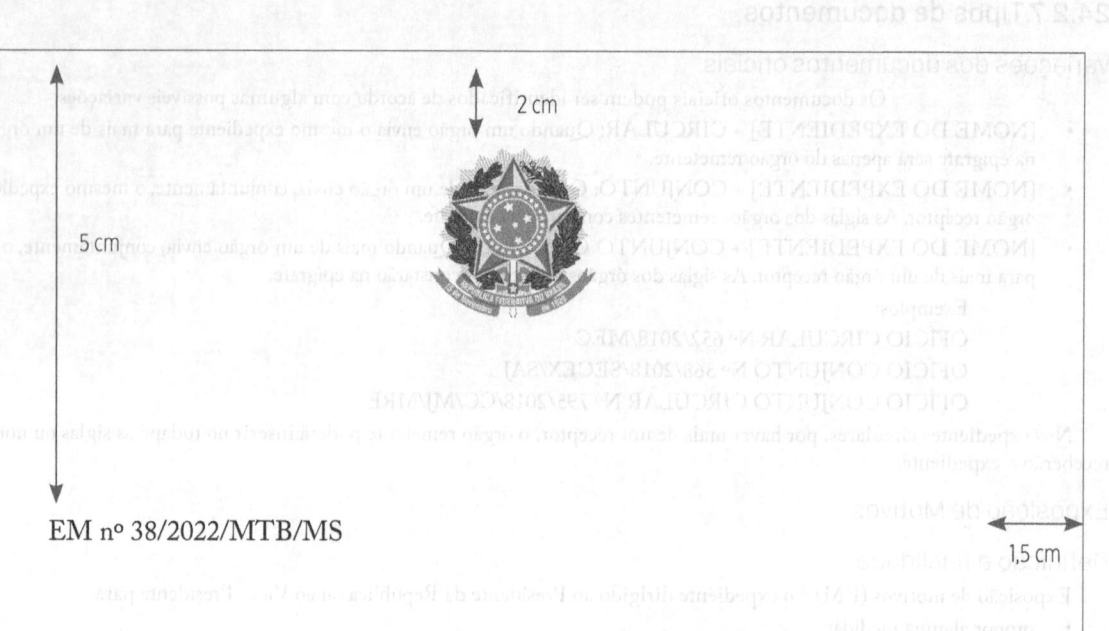

Brasília, 6 de novembro de 2022.

Excelentíssimo Senhor Presidente da República,

1. Submetemos à consideração de Vossa Excelência a proposta de Medida Provisória que tem por objetivo de efetivar as operações de financiamento destinadas a entidades hospitalares filantrópicas e sem fins lucrativos que participem de forma complementar do Sistema Único de Saúde (SUS).

2. A Medida Provisória nº 848, de 16 de agosto de 2018, autorizou o Fundo de Garantia do Tempo de Serviço (FGTS) a realizar operações de crédito destinadas às entidades hospitalares filantrópicas e sem fins lucrativos que participem de forma complementar do SUS.

3. No entanto, em discussões no âmbito do Conselho Curador do FGTS foi observada a falta de previsão legal para determinar quem seria o órgão do Poder Executivo federal que deveria regulamentar, acompanhar a execução, subsidiar o Conselho Curador com estudos técnicos necessários ao seu aprimoramento operacional e definir as metas a serem alcançadas nas operações de crédito destinadas às entidades hospitalares filantrópicas e sem fins lucrativos que participem de forma complementar do SUS.

4. Com efeito, a disposição sobre a necessidade de autorização do órgão de educação responsável para o fechamento de escolas do campo, exigindo-se diagnóstico sobre o impacto da ação e manifestação da comunidade escolar, visa a assegurar o acesso da população rural à educação, sem ferir a autonomia dos entes federativos.

5. O presente Projeto de Lei representa medida importante para institucionalizar instrumentos de gestão voltados para a melhoria da qualidade da educação básica das populações do campo.

6. Essas, Excelentíssimo Senhor Presidente, são as razões que justificam o encaminhamento da presente proposta de ato normativo à consideração de Vossa Excelência.

Respeitosamente,

(espaço para assinatura)

[NOME DO SIGNATÁRIO]
[Ministro de Estado]

REDAÇÃO DE CORRESPONDÊNCIAS OFICIAIS

Sistema de Geração e Tramitação de Documentos Oficiais (Sidof)

O Sistema de Geração e Tramitação de Documentos Oficiais (Sidof) é a ferramenta eletrônica utilizada para a elaboração, a redação, a alteração, o controle, a tramitação, a administração e a gerência das exposições de motivos com as propostas de atos a serem encaminhadas pelos Ministérios à Presidência da República.

Ao se utilizar o Sidof, a assinatura, o nome e o cargo do signatário, apresentados no exemplo do item 6.2.2, são substituídos pela assinatura eletrônica que informa o nome do ministro que assinou a exposição de motivos e do consultor jurídico que assinou o parecer jurídico da Pasta.

Mensagem

Definição e finalidade

A Mensagem é o instrumento de comunicação oficial entre os Chefes dos Poderes Públicos, notadamente as mensagens enviadas pelo Chefe do Poder Executivo ao Poder Legislativo para informar sobre fato da administração pública; para expor o plano de governo por ocasião da abertura de sessão legislativa; para submeter ao Congresso Nacional matérias que dependem de deliberação de suas Casas; para apresentar veto; enfim, fazer comunicações do que seja de interesse dos Poderes Públicos e da Nação.

Minuta de mensagem pode ser encaminhada pelos ministérios à Presidência da República, a cujas assessorias caberá a redação final.

As mensagens mais usuais do Poder Executivo ao Congresso Nacional têm as seguintes finalidades:

- Encaminhamento de proposta de emenda constitucional, de projeto de lei ordinária, de projeto de lei complementar e os que compreendem plano plurianual, diretrizes orçamentárias, orçamentos anuais e créditos adicionais:

Os projetos de lei ordinária ou complementar são enviados em regime normal (Constituição, art. 61) ou de urgência (Constituição, art. 64, §§ 1º a 4º). O projeto pode ser encaminhado sob o regime normal e, mais tarde, ser objeto de nova mensagem, com solicitação de urgência.

Em ambos os casos, a mensagem se dirige aos membros do Congresso Nacional, mas é encaminhada com ofício do Ministro de Estado Chefe da Casa Civil da Presidência da República ao Primeiro-Secretário da Câmara dos Deputados, para que tenha início sua tramitação (Constituição, art. 64, caput).

Quanto aos projetos de lei que compreendem plano plurianual, diretrizes orçamentárias, orçamentos anuais e créditos adicionais, as mensagens de encaminhamento dirigem-se aos membros do Congresso Nacional, e os respectivos ofícios são endereçados ao Primeiro-Secretário do Senado Federal. A razão é que o art. 166 da Constituição impõe a deliberação congressual em sessão conjunta, mais precisamente, "na forma do regimento comum". E, à frente da Mesa do Congresso Nacional, está o Presidente do Senado Federal (Constituição, art. 57, § 5º), que comanda as sessões conjuntas.

- Encaminhamento de medida provisória:

Para dar cumprimento ao disposto no art. 62 da Constituição, o Presidente da República encaminha Mensagem ao Congresso, dirigida a seus Membros, com ofício para o Primeiro- Secretário do Senado Federal, juntando cópia da medida provisória.

- Indicação de autoridades:

As mensagens que submetem ao Senado Federal a indicação de pessoas para ocuparem determinados cargos (magistrados dos tribunais superiores, ministros do Tribunal de Contas da União, presidentes e diretores do Banco Central, Procurador-Geral da República, chefes de missão diplomática, diretores e conselheiros de agências etc.) têm em vista que a Constituição, incisos III e IV do caput do art. 52, atribui àquela Casa do Congresso Nacional competência privativa para aprovar a indicação.

O curriculum vitae do indicado, assinado, com a informação do número de Cadastro de Pessoa Física, acompanha a mensagem.

- Pedido de autorização para o Presidente ou o Vice-Presidente da República se ausentarem do país por mais de 15 dias:

Trata-se de exigência constitucional (Constituição, art. 49, caput, inciso III e art. 83), e a autorização é da competência privativa do Congresso Nacional. O Presidente da República, tradicionalmente, por cortesia, quando a ausência é por prazo inferior a 15 dias, faz uma comunicação a cada Casa do Congresso, enviando-lhes mensagens idênticas.

- Encaminhamento de atos de concessão e de renovação de concessão de emissoras de rádio e TV:

A obrigação de submeter tais atos à apreciação do Congresso Nacional consta no inciso XII do caput do art. 49 da Constituição. Somente produzirão efeitos legais a outorga ou a renovação da concessão após deliberação do Congresso Nacional (Constituição, art. 223, § 3º). Descabe pedir na mensagem a urgência prevista na Constituição, art. 64, uma vez que o § 1º do art. 223 já define o prazo da tramitação. Além do ato de outorga ou renovação, acompanha a mensagem o correspondente processo administrativo.

- Encaminhamento das contas referentes ao exercício anterior:

O Presidente da República tem o prazo de 60 dias após a abertura da sessão legislativa para enviar ao Congresso Nacional as contas referentes ao exercício anterior (Constituição, art. 84, caput, inciso XXIV), para exame e parecer da Comissão Mista permanente (Constituição, art. 166,

> *§ 1º, sob pena de a Câmara dos Deputados realizar a tomada de contas (Constituição, art. 51, caput, inciso II) em procedimento disciplinado no art. 215 do seu Regimento Interno.*

- Mensagem de abertura da sessão legislativa:

Deve conter o plano de governo, exposição sobre a situação do País e a solicitação de providências que julgar necessárias (Constituição, art. 84, inciso XI). O portador da mensagem é o Chefe da Casa Civil da Presidência da República. Esta mensagem difere das demais, porque vai encadernada e é distribuída a todos os congressistas em forma de livro.

- Comunicação de sanção (com restituição de autógrafos):

Esta mensagem é dirigida aos Membros do Congresso Nacional, encaminhada por ofício ao Primeiro-Secretário da Casa onde se originaram os autógrafos. Nela se informa o número que tomou a lei e se restituem dois exemplares dos três autógrafos recebidos, nos quais o Presidente da República terá aposto o despacho de sanção.

- Comunicação de veto:

Dirigida ao Presidente do Senado Federal (Constituição, art. 66, § 1º), a mensagem informa sobre a decisão de vetar, se o veto é parcial, quais as disposições vetadas, e as razões do veto. Seu texto é publicado na íntegra no Diário Oficial da União, ao contrário das demais mensagens, cuja publicação se restringe à notícia do seu envio ao Poder Legislativo.

▷ Outras mensagens remetidas ao Legislativo:
- Apreciação de intervenção federal (Constituição, art. 36, § 2º).
- Encaminhamento de atos internacionais que acarretam encargos ou compromissos gravosos (Constituição, art. 49, caput, inciso I);
- Pedido de estabelecimento de alíquotas aplicáveis às operações e prestações interestaduais e de exportação (Constituição, art. 155, § 2º, inciso IV);
- Proposta de fixação de limites globais para o montante da dívida consolidada (Constituição, art. 52, caput, inciso VI);
- Pedido de autorização para operações financeiras externas (Constituição, art. 52, caput, inciso V);
- Convocação extraordinária do Congresso Nacional (Constituição, art. 57, § 6º);
- Pedido de autorização para exonerar o Procurador-Geral da República (Constituição, art. 52, inciso XI, e art. 128, § 2º);
- Pedido de autorização para declarar guerra e decretar mobilização nacional (Constituição, art. 84, inciso XIX);
- Pedido de autorização ou referendo para celebrar a paz (Constituição, art. 84, inciso XX);
- Justificativa para decretação do estado de defesa ou de sua prorrogação (Constituição, art. 136, § 4º);
- Pedido de autorização para decretar o estado de sítio (Constituição, art. 137);
- Relato das medidas praticadas na vigência do estado de sítio ou de defesa (Constituição, art. 141, parágrafo único);
- Proposta de modificação de projetos de leis que compreendem plano plurianual, diretrizes orçamentárias, orçamentos anuais e créditos adicionais (Constituição, art. 166, § 5º);
- Pedido de autorização para utilizar recursos que ficarem sem despesas correspondentes, em decorrência de veto, emenda ou rejeição do projeto de lei orçamentária anual (Constituição, art. 166, § 8º);
- Pedido de autorização para alienar ou conceder terras públicas com área superior a 2.500 ha (Constituição, art. 188, § 1º).

Forma e estrutura

As mensagens contêm:
- brasão: timbre em relevo branco
- identificação do expediente: MENSAGEM No, alinhada à margem esquerda, no início do texto;
- vocativo: alinhado à margem esquerda, de acordo com o pronome de tratamento e o cargo do destinatário, com o recuo de parágrafo dado ao texto;
- texto: iniciado a 2 cm do vocativo; e
- local e data: posicionados a 2 cm do final do texto, alinhados à margem direita.

A mensagem, como os demais atos assinados pelo Presidente da República, não traz identificação de seu signatário.

Exemplo de mensagem:

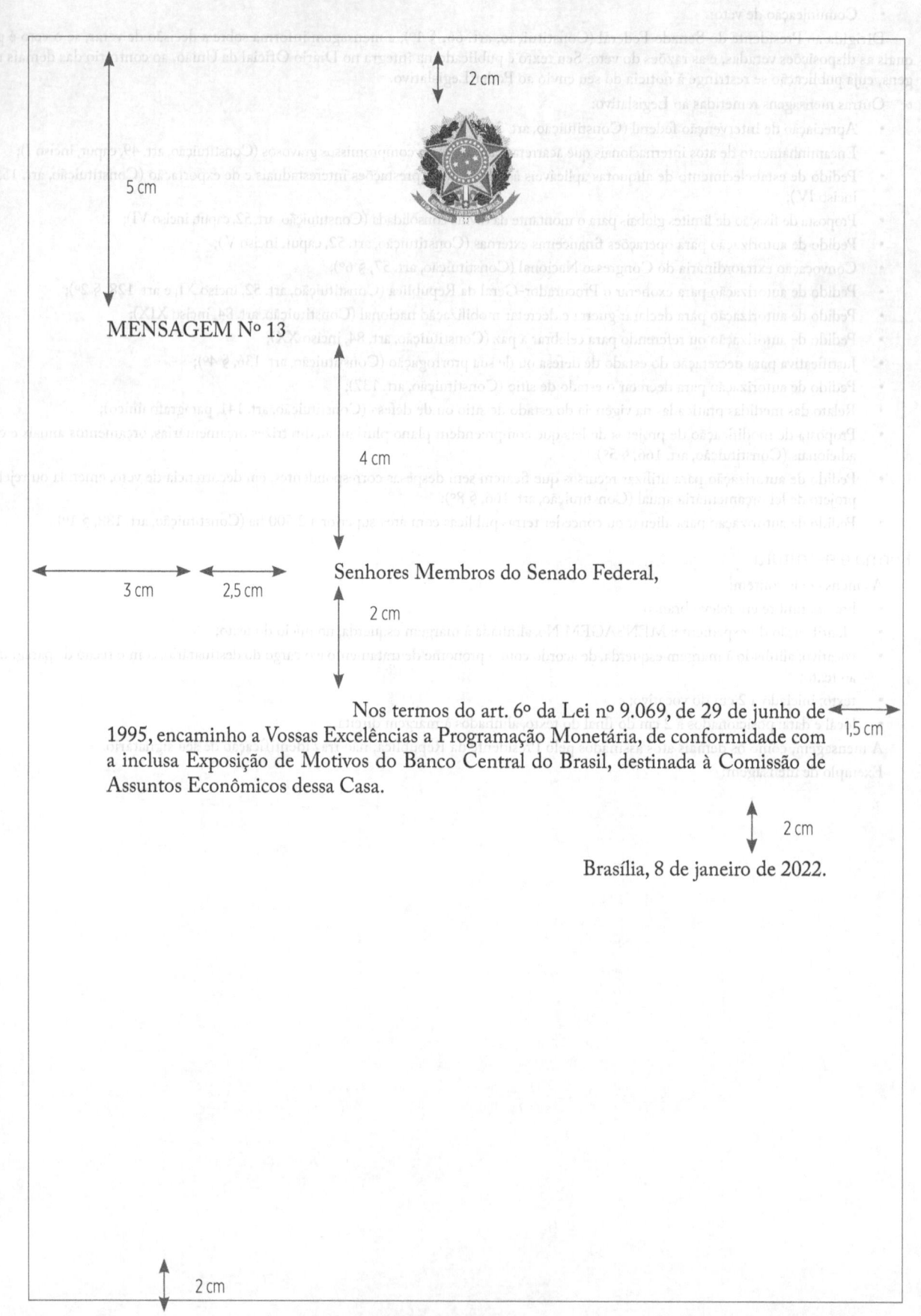

REDAÇÃO DE CORRESPONDÊNCIAS OFICIAIS

MENSAGEM Nº 13

Senhores Membros do Senado Federal,

Nos termos do art. 6º da Lei nº 9.069, de 29 de junho de 1995, encaminho a Vossas Excelências a Programação Monetária, de conformidade com a inclusa Exposição de Motivos do Banco Central do Brasil, destinada à Comissão de Assuntos Econômicos dessa Casa.

Brasília, 8 de janeiro de 2022.

Correio eletrônico (e-mail)

Definição e finalidade

A utilização do e-mail para a comunicação tornou-se prática comum, não só em âmbito privado, mas também na administração pública. O termo e-mail pode ser empregado com três sentidos. Dependendo do contexto, pode significar gênero textual, endereço eletrônico ou sistema de transmissão de mensagem eletrônica.

Como gênero textual, o e-mail pode ser considerado um documento oficial, assim como o ofício e o memorando. Portanto, deve-se evitar o uso de linguagem incompatível com uma comunicação oficial.

Como endereço eletrônico utilizado pelos servidores públicos, o e-mail deve ser oficial, utilizando-se a extensão ".gov.br", por exemplo.

Como sistema de transmissão de mensagens eletrônicas, por seu baixo custo e celeridade, transformou-se na principal forma de envio e recebimento de documentos na administração pública.

Valor documental

Nos termos da Medida Provisória nº 2.200-2, de 24 de agosto de 2001, para que o e-mail tenha valor documental, isto é, para que possa ser aceito como documento original, é necessário existir certificação digital que ateste a identidade do remetente, segundo os parâmetros de integridade, autenticidade e validade jurídica da Infraestrutura de Chaves Públicas Brasileira – ICP- Brasil.

O destinatário poderá reconhecer como válido o e-mail sem certificação digital ou com certificação digital fora ICP-Brasil; contudo, caso haja questionamento, será obrigatório a repetição do ato por meio documento físico assinado ou por meio eletrônico reconhecido pela ICP-Brasil.

Salvo lei específica, não é dado ao ente público impor a aceitação de documento eletrônico que não atenda os parâmetros da ICP-Brasil.

Forma e estrutura

Um dos atrativos de comunicação por correio eletrônico é sua flexibilidade. Assim, não interessa definir padronização da mensagem comunicada. No entanto, devem-se observar algumas orientações quanto à sua estrutura.

Campo "Assunto"

O assunto deve ser o mais claro e específico possível, relacionado ao conteúdo global da mensagem. Assim, quem irá receber a mensagem identificará rapidamente do que se trata; quem a envia poderá, posteriormente, localizar a mensagem na caixa do correio eletrônico.

Deve-se assegurar que o assunto reflita claramente o conteúdo completo da mensagem para que não pareça, ao receptor, que se trata de mensagem não solicitada/lixo eletrônico. Em vez de "Reunião", um assunto mais preciso seria "Agendamento de reunião sobre a Reforma da Previdência".

Local e data

São desnecessários no corpo da mensagem, uma vez que o próprio sistema apresenta essa informação.

Saudação inicial/vocativo

Exemplos:

Senhor Coordenador, Prezada Senhora,

O texto dos correios eletrônicos deve ser iniciado por uma saudação. Quando endereçado para outras instituições, para receptores desconhecidos ou para particulares, deve-se utilizar o vocativo conforme os demais documentos oficiais, ou seja, "Senhor" ou "Senhora", seguido do cargo respectivo, ou "Prezado Senhor", "Prezada Senhora".

Fecho

Atenciosamente é o fecho padrão em comunicações oficiais. Com o uso do e-mail, popularizou-se o uso de abreviações como "Att.", e de outros fechos, como "Abraços", "Saudações", que, apesar de amplamente usados, não são fechos oficiais e, portanto, não devem ser utilizados em e-mails profissionais.

O correio eletrônico, em algumas situações, aceita uma saudação inicial e um fecho menos formais. No entanto, a linguagem do texto dos correios eletrônicos deve ser formal, como a que se usaria em qualquer outro documento oficial.

Bloco de texto da assinatura

Sugere-se que todas as instituições da administração pública adotem um padrão de texto de assinatura. A assinatura do e-mail deve conter o nome completo, o cargo, a unidade, o órgão e o telefone do remetente.

Exemplo:
Maria da Silva
Assessora
Subchefia para Assuntos Jurídicos da Casa Civil
(61)118747-118747

Anexos

A possibilidade de anexar documentos, planilhas e imagens de diversos formatos é uma das vantagens do e-mail. A mensagem que encaminha algum arquivo deve trazer informações mínimas sobre o conteúdo do anexo.

Antes de enviar um anexo, é preciso avaliar se ele é realmente indispensável e se seria possível colocá-lo no corpo do correio eletrônico.

Deve-se evitar o tamanho excessivo e o reencaminhamento de anexos nas mensagens de resposta.

Os arquivos anexados devem estar em formatos usuais e que apresentem poucos riscos de segurança. Quando se tratar de documento ainda em discussão, os arquivos devem, necessariamente, ser enviados, em formato que possa ser editado.

Recomendações

- Sempre que necessário, deve-se utilizar recurso de confirmação de leitura. Caso não esteja disponível, deve constar da mensagem pedido de confirmação de recebimento;
- Apesar da imensa lista de fontes disponíveis nos computadores, mantêm-se a recomendação de tipo de fonte, tamanho e cor dos documentos oficiais: Calibri ou Carlito, tamanho 12, cor preta;
- Fundo ou papéis de parede eletrônicos não devem ser utilizados, pois não são apropriados para mensagens profissionais, além de sobrecarregar o tamanho da mensagem eletrônica;
- A mensagem do correio eletrônico deve ser revisada com o mesmo cuidado com que se revisam outros documentos oficiais;
- O texto profissional dispensa manifestações emocionais. Por isso, ícones e emoticons não devem ser utilizados;
- Os textos das mensagens eletrônicas não podem ser redigidos com abreviações como "vc", "pq", usuais das conversas na internet, ou neologismos, como "naum", "eh", "aki";
- Não se deve utilizar texto em caixa alta para destaques de palavras ou trechos da mensagem pois denota agressividade de parte do emissor da comunicação.
- Evite-se o uso de imagens no corpo do e-mail, inclusive das Armas da República Federativa do Brasil e de logotipos do ente público junto ao texto da assinatura.
- Não devem ser remetidas mensagem com tamanho total que possa exceder a capacidade do servidor do destinatário.

REDAÇÃO

1 REDAÇÃO PARA CONCURSOS PÚBLICOS

A questão discursiva (redação) assusta muitos candidatos. Afinal, escrever de acordo com a norma culta da Língua Portuguesa, respeitando as inúmeras regras gramaticais, é tarefa que exige muita atenção. Além disso, é necessário que o candidato apresente bons argumentos dentro de uma estrutura na qual as ideias tenham coesão e façam sentido (coerência). Por isso, é importante que a redação seja estudada e treinada ao longo da preparação para o concurso almejado.

1.1 Por que tenho que me preparar com antecedência para a redação?

Quando a redação (questão discursiva) é solicitada, em geral, é uma etapa eliminatória (se o candidato não alcançar a nota mínima, é eliminado do concurso). Então, por ter peso significativo, podendo colocá-lo na lista de classificação ou tirá-lo dela, merece atenção especial.

Entretanto, não se pode dar início ao estudo para concurso pela redação. É necessário que o aluno tenha conhecimento das regras gramaticais, da estrutura sintática das orações e dos períodos, dos elementos de coesão textual, ou seja, é essencial uma maturidade para, então, produzir um texto. Além do domínio da norma culta, deve-se dedicar à disciplina de Atualidades, que, muitas vezes, já vem prevista no edital. Quem tem conhecimento do assunto se sente mais confortável para escrever.

1.2 Os Primeiros Passos

Antes de começar a praticar a produção de textos, é importante ler o edital de abertura do concurso (quando já tiver sido publicado; quando não, leia o último) para entender os critérios de avaliação da sua prova discursiva e sobre qual assunto o tema versará.

Veja aguns exemplos:

CONCURSO	EDITAL – PROVA DISCURSIVA	ASSUNTO COBRADO - TEMA	A PROPOSTA
DEPEN - 2015	A prova discursiva valerá 20,00 pontos e consistirá da redação de texto dissertativo, de até 30 linhas, acerca de tema de atualidades, constantes do subitem 22.2 deste edital.	Os assuntos que o tema pode abordar foram disponibilizados no edital. Atualidades: 1 Sistema de justiça criminal. 2 Sistema prisional brasileiro. 3 Políticas públicas de segurança pública e cidadania.	**SEGURANÇA PÚBLICA: POLÍCIA E POLÍTICAS PÚBLICAS** Ao elaborar seu texto, faça o que se pede a seguir. › Disserte a respeito da segurança como condição para o exercício da cidadania. [valor: 25,50 pontos] › Dê exemplos de ação do Estado na luta pela segurança pública. [valor: 25,50 pontos] › Discorra acerca da ausência do poder público e a presença do crime organizado. [valor: 25,00 pontos]
PC-PR - 2018	A Redação, com no mínimo 15 e no máximo 25 linhas, versará sobre um tema da atualidade	Tema da atualidade, ou seja, pode ser cobrado qualquer assunto.	Com base na coletânea e nos conhecimentos sobre o tema, redija um texto dissertativo-argumentativo que coloque em discussão **a importância da correta emissão e decodificação da mensagem, bem como o repasse dessa mensagem ao interlocutor, seja na modalidade escrita ou oral.**
PF-2018 PERITO CRIMINAL	Para o cargo de Perito Criminal Federal, a prova discursiva, de caráter eliminatório e classificatório, valerá 13,00 pontos e consistirá da redação de texto dissertativo, de até 30 linhas, a respeito de temas relacionados aos conhecimentos específicos para cada cargo/área.	O tema tratará das matérias de conhecimentos específicos do cargo, ou seja, será um assunto do conteúdo programático.	Considerando que o texto precedente tem caráter unicamente motivador, redija um texto dissertativo acerca do **impacto da LRF na gestão pública**, abordando, necessariamente, os seguintes aspectos: 1. o processo de planejamento; [valor: 4,10 pontos] 2. as receitas e a renúncia fiscal; [valor: 4,10 pontos] 3. as despesas com pessoal. [valor: 4,20 pontos]
PRF - 2018	A prova discursiva valerá 20,00 pontos e consistirá da redação de texto dissertativo, de até 30 linhas, a respeito de temas relacionados aos objetos de avaliação.	O tema tratará de algum assunto relacionado ao conteúdo programático.	**O COMBATE ÀS INFRAÇÕES DE TRÂNSITO NAS RODOVIAS FEDERAIS BRASILEIRAS** Ao elaborar seu texto, aborde os seguintes aspectos: 1. medidas adotadas pela PRF no combate às infrações; [valor: 7,00 pontos] 2. ações da sociedade que auxiliem no combate às infrações; [valor: 6,00 pontos] 3. atitudes individuais para a diminuição das infrações. [valor: 6,00 pontos]
PM-SP - 2019 - SOLDADO	Prova Dissertativa (Parte II), de caráter eliminatório e classificatório, visa avaliar a capacidade do candidato de produzir uma redação que atenda ao tema e ao gênero/tipo de texto propostos, além de seu domínio da norma culta da língua portuguesa e dos mecanismos de coesão e coerência textual;	Não foi informado o tema nem o tipo de texto (dissertativo, narrativo, descritivo).	A popularização da internet ameaça o poder de influência da televisão?

A partir disso, o aluno deve direcionar a sua leitura para temas da atualidade, para matéria do conteúdo programático (conhecimentos específicos) ou para assunto relacionado ao cargo ou à instituição a que está concorrendo. É crucial que conheça a banca examinadora e que tenha contato com as provas anteriores a fim de observar o perfil das propostas de redação.

Em geral, as bancas de concursos públicos exigem textos dissertativos e apontam qual assunto o tema abordará (atualidades ou conteúdo programático). Quando isso não ocorrer, deve-se levar em consideração o perfil da banca e as provas anteriores para o mesmo cargo.

1.3 Orientações Para O Texto Definitivo

a) Não use a 1ª pessoa do singular: os textos formais exigem a impessoalização da linguagem. Isso significa que, às vezes, é necessário omitir os agentes do discurso e as diversas vozes que compõem um texto. Então, empregue a terceira pessoa do singular ou do plural.

Ex.: **Eu acredito** que a pena de morte deve ser aplicada em casos de crimes hediondos. (Incorreto)

Acredita-se que a pena de morte deve ser aplicada em casos de crimes hediondos. (Correto)

Devemos analisar alguns fatores que contribuem para esse problema. (incorreto)

Alguns fatores que contribuem para esse problema devem ser analisados. (Correto)

Atenção! A primeira pessoa do plural deve ser um sujeito socialmente considerado, como em "Nós (brasileiros) devemos entender que o voto é uma importante ferramenta para se alcançar uma mudança." Não empregue de forma indiscriminada.

Como impessoalizar a linguagem do texto dissertativo-argumentativo?

▷ **Oculte o agente:**

Para deixar o discurso mais objetivo, prefira por ocultar o agente sempre que possível. Isso pode ser feito por meio de expressões como: é importante, é preciso, é indispensável, é urgente, é crucial, é necessário, já que elas não revelam o agente da ação:

Ex.: É necessário discutir alguns aspectos relacionados a essa temática.

É essencial investir em educação para minimizar tais problemas.

▷ **Indetermine o sujeito:**

Indeterminar o sujeito também é uma estratégia de ocultar o agente da ação verbal. A melhor forma de empregar essa técnica é por meio do pronome indeterminador do sujeito (se).

Ex.: Muito **se** tem discutido sobre a redução da maioridade penal.

Acredita-se que a desigualdade social contribui para o aumento da violência.

▷ **Empregue a voz passiva:**

Na voz passiva, o sujeito da oração torna-se paciente, isto é, ele sofre a ação expressa pelo fato verbal. Empregá-la é um recurso que também oculta o agente da ação.

Ex.: Devem ser analisados alguns fatores que contribuem para o aumento da violência.

Medidas devem ser tomadas para a pacificação da sociedade.

a) Jamais se dirija ao leitor: o leitor é o examinador e o candidato não deve estabelecer um diálogo com ele.

b) Não use gírias; clichês, provérbios e citações sem critério. você pode acabar errando o autor da expressão (o que pega muito mal), ou até mesmo usá-la fora de contexto, o que pode direcionar a sua redação para um lado que você não quer. Os ditados populares empobrecem o texto. Os examinadores não gostam de ver o senso comum se repetindo.

Ex.: Desde os primórdios da humanidade; fechar com chave de ouro.

a) Evite a construção de períodos longos: pode prejudicar a clareza textual. Além disso, procure escrever na ordem direta.

b) Respeite as margens da folha de redação: não ultrapasse o limite estipulado na folha do texto definitivo.

c) Não use corretivo: se errar alguma palavra, risque (com um traço penas) e prossiga. Não use parênteses nem a palavra "digo".

Ex.: A sociedade sociedade deve se conscientizar do seu papel.

d) Evite algarismos, a não ser que se trate de anos, décadas, séculos ou referências a textos legais (artigos, decretos, etc.).

e) A letra deve ser legível: pode ser letra cursiva ou de imprensa. Não se esqueça de fazer a distinção entre maiúscula e minúscula.

f) Cuidado com a separação silábica.

Translineação: é a divisão das palavras no fim da linha. Eva em conta não apenas critérios de correção gramatical, mas também recomendações estilísticas (estética textual).

1) Não se isola sílaba forma apenas por uma vogal;

2) Não se isola elemento cacofônico;

3) Na partição de palavras hifenizadas, recomenda-se repetir o hífen na linha seguinte.

> Maria foi secretária, ministra e era muito **a-miga** do antigo presidente. Quando entrou na dis-**puta** eleitoral, todos nós esperávamos que, lançando-**se** candidata, facilmente ganharia as eleições.
> INADEQUADO

> Maria foi secretária, ministra e era muito **amiga** do antigo presidente. Quando entrou na **disputa** eleitoral, todos nós esperávamos que, lançando-**se** candidata, facilmente ganharia as eleições.
> ADEQUADO

a) Não use as palavras generalizadoras, afinal sempre há uma exceção, um exemplo contrário ou algo assim.

Ex.: "Todos jogam lixo no chão" ou "Ninguém faria isso" ou "Isso jamais vai acontecer, é impossível."

a) Não invente dados estatísticos, pesquisas, mentiras convincentes.

b) Não use a ironia. A ironia é uma figura de linguagem que não deve ser utilizada no texto dissertativo argumentativo. Nele nada deve ficar subentendido. A escrita deve ser sempre clara, sem nada oculto, sem gracinha e de forma argumentativa.

c) Não é uma boa ideia usar palavras rebuscadas. Seu texto pode ficar sem fluência e clareza, dificultando a compreensão do corretor. Lembre-se: linguagem formal não é sinônimo de linguagem complicada.

Ex.: Hodiernamente, mister, mormente, dessarte, etc.

a) Evite estrangeirismo: empregar palavras estrangeiras em meio à nossa língua de forma desnecessária. Não é necessário fazer isso se há no português uma palavra correspondente que pode ser usada.

Ex.: Stress em vez de estresse

b) Não se utilize de pergunta retórica.

Pergunta retórica: é uma interrogação que não tem como objetivo obter uma resposta, mas sim estimular a reflexão do indivíduo sobre determinado assunto.

1.4 Temas e Textos Motivadores

Os textos motivadores - um grupo de textos apresentados junto à proposta de redação - têm a função de situar o candidato acerca do tema proposto, fornecendo elementos que possam ajudá-lo a refletir sobre o assunto abordado. Tais textos servem para estimular ideias para o desenvolvimento do tema e são úteis por ajudar a manter o foco temático.

O papel dos textos motivadores da prova de redação é o de motivar, inspirar e contextualizar o candidato em relação ao tema proposta.

Esses textos não estão ali por acaso, então devem ser utilizados, e podem evitar que o candidato escreva uma redação genérica. Contudo, não podem ser copiados, pois as provas que contêm cópias terão as linhas desconsideradas e podem, quando em excesso, levar à nota zero.

Então, a intenção não é que o aluno reproduza as informações contidas nos textos motivadores. O que se deseja é que o candidato leia os textos, interprete-os e reelabore-os, interligando-os à sua discussão. Assim sendo, o ideal é retirar de cada texto motivador as ideias principais e que podem ser utilizadas na sua produção escrita.

Leia todos com atenção e não se esqueça de procurar estabelecer uma relação entre eles, ou seja, busque os pontos em comum, e os conecte de uma maneira que defina argumentos consistentes para sua redação. Escreva as principais ideias em forma de tópicos e com as suas palavras.

1.4.1 Tipos de textos motivadores

Os textos motivadores podem ser de vários tipos

▷ Matérias jornalísticas/ Reportagens

Um dos tipos mais comuns de textos motivadores são as matérias jornalísticas. Para que haja maior entendimento sobre elas, análise:

O que acontece?
Com quem acontece?
Em que lugar acontece?
Quando acontece?
De que modo acontece?
Por que acontece?
Para que acontece?

▷ Charges/Tirinhas

As charges ou as tirinhas são uma forma curta e, muitas vezes, descontraída de apresentar informações relevantes para a produção do texto. Repare nelas:

Os personagens;
O ambiente;
O assunto principal;
A linguagem utilizada (formal, informal, com figuras de linguagem ou não, com marcas de regionalismo ou não etc.).

▷ Gráficos

Os gráficos possibilitam uma leitura mais ágil das informações. Ao se deparar com eles, observe o seguinte:

O título;
As informações na horizontal e na vertical;
A forma como os índices foram representados (colunas, fatias etc.);
O uso de cores diferentes (caso haja);
A fonte da qual as informações foram coletadas.

▷ Imagens

Muitas vezes as imagens podem vir sem nenhuma palavra. Se isso ocorrer, note:

O que é a imagem (foto, quadro etc.)?
Quem é o autor dela?
Qual é o assunto principal?
O que está sendo retratado?
Há marcas temporais ou regionais na imagem?

Se o aluno não souber nada sobre a temática apresentada, os textos motivadores podem ser um ótimo suporte. Além dos dados expostos, tais textos também provocam a reflexão sobre outros aspectos do problema e jamais devem ser ignorados.

1.5 Título

O título só é obrigatório se for solicitado nas instruções da prova de redação.

Pode ser que a Banca examinadora deixe o espaço para o título, nesse caso, ele também é obrigatório.

Se puser o título e não for obrigatório (não for exigido), não receberá mais pontos por isso e só terá pontos descontados se contiver algum erro nele.

Caso se esqueça de colocar título quando for obrigatório, a redação não será anulada, mas poderá ter pontos (poucos) descontados.

Dicas:

- Nunca utilize tema como título;
- Não coloque ponto final;
- Não escreva todas as palavras com letra maiúscula;
- Não pule linha depois do título;
- Construa-o quando terminar o texto.

1.6 O Texto Dissertativo

Dissertar significa expor algum assunto. Dependendo da maneira como o esse assunto seja abordado, a dissertação poder ser **expositiva** ou **argumentativa**.

▷ **Dissertação expositiva:** apresenta informações sobre assuntos, expõe, explica, reflete ideias de modo objetivo, imparcial. O autor é o porta-voz de uma opinião, ou seja, a intenção é expor fatos, dados estatísticos, informações científicas, argumentos de autoridades etc. Este tipo de texto pode ter duas abordagens: Estudo de Caso (em que é apresentada uma solução para a situação hipotética apresentada) e Questão Teórica (em que é preciso apresentar conceitos, normas, regras, diretrizes de um determinado conteúdo).

Vejamos um exemplo do tipo expositivo.

A forma temporária como tratam os vídeos criados reflete outro aspecto característico desses apps. Em oposição à noção de que tudo o que é postado na internet fica registrado para a eternidade (e tem potencial de se transformar em viral), os aplicativos querem passar a sensação de efêmero. Quem não viu a transmissão ao vivo dificilmente terá nova chance. Nisso, eles se assemelham a outro app de sucesso, o Snapchat, serviço de troca de mensagens pelo qual o conteúdo é destruído segundos após ser recebido pelo destinatário.

(VEJA, 2015, p. 98)

▷ **Dissertação argumentativa:** defende uma tese (ideia, ponto de vista) por meio de estratégias argumentativas. Tem a intenção de persuadir (convencer) o interlocutor. Em geral, há o predomínio da linguagem denotativa, de conectores de causa-efeito, de verbos no presente.

Vejamos agora um exemplo do tipo argumentativo.

Fazer pesquisa crítica envolve difíceis decisões de cunho ético e político a fim de que, não importa quais sejam os resultados de nossos estudos, nosso compromisso com os sujeitos pesquisados seja mantido.

A questão é complexa por causa das múltiplas realidades dos múltiplos participantes envolvidos na pesquisa naturalística da visa social. Por exemplo, no projeto de pesquisa de referência neste artigo, havia um componente que envolvia a observação participante da sala de aula, isto é, a observação à procura das unidades e elementos significativos para os próprios participantes da situação.

(KLEIMAN, 2001, p. 49)

Quando o texto dissertativo se dedica mais a expor ideias, a fazer que o leitor/ouvinte tome conhecimento de informações ou interpretações dos fatos, tem caráter expositivo e podemos classificá-lo como expositivo. Quando as interpretações expostas pelo texto dissertativo vão mais além nas intenções e buscam explicitamente convencer o leitor/ouvinte sobre a validade dessas explicações, classifica-se o texto como argumentativo (COROA, 2008b, p. 121).

Vale mencionar que, muitas, vezes, nos editais, não fica claro se o texto será expositivo ou argumentativo. Quando isso ocorrer, o candidato deve analisar as provas anteriores para traçar o perfil da banca examinadora. Mas não se preocupe, pois a estrutura de ambos é igual, ou seja, os dois tipos de texto devem conter introdução, desenvolvimento e conclusão. Além disso, no primeiro parágrafo, deve haver a apresentação da ideia central que será desenvolvida.

Veja as propostas a seguir:

Foi recentemente publicado no Americam Journal of Preventive Medicine um estudo com adultos jovens, de 19 a 32 anos de idade, apontando que quanto maior o tempo dispendido em mídias sociais de relacionamento, maior a sensação de solidão das pessoas. Além disso, esse estudo demonstrou também que quanto maior a frequência de uso, maior a sensação de isolamento social.

(Adaptado de: ESCOBAR, Ana. Disponível em: http://g1.globo.com)

Com base nas ideias do texto acima, redija uma dissertação sobre o tema:

Isolamento social na era da comunicação virtual

A partir da proposta apresentada, pode-se inferir que o examinador quer saber o ponto de vista (opinião) do candidato em relação ao assunto. A intenção é que seja apontado o que ele pensa a respeito do tema, e não que ele apresente de forma objetiva informações a fim de esclarecer determinado assunto. Então, resta claro que a dissertação terá caráter argumentativo.

Agora veja a proposta seguinte:

A segurança jurídica tem muita relação com a ideia de respeito à boa-fé. Se a administração adotou determinada interpretação como a correta e a aplicou a casos concretos, não pode depois vir a anular atos anteriores, sob o pretexto de que os mesmos foram praticados com base em errônea interpretação. Se o administrado teve reconhecido determinado direito com base em interpretação adotada em caráter uniforme para toda a administração, é evidente que a sua boa-fé deve ser respeitada. Se a lei deve respeitar o direito adquirido, o ato jurídico perfeito e a coisa julgada, por respeito ao princípio da segurança jurídica, não é admissível que os direitos do administrado fiquem flutuando ao sabor de interpretações jurídicas variáveis no tempo.

Maria Sylvia Zanella Di Pietro. Direito administrativo. p. 85 (com adaptações).

Considerando que o texto apresentado tem caráter estritamente motivador, elabore uma dissertação a respeito dos atos administrativos e da segurança jurídica no direito administrativo brasileiro, abordando, necessariamente, os seguintes aspectos:

1. os elementos de validade do ato administrativo e os critérios para sua convalidação; [valor: 14,00 pontos]

2. distinção entre ato administrativo nulo, anulável e inexistente; [valor: 10,00 pontos]

3. o controle exercido de ofício pela administração pública sobre os seus atos e o dever de agir e de prestar contas. [valor: 14,00 pontos]

Considerando o tema proposto e os tópicos apresentados, pode-se perceber que o candidato deve, necessariamente, produzir um texto expositivo, já que o examinador avaliará o conhecimento técnico dele sobre o assunto, e não o seu ponto de vista, a sua opinião. Para isso, deverá fundamentar suas ideias por meio de leis, doutrina, jurisprudência, citação de uma autoridade no assunto.

1.7 Estrutura do Texto Dissertativo

Não há dúvida de que todo texto dissertativo (expositivo ou argumentativo) deve ter início, meio e fim, ou seja, introdução, desenvolvimento e conclusão.

▷ **Introdução:** a importância da introdução é evidente, pois é ela que determina o tom do texto, o encaminhamento do desenvolvimento e sua estrutura. Então, ela deve ser vista como um compromisso que o autor assume com o restante do desenvolvimento. Nela haverá a contextualização do assunto que será desenvolvido ao longo do texto, ou seja, apresentação da ideia que será defendida (argumentação) ou esclarecida (exposição).

▷ **Desenvolvimento:** é a parte da redação em que há o desenvolvimento da ideia apresentada no primeiro parágrafo. Vai ocorrer a comprovação da tese por meio de argumentos – texto argumentativo – ou a exposição de informações a fim de esclarecer um assunto – texto expositivo.

Estrutura dos parágrafos de desenvolvimento:

Tópico frasal: apresentação da ideia-núcleo que será desenvolvida (introdução);

Comprovação da ideia-núcleo (desenvolvimento);

Fechamento do parágrafo (conclusão).

Jamais construa parágrafos com apenas um período. Os parágrafos de desenvolvimento devem ter, no mínimo, três períodos.

▷ **Conclusão:** consiste no fechamento das ideias apresentadas. Não podem ser expostos argumentos novos nesse parágrafo. O que ocorre é a retomada da ideia central (tese ou tema) e a apresentação das considerações finais.

2 DISSERTAÇÃO EXPOSITIVA E ARGUMENTATIVA

2.1 Dissertação Expositiva

A dissertação expositiva tende à simples exposição de ideias, de informações, de definições e de conceitos, sem necessidade de um forte convencimento do leitor.

Quando o texto dissertativo se dedica mais a expor ideias, a fazer que o leitor/ouvinte tome conhecimento de informações ou interpretações dos fatos, tem caráter expositivo e podemos classificá-lo como expositivo. (COROA, 2008b, p. 121).

2.2 Estrutura do Texto Dissertativo-Expositivo

Na introdução, há a apresentação do tema (parágrafo mais curto). Como não há tese, o candidato deve fazer a apresentação do tema (ideia central do texto).

- Tipos de introdução:
  - **Definição:** tem por objetivo expor uma definição, uma ideia, uma expressão. Para isso, é importante ter como referência os sentidos expostos em dicionários, leis, doutrinas, etc.
  - **Paráfrase:** é uma reescritura do tema e dos tópicos apresentados na proposta de redação. Não pode haver alteração de sentido e deve ser respeitada a simetria (paralelismo) sintático e semântico.
  - **Citações e estatísticas:** neste tipo de introdução, o candidato traz uma frase (citação) de algum especialista no assunto, ou estatísticas a respeito do tema. Importante tomar cuidado para não trazer citações "vazias", que não sejam relacionadas ao assunto, e também se preocupar em fazer uma análise a respeito das estatísticas trazidas, para que elas não fiquem deslocadas.

- No desenvolvimento, há a apresentação de informações sobre assuntos, exposição, explicação de ideias de modo objetivo, fundamentação por meio de leis, citação de autores, exemplos etc. Segundo fulano de tal, ...; Segundo a Lei Tal,..., Conforme entendimento do STF, ... Em outras palavras, há presença de dados polifônicos. Não há opinião do candidato aqui, e sim apresentação do seu conhecimento técnico sobre determinado assunto.

ELEMENTOS COESIVOS PARA INICIAR OS PARÁGRAFOS DE DESENVOLVIMENTO

A primeira delas... / A primeira dessas questões... / O primeiro desses pontos... / Em primeiro lugar, ...	→ 1º PARÁGRAFO DE DESENVOLVIMENTO
Outra questão importante é... / Também é de suma importância... / O segundo dos aspectos... / Além disso, ... / Em segundo lugar, ...	→ 2º PARÁGRAFO DE DESENVOLVIMENTO
Há de se considerar também, ... / Há de se considerar, por último, ... / O terceiro dos aspectos, ...	→ 3º PARÁGRAFO DE DESENVOLVIMENTO

- Na conclusão, ocorrerá a retomada da ideia central.
  Tipos de conclusão:
  - **Síntese:** consiste em sintetizar as ideias que foram abordadas ao longo da dissertação, confirmando a ideia central que aparece na introdução do texto.

- **Proposta de intervenção:** elaborar uma sugestão para solucionar o problema posto em debate na proposta de redação. Essas sugestões precisam ter três características muito importantes. Em primeiro lugar, é preciso que elas sejam aplicáveis ao tema e ao que foi dito no texto. Além disso, as sugestões precisam ser detalhadas. A proposta bem elaborada deve conter um detalhamento do que fazer, como fazer, os meios e os participantes da proposta. Por último, proposta apresentada deve ser executável, ou seja, possível de ser realizada. Não adianta apresentar soluções utópicas e fantasiosas, pois elas não serão realizadas.

- **Dedução:** trata-se de um processo de raciocínio em que a conclusão é alcançada a partir de um conjunto de premissas abordadas em uma afirmação e que constroem um pensamento lógico. Isso se chama "regras de inferência". O candidato vai explorar nos parágrafos dedicados ao desenvolvimento da dissertação, tudo aquilo que sabe sobre o tema, fazer as devidas relações e, no momento da conclusão, manifestar o que se pode deduzir dessas informações.

ELEMENTOS COESIVOS PARA INICIAR O ÚLTIMO PARÁGRAFO

Por fim, ...

Por último, ...

Finalmente, ...

Em último lugar, ...

2.3 Propostas de Dissertação Expositiva

PROPOSTA I

A remição de pena, ou seja, o direito do condenado de abreviar o tempo imposto em sua sentença penal, pode ocorrer mediante trabalho, estudo e, de forma mais recente, pela leitura, conforme disciplinado pela Recomendação n.º 44/2013 do CNJ. A remição de pena, prevista na Lei de Execução Penal, está relacionada ao direito constitucional de individualização da pena. Dessa forma, as penas devem ser justas e proporcionais, além de particularizadas, levando-se em conta a aptidão à ressocialização demonstrada pelo apenado por meio do estudo ou do trabalho.

A possibilidade de remir a pena por meio da leitura já é realidade em diversos presídios do país. De acordo com a Recomendação n.º 44/2013 do CNJ, deve ser estimulada a remição pela leitura como forma de atividade complementar, especialmente para apenados aos quais não sejam assegurados os direitos ao trabalho, à educação e à qualificação profissional. Para isso, há necessidade de elaboração de um projeto pela autoridade penitenciária estadual ou federal com vistas à remição pela leitura, assegurando-se, entre outros critérios, a participação voluntária do preso e a existência de um acervo de livros dentro da unidade penitenciária. Segundo a norma, o preso deve ter o prazo de 21 a 30 dias para a leitura de uma obra, apresentando, ao final do período, uma resenha a respeito do assunto, que deverá ser avaliada pela comissão organizadora do projeto. Cada obra lida possibilita a remição de quatro dias de pena, com o limite de doze obras por ano, ou seja, no máximo 48 dias de remição por leitura a cada doze meses.

Internet: <www.cnj.jus.br> (com adaptações).

A Assembleia Legislativa do Ceará aprovou projeto de lei que altera o art. 4.º da Lei n.º 15.718/2014, elaborada conforme recomendação do CNJ. O projeto de lei torna expressa a possibilidade da leitura de livros religiosos proporcionarem a remição da pena em execução penal. Segundo a Secretaria de Administração Penitenciária (SAP), atualmente, no projeto Livro Aberto, são 5.100 detentos que leem mensalmente em 17 unidades prisionais do Ceará. O preso escolhe, a cada mês, uma obra literária dentre os títulos selecionados para a leitura, o que agora poderá incluir livros religiosos. Em seguida, o

DISSERTAÇÃO EXPOSITIVA E ARGUMENTATIVA

apenado redigirá relatório de leitura ou resenha — a ser elaborados de forma individual, presencial e em local adequado —, devendo atingir nota igual ou superior a 6,0 para ser aprovado pela Secretaria de Educação do Estado do Ceará (SEDUC). Depois, isso é levado para a vara judicial, para ser avaliada a redução da pena.

Internet: <www.ceara.gov.br> (com adaptações).

É indiscutível que a obra literária tem o poder de reorganizar a nossa visão de mundo, nossa mente e nossos sentimentos, tocando nosso espírito por meio das palavras, que não são apenas a forte presença do nosso código; elas comunicam sempre alguma coisa que nos toca, porque obedece a certa ordem. O caos originário dá lugar à ordem e, por conseguinte, a mensagem pode atuar. Uma boa notícia é que toda obra literária pressupõe essa superação do caos, determinada por um arranjo especial das palavras, fazendo uma proposta de sentido.

Maria Luzineide P. da C. Ribeiro e Maria do Rosário C. Rocha. Olhando pelo avesso: reflexões sobre a remição de pena pela leitura e a escolarização nas prisões brasileiras. In: Fernanda Marsaro dos Santos et al. (Org.). Educação nas prisões. 1.ª ed. Jundiaí: Paco, 2019, p. 203 (com adaptações).

A leitura é um poderoso instrumento de ascensão social, de amadurecimento do ser em relação à sua função dentro de uma complexa sociedade, de absorção da sua cultura ao redor (...) é uma atividade essencial a qualquer área do conhecimento e mais essencial ainda à própria vida do ser humano.

Fernanda M. dos Santos, Gesuína de F. E. Leclerc e Luciano C. Barbosa. Leitura que liberta: uma experiência para remição de pena no Distrito Federal. In: Fernanda Marsaro dos Santos et al. (Org.). Educação nas prisões. 1.ª ed. Jundiaí: Paco, 2019, p. 21.

Considerando que os textos anteriormente apresentados têm caráter unicamente motivador, redija um texto dissertativo abordando os seguintes aspectos acerca da remição de pena pela leitura.

1 A remição de pena pela leitura como forma de ressocialização. [valor: 9,50 pontos]

2 A importância da leitura como forma de reorganização da visão de mundo do detento. [valor: 9,50 pontos]

3 Possibilidades e desafios da implementação de projetos de leitura no sistema prisional brasileiro. [valor: 9,50 pontos]

Padrão de resposta da banca

O candidato deve redigir um texto dissertativo em que aborde os aspectos propostos, acerca da remição de pena pela leitura, de maneira clara e coerente, empregando mecanismos de coesão textual. O candidato deve demonstrar conhecer a atualidade do tema da remição de pena pela leitura como forma de ressocialização, bem como discorrer sobre a importância da leitura como possibilidade de ampliação da visão de mundo do participante do projeto dentro do estabelecimento prisional. Para tanto, pode, por exemplo, mencionar a Jornada da Leitura no Cárcere, evento cuja primeira edição ocorreu em fevereiro de 2020, com apoio do CNJ, a fim de identificar, refletir e disseminar as boas práticas de leitura no sistema carcerário. Por fim, o candidato deve discorrer sobre possibilidades de projetos de leitura que podem ser implementados no sistema penitenciário brasileiro e os desafios para que projetos dessa natureza sejam colocados em prática.

PROPOSTA II

Lei n.º 12.305, de 2 de agosto de 2010

Art. 6.º São princípios da Política Nacional de Resíduos Sólidos: (...)

VI – a cooperação entre as diferentes esferas do poder público, o setor empresarial e demais segmentos da sociedade;

VII – a responsabilidade compartilhada pelo ciclo de vida dos produtos;

VIII – o reconhecimento do resíduo sólido reutilizável e reciclável como um bem econômico e de valor social, gerador de trabalho e renda e promotor de cidadania;

IX – o respeito às diversidades locais e regionais;
(...).

Internet: <mma.gov.br> (com adaptações).

Média da composição gravimétrica dos resíduos sólidos gerados no Brasil resíduos participação

Resíduos	Participação (%)	Quantidade (t por dia)
Material reciclável	31,9	58.527,40
metais	2,9	5.293,50
aço	2,3	4.213,70
alumínio	0,6	1.079,90
papel, papelão e tetrapak	13,1	23.997,40
plástico total	13,5	24.847,90
plástico firme	8,9	16.399,60
plástico rígido	4,6	8.449,30
vidro	2,4	4.388,60
material orgânico	51,4	94.335,10
outros	16,7	30.618,90
total	100	183.481,50

Internet: <www.politize.com.br> (com adaptações).

À proporção em que aumenta o número de habitantes nas cidades, cresce a geração de lixo. Observa-se que as cidades, cada vez mais, apresentam dificuldades para implantar, ordenar e gerenciar de modo sustentável os resíduos por elas gerados. Nesse contexto, em 12/8/2010, foi instituída a Política Nacional de Resíduos Sólidos (PNRS), pela Lei n.º 12.305/2010, que definiu princípios, objetivos, instrumentos e diretrizes relativos à gestão e ao gerenciamento de resíduos sólidos, incluídos os perigosos, em âmbito nacional.

Entre os conceitos introduzidos está o de responsabilidade compartilhada pelo ciclo de vida dos produtos: "conjunto de atribuições individualizadas e encadeadas dos fabricantes, importadores, distribuidores e comerciantes, dos consumidores e dos titulares dos serviços públicos de limpeza urbana e de manejo dos resíduos sólidos, para minimizar o volume de resíduos sólidos e rejeitos gerados, bem como para reduzir os impactos causados à saúde humana e à qualidade ambiental decorrentes do ciclo de vida dos produtos, nos termos desta Lei". Isso quer dizer que a lei exige que as empresas assumam o retorno de seus produtos descartados e cuidem da adequada destinação ao final de seu ciclo de vida útil.

Internet: <oeco.org.br> (com adaptações).

Cerca de 80% do impacto de um produto na natureza está relacionado ao seu design e a toda a cadeia logística. Assim, torna-se necessário rever os tipos de materiais produzidos e repensar suas formas de produção, para que seu destino final seja o começo de um novo ciclo, e não os aterros sanitários e os oceanos. O principal objetivo da economia circular é acabar com os resíduos, ou seja, não gerar desperdício.

Internet: <positiva.eco.br> (com adaptações).

Considerando que os fragmentos de texto precedentes têm caráter motivador, redija um texto dissertativo sobre o seguinte tema.

O DESCARTE DE RESÍDUOS SÓLIDOS NO BRASIL NO SÉCULO XXI

Ao elaborar seu texto, responda aos seguintes questionamentos.

1. Por que o modelo de descarte de resíduos sólidos predominante até o início do século XXI deve ser substituído? [valor: 9,50 pontos]

2. Em que consistem a economia circular e a responsabilidade compartilhada e de que forma esses novos conceitos podem impactar a economia do país? [valor: 19,00 pontos]

Padrão de resposta da banca

Com relação ao aspecto 1, o candidato pode mencionar que o modelo de descarte de resíduos sólidos predominante até o início do século XXI acarreta as consequências como as mencionadas a seguir:

– para o meio ambiente: nos lixões, os resíduos são depositados a céu aberto, sem tratamento ou controle ambiental, o que contribui para o aumento da poluição; há agravamento do efeito estufa em razão da produção de gás metano e contaminação do lençol freático por meio do chorume que é produzido;

– para a saúde pública: os lixos expostos atraem animais vetores de doenças; os catadores de lixo, nos lixões, ficam expostos ao contato direto com agentes físicos, químicos e biológicos potencialmente nocivos; o sentimento de marginalização dos indivíduos que sobrevivem do descarte alheio é intensificado, o que agrava os problemas sociais existentes;

– para a economia: parte da população marginalizada do mercado formal busca a sobrevivência nos restos produzidos pela sociedade; com isso, prejudica-se a economia que gira em torno do mercado formal e aumentam-se os gastos públicos para a recuperação da saúde das pessoas submetidas a essas condições de insalubridade.

Por essas e por outras razões, o modelo de descarte de resíduos sólidos predominante até o início do século XXI precisa ser substituído por outro, que seja sustentável para o planeta.

Com relação ao aspecto 2, o candidato deve explicitar em que consiste a economia circular e a responsabilidade compartilhada. Pode mencionar, por exemplo, que a economia circular visa ao máximo aproveitamento dos materiais, de forma que se produza o mínimo de resíduos (diferentemente da economia linear, em que algo é produzido, consumido e descartado), e que a responsabilidade compartilhada, que envolve o recolhimento de um produto pela empresa fabricante após o seu ciclo de uso, para que se dê a destinação adequada a ele, favorece o reaproveitamento de materiais e a diminuição da produção de resíduos. Assim, a economia circular e a responsabilidade compartilhada impactam o modo de fabricação de produtos, uma vez que visam cada vez mais ao reaproveitamento dos materiais que já existem e cada vez menos ao emprego de novas matérias-primas, o que se reverte em menos danos ao meio ambiente. A economia circular e a responsabilidade compartilhada impactam, ainda, o modo como um produto é consumido e a valorização de suas características: um produto de vida útil mais longa, fabricado com materiais que podem ser reaproveitados ou que se decompõem mais rapidamente, é mais valorizado, em detrimento daquele que não compartilha dessas características, como o produto gerado sob condição de obsolescência programada, por exemplo.

PROPOSTA III

O Estado, como pessoa jurídica, é um ser intangível. Somente se faz presente no mundo jurídico por meio de seus agentes, pessoas físicas cuja conduta é a ele imputada. O Estado, por si só, não pode causar danos a ninguém. Segundo o direito positivo, o Estado é civilmente responsável pelos danos que seus agentes causarem a terceiros. Sendo-o, incumbe-lhe reparar os prejuízos causados, mediante obrigação de pagar as devidas indenizações.

José dos Santos Carvalho Filho. Manual de direito administrativo. 32.ª ed. São Paulo: Atlas, 2018 (com adaptações).

Considerando que o fragmento de texto anteriormente apresentado tem caráter unicamente motivador, redija um texto dissertativo acerca da responsabilidade civil do Estado, abordando, necessariamente, os seguintes tópicos:

1 a teoria da responsabilidade civil do Estado atualmente aplicada no direito brasileiro; [valor: 9,00 pontos]

2 requisitos da responsabilidade civil; [valor: 20,00 pontos]

3 direito de regresso. [valor: 9,00 pontos]

Padrão de resposta da banca

1 A teoria da responsabilidade civil do Estado aplicada atualmente no direito brasileiro é a teoria da responsabilidade objetiva do Estado. Ela dispensa o fator culpa em relação ao fato danoso, ou seja, a culpa é desconsiderada com pressuposto da responsabilidade. Esta teoria é informada pela teoria do risco administrativo e pela teoria do risco integral. Na primeira, é possível aplicar as causas excludentes da responsabilidade do Estado (culpa da vítima, culpa de terceiros ou força maior). Na segunda, não.

2 Os requisitos da responsabilidade civil do Estado são: a) fato administrativo, que é considerado qualquer conduta, comissiva ou omissiva, legítima ou ilegítima, singular ou coletiva, atribuída ao poder público; b) dano, pois não há responsabilidade sem que haja o dano, seja material, seja moral; e c) nexo causal, pois somente haverá responsabilidade se houver uma relação de causalidade entre o fato administrativo e o dano. Ao lesado cabe demonstrar que o prejuízo sofrido se originou da conduta estatal.

3 O direito de regresso é garantido ao Estado no sentido de dirigir sua pretensão indenizatória contra o agente responsável pelo dano, se ele tiver agido com dolo ou culpa, conforme dispõe o § 6.º do art. 37 da Constituição Federal de 1988: "Art. 37. (...) § 6.º As pessoas jurídicas de direito público e as de direito privado prestadoras de serviços públicos responderão pelos danos que seus agentes, nessa qualidade, causarem a terceiros, assegurado o direito de regresso contra o responsável nos casos de dolo ou culpa".

PROPOSTA IV

Art. 215. O Estado garantirá a todos o pleno exercício dos direitos culturais e acesso às fontes da cultura nacional, e apoiará e incentivará a valorização e a difusão das manifestações culturais. § 1.º O Estado protegerá as manifestações das culturas populares, indígenas e afro-brasileiras, e das de outros grupos participantes do processo civilizatório nacional.

Brasil. Constituição da República Federativa do Brasil. Brasília - DF: Senado Federal, 1988.

Os direitos culturais protegem o potencial que cada pessoa possui — individualmente, em comunidade com outros e como grupo de pessoas — para desenvolver e expressar sua humanidade e visão de mundo, os significados que atribui a sua experiência e a maneira como o faz. Os direitos culturais podem ser considerados como algo que protege o acesso ao patrimônio e aos recursos culturais que permitem a ocorrência desses processos de identificação e de desenvolvimento.

Entrevista com Farida Shaheed, da ONU. In: Revista Observatório Itaú Cultural, n.º 11, jan.-abr./2011 (com adaptações).

DISSERTAÇÃO EXPOSITIVA E ARGUMENTATIVA

Integrar os direitos culturais ao rol de direitos humanos — ou seja, considerá-los direitos inerentes ao ser humano — traz consequências importantes ao tratamento desses direitos, que não podem, por exemplo, sofrer nenhum tipo de distinção de raça, cor, sexo, língua, religião, opinião política, origem social ou nacional ou condição de nascimento ou riqueza. Tais direitos incorporam, ainda, outras características dos direitos humanos: são fundados no respeito pela dignidade e no valor de cada pessoa; são universais, ou seja, são aplicados de forma igual e sem discriminação a todas as pessoas; são inalienáveis, de modo que ninguém pode ser privado de seus direitos humanos (apesar de eles poderem ser limitados em situações específicas); são indivisíveis, inter-relacionados e interdependentes, já que não é suficiente respeitar apenas parte dos direitos humanos; e devem ser vistos como de igual importância entre si.

Nicolas Allen. Os direitos culturais como direitos humanos: breve sistematização de tratados internacionais. Internet: <http://institutodea.com> (com adaptações).

Considerando que os fragmentos de textos apresentados anteriormente têm caráter unicamente motivador, redija um texto dissertativo abordando:

1 a importância da cultura para a formação integral do ser humano; [valor: 14,00 pontos]

2 a relação entre cultura e cidadania; [valor: 12,00 pontos]

3 o dever do Estado de garantir o acesso à cultura bem como incentivar a difusão e preservação das manifestações culturais. [valor: 12,00 pontos]

Padrão de resposta da banca

Espera-se que o candidato seja capaz de apresentar argumentos coerentes e determinantes para a defesa do importante papel das manifestações culturais na formação integral do ser humano, mostrando como a cultura é um meio essencial de enriquecimento da maneira como o sujeito enxerga a si mesmo e ao mundo que o cerca. Também se espera que o candidato seja capaz de relacionar a cultura à cidadania, mostrando, mediante argumentos e exemplos consistentes, que fazer da cultura um aspecto de destaque nas sociedades é relevante para a convivência social e para o pleno exercício dos direitos dos cidadãos. Por fim, espera-se que o candidato seja capaz de discorrer acerca do dever do Estado de garantir o acesso à cultura bem como incentivar a difusão e preservação das manifestações culturais, como forma de assegurar o pleno exercício da cidadania pelo povo.

PROPOSTA V

A Lei n.º 11.705/2008, conhecida como Lei Seca, por reduzir a tolerância com motoristas que dirigem embriagados, colocou o Brasil entre os países com legislação mais severa sobre o tema. No entanto, a atitude dos motoristas pouco mudou nesses dez anos. Um levantamento, por meio da Lei de Acesso à Informação, indicou mais de 1,7 milhão de autuações, com crescimento contínuo desde 2008. O avanço das infrações nos últimos cinco anos ficou acima do aumento da frota de veículos e de pessoas habilitadas: o número de motoristas flagrados bêbados continua crescendo, em vez de diminuir com o endurecimento das punições ao longo desses anos.

Internet: <g1.globo.com> (com adaptações).

Nas estradas federais que cortam o estado de Pernambuco, durante o feriadão de Natal, a PRF registrou cento e três acidentes de trânsito, com cinquenta e dois feridos e sete mortos. Segundo a corporação, seis motoristas foram presos por dirigir bêbados e houve oitenta e sete autuações pela Lei Seca. Os números são parte da Operação Integrada Rodovia, deflagrada pela PRF. Em 2017, foram registrados noventa acidentes. No ano passado, a ação da polícia teve um dia a menos.

Internet: <g1.globo.com> (com adaptações).

Considerando que os fragmentos de texto acima têm caráter unicamente motivador, redija um texto dissertativo acerca do seguinte tema.

O COMBATE ÀS INFRAÇÕES DE TRÂNSITO NAS RODOVIAS FEDERAIS BRASILEIRAS

Ao elaborar seu texto, aborde os seguintes aspectos:

1 medidas adotadas pela PRF no combate às infrações; [valor: 7,00 pontos]

2 ações da sociedade que auxiliem no combate às infrações; [valor: 6,00 pontos]

3 atitudes individuais para a diminuição das infrações. [valor: 6,00 pontos]

Padrão de resposta da banca

Quanto ao desenvolvimento do tema, o candidato deve, a partir dos textos motivadores, abordar o tema e os aspectos propostos, de maneira clara e coerente, empregando os mecanismos de coesão textual. A abordagem dada ao tema pode variar, mas o candidato deve demonstrar conhecer a atualidade do tema das infrações nas rodovias, que vitimam inúmeras pessoas, além dos próprios ilícitos cometidos.

Com relação ao aspecto 1, espera-se que o candidato aborde medidas que podem ser implementadas ou que já são adotadas pela Polícia Rodoviária Federal no combate às infrações nas rodovias, como o aumento de efetivo, a ampliação do uso de equipamentos eletrônicos, o incremento de operações integradas no combate aos ilícitos, as campanhas institucionais, entre outras.

No aspecto 2, espera-se que o candidato aborde ações que podem ser feitas pela sociedade para diminuição das infrações, como campanhas de iniciativa privada para aumento da conscientização da conduta a ser praticada, palestras em entidades privadas com ampla divulgação, envolvimento com escolas públicas e privadas em busca da conscientização da sociedade, entre outras.

No que se refere ao aspecto 3, espera-se que o candidato aborde atitudes que o indivíduo pode realizar para combater as infrações, como a própria conscientização da conduta correta a ser praticada, a participação de atividades educativas de trânsito, o envolvimento em atividades de ajuda a vítimas de trânsito, entre outras.

Observação: foram citadas algumas medidas, ações e atitudes neste padrão de resposta apenas como exemplos.

2.4 Dissertação Argumentativa

A dissertação argumentativa tem o objetivo de convencer o leitor sobre uma tese, por meio de fortes articulações lógicas entre os significados.

Quando as interpretações expostas pelo texto dissertativo vão mais além nas intenções e buscam explicitamente convencer o leitor/ouvinte sobre a validade dessas explicações, classifica-se o texto como argumentativo (COROA, 2008b, p. 121).

2.5 Estrutura do Texto Dissertativo-Argumentativo

Na Introdução, deve haver a contextualização do tema. Em seguida, deve ser apresentada a tese que será desenvolvida (ponto de vista). Por fim, podem ser apresentados os argumentos para a defesa dessa opinião (opcional).

Tipos de introdução

- O candidato pode utilizar a definição ou citações e estatísticas, mas deve, em seguida, apresentar a tese (opinião).
- **Roteiro:** tem por objetivo apresentar ao leitor o roteiro que será seguido durante o desenvolvimento do seu texto tese + argumentos); assim, ao citar o roteiro na introdução, o autor deve segui-lo até o final, para que não haja incoerências.

- **Exemplo:** Em virtude da onda de conservadorismo que o Brasil vive na atualidade, tornam-se comuns as discussões sobre direitos coletivos. Nesse cenário, é importante analisar as causas do conservadorismo moderno e os reflexos dele nos direitos da coletividade.
- **Alusão histórica:** representa um tipo de introdução em que um fato passado se relaciona de algum modo a um fato presente, servindo de ponto de reflexão ou ela semelhanças entre eles, ou pelas diferenças. Após a contextualização, deve ser apresentada a tese.
- **Exemplo:** Por ter pecado nos excessos do liberalismo, a Revolução Francesa foi talvez a que mais contribuiu com o surgimento do conservadorismo. Do mesmo modo, no Brasil esse mesmo processo volta a emergir depois de anos de governo liberal no poder.

▷ O desenvolvimento é o parágrafo em que serão desenvolvidos argumentos para comprovar a tese exposta na introdução. Na primeira frase do parágrafo, ou seja, no tópico frasal é apresentada a ideia central do parágrafo (o argumento). Depois do tópico frasal (introdução), há a comprovação dessa ideia (desenvolvimento) e, por fim, o fechamento do parágrafo (conclusão).

Os diversos argumentos deverão ser sustentados com exemplos e provas que os validem, tornando-os indiscutíveis, como:

- Exemplos;
- Enumeração de fatos;
- Causa e efeito;
- Dados estatísticos;
- Citações de autores renomados;
- Depoimentos de personalidades renomadas;
- Alusões históricas.

▷ Na conclusão há a retomada e a reafirmação da tese inicial, já defendida pelos diversos argumentos apresentados no desenvolvimento.
▷ **Retomada da tese:** a melhor forma de fazer isso é parafraseando a sua tese, ou seja, passando exatamente a mesma ideia, mas com outras palavras.
▷ Os mesmos tipos de conclusão do texto expositivo podem ser usados aqui.

2.6 Propostas de Dissertação Argumentativa

PROPOSTA I

A partir da leitura do Texto Motivador abaixo e com base em seu conhecimento de mundo, escolha um dos temas e desenvolva um texto dissertativo-argumentativo. Seu texto deverá ser produzido em prosa e conter no mínimo 20 e no máximo 30 linhas.

TEMA: O excesso de imagens e sua relação com a realidade
O mundo das imagens

Talvez se possa dizer que o que predomina na mídia mundial é a imagem. Com frequência, as outras "linguagens" aparecem de maneira complementar [...] ou propriamente subordinada à imagem. Tanto assim que a mídia apresenta aspectos e fragmentos das configurações e movimentos da sociedade global como se fosse um vasto espetáculo de videoclipe [...] Ao lado da montagem, colagem, bricolagem, simulacro e virtualidade, muitas vezes combinando tudo isso, a mídia parece priorizar o espetáculo do videoclipe. Tanto é assim que guerras e genocídios parecem festivais pop, departamentos do shopping center global, cenas da Disneylândia mundial. Os mais graves e dramáticos acontecimentos da vida de indivíduos e coletividades aparecem, em geral, como um videoclipe eletrônico informático, desterritorializado entretenimento de todo o mundo.

Fonte: IANNI, Octávio. O mundo do trabalho. In: FREITAS, Marcos Cezar de. (Org.). A reinvenção do futuro. São Paulo: Cortez, 1996. p. 39

PROPOSTA II

A partir da leitura do Texto Motivador abaixo e com base em seu conhecimento de mundo, escolha um dos temas e desenvolva um texto dissertativo-argumentativo. Seu texto deverá ser produzido em prosa e conter no mínimo 20 e no máximo 30 linhas.

Tema: O cuidado com o corpo e com a mente e sua relação com o trabalho
Cuidar do corpo e da mente

Conciliar trabalho, estudo, rotina doméstica e os cuidados com o corpo e a mente pode, à primeira vista, parecer impossível. Por isso, o G1 conversou com especialistas para apontar passos essenciais para quem quer levar uma vida mais equilibrada. Eles concordaram em três pontos: fazer exercícios, comer bem, cuidar da saúde mental e buscar acompanhamento médico.

[...] Faça exercícios físicos. Fazer exercícios é a primeira recomendação. É simples: mexa-se. "Só de você não ser sedentário já está mil pontos à frente da pessoa sedentária", diz o clínico geral e médico de família Alfredo Salim Helito, do Hospital Sírio-Libanês, em São Paulo. "Se você tiver a opção entre ser magro e fazer atividade física, escolha a atividade física. O sedentarismo não pode acompanhar o ser humano", frisa.

Alimente-se bem. A alimentação saudável e equilibrada também é essencial. A alimentação foi outro ponto de consenso entre os especialistas ouvidos pelo G1 como chave para uma vida melhor. E a primeira dica de como nutrir melhor o corpo é: beber água.[...]

Cuide da saúde mental. Terapias, tradicionais ou alternativas, ajudam a melhorar a saúde mental. As intervenções tradicionais — como a psicoterapia ou a psicanálise — podem ajudar a prestar mais atenção às próprias emoções, pensamentos ou padrões de comportamento. Para a psicóloga Gláucia Flores, que atende em Brasília, o momento de buscar ajuda profissional é quando a pessoa percebe que está tendo prejuízos na vida.

"Vamos pensar nossa vida como uma pizza: uma fatia é o trabalho, uma é a família, uma é o casamento, os filhos, o lazer. Quando a gente dá mais importância pra uma do que pra outra, essa balança fica desigual. É importante, sim, que a gente encontre prazer no trabalho, mas também ter outros interesses para também aprender outras coisas", analisa Gláucia.

Vá ao médico. Encontrar um médico de confiança também é essencial. Além de adotar bons hábitos, fazer um acompanhamento médico pelo menos uma vez por ano também é recomendável, explica a clínica geral Sílvia Souto, da Aliança Instituto de Oncologia, em Brasília. Para começar, ela recomenda procurar, primeiro, um médico generalista.

Fonte: https://g1.globo.com/ciencia-e-saude/vivavoce/noticia/2019/02/01/cuidar-do-corpo-e-da-mente-veja-4-passos-paralevar-uma-vida-saudavel-e-equilibrada.ghtml. Adaptado. Acessado em 06/12/19

PROPOSTA III

Motivado pela leitura dos textos seguintes, sem, contudo, copiá-los ou parafraseá-los, redija um texto DISSERTATIVO-ARGUMENTATIVO com, no mínimo, 20 e, no máximo, 30 linhas, em modalidade e limites solicitados.

Tema: DESAFIOS DAS POLÍTICAS DE SEGURANÇA PÚBLICA PARA COMBATER A VIOLÊNCIA NA SOCIEDADE.

TEXTO 1

Constituições Federais e contexto político-institucional

O termo segurança "pública" parece ter sido usado pela primeira vez na Constituição Federal (CF) de 1937. Em outras Constituições, como a de 1934, aparece o termo segurança "interna" para tratar com matérias atinentes ao controle da ordem, fato que irá gerar vários dilemas organizacionais no país e em seu pacto federativo. É interessante constatar que, na CF de 1937, cabia exclusivamente à União a competência de regular a matéria e garantir "o bemestar, a ordem, a tranquilidade e a segurança públicas, quando o exigir a necessidade de uma regulamentação uniforme" (artigo 16, inciso V).

DISSERTAÇÃO EXPOSITIVA E ARGUMENTATIVA

Nota-se aqui uma primeira tensão conceitual e que terá impacto direto nos mandatos e atribuições das polícias brasileiras. A Lei nº 192, de 17 de janeiro de 1936 regulava as atividades das polícias militares e as vinculava às unidades da federação, cabendo à União apenas um papel de supervisão e controle, por meio do Exército. Por essa lei, as polícias militares eram as responsáveis pela segurança "interna", enquanto a CF de 1937 fala de segurança "pública", atividade que formalmente não foi assumida por nenhuma instituição até a CF de 1988. O significativo é que essa lei só foi revogada pelo Decreto-Lei nº 317, de 13 de março de 1967, que regulamentou a CF de 1967 no que tange à atuação das polícias. O conceito criado pela CF de 1937 parece não ter conseguido se institucionalizar e não teve força para mudar, mesmo após o Estado Novo, as estruturas que organizavam as polícias estaduais. E ainda mais emblemático dessa dificuldade é que a CF de 1967 restabeleceu a competência das polícias militares para a "manutenção da ordem e segurança interna nos Estados, nos Territórios e no Distrito Federal" (grifo nosso).

Será somente a CF de 1988 que irá resgatar o conceito de 1937 e trará um capítulo específico sobre segurança "pública", não obstante repetir a CF de 1937 e não definir o significado desse conceito. A CF de 1988, em seu artigo 144, definirá tão somente quais são as instituições públicas encarregadas de prover segurança "pública" (LIMA, 2011). Em suma, nossa atual Constituição não define o que vem a ser segurança pública, apenas delimita quais organizações pertencem a esse campo.

Disponível em: <http://www.scielo.br/pdf/rdgv/v12n1/1808-2432-rdgv-12-10049.pdf> Acesso em: 20 de junho de 2019. Texto adaptado

TEXTO 2

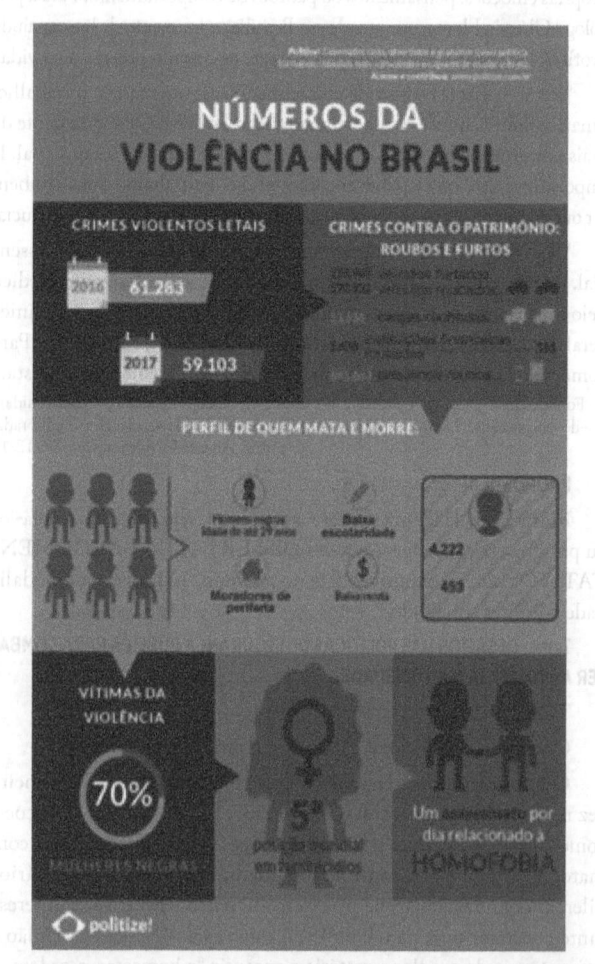

Disponível em: https://www.politize.com.br/seguranca-publica-brasileiraentenda. Acesso em 20 de junho de 2019. Texto adaptado.

PROPOSTA IV

Texto 01

Pela primeira vez, a população deve consumir mais conteúdo midiático na internet do que pela TV, de acordo com relatório da agência de mídia Zenith. Conforme a previsão, já em 2019 as pessoas devem passar mais horas navegando pela internet, fazendo compras, assistindo a filmes, séries e vídeos, conversando ou ouvindo música, do que assistindo à televisão.

("Internet irá ultrapassar TV já em 2019, indica relatório", 18.06.2018. https://epoca-negocios.globo.com. Adaptado)

Texto 02

De acordo com estudo divulgado pela empresa Morrison Foster, as pessoas passam, em média, sete horas por dia nas redes sociais. E é exatamente esse o local ocupado pelos influenciadores, que também estão conectados e produzindo conteúdos para seus seguidores a todo tempo. Segundo uma outra pesquisa, publicada pela Sprout Social, 74% dos consumidores guiam suas decisões de compra com base nas redes sociais. Ou seja, o público está atento às opiniões da internet e, principalmente, aos depoimentos de canais influentes e de credibilidade.

("A contribuição dos influenciadores digitais para a decisão de compra". 02.02.2018. https://franpress.com.br. Adaptado)

Texto 03

Nos últimos 10 anos, o tempo médio de consumo domiciliar de televisão passou de 8h18 para 9h17. Um crescimento de 12%. Vale ressaltar que esse foi um período de forte ascensão da internet como plataforma de distribuição de conteúdo. Os conteúdos da TV, além de entreter e informar, também exercem um papel importante na dinâmica social. Eles influenciam a pauta de conversas tanto com material que gera engajamento entre os telespectadores, como com publicidades criativas. O levantamento da Kantar IBOPE Media aponta que 51% das pessoas acham que a propaganda na TV é interessante e proporciona assunto para conversar. E, entre os que acessam a internet enquanto veem TV, 23% comentam nas redes sociais o que assistem – mostrando que a televisão segue marcando presença no dia a dia do brasileiro.

(João Paulo Reis. "Televisão: a abrangência e a influência do meio mais presente na vida dos brasileiros", 24.12.2018. https://observatoriodatelevisao.bol.uol.com.br. Adaptado)

Com base nas informações dos textos e em seus próprios conhecimentos, escreva um texto dissertativo, de acordo com a norma-padrão da língua portuguesa, sobre o tema:

A popularização da internet ameaça o poder de influência da televisão?

PROPOSTA V

Em visita aos Estados Unidos, em 1970, Margaret Thatcher fez o seguinte pronunciamento:

"Uma das razões por que valorizamos indivíduos não é porque sejam todos iguais, mas porque são todos diferentes. Permitamos que nossos filhos cresçam, alguns mais altos que outros, se tiverem neles a capacidade de fazê-lo. Pois devemos construir uma sociedade na qual cada cidadão possa desenvolver plenamente seu potencial, tanto para seu próprio benefício quanto para o da comunidade como um todo."

A premissa crucial que leva a afirmação de Thatcher a parecer quase evidente em si mesma – a suposição de que a "comunidade como um todo" seria adequadamente servida por todo cidadão dedicado a seu "próprio benefício" – acabou por ser admitida como ponto pacífico. Assim, no fim do século passado, tornou-se aceita a noção de que, ao agir egoisticamente, de algum modo as pessoas beneficiariam as outras.

(Adaptado de: ZYGMUNT, Bauman. A riqueza de poucos beneficia todos nós? Rio de Janeiro: Zahar, 2015, p.30)

II

Segundo a ortodoxia econômica, uma boa dose de desigualdade leva a economias mais eficientes e crescimento mais rápido. Isso se dá porque retornos mais altos e impostos menores no topo da escala – segundo afirmam – fomentariam o empreendedorismo e engendrariam um bolo econômico maior.

Assim, terá dado certo a experiência de fomento da desigualdade? Os indícios sugerem que não. A disparidade de riqueza atingiu dimensões extraordinárias, mas sem o progresso econômico prometido.

(Adaptado de: LANSEY, Stewart apud ZYGMUNT, Bauman. A riqueza de poucos beneficia todos nós? Rio de Janeiro: Zahar, 2015, p.24-25)

Considerando os textos acima, escreva uma dissertação argumentativa em que você discuta a seguinte questão:

A realização individual fomentaria maior igualdade social?

2.7 Elementos de Coesão

Prioridade, relevância: em primeiro lugar, antes de mais nada, antes de tudo, em princípio, primeiramente, acima de tudo, principalmente, primordialmente, sobretudo.

Tempo: atualmente, hoje, frequentemente, constantemente às vezes, eventualmente, por vezes, ocasionalmente, sempre, raramente, não raro, ao mesmo tempo, simultaneamente, nesse ínterim, enquanto, quando, antes que, depois que, logo que, sempre que, assim que, desde que, todas as vezes que, cada vez que, então, enfim, logo, logo depois, imediatamente, logo após, a princípio, no momento em que, pouco antes, pouco depois, anteriormente, posteriormente, em seguida, afinal, por fim, finalmente, agora.

Semelhança, comparação, conformidade: de acordo com, segundo, conforme, sob o mesmo ponto de vista, tal qual, tanto quanto, como, assim como, como se, bem como, igualmente, da mesma forma, assim também, do mesmo modo, semelhantemente, analogamente, por analogia, de maneira idêntica, de conformidade com.

Condição, hipótese: se, caso, desde que, eventualmente.

Adição, continuação: além disso, demais, ademais, outrossim, ainda mais, por outro lado, também, e, nem, não só ... mas também, não só... como também, não apenas ... como também, não só ... bem como, com, ou (quando não for excludente).

Dúvida: talvez, provavelmente, possivelmente, quiçá, quem sabe, é provável, não é certo, se é que.

Certeza, ênfase: certamente, decerto, por certo, inquestionavelmente, sem dúvida, inegavelmente, com toda a certeza.

Ilustração, esclarecimento: por exemplo, só para ilustrar, só para exemplificar, isto é, quer dizer, em outras palavras, ou por outra, a saber, ou seja, aliás.

Propósito, intenção, finalidade: com o fim de, a fim de, com o propósito de, com a finalidade de, com o intuito de, para que, a fim de que, para.

Resumo, recapitulação, conclusão: em suma, em síntese, em conclusão, enfim, em resumo, portanto, assim, dessa forma, dessa maneira, desse modo, logo, dessa forma, dessa maneira, assim sendo.

Explicação: por consequência, por conseguinte, como resultado, por isso, por causa de, em virtude de, assim, de fato, com efeito, tão (tanto, tamanho)... que, porque, porquanto, pois, já que, uma vez que, visto que, como (= porque), portanto, logo, que (= porque), de tal sorte que, de tal forma que, haja vista.

Contraste, oposição, restrição: pelo contrário, em contraste com, salvo, exceto, menos, mas, contudo, todavia, entretanto, no entanto, embora, apesar de, apesar de que, ainda que, mesmo que, posto que, conquanto, se bem que, por mais que, por menos que, só que, ao passo que, por outro lado, em contrapartida, ao contrário do que se pensa, em compensação.

Contraposição: é possível que... no entanto... É certo que... entretanto... É provável que ... porém...

Sequenciação dos parágrafos: em primeiro lugar ..., em segundo ..., por último ...; por um lado ..., por outro ...; primeiramente, ..., em seguida, ..., finalmente, ...

Enumeração: é preciso considerar que ...; Também não devemos esquecer que ...; Não podemos deixar de lembrar que...

Reafirmação/Retomada: compreende-se, então, que ... É bom acrescentar ainda que ... É interessante reiterar ...

2.8 Critérios de Avaliação das Bancas

Banca Cespe

Aspectos Macroestruturais

1. Apresentação (legibilidade, respeito às margens e indicação de parágrafos) e estrutura textual (organização das ideais em texto estruturado).

2. Desenvolvimento do tema: tópicos da proposta

Aspectos Microestruturais

Ortografia

Morfossintaxe

Propriedade vocabular

Quando forem apresentados tópicos, deve-se construir 1 (um) parágrafo para cada tópico.

Banca FCC

O candidato deverá desenvolver texto dissertativo a partir de proposta única, sobre assunto de interesse geral. Considerando que o texto é único, os itens discriminados a seguir serão avaliados em estreita correlação:

▷ **Conteúdo: até 40 (quarenta) pontos:**

perspectiva adotada no tratamento do tema;

capacidade de análise e senso crítico em relação ao tema proposto;

consistência dos argumentos, clareza e coerência no seu encadeamento.

Obs.: A nota será prejudicada, proporcionalmente, caso ocorra abordagem tangencial, parcial ou diluída em meio a divagações e/ou colagem de textos e de questões apresentados na prova.

▷ **Estrutura: até 30 (trinta) pontos:**

respeito ao gênero solicitado;

progressão textual e encadeamento de ideias;

articulação de frases e parágrafos (coesão textual).

▷ **Expressão: até 30 (trinta) pontos:**

▷ **A avaliação da expressão não será feita de modo estanque ou mecânico, mas sim de acordo com sua estreita correlação com o conteúdo desenvolvido. A avaliação será feita considerando-se:**

desempenho linguístico de acordo com o nível de conhecimento exigido para o cargo/área/especialidade;

adequação do nível de linguagem adotado à produção proposta e coerência no uso;

domínio da norma culta formal, com atenção aos seguintes itens: estrutura sintática de orações e períodos, elementos coesivos; concordância verbal e nominal; pontuação; regência verbal e nominal; emprego de pronomes; flexão verbal e nominal; uso de tempos e modos verbais; grafia e acentuação.

DISSERTAÇÃO EXPOSITIVA E ARGUMENTATIVA

Banca Cesgranrio

A Redação será avaliada conforme os critérios a seguir:

- adequação ao tema proposto;
- adequação ao tipo de texto solicitado;
- emprego apropriado de mecanismos de coesão (referenciação, sequenciação e demarcação das partes do texto);
- capacidade de selecionar, organizar e relacionar de forma coerente argumentos pertinentes ao tema proposto; e
- pleno domínio da modalidade escrita da norma-padrão (adequação vocabular, ortografia, morfologia, sintaxe de concordância, de regência e de colocação).

Banca Vunesp

Na avaliação da Prova Dissertativa (Parte II), serão considerados os critérios a seguir:

- **Tema:** considera-se se o texto do candidato atende ao tema proposto. A fuga completa ao tema proposto é motivo suficiente para que a redação não seja corrigida em qualquer outro de seus aspectos, recebendo nota 0 (zero);
- **Estrutura (gênero/tipo de texto e coerência):** consideram-se aqui, conjuntamente, os aspectos referentes ao gênero/tipo de texto proposto e à coerência das ideias. A fuga completa ao gênero/tipo de texto é motivo suficiente para que a redação não seja corrigida em qualquer outro de seus aspectos, recebendo nota 0 (zero). Avalia-se aqui como o candidato sustenta sua tese em termos argumentativos e como essa argumentação está organizada, considerando-se a macroestrutura do texto dissertativo (introdução, desenvolvimento e conclusão). No gênero/tipo de texto, avalia-se também o tipo de interlocução construída: por se tratar de uma dissertação, deve-se prezar pela objetividade, sendo assim, o uso de primeira pessoa do singular e de segunda pessoa (singular e plural) poderá ser penalizado. Será considerado aspecto negativo a referência direta à situação imediata de produção textual (ex.: como afirma o autor do primeiro texto/da coletânea/do texto I; como solicitado nesta prova/proposta de redação). Na coerência, será observada, além da pertinência dos argumentos mobilizados para a defesa do ponto de vista, a capacidade do candidato de encadear as ideias de forma lógica e coerente (progressão textual). Serão considerados aspectos negativos a presença de contradições entre as ideias, a falta de partes da macroestrutura dissertativa, a falta de desenvolvimento das ideias ou a presença de conclusões não decorrentes do que foi previamente exposto;
- **Expressão (coesão e modalidade):** consideram-se neste item os aspectos referentes à coesão textual e ao domínio da norma-padrão da língua portuguesa. Na coesão, avalia-se a utilização dos recursos coesivos da língua (anáforas, catáforas, substituições, conjunções etc.) de modo a tornar a relação entre frases e períodos e entre os parágrafos do texto mais clara e precisa. Serão considerados aspectos negativos as quebras entre frases ou parágrafos e o emprego inadequado de recursos coesivos. Na modalidade, serão examinados os aspectos gramaticais como ortografia, morfologia, sintaxe e pontuação, bem como a escolha lexical (precisão vocabular) e o grau de formalidade/informalidade expressa em palavras e expressões.

Banca IBFC

Para o desenvolvimento da Redação, o candidato deverá redigir, observando os critérios de correção estabelecidos no quadro abaixo:

Critérios de Correção

1 Conhecimento do tema (cobertura dos tópicos apresentados: domínio e interrelação entre os conceitos centrais do tema proposto);

2 Habilidade argumentativa (atualização, originalidade e relevância das informações);

3 Sequência lógica e de organização do pensamento (introdução, desenvolvimento e considerações finais);

4 Coerência e Coesão (pontuação, continuidade e progressão de ideias, uso apropriado de articuladores);

5 Morfossintaxe (relação entre as palavras, concordância verbal e nominal, regência verbal e nominal, organização e estruturação dos períodos e orações, emprego dos tempos e modos verbais e colocação de pronome);

6 Acentuação e ortografia.

Banca FGV

Na avaliação da Prova Escrita Discursiva, a redação será corrigida segundo os critérios a seguir:

PARTE 1 – ESTRUTURA TEXTUAL GLOBAL

(A) ABORDAGEM DO TEMA

Considera a capacidade de o candidato selecionar argumentos convenientes, dentro do perfil esperado, assim como a boa seleção desses argumentos.

(B) PROGRESSÃO TEXTUAL

Considera a capacidade de o candidato mostrar coesão e coerência entre os parágrafos componentes do texto por ele redigido, assim como a distribuição do tema por uma evolução adequada de suas partes.

PARTE 2 – CORREÇÃO GRAMATICAL

A correção gramatical será considerada sob o aspecto da melhor expressão escrita do ponto de vista comunicativo, ou seja, de sua adequação à situação comunicativa.

(A) SELEÇÃO VOCABULAR

Considera problemas de inadequação vocabular, troca entre parônimos, emprego de palavras gerais por específicas, emprego de vocábulos de variação linguística inadequada, marcas de oralidade.

(B) NORMA CULTA

Considera problemas gerais de construção frasal do ponto de vista comunicativo.

MATEMÁTICA FINANCEIRA

1 PORCENTAGEM E REGIMES DE CAPITALIZAÇÃO

1.1 Porcentagem

A expressão por cento vem do latim per centum, que significa por cento.

Toda a razão que tem para consequente o número 100 denomina-se **razão centesimal**. Alguns exemplos:

$$\frac{2}{100}, \frac{15}{100}, \frac{25}{100}$$

Podemos representar uma razão centesimal de outras formas:

2/100 = 0,02 = 2% (lê-se "dois por cento")
15/100 = 0,15 = 15% (lê-se "quinze por cento")
25/100 = 0,25 = 25% (lê-se "vinte e cinco por cento")

As expressões 2%, 15% e 25% são chamadas **taxas centesimais** ou **taxas percentuais**.

Porcentagem é o valor obtido ao aplicarmos uma taxa percentual a um determinado valor.

Ex.:
Calcular 10% de 300.

$$\frac{25}{100} \cdot 200 = \frac{5000}{100} = 50$$

Calcular 25% de 200.

$$\frac{10}{100} \cdot 300 = \frac{3000}{100} = 30$$

Obs.: a Matemática Financeira está dividida em dois grandes "blocos", os quais chamamos de Regime de Juros Simples e Regime de Juros Compostos.

1.2 Juros Simples

No regime de juros simples, os juros são calculados a cada período, sempre tomando como base de cálculo o capital inicial empregado, não incidindo, portanto, juros sobre os juros acumulados em períodos anteriores, ou seja, não existindo a capitalização dos juros. Apenas o principal é que rende juros.

Fórmulas:

$M = C + J$

$J = C \cdot i \cdot t$

$M = C(1 + i \cdot t)$

Legenda:

M: Montante

C: Capital

J: Juros

i: taxa

t: tempo

Para tornar mais claro o conceito de juros simples, vejamos o seguinte exemplo:

Ex.: No tempo "0" (data focal) foi aplicado um capital de R$ 100,00, no regime dos juros simples, em uma determinada instituição financeira. Hipoteticamente a rentabilidade oferecida foi de 10% a.m. Vejamos, no esquema do fluxo de caixa a seguir, a evolução deste capital:

i = 10% a.m.

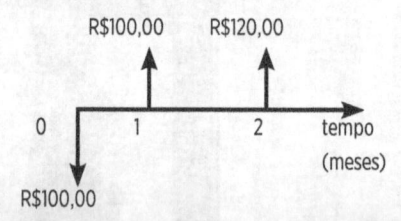

1º mês	2º mês
$J = C \cdot i \cdot t$	$J = C \cdot i \cdot t$
$J = 100 \cdot 0,1 \cdot 1$	$J = 100 \cdot 0,1 \cdot 1$
$J = 10$	$J = 10$
$M = C + J$	$M = C + J$
$M = 100 + 10$	$M = 110 + 10$
$M = 110$	$M = 120$

Convém observar que os Juros produzidos em cada período correspondem sempre a um valor constante, porque a taxa de juros simples incide sempre sobre o Capital inicial (R$ 100,00).

Fique ligado

Nas questões de juros, as taxas de juros e os tempos devem estar expressos pela mesma unidade.

1.3 Juros Compostos

No regime de capitalização composta, os juros relativos a cada período são calculados tomando-se como base o saldo do período imediatamente anterior. Este saldo, por sua vez, já é resultante da incorporação de juros determinados com base no intervalo de tempo a que se refere o período de capitalização, formando um novo montante sobre o qual, então, os juros serão calculados e assim por diante.

Fórmulas:

$M = C + J$

$M = C(1 + i)^t$

Legenda:

M: Montante

C: Capital

J: Juros

i: taxa

t: tempo

Para tornar mais claro o conceito de juros compostos, vejamos o seguinte exemplo:

Ex.: No tempo "0" (data focal) foi aplicado um capital de R$ 100,00, no regime dos juros compostos, em uma determinada instituição financeira. Hipoteticamente a rentabilidade oferecida foi de 10% a.m. Vejamos, no esquema do fluxo de caixa a seguir, a evolução deste capital:

i = 10% a.m.

MATEMÁTICA FINANCEIRA

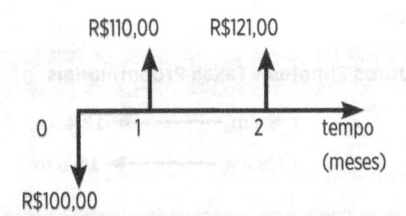

1º mês	2º mês
J = C·i·t	J = C·i·t
J = 100 · 0,1 · 1	J = 110 · 0,1 · 1
J = 10	J = 11
M = C + J	M = C + J
M = 100 + 10	M = 110 + 11
M = 110	M = 121

Comparação entre regime de juros simples e regime de juros compostos

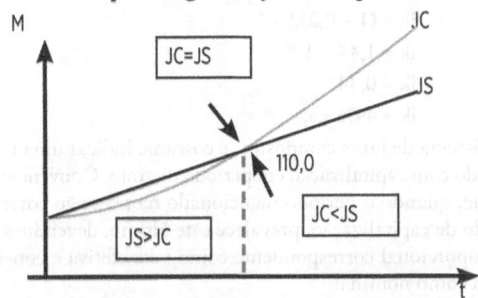

Ao analisar o gráfico acima, podemos concluir:
- Sempre que o prazo da operação for **menor** do que a unidade de tempo da taxa (pagamento quinzenal com taxa de juros mensal), o valor dos juros calculado por **juros simples** resultará em um valor **maior**; e
- Quando o prazo for **maior** do que a unidade de tempo da taxa, os juros calculados pelo regime de **juros compostos** resultarão em um valor **maior**.

Conclusão

Se t = 1, então JC = JS
Se t < 1, então JC < JS
Se t > 1, então JC > JS

Observação: Juro exato e juro comercial

Juro exato: é calculado pelo número de dias entre duas datas do calendário.

Juro comercial: consideram-se todos os meses com 30 dias, e o ano, com 360 dias.

1.4 Convenção Linear e Convenção Exponencial

Convenção linear: o capital é aplicado a juros compostos incidindo no período inteiro da capitalização e, a seguir, a juros simples na parte fracionária.

Convenção exponencial: o capital é aplicado a juros compostos todo o período.

Ex.: Um capital de R$ 5.000,00 é aplicado em 2 meses e 15 dias, a uma taxa de 3% a.m. Usando a convenção linear e exponencial, calcule os montantes:

Dados:
C = R$ 5000,00
t = 2 meses e 15 dias
i = 3% a.m.
M = ?

Cálculo pela convenção linear:

1º Passo:	2º Passo:
Dados:	Dados:
C = R$ 5000,00	C = R$ 5304,5
t = 2 meses	t = 15 dias = 1/2 mês
i = 3% a.m.	i = 3% a.m.
M = ?	M = ?
$M = C(1+i)^t$	$M = C(1+i \cdot t)$
$M = 5000 \cdot (1,03)^2$	$M = 5304,5 \cdot (1+0,03 \cdot 1/2)$
M = 5304,5	M @ 5384,07

Cálculo pela convenção exponencial

Dados:
C = R$ 5000,00
t = 2 meses e 15 dias = 2,5 meses
i = 3% a.m.
M = ?

$M = C(1+i)^t$
$M = 5000 \cdot (1,03)^{2,5}$
M @ 5383,48

TAXAS DE JUROS

2 TAXAS DE JUROS

O juro nada mais é do que um coeficiente denominado taxa. Temos duas taxas que são habitualmente utilizadas, a Taxa Unitária e a Taxa Percentual.

Observe o quadro comparativo a seguir:

Taxa percentual	Taxa Unitária
20% a.a.	0,20
5% a.a.	0,05
19% a.a.	0,19

Vejamos agora os tipos de taxas:

2.1 Taxas Proporcionais

Produzem os mesmos juros quando aplicadas no mesmo prazo a juros simples.

Ex.: 6 % ao semestre
Taxa proporcional mensal: 6% ÷ 6 = 1 %
Taxa proporcional anual: 6% . 2 = 12 %

2.2 Taxa Efetiva

É expressa na unidade de tempo que é capitalizada. Representa a verdadeira taxa cobrada.

Ex.: 2% ao mês com capitalização mensal.

Obs.: podemos abreviar as taxas efetivas, omitindo a sua capitalização.

Ex.: 2% ao mês com capitalização mensal = 2% ao mês.

2.3 Taxa Nominal

É expressa em uma unidade de tempo diferente do prazo em que é capitalizada.

Ex.: 12% ao ano capitalizado trimestralmente

Conversão da taxa nominal em taxa efetiva

A conversão da taxa nominal em taxa efetiva é feita ajustando-se o valor da taxa nominal proporcionalmente ao período da capitalização.

Exs.:

| 24% a.a., cap. mensal | → | 2% a.m. |
| tx nominal | | tx efetiva |

| 12% a.a., cap. trim | → | 3% a.t. |
| tx nominal | | tx efetiva |

| 18% a.a., cap. bim | → | 6% a.b. |
| tx nominal | | tx efetiva |

2.4 Taxas Equivalentes

São aquelas que, aplicadas ao mesmo principal durante o mesmo prazo, no regime de JUROS COMPOSTOS, produzem os mesmos montantes.

Obs.: No regime de juros simples, taxas proporcionais serão sempre equivalentes.

Fórmulas:
$i_k = (1 + i)^t - 1$
$i = \sqrt[t]{i_k + 1} - 1$

Legenda:
ik: taxa do período maior
i: taxa do período menor
t: quantidade de períodos

Observações:

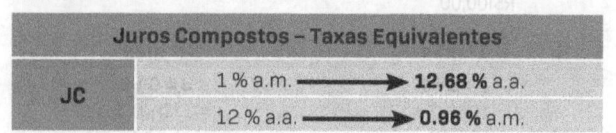

Juros Simples – Taxas Proporcionais

| JS | 1 % a.m. → 12% a.a. |
| | 12 % a.a. → 1% a.m. |

Juros Compostos – Taxas Equivalentes

| JC | 1 % a.m. → 12,68 % a.a. |
| | 12 % a.a. → 0,96 % a.m. |

Ex.: Qual a taxa anual de juros compostos equivalente à taxa composta de 20% a.s?

ik = ? % a.a.
i = 20 % a.s.
t = 2
ik = (1 + i)t - 1
ik = (1 + 0,2)2 – 1
ik = 1,44 – 1
ik = 0,44
ik = 44% a.a.

No sistema de juros compostos, é costume indicar uma taxa para um período com capitalização em período distinto. Convencionou-se, então, que, quando o período mencionado na taxa não corresponde ao período de capitalização, prevalece este último, devendo-se tomar a taxa proporcional correspondente como taxa efetiva e considerar a taxa dada como nominal.

2.5 Taxa Média (im)

Suponhamos os capitais C1; C2; C3; ... ; Cn aplicados, respectivamente, às taxas i1; i2; i3; ... ; in pelos prazos t1; t2; t3; ... ; tn. Denominamos de taxa média a média aritmética ponderada das taxas das aplicações, tendo como fatores de ponderação os capitais e os prazos.

$$i_m = \frac{C_1 \cdot i_1 \cdot t_1 + C_2 \cdot i_2 \cdot t_2 + \ldots C_n \cdot i_n \cdot t_n}{C_1 \cdot t_1 + C_2 \cdot t_2 + C_n \cdot t_n}$$

2.6 Prazo Médio (tm)

Para calcular o prazo médio, observam-se os quatro casos a seguir:

1º Caso: Capitais e taxas iguais.

Nesse caso, o prazo médio é calculado pela média aritmética dos prazos dados.

2º Caso: Capitais diferentes e taxas iguais.

Nesse caso, o prazo médio é calculado pela média aritmética ponderada dos prazos pelos capitais.

3º Caso: Capitais iguais e taxas diferentes.

Nesse caso, o prazo médio é calculado da mesma forma que do caso anterior.

4º Caso: Capitais e taxas diferentes.

Nesse caso, o prazo médio é calculado pela soma dos produtos dos capitais pelo tempo de aplicação e pela sua respectiva taxa dividida pela soma dos produtos do capital por essa referida taxa de aplicação.

2.7 Saldo Médio (Sm)

Suponhamos que temos os saldos S1; S2; S3 durante os prazos t1; t2; t3.

O saldo médio é dado por:

$$S_m = \frac{S_1 t_1 + S_2 t_2 + S_3 t_3}{t_1 + t_2 + t_3}$$

2.8 Taxa Real e Aparente

A inflação provoca sérias consequências nas operações financeiras, como a ilusão monetária de rentabilidade.

Em um contexto inflacionário, a taxa de juros, que é aquela praticada nos contratos, é formada por uma taxa real de juros e por uma taxa de inflação.

Para termos o ganho real de uma operação financeira, devemos calcular a taxa de juros real, usando a expressão:

$$i > r + if$$

Legenda:

i: taxa aparente (nominal)

r: taxa real

if: taxa de inflação

Taxa real: é a taxa efetiva depois de expurgarmos os efeitos da taxa inflacionária.

Taxa aparente: é a taxa em que não foram eliminados os efeitos inflacionários.

Fique ligado

$i > r + if$

A taxa aparente será sempre maior que a soma da taxa real com a taxa inflacionária. Sem inflação, a taxa real e a taxa aparente serão iguais.

Ex.: Certo capital foi aplicado por um ano à taxa de juros de 6,59% a.a. Se, no mesmo período, a inflação foi de 4,5%, qual a taxa real de juros ao ano dessa aplicação?

Dados:

i = 6,59%

if = 4,5%

r = ?

(1+i) = (1+r) . (1+if)

(1+0,0659) = (1+r) . (1+0,045)

1,0659 = (1+r) . (1,045)

1,0659 / 1,045 = 1+r

1,02 = 1+r

1,02 − 1 = r

r = 0,02 = 2%

Portanto, a taxa real de juros foi de 2%.

Ex.: Em um investimento é desejado um rendimento real de 12%. Sabe-se que a inflação projetada para o período é de 6%. Qual deve ser a taxa aparente desse investimento?

Dados:

i = ? %

if = 6%

r = 12%

(1+i) = (1+r) . (1+if)

(1+i) = (1+0,12) . (1+0,06)

(1+i) = (1,12) . (1,06)

(1+i) = 1,1872

i = 1,1872 − 1

i = 0,1872

i = 18,72%

3 DESCONTOS

3.1 Desconto Simples

Conceitualmente, **desconto** é o abatimento que se faz em um título ou uma dívida quando eles são pagos antes do seu vencimento.

Os títulos de crédito mais conhecidos são: **Duplicatas, Letras de Câmbio e Nota Promissória.**

Portanto, Desconto é a diferença entre o Valor Nominal (Bruto) e o Valor Atual (Líquido) de um título de crédito que será resgatado antes do seu vencimento.

$$D = N - A$$

Legenda:
D: Desconto
N: Valor Nominal (Bruto)
A: Valor Atual (Líquido)

Tipos de Descontos

Desconto comercial, bancário ou "por fora"

Incide sobre o valor **nominal** de um título de crédito.

$$D_c = n \cdot i \cdot t$$

Desconto racional ou "por dentro"

Incide sobre o valor **atual** de um título de crédito.

$$D_r = A \cdot i \cdot t$$

Obs.: também denominado de desconto verdadeiro.
Legenda:
D_c: Desconto Comercial
D_r: Desconto Racional
A: Valor Atual
N: Valor Nominal
i: taxa de juro
t: prazo (tempo)

> **Fique ligado**
> O Desconto Comercial é sempre maior que o Desconto Racional.

Ex.: Um título, cujo valor de face é R$ 7.000,00, foi descontado 60 dias antes de seu vencimento, por meio de uma operação de desconto bancário simples, à taxa de desconto de 10% ao mês. Qual o valor atual do título?

Dados:
Valor Nominal (N) = R$ 7.000,00
Tempo (t) = 60 dias = 2 meses
Taxa (i) = 10% a.m.
Valor Atual (A) = ?
Desconto (D) = ?
$D = N \cdot i \cdot t$
$D = 7000 \cdot 0,1 \cdot 2$
$D = 1400$
Logo, como $D = N - A$
$A = N - D$
$A = 7000 - 1400$
$A = 5600$
Portanto, o Valor Atual (A) é de R$ 5.600,00.

3.2 Desconto Composto

O conceito de desconto no regime composto é o mesmo do estabelecido no regime simples, ou seja, o desconto compreende uma dedução do valor nominal de um título quando este é pago antecipadamente.

$$D = N - A$$

Legenda:
D: Desconto
N: Valor Nominal (Bruto)
A: Valor Atual (Líquido)

Tipos de Descontos

Desconto comercial, bancário ou "por fora"

Caracteriza-se pela incidência sucessiva da taxa de desconto sobre o valor nominal do título.

$$A = N(1 - i)^t$$

Desconto racional ou "por dentro"

É aquele estabelecido segundo as conhecidas relações do regime de juros compostos.

$$A = \frac{N}{(1 + i)^t}$$

Ex.: Considere um título cujo valor nominal seja de R$ 10.000,00. Calcule o desconto racional composto a ser concedido de um título resgatado 2 meses antes da data de vencimento, a uma taxa de desconto de 10% a.m.

Dados:
Valor Nominal (N) = R$ 10.000,00
Tempo (t) = 2 meses
Taxa (i) = 10% a.m
Desconto Racional Composto (Dr) = ?
$A = N / (1+i)^t$
$A = 10.000 / (1+0,1)^2$
$A = 10.000 / (1,1)^2$
$A = 10.000 / 1,21$
$A = 8264,46$
Logo, como $D = N - A$
$D = 10.000 - 8264,46$
$D = 1735,54$

Quadro resumo das relações entre a taxa de juro e a taxa do desconto comercial

Desconto Simples
Relações entre a taxa de juros e a taxa do desconto comercial
$i = \dfrac{i_c}{(1 - i_c \cdot t)}$

MATEMÁTICA FINANCEIRA

Desconto Simples
Taxa de juro efetiva
$i_f = \dfrac{D_c}{A \cdot t}$

Desconto Composto
Equivalência entre as taxas dos Dc e Dr
$i_r = \dfrac{i_c}{1 - i_c}$ $i_c = 1 - \dfrac{1}{1 + i_r}$

Legenda:

D: Desconto
A: Valor Atual
N: Valor Nominal
Dc: Desconto comercial
Dr: Desconto racional
i: taxa de juros
if: taxa de juros efetiva
ic: taxa do desconto comercial
ir: taxa do desconto racional
t: tempo

EQUIVALÊNCIA DE CAPITAIS

4 EQUIVALÊNCIA DE CAPITAIS

4.1 Fluxo de Caixa

Ao analisarmos um investimento, precisamos identificar a quantidade de valores investidos e o retorno que tivemos deste investimento. Tudo isso ocorre em diferentes datas. A essas entradas e saídas de valores damos o nome de fluxo de caixa. Podemos fazer a representação do fluxo de caixa de duas maneiras: gráfico ou tabela.

Gráfico: permite uma rápida visualização:

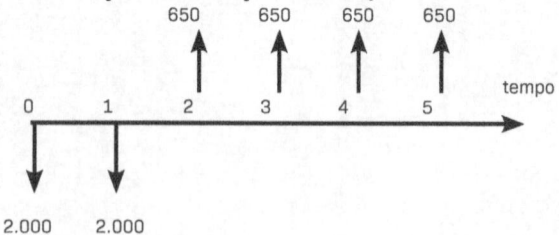

A linha horizontal representa o tempo. As setas para baixo são os valores investidos, ou seja, as saídas. As setas para cima são os retornos do investimento ou as entradas.

Tabela 1:

Mês	Operação	Valor
0	Aplicação	R$ -2.000,00
1	Aplicação	R$ -2.000,00
2	Resgate	R$ 650,00
3	Resgate	R$ 650,00
4	Resgate	R$ 650,00
5	Resgate	R$ 650,00
6	Resgate	R$ 650,00

Valores negativos: são as saídas.
Valores positivos: são as entradas.

Tabela 2:

Período	Valores (R$)
0	20.000,00
1	(4.000,00)
2	30.000,00
2	(2.000,00)
3	(800,00)

Obs.: os valores colocados entre parênteses representam as saídas no fluxo de caixa.

Representação da situação da tabela anterior:

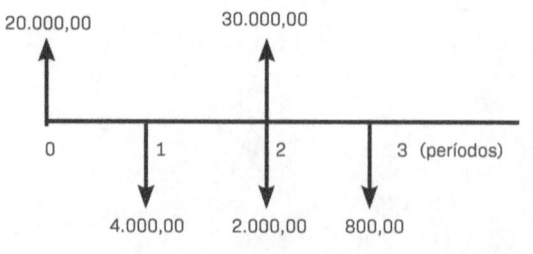

Data focal: a data para onde serão "transportados" os valores de entrada e saída de capital, com o objetivo de uma avaliação, é chamada de data focal. É também conhecida como data de avaliação ou data de referência.

Vejamos um exemplo para esclarecer este "transporte" dos valores:

Ex.: Uma loja possui dois títulos, com as seguintes características:

1º Título: valor nominal de R$ 1.100,00, que vencerá daqui a 1 ano, a uma taxa de juros simples de 10% a.a.

2º Título: valor nominal de R$ 1.200,00, que vencerá em 2 anos, a uma taxa de juros simples de 10% a.a.

Vamos mostrar que existe uma equivalência desses títulos na data focal zero.

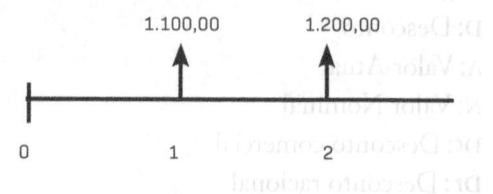

Vejamos, agora, o "transporte" destes títulos para a data focal zero.

1º Título:
Montante (M): R$ 1.100,00
Capital (C): ?
Prazo (t) = 1
Taxa (i) = 10% a.a.
Logo, teremos:
$M = C(1+i \cdot t)$
$1100 = C(1+0,1 \cdot 1)$
$1100 = C(1,1)$
$1100/1,1 = C$
$C = 1.000,00$

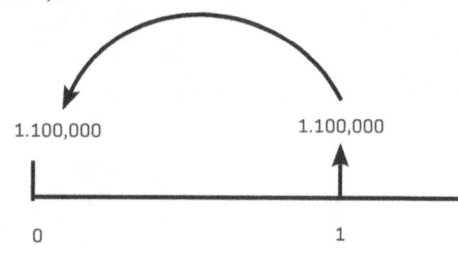

2º Título:
Montante (M): R$ 1.200,00
Capital (C): ?
Prazo (t) = 2
Taxa (i) = 10% a.a.
Logo, teremos:
$M = C(1+i \cdot t)$
$1200 = C(1+0,1 \cdot 2)$
$1200 = C(1,2)$
$1200/1,2 = C$
$C = 1.000,00$

MATEMÁTICA FINANCEIRA

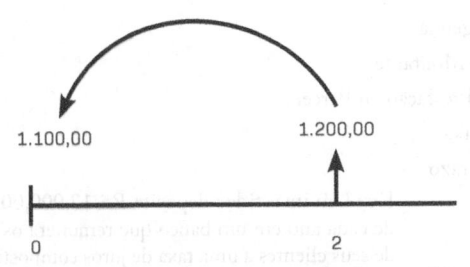

```
         1.100,00        1.200,00
            |               ↑
            |               |
    ────────┼───────────────┼──────
            0               2
```

Conclusão: na data focal zero, os dois títulos descontados à mesma taxa são equivalentes.

4.2 Equivalência Financeira (ou de Capitais)

Em algumas operações financeiras, torna-se necessário antecipar ou prorrogar o recebimento ou o pagamento de um título, ou mesmo substituir vários por um único título conforme a necessidade.

Essas operações estão relacionadas à equivalência de valores diferentes referidos a datas diferentes. Porém, ao "transportarmos" para uma data "n" comum a todos, estaremos trabalhando com a equivalência de capitais.

A data "n", para onde são transportados os valores de entrada e saída, é chamada de data focal.

Equivalência de Capitais a Juros Simples

- Para avançar um valor para o futuro multiplicamos por $(1+ i.t)$.
- Para retroceder um valor para o presente dividimos por $(1+ i.t)$.

Ex.: um comerciante tem os seguintes compromissos a pagar:
R$ 3.000,00 daqui a 4 meses; e
R$ 4.600,00 daqui a 9 meses.

O comerciante propõe trocar esses débitos por um pagamento igual, para daqui a 6 meses. Considerando a taxa de juros simples de 5% a.m. e a data focal no 6º mês, calcular o valor do pagamento.

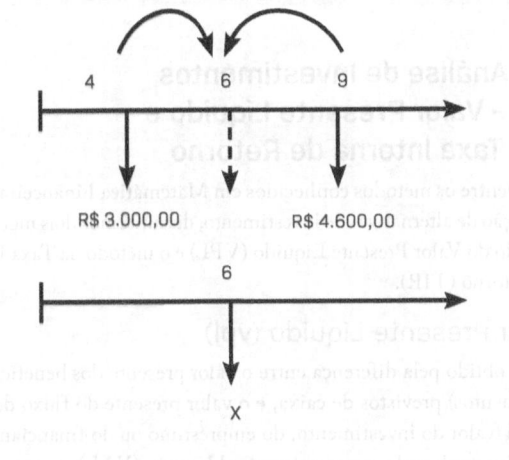

```
        4       6       9
   ─────┼───────┼───────┼─────
        ↓       ↓       ↓
   R$ 3.000,00  X   R$ 4.600,00
                6
                X
```

$$X = 3000 \cdot (1+i \cdot t) + \frac{4600}{(1 - i \cdot t)}$$

$$X = 3000 \cdot (1+0,05 \cdot 2) + \frac{4600}{(1 + 0,05 \cdot 3)}$$

$$X = 3000 \cdot (1,1) + \frac{4600}{(1,15)}$$

$X = 3300 + 4000$

$X = 7300$

Equivalência de capitais a juros compostos

- Para avançar um valor para o futuro multiplicamos por $(1+ i)t$.
- Para retroceder um valor para o presente dividimos por $(1+ i)t$.

Ex.: Uma dívida é composta de duas parcelas de R$ 2.000,00 cada, com vencimentos daqui a 1 e 4 meses. Desejando-se substituir essas parcelas por um pagamento único daqui a 3 meses, se a taxa de juros é 2% ao mês, o valor desse pagamento único é:

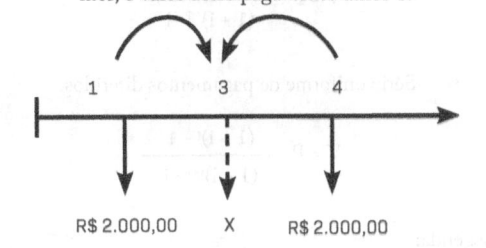

```
        1       3       4
   ─────┼───────┼───────┼─────
        ↓       ↓       ↓
   R$ 2.000,00  X   R$ 2.000,00
```

$$X = 2.000,00 \, (1+i)t + \frac{2.000,00}{(1 + i)^t}$$

$$X = 2.000,00 \, (1+0,02)2 + \frac{2.000,00}{(1 + 0,02)^1}$$

$X = 2.080,80 + 1.960,78$
$X = 4.041,58$

4.3 Série Uniforme de Pagamentos

Pretendendo constituir um capital, deposita-se periodicamente certo valor em um banco. É o que denominamos capitalização. Por outro lado, pagando periodicamente certo valor, podemos também resgatar uma dívida. É o que denominamos de amortização.

Depósitos ⟶ Capitalização
Pagamentos ⟶ Amortização

Classificação das Séries Uniformes

Quanto ao prazo (número de prestações)
- Temporária ou Finita: quando ocorrem em um determinado período de tempo.
- Infinita ou Perpetuidade: quando os pagamentos ou recebimentos duram infinitamente.

Quanto ao valor dos recebimentos ou pagamentos
- Constante ou uniforme: com todos os pagamentos ou recebimentos com valores iguais.
- Variável ou não uniforme: quando os pagamentos ou recebimentos não são de valores iguais.

Quanto à forma
- Antecipadas: pagamentos efetuados no início de cada período (no ato do negócio).
- Postecipadas ou imediatas: pagamentos efetuados no final de cada período (um período após a negociação do negócio).
- Diferida: quando houver carência para o pagamento da primeira anuidade.

Quanto à periodicidade
- Periódica: quando todos os intervalos entre os pagamentos ou recebimentos são iguais.
- Não periódica: quando os intervalos não são iguais entre as parcelas.

EQUIVALÊNCIA DE CAPITAIS

- Série uniforme de pagamentos antecipados:

$$V = P \, \frac{(1+i)^t - 1}{(1+i)^{t-1} \cdot i}$$

- Série uniforme de pagamentos postecipados ou imediatos:

$$V = P \, \frac{(1+i)^t - 1}{(1+i)^{t-1} \cdot i}$$

- Série uniforme de pagamentos diferidos:

$$V = P \, \frac{(1+i)^t - 1}{(1+i)^{t+m} \cdot i}$$

Legenda:

V: Valor Financiado

P: Prestação ou Parcela

i: taxa

t: prazo

m: carência

Ex.: Uma pessoa faz uma compra financiada em 12 prestações mensais e iguais de R$ 210,00. Obtenha o valor financiado, a uma taxa de juros compostos de 4% ao mês, considerando que o financiamento equivale a uma anuidade e que a primeira prestação vence um mês depois de efetuada a compra.

Considere que $(1,04)^{12} = 1,6$

Dados:

Prestação (P): R$ 210,00

Prazo (t): 12 meses

Taxa (i): 4% a.m.

Valor Financiado (F): ?

$$V = 210 \cdot \frac{(1+0,04)^{12} - 1}{(1+0,04)^{12} \cdot 0,04}$$

$$V = 210 \cdot \frac{(1,04)^{12} - 1}{(1,04)^{12} \cdot 0,04}$$

$$V = 210 \cdot \frac{1,6 - 1}{1,06 \cdot 0,04}$$

$$V = 210 \cdot \frac{0,6}{0,064}$$

V = 210 . 9,375

V = 1.968,75

Portanto, o Valor Financiado (F) é de R$ 1.968,75.

4.4 Capitalização

O montante de uma renda unitária e temporária é a soma dos montantes de cada termo, constituído durante o tempo decorrido do seu vencimento ao vencimento do último termo. Portanto, tanto para as séries antecipadas como para as séries postecipadas ou diferidas, vale a seguinte relação:

$$M = P \, \frac{(1+i)^t - 1}{i}$$

Legenda:

M: Montante

P: Prestação ou Parcela

i: taxa

t: prazo

Ex.: Um investidor deposita R$ 12.000,00 no início de cada ano em um banco que remunera os depósitos de seus clientes a uma taxa de juros compostos de 10% ao ano. Quando ele realizar o quarto depósito, qual é o valor da soma dos montantes referentes aos depósitos realizados?

Dados:

Valor da Parcela (P) = R$ 12.000,00

Taxa de juros (i) = 10% a.a.

Prazo (t) = 4 anos

Montante (M) = ?

M = P . [(1+i)t – 1] / . i

M = 12.000 [(1+0,1)4 – 1] / 0,1

M = 12.000 [(1,1)4 – 1] / 0,1

M = 12.000 [1,4641 – 1] / 0,1

M = 12.000 [0,4641] / 0,1

M = 12.000 / . i 4,641

M = 55.692

Portanto, após o quarto depósito, o valor da soma dos Montantes será de R$ 55.692,00.

> **Fique ligado**
>
> Quando depositamos, periodicamente, certa quantia em um banco é o que chamamos de capitalização. Por outro lado, quando pagamos, periodicamente, certa quantia em um banco é o que chamamos de Amortização.

4.5 Análise de Investimentos - Valor Presente Líquido e Taxa Interna de Retorno

Dentre os métodos conhecidos em Matemática Financeira para a avaliação de alternativas de investimento, discutiremos dois métodos: o método do Valor Presente Líquido (VPL) e o método da Taxa Interna de Retorno (TIR).

Valor Presente Líquido (vpl)

É obtido pela diferença entre o valor presente dos benefícios (ou pagamentos) previstos de caixa, e o valor presente do fluxo de caixa inicial (valor do investimento, do empréstimo ou do financiamento); também conhecido como valor atual líquido (VAL) ou método do valor atual.

Fórmula Algébrica do VPL

$$VLP = -P \, \frac{R^1}{(1+i)^1} + \frac{R^2}{(1+i)^2} + \ldots + \frac{R_n}{(1+i)^n}$$

Em que:

R: representa o valor de entrada (ou saída) de caixa previsto para todo intervalo de tempo;

P: fluxo de caixa verificado no momento zero (momento inicial), podendo ser um investimento, empréstimo ou financiamento;

n: período de tempo; e

i: taxa de juros (real)

Método do VPL	
VPL > 0	Investimento Viável
VPL = 0	Indiferente
VPL < 0	Investimento Inviável

Obs.: Quando se busca decidir entre duas ou mais alternativas de investimento, deve-se dar preferência àquela que apresenta o maior VPL.

Ex.: Uma empresa pretende investir R$ 600.000,00 para ampliação do seu parque industrial. Com o aumento da capacidade de produção, o fluxo de caixa anual será de R$ 200.000,00 por ano durante 3 anos, a uma taxa real anual de 2,7%. Esse projeto será viável ou não?

$$VLP = -P \frac{R^1}{(1+i)^1} + \frac{R^2}{(1+i)^2} + \cdots + \frac{R_n}{(1+i)^n}$$

$$VLP = -600.000 + \frac{200.000}{(1+0,027)^1} + \frac{200.000}{(1+0,027)^2} + \frac{200.000}{(1+0,027)^3}$$

VPL = R$ 31.012,36

VPL > 0, logo o projeto é viável.

Taxa Interna de Retorno (tir)

É a taxa necessária para igualar o valor de um investimento (valor presente) com os seus respectivos retornos futuros ou saldos de caixa. Isto é, a TIR de um fluxo de caixa da operação é a taxa real de juros da operação financeira. Ao ser usada para a análise de investimentos, significa a taxa de retorno de um projeto.

$$VLP = -P \frac{R^1}{(1+i)^1} + \frac{R^2}{(1+i)^2} + \cdots + \frac{R_n}{(1+i)^n}$$

Se VPL = 0, então i será a Taxa Interna de Retorno (TIR).

PLANOS OU SISTEMAS DE AMORTIZAÇÃO DE EMPRÉSTIMOS E FINANCIAMENTOS

5 PLANOS OU SISTEMAS DE AMORTIZAÇÃO DE EMPRÉSTIMOS E FINANCIAMENTOS

Representamos, com a seguinte fórmula, a Amortização (A) e o Juro (J) que estão compondo a Prestação (P).

$$P = A + J$$

▷ Os principais sistemas de amortização são: Sistema de Amortização Constante (SAC), Sistema Francês (PRICE) e o Sistema Americano de Amortização (SAA).

Existem alguns termos que são usados no meio econômico/financeiro em relação à amortização, que devem ser conhecidos. São eles:

Credor ou mutuante: é a pessoa que mutua, ou seja, que cede o empréstimo.

Devedor ou mutuário: é aquele que recebe alguma coisa por empréstimo.

IOF: Imposto sobre Operações Financeiras.

Período de carência: corresponde ao período compreendido entre o prazo de utilização e o pagamento da primeira amortização.

Prazo de amortização: é o intervalo de tempo durante o qual são pagas as amortizações.

Parcelas de amortização: correspondem às parcelas de devolução do principal.

Prestação: é a soma da amortização, acrescida de juros e encargos.

5.1 Sistema de Amortização Constante (Sac)

No SAC, a parcela da amortização em cada prestação é constante e os juros serão calculados sobre o saldo devedor.

Ex.: Uma instituição faz um empréstimo de R$ 3.000,00 para ser quitado pelo SAC em 5 prestações mensais, à taxa de 1% a.m. Construa o quadro de amortização.

Período (n)	Prestação (P)	Juros (J)	Amortização (A)	Saldo Devedor (SD)
0	-	-	-	3.000,00
1	630,00	30,00	600,00	2.400,00
2	624,00	24,00	600,00	1.800,00
3	618,00	18,00	600,00	1.200,00
4	612,00	12,00	600,00	600,00
5	606,00	6,00	600,00	-

Fique ligado

SAC:
> As Prestações são decrescentes.
> A Amortização é constante.
> Os Juros diminuem a cada período (P.A.)

Fórmulas:

$$A = \frac{S_D}{n}$$

$$A = 3000/5 = 600$$

$$J1 = SD \cdot i$$

$$J1 = 3000 \cdot 0{,}01 = 30$$

Outras expressões de cálculo do SAC:

$$J = i \cdot M \left[\frac{1 - (t-1)}{n} \right]$$

$$S_D = M \left[1 - \frac{t}{n} \right]$$

Legenda:
J: Juros
M: Montante
SD: Saldo Devedor
P: Prestação
n: parcela
t: a qual parcela está se referindo
i: taxa
A: Amortização

5.2 Sistema de Amortização Francês (Price)

No Sistema de Amortização Francês, as prestações são iguais e periódicas, de modo que, ao efetuar o último pagamento, a dívida estará quitada.

Ex.: Uma pessoa jurídica realiza uma dívida no valor de R$ 6.000,00, que deverá ser amortizada pelo método francês, com 5 prestações mensais, à taxa de 2% a.m. Montar a tabela Price.

Período (n)	Prestação (P)	Juros (J)	Amortização (A)	Saldo Devedor (SD)
0	-	-	-	6.000,00
1	1.272,95	120,00	1.152,95	4.847,05
2	1.272,95	96,94	1.176,01	3.671,04
3	1.272,95	73,42	1.199,53	2.471,51
4	1.272,95	49,43	1.223,52	1.247,99
5	1.272,95	24,96	1.247,99	-

Fique ligado

PRICE:
- As Prestações são constantes.
- Os Juros diminuem a cada período.

MATEMÁTICA FINANCEIRA

Fórmulas:

$$P = M \cdot \frac{(1+i)^n - i}{(1+i)^n - 1}$$

$$P = 6000 \cdot \frac{(1+0,02)^5 \cdot 0,02}{(1+0,02)^5 - 1} = 1272,95$$

$$J_1 = S_D \cdot i$$

$$J1 = 6000 \cdot 0,02 = 120$$

Outras expressões de cálculo do PRICE:

$$A = M \cdot \frac{(1+i)^{t-1} \cdot i}{(1+i)^n - 1}$$

$$S_D = M \cdot \frac{(1+i)^n - (1+i)^t}{(1+i)^n - 1}$$

Legenda:
J: Juros
M: Montante
SD: Saldo Devedor
P: Prestação
n: parcela
t: a qual parcela está se referindo
i: taxa
A: Amortização

Sistema Americano de Amortização (saa)

Neste sistema de amortização, o principal é restituído por meio de uma parcela única ao fim da operação. Os juros podem ser pagos periodicamente (mais comum) ou capitalizados e pagos juntamente com o principal no fim do prazo.

O devedor pode constituir um fundo de amortização do empréstimo (Sinking Fund), no qual deposita periodicamente as quotas de amortização. Essas quotas, por sua vez, devem render juros, de tal modo que, na data de pagamento do principal, o saldo desse fundo de amortização seja igual ao capital a pagar, liquidando, dessa maneira, totalmente o empréstimo.

Se a taxa de aplicação do Sinking Fund for menor que a taxa à qual o financiamento foi contratado (i), o dispêndio total feito pelo devedor em cada período será maior que a prestação calculada no Sistema Price. Isto é, o custo financeiro do Sistema de Amortização Americano será maior que o custo financeiro do Sistema Price.

Ex.: Um financiamento de R$ 1.000,00 é solicitado pelo Sistema Americano de Amortização à taxa de 18% a.m. para retorno em 4 meses. Admitindo a taxa de captação de poupança igual a 15% a.m. no período do financiamento, elaborar planilhas de desembolso nas condições de se considerar: - Sistema Americano sem formação de Fundo de Amortização; e - Sistema Americano com formação de Fundo de Amortização.

a) Sistema Americano sem formação de Fundo de Amortização.

$$J1 = SD \cdot i$$

$$J1 = 1000,00 \cdot 0,18 = 180,00$$

Período (n)	Prestação (P)	Juros (J)	Amortização (A)	Saldo Devedor (S_D)
0	-	-	-	1.000,00
1	180,00	180,00	-	1.000,00
2	180,00	180,00	-	1.000,00
3	180,00	180,00	-	1.000,00
4	1.180,00	180,00	1.000,00	0,00

b) Sistema Americano com formação de Fundo de Amortização.

1º Passo: Cálculo do Fundo de Amortização (Capitalização).

$$P = M \cdot \frac{i}{(1+i)^t - 1}$$

Legenda:
M: Montante
P: Prestação ou Parcela
i: taxa
t: prazo

$$P = 1000 \cdot \frac{0,15}{(1,15)^4 - 1} = 200,26$$

2º Passo: Cálculo do Saldo Devedor.

$$M = P \cdot \frac{(1+i)^t - 1}{i}$$

Legenda:
M: Montante
P: Prestação ou Parcela
i: taxa
t: prazo

Saldo Devedor (SD) após o pagamento da 1ª Parcela:

$$SD_t = M - P \cdot \frac{(1+i)^t - 1}{i}$$

Legenda:
M: Montante
P: Prestação ou Parcela
i : taxa
t: prazo considerado
SD: Saldo Devedor

$$SD_1 = 1000 - 200,26 \cdot \frac{(1,15)^1 - 1}{0,15}$$

$$SD_1 = 1000 - 200,26 = 799,74$$

$$SD_2 = 1000 - 200,26 \cdot \frac{(1,15)^2 - 1}{0,15}$$

PLANOS OU SISTEMAS DE AMORTIZAÇÃO DE EMPRÉSTIMOS E FINANCIAMENTOS

$$SD_2 = 1000 - 430,56 = 569,44$$

$$SD_3 = 1000 - 200,26 \; \frac{(1,15)^3 - 1}{0,15}$$

$$SD_3 = 1000 - 695,41 = 304,59$$

$$SD_4 = 1000 - 200,26 \; \frac{(1,15)^3 - 1}{0,15}$$

$$SD_4 = 1000 - 1000 = 0$$

Período (n)	Prestação (P)	Juros (J)	Amortização (A)	Saldo Devedor (S_D)
0	-	-	-	1.000,00
1	380,26	180,00	200,26	799,74
2	380,26	180,00	200,26	569,44
3	380,26	180,00	200,26	304,59
4	380,26	180,00	200,26	0,00

6 SEQUÊNCIAS NUMÉRICAS

Neste capítulo, conheceremos a formação de uma sequência e também do que trata a P.A. (Progressão Aritmética) e a P.G. (Progressão Geométrica).

6.1 Definições

Sequências: conjunto de elementos organizados de acordo com certo padrão, ou seguindo determinada regra. O conhecimento das sequências é fundamental para a compreensão das progressões.

Progressões: são sequências numéricas com algumas características exclusivas.

Cada elemento das sequências e/ou progressões são denominados termos.

Sequência dos números quadrados perfeitos: (1, 4, 9, 16, 25, 36, 49, 64, 81, 100...).

Sequência dos números primos: (2, 3, 5, 7, 11, 13, 17, 19, 23, 29, 31, 37, 41, 43, 47, 53...).

O que determina a formação na sequência dos números é: $a_n = n^2$.

6.2 Lei de formação de uma sequência

Para determinar uma sequência numérica é preciso uma lei de formação. A lei que define a sequência pode ser a mais variada possível.

A sequência definida pela lei $a_n = n^2 + 1$, com $n \in \mathbb{N}$, cujo a_n é o termo que ocupa a n-ésima posição na sequência é: 0, 2, 5, 10, 17, 26... Por esse motivo, a_n é chamado de termo geral da sequência.

6.3 Progressão aritmética (P.A.)

Progressão aritmética é uma sequência numérica em que cada termo, a partir do segundo, é igual ao anterior adicionado a um número fixo, chamado razão da progressão (r).

Quando r > 0, a progressão aritmética é crescente; quando r < 0, decrescente e quando r = 0, constante ou estacionária.

- (2, 5, 8, 11, ...), temos r = 3. Logo, a P.A. é crescente.
- (20, 18, 16, 14, ...), temos r = -2. Logo, a P.A. é decrescente.
- (5, 5, 5, 5, ...), temos r = 0. Logo, a P.A. é constante.

A representação matemática de uma progressão aritmética é: $(a_1, a_2, a_3, ..., a_n, a_{n+1}, ...)$ na qual:

$$\begin{cases} a_2 = a_1 + r \\ a_3 = a_2 + r \\ a_4 = a_3 + r \\ \vdots \end{cases}$$

Se a razão de uma P.A. é a quantidade que acrescentamos a cada termo para obter o seguinte, podemos dizer que ela é igual à diferença entre qualquer termo, a partir do segundo, e o anterior. Assim, de modo geral, temos:

$$r = a_2 - a_1 = a_3 - a_2 = ... = a_{n+1} - a_n$$

Para encontrar um termo específico, a quantidade de termos ou até mesmo a razão de uma P.A., dispomos de uma relação chamada termo geral de uma P.A.: $a_n = a_1 + (n-1)r$, onde:

- a_n é o termo geral.
- a_1 é o primeiro termo.
- n é o número de termos.
- r é a razão da P.A.

Propriedades:

P_1. Em toda P.A. finita, a soma de dois termos equidistantes dos extremos é igual à soma dos extremos.

```
1    3    5    7    9    11
          5 + 7 = 12
       3 + 9 = 12
     1 + 11 = 12
```

Dois termos são equidistantes quando a distância entre um deles para o primeiro termo da P.A. é igual a distância do outro para o último termo da P.A.

P_2. Uma sequência de três termos é P.A. se o termo médio é igual à média aritmética entre os outros dois, isto é, (a, b, c) é P.A. $\Leftrightarrow b = \dfrac{a + c}{2}$

Seja a P.A. (2, 4, 6), então, $4 = \dfrac{2 + 6}{2}$

P_3. Em uma P.A. com número ímpar de termos, o termo médio é a média aritmética entre os extremos.

$(3, 6, 9, 12, 15, 18, 21, 24, 27, 30, 33, 36, 39)$, $21 = \dfrac{3 + 39}{2}$

P_4. A soma S_n dos n primeiros termos da P.A. $(a_1, a_2, a_3, ... a_n)$ é dada por:

$$S_n = \dfrac{(a_1 + a_n) \cdot n}{2}$$

Calcule a soma dos temos da P.A. (1, 4, 7, 10, 13, 16, 19, 22, 25).

$a_1 = 1; a_n = 25; n = 9$

$S_n = \dfrac{(a_1 + a^n) \cdot n}{2}$

$S_n = \dfrac{(1 + 25) \cdot 9}{2}$

$S_n = \dfrac{(26) \cdot 9}{2}$

$S_n = \dfrac{234}{2}$

$S_n = 117$

Interpolação aritmética

Interpolar significa inserir termos, ou seja, interpolação aritmética é a colocação de termos entre os extremos de uma P.A. Consiste basicamente em descobrir o valor da razão da P.A. e inserir esses termos.

Utiliza-se a fórmula do termo geral para a resolução das questões, em que **n** será igual a **k + 2**, cujo **k** é a quantidade de termos que se quer interpolar.

Insira 5 termos em uma P.A. que começa com 3 e termina com 15.

$a_1 = 3; a_n = 15; k = 5$ e $n = 5 + 2 = 7$

$a_n = a_1 + (n - 1) \cdot r$
$15 = 3 + (7 - 1) \cdot r$
$15 = 3 + 6r$
$6r = 15 - 3$
$6r = 12$

$r = \dfrac{12}{6}$
$r = 2$
Então, P.A. (3, 5, 7, 9, 11, 13, 15)

SEQUÊNCIAS NUMÉRICAS

6.4 Progressão geométrica (P.G.)

Progressão geométrica é uma sequência de números não nulos em que cada termo, a partir do segundo, é igual ao anterior multiplicado por um número fixo, chamado razão da progressão (q).

A representação matemática de uma progressão geométrica é $(a_1, a_2, a_3, ..., a_{n-1}, a_n)$, na qual $a_2 = a_1 \cdot q$, $a_3 = a_2 \cdot q$, ... etc. De modo geral, escrevemos: $a_{n+1} = a_n \cdot q$, $\forall n \in \mathbb{N}^*$ e $q \in \mathbb{R}$.

Em uma P.G., a razão q é igual ao quociente entre qualquer termo, a partir do segundo, e o anterior.

$$(4, 8, 16, 32, 64)$$

$$q = \frac{8}{4} = \frac{16}{8} = \frac{32}{16} = \frac{64}{32} = 2$$

$$(6, -18, 54, -162)$$

$$q = \frac{-18}{6} = \frac{54}{-18} = \frac{-162}{54} = -3$$

Assim, podemos escrever:

$$\frac{a_2}{a_1} = \frac{a_3}{a_2} = ... = \frac{a_{n+1}}{a_n} = q, \text{ sendo q a razão da P.G.}$$

Podemos classificar uma P.G. como:

Crescente:

Quando $a_1 > 0$ e $q > 1$

(2, 6, 18, 54, ...) é uma P.G. crescente com $a_1 = 2$ e $q = 3$

Quando $a_1 < 0$ e $0 < q < 1$

(-40, -20, -10, ...) é uma P.G. crescente com $a_1 = -40$ e $q = 1/2$

Decrescente:

Quando $a_1 > 0$ e $0 < q < 1$

(256, 64, 16, ...) é uma P.G. decrescente com $a_1 = 256$ e $q = 1/4$

Quando $a_1 < 0$ e $q > 1$

(-2, -10, -50, ...) é uma P.G. decrescente com $a_1 = -2$ e $q = 5$

Constante:

Quando $q = 1$

(3, 3, 3, 3, 3, ...) é uma P.G. constante com $a_1 = 3$ e $q = 1$

Alternada:

Quando $q < 0$

(2, -6, 18, -54) é uma P.G. alternada com $a_1 = 2$ e $q = -3$

A fórmula do termo geral de uma P.G. nos permite encontrar qualquer termo da progressão.

$$a_n = a_1 \cdot q^{n-1}$$

Propriedades:

P_1. Em toda P.G. finita, o produto de dois termos equidistantes dos extremos é igual ao produto dos extremos.

```
1    3    9    27    81    243
               9 · 27 = 243
          3 · 81 = 243
     1 · 243 = 243
```

Dois termos são equidistantes quando a distância de um deles para o primeiro termo P.G. é igual a distância do outro para o último termo da P.G.

P_2. Uma sequência de três termos, em que o primeiro é diferente de zero, é uma P.G., e sendo o quadrado do termo médio igual ao produto dos outros dois, isto é, $a \neq 0$.

(a, b, c) é P.G. $\Leftrightarrow b^2 = ac$

$(2, 4, 8) \Leftrightarrow 4^2 = 2 \cdot 8 = 16$

P_3. Em uma P.G. com número ímpar de termos, o quadrado do termo médio é igual ao produto dos extremos.

(2, 4, 8, 16, 32, 64, 128, 256, 512), temos que $32^2 = 2 \cdot 512 = 1.024$.

P_4. Soma dos n primeiros termos de uma P.G.: $S_n = \frac{a_1(q^n - 1)}{q - 1}$

P_5. Soma dos termos de uma P.G. infinita:

$$S_\infty = \frac{a_1}{1 - q}, \text{ se } -1 < q < 1$$

- $S_\infty = +\infty$, se $q > 1$ e $a_1 > 0$
- $S_\infty = -\infty$, se $q > 1$ e $a_1 < 0$

Interpolação geométrica

Interpolar significa inserir termos, ou seja, interpolação geométrica é a colocação de termos entre os extremos de uma P.G. Consiste basicamente em descobrir o valor da razão da P.G. e inserir esses termos.

Utiliza-se a fórmula do termo geral para a resolução das questões, em que **n** será igual a **p + 2**, cujo **p** é a quantidade de termos que se quer interpolar.

Insira 4 termos em uma P.G. que começa com 2 e termina com 2.048.

$a_1 = 2; a_n = 2.048; p = 4$ e $n = 4 + 2 = 6$

$a_n = a_1 \cdot q^{(n-1)}$

$2.048 = 2 \cdot q^{(6-1)}$

$2.048 = 2 \cdot q^5$

$q^5 = \frac{2.048}{2}$

$q^5 = 1.024$ $(1.024 = 4^5)$

$q^5 = 4^5$

$q = 4$

P.G. (2, **8, 32, 128, 512**, 2.048).

Produto dos termos de uma P.G.

Para o cálculo do produto dos termos de uma P.G., usar a seguinte fórmula:

$$P_n = \sqrt{(a_1 \cdot a_n)^n}$$

Qual o produto dos termos da P.G. (5, 10, 20, 40, 80, 160)?

$a_1 = 5; a_n = 160; n = 6$

$P_n = \sqrt{(a_1 \cdot a_n)^n}$

$P_n = \sqrt{(5 \cdot 160)^6}$

$P_n = (5 \cdot 160)^3$

$P_n = (800)^3$

$P_n = 512.000.000$

CONHECIMENTOS BANCÁRIOS

POLÍTICAS ECONÔMICAS

1 POLÍTICAS ECONÔMICAS

Dentro do contexto de nossa matéria, surgirá, inevitavelmente, a necessidade de abordagem das políticas adotadas pelo governo para buscar o bem-estar da população. Como agente de peso no sistema financeiro brasileiro, o Governo tem por objetivo estruturar políticas para alcançar a macroeconomia brasileira, ou seja, criar mecanismos para defender os interesses econômicos dos brasileiros.

É comum ver, em noticiários informações de que o governo aumentou ou diminuiu a taxa de juros. Essas informações estão ligadas, intrinsecamente, às políticas coordenadas pelo governo para estabilizar a economia e o processo inflacionário.

As políticas traçadas pelo governo têm um objetivo simples, aumentar ou reduzir a quantidade de dinheiro que circula no país, a fim de controlar a inflação.

Diante desse objetivo, o governo vale-se de manobras que corroborem com o controle econômico, como: aumentar ou diminuir taxas de juros e impostos e estimular ou desestimular a liberação de crédito pelas instituições financeiras.

1.1 Inflação (ou Processo Inflacionário)

A inflação é um fenômeno econômico que ocorre devido a vários fatores. Dentre eles, há um bastante conhecido: a "lei da oferta e da procura". A lei é bem simples do ponto de vista histórico, mas do ponto de vista econômico pode afetar diversos setores, alterando as suas variáveis.

O que faz um indivíduo gastar mais dinheiro? Obviamente ter mais dinheiro. Correto? Então, caso possua mais dinheiro, a tendência natural é gastar mais. Com isso, as empresas, os produtores e os prestadores de serviços ao perceberem que os consumidores estão gastando mais, elevarão seus preços, pois sabem que o público pode pagar mais pelo mesmo produto, uma vez que há excesso de demanda por aquele produto.

Da mesma forma, caso haja a produção em grande escala de determinado produto resultando em sobra, o seu preço tende a cair, uma vez que há excesso de oferta.

Em resumo, a lei da oferta e da procura declara que quando houver uma alta vazão de um produto, o seu preço deve subir; bem como quando a oferta for alta, os preços deverão cair. Dois exemplos podem demonstrar isso. O primeiro apresenta a seguinte hipótese: se houver um teatro com 2 mil lugares (uma oferta fixa), o preço dos espetáculos dependerá de quantas pessoas desejarem os ingressos. Assim, se uma peça muito popular está sendo encenada, e 10 mil pessoas querem assisti-la, o teatro poderá comportar somente 2 mil pessoas, ou seja, aqueles que estiverem dispostos a pagar mais caro pelo ingresso. Nesse sentido, observa-se que quando a procura é muito mais alta que a oferta, os preços poderão subir terrivelmente. O segundo exemplo é mais elaborado. Trata-se da hipótese de que um indivíduo viva em uma ilha onde todos amam doces. Porém, há um suprimento limitado de doces na ilha, fazendo com que as pessoas troquem doces por outros itens, assim, o preço é razoavelmente estável. Com o tempo, o sujeito passa a economizar até 25 quilos de doces, podendo trocar até por um carro novo. Depois, em um certo dia, um navio se colide com algumas pedras perto da ilha e a carga de doces é perdida na costa, fazendo com que 30 toneladas do bem fique às margens da praia. Diante dessa situação, qualquer pessoa que queira um doce, pode caminhar até a praia e pegar uma parte da carga. Com isso, os 25 quilos de doces daquele indivíduo se desvaloriza e passa a valer menos.

(Fonte: Ed. Grabianowski)

Esta simples lei é um dos fatores que mais afetam a inflação, a qual:

"Aumento generalizado e persistente dos preços dos produtos de uma cesta de consumo".

Em outras palavras, para que exista a inflação, deve haver um aumento de preços, mas este essa alta não pode ser pontual, mas sim generalizada. Mesmo alguns produtos não aumentando do preço, se a maioria do mesmo segmento aumentar já é suficiente. Mas este aumento deve ser persistente, ou seja, deve ser contínuo.

Importante salientar que a análise dos índices inflacionários não é realizada de forma isolada, mas sim de acordo com a alta de preços de um grupo de produtos e serviços. Nesse sentido, para o próximo exemplo, usaremos o termo "cesta de produtos".

Dessa forma, imaginemos que estamos em um supermercado. Nesta compra, teremos vários produtos em nosso carrinho como: água, arroz, feijão, carne, milho, trigo, frutas, verduras, legumes etc.

Quando terminarmos a compra e formos ao caixa, a conta terá totalizado R$ 500,00 no primeiro mês.

No segundo mês, ao repetir os mesmos produtos, a conta totalizou R$ 620,00, no terceiro, R$ 750,00, e no quarto, R$ 800,00. Nota-se que os preços estão subindo de forma exponencial.

Quando o preço de algo sobe, o dinheiro perde valor, uma vez que para comprar o mesmo produto. A isso damos o nome de INFLAÇÃO.

O contrário do processo inflacionário a DEFLAÇÃO. A Deflação ocorre quando os preços dos produtos começam a cair de forma generalizada e persistente, gerando desconforto econômico para os produtores que podem chegar a desistir de produzir algo em virtude do baixo preço de venda.

Ambos os fenômenos têm consequências desastrosas no bem-estar econômico, pois a inflação gera desvalorização do poder de compra e a deflação pode gerar desemprego em massa. Além de tudo, ambas ainda podem culminar na temida Recessão, a estagnação completa ou quase total da economia de um país.

Tanto a inflação como a deflação são fenômenos que podem ser calculados e quantificados. Para isso, o governo mantém o IBGE (Instituto Brasileiro de Geografia e Estatística) para apurar e divulgar o valor da Inflação Oficial chamada IPCA (Índice de Preços ao Consumidor Amplo). O IPCA é a inflação calculada do dia primeiro ao dia 30 de cada mês, considerando como cesta de serviços a de famílias com renda até 40 salários mínimos, ou seja, quem ganha até quarenta salários mínimos entra no cálculo da inflação oficial.

A fim de manter o bem-estar econômico, o Governo busca estabilizar a inflação, uma vez que ela, reduz o poder de compra. Para padronizar os parâmetros da inflação o governo brasileiro instituiu o Regime de Metas para Inflação.

Neste regime, a meta de inflação é constituída por um Centro de meta, que seria o valor ideal entendido pelo governo como uma inflação saudável.

Este centro tem uma margem de tolerância para mais e para menos, pois como em qualquer nota, tem-se os arredondamentos.

Estas e outras medidas adotadas pelo governo buscam estabilizar a economia do país, melhorando o poder de compra e o bem-estar econômico. Para utilizar estas ferramentas, o governo se utiliza de políticas econômicas, as quais podem ser definidas como um conjunto de medidas que buscam harmonizar o poder de compra da moeda nacional, gerando o equilíbrio econômico do país. As políticas relacionadas à economia são estabelecidas pelo Governo Federal, tendo como agentes de suporte o Conselho Monetário Nacional, como normatizador, e o Banco Central, como executor. As ações destes agentes resultam em apenas duas situações para o cenário econômico, podendo ser de expansão ou restrição.

As políticas adotadas pelo governo para regular a oferta de dinheiro e, consequentemente, a inflação são cinco, veja:
- Política Fiscal (Arrecadações menos despesas do fluxo do orçamento do governo).
- Política Cambial (Controle indireto das taxas de câmbio e da balança de pagamentos).
- Política Creditícia (Influência nas taxas de juros do mercado, por meio da taxa SELIC).
- Política de Rendas (Controle do salário mínimo nacional e dos preços dos produtos em geral).
- Política Monetária (Controle do volume de meio circulante disponível no país e controle do poder multiplicador do dinheiro escritural).

1.1.1 Inflação 2021

O mercado subiu de 5,97% para 6,11% a estimativa para a inflação de 2021.

A meta para a inflação é de 3,75% neste ano, com intervalo de tolerância de 1,5 ponto percentual, para mais e para menos (de 2,25% para 5,25%). O Boletim Focus indica que o IPCA ficará acima do teto da meta.

Previsões do Mercado para a Economia

		4 Semanas antes	Na semana anterior	Em 9.jul.2021	na semana
PIB %	2021	4,85	5,18	5,26	↑
	2022	2,20	2,10	2,09	↓
Inflação %	2021	5,82	6,07	6,11	↑
	2022	3,78	3,77	3,75	↓
Selic %	2021	6,25	6,50	6,63	↑
	2022	6,50	6,75	7,00	↑
Dólar %	2021	5,18	5,04	5,05	↑
	2022	5,20	5,20	5,20	=

Fonte: Boletim Focus do Banco do Central

Para 2022, o mercado reduziu de 3,77% para 3,75% a estimativa para o índice de preços.

O mercado também subiu de 5,18% para 5,26% a estimativa de crescimento econômico deste ano. Para o PIB (Produto Interno Bruto) de 2022, a projeção saiu de 2,10% para de 2,09%.

As perspectivas dos analistas para a taxa básica de juros, a Selic, subiram de 6,5% para 6,63% em 2021. O mercado projeta numa alta para 7% no próximo ano.

Os operadores estimam que o dólar encerre 2021 a R$ 5,05, ligeira alta ante a projeção anterior de R$ 5,04.

Fonte: Banco Central e Poder 360.

1.2 Políticas Restritivas ou Políticas Expansionistas

As políticas restritivas são resultado de ações que, de alguma forma, reduzem o volume de dinheiro circulando na economia e, consequentemente, os gastos das pessoas. Isso desacelera a economia e o crescimento. E qual o porquê de o governo fazer isso?

A resposta é simples: esta estratégia serve para controlar a inflação, pois quando há muito dinheiro circulando no mercado os preços dos bens e serviços sobem e, para conter esta subida, o governo restringe o consumo e os gastos para que a inflação diminua.

As políticas expansionistas são resultado de ações do governo que estimulam os gastos e o consumo, ou seja, em cenário de baixo crescimento o governo incentiva as pessoas a gastarem e as instituições financeiras a emprestarem. Isso gera um volume maior de recursos na economia, para que o mercado não entre em recessão. Portanto, este resultado faria com que gastássemos mais e, logo, ficaríamos mais endividados e investiríamos mais. Diante desse cenário, compraríamos mais coisas, alimentando o crescimento acelerado da inflação! Isso já ocorreu entre os anos de 2008 a 2013, refletindo na atual crise inflacionária devido ao crescimento excessivo do consumo.

Resumindo, as políticas econômicas resultam em duas situações:
- Expansionistas: quando estimulam os gastos, empréstimos e endividamentos para aumentar o volume de recursos circulando no país.
- Restritivas: quando desestimulam, restringem os gastos, empréstimos e endividamentos para reduzir o volume de recursos circulando no país.

A partir desse contexto, trataremos a seguir sobre as políticas econômicas.

1.3 Política Fiscal

A política fiscal é um o conjunto de medidas que o Governo utiliza para arrecadar receitas e realizar despesas, cumprindo três funções: a estabilização macroeconômica, a redistribuição da renda e a alocação de recursos. A função estabilizadora consiste na promoção do crescimento econômico sustentado, com baixo desemprego e estabilidade de preços. A função redistributiva visa assegurar a distribuição equitativa da renda. Por fim, a função alocativa consiste no fornecimento eficiente de bens e serviços públicos, compensando as falhas de mercado.

Os resultados da política fiscal podem ser avaliados sob diferentes ângulos, que podem focar na mensuração da qualidade do gasto público, bem como identificar os impactos da política fiscal no bem-estar dos cidadãos. Para tanto, o Governo se utiliza de estratégias, como elevar ou reduzir impostos, pois, além de sensibilizar os cofres públicos, busca aumentar ou reduzir o volume de recursos no mercado quando for necessário.

A política fiscal possui dois objetivos: primeiro, ser uma fonte de receitas ou de gastos para o governo, na medida em que reduz seus impostos para estimular ou desestimular o consumo. Segundo, quando o governo usa a emissão de títulos públicos, emitidos pela Secretaria do Tesouro Nacional, para comercializá-los e arrecadar dinheiro para cobrir seus gastos e cumprir suas metas de arrecadação.

Sim, o governo tem metas de arrecadação, que muitas vezes precisam de uma "forcinha", por meio da comercialização de títulos públicos federais no mercado financeiro. Isso porque a Constituição Federal, no artigo 164, veda o ao Banco Central de financiar o tesouro com recursos próprios, devendo apenas auxiliar o governo comercializando os títulos emitidos pela Secretaria do Tesouro.

Dessa forma, o governo consegue não só arrecadar recursos, também enxuga ou irriga o mercado financeiro, pois quando o Banco Central vende títulos públicos federais retira dinheiro de circulação e entrega os títulos aos investidores. Já quando o Banco Central compra os títulos de volta, há a devolução dos recursos ao sistema financeiro, diminuindo a dívida pública do governo. Mas como assim?

POLÍTICAS ECONÔMICAS

Simples. O governo vive em uma "queda de braços" constante, precisando arrecadar mais do que ganha, mas não pode deixar de gastar, pois precisa estimular a economia. Então, a saída é arrecadar impostos e quando esses não forem suficientes, o governo se endivida. Isso mesmo! Quando o governo emite títulos públicos federais, ele se endivida, pois os títulos públicos são acompanhados de uma remuneração, uma taxa de juros, que recebeu o nome do sistema que administra e registra essas operações de compra e venda. Este sistema se chama SELIC (Sistema Especial de Liquidação e Custódia) e, a partir dele, deu-se o nome à taxa de juros dos títulos. Logo, ela é intitulada de "taxa SELIC".

Esta taxa de juros é mais conhecida por "juro da dívida pública", isso porque o governo deve considerá-lo como despesa e endividamento. Logo, a emissão destes títulos, bem como o aumento da taxa SELIC, devem ser cautelosos para evitar excessos de endividamento, acarretando dificuldades em fechar o caixa no fim do ano.

Este fechamento de caixa pode resultar em duas situações: uma chamamos de superávit e a outra chamamos de déficit.

Diante disso, tem-se o resultado fiscal primário, o qual se caracteriza pela diferença entre as receitas primárias e as despesas primárias durante um determinado período. O resultado fiscal nominal, ou resultado secundário, por sua vez, é o resultado primário acrescido do pagamento líquido de juros. Assim, compreende-se que o Governo obtém superávit fiscal quando as receitas excedem as despesas em dado período; por outro lado, há déficit quando as receitas são menores do que as despesas.

No Brasil, a política fiscal é conduzida com alto grau de responsabilidade fiscal. O uso equilibrado dos recursos públicos visa à redução gradual da dívida líquida como percentual do PIB, de forma a contribuir com a estabilidade, o crescimento e o desenvolvimento econômico do país. Mais especificamente, a política fiscal busca a criação de empregos, o aumento dos investimentos públicos e a ampliação da rede de seguridade social, com ênfase na redução da pobreza e da desigualdade.

1.4 Política Cambial

É o conjunto de ações governamentais diretamente relacionadas ao comportamento do mercado de câmbio, inclusive no que se refere à estabilidade relativa das taxas de câmbio e do equilíbrio no balanço de pagamentos.

A política cambial busca estabilizar a balança de pagamentos, tentando manter em equilíbrio os seus componentes, sendo eles: a conta corrente, que registra as entradas e saídas devidas ao comércio de bens e serviços, bem como pagamentos de transferências; e a conta capital e financeira. Também são componentes dessa conta os capitais compensatórios: empréstimos oferecidos pelo FMI e contas atrasadas (débitos vencidos no exterior).

Dentro desta balança de pagamentos há uma outra balança chamada Balança Comercial, que busca estabilizar o volume de importações e exportações dentro do Brasil. Esta política visa equilibrar o volume de moedas estrangeiras dentro do Brasil para que seus valores não pesem tanto na apuração da inflação, uma vez que as moedas estrangeiras estão muito presentes no cotidiano, tal como o dólar.

Como o governo não pode interferir no câmbio brasileiro de forma direta, tendo em vista que o câmbio brasileiro é flutuante, o governo busca estimular exportações e desestimular importações quando o volume de moeda estrangeira estiver menor dentro do Brasil. Da mesma forma, caso o volume de moeda estrangeira dentro do Brasil aumente muito e desvalorize a moeda nacional, o governo deve buscar estimular importações para reestabelecer o equilíbrio.

Por que o governo estimularia a valorização de uma moeda estrangeira no Brasil?

A resposta é simples: ao estimular a valorização de uma moeda estrangeira, atraímos investidores, além de tornar o cenário mais benéfico para os exportadores, que são os que produzem riquezas e empregos dentro do Brasil. Desta forma, ao se utilizar da política cambial, o governo busca estabilizar a balança de pagamentos e estimular ou desestimular exportações e importações.

1.5 Política Creditícia

A política creditícia é um conjunto de normas ou critérios que cada instituição financeira utiliza para financiar ou emprestar recursos a seus clientes, mas sob a supervisão do Governo, que controla os estímulos a concessão de crédito. Cada instituição deve desenvolver uma política de crédito coordenada, a fim de encontrar o equilíbrio entre as necessidades de vendas e, concomitantemente, sustentar uma carteira a receber de alta qualidade.

Esta política sofre constante influência do poder governamental, pois o governo se utiliza da taxa básica de referência, a taxa SELIC, para conduzir as taxas de juros das instituições financeiras para cima ou para baixo.

É simples. Se o governo eleva suas taxas de juros, é sinal de que os bancos em geral seguirão seu raciocínio e elevarão suas taxas também, gerando uma obstrução a contratação de crédito pelos clientes tomadores ou gastadores. Já se o governo tende a diminuir a taxa SELIC, os bancos em geral tendem a seguir esta diminuição, recebendo estímulos a contratação de crédito para os tomadores ou gastadores.

1.6 Política de Rendas

A política de rendas consiste na interferência do governo nos preços e salários praticados pelo mercado. No intuito de atender a interesses sociais, o governo tem a capacidade de interferir nas forças do mercado e impedir o seu livre funcionamento. É o que ocorre quando o governo realiza um tabelamento de preços com o objetivo de controlar a inflação. Ressaltamos que, atualmente, o Governo brasileiro interfere tabelando o valor do salário mínimo. Entretanto, quanto aos preços dos diversos produtos no País, não há interferência direta do governo.

1.7 Política Monetária

Caracteriza-se pela atuação de autoridades monetárias sobre a quantidade de moeda em circulação, de crédito e das taxas de juros, a fim de controlar a liquidez global do sistema econômico.

Esta é a mais importante política econômica traçada pelo governo, pois suas manobras surtem efeitos mais eficazes na economia.

A política monetária influencia diretamente a quantidade de dinheiro circulando no país e, consequentemente, a quantidade de dinheiro no bolso do cidadão.

Existem dois principais tipos de políticas monetárias a serem adotados pelo governo; a política restritiva, ou contracionista, e a política expansionista.

A política monetária expansiva consiste em aumentar a oferta de moeda, reduzindo, a taxa de juros básica e estimulando os investimentos. Esta política é adotada em épocas de recessão, ou seja, momentos em que a economia está parada e ninguém consome, produzindo uma estagnação completa do setor produtivo. Com essa medida, o governo espera estimular o consumo e gerar mais empregos.

Ao contrário da expansiva, a política monetária contracionista consiste em reduzir a oferta de moeda, aumentando, a taxa de juros e reduzindo os investimentos. Essa modalidade da política monetária é aplicada quando a economia está sofrendo alta inflação. Objetiva-se, nesse sentido, reduzir a procura por dinheiro e o consumo, causando, consequentemente, uma diminuição no nível de preços dos produtos.

Esta política monetária é rigorosamente elaborada pelas autoridades monetárias brasileiras, utilizando os seguintes instrumentos:

1.7.1 Mercado Aberto

Também conhecidas como Open Market as operações com títulos públicos constituem mais um dos instrumentos disponíveis da Política Monetária. Este instrumento, considerado um dos mais eficazes, consegue equilibrar a oferta de moeda e regular a taxa de juros em curto prazo.

A compra e venda dos títulos públicos, emitidos pela Secretaria do Tesouro Nacional, é feita pelo Banco Central por meio de Leilões Formais e Informais. De acordo com a necessidade de expandir ou reter a circulação de moedas do mercado, as autoridades monetárias competentes podem resgatar ou vender esses títulos.

Se houver a necessidade de diminuir a taxa de juros e aumentar a circulação de moedas, o Banco Central comprará ou resgatará os títulos públicos que estejam em circulação.

Por outro lado, se houver a necessidade de aumentar a taxa de juros e diminuir a circulação de moedas, o Banco Central venderá (oferta) os títulos disponíveis.

Portanto, os títulos públicos são considerados ativos de renda fixa, tornando-se uma boa opção de investimento para a sociedade.

Outra finalidade dos títulos públicos é a de captar recursos para o financiamento da dívida pública, bem como financiar atividades do Governo Federal, como, por exemplo, Educação, Saúde e Infraestrutura.

Os leilões dos títulos públicos são de responsabilidade do BACEN, que credencia Instituições Financeiras chamadas de Dealers ou líderes de mercado, para que façam efetivamente o leilão dos títulos. Nesse caso, tem-se o Leilão Informal ou Go Around, pois nem todas as instituições são classificadas como Dealers.

Os leilões formais são aqueles em que TODAS as instituições financeiras, credenciadas pelo BACEN, podem participar do leilão de títulos, mas sempre sob o comando desse órgão.

Além dessas estratégias para o Governo participar do mercado de capitais, existe o tesouro direto, que é uma forma que o Governo encontrou para aproximar pessoas físicas e jurídicas em geral, ou não financeiras, da compra de títulos públicos. O tesouro direto é um sistema controlado pelo BACEN para que a pessoa física ou jurídica comum possa comprar títulos do Governo sem tanta burocracia, podendo adquirir sem a necessidade de ir presencialmente a uma instituição financeira.

1.7.2 Redesconto ou Empréstimo de Liquidez

Outro instrumento de controle monetário é o redesconto bancário, no qual o Banco Central concede "empréstimos" às instituições financeiras com taxas mais altas daquelas praticadas no mercado.

Os chamados empréstimos de assistência à liquidez são utilizados pelos bancos somente quando houver uma insuficiência de caixa (fluxo de caixa), ou seja, quando a demanda de recursos depositados não conseguir suprir as suas necessidades.

Quando a intenção do Banco Central for a de injetar dinheiro no mercado, ele baixará a taxa de juros para estimular os bancos a pegarem empréstimos. Os bancos, por sua vez, terão mais disponibilidade de crédito para oferecer ao mercado e, consequentemente, a economia aquecerá.

Quando o Banco Central tem a necessidade de retirar dinheiro do mercado, as taxas de juros concedidas para estes empréstimos serão altas, desestimulando os bancos a emprestarem. Desta forma, os bancos que precisarem cumprir com as suas necessidades imediatas passarão a enxugar as linhas de crédito, disponibilizando menos crédito ao mercado; com isso, a economia desacelerará.

Vale ressaltar que o Banco Central é proibido, pela Constituição Brasileira, de emprestar dinheiro a qualquer outra instituição que não seja uma instituição financeira.

As operações de Redesconto do Banco Central podem ser:

I – intradia: destinadas a atender às necessidades de liquidez das instituições financeiras ao longo do dia. É o chamado Redesconto a juros zero;

II - de um dia útil: destinadas a satisfazer necessidades de liquidez decorrentes de descasamento de curtíssimo prazo no fluxo de caixa de instituição financeira;

III - de até quinze dias úteis: podendo ser recontratadas desde que o prazo total não ultrapasse quarenta e cinco dias úteis, destinadas a satisfazer necessidades de liquidez provocadas pelo descasamento de curto prazo no fluxo de caixa de instituição financeira e que não caracterizem desequilíbrio estrutural; e

IV - de até noventa dias corridos: podendo ser recontratadas desde que o prazo total não ultrapasse cento e oitenta dias corridos, destinadas a viabilizar o ajuste patrimonial de instituição financeira com desequilíbrio estrutural.

Entende-se por operação intradia a compra com compromisso de revenda, de forma que a compra e a correspondente revenda ocorram no próprio dia entre a instituição financeira tomadora e o Banco Central.

Todas as operações feitas pelo BACEN são compromissadas, ou seja, a parte que contratar o BACEN assume compromissos com ele, podendo desfazer as operações que o BACEN solicitar.

Sobre a compra com compromisso de revenda, vale fazer algumas observações as quais são muito abordadas em provas e serão expostas a seguir.

> **Fique ligado**
>
> Informação muito importante:
> As operações intradia de um dia útil e aceitam como garantia exclusiva os títulos públicos federais; as demais podem ter como garantia qualquer título aceito como garantia pelo BACEN.

Podem ser objeto de Redesconto do Banco Central, na modalidade de compra com compromisso de revenda desde que não haja restrição na negociação, os seguintes ativos de titularidade da instituição financeira:

I - títulos públicos federais registrados no Sistema Especial de Liquidação e de Custódia - SELIC, que integrem a posição de custódia própria da instituição financeira; e

II - outros títulos e valores mobiliários, créditos e direitos creditórios, preferencialmente com garantia real, e outros ativos.

1.7.3 Recolhimento Compulsório

O recolhimento compulsório é um dos instrumentos de Política Monetária utilizado pelo Governo para aquecer a economia. É um depósito obrigatório feito pelos bancos junto ao Banco Central.

POLÍTICAS ECONÔMICAS

Parte de todos os depósitos que são efetuados à vista, ou seja, os depósitos em contas correntes, tanto de livre movimentação como de não livre movimentação pelo cliente, pela população junto aos bancos, vai para o Banco Central. O Conselho Monetário Nacional e/ou o Banco Central fixam a taxa de recolhimento. Esta taxa é variável de acordo com os interesses do Governo em acelerar ou não a economia.

Isso porque ao reduzir o nível do recolhimento, sobram mais recursos nas mãos dos bancos para serem emprestados aos clientes, e, com isso, geram maior volume de recursos no mercado. Já quando os níveis do recolhimento aumentam, as instituições financeiras reduzem o volume de recursos, liberando menos crédito e, consequentemente, reduzindo o volume de recursos no mercado.

O recolhimento compulsório tem por finalidade aumentar ou diminuir a circulação de moeda no país. Quando o governo precisa diminuir a circulação de moedas no país, o Banco Central aumenta a taxa do compulsório, pois desta forma as instituições financeiras terão menos crédito disponível para população, portanto, a economia acaba encolhendo.

O inverso ocorre quando o Governo precisa aumentar a circulação de moedas no país. A taxa do compulsório diminui e, com isso, as instituições financeiras fazem um depósito menor junto ao Banco Central. Desta maneira, os bancos comerciais ficam com mais moeda disponível e, consequentemente, aumentam suas linhas de crédito. Com mais dinheiro em circulação, há o aumento de consumo e a economia tende a crescer.

As instituições financeiras podem fazer transferências voluntárias, porém, o depósito compulsório é obrigatório, isso porque os valores que são recolhidos ao Banco Central são remunerados por ele para que a instituição financeira (IF) não tenha prejuízos com os recursos parados junto ao BACEN. Para as IFs é vantajoso, se estiverem com sobra de recursos no fim do dia.

Além disso, o recolhimento compulsório pode variar em função das seguintes situações:

"1) regiões geoeconômicas;

2) prioridades de aplicações, ou seja, a necessidade do Governo;

3) natureza das instituições financeiras.

Os valores dos recolhimentos compulsórios são estabelecidos pelo CMN ou pelo BACEN da seguinte forma:

Determinar Compulsório sobre Depósito à Vista	Até 100%	Só BACEN determina e recolhe
Determinar Compulsório sobre Demais Títulos Contábeis e Financeiros	Até 60%	CMN determina OU BACEN determina e recolhe

1.8 Mercado Monetário

O Mercado Monetário é uma das subdivisões do Mercado Financeiro. O Mercado Monetário – ou mercado de moeda – é onde ocorrem as captações de recursos à vista, no curtíssimo e no curto prazo. Nesse mercado, atuam principalmente os intermediadores financeiros, negociando títulos e criando um parâmetro médio para taxas de juros do mercado. O Mercado Monetário é constituído pelas instituições do mercado financeiro que possuem excedentes monetários e que estejam interessadas em emprestar seus recursos em troca de uma taxa de juros.

> **Fique ligado**
>
> O spread não pode ser confundido com lucro do banco, pois ao considerar que o spread é o lucro, afirma-se que a única despesa que o banco possui é o custo de captação, o que não é verdade! O spread bancário funciona como um lucro bruto, do qual ainda serão deduzidas as despesas administrativas, as provisões de devedores duvidosos (inadimplência) e despesas gerais, ficando o que sobrar, depois destas deduções, o real lucro do banco.

Também é composto por aqueles agentes econômicos com escassez de recursos, que precisam de dinheiro emprestado para manter seu giro financeiro em ordem. É nesse ponto que se definem os prazos. Em geral, as negociações com títulos e outros ativos no mercado monetário não ultrapassam os 12 meses. Por isso, figuram nesse mercado, na grande maioria dos casos, os Certificados de Depósito Interbancário e as operações de empréstimo de curto prazo feitas com títulos públicos – operações compromissadas. Liquidez, mas não a financeira!

O Mercado Monetário é marcado também pelo controle da liquidez exercida pelo Banco Central. Neste caso, a liquidez diz respeito ao volume de papel moeda em circulação, ou seja, ao volume de dinheiro que está transitando livremente na economia.

Por exemplo: um grande fluxo de recursos pode trazer um custo menor para o dinheiro (taxas de juros baixas), porém um consumo muito forte (o que gera forte inflação no curto e no médio prazo, desequilibrando nossa economia). Portanto, o Mercado Monetário é o grande responsável pela formação das taxas de juros – a Taxa SELIC e o CDI, sendo também controlado pelo COPOM por meio de sua política monetária bem estabelecida.

1.8.1 Formação das Taxas de Juros

Para estabelecer uma taxa de juros, os bancos seguem o mesmo raciocínio de um vendedor de qualquer produto ou serviço. Para estabelecer esta taxa, o banco busca saber a quantidade de demanda pelo produto financeiro, bem como os custos para vendê-lo e a sua margem de lucro.

Para construir esta taxa, os bancos devem considerar os seguintes aspectos:

- Custo da captação do dinheiro (valor que irá ser pago ao cliente que deposita os recursos no banco).
- Custos administrativos do banco como: salários, impostos, água, luz, telefone, despesas judiciais etc.
- Custos com recolhimento compulsório, pois os valores que ficam retidos no Banco Central, mesmo sendo remunerados, não têm o mesmo ganho que teriam se estivessem sendo emprestados aos clientes.
- Inadimplência do produto, uma vez que quanto maior for a inadimplência, maior será o risco de prejuízo, e este prejuízo é repassado aos clientes com aumentos de taxas e tarifas.
- Margem de Lucro desejada.

> **Fique ligado**
>
> O CMN só determina a taxa do compulsório sobre os títulos contábeis, e mesmo quando determina, não recebe o recolhimento, apenas determina a taxa, e o recolhimento é feito sempre pelo Banco Central. Este recolhimento pode ser feito em dinheiro em espécie, por meio de transferências eletrônicas para as contas das instituições financeiras junto ao BACEN ou, até mesmo, por meio de compra e venda de títulos públicos federais.

Quando os bancos avaliam as taxas de juros cobradas, levam em consideração uma equação matemática simples: Receita de Crédito – Custo da Captação.

Esta equação mostra o lucro bruto da liberação dos créditos, uma vez que apenas deduziu o custo da captação, e como visto anteriormente, este não é o único custo que o banco possui.

O resultado desta equação chama-se SPREAD. Este termo significa a diferença entre a receita das taxas de juros que o banco recebe, e as despesas que o banco tem para captar os recursos que serão emprestados.

| Juro pago ao banco por seus devedores | – | Juro pago pelo banco a seus credores | = | Spread Bancário |

Taxa de Juros do Mercado x Taxa SELIC

A taxa de juros chamada SELIC, cuja qual será citadas várias vezes neste material, é a taxa que remunera os títulos públicos e serve como balizadora das taxas de juros cobradas pelos bancos. Ou seja, se a taxa de juros SELIC subir, as taxas de juros dos bancos sobem também, e vice-versa.

Para formar as taxas de juros, os bancos devem considerar os seguintes aspectos:
- Custos Administrativos (salários, inadimplência, indenizações etc.).
- Custo da Captação (pago aos poupadores).
- Tendência da Taxa SELIC (determinada pelo governo).

Diante disso, há a formação da taxa de juros de uma instituição financeira, a qual será cobrada em muitas operações de crédito.

Posteriormente, será abordado como o governo determina a taxa SELIC e como ela influencia de forma abrangente na formação das taxas de juros.

O SISTEMA FINANCEIRO NACIONAL

2 O SISTEMA FINANCEIRO NACIONAL

2.1 Conceitos Gerais

Uma das engrenagens mais importantes, se não a mais importante, para que o mundo seja do jeito que é, é o dinheiro. Ele compra: carros, casas, roupas, título e, segundo alguns, só não compra a felicidade. Sendo o dinheiro carregado com toda essa importância, cada país, cada estado e cidade, organiza-se de forma a ter seu próprio modo de ganhar dinheiro. Essa organização, aliás, é formada de um jeito em que a maior quantidade possível de dinheiro possa ser adquirida. Há muito tempo que o mundo funciona dessa maneira. Por isso, todos os países já conhecem muitos caminhos e atalhos para que sua organização seja elaborada para seu benefício.

Essa tal organização que busca o maior número possível de riquezas é definida por uma série de importantes órgãos do Estado. No Brasil, esse órgão formador da estratégia econômicas do país, é chamado de Sistema Financeiro Nacional. Tem, basicamente, a função de controlar todas as instituições que são ligadas às atividades econômicas dentro do país. Ainda, o referido sistema possui outras funções e diversos componentes que o integram.

Existem grupos dentro do conjunto do Sistema Financeiro Nacional. O mais importante, dentro desse sistema, é o Conselho Monetário Nacional. Esse conselho é essencial por tomar as decisões mais importantes, para a que o país funcione de forma eficiente e eficaz. O mais importante dentro do sistema é o Conselho Monetário Nacional, o qual é responsável por tomar as decisões mais importantes, a fim de que o país funcione com eficiência e eficácia. O Conselho tem o domínio sobre importantes integrantes, cada um exercendo a sua função. Dentre eles, o Banco Central do Brasil - Bacen, é o principal membro.

O Bacen é o responsável pela emissão de papel-moeda e moeda metálica, o dinheiro que circula no país. Ele exerce, junto ao Conselho Monetário Nacional, a fiscalização nas instituições financeiras do país. Além disso, possui atribuições como a realização de empréstimos e cobrança de créditos junto às instituições financeiras. O Banco Central é considerado o banco mais importante do Brasil, acima de todos os outros, uma espécie de "Banco dos Bancos".

O Sistema Financeiro Nacional, então, é a organização de várias entidades, de modo a manter a máquina do governo funcionando. Sua finalidade é o acompanhamento e coordenação das atividades financeiras no Brasil. O acompanhamento se dá na forma de fiscalização. Já a coordenação ocorre mediante a atuação dos funcionários do Bacen, no cenário financeiro.

Esse sistema já sofreu várias mudanças ao longo dos anos. Por exemplo, o Banco Central era denominado de Superintendência da Moeda e do Crédito. A mudança ocorreu por meio da Lei nº 4.595/64, conforme dispõe o art. 8°. As moedas do Brasil já mudaram várias vezes ao longo da história brasileira. A modificação de uma moeda nacional é, em qualquer circunstância, algo que causa muitas mudanças, mas no caso da modificação para a atual moeda (Real), essa transformação foi grandiosa.

Na época em que a inflação era o grande terror para economia brasileira, a mudança promovida pelo Plano Real, conseguiu frear a inflação e normalizar os preços do comércio interno. Resultando, assim, na valorização da moeda nacional, e a rápida recuperação da economia brasileira.

Quem manuseia dinheiro todos os dias, recebe seu salário e paga suas contas, não percebe o grande sistema que há por trás dessas operações. Na verdade, os salários são do valor que são, para que a atual quantidade de dinheiro circule no país, para que a economia brasileira seja como é, e o Sistema Financeiro Nacional toma decisões todos os dias, que são refletidas na nossa realidade.

O Sistema Financeiro Nacional é o conjunto de instituições, e órgãos que controlam, fiscalizam e e executam as ações para a circulação da moeda e de crédito dentro do país. Nesse sentido, a Constituição Federal de 1988, em seu art. 192, estabelece que: "O Sistema Financeiro Nacional, estruturado de forma a promover o desenvolvimento equilibrado do país e a servir aos interesses da coletividade, em todas as partes que o compõem, abrangendo as cooperativas de crédito, será regulado por leis complementares que disporão, inclusive, sobre a participação do capital estrangeiro nas instituições que o integram".

O Sistema Financeiro Nacional pode ser divido em duas partes: Subsistema de Supervisão e Subsistema Operativo. O primeiro se responsabiliza por estabelecer as regras que definem os parâmetros para transferência de recursos entre uma parte e outra, além de supervisionar o funcionamento das instituições que realizam a intermediação monetária. Já o o segundo é responsável pela execução das normas impostas pelo primeiro.

O subsistema de supervisão é formado por: Conselho Monetário Nacional, Conselho de Recursos do Sistema Financeiro Nacional, Banco Central do Brasil, Comissão de Valores Mobiliários, Conselho Nacional de Seguros Privados, Superintendência de Seguros Privados, Conselho Nacional da Previdência Complementar e Superintendência da Previdência Complementar. (Os grifados estão em nosso edital).

O outro subsistema, o operativo, é composto por: instituições financeiras bancárias, Sistema Brasileiro de Poupança e Empréstimo, Sistema de Pagamentos, Iinstituições financeiras não bancárias, Agentes Especiais, Sistema de Distribuição de TVM. Tratam-se de integrantes facilmente encontradas em nosso dia a dia. As instituições financeiras bancárias, por exemplo, representam as Caixas Econômicas, os Bancos Comerciais, as Cooperativas de Crédito e os Bancos Cooperativos. As instituições financeiras não bancárias são, por exemplo, Sociedades de Crédito ao Microempreendedor, Companhias Hipotecárias, e Bancos de Desenvolvimento.

As autoridades do Sistema Financeiro Nacional também podem ser divididas em dois grupos: Autoridades Monetárias e Autoridades de Apoio. As monetárias são responsáveis por normatizar e executar as operações de produção de moeda. O Banco Central do Brasil (BACEN) e o Conselho Monetário Nacional (CMN). Já as autoridades de apoio são instituições que auxiliam as autoridades monetárias na prática da política monetária. Um exemplo desse tipo de instituição é o Banco do Brasil. Outro tipo de autoridade de apoio são as instituições que têm poder de normatização em um setor específico. O principal exemplo é a Comissão de Valores Mobiliários.

As Instituições Financeiras, termo muito usado para definir algumas empresas, são definidas como as pessoas jurídicas, públicas ou privadas, que possuem a função principal ou secundária de guardar, intermediar ou aplicar os recursos financeiros (tanto dos próprios recursos como recursos de terceiros), que sejam em moeda de circulação nacional ou de fora do país e também a custódia de valor de propriedade de outras pessoas.

Pessoas físicas que façam atividades paralelas às características acima descritas também são consideradas instituições financeiras, sendo que essa atividade pode ser de maneira permanente ou não. No entanto, exercer essa atividade sem a prévia autorização devida do Estado pode ocasionar penalidades. Ainda, de acordo com o Decreto nº 10.029/2019. art. 1°, incisos I e II, o Banco Central do Brasil fica autorizado a reconhecer como de interesse do Governo brasileiro a instalação, no País, de novas agências de instituições financeiras domiciliadas no exterior, e o aumento do percentual de participação, no capital de instituições financeiras com sede no País, de pessoas físicas ou jurídicas residentes ou domiciliadas no exterior.

As decisões tomadas pelo Conselho Monetário Nacional têm total ligação com a condição econômica do país. Suas disposições são determinantes para o funcionamento do mercado financeiro. A chamada Bolsa de Valores (mercado onde são ações ou outros títulos financeiros) possui empresas, produtos e ações que variam de acordo com o que o CMN. Assim, considerando o alto valor financeiro investido nesse mercado, a Bolsa de Valores é um reflexo das decisões tomadas pelo Conselho e um indicador de como podem afetar a vida de todas as esferas da sociedade.

Sistema Financeiro Nacional		
Órgãos Normativos	Entidades Supervisoras	Operadores
Conselho Monetário Nacional - CMN	Banco Central do Brasil - BACEN	Instituições Financeiras Captadoras de Depósitos à Vista / Bolsa de Mercadorias e Futuros
Conselho Nacional de Previdência Complementar - CNPC	Superintendência de Seguros Privados - SUSEP	Resseguradores / Demais Instituições Financeiras
Conselho Nacional de Seguros Privados - CNSP	Superintendência Nacional de Seguro Complementar - PREVIC	Bancos de Câmbio / Bolsa de Valores
	Comissão de Valores Mobiliários - CVM	Sociedades de Capitalização / Sociedades Seguradoras
		Intermediários e Administradores de Recursos de Terceiros / Entidades Abertas de Previdência Complementar
		Fundos de Pensão

Fonte: sistema-financeiro-nacional.info

2.2 O Sistema Financeiro Nacional e a Legislação

A Constituição Federal de 1988, em seu art. 192, em atendimento ao interesse público, estabeleceu o Sistema Financeiro Nacional, a fim de organizar de forma eficiente a circulação de dinheiro e suas formas derivadas, e promover a segurança e o desenvolvimento do Brasil.

> "Art. 192. O sistema financeiro nacional, estruturado de forma a promover o desenvolvimento equilibrado do País e a servir aos interesses da coletividade, em todas as partes que o compõem, abrangendo as cooperativas de crédito, será regulado por LEIS COMPLEMENTARES que disporão, inclusive, sobre a participação do capital estrangeiro nas instituições que o integram. (Redação dada pela Emenda Constitucional nº 40, de 2003)"

Criado pela Lei nº 4595/64, dispõe sobre a estrutura do sistema financeiro no Brasil, bem como as autoridades monetárias responsáveis pela sua execução, a fim de garantir a devida segurança e rigidez ao mercado.

> *Art. 1º* O Sistema Financeiro Nacional, estruturado e regulado pela presente Lei, será constituído:
> I. do Conselho Monetário Nacional;
> II. do Banco Central do Brasil;
> III. do Banco do Brasil S. A.;
> IV. do Banco Nacional do Desenvolvimento Econômico e Social;
> V. das demais instituições financeiras públicas e privadas;

2.3 Conselho Monetário Nacional (CMN)

É o **órgão NORMATIVO** máximo no SFN (Sistema Financeiro Nacional). É quem estabelece as **Normas** que serão seguidas pelas instituições financeiras.

Além disso, o CMN é responsável por formular as políticas da moeda e crédito no país, ou seja, é encarregado por coordenar as políticas econômicas e monetária do país.

2.3.1 Como funciona o CMN

Os membros do CMN reúnem-se uma vez por mês para deliberar sobre como adaptar o volume dos meios de pagamento às reais necessidades da economia; regular o valor interno e externo da moeda e o equilíbrio do balanço de pagamentos; orientar a aplicação dos recursos das instituições financeiras; propiciar o aperfeiçoamento das instituições e dos instrumentos financeiros; zelar pela liquidez e solvência das instituições financeiras; e coordenar as políticas monetária, creditícia, orçamentária e da dívida pública interna e externa.

Em casos extraordinários, pode acontecer mais de uma reunião por mês. As matérias aprovadas são regulamentadas por meio de Resoluções do CMN divulgadas no Diário Oficial da União (DOU) e no Busca de normas do Conselho e do Banco Central (BC).

A CMN ajuda isso acontecer, divulgando as regras gerais que todas as empresas e instituições que atuam no sistema financeiro devem seguir. É válido dizer que ele não intervém diretamente – delegando esse papel a outros órgãos -, mas é o grande divulgador de todas as regras do sistema financeiro.

Fazem parte do Conselho Monetário Nacional são:
- Ministro da Economia;
- Presidente do Bacen;
- Secretário especial da Fazenda.

2.3.2 Comissão Técnica da Moeda e do Crédito (Comoc)

Junto ao CMN funciona a Comoc, que atua como órgão de assessoramento técnico na formulação da política da moeda e do crédito do Brasil. A Comoc manifesta-se previamente sobre assuntos de competência do CMN.

Membros da Comoc:
- Presidente do Banco Central - coordenador;
- Presidente da Comissão de Valores Mobiliários;
- Secretário-Executivo do Ministério da Economia;
- Secretário de Política Econômica do Ministério da Economia;
- Secretário do Tesouro Nacional do Ministério da Economia;
- Diretores do Banco Central do Brasil*;

Segundo o regimento interno da Comoc, são "quatro diretores do Banco Central do Brasil, indicados pelo seu Presidente". Como esta indicação é alterada de acordo com a pauta das reuniões, todos os diretores do BC tornam-se membros potenciais da Comoc.

2.3.3 Objetivos do CMN

Trata-se da missão e o motivo de sua existência. O CMN possui nove objetivos e 39 atribuições, conforme estabelecido na Lei nº 4.595/64.

2.3.4 Organização

A Secretaria-Executiva da Comoc e do CMN é exercida pelo Banco Central. Compete à autoridade monetária organizar e assessorar

O SISTEMA FINANCEIRO NACIONAL

as sessões deliberativas (preparar, dar suporte, elaborar as atas e manter o arquivo histórico, entre outras funções administrativas).

Fonte: Banco Central do Brasil

Dos Objetivos do CMN descartamos dois que são: *"Propiciar o aperfeiçoamento das instituições e dos instrumentos financeiros"* e *"Estabelecer, para fins da política monetária e cambial, as condições específicas para negociação de contratos derivativos (...)"*, pois estes não são cobrados com frequência em provas, até por não terem contexto ou conexão com assuntos dos editais. Assim, destaca-se sete objetivos e as atribuições. Mais à frente faremos *links* entre as atribuições e os objetivos do CMN, o que nos ajudará bastante a lembrar deles na hora da prova.

> **Fique ligado**
>
> Não é necessário decorar todos os Objetivos e Atribuições do CMN, basta aprender 7 dos 9 objetivos, pois são os que mais aparecem em provas. É aconselhável também adicionar uma "regrinha" dos verbos, de modo que veremos que tanto os objetivos, quanto as atribuições sempre serão iniciados com verbos que transmitam a ideia de PODER, MANDAR e AUTORIDADE.

Vejamos abaixo a sequênciados Objetivos do CMN

OBJETIVOS DO CMN
ORIENTAR
PROPICIAR
ZELAR
COORDENAR
ESTABELECER
ESTABELECER

Quando abordamos os verbos vinculados aos objetivos do CMN, percebemos que indicam PODER, MANDAR, AUTORIDADE. Logo, será mais fácil memorizar as competências do CMN, pois estas sempre serão iniciadas por um verbo que indica MANDAR. Então vejamos na íntegra os objetivos.

- **Orientar** a aplicação dos recursos das instituições financeiras públicas ou privadas, de forma a garantir condições favoráveis ao desenvolvimento equilibrado da economia nacional.
- É muito importante que o CMN oriente a forma como as instituições irão investir seus recursos, pois más decisões no mercado financeiro custam muito dinheiro e até a falência de várias instituições. É importante destacar que o Conselho Monetário orienta TODAS as instituições financeiras, sejam públicas ou privadas.
- **Propiciar** o aperfeiçoamento das instituições e dos instrumentos financeiros, de forma a tornar mais eficiente o sistema de pagamentos e mobilização de recursos.
- **Zelar** pela liquidez e solvência das instituições financeiras.
- **Coordenar** as políticas monetária, creditícia, orçamentária, fiscal e da dívida pública interna e externa.

É importante destacar que o CMN sempre será o responsável por formular estas políticas. Como se vê, o CMN não costuma fazer coisas, mas apenas MANDAR, então quando o CMN formula políticas, ele encaminha ao BACEN que as executa.

- **Estabelecer** a Meta de Inflação.

O CMN passa a ser o responsável por estabelecer um parâmetro para metas de inflação no Brasil. O Conselho, com base em estudos e avaliações da economia, estabelece uma meta para a inflação oficial, que deverá ser cumprida pelo BACEN dentro do ano indicado.

O centro da meta é um ideal, no qual o CMN entende que seria a meta ideal para o cenário econômico do País. Entretanto, engessar um número no mercado financeiro não é bom, principalmente um índice que avalia os preços do mercado, então o CMN admite uma pequena variação para mais ou para menos. Caso o índice de inflação, IPCA, inflação oficial, esteja dentro desta margem de variação, ou margem de tolerância, entende-se que o Banco Central cumpriu a Meta de inflação Estabelecida pelo CMN.

Por causa dos objetivos, o CMN recebeu da Lei nº 4595/64 várias atribuições, ou seja, são os instrumentos para cumprir seus objetivos, dos quais destacam-se os que mais são objetos de prova e que podem fazer conexões com os objetivos, para nos ajudar a memorizar mais, sem ter de utilizar, apenas, a regra dos verbos. Seguem abaixo os principais verbos ligados às atribuições:

PRINCIPAIS ATRIBUIÇÕES
AUTORIZAR
FIXAR DIRETRIZES
DISCIPLINAR
ESTABELECER LIMITES
DETERMINAR
REGULAMENTAR
OUTORGAR
ESTABELECER
REGULAR
EXPEDIR NORMAS
DISCIPLINAR
DELIMITAR

Conexões entre os Objetivos e Atribuições

CMN	Banco da Moeda do Brasil	Banco Central do Brasil
	Fabrica / Imprime o Papel-Moeda, e envia para o BACEN	Emite o Papel e faz a distribuição junto às Instituições Financeiras

Objetivo: zelar pela liquidez e solvência das instituições financeiras.

- **Atribuição:** delimitar, com periodicidade não inferior a dois anos o capital mínimo das instituições financeiras privadas, levando em conta sua natureza, bem como a localização de suas sedes e agências ou filiais.

Objetivo: orientar a aplicação dos recursos das instituições financeiras públicas ou privadas, de forma a garantir condições favoráveis ao desenvolvimento equilibrado da economia nacional.

- **Atribuição:** regular a constituição, o funcionamento e a fiscalização de todas as instituições financeiras que operam no País.

Objetivo: coordenar as políticas monetária, creditícia, orçamentária, fiscal e da dívida pública interna e externa.

- **Atribuição:** disciplinar o crédito e suas modalidades e as formas das operações creditícias.
- **Atribuição:** estabelecer limites para a remuneração das operações e serviços bancários ou financeiros.
- **Atribuição:** estabelecer limites para a remuneração das operações e serviços bancários ou financeiros.

Mercado Aberto – Compra e Venda de Títulos Públicos Federais	Redesconto ou Empréstimo de Liquidez	Recolhimento Compulsório
CMN – regulamenta BACEN - realiza	CMN – regulamenta BACEN - realiza	CMN – regulamenta BACEN – determina a taxa e recebe os valores

RECOLHIMENTO COMPULSÓRIO		
BACEN		CMN
Até 100% Sobre a Captação de Depósitos (a Vista (Conta Corrente)	Até 60% Sobre as Captações em Títulos Contábeis e Financeiros (Resto)	Até 60% Sobre as Captações em Títulos Contábeis e Financeiros (Resto)

- Expedir normas gerais de estatística e contabilidade a serem apreciadas pelas instituições financeiras. (Cuidado com esta informação, pois quando uma banca deseja dificultar determinada questão, costuma citá-la).
- Disciplinar as atividades das bolsas de valores. (Define o que é uma Bolsa de Valores e o que ela faz).

2.4 Banco Central do Brasil (BACEN)

2.4.1 Funções do BACEN

O Banco Central do Brasil (BACEN) é autarquia federal (órgão da Administração Indireta) integrante do Sistema Financeiro Nacional, sendo vinculado ao Ministério da Fazenda do Brasil. Criado em 31 de dezembro de 1964 pela da Lei nº 4.595. O BACEN é o órgão normativo do Sistema Financeiro Nacional, executa as políticas definidas pelo Conselho Monetário Nacional, e tem funções tanto de fiscalização quanto de controle das instituições bancárias de execução de políticas do sistema financeiro. Seguem abaixo as principais funções do BACEN:

- **Fiscalizar** as instituições financeiras e aplicar as penalidades previstas.
- **Administrar** a dívida interna.
- **Controlar** e fiscalizar o crédito.
- **Autorizar** o funcionamento das instituições financeiras.
- **Garantir** o poder de compra da moeda brasileira.
- **Depositário** das reservas oficiais de ouro e moedas estrangeiras no país.

O BACEN, devido ao seu papel estratégico no Sistema Financeiro Nacional, tem algumas definições que podem ser abordadas em provas, e dentre as principais estão as que seguem abaixo:

- **Agente financeiro do governo** - o Banco Central é o responsável pela administração da dívida pública e depositário das reservas internacionais.
- **Autoridade Monetária** – órgão responsável pelo controle de fluxo e liquidez monetária.
- **Banco dos Bancos** – já que é o responsável pelas operações de redesconto e recolhimento compulsório.
- **Banco Emissor** – pois é responsável pela emissão de moda e controle do fluxo da mesma.
- **Gestor do Sistema Financeiro Nacional** – responsável pela fiscalização das instituições financeiras.

2.4.2 Diretoria Colegiada do BACEN - Composição

O Banco Central do Brasil (BACEN), tem seus membros indicados pelo Presidente da República, entre brasileiros de ilibada reputação e notória capacidade em assuntos econômico-financeiros, e os indicados devem ter sua nomeação aprovada pelo Senado Federal. Esta nomeação é de livre provimento, podendo ser livremente nomeados, segundo as regras estabelecidas, e exonerados.

A composição de sua Diretoria Colegiada é **de até 9 membros, sendo um deles o presidente do BACEN** (Hoje, novembro de 2016, o presidente do BACEN é o professor e economista israelo-brasileiro Ilan Goldfajn).

2.4.3 Diretoria Colegiada do BACEN – Reuniões

A Diretoria Colegiada deverá se reunir, ordinariamente, **uma vez por semana** e, extraordinariamente, na forma prevista no Regimento, presentes, no mínimo, o Presidente, ou seu substituto, e metade do número de Diretores. Lembrando que as decisões serão tomadas por maioria de votos, cabendo ao Presidente, ou a seu substituto, o voto de qualidade.

Emissão da moeda

É o instrumento pelo qual a autoridade monetária pode interferir diretamente no mercado monetário, aumentado ou diminuído a quantidade de moeda em circulação no mercado. Lembrando que essa ação se da tanto para moeda física (papel moeda ou moeda metálica), quanto para moeda escritural (criação de moeda pelos bancos).

O Bacen é responsável pelo controle, emissão e distribuição do dinheiro, enquanto a Casa da Moeda é responsável por imprimir as cédulas e cunhar moedas, conforme solicitação do Bacen.

O CMN é responsável pela formulação da política de moeda de crédito, tendo como objetivo, como falado anteriormente, manter a estabilidade da moeda nacional e o desenvolvimento econômico e social.

Reservas Compulsórias

Trata-se de um percentual sobre os depósitos a vista ou a prazo que é recolhido pelas instituições financeiras junto a autoridade monetária que no Brasil se trata do Banco Central do Brasil.

Essa ferramenta pode ser considerada restritiva, já que "congela" parte dos recursos que as instituições bancárias poderiam emprestar aos clientes e consequentemente criar moeda.

- A taxa do compulsório no Brasil é de 45% sobre os depósitos á vista.

Redesconto

Empréstimo de assistência à liquidez e é utilizado pelo Banco Central/autoridade monetária, para atender a eventuais problemas de liquidez enfrentados pelas instituições financeiras em caráter circunstancial e breve.

Somente algumas instituições utilizam esse instrumento, já que as taxas de juros do financiamento de redesconto são mais **altas que**

O SISTEMA FINANCEIRO NACIONAL

as de taxas de mercado. Ressalta-se que o redesconto é uma medida utilizada em casos mais graves, pois possui caráter punitivo.

A operação de redesconto é concedida a critério exclusivo do Banco Central do Brasil, por solicitação das instituições financeiras. Essa modalidade de operação possui suas próprias características, tais como prazo, taxas, dentre outras que são. definidas pela Resolução nº 2.949, de 4/4/2002.

Open Market

Esse instrumento pode ser chamado de operação de mercado aberto. Trata-se basicamente do controle instantâneo da liquidez bancária, ou seja, é um instrumento de política monetária de curto prazo. Para tal, o Banco Central se utiliza da compra e da venda de títulos públicos federais para "enxugar" ou refazer a liquidez do mercado.

2.4.4 Comitê de Política Monetária (COPOM) do BACEN - Definição

Segundo o BACEN: "O Comitê de Política Monetária (Copom) foi instituído em 20 de junho de 1996, com o objetivo de estabelecer as diretrizes da política monetária e de definir a taxa de juros. A criação do Comitê buscou proporcionar maior transparência e ritual adequado ao processo decisório, a exemplo do que já era adotado pelo Federal Open Market Committee (FOMC) do banco central dos Estados Unidos e pelo Central Bank Council, do banco central da Alemanha. Em junho de 1998, o Banco da Inglaterra também instituiu o seu Monetary Policy Committee (MPC), assim como o Banco Central Europeu, desde a criação da moeda única em janeiro de 1999. Atualmente, uma vasta gama de autoridades monetárias em todo o mundo adota prática semelhante, facilitando o processo decisório, a transparência e a comunicação com o público em geral".

O Comitê de Política Monetária (Copom) é o órgão do Banco Central, é composto pelo Presidente e por seus diretores, os quais definem, a cada 45 dias, a taxa básica de juros da economia – a Selic.

As reuniões normalmente ocorrem em dois dias seguidos e o calendário de reuniões de um determinado ano é divulgado até o mês de junho do ano anterior.

A reunião do Copom segue um processo que procura embasar da melhor forma possível a sua decisão. Os membros do Copom assistem as apresentações técnicas do corpo funcional do BC, que tratam da evolução e perspectivas das economias brasileira e mundial, das condições de liquidez e do comportamento dos mercados. Assim, o Comitê utiliza um amplo conjunto de informações para embasar sua decisão. Depois, a reunião é reservada para a discussão da decisão entre os membros. A decisão é tomada com base na avaliação do cenário macroeconômico e dos principais riscos a ele associados. Todos os membros do Copom presentes na reunião votam e seus votos são públicos. As decisões do Copom são tomadas que a inflação medida pelo IPCA com a meta definida pelo CMN.

A decisão do Copom é divulgada no mesmo dia da decisão por meio de comunicado na internet. As atas das reuniões do Copom são publicadas no prazo de até seis dias úteis após a data da realização das reuniões. Normalmente, as reuniões do Copom ocorrem em terças e quartas-feiras e a ata é divulgada na terça-feira da semana seguinte, às 8h.

Uma vez definida a taxa Selic, o Banco Central atua diariamente por meio de operações de mercado aberto – comprando e vendendo títulos públicos federais – para manter a taxa de juros próxima ao valor definido na reunião.

A taxa de juros Selic é a referência para os demais juros da economia. Trata-se da taxa média cobrada em negociações com títulos emitidos pelo Tesouro Nacional, registradas diariamente no Sistema Especial de Liquidação e de Custódia (Selic).

Para que a política monetária atinja seus objetivos de maneira eficiente, o Banco Central precisa se comunicar de forma clara e transparente. Além do comunicado e da ata da reunião, o Banco Central publica, a cada trimestre, o Relatório de Inflação, que analisa a evolução recente e as perspectivas da economia, com ênfase nas perspectivas para a inflação.

Fonte: https://www.bcb.gov.br/controleinflacao/copom.

Neste contexto, o COPOM tem como centro três elementos:

- **Processo Decisório** – Existem decisões programadas e não programadas, e as decisões programadas são aquelas recorrentes, que existe maior previsibilidade, podem ser planejadas e apresentam menores riscos, já as decisões não programadas são inéditas, tem menos previsibilidade, não podem ser planejadas e apresentam maiores riscos.
- **Transparência** – Além de tornar público seus relatórios e decisões, de acordo com o princípio constitucional da Publicidade, tal procedimento de ser realizado com tempo hábil para ampla divulgação e reação dos interessados.
- **Comunicação** – A comunicação pode ser formal ou informal, assim como pode ser realizada através de pronunciamento (verbal) ou de documentos e publicações em diário oficial (documental).

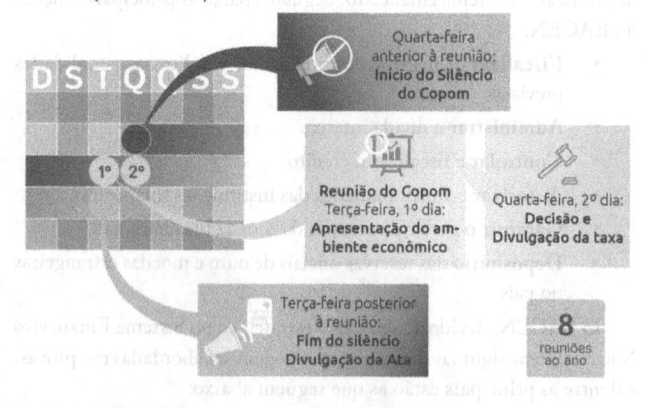

2.4.5 Taxa SELIC

A taxa SELIC (Sistema Especial de Liquidação e Custódia) é a taxa das taxas, a taxa básica que define todas as taxas aplicadas no sistema financeiro, como as taxas para financiamento de imóveis e outros bens.

A taxa de juros definida na reunião do COPOM é a taxa Selic, ou seja, taxa média dos financiamentos diários, com lastro em títulos federais, apurados pelo Sistema Especial de Liquidação e Custódia - SELIC, que passa a vigorar por todo o período entre as reuniões do Comitê.

O Copom reúne-se ordinariamente **oito vezes por ano** e, extraordinariamente, por convocação de seu Presidente, presentes, no mínimo, o Presidente, ou seu substituto, e metade do número de Diretores. As reuniões ordinárias são realizadas em duas sessões, discriminadas a seguir:

- a primeira sessão ocorrerá às terças-feiras, sendo reservada às apresentações técnicas de conjuntura econômica;
- a segunda sessão ocorrerá às quartas-feiras, destinando-se à decisão acerca das diretrizes de política monetária.

Fonte: https://www.bcb.gov.br/

LEI COMPLEMENTAR Nº 179, DE 24 DE FEVEREIRO DE 2021

Define os objetivos do Banco Central do Brasil e dispõe sobre sua autonomia e sobre a nomeação e a exoneração de seu Presidente e de seus Diretores; e altera artigo da Lei nº 4.595, de 31 de dezembro de 1964.

O PRESIDENTE DA REPÚBLICA

Faço saber que o Congresso Nacional decreta e eu sanciono a seguinte Lei Complementar:

Art. 1º *O Banco Central do Brasil tem por objetivo fundamental assegurar a estabilidade de preços.*

Parágrafo único. *Sem prejuízo de seu objetivo fundamental, o Banco Central do Brasil também tem por objetivos zelar pela estabilidade e pela eficiência do sistema financeiro, suavizar as flutuações do nível de atividade econômica e fomentar o pleno emprego.*

Art. 2º *As metas de política monetária serão estabelecidas pelo Conselho Monetário Nacional, competindo privativamente ao Banco Central do Brasil conduzir a política monetária necessária para cumprimento das metas estabelecidas.*

Art. 3º *A Diretoria Colegiada do Banco Central do Brasil terá 9 (nove) membros, sendo um deles o seu Presidente, todos nomeados pelo Presidente da República entre brasileiros idôneos, de reputação ilibada e de notória capacidade em assuntos econômico-financeiros ou com comprovados conhecimentos que os qualifiquem para a função.*

Art. 4º *O Presidente e os Diretores do Banco Central do Brasil serão indicados pelo Presidente da República e por ele nomeados, após aprovação de seus nomes pelo Senado Federal.*

§ 1º *O mandato do Presidente do Banco Central do Brasil terá duração de 4 (quatro) anos, com início no dia 1º de janeiro do terceiro ano de mandato do Presidente da República.*

§ 2º *Os mandatos dos Diretores do Banco Central do Brasil terão duração de 4 (quatro) anos, observando-se a seguinte escala:*

I. 2 (dois) Diretores terão mandatos com início no dia 1º de março do primeiro ano de mandato do Presidente da República;

II. 2 (dois) Diretores terão mandatos com início no dia 1º de janeiro do segundo ano de mandato do Presidente da República;

III. 2 (dois) Diretores terão mandatos com início no dia 1º de janeiro do terceiro ano de mandato do Presidente da República; e

IV. 2 (dois) Diretores terão mandatos com início no dia 1º de janeiro do quarto ano de mandato do Presidente da República.

§ 3º *O Presidente e os Diretores do Banco Central do Brasil poderão ser reconduzidos 1 (uma) vez, por decisão do Presidente da República, observando-se o disposto no caput deste artigo na hipótese de novas indicações para mandatos não consecutivos.*

§ 4º *O prazo de gestão do Presidente e de cada um dos Diretores do Banco Central do Brasil estender-se-á até a investidura do sucessor no cargo.*

Art. 5º *O Presidente e os Diretores do Banco Central do Brasil serão exonerados pelo Presidente da República:*

I. a pedido;

II. no caso de acometimento de enfermidade que incapacite o titular para o exercício do cargo;

III. quando sofrerem condenação, mediante decisão transitada em julgado ou proferida por órgão colegiado, pela prática de ato de improbidade administrativa ou de crime cuja pena acarrete, ainda que temporariamente, a proibição de acesso a cargos públicos;

IV. quando apresentarem comprovado e recorrente desempenho insuficiente para o alcance dos objetivos do Banco Central do Brasil.

§ 1º *Na hipótese de que trata o inciso IV do caput deste artigo, compete ao Conselho Monetário Nacional submeter ao Presidente da República a proposta de exoneração, cujo aperfeiçoamento ficará condicionado à prévia aprovação, por maioria absoluta, do Senado Federal.*

§ 2º *Ocorrendo vacância do cargo de Presidente ou de Diretor do Banco Central do Brasil, um substituto será indicado e nomeado para completar o mandato, observados os procedimentos estabelecidos no art. 3º e no caput do art. 4º desta Lei Complementar, devendo a posse ocorrer no prazo de 15 (quinze) dias, contado da aprovação do nome pelo Senado Federal.*

§ 3º *Na hipótese do § 2º deste artigo, o cargo de Presidente do Banco Central do Brasil será exercido interinamente pelo Diretor com mais tempo no exercício do cargo e, dentre os Diretores com o mesmo tempo de exercício, pelo mais idoso, até a nomeação de novo Presidente.*

Art. 6º *O Banco Central do Brasil é autarquia de natureza especial caracterizada pela ausência de vinculação a Ministério, de tutela ou de subordinação hierárquica, pela autonomia técnica, operacional, administrativa e financeira, pela investidura a termo de seus dirigentes e pela estabilidade durante seus mandatos, bem como pelas demais disposições constantes desta Lei Complementar ou de leis específicas destinadas à sua implementação.*

§ 1º *O Banco Central do Brasil corresponderá a órgão setorial nos sistemas da Administração Pública Federal, inclusive nos Sistemas de Planejamento e de Orçamento Federal, de Administração Financeira Federal, de Contabilidade Federal, de Pessoal Civil da Administração Pública Federal, de Controle Interno do Poder Executivo Federal, de Organização e Inovação Institucional do Governo Federal, de Administração dos Recursos de Tecnologia da Informação, de Gestão de Documentos de Arquivo e de Serviços Gerais.*

§ 2º *Quando necessário ao registro, ao acompanhamento e ao controle dos fatos ligados à sua gestão e à formalização, à execução e ao registro de seus atos e contratos de qualquer natureza, o Banco Central do Brasil poderá optar pela utilização de sistemas informatizados próprios, compatíveis com sua natureza especial, sem prejuízo da integração com os sistemas estruturantes da Administração Pública Federal.*

§ 3º *Os balanços do Banco Central do Brasil serão apurados anualmente e abrangerão o período de 1º de janeiro a 31 de dezembro, inclusive para fins de destinação ou cobertura de seus resultados e constituição de reservas.*

§ 4º *Os resultados do Banco Central do Brasil, consideradas todas as suas receitas e despesas, de qualquer natureza, serão apurados pelo regime de competência, devendo sua destinação ou cobertura observar o disposto na Lei nº 13.820, de 2 de maio de 2019.*

§ 5º *As demonstrações financeiras do Banco Central do Brasil serão elaboradas em conformidade com o padrão contábil aprovado na forma do inciso XXVII do caput do art. 4º da Lei nº 4.595, de 31 de dezembro de 1964, aplicando-se, subsidiariamente, as normas previstas na Lei nº 4.320, de 17 de março de 1964.*

Art. 7º *O art. 10 da Lei nº 4.595, de 31 de dezembro de 1964, passa a vigorar com as seguintes alterações:*

"Art. 10. ....

V - realizar operações de redesconto e empréstimo com instituições financeiras públicas e privadas, consoante remuneração, limites, prazos, garantias, formas de negociação e outras condições estabelecidos em regulamentação por ele editada;

O SISTEMA FINANCEIRO NACIONAL

........XII - efetuar, como instrumento de política monetária, operações de compra e venda de títulos públicos federais, consoante remuneração, limites, prazos, formas de negociação e outras condições estabelecidos em regulamentação por ele editada, sem prejuízo do disposto no art. 39 da Lei Complementar nº 101, de 4 de maio de 2000;

XIV - aprovar seu regimento interno;

XV - efetuar, como instrumento de política cambial, operações de compra e venda de moeda estrangeira e operações com instrumentos derivativos no mercado interno, consoante remuneração, limites, prazos, formas de negociação e outras condições estabelecidos em regulamentação por ele editada.

....

§ 3º O Banco Central do Brasil informará previamente ao Conselho Monetário Nacional sobre o deferimento de operações na forma estabelecida no inciso V do caput deste artigo, sempre que identificar a possibilidade de impacto fiscal relevante." (NR)

Art. 8º Em até 90 (noventa) dias após a entrada em vigor desta Lei Complementar, deverão ser nomeados o Presidente e 8 (oito) Diretores do Banco Central do Brasil, cujos mandatos atenderão à seguinte escala, dispensando-se nova aprovação pelo Senado Federal para os indicados que, na ocasião, já estejam no exercício do cargo:

I - o Presidente e 2 (dois) Diretores terão mandatos até o dia 31 de dezembro de 2024;

II - 2 (dois) Diretores terão mandatos até o dia 31 de dezembro de 2023;

III - 2 (dois) Diretores terão mandatos até o dia 28 de fevereiro de 2023;

IV - 2 (dois) Diretores terão mandatos até o dia 31 de dezembro de 2021.

Parágrafo único. Será admitida 1 (uma) recondução para o Presidente e para os Diretores do Banco Central do Brasil que houverem sido nomeados na forma prevista neste artigo.

Art. 9º O cargo de Ministro de Estado Presidente do Banco Central do Brasil fica transformado no cargo de Natureza Especial de Presidente do Banco Central do Brasil.

Art. 10. É vedado ao Presidente e aos Diretores do Banco Central do Brasil:

I - (VETADO);

II - (VETADO);

III - participar do controle societário ou exercer qualquer atividade profissional direta ou indiretamente, com ou sem vínculo empregatício, junto a instituições do Sistema Financeiro Nacional, após o exercício do mandato, exoneração a pedido ou demissão justificada, por um período de 6 (seis) meses.

Parágrafo único. No período referido no inciso III do caput deste artigo, fica assegurado à ex-autoridade o recebimento da remuneração compensatória a ser paga pelo Banco Central do Brasil.

Art. 11. O Presidente do Banco Central do Brasil deverá apresentar, no Senado Federal, em arguição pública, no primeiro e no segundo semestres de cada ano, relatório de inflação e relatório de estabilidade financeira, explicando as decisões tomadas no semestre anterior.

Art. 12. O currículo dos indicados para ocupar o cargo de Presidente ou de Diretor do Banco Central do Brasil deverá ser disponibilizado para consulta pública e anexado no ato administrativo da referida indicação.

Art. 14. Esta Lei Complementar entra em vigor na data de sua publicação

3 INSTITUIÇÕES FINANCEIRAS

A Lei nº 4.595/64, em seu Art. 17, conceitua o que são instituições financeiras, como se segue:

Art. 17. Consideram-se instituições financeiras, para os efeitos da legislação em vigor, as pessoas jurídicas públicas ou privadas, que tenham como atividade principal ou acessória a coleta, intermediação ou aplicação de recursos financeiros próprios ou de terceiros, em moeda nacional ou estrangeira, e a custódia de valor de propriedade de terceiros.

Parágrafo único. Para os efeitos desta lei e da legislação em vigor, equiparam-se às instituições financeiras as pessoas físicas que exerçam qualquer das atividades referidas neste artigo, de forma permanente ou eventual.

Art. 18. As instituições financeiras somente poderão funcionar no País mediante prévia autorização do Banco Central da República do Brasil ou decreto do Poder Executivo, quando forem estrangeiras.

Basicamente, uma instituição financeira tem como objetivo a intermediação dos recursos de clientes que têm dinheiro sobrando (agentes superavitários), para os clientes que precisam de dinheiro (agentes deficitários). Em outras palavras: movimentar o dinheiro parado para que haja rendimento.

Entretanto, quando a instituição busca captar dinheiro, ela oferece aos seus clientes uma recompensa para que eles aceitem assumir os riscos de emprestar dinheiro. Essa recompensa é chamada de remuneração por aplicação, e tal operação, para a instituição, é uma operação PASSIVA.

Já quando o cliente necessita de dinheiro, a instituição financeira busca emprestar o dinheiro captado, mas cobra do cliente uma taxa de juros, e no montante final o indivíduo paga pelo empréstimo e os juros decorrentes dele. Esta operação, para a instituição financeira, é chamada ATIVA.

Estas atividades realizadas pelas instituições financeiras levam ao desenvolvimento dos produtos financeiros ou bancários, que serão tratados posteriormente.

3.1 As Três Principais Operações Passivas de uma Instituição Financeira

3.1.1 Depósitos à Vista ou Depósitos em Conta Corrente ou Depósitos a Custo Zero

São a captação de recursos junto ao público em geral, pessoas físicas e jurídicas. Os depósitos à vista têm como características o fato de não serem remunerados e permanecerem no banco por prazo indeterminado, sendo livres as suas movimentações.

Para o banco, geram fundos (funding) para lastrear operações de créditos de curto prazo, porém, uma parte deve ser recolhida ao BACEN, como depósito compulsório, servindo, portanto, como instrumento de política monetária. Outra parte destina-se ao crédito contingenciado, conforme parâmetros definidos pelo CMN, e o restante são os recursos livres para aplicações, pelo banco.

A movimentação das contas correntes, cujos recursos são de livre movimentação pelos seus titulares, são movimentadas por meio de depósitos, cheques, ordens de pagamento, documentos de créditos (DOC), transferências eletrônicas disponíveis (TED) e outros.

A abertura e movimentação de contas correntes são normatizadas pelo CMN, por meio das Resoluções nº 2025 e 2.747 e dispositivos complementares.

De regra, todo depósito é feito no caixa do banco, que recebe o dinheiro e autentica a ficha de depósito, que vale como prova de que foi feito o depósito e que o cliente entregou tal dinheiro ao banco.

As fichas de depósitos devem ser preenchidas pelo cliente ou por um funcionário do banco, constando, especificamente, os valores em cheque e em dinheiro, sendo que uma das vias da ficha será entregue ao cliente e a outra será o documento contábil do caixa.

O depósito pode ser feito em dinheiro corrente, ou em cheques, que serão resgatados pelo banco depositário junto ao serviço de compensação de cheques, ou pelo serviço de cobrança.

Os depósitos em dinheiro produzem o imediato crédito na conta corrente em que foi depositado, mas os depósitos em cheque só terão o crédito liberado após seu resgate.

Fonte: PORTAL EDUCAÇÃO

É importante mencionar que o depósito à vista é uma das principais formas que as instituições financeiras têm de criar a MOEDA ESCRITURAL, ou seja, moedas que são dados em um computador, ou seja, não existem de fato.

Logo, só os captadores de depósito à vista criam moeda escritural.

3.1.2 Depósito a Prazo ou Depósito a Prazo Fixo

Trata-se do depósito com data preestabelecida para saque com a incidência de juros sobre o valor depositado, ou seja, é uma forma de investimento no mercado financeiro. Com isso, o banco fica mais seguro para emprestar esse dinheiro captado, portanto, paga uma remuneração, em forma de taxa de juros, pelo prazo que o dinheiro permanecer aplicado.

Essas aplicações o banco empresta para os deficitários e realizando uma operação ATIVA, pois está em posição superior, uma vez que o cliente agora deverá devolver o dinheiro ao banco com o acréscimo de juros.

Se a prova solicitar para definir se tal operação é ativa ou passiva, é importante atentar se para o referencial que a questão estiver indicando, caso contrário, o candidato poderá se confundir. O referencial citado acima foi o BANCO.

Os Depósitos a Prazo mais Comuns são o CDB e o RDB

O CDB e o RDB, como visto anteriormente, trata do o cliente superavitário emprestando dinheiro ao banco, para que ele empreste dinheiro aos deficitários.

O CDB (Certificado de Depósito Bancário) trata-se de um depósito em que um cliente faz no banco comercial e esse entrega um certificado do depósito do dinheiro, devendo pagar uma remuneração em forma de taxa de juros, geralmente atrelada a outro certificado de depósito, chamado CDI (Certificado de Depósito Interfinanceiro).

A vantagem deste papel é que pode ser "passado para frente", ou seja, pode ser endossado (transferir, transmitir, passar).

O CDB possui duas modalidades: prefixado, quando há a determinação da remuneração do cliente no momento da contratação; Pós-fixado quando a remuneração do cliente está atrelada a um índice futuro.

Na modalidade pós-fixada, há uma submodalidade chamada FLUTUANTE, esta modalidade permite que a remuneração varie todo dia, ou seja, o cliente será remunerado pelo período que deixar o dinheiro aplicado. Neste caso, entende-se que o CDB possui liquidez diária, pois após o primeiro dia de aplicação já é possível resgatar os valores com juros proporcionais ao período aplicado.

O RDB (Recibo de Depósito Bancário) é materializado quando o cliente faz uma entrega de dinheiro a uma instituição financeira, a qual não emite sem um certificado, pois não faz a captação de contas correntes. Então, a instituição emite um recibo, simples informando que o depósito e que o banco pagará os juros devidos ao cliente. Isso, também ocorre com o CDI.

INSTITUIÇÕES FINANCEIRAS

O problema deste recibo é que, por não ser um certificado, não pode ser passado para frente, ou seja, não pode ser endossado.

Vale ressaltar que as Sociedades de Crédito e as Cooperativas de Crédito só podem captar depósito a prazo SEM emissão de CERTIFICADO, ou seja, apenas RDB.

O RDB possui duas modalidades: prefixado e pós-fixado, entretanto o RDB não possui liquidez diária, visto que não pode ser resgatado, sob nenhuma hipótese, enquanto não acabar o prazo acordado com a instituição financeira.

3.1.3 Caderneta de Poupança

As instituições financeiras captadoras de poupança são geralmente as que aplicam em financiamento habitacionais, ou seja, pegam o valor arrecadado na poupança e emprestam boa parte do valor em financiamentos habitacionais. Entretanto, existem as poupanças rurais que são captadas pelos bancos comerciais, para empréstimos no setor rural.

As instituições que captam poupança no país são: Sociedades de Crédito Imobiliário (SCI), Associações de Poupança e Empréstimo (APE) e a Caixa Econômica Federal (CEF), além de outras instituições que queiram captar, as quais deverão assumir o compromisso de emprestar parte dos recursos em financiamentos habitacionais.

A caderneta de poupança constitui um instrumento de aplicação de recursos muito antigo, que visa, entre outras coisas, a aplicação com uma rentabilidade razoável para o cliente. Esta rentabilidade é composta por duas parcelas: uma básica e outra variável.

A parcela básica é chamada de TR (Taxa de Referência), que é a média diária dos CDBs dos maiores bancos do país. Já a parcela variável é a remuneração ADICIONAL, que pode ser de 0,5% ao mês ou 6,17% ao ano; ou 70% da meta da taxa Selic.

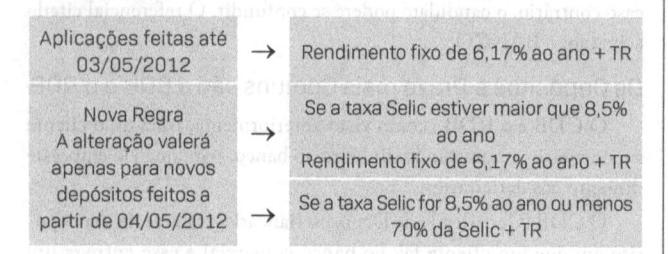

Aplicações feitas até 03/05/2012	→	Rendimento fixo de 6,17% ao ano + TR
Nova Regra A alteração valerá apenas para novos depósitos feitos a partir de 04/05/2012	→	Se a taxa Selic estiver maior que 8,5% ao ano Rendimento fixo de 6,17% ao ano + TR
	→	Se a taxa Selic for 8,5% ao ano ou menos 70% da Selic + TR

Para que o dinheiro da poupança tenha rendimento, é necessário que ele permaneça por ao menos 28 dias na conta, caso contrário não terá rentabilidade. Os depósitos feitos nos dias 29, 30 e 31 de cada mês serão considerados como sendo feitos no dia 1 do mês seguinte. A remuneração incidirá sobre o menor saldo de cada ciclo de 28 dias. Estes ciclos são chamados de aniversários, ou seja, quando a poupança fizer aniversário, o cliente é quem ganha o presente, nesse caso, na forma de juro. Estes ciclos são diferentes para as Pessoas Físicas (PF) e Pessoas Jurídicas (PJ):

- Para PF e entidades sem fins lucrativos, o rendimento é creditado MENSALMENTE.
- Para as demais PJ, os juros são creditados TRIMESTRALMENTE. Além disso, as pessoas jurídicas pagam imposto sobre os rendimentos auferidos sob alíquota de 22,5% sobre o rendimento nominal.

3.2 Mercado de Crédito – Operações Ativas

Considera-se como mercado de crédito TUDO o que estiver relacionado a crédito. Convém lembrar que quando uma instituição financeira está liberando recursos, ela se encontra na posição ATIVA, ou seja, está liberando dinheiro para um deficitário e este deficitário deverá devolver o recurso ao banco, acrescentando uma taxa de juros pactuada entre as partes.

3.2.1 O CDC – Crédito Direto ao Consumidor

Esta modalidade de crédito é a mais comum, pois é direcionada para diversas áreas, como: Turismo, Salário/ Consignação (30% da renda, debitado do contracheque) e o CDC para bens de consumo duráveis: carros, motos etc.

Admite garantias reais ou fidejussórias, e em alguns casos não necessita de garantia garantias.

Obs.: ainda existe o CDC-I (Crédito Direto ao Consumidor com Interveniência) que é realizado quando o vendedor é o fiador ou avalista do cliente na operação, ou seja, o banco fornece crédito ao cliente, pois o vendedor está assumindo o risco da operação junto ao banco, para que este libere o recurso parcelado ao cliente.

3.2.2 Hot Money

Inicialmente, trata-se de uma aplicação financeira de curto prazo, com alta rentabilidade. Trazido para o Brasil, ganhou fama por ser uma linha de crédito destinada a Pessoas Jurídicas.

Prazo de 1 até 29 dias, mas normalmente é contratada por até 10 dias, para sanar problemas momentâneos de fluxo de caixa.

Essa aplicação é adaptável às mudanças bruscas nas taxas de juros por ter como principal característica o curto prazo.

3.2.3 Vendor Finance

É uma operação de financiamento de vendas baseada no princípio da cessão de crédito, que permite a uma empresa vender seu produto a prazo e receber o pagamento à vista.

A operação de Vendor supõe que a empresa compradora seja cliente tradicional da vendedora, pois será esta que irá assumir o risco do negócio junto ao banco.

A empresa vendedora transfere seu crédito ao banco e este, em troca de uma taxa de intermediação, paga o vendedor à vista e financia o comprador.

A principal vantagem para a empresa vendedora é a de que, como a venda não é financiada diretamente por ela, a base de cálculo para a cobrança de impostos, comissões de vendas e royalties, no caso de licença de fabricação, torna-se menor.

É uma modalidade de financiamento de vendas para empresas na qual quem contrata o crédito é o vendedor do bem, mas quem paga o crédito é o comprador. Assim, as empresas vendedoras deixam de financiar os clientes, elas próprias, e dessa forma param de recorrer aos empréstimos de capital de giro nos bancos ou aos seus recursos próprios para não se descapitalizarem e/ou pressionarem seu caixa.

Como em todas as operações de crédito, ocorre a incidência do IOF, sobre o valor do financiamento, que é calculado proporcionalmente ao período do financiamento.

A operação é formalizada com a assinatura de um convênio, com direito de regresso entre o banco e a empresa vendedora (fornecedora), e de um Contrato de Abertura de Crédito entre as três partes (empresa vendedora, banco e empresa compradora).

3.2.4 Compror Finance

Existe uma operação inversa ao Vendor, denominada Compror, que ocorre quando pequenas indústrias vendem para grandes lojas comerciais. Neste caso, em vez de o vendedor (indústria) ser o fiador do contrato, o próprio comprador é que funciona como tal.

Trata-se, na verdade, de um instrumento que dilata o prazo de pagamento de compra sem envolver o vendedor (fornecedor). O título a pagar funciona como "lastro" para o banco financiar o cliente que irá lhe pagar em data futura pré-combinada, acrescido de juros e IOF, sem incidência imediata da CPMF no empréstimo. Como o Vendor, este produto também exige um contrato-mãe definindo as condições básicas da operação que será efetivada quando do envio ao banco dos contratos-filhos, com as planilhas dos dados dos pagamentos que serão financiados.

3.2.5 Leasing ou Arrendamento Mercantil

Principal produto das Sociedades de Arrendamento Mercantil (S.A.M), o leasing é um contrato denominado na legislação brasileira como "arrendamento mercantil". As partes desse contrato são denominadas "arrendador" e "arrendatário", conforme sejam, de um lado, um banco ou sociedade de arrendamento mercantil, o arrendador, e, de outro, o cliente, o arrendatário.

O objeto do contrato é a aquisição, por parte do arrendador, de bem escolhido pelo arrendatário para sua utilização. O arrendador é, portanto, o proprietário do bem, sendo que a posse e o usufruto, durante a vigência do contrato, são do arrendatário. Reside aí a principal vantagem do leasing, pois o arrendatário, ou seja, o cliente que irá usar o bem, o utilizará sem necessariamente ter a sua propriedade, o que em um financiamento comum não seria possível, pois o cliente compraria o bem e não o alugaria apenas. Desta forma, o leasing é um serviço e por isso não incide sobre suas operações o IOF, mas sim o Imposto Sobre Serviço, o ISS.

bem objeto do *Leasing*	
Arrendador (banco) Proprietário	Arrendatário (cliente) Usuário
Deve leiloar o bem após o fim do contrato caso o cliente não o adquira no final	Pode optar opr ficar com o bem no final

O contrato de arrendamento mercantil pode prever ou não a opção de compra, pelo arrendatário, do bem de propriedade do arrendador. Esta opção deve ser indicada no momento da contratação.

Caso o cliente almeje ficar com o bem no final, deverá pagar ao Arrendador o Valor Residual Garantido (VRG) que nada mais é do que um valor de mercado do bem. O VRG pode ser diluído nas parcelas do aluguel durante todo o contrato se assim for pactuado.

Duas das Principais Vantagens do Leasing:

▷ A não incidência de IOF, e sim de ISS, o que torna a operação mais barata;
▷ A possibilidade, para as Pessoas Jurídicas, de deduzir do Imposto de Renda como despesa operacional as parcelas do leasing.

Como nos Empréstimos Normais, é Possível Quitar o Leasing Antes do Prazo Definido no Contrato?

Sim. Caso a quitação seja realizada após os prazos mínimos previstos na legislação e na regulamentação (art. 8º do Regulamento anexo à Resolução CMN 2.309, de 1996), o contrato não perde as características de arrendamento mercantil. Entretanto, caso realizada antes dos prazos mínimos estipulados, o contrato perde sua caracterização legal de arrendamento mercantil e a operação passa a ser classificada como de compra e venda a prazo (art. 10 do citado Regulamento).

Nesse caso, as partes devem arcar com as consequências legais e contratuais que essa descaracterização pode acarretar.

Quadro resumo		
	Leasing financeiro	*Leasing* operacional
Prazo mínimo de duração do leasing	2 anos para bens com vida útil < 5 anos. 3 anos para bens com vida útil > 5 anos.	90 dias.
Valor residual garantido - VRG*	Permitido.	Não permitido.
Opção de compra	Pactuada no início do contrato, normalmente igual ao VRG.	Conforme valor de mercado.
Manutenção do bem	Por conta do arrendatário (cliente).	Por conta do arrendatário ou da arrendadora.
Pagamentos	Total dos pagamentos, incluindo VRG, deverá garantir à arrendadora o retorno financeiro da aplicação, incluindo juros sobre o recurso empregado para a aquisição do bem.	O somatório de todos os pagamentos devidos no contrato não poderá exceder 90% do valor do bem arrendado.

* Valor prefixado no contrato para exercer a opção de compra
(Fonte: Banco Central)

Obs. 1: os bens que podem ser arrendados são móveis ou imóveis, nacionais ou estrangeiros. Para os estrangeiros é necessário que estes estejam em uma lista elaborada pelo CMN.

Obs. 2: Sale and Leaseback (apenas para bens imóveis): tipo de leasing em que o dono de um imóvel o vende para uma Sociedade de Arrendamento, e no mesmo contrato a Sociedade de Arrendamento arrenda o bem para o vendedor. Entretanto, esta modalidade só é possível no leasing financeiro e só para Pessoas Jurídicas.

Obs. 3: os bens objetos de arrendamento mercantil – leasing, não podem ser arrendados ao próprio fabricante do bem, ou seja, por exemplo: a EMBRAER, que fabrica aviões no Brasil, não pode arrendar seus aviões para si.

3.3 Créditos Rotativos

3.3.1 Conta Garantida

Crédito voltado também para PJ.

Caracteriza-se por um valor disponibilizado pelo banco ao cliente e uma conta de não livre movimentação, em que só se pode movimentá-la por cheque.

Resumindo, é um saldo em uma conta que, caso o cliente não tenha fundos na sua conta corrente, esta conta cobre a emissão de cheques, desde que haja aviso prévio do saque.

3.3.2 Cheque Especial

Crédito de caráter rotativo que se destina a cobrir emissão de cheques de clientes PF ou PJ que não tenham saldo disponível em sua conta. Estes valores ficam disponíveis para o cliente movimentá-los com seus cheques, cartões, TED e DOC. Os juros são mensais e não há necessidade de amortização mensal do saldo devedor, bastando o cliente pagar os juros e IOF do período.

INSTITUIÇÕES FINANCEIRAS

3.3.3 Cartão de Crédito

Consiste, basicamente, em uma linha de crédito rotativo, em que o cliente compra com o cartão e pode pagar de uma só vez ou parcelado.

Conforme for pagando as faturas, o crédito vai sendo liberado novamente e pode ser reutilizado.

As atividades de emissão de cartão de crédito exercidas por instituições financeiras estão sujeitas à regulamentação baixada pelo Conselho Monetário Nacional (CMN) e pelo Banco Central do Brasil, nos termos dos artigos 4º e 10 da Lei nº 4.595, de 1964. Todavia, nos casos em que a emissão do cartão de crédito não tem a participação de instituição financeira, não se aplica a regulamentação do CMN e do Banco Central.

Vale lembrar que existem as instituições de pagamento, que nada mais são do que instituições não financeiras que operam recebendo e processando os pagamentos dos cartões dos clientes. Estas instituições se submetem à regulamentação do CMN e do BACEN.

Tipos de instituição de pagamento

Emissor de moeda eletrônica	Gerencia conta de pagamento do tipo pré-paga, na qual os recursos devem ser depositados previamente.	Exemplo: emissores dos cartões de vale-refeição e cartões pré-pagos em moeda nacional.
Emissor de instrumento de pagamento pós-pago	Gerencia conta de pagamento do tipo pós-paga, na qual os recursos são depositados para pagamento de débitos já assumidos.	Exemplo: instituições não financeiras emissoras de cartão de crédito (o cartão de crédito é o instrumento de pagamento).
Credenciador	Não gerencia conta de pagamento, mas habilita estabelecimentos comerciais para a aceitação de instrumento de pagamento.	Exemplo: instituições que assinam contrato com o estabelecimento comercial para aceitação de cartão de pagamento.

Uma mesma instituição de pagamento pode atuar em mais de uma modalidade (Fonte: Banco Central do Brasil)

Tipos de Cartão de Crédito

Existem duas categorias de cartão de crédito: básico e diferenciado. O cartão básico é aquele utilizado somente para pagamentos de bens e serviços em estabelecimentos credenciados. Já o cartão diferenciado é aquele cartão que, além de permitir a utilização na sua função clássica de pagamentos de bens e serviços, está associado a programas de benefício e/ou recompensas, ou seja, oferece benefícios adicionais, como programas de milhagem, seguro de viagem, desconto na compra de bens e serviços, atendimento personalizado no exterior etc.

O cartão de crédito básico é de oferecimento obrigatório pelas instituições emissoras de cartão de crédito. Esse cartão básico pode ser nacional ou internacional, mas o valor da anuidade do cartão básico deve ser menor do que o valor da anuidade do cartão diferenciado. Por este motivo, o cartão básico não tem direito a participar de programas de recompensas oferecidos pela instituição emissora.

Existem ainda os Retailer Cards, que são cartões de loja que só podem ser usados na rede da loja específica, por exemplo: Renner e Riachuelo. E os Co-branded Cards, que são cartões de crédito que fazem parcerias com outras empresas de grande nome no mercado, exemplo: Itaú TAM fidelidade.

Tarifas Cobradas

Os bancos só podem cobrar cinco tarifas referentes à prestação de serviços de cartão de crédito: anuidade, emissão de segunda via do cartão, tarifa para uso na função saque, para uso do cartão no pagamento de contas e no pedido de avaliação emergencial do limite de crédito.

Podem ser cobradas ainda tarifas pela contratação de serviços de envio de mensagem automática relativa à movimentação ou lançamento na conta de pagamento vinculado ao cartão de crédito, pelo fornecimento de plástico de cartão de crédito em formato personalizado, e ainda pelo fornecimento emergencial de segunda via de cartão de crédito. Esses serviços são considerados "diferenciados" pela regulamentação.

Atualmente, a valor mínimo para pagamento da fatura de cartão de crédito é de 15%.

Circular nº 3.512/2010 com alterações da 3.563/2011:

> *Art. 1º.* O valor mínimo da fatura de cartão de crédito a ser pago mensalmente não pode ser inferior ao correspondente à aplicação, sobre o saldo total da fatura, dos seguintes percentuais:
>
> I. 15%, a partir de 1º de junho de 2011; (O que vale hoje!)II. Revogado. (Revogado pela Circular nº 3.563, de 11/11/2011).
>
> (Aqui ficavam os 20% que não existem mais)
>
> § 1º. O disposto no caput não se aplica aos cartões de crédito cujos contratos prevejam pagamento das faturas mediante consignação em folha de pagamento. (Incluído pela Circular nº 3.549, de 18/7/2011.)
>
> § 2º. As instituições financeiras e demais instituições autorizadas a funcionar pelo Banco.

Vale destacar que caso o cliente não pague a fatura por completo, o saldo devedor será financiado pelo banco e não pela administradora do cartão. Da mesma forma, caso o cliente queira parcelar uma fatura, pois está incapaz de efetuar o pagamento total, quem parcelará será o instituição financeira e não a administradora do cartão, pois estas estão proibidas pelo BACEN a realizarem tal operação.

"Na verdade, os financiamentos são feitos por bancos, pois administradoras de cartão de crédito são proibidas de financiar seus clientes. Nesses casos, o detentor do cartão de crédito aparecerá no SCR como cliente do banco, que é o real financiador da operação intermediada pela administradora de cartão de crédito."

Fonte: FAQ Sistema de Informação de Crédito – BACEN

Com base no que foi visto, é bom saber que para que o cartão funcione, é preciso uma estrutura completa de instituições financeiras, credenciadores, bandeiras e estabelecimentos. Mas quem é quem?

Instituições Financeiras ou Emissor: é o banco ou uma instituição não bancária que fornece o cartão de crédito e/ou débito para o cliente (titular do cartão). É quem se relaciona com o titular do cartão, estabelecendo os limites de crédito, enviando o cartão para utilização, emitindo as faturas e aprovando as compras realizadas nas lojas.

Credenciador: responsável pela filiação dos estabelecimentos comerciais para uso de cartões nas operações de venda. É responsável pelo fornecimento e manutenção dos equipamentos de captura, a transmissão dos dados das transações eletrônicas e os créditos em conta corrente do estabelecimento comercial.

Estabelecimento Credenciado: empresa de qualquer porte, incluindo o empreendedor individual ou profissional autônomo que aceita o sistema de cartões com suas respectivas bandeiras nas vendas de bens ou serviços.

Bandeira: é quem licencia a marca para o emissor e para o credenciador e coordena o sistema de aprovação, compensação e liquidação dos créditos. A Visa, Mastercard, Diners Club e American Express são exemplos de bandeiras internacionais, e a Hipercard, Elo, Sorocred, Sicred são bandeiras nacionais ou regionais.

Cartão BNDES

O Cartão BNDES é um produto que, baseado no conceito de cartão de crédito, visa financiar os investimentos dos Micro Empreendedores Individuais (MEI) e das micro, pequenas e médias empresas de controle nacional.

Podem obter o Cartão BNDES as MPMEs (com faturamento bruto anual de até R$ 90 milhões), (caso a empresa pertença a grupo ou conglomerado, o faturamento bruto total de todas as participantes deve ser somado e não pode exceder o limite de 90 milhões), sediadas no País, de controle nacional, que exerçam atividade econômica compatíveis com as Políticas Operacionais e de Crédito do BNDES e que estejam em dia com o INSS, FGTS, RAIS e tributos federais.

O portador do Cartão BNDES poderá comprar exclusivamente os itens expostos no Portal de Operações do Cartão BNDES (www.cartaobndes.gov.br) por fornecedores previamente credenciados. As 10 instituições financeiras emissoras do Cartão BNDES são:

- Banco do Brasil;
- Banrisul;
- Bradesco;
- BRDE;
- Caixa Econômica Federal;
- Itaú;
- Sicoob;
- Sicredi;
- Santander;
- Banco do Nordeste.

Bandeiras disponíveis para o cartão BNDES: Cabal, Elo, MasterCard e Visa.

As condições financeiras em vigor são:
- Limite de crédito de até R$ 1 milhão por cartão, por banco emissor.
- Prazo de parcelamento de 3 a 48 meses.
- Taxa de juros prefixada (informada na página inicial do Portal).

Obs. 1: o limite de crédito de cada cliente será atribuído pelo banco emissor do cartão, após a respectiva análise de crédito. Uma empresa pode obter um Cartão BNDES de cada bandeira por banco emissor, podendo somar seus limites numa única transação.

Obs. 2: o cliente pode obter um Cartão BNDES em quantos bancos emissores ele desejar. Caso um banco emissor trabalhe com mais de uma bandeira de cartão de crédito, o cliente poderá ter, nesse banco, um Cartão BNDES de cada bandeira, desde que a soma dos limites não ultrapasse R$ 1 milhão.

Tarifa de Abertura de Crédito (TAC): os bancos estão autorizados a cobrar a TAC desde que esta não exceda 2% do limite de crédito concedido.

> **Fique ligado**
> IOF no cartão BNDES agora pode ser cobrado, devido ao Decreto nº 8.511 de agosto de 2015.

3.4 Crédito Rural

É uma linha de crédito barata, com taxas determinadas por legislação que buscam ajudar aos produtores rurais e suas cooperativas em suas atividades.

3.4.1 Beneficiários
- Produtor rural (pessoa física ou jurídica)
- Cooperativa de produtores rurais
- Pessoa física ou jurídica que, mesmo não sendo produtor rural, dedique-se a uma das seguintes atividades:
  - pesquisa ou produção de mudas ou sementes fiscalizadas ou certificadas;
  - pesquisa ou produção de sêmen para inseminação artificial e embriões;
  - prestação de serviços mecanizados de natureza agropecuária, em imóveis rurais, inclusive para proteção do solo;
  - prestação de serviços de inseminação artificial, em imóveis rurais;
  - medição de lavouras;
  - atividades florestais.

Sindicatos rurais estão fora, ou seja, não podem ser beneficiários do crédito rural.

Pode ser concedido, com finalidades especiais, crédito rural à pessoa física ou jurídica que se dedique à exploração da pesca e da aquicultura, com fins comerciais, incluindo-se os armadores de pesca. (Resolução BACEN nº 4.106/2012).

O tomador do crédito está sujeito à fiscalização da Instituição Financeira.

3.4.2 Da Origem dos Recursos

Controlados: são controlados por Lei, ou seja, exige-se que sejam repassados ao crédito rural.

Caso os bancos descumpram esta exigência, pagam multa e o valor desta multa será revertido em recursos ao crédito rural.

a) os recursos obrigatórios (decorrentes da exigibilidade de depósito à vista);

b) os das Operações Oficiais de Crédito sob supervisão do Ministério da Fazenda;

c) os de qualquer fonte destinados ao crédito rural na forma da regulação aplicável, quando sujeitos à subvenção da União, sob a forma de equalização de encargos financeiros, inclusive os recursos administrados pelo Banco Nacional de Desenvolvimento Econômico e Social (BNDES);

d) os oriundos da poupança rural, quando aplicados segundo as condições definidas para os recursos obrigatórios;

e) os dos fundos constitucionais de financiamento regional;

f) os do Fundo de Defesa da Economia Cafeeira (Funcafé).

Não controlados: todos os demais. O banco capta se quiser e empresta como quiser.

3.4.3 Modalidades da Operação

Custeio: destina-se a cobrir despesas normais dos ciclos produtivos como aquisição de bens e insumos, suplemento do capital de trabalho, além de atender as pessoas dedicadas à extração de produtos vegetais. (Comprar insumos para plantar grãos, vegetais etc.).

Investimentos: destina-se às aplicações em bens ou serviços, cujo desfrute se estenda por vários períodos de produção. (Modernização).

Comercialização: destina-se a assegurar ao produtor ou cooperativas os recursos necessários à colocação de seus produtos no mercado, podendo compreender a pré-comercialização, os descontos de Nota Promissória Rural, Duplicatas Rurais e o Empréstimo do Governo Federal (EGF).

3.4.4 Taxa de Juros

A taxa de juros máxima admitida no crédito rural é de 8,75% a.a. (oito inteiros e setenta e cinco décimos por cento), podendo ser reduzida a critério da instituição financeira.

3.4.5 Limites de Financiamento

O limite de crédito de custeio rural, por beneficiário, em cada safra e em todo o Sistema Nacional de Crédito Rural (SNCR), é de R$ 1,2 milhão, devendo ser considerados, na apuração desse limite, os créditos de custeio tomados com recursos controlados, exceto aqueles tomados no âmbito dos fundos constitucionais de financiamento regional.

Nas operações de investimento, o limite de crédito é de R$ 385 mil, por beneficiário/ano safra, em todo o Sistema Nacional de Crédito Rural (SNCR), independentemente dos créditos obtidos para outras finalidades.

Para a comercialização, o valor máximo será liberado de acordo com a garantia ofertada que poderá ser uma Nota Promissória Rural ou uma Duplicata Rural.

3.4.6 Nota Promissória Rural

Título de crédito, utilizado nas vendas a prazo de bens de natureza agrícola, extrativa ou pastoril, quando efetuadas diretamente por produtores rurais ou por suas cooperativas; nos recebimentos, pelas cooperativas, de produtos da mesma natureza entregues pelos seus cooperados, e nas entregas de bens de produção ou de consumo, feitas pelas cooperativas aos seus associados. O devedor é, geralmente, pessoa física.

3.4.7 Duplicata Rural

Nas vendas a prazo de quaisquer bens de natureza agrícola, extrativa ou pastoril, quando efetuadas diretamente por produtores rurais ou por suas cooperativas, poderá ser utilizada também, como título do crédito, a duplicata rural. Emitida a duplicata rural pelo vendedor, este ficará obrigado a entregá-la ou a remetê-la ao comprador, que a devolverá depois de assiná-la. O devedor é, geralmente, pessoa jurídica.

3.4.8 Liberação do Crédito Rural

O crédito rural pode ser liberado de uma só vez ou em parcelas, por caixa ou em conta de depósitos, de acordo com as necessidades do empreendimento, devendo sua utilização obedecer a cronograma de aquisições e serviços.

Para liberação do crédito rural a instituição financeira pode exigir um projeto, podendo este ser dispensado caso haja garantias de Notas Promissórias Rurais ou Duplicatas Rurais.

3.4.9 Objetivos do Crédito Rural

Tem-se como objetivos do Crédito Rural:
- estimular os investimentos rurais efetuados pelos produtores ou por suas cooperativas;
- favorecer o oportuno e adequado custeio da produção e a comercialização de produtos agropecuários;
- fortalecer o setor rural;
- incentivar a introdução de métodos racionais no sistema de produção, visando ao aumento de produtividade, à melhoria do padrão de vida das populações rurais e à adequada utilização dos recursos naturais;
- propiciar, pelo crédito fundiário, a aquisição e regularização de terras pelos pequenos produtores, posseiros e arrendatários e trabalhadores rurais;
- desenvolver atividades florestais e pesqueiras;
- estimular a geração de renda e o melhor uso da mão de obra na agricultura familiar.

3.4.10 Garantias da Operação

- penhor agrícola, pecuário, mercantil, florestal ou cedular;
- alienação fiduciária;
- hipoteca comum ou cedular;
- aval ou fiança;
- seguro rural ou ao amparo do Programa de Garantia da Atividade Agropecuária (Proagro) (isento de IOF);
- proteção de preço futuro da commodity agropecuária, inclusive por meio de penhor de direitos, contratual ou cedular;
- outras que o Conselho Monetário Nacional admitir.

3.4.11 Despesas a que está sujeito o crédito rural

- remuneração financeira (taxa de juros);
- Imposto sobre Operações de Crédito, Câmbio e Seguro, e sobre Operações relativas a Títulos e Valores Mobiliários (IOF);
- custo de prestação de serviços;
- as previstas no Programa de Garantia da Atividade Agropecuária (Proagro);
- prêmio de seguro rural, observadas as normas divulgadas pelo Conselho Nacional de Seguros Privados;
- sanções pecuniárias, as famosas MULTAS por descumprimento de normas, que acabam virando recursos para o crédito rural.
- prêmios em contratos de opção de venda, do mesmo produto agropecuário objeto do financiamento de custeio ou comercialização, em bolsas de mercadorias e futuros nacionais, e taxas e emolumentos referentes a essas operações de contratos de opção.

Nenhuma outra despesa pode ser exigida do mutuário, salvo o exato valor de gastos efetuados à sua conta pela instituição financeira ou decorrente de expressas disposições legais.

A Alíquota do IOF é ZERO, mas existe um IOF adicional de 0,38% sobre o Crédito Rural.

3.4.12 Realização da Fiscalização do Crédito Rural

Deve ser efetuada nos seguintes momentos:
- crédito de custeio agrícola: antes da época prevista para colheita;
- Empréstimo do Governo Federal (EGF): no curso da operação;
- crédito de custeio pecuário: pelo menos uma vez no curso da operação, em época que seja possível verificar sua correta aplicação;
- crédito de investimento para construções, reformas ou ampliações de benfeitorias: até a conclusão do cronograma de execução, previsto no projeto;
- demais financiamentos: até 60 (sessenta) dias após cada utilização, para comprovar a realização das obras, serviços ou aquisições.

Cabe ao fiscal verificar a correta aplicação dos recursos orçamentários, o desenvolvimento das atividades financiadas e a situação das garantias, se houver.

3.5 Operadores do SFN

3.5.1 Instituições Financeiras Monetárias ou Bancárias

São instituições que captam basicamente depósitos à vista, ou seja, abrindo contas correntes e criando moeda escritural, ou seja, apenas um número no computador, o dinheiro de fato não existe.

Bancos Comerciais

Os bancos comerciais são instituições financeiras privadas ou públicas que têm como objetivo principal proporcionar suprimento de recursos necessários para financiar, a curto e a médio prazo, o comércio, a indústria, as empresas prestadoras de serviços, as pessoas físicas e terceiros em geral. Deve ser constituído sob a forma de sociedade anônima e na sua denominação social deve constar a expressão "Banco", vedado à palavra CENTRAL, conforme a Resolução CMN nº 2.099, de 1994.

Captam depósitos à vista, como atividade típica, abrindo CONTAS-CORRENTES e criando MOEDA ESCRITURAL, mas, também podem captar depósito a prazo fixo (CDB/RDB).

Caixa Econômica Federal

A Caixa Econômica Federal, criada em 1861, está regulada pelo Decreto-Lei nº 759, de 12 de agosto de 1969, como empresa pública vinculada ao Ministério da Fazenda. Trata-se de instituição assemelhada aos bancos comerciais, podendo captar depósitos à vista, realizar operações ativas e efetuar prestação de serviços. Uma característica distintiva da Caixa é que ela prioriza a concessão de empréstimos e financiamentos a programas e projetos nas áreas de assistência social, saúde, educação, trabalho, transportes urbanos e esporte. Pode operar com crédito direto ao consumidor, financiando bens de consumo duráveis, emprestar sob garantia de penhor industrial e caução de títulos, bem como tem o monopólio do empréstimo sob penhor de bens pessoais e sob consignação e tem o monopólio da venda de bilhetes de loteria federal. Além de centralizar o recolhimento e posterior aplicação de todos os recursos oriundos do Fundo de Garantia do Tempo de Serviço (FGTS), integra o Sistema Brasileiro de Poupança e Empréstimo (SBPE) e o Sistema Financeiro da Habitação (SFH).

Cooperativas de Crédito

A cooperativa de crédito é uma instituição financeira formada por uma associação autônoma de pessoas unidas voluntariamente, com forma e natureza jurídica próprias, de natureza civil, sem fins lucrativos, constituída para prestar serviços a seus associados. Deve Constar a expressão "cooperativa de crédito".

- Singulares: mínimo de 20 PF (algumas PJ podem possuir essa designação, desde que atividades correlatas, parecidas, e que não tenham fins lucrativos).

- Centrais: mínimo de 3 cooperativas singulares.

Características:
- São equiparadas às Instituições Financeiras, de acordo com a Lei nº 7.492/86.
- Atuam principalmente no setor primário da economia (rural).

Operações mais comuns:
- Captam depósitos à vista e a prazo somente de associados, sem emissão de certificado – "RDB".
- Obtêm empréstimos ou repasses de instituições financeiras nacionais ou estrangeiras, inclusive por meio de depósitos interfinanceiros, em consonância com a Resolução nº 3.859/2010.
- recebem recursos de fundos oficiais.
- Concedem empréstimos e financiamentos apenas aos associados.
- Aplicam no mercado financeiro.

Banco Cooperativo

Banco comercial ou banco múltiplo constituído, obrigatoriamente, com carteira comercial. É uma sociedade anônima e se diferencia dos demais por ter como acionistas controladores as cooperativas CENTRAIS de crédito, as quais devem deter no mínimo 51% das ações com direito a voto (Resolução nº 2.788/00).

Principais características:
- Captam depósitos à vista e a prazo (CDB e RDB) somente de associados.
- Captam recursos dentro do país e no exterior por meio de empréstimos.
- Os recursos por eles captados ficam na região onde o Banco atua, e onde os recursos foram gerados.
- Emprestam por intermédio de linhas de crédito, em geral somente aos associados.
- Prestam serviços também aos não cooperados.

É importante notar que não há obrigatoriedade de a constituição do Banco Cooperativo ser uma S/A fechada, pois a Resolução cita apenas uma S/A, deixando a critério da instituição essa decisão.

Bancos Múltiplos com Carteira Comercial

Os bancos múltiplos são instituições financeiras privadas ou públicas que realizam as operações ativas, passivas e acessórias das diversas instituições financeiras, por intermédio das seguintes carteiras: comercial, de investimento e/ou de desenvolvimento, de crédito imobiliário, de arrendamento mercantil e de crédito, financiamento e investimento. Essas operações estão sujeitas às mesmas normas legais e regulamentares aplicáveis às instituições singulares correspondentes às suas carteiras. A carteira de desenvolvimento somente poderá ser operada por banco público. O banco múltiplo deve ser constituído com, no mínimo, duas carteiras, sendo uma delas, obrigatoriamente, comercial ou de investimento, e ser organizado sob a forma de sociedade anônima. As instituições com carteira comercial podem captar depósitos à vista. Na sua denominação social deve constar a expressão "Banco" (Resolução CMN nº 2.099, de 1994).

Como se pode perceber, este banco múltiplo tem tudo a ver com banco comercial, e mais adiante verificaremos que existe o Banco de Investimentos, que é NÃO monetário, e que também forma um banco múltiplo, mas sem carteira comercial, ou seja, não poderá captar depósitos à vista.

3.5.2 Instituições Financeiras Não Monetárias ou Não Bancárias

São instituições que não captam depósitos à vista, ou seja, não abrem contas correntes e não criam moeda escritural.

Estas instituições não lidam com dinheiro em espécie, mas sim com papéis que valem dinheiro e saldos eletrônicos representativos de valores em dinheiro.

Bancos de Investimento

Os bancos de investimento são instituições financeiras privadas especializadas em operações de participação societária de caráter temporário, de financiamento da atividade produtiva para suprimento de capital fixo e de giro e de administração de recursos de terceiros. Devem ser constituídos sob a forma de sociedade anônima e adotar, obrigatoriamente, em sua denominação social, a expressão "Banco de Investimento". Não possuem contas correntes e captam recursos via depósitos a prazo, repasses de recursos externos, internos e venda de cotas de fundos de investimento por eles administrados. As principais operações ativas são financiamento de capital de giro e capital fixo, subscrição ou aquisição de títulos e valores mobiliários, depósitos interfinanceiros e repasses de empréstimos externos (Resolução CMN nº 2.624, de 1999).

- Podem ter Conta desde que: não remunerada e não movimentada por cheque nem por meio eletrônicos pelo cliente.
- Administra fundos de investimento.
- São Agentes Underwriters e auxiliam na oferta pública inicial de papéis de companhias abertas.

Bancos Múltiplos com Carteira de Investimentos

Os bancos múltiplos são instituições financeiras privadas ou públicas que realizam as operações ativas, passivas e acessórias das

INSTITUIÇÕES FINANCEIRAS

diversas instituições financeiras, por intermédio das seguintes carteiras: comercial, de investimento e/ou de desenvolvimento, de crédito imobiliário, de arrendamento mercantil e de crédito, financiamento e investimento. Essas operações estão sujeitas às mesmas normas legais e regulamentares aplicáveis às instituições singulares correspondentes às suas carteiras. A carteira de desenvolvimento somente poderá ser operada por banco público. O banco múltiplo deve ser constituído com, no mínimo, duas carteiras, sendo uma delas, obrigatoriamente, comercial ou de investimento, e ser organizado sob a forma de sociedade anônima. As instituições com carteira comercial podem captar depósitos à vista. Na sua denominação social deve constar a expressão "Banco" (Resolução CMN nº 2.099, de 1994).

Bancos de Desenvolvimento

Constituídos sob a forma de sociedade anônima, com sede na capital do Estado que detiver seu controle acionário, devendo adotar, obrigatória e privativamente, em sua denominação social, a expressão "Banco de Desenvolvimento", seguida do nome do Estado em que tenha sede (Resolução CMN 394, de 1976).

Empréstimos direcionados principalmente para empresas do setor Privado. Exemplos: BDMG, BRDE.

Bancos de desenvolvimento são exclusivamente bancos públicos. Importante ressaltar que o BNDES não é um banco de desenvolvimento, é uma empresa pública.

Sociedades de Crédito, Financiamento e Investimento

Constituídas sob a forma de sociedade anônima, na sua denominação social deve constar a expressão "Crédito, Financiamento e Investimento". Tais entidades captam recursos por meio de aceite e colocação de Letras de Câmbio (Resolução CMN nº 45, de 1966) e Recibos de Depósitos Bancários (Resolução CMN nº 3454, de 2007).

São as financeiras, geralmente ligadas a algum Banco Comercial.

Têm capacidade para realizar operações até 12 vezes o seu patrimônio e praticam altas taxas de juros devido à alta inadimplência de suas operações. Exemplo: Fininvest, Losango.

Sociedades de Arrendamento Mercantil

As Sociedades de Arrendamento Mercantil (SAM) realizam arrendamento de bens móveis e imóveis adquiridos por elas, segundo as especificações da arrendatária (cliente), para fins de uso próprio desta. Assim, os contratantes deste serviço podem usufruir de determinado bem sem serem proprietários dele.

Embora sejam fiscalizadas pelo Banco Central do Brasil e realizem operações com características de um financiamento, as Sociedades de Arrendamento Mercantil não são consideradas instituições financeiras, mas sim entidades equiparadas a instituições financeiras.

Constituídas sob a forma de sociedade anônima, deve constar obrigatoriamente na sua denominação social a expressão "Arrendamento Mercantil".

Operam na forma ativa:

Leasing: locação de bens móveis, nacionais ou estrangeiros e Bens Imóveis adquiridos pela entidade arrendadora para fins de uso próprio do arrendatário.

Captação: sua principal forma de captação vem da emissão de um valor mobiliário chamado Debênture.

Também captam por meio de empréstimos em outras instituições financeiras nacionais ou estrangeiras.

Como sua principal atividade ativa é o leasing ou arrendamento mercantil, que nada mais é do que um aluguel, passa a ser considerada uma prestadora de serviços. Logo, sobre suas operações, não incide o Imposto sob Operações Financeiras (IOF), mas sim Imposto Sob prestação de Serviços.

Dentro do SFN funciona um subsistema dos captadores de poupança que direcionam estes recursos para financiamentos habitacionais, o SISTEMA BRASILEIRO DE POUPANÇA E EMPRÉSTIMOS (SBPE). Nele operam a Caixa (CEF), as Associações de Poupança e Empréstimo (APE), as Sociedades de Crédito Imobiliário (SCI) e as demais instituições que desejem captar poupança para emprestar em financiamentos habitacionais.

Associações de Poupança e Empréstimos

São constituídas sob a forma de sociedade civil, sendo de propriedade comum de seus associados. Suas operações ativas são, basicamente, direcionadas ao mercado imobiliário e ao Sistema Financeiro da Habitação (SFH). As operações passivas são constituídas de emissão de letras e cédulas hipotecárias, depósitos de cadernetas de poupança, depósitos interfinanceiros e empréstimos externos. Os depositantes dessas entidades são considerados acionistas da associação e, por isso, não recebem rendimentos, mas dividendos. Os recursos dos depositantes são, assim, classificados no patrimônio líquido da associação e não no passivo exigível (Resolução CMN nº 52, de 1967).

- Sociedade civil sem fins lucrativos.
- Os clientes que abrem poupança se tornam associados e recebem dividendos (remuneração da poupança).

Captação:
- Poupança.
- Letra de Crédito Hipotecária.
- Letra Financeira.
- Repasse da Caixa Econômica Federal e de outras instituições financeiras captadoras de poupança que não desejam operar no SFH.

Sociedades de Crédito Imobiliário

São instituições financeiras criadas pela Lei nº 4.380, de 21 de agosto de 1964, para atuar no financiamento habitacional. Constituem operações passivas dessas instituições os depósitos de poupança, a emissão de letras e cédulas hipotecárias e depósitos interfinanceiros. Suas operações ativas são: financiamento para construção de habitações, abertura de crédito para compra ou construção de casa própria, financiamento de capital de giro a empresas incorporadoras, produtoras e distribuidoras de material de construção. Devem ser constituídas sob a forma de sociedade anônima, adotando obrigatoriamente em sua denominação social a expressão "Crédito Imobiliário". (Resolução CMN nº 2.735, de 2000).

Sociedades Corretoras de Títulos e Valores Mobiliários (CTVM)

São constituídas sob a forma de sociedade anônima ou por quotas de responsabilidade limitada. Dentre seus objetivos estão: operar em bolsas de valores, subscrever emissões de títulos e valores mobiliários no mercado; comprar e vender títulos e valores mobiliários por conta própria e de terceiros; encarregar-se da administração de carteiras e da custódia de títulos e valores mobiliários; exercer funções de agente fiduciário; instituir, organizar e administrar fundos e clubes de investimento; emitir certificados de depósito de ações; intermediar operações de câmbio; praticar operações no mercado de câmbio; praticar determinadas operações de conta margem; realizar operações compromissadas;

praticar operações de compra e venda de metais preciosos, no mercado físico, por conta própria e de terceiros; operar em bolsas de mercadorias e de futuros por conta própria e de terceiros. São supervisionadas pelo Banco Central do Brasil (Resolução CMN nº 1.655, de 1989).

Sociedades Distribuidoras de Títulos e Valores Mobiliários (DTVM)

São constituídas sob a forma de sociedade anônima ou por quotas de responsabilidade limitada, devendo constar na sua denominação social a expressão "Distribuidora de Títulos e Valores Mobiliários". Algumas de suas atividades: intermedeiam a oferta pública e distribuição de títulos e valores mobiliários no mercado; administram e custodiam as carteiras de títulos e valores mobiliários; instituem, organizam e administram fundos e clubes de investimento; operam no mercado acionário, comprando, vendendo e distribuindo títulos e valores mobiliários, inclusive ouro financeiro, por conta de terceiros; fazem a intermediação com as bolsas de valores e de mercadorias; efetuam lançamentos públicos de ações; operam no mercado aberto e intermedeiam operações de câmbio. São supervisionadas pelo Banco Central do Brasil (Resolução CMN nº 1.120, de 1986).

- Fiscalizadas pelo BACEN e CVM.
- São intermediadores (investidor – Bolsa).
- Intermediam operações de câmbio até o limite de 100 mil dólares por operação, nas operações de compra e venda de moeda à vista (câmbio pronto).
- São, juntamente com os Bancos de Investimento, os underwriters.

> **Fique ligado**
> O acordo BACEN CVM nº 17 autorizou a DTVM a operar no ambiente da Bolsa de Valores, acabando, assim, com uma grande diferença existente entre as CTVM e DTVM.

Bolsas de Valores e Bolsas de Mercadorias e de Futuros

As bolsas de valores são um mercado organizado que pode ser constituído sob a forma de Sociedade Civil sem fins lucrativos, ou S/A com fins lucrativos, estas bolsas têm por finalidade oferecer um ambiente seguro para que os investidores realizem suas operações de compra e venda de capitais, gerando fluxo financeiro no mercado futuro.

As bolsas de Mercadorias e de Futuros são instituições que viabilizam a negociação de contratos futuros, opções de compra, derivativos e o mercado a termo. Neste segmento operam investidores interessados nas variações futuras de preços dos produtos e ativos.

Atualmente no Brasil, estas duas bolsas se uniram formando a BM&F Bovespa, que é uma fusão das atividades das duas bolsas anteriores, ou seja, hoje a BM&F Bovespa, opera tanto no mercado à vista de ações ou no mercado de balcão, como no mercado a termo ou de futuros.

Desta forma, a atual BM&F Bovespa é uma S/A COM FINS LUCRATIVOS, visando ao lucro por meio da prestação de serviços, proporcionando um ambiente salutar para as negociações do mercado de capitais, que pode ser um ambiente físico onde ocorrem as negociações, ou um ambiente Eletrônico onde ocorrem os Pregões.

3.5.3 Demais Instituições Financeiras Oficiais Federais

BANCO DO BRASIL S/A

O BB é uma S/A, Múltipla, Pública, de capital aberto, na qual o Governo Federal é o acionista majoritário, portanto é uma Sociedade de Economia Mista, em que existe capital público e privado, juntos.

É o principal executor da política oficial de crédito rural.

Tem algumas funções atípicas, pois ainda é um grande parceiro do Governo Federal. São elas:

- Executar e administrar os serviços da câmara de compensação de cheques e outros papéis.
- Efetuar os pagamentos e suprimentos necessários à execução do Orçamento Geral da União.
- Aquisição e financiamento dos estoques de produção exportável.
- Agenciamento dos pagamentos e recebimentos fora do País.
- Operador dos fundos setoriais, como Pesca e Reflorestamento.
- Captação de depósitos de poupança, com direcionamento para o crédito rural, e operacionalização do FCO – Fundo Constitucional do Centro-Oeste.
- Execução dos preços mínimos dos produtos agropastoris.
- Execução dos serviços da dívida pública consolidada.
- Realizar, por conta própria, operações de compra e venda de moeda estrangeira e, por conta do BACEN, nas condições estabelecidas pelo CMN.
- Arrecadação dos tributos e rendas federais, a critério do Tesouro Nacional.
- Executor dos serviços bancários para o Governo Federal, e suas autarquias, bem como de todo os Ministérios e órgãos acessórios.

BNDES – Banco Nacional de Desenvolvimento Econômico e Social

Criado em 1952 como autarquia federal, foi enquadrado como uma empresa pública federal, com personalidade jurídica de direito privado e patrimônio próprio, pela Lei nº 5.662, de 21 de junho de 1971. O BNDES é uma autarquia que atualmente está vinculada ao Ministério do Planejamento, Desenvolvimento e Gestão, segundo Decreto 726, de 12 de maio de 2016 e tem como objetivo:

- Apoiar empreendimentos que contribuam para o desenvolvimento do país.

Suas linhas de apoio contemplam financiamentos de longo prazo e custos competitivos, para o desenvolvimento de projetos de investimentos e para a comercialização de máquinas e equipamentos novos, fabricados no país, bem como para o incremento das exportações brasileiras. Contribui, também, para o fortalecimento da estrutura de capital das empresas privadas e desenvolvimento do mercado de capitais. A BNDESPAR, subsidiária integral, investe em empresas nacionais por meio da subscrição de ações e debêntures conversíveis. O BNDES considera ser de fundamental importância, na execução de sua política de apoio, a observância de princípios ético-ambientais e assume o compromisso com os princípios do desenvolvimento sustentável. As linhas de apoio financeiro e os programas do BNDES atendem às necessidades de investimentos das empresas de qualquer porte e setor, estabelecidas no país. A parceria com instituições financeiras, com agências estabelecidas em todo o país, permite a disseminação do crédito, possibilitando um maior acesso aos recursos do BNDES.

4 SISTEMA DE SEGUROS PRIVADOS

4.1 Sociedades de Capitalização

As sociedades de capitalização são constituídas sob a forma de sociedades anônimas, as quais negociam contratos (títulos de capitalização) que têm por objeto o depósito periódico de prestações pecuniárias pelo contratante. Este terá, depois de cumprido o prazo contratado, o direito de resgatar parte dos valores depositados corrigidos por uma taxa de juros estabelecida contratualmente. Confere-se, ainda, quando previsto, o direito de concorrer a sorteios de prêmios em dinheiro.

4.1.1 Título de Capitalização

É um produto em que parte dos pagamentos realizados pelo subscritor é usada para formar um capital, segundo cláusulas e regras aprovadas e mencionadas no próprio título (Condições Gerais do Título) e que será pago em moeda corrente em um prazo máximo estabelecido.

O restante dos valores dos pagamentos é usado para custear os sorteios, quase sempre previstos neste tipo de produto, e as despesas administrativas das sociedades de capitalização.

Os prazos dos títulos de capitalização são, basicamente, dois:

Prazo de Pagamento: é o período durante o qual o subscritor compromete-se a efetuar os pagamentos que, em geral, são mensais e sucessivos. Outra possibilidade, como colocada acima, é a de o título ser de Pagamento Periódico (PP) ou de Pagamento Único (PU).

Prazo de Vigência: é o período durante o qual o Título de Capitalização está sendo administrado pela Sociedade de Capitalização, sendo o capital relativo ao título, em geral, atualizado monetariamente pela TR e capitalizado pela taxa de juros informada nas Condições Gerais. É o prazo em que o cliente ou subscritor concorre aos sorteios. Tal período deverá ser igual ou superior ao período de pagamento - mínimo de 12 meses.

> **Fique ligado**
> Nem sempre os prazos de vigência e pagamento vão coincidir!

Forma de pagamento:

Por Mês (PM)

É um título que prevê um pagamento a cada mês de sua vigência.

POR PERÍODO (PP)

É um título em que não há correspondência entre o número de pagamentos e o número de meses de vigência do título.

Pagamento Único (PU)

É um título em que o pagamento é único (realizado uma única vez), tendo sua vigência estipulada na proposta (no mínimo 12 meses).

Modalidades segundo a Resolução nº 384, de 9 de junho de 2020:

Modalidade Tradicional

Define-se como Modalidade Tradicional o Título de Capitalização que tem por objetivo restituir ao titular, ao final do prazo de vigência, no mínimo, o valor total dos pagamentos efetuados pelo subscritor (cliente), desde que todos os pagamentos previstos tenham sido realizados nas datas programadas (Art. 29).

Modalidade Compra-Programada:

Define-se como Modalidade Compra-Programada o Título de Capitalização em que a sociedade de capitalização garante ao titular, ao final da vigência, o recebimento do valor de resgate em moeda corrente nacional, sendo disponibilizada ao titular a faculdade de optar, se este assim desejar e sem qualquer outro custo, pelo recebimento do bem ou serviço referenciado na ficha de cadastro, subsidiado por acordos comerciais celebrados com indústrias, atacadistas ou empresas comerciais (Art. 34).

Modalidade Popular

Define-se como Modalidade Popular o Título de Capitalização que tem por objetivo propiciar a participação do titular em sorteios, sem que haja devolução integral dos valores pagos.

Normalmente, esta modalidade é a utilizada quando há cessão de resgate a alguma instituição (Art. 38).

Modalidade Incentivo:

Entende-se por Modalidade Incentivo o Título de Capitalização que está vinculado a um evento promocional de caráter comercial instituído pelo subscritor.

O subscritor, neste caso, é a empresa que compra o título e o cede total ou parcialmente (somente o direito ao sorteio) aos clientes consumidores do produto utilizado no evento promocional.

Como é estruturado um título de capitalização?

Os títulos de capitalização são estruturados com prazo de vigência igual ou superior a 12 meses e em séries cujo tamanho deve ser informado no próprio título, sendo no mínimo de 10.000 títulos. Por exemplo, uma série de 100.000 títulos poderá ser adquirida por até 100.000 clientes diferentes, que são regidos pelas mesmas condições gerais e, se for o caso, concorrerão ao mesmo tipo de sorteio.

O título prevê pagamentos a serem realizados pelo subscritor. Cada pagamento apresenta, em geral, três componentes:

Cota de Capitalização: parte que será devolvida ao cliente, corrigira monetariamente por um índice fixado no contrato.

Cota de sorteio: parte destinada ao pagamento dos prêmios aos sorteados.

Cota de Carregamento: parte destinada às despesas administrativas da sociedade de capitalização.

Os valores dos pagamentos são fixos?

Nos títulos com vigência igual a 12 meses, os pagamentos são obrigatoriamente fixos. Já nos títulos com vigência superior, é facultada a atualização dos pagamentos, a cada período de 12 meses, por aplicação de um índice oficial estabelecido no próprio título.

O resgate é sempre inferior ao valor total que foi pago?

Não. Alguns títulos possuem ao final do prazo de vigência um percentual de resgate igual ou até mesmo superior a 100%, isto é, se fosse, por exemplo, 100%, significaria que o titular receberia, ao final do prazo de vigência, tudo o que pagou, além da atualização monetária, que é o caso do produto Tradicional.

4.2 Entidades Abertas de Previdência Complementar

Entidades abertas de previdência complementar são entidades constituídas unicamente sob a forma de sociedades anônimas e têm por objetivo instituir e operar planos de benefícios de caráter previdenciário, concedidos em forma de renda continuada, com pagamentos por período determinado ou pagamento único, acessíveis a quaisquer pessoas físicas.

4.2.1 Os Planos de Previdência Complementar Abertos

Os planos são comercializados por bancos e seguradoras, e podem ser adquiridos por qualquer pessoa física ou jurídica. O órgão do governo que fiscaliza e dita as regras dos planos de Previdência Privada é a SUSEP (Superintendência de Seguros Privados), que é ligada ao Ministério da Fazenda.

Os dois planos mais comuns são PGBL e VGBL. PGBL significa Plano Gerador de Benefício Livre e VGBL quer dizer Vida Gerador de Benefício Livre.

São planos previdenciários que permitem o acúmulo de recursos por um prazo contratado. Durante esse período, o dinheiro depositado é investido e rentabilizado pela seguradora ou banco escolhido.

Tanto no PGBL como no VGBL, o contratante passa por duas fases: o período de investimento e o período de benefício. O primeiro normalmente ocorre quando estamos trabalhando e/ou gerando renda. Esta é a fase de formação de patrimônio. Já o período de benefício começa a partir da idade que escolhemos para começar a desfrutar do dinheiro acumulado durante anos de trabalho. A maneira de recebimento dos recursos é escolhida pelo contratante. É possível resgatar o patrimônio acumulado e/ou contratar um tipo de benefício (renda) para passar a receber, mensalmente, da empresa seguradora.

É importante lembrar que tanto o período de investimento quanto o período de benefício não precisam ser contratados com a mesma seguradora. Desta forma, uma vez encerrado o período de investimento, o participante fica livre para contratar outra instituição.

4.2.2 Diferença entre PGBL e VGBL

A principal distinção entre eles está na tributação. No PGBL, o contratante pode deduzir o valor das contribuições da sua base de cálculo do Imposto de Renda, com limite de 12% da sua renda bruta anual. Assim, poderá reduzir o valor do imposto a pagar ou aumentar sua restituição de IR. Suponha que um contribuinte tenha um rendimento bruto anual de R$ 100 mil. Com o PGBL, ele poderá declarar ao Leão R$ 88 mil. O IR sobre os R$ 12 mil restantes, aplicados em PGBL, só será pago no resgate desse dinheiro. Mas Fique ligado: esse benefício fiscal só é vantajoso para aqueles que fazem a declaração do Imposto de Renda pelo formulário completo e são tributados na fonte.

Para quem faz declaração simplificada ou não é tributado na fonte, como autônomos, o VGBL é ideal. Ele também é indicado para quem deseja diversificar seus investimentos ou para quem deseja aplicar mais de 12% de sua renda bruta em previdência. Isso porque, em um VGBL, a tributação acontece apenas sobre o ganho de capital.

Fonte: http://www.susep.gov.br/menu/informacoes-ao-publico/planos-e-produtos/previdencia-complementar-aberta#duvidasfaq

Os planos denominados PGBL E VGBL, durante o período de diferimento, terão como critério de remuneração da provisão matemática de benefícios a conceder, a rentabilidade da carteira de investimentos do Fundo de Investimentos Exclusivo (FIE), instituído para o plano, ou seja, **DURANTE O PERÍODO DE DIFERIMENTO NÃO HÁ GARANTIA DE REMUNERAÇÃO MÍNIMA**, ou seja, pode render negativo.

Os planos de Previdência Privada cobram dois tipos de taxa que devem ser observados na hora da contratação: a taxa de administração financeira e a taxa de carregamento.

A taxa de administração financeira é cobrada pela tarefa de administrar o dinheiro do fundo de investimento exclusivo, criado para o seu plano, e pode variar de acordo com as condições comerciais do plano contratado. Os que têm fundos com investimentos em ações, por serem mais complexos, normalmente possuem taxas um pouco maiores do que aqueles que investem apenas em renda fixa.

Importante: a taxa de administração financeira é cobrada diariamente sobre o valor total da reserva e a rentabilidade informada é líquida, ou seja, com o valor da taxa de administração já debitado.

A taxa de carregamento incide sobre cada depósito que é feito no plano. Ela serve para cobrir despesas de corretagem e administração. Na maioria dos casos, a cobrança dessa taxa não ultrapassa 5%, sendo o máximo autorizado pela SUSEP de 10%, sobre o valor de cada contribuição que for feita. No mercado, há três formas de taxa de carregamento, dependendo do plano contratado. São elas:

- Antecipada: incide no momento do aporte. Esta taxa é decrescente em função do valor do aporte e do montante acumulado. Ou seja, quanto maior o valor do aporte ou quanto maior o montante acumulado, menor será a taxa de carregamento antecipada.
- Postecipada: incide somente em caso de portabilidade ou resgates. É decrescente em função do tempo de permanência no plano, podendo chegar a zero. Ou seja, quanto maior o tempo de permanência, menor será a taxa.
- Híbrida: a cobrança ocorre tanto na entrada (no ingresso de aportes ao plano), quanto na saída (na ocorrência de resgates ou portabilidades). Como se pode ver, existem produtos que extinguem a cobrança dessa taxa após certo tempo de aplicação. Outros atrelam esse percentual ao saldo investido: quanto maior o volume aplicado, menor a taxa.

Alíquotas do Imposto de Renda (IR)

A alíquota do Imposto de Renda serve para tributar a renda que o indivíduo receberá ao final do plano quando for gozar o benefício de forma parcelada ou de uma única vez. Logo, esta alíquota pode ser cobrada de duas formas de acordo com a escolha do cliente. Convém lembrar que esta escolha é IRRETRATÁVEL, ou seja, não pode ser mudada.

Alíquota Progressiva

Esta forma de tributação é ideal para quem não declara Imposto de Renda ou se declara como isento, pois o imposto cobrado na previdência no momento do resgate será de 15%, independentemente do prazo. Entretanto, caso sua renda passe a ser tributável, ou seja, você passe a ganhar o suficiente para pagar Imposto de Renda, a tributação que era 15% passa a acompanhar a tributação do seu salário, e quando você efetuar o resgate terá de fazer um ajuste no seu Imposto de Renda para mais ou para menos, a depender o valor do seu salário e da alíquota cobrada, por isso o nome Progressiva, pois aumenta conforme seu salário progride, por exemplo:

Se determinado indivíduo ganha R$ 10 mil por ano, não precisa declarar Imposto de Renda. Mas se declarar, não será preciso pagar imposto; logo, sua previdência está sujeita a imposto de 15%. Quando for efetuado o resgate e for cobrado o imposto, como este indivíduo não deve pagar Imposto de Renda, pode receber o valor cobrado de volta como restituição.

Vejamos outro exemplo:

Se um indivíduo ganha R$ 70 mil por ano, deve declarar Imposto de Renda e deve pagar imposto, ou este pode ser retido em seu salário pelo empregador se tal indivíduo for assalariado. Para quem ganha R$ 70 mil por ano, o imposto devido é de 27,5%, ou seja, sua previdência sairá de um imposto de 15% para um imposto de 27,5%. Desta forma, este indivíduo deverá pagar imposto a mais por ela e não receberá nada de volta a título de restituição.

Por isso, esta forma de tributação deve ser escolhida com cuidado, e com o pensamento no fato de que se a renda subir demais, pagar-se-á mais imposto.

Alíquota Regressiva

Esta alíquota indica que o imposto será cobrado na forma inversa à Progressiva, ou seja, começará alto, em 35%, e terminará em 10% ao fim de dez anos, ou seja, a alíquota reduz com o tempo. Logo, esta modalidade é mais indicada para aqueles que desejam ficar no plano de previdência por MUITO TEMPO, e que queiram utilizar a aplicação como benefício futuro de aposentadoria. É indicada para aqueles clientes que estão pensando em muito longo prazo. Deve, também, ser escolhida com Fique ligado, pois esta escolha entre progressiva ou Regressiva é IRRETRATÁVEL, ou seja, não se pode mudar.

Alguns bancos estão vendendo a ideia de que se pode trocar de alíquota progressiva para regressiva. Esta manobra não encontra amparo legal, é apenas uma brecha encontrada em lei. Vale salientar que não há regulamentação da SUSEP ou de qualquer outro órgão que permita claramente esta manobra. Diante disso, é preciso cautela, pois os bancos vendem a ideia de trocar de progressiva para regressiva e não ao contrário.

4.3 Previdência Complementar Fechada

Como visto anteriormente, além das Sociedades de Capitalização, das Seguradoras e das Entidades Abertas de Previdência Complementar, existem as Entidades Fechadas de Previdência Complementar. Entretanto, estas não são subordinadas ao CNSP nem, tampouco, são fiscalizadas pela SUSEP. Vejamos:

4.3.1 Conselho Nacional de Previdência Complementar

O Conselho Nacional de Previdência Complementar (CNPC) é um órgão colegiado que integra a estrutura do Ministério da Previdência Social, REUNINDO-SE TRIMESTRALMENTE, e cuja competência é regular o regime de previdência complementar operado pelas entidades fechadas de previdência complementar (fundos de pensão).

O CNPC é o novo órgão com a função de regular o regime de previdência complementar operado pelas entidades fechadas de previdência complementar, nova denominação do Conselho de Gestão da Previdência Complementar.

4.3.2 Superintendência de Previdência Complementar

(PREVIC)

Lei nº 12.154, de 23 de dezembro de 2009.

Art. 1º Fica criada a Superintendência Nacional de Previdência Complementar - PREVIC, autarquia de natureza especial, dotada de autonomia administrativa e financeira e patrimônio próprio, vinculada ao Ministério da Previdência Social, com sede e foro no Distrito Federal e atuação em todo o território nacional.

Parágrafo único. A Previc atuará como entidade de fiscalização e de supervisão das atividades das entidades fechadas de previdência complementar e de execução das políticas para o regime de previdência complementar operado pelas entidades fechadas de previdência complementar, observadas as disposições constitucionais e legais aplicáveis.

Art. 2º Compete à Previc:

I. proceder à fiscalização das atividades das entidades fechadas de previdência complementar e de suas operações;

II. apurar e julgar infrações e aplicar as penalidades cabíveis;

III. expedir instruções e estabelecer procedimentos para a aplicação das normas relativas à sua área de competência, de acordo com as diretrizes do Conselho Nacional de Previdência Complementar, a que se refere o inciso XVIII do Art. 29 da Lei no 10.683, de 28 de maio de 2003;

IV - autorizar:

a) a constituição e o funcionamento das entidades fechadas de previdência complementar, bem como a aplicação dos respectivos estatutos e regulamentos de planos de benefícios;

b) as operações de fusão, de cisão, de incorporação ou de qualquer outra forma de reorganização societária, relativas às entidades fechadas de previdência complementar;

c) a celebração de convênios e termos de adesão por patrocinadores e instituidores, bem como as retiradas de patrocinadores e instituidores; e

d) as transferências de patrocínio, grupos de participantes e assistidos, planos de benefícios e reservas entre entidades fechadas de previdência complementar;

V - harmonizar as atividades das entidades fechadas de previdência complementar com as normas e políticas estabelecidas para o segmento;

VI - decretar intervenção e liquidação extrajudicial das entidades fechadas de previdência complementar, bem como nomear interventor ou liquidante, nos termos da lei;

VII - nomear administrador especial de plano de benefícios específico, podendo atribuir-lhe poderes de intervenção e liquidação extrajudicial, na forma da lei;

VIII - promover a mediação e a conciliação entre entidades fechadas de previdência complementar e entre estas e seus participantes, assistidos, patrocinadores ou instituidores, bem como dirimir os litígios que lhe forem submetidos na forma da Lei no 9.307, de 23 de setembro de 1996;

IX - enviar relatório anual de suas atividades ao Ministério da Previdência Social e, por seu intermédio, ao Presidente da República e ao Congresso Nacional; e

X - adotar as demais providências necessárias ao cumprimento de seus objetivos.

§ 1° O Banco Central do Brasil, a Comissão de Valores Mobiliários e os órgãos de fiscalização da previdência complementar manterão permanente intercâmbio de informações e disponibilidade de base de dados, de forma a garantir a supervisão contínua das operações realizadas no âmbito da competência de cada órgão.

§ 2° O sigilo de operações não poderá ser invocado como óbice ao fornecimento de informações, inclusive de forma contínua e sistematizada, pelos entes integrantes do sistema de registro e liquidação financeira de ativos autorizados pelo Banco Central do Brasil ou pela Comissão de Valores Mobiliários, sobre ativos mantidos em conta de depósito em instituição ou entidade autorizada à prestação desse serviço.

§ 3° No exercício de suas competências administrativas, cabe ainda à Previc:

I - deliberar e adotar os procedimentos necessários, nos termos da lei, quanto à:

a) celebração, alteração ou extinção de seus contratos; e

b) nomeação e exoneração de servidores;

II - contratar obras ou serviços, de acordo com a legislação aplicável;

III - adquirir, administrar e alienar seus bens;

IV - submeter ao Ministro de Estado da Previdência Social a sua proposta de orçamento;

V - criar unidades regionais, nos termos do regulamento; e

VI - exercer outras atribuições decorrentes de lei ou de regulamento.

4.3.3 Entidades Fechadas de Previdência Complementar

As entidades fechadas de previdência complementar (fundos de pensão) são organizadas sob a forma de fundação ou sociedade civil, sem fins lucrativos, e são acessíveis, exclusivamente, aos empregados de uma empresa ou grupo de empresas ou aos servidores da União, dos Estados, do Distrito Federal e dos Municípios, entes denominados patrocinadores ou aos associados ou membros de pessoas jurídicas de caráter profissional, classista ou setorial, denominadas "instituidores".

> **Fique ligado**
>
> Neste caso, PREVIC determina o que deve ser feito, pois estas instituições serão subordinadas ao Ministério da Previdência. Por isso o CMN não tem atuação forte neste segmento.

As entidades de previdência fechada devem seguir as diretrizes estabelecidas pelo Conselho Monetário Nacional, por meio da Resolução 3.121, de 25 de setembro de 2003, no que tange à aplicação dos recursos dos planos de benefícios.

4.3.4 Plano de Previdência Fechado

Também conhecido como fundos de pensão, é criado por empresas e voltado exclusivamente aos seus funcionários, não podendo ser comercializado para quem não é colaborador da instituição. A Superintendência Nacional de Previdência Complementar (PREVIC) é uma autarquia vinculada ao Ministério da Previdência Social, responsável por fiscalizar as atividades das entidades fechadas de previdência complementar (fundos de pensão).

5 SISTEMA DE PAGAMENTOS BRASILEIRO

O **Sistema de Pagamentos Brasileiro (SPB)** é o conjunto de procedimentos, regras, instrumentos e operações integradas que, por meio eletrônico, dão suporte à movimentação financeira entre os diversos agentes econômicos do mercado brasileiro, tanto em moeda local quanto estrangeira, visando à maior **proteção contra** rombos ou **quebra em cadeia de instituições financeiras**.

Sua função básica é permitir a transferência de recursos financeiros, o processamento e liquidação de pagamentos para pessoas físicas, jurídicas e entes governamentais.

Toda transação econômica que envolva o uso de cheque, cartão de crédito, ou TED, por exemplo, envolve o SPB.

O SPB passou por mudanças recentes e com elas veio a nova definição de SPB.

01. A **criação** do **STR (Sistema de Transferência de Reservas)** ocasionou a criação da **TED (Transferência Eletrônica Disponível)**. Este tipo de transferência permite enviar recursos em no máximo 1 hora e meia para serem creditados na conta do destinatário.

Cuidado! Limite mínimo para envio de R$ 0,00, ou seja, pode-se enviar uma **TED** de qualquer valor.

02. **Limitação** máxima de R$ 4.999,99 para envio de **DOC (Documento de Ordem de Crédito)**. Esta forma de transferência é aquela em que o cliente envia os recursos para o destinatário, mas este só perceberá o dinheiro em sua conta após um prazo de 24h, pois esta operação irá para a compensação no fim do dia e ficará condicionada à existência de saldo na conta do banco para ser efetivada.

03. Cobrança de taxa de **0,11%** sobre **cheques** emitidos que sejam **iguais** ou **superiores** a R$ 5.000,00, para **Pessoas Jurídicas**.

Então, resumindo, o **NOVO SPB** veio para dar mais segurança para o sistema financeiro do País, uma vez que seu **gestor**, o **BACEN**, tem a competência de fiscalizar e **determinar** quais são os **Sistemas sistemicamente importantes**, que merecerão maior Fique ligado quanto a seus procedimentos.

O **BACEN exige** que **as instituições financeiras** tenham **contas de reservas bancárias** para poder operar no SPB, pois é destas contas que sai o dinheiro para pagar as operações do dia a dia.

É importante destacar que estas **contas nunca podem estar negativas**, pois suas transações só acontecem se existir saldo.

Caso não haja saldo no momento da transação, a operação aguardará numa fila de espera até que haja fundos para poder ser executada. O **BACEN** também **pode exigir garantias das Instituições Financeiras** para que operem no SPB, e **caso não tenham saldo nas contas**, o **BACEN** pode **executar essas garantias para pagar** os compromissos assumidos.

Mas, cuidado!

Para algumas **instituições,** existe essa **exigência**. São elas:

- **Bancos Múltiplos COM carteira Comercial.**
- **Bancos Comerciais.**
- **Caixas Econômicas.**

É **Facultado** ter essa **conta** aos:

- **Bancos de desenvolvimento, investimento, de câmbio, e bancos múltiplos SEM carteira comercial.**

Para esses, **caso não queiram ter essas contas** de reservas bancárias, posto que seja caro mantê-las, **podem abrir contas de Liquidação**, que têm por objetivo a **simples liquidação** de suas operações durante o dia. Essas contas, assim como as de reserva bancária **não podem ter seu saldo negativo**, inclusive devem **fechar o dia com saldo ZERO, ou ligeiramente positivo**, e essa **sobra** deve ser **transferida** para uma **conta corrente** de titularidade da instituição.

Essas **contas de liquidação** são **obrigatórias** para **operadores** de Câmaras de Compensação e liquidação, e de prestadores de serviços de compensação de **sistemas considerados sistemicamente importantes**.

Para os **demais será facultativo** e, nesses casos, esses **podem firmar parcerias** com instituições **titulares de contas de reservas bancárias** para **operar por intermédio delas**, mas sobre **limites e condições preestabelecidas pelas titulares.**

Resumindo:

	Conta de Reservas Bancárias.	Conta de Liquidação
Obrigatória	Banco Múltiplo COM carteira comercial. Banco Comercial. Caixas Econômicas.	502665026650266
Facultativa	Banco de desenvolvimento. Banco de investimento. Banco de Câmbio. Banco Múltiplo SEM carteira comercial.	Demais instituições autorizadas a funcionar pelo BACEN.

O SPB é um sistema macro, ou seja, é algo global. Entretanto, dentro dele, existem subsistemas que operam e "fazem a coisa acontecer".

Antes disso, convém recordar as duas formas de liquidação, ou seja, as formas como ocorrem os pagamentos entre os bancos, e entre estes e o Banco Central:

04. **LBTR- Liquidação Bruta em Tempo Real** é a **mais segura e rápida** forma de liquidar, pois, como o nome já diz, é **"na hora"**. É a forma pela qual o BACEN exige que as instituições financeiras operem com saldo na hora da operação.

O **BACEN** opera **exclusivamente pelo LTBR**, pois, como gestor, dá o exemplo, e este sistema **previne possíveis "calotes"** das instituições financeiras, pois ao realizar uma operação, o dinheiro sai imediatamente da conta do devedor e vai para a conta do credor. Caso não haja saldo no momento da operação, esta entra em uma fila de espera, até que haja saldo suficiente para realizar a transação.

Fique ligado!

Operações com LBTR são IRREVOGÁVEIS e INCONDICIONAIS, ou seja, não podem ser estornadas ou exigirem qualquer condição para serem efetivadas, bastando a identificação do destinatário e a existência de saldo na conta do emitente.

05. **LDL – Liquidação Defasada pelo valor Líquido** que é uma forma **não muito segura** de operacionalizar os pagamentos, mas que o BACEN ainda autoriza sua utilização para não ocasionar quebra no sistema financeiro, pois nem sempre as instituições têm dinheiro para pagar tudo na hora.

Esta forma de pagamento, ou liquidação, permite instituir **transferências** de fundos sem que haja efetivamente saldo na conta do devedor, ou seja, é uma transferência **a descoberto**. Mas o devedor se **compromete ao final do dia a cobrir a transação**.

Esta forma de liquidação ocorre para ajudar as instituições financeiras quanto ao seu encaixe financeiro, pois neste caso elas não precisam desembolsar o dinheiro todo na hora; elas têm **até o final do dia** para poder captar esses valores.

Para entender melhor, lembremo-nos de que **LDL** se parece com aquele famoso mau colesterol, e **mau colesterol** não é bom, então o **BACEN não gosta**, ou seja, **não opera** via este instrumento, **embora autorize as instituições financeiras a fazerem-no.**

De posse deste conhecimento, vamos conhecer os principais sistemas e câmaras de compensação e liquidação, ou sistemas sistemicamente importantes, que operam no SPB.

Primeiramente devemos atentar para a Resolução 2882/2001, que fala sobre o sistema de pagamentos, as câmaras e os prestadores de serviços de compensação e de liquidação que o integram.

> *Art. 2º Sujeitam-se ao disposto nesta Resolução as câmaras e os prestadores de serviços de compensação e de liquidação que operam qualquer um dos sistemas integrantes do sistema de pagamentos, cujo funcionamento:*
>
> *I. resulte em movimentações interbancárias;*
>
> *II. envolva pelo menos três participantes diretos para fins de liquidação, dentre instituições financeiras ou demais instituições autorizadas a funcionar pelo Banco Central do Brasil.*
>
> *Parágrafo único. Para os efeitos desta Resolução, considera-se:*
>
> *I. câmara de compensação e de liquidação: pessoa jurídica que exerce, em caráter principal, a atividade de que trata o caput;*
>
> *II. prestador de serviços de compensação e de liquidação: pessoa jurídica que exerce, em caráter acessório, a atividade de que trata o caput;*
>
> *III. participante direto para fins de liquidação: pessoa jurídica que assume a posição de parte contratante para fins de liquidação, no âmbito do sistema integrante do sistema de pagamentos, perante a câmara ou o prestador de serviços de compensação ou outro participante direto;*

Titulares das Contas de Reservas Bancárias ou de Liquidação.

> *IV. participante indireto para fins de liquidação: pessoa jurídica, com acesso a sistema integrante do sistema de pagamentos, cujas operações são liquidadas por intermédio de um participante direto."*

Os outros que fazem parceria com os titulares de contas de reservas bancárias.

Art. 3º da referida Resolução:

> *VIII. os critérios de acesso aos sistemas devem ser públicos, objetivos e claros, possibilitando ampla participação, admitidas restrições com enfoque, sobretudo, na contenção de riscos.*
>
> *Art. 6º No que concerne às câmaras e aos prestadores de serviços de compensação e de liquidação, compete à Comissão de Valores Mobiliários, no que diz respeito a operações com valores mobiliários:*
>
> *I. regulamentar suas atividades;*
>
> *II. autorizar o funcionamento de seus sistemas;*
>
> *III. exercer a supervisão de suas atividades, e à aplicação de penalidades. (Grifo nosso)*

Foi possível saber, pela resolução, o que são as câmaras e quem são os seus integrantes. Agora, veja, este assunto de forma mais detalhada.

STR- Sistema de Transferência de Reservas

Este sistema é a essência do novo SPB. É um software, ou seja, é uma ferramenta tecnológica para **liquidar** as operações **via LBTR**, operado pelo BACEN.

Este sistema **liquida as TEDs**, os **CHEQUES** a partir do **VLB 250 mil** ou a partir de **R$ 250.000,00**; e **BLOQUETOS** a partir do **VLB 250 mil** ou a partir de **R$ 250.000,00**.

VLB- Valor de Referência para liquidação Bilateral.

CIP – Câmara Interbancária de Pagamentos

Criada pelos bancos em 2001, a CIP - Câmara Interbancária de Pagamentos é uma **associação civil sem fins lucrativos** que participa do Sistema de Pagamentos Brasileiro.

A CIP é responsável pela **compensação e liquidação de instrumentos de pagamentos e operacionalização da C3 (Câmara de Cessões de Crédito)** que controla cessões de crédito e bloqueio de contratos relacionados a financiamentos de veículos e créditos consignados.

Por meio de alguns **sistemas regulados pelo Banco Central do Brasil** e de reconhecida governança corporativa, a CIP proporciona padronização aos Participantes de seus sistemas, minimiza os riscos operacionais e contribui para o desenvolvimento de um mercado financeiro sólido e robusto, em benefício de toda a sociedade brasileira.

- Operada pela FEBRABAN, tem suas operações registradas na CETIP.
- Liquida a TECBAN, REDECARD, CIELO e MASTERCARD.
- Os DDAs – Débitos Diretos Autorizados (convênios, ex.: SKY, GVT, telefone, água, luz etc.).

Dentro da CIP temos algumas câmaras que fazem as liquidações citadas anteriormente. São elas:

▷ O **SITRAF – Sistema de Transferência de Fundos**, sistema operado pela Câmara Interbancária de Pagamentos (CIP), **liquida Transferências Eletrônicas Disponíveis (TED) com valor unitário inferior a R$1 milhão.**

Esse sistema utiliza dois mecanismos de liquidação: liquidação bruta em tempo real, que é a forma mais utilizada, e compensação contínua de obrigações, realizada a cada cinco minutos. Por utilizar esses dois mecanismos, o SITRAF é considerado um **sistema híbrido de liquidação,** pois em linhas gerais **opera LBTR e LDL.**

Os participantes enviam as ordens de pagamento (TED), que são liquidadas nas contas mantidas no próprio SITRAF, debitando-se as contas dos participantes emitentes e creditando-se as contas dos participantes beneficiários.

Os saldos dos participantes no SITRAF são provenientes dos depósitos feitos pelo próprio participante e dos recebimentos de ordens de transferências de fundos provenientes dos demais participantes, sendo que esses **saldos nunca podem ficar negativos. (Aqui é LBTR puro!)**

O ciclo completo de liquidação do SITRAF é constituído pelo ciclo principal e pelo ciclo complementar:

- Durante o ciclo principal, os participantes podem transferir recursos entre suas contas mantidas no Banco Central e no SITRAF; e
- No ciclo complementar, os participantes podem cancelar ordens de transferência de fundos remanescentes ou depositar recursos para liquidação de mensagens de pagamento pendentes.

Ao final do dia, as contas mantidas no SITRAF são zeradas, passando-se os valores para as contas dos participantes no Banco Central. (Aqui vem o LDL).

Os participantes se sujeitam ao pagamento de tarifa, que é cobrada tanto do participante emissor da ordem de transferência de fundos quanto da instituição destinatária. O preço da tarifa é fixado com o propósito de cobertura dos gastos de operação do sistema e de recuperação dos recursos investidos em sua implantação. Com o mesmo propósito, os participantes pagam à CIP uma contribuição anual.

▷ **COMPE – Câmara de Compensação:** é a mais conhecida e lembrada por todos. É Regulamentada pelo BACEN e Executada pelo Banco do Brasil S/A., mas também existe um limite para as operações do Banco do Brasil.

- CHEQUES até VLB 250 mil ou até R$ 249.999,99.

SISTEMA DE PAGAMENTOS BRASILEIRO

Obs.: prazo de compensação de cheques!
24h a partir de R$ 300,00 (cheques superiores).
48h até R$ 299,99 (cheques inferiores).

▷ **O SILOC – Sistema de Liquidação de Ordens de Crédito**, sistema operado pela Câmara Interbancária de Pagamentos (CIP), liquida obrigações interbancárias relacionadas com:

- **Boletos** de pagamento de valor **inferior ao VLB R$250 mil ou R$ 249.999,99** em D+1.
- Documentos de Crédito **(DOC)** em D+1.
- Transferências Especiais de Crédito **(TEC)** em D+0 ou D0.
- **Cartões** de pagamento.
- Operações realizadas nas redes compartilhadas de **caixas eletrônicos (ATM)**.

Assim como a COMPE, **o SILOC utiliza mecanismo de liquidação diferida líquida - LDL**, isto é, as **obrigações são acumuladas por um período** e, **posteriormente, liquidadas** em bloco pelo valor multilateral líquido, em sessões de liquidação específicas.

A cada dia útil (D), são realizadas duas sessões de liquidação, uma pela manhã e outra à tarde. Na primeira sessão, fora a liquidação de cartões de pagamento, cujo prazo de liquidação varia em função do produto, são liquidadas as obrigações interbancárias relacionadas com os documentos tratados na rede bancária no dia útil anterior (D-1). Na segunda, são liquidadas principalmente obrigações relacionadas a documentos liquidados na sessão da manhã que, por qualquer razão, foram devolvidos pelos participantes devido à inconsistência nos dados informados.

A cada sessão, o resultado multilateral é informado aos participantes. De posse dessa informação, os participantes devedores transferem para a Câmara o valor devido; em seguida, a Câmara transfere os valores recebidos aos participantes credores, encerrando o processo de liquidação. **Todas essas movimentações ocorrem nas contas mantidas pelos participantes e pelo próprio SILOC no Banco Central.**

▷ **A C3 (Câmara de Cessões de Crédito)** operacionalizada pela CIP permite às instituições financeiras e aos fundo de investimento registrar suas operações de cessão e bloqueio de contratos de crédito, de tal forma que um mesmo contrato não seja cedido mais de uma vez pela mesma IF ou oferecido como lastro em mais de uma operação.

▷ **A Câmara de Liquidação de Ativos da BM&F Bovespa**
(CBLC – Câmara Brasileira de Liquidação e Custódia)

- Liquida títulos de renda fixa privados em D+0 ou D+1.
- Liquida operações de compra e venda de **ações** bloqueando os títulos em **D+2 (liquidação física)** e débito na conta do comprador e transferência dos títulos para o comprador em **D+3. (liquidação financeira)**.

Lembretes importantes!

A Lei nº 10.214/01 instituiu algumas regras para o SPB:

▷ Permite-se a compensação Multilateral e Bilateral.
▷ Os bens dados em garantia no SPB são IMPENHORÁVEIS.
▷ Permite-se a utilização de mais de um tipo de sistema de liquidação.
▷ Permite-se o compartilhamento de perdas ou prejuízos causados por falhas nas operações entre as instituições financeiras.

Resumindo:

Banco Central do Brasil	CIP - Câmara Interbancária de Pagamentos		
SELIC Títulos públicos LBTR	SITRAF Transferências de fundos Híbrido	SILOC Transferências de fundos LDL (D+1)	C3 Cessões de crédito
STR Transferências de fundos LBTR	RSFN Rede do Sistema Financeiro Nacional		COMPE Cheques LDL (D+1)
			CETIP Títulos privados, swaps e outros LDL (D+1), LBTR
Contas de liquidação	Derivativos LDL (D+1)	Ativos Títulos públicos LDL (D0; D+1)	Câmbio Câmbio interbancário LDL (D+1; D+2)	Ações Ações, títulos privados e opções LDL (D+1); D+3), LBTR
	BM&F - Bovespa		

A CETIP S/A Mercados Organizados

Central de Custódia e de Liquidação Financeira de Títulos

A CETIP é **depositária** principalmente de **títulos de renda fixa privados, títulos p**úblicos estaduais e municipais, **bem como** de títulos representativos de **dívidas de responsabilidade do Tesouro Nacional**, de que são exemplos os relacionados com **empresas estatais extintas**, com o **Fundo de Compensação de Variação Salarial - FCVS**, com o Programa de Garantia da Atividade Agropecuária - **Proagro** e com a **dívida agrária** (TDA).

As operações de compra e venda são realizadas no **mercado de balcão**, incluindo aquelas processadas por intermédio do **Cetipnet** (Sistema Eletrônico de Negociação).

Conforme o tipo de operação e o horário em que realizada, a liquidação é em D+0 ou D+1. As operações no **mercado primário**, envolvendo títulos registrados na CETIP, são geralmente liquidadas com **compensação multilateral** de obrigações (**a CETIP** não atua como contraparte central). **Compensação bilateral** é utilizada na liquidação das operações com **derivativos e liquidação bruta em tempo real**, nas operações com títulos negociados no **mercado secundário**.

A **liquidação financeira final é realizada via STR** em contas de liquidação mantidas no Banco Central do Brasil (excluem-se da liquidação via STR, as posições bilaterais de participantes que têm conta no mesmo banco liquidante).

Podem participar da CETIP:

Bancos comerciais, bancos múltiplos, caixas econômicas, bancos de investimento, bancos de desenvolvimento, sociedades corretoras de valores, sociedades distribuidoras de valores, empresas de *leasing*, companhias de seguro, bolsas de valores, bolsas de mercadorias e futuros, investidores institucionais, pessoas jurídicas não financeiras, incluindo fundos de investimento e sociedades de previdência privada, investidores estrangeiros, além de outras instituições também autorizadas a operar nos mercados financeiros e de capitais.

Os participantes não titulares de conta de reservas bancárias liquidam suas obrigações por intermédio de instituições que são titulares de contas dessa espécie.

Exemplos de títulos liquidados e custodiados na CETIP:

CDB, RDB, Depósitos Interfinanceiros, Letras de Câmbio, Letras Hipotecárias, debêntures e *commercial papers*, entre outros.

O SELIC

(Sistema Especial de Liquidação e Custódia)

O SELIC é o **depositário central dos títulos que compõem a dívida pública federal** interna (DPMFi) **de emissão do Tesouro Nacional** e, nessa condição, **processa a emissão, o resgate, o pagamento dos juros e a custódia desses títulos**. É também um sistema eletrônico que processa o registro e a liquidação financeira das operações realizadas com esses títulos pelo seu **valor bruto e em tempo real**, garantindo segurança, agilidade e transparência aos negócios.

Por seu intermédio, é efetuada a **liquidação** das operações de **mercado aberto** e de **redesconto** com títulos públicos, decorrentes da condução da **política monetária**. O sistema conta ainda com módulos complementares, como o *Ofpub* e o *Ofdealer*, por meio dos quais são efetuados os leilões, e o Lastro, para especificação dos títulos objeto das operações compromissadas contratadas entre o Banco Central e o mercado.

Todos os títulos são escriturais, isto é emitidos exclusivamente na forma eletrônica. A **liquidação** da ponta financeira de cada operação é realizada por intermédio do **STR**, ao qual o SELIC é interligado.

O sistema, que é **gerido pelo Banco Central do Brasil** e por ele operado em **parceria com Ambima**, tem seus centros operacionais (centro principal e centro de contingência) localizados na cidade do Rio de Janeiro. O horário normal de funcionamento segue o do STR, das 6h30 às 18h30, em todos os dias considerados úteis para o sistema financeiro. Para comandar operações, os participantes liquidantes encaminham mensagens por meio da RSFN, observando padrões e procedimentos previstos em manuais específicos da rede. Os demais participantes utilizam outras redes, conforme procedimentos previstos no Regulamento do SELIC.

Além do Banco Central do Brasil e do Tesouro Nacional, podem ser **participantes** do SELIC **bancos, caixas econômicas, distribuidoras e corretoras de títulos e valores mobiliários** e demais **instituições autorizadas a funcionar pelo Banco Central**. As câmaras ou prestadores de serviços de compensação e de liquidação têm a sua participação no SELIC definida no Regulamento do SELIC.

São considerados **participantes liquidantes**, respondendo diretamente pela liquidação financeira de operações, além do **Banco Central do Brasil**, os participantes **titulares**, no STR, de **conta Reservas Bancárias ou Conta de Liquidação**, desde que, nesta última hipótese, tenham optado pela condição de liquidante no SELIC.

Os não liquidantes liquidam suas operações por intermédio de participantes liquidantes, conforme acordo entre as partes, e operam dentro de limites fixados por estes. Cada participante não liquidante pode utilizar os serviços de mais de um participante liquidante, exceto no caso de operações específicas, previstas no Regulamento do SELIC, tais como pagamento de juros, amortização e resgate de títulos, que são obrigatoriamente liquidadas por intermédio de um liquidante-padrão previamente indicado pelo participante não liquidante.

Em se tratando de um sistema de liquidação bruta em tempo real (LBTR), a liquidação de operações é sempre **condicionada à disponibilidade do título negociado** na conta de custódia do vendedor e à disponibilidade de recursos por parte do comprador. Se a conta de custódia do vendedor não apresentar saldo suficiente de títulos, a operação é mantida em pendência pelo prazo máximo de 60 minutos ou até às 18h30, o que ocorrer primeiro, com exceção de algumas operações previstas no Regulamento do SELIC. A operação só é encaminhada ao STR para liquidação da ponta financeira após o bloqueio dos títulos negociados, sendo que a não liquidação por insuficiência de fundos implica sua rejeição pelo STR e, em seguida, pelo SELIC.

MERCADO DE CAPITAIS

6 MERCADO DE CAPITAIS

O mercado de capitais é um sistema de distribuição de valores mobiliários, que tem o propósito de proporcionar liquidez aos títulos de emissão de empresas e viabilizar seu processo de capitalização. É constituído pelas Bolsas de Valores, sociedades corretoras distribuidoras e outras instituições financeiras autorizadas.

Como visto anteriormente, quando se fala de autoridades monetárias, a principal supervisora e reguladora do mercado de valores mobiliários é a CVM.

A CVM é a principal autarquia responsável por garantir o adequado funcionamento do mercado de valores mobiliários. Logo, para que qualquer companhia possa operar neste mercado, esta dependerá de autorização prévia da CVM para realizar suas atividades.

6.1 Mercado de Valores Mobiliários

Em alguns casos, o mercado de crédito não é capaz de suprir as necessidades de financiamento dos agentes ou empresas. Isso pode ocorrer, por exemplo, quando um determinado agente, em geral uma empresa, deseja um volume de recursos muito superior ao que uma instituição poderia, sozinha, emprestar. Além disso, pode acontecer de os custos dos empréstimos no mercado de crédito, em virtude dos riscos assumidos pelas instituições nas operações, serem demasiadamente altos, de forma a inviabilizar os investimentos pretendidos. Surgiu, com isso, o que é conhecido como Mercado de Capitais, ou Mercado de Valores Mobiliários.

No Mercado de Valores Mobiliários, em geral, os investidores emprestam recursos diretamente aos agentes deficitários, como as empresas. Caracterizam-se por negócios de médio e longo prazo, no qual são negociados títulos chamados de Valores Mobiliários. Como exemplo, podemos citar as ações, que representam parcela do capital social de sociedades anônimas, e as debêntures, que representam títulos de dívida dessas mesmas sociedades.

Nesse mercado, as instituições financeiras atuam, basicamente, como prestadoras de serviços, assessorando as empresas no planejamento das emissões de valores mobiliários, ajudando na colocação deles para o público investidor, facilitando o processo de formação de preços e a liquidez, assim como criando condições adequadas para as negociações secundárias. Elas não assumem a obrigação pelo cumprimento das obrigações estabelecidas e formalizadas nesse mercado. Assim, a responsabilidade pelo pagamento dos juros e do principal de uma debênture, por exemplo, é da emissora, e não da instituição financeira que a tenha assessorado ou participado do processo de colocação dos títulos no mercado. São participantes desse mercado, como exemplo, os Bancos de Investimento, as Corretoras e Distribuidoras de Títulos e Valores Mobiliários, as entidades administradoras de mercado de bolsa e balcão, além de diversos outros prestadores de serviços.

No mercado de capitais, os principais títulos negociados são:
- Ações – ou de empréstimos tomados, via mercado, por empresas.
- Debêntures conversíveis em ações, bônus de subscrição.
- Commercial Papers ou Notas Promissórias Comerciais, que permitem a circulação de capital para custear o desenvolvimento econômico.

O mercado de capitais abrange, ainda, as negociações com direitos e recibos de subscrição de valores mobiliários, certificados de depósitos de ações e demais derivados autorizados à negociação pela CVM.

Estes títulos são nada mais nada menos que papéis que valem dinheiro, ou seja, constituem o meio de uma empresa ou companhia arrecadar dinheiro, na forma de aquisição de novos sócios ou credores.

Isto decorre do fato de que muitas vezes arrecadar dinheiro por meio da emissão de títulos é mais barato para a empresa que contratar empréstimos em instituições financeiras.

6.1.1 As Empresas ou Companhias

As Companhias são as empresas que são emissoras dos papéis negociados no mercado de capitais. Estas empresas têm um objetivo em comum, captar recursos em larga escala e de forma mais lucrativa.

Para que isto ocorra, as empresas devem solicitar a CVM autorização para emitir e comercializar seus papéis.

Estas empresas são chamadas Sociedades Anônimas ou, simplesmente, S/A. Ao adotarem este tipo de constituição, elas passam a ter uma quantidade de sócios maior do que teriam se fossem empresas de responsabilidade limitada – LTDA, por exemplo.

Estas S/As podem ser constituídas de forma Aberta ou Fechada. As S/A abertas admitem negociação dos seus títulos nos mercados abertos como Bolsa e Balcão Organizado; já as fechadas só podem ter seus papéis negociados restritamente entre pessoas da própria empresa ou próximas a empresa.

Companhias	
Abertas	Fechadas

↓

Características	
Atuam nas bolsas de valores ou mercados de balcão organizados	Nº de Cotistas limitados a 20 Patrimônio pequeno Não operam em Bolsas de Valores ou balcões organizados

As Negociações de Papéis

Para as Companhias Abertas, que admitem negociação de seus papéis no mercado público, há distribuição em dois tipos de mercados: O Primário e o Secundário.

Oferta pública de distribuição, primária ou secundária, é o processo de colocação, junto ao público, de certo número de títulos e valores mobiliários para venda. Envolve desde o levantamento das intenções do mercado em relação aos valores mobiliários ofertados até a efetiva colocação junto ao público, incluindo a divulgação de informações, o período de subscrição, entre outras etapas.

As ofertas podem ser primárias ou secundárias. Quando a empresa vende novos títulos e os recursos dessas vendas vão para o caixa da empresa, as ofertas são chamadas de primárias.

Por outro lado, quando não envolvem a emissão de novos títulos, caracterizando apenas a venda de ações já existentes - em geral dos sócios que querem "desinvestir" ou reduzir a sua participação no negócio - e os recursos vão para os vendedores e não para o caixa da empresa, a oferta é conhecida como secundária (block trade).

Além disso, quando a empresa está realizando a sua primeira oferta pública, ou seja, quando está abrindo o seu capital, a oferta recebe o nome de oferta pública inicial ou IPO (do termo em inglês, Initial Public Offer).

Quando a empresa já tem o capital aberto e já realizou a sua primeira oferta, as emissões seguintes são conhecidas como ofertas subsequentes ou, no termo em inglês, follow on.

Mercado Primário	Mercado Secundário
IPO - Oferta Pública Inicial (títulos novos)	Negociação dos títulos já emitidos anteriormente
Sensibiliza o Caixa da Empresa Pode ter valor Nominal ou valor de Mercado	Não sensibiliza o caixa da Empresa Os papéis terão seu valor apenas pelo valor de Mercado.

A Lei nº 6.385/76, que disciplina o mercado de capitais, estabelece que nenhuma emissão pública de valores mobiliários poderá ser distribuída no mercado sem prévio registro na Comissão de Valores Mobiliários, apesar de lhe conceder a prerrogativa de dispensar o registro em determinados casos, e delega competência para a CVM disciplinar as emissões. Além disso, exemplifica algumas situações que caracterizam a oferta como pública, como, por exemplo: a utilização de listas ou boletins, folhetos, prospectos ou anúncios destinados ao público; a negociação feita em loja, escritório ou estabelecimento aberto ao público, entre outros.

Em regra, toda oferta pública deve ser registrada na CVM. Porém, o registro poderá ser dispensado, considerando as características específicas da oferta em questão, como, por exemplo, a oferta pública de valores mobiliários de emissão de empresas de pequeno porte e de microempresas, assim definidas em lei, que são dispensadas automaticamente do registro para ofertas de até R$ 2.400.000,00 (Dois milhões e quatrocentos mil reais) em cada período de 12 meses, desde que observadas as condições estabelecidas nos parágrafos 4º ao 8º, do Art. 5º, da instrução CVM 400/03.

As ofertas públicas devem ser realizadas por intermédio de instituições integrantes do sistema de distribuição de valores mobiliários, como os bancos de investimento, corretoras ou distribuidoras. Essas instituições poderão se organizar em consórcios, com o fim específico de distribuir os valores mobiliários no mercado e/ou garantir a subscrição da emissão, sempre sob a organização de uma instituição líder, que assume responsabilidades específicas. Para participar de uma oferta pública, o investidor precisa ser cadastrado em uma dessas instituições.

Estas instituições integrantes do Sistema de Distribuição de Valores Mobiliários são os chamados "agentes subscritores" ou agentes underwhiters.

Estes agentes realizam a subscrição dos títulos, ou seja, "assinam embaixo" atestando a procedência dos papéis, por isso o nome Underwriting.

Este evento pode ser dividido em 3 tipos:

Underwriting Firme: a modalidade de lançamento no qual a instituição financeira, ou consórcio de instituições subscreve a emissão total, encarregando-se, por sua conta e risco, de colocá-la no mercado junto aos investidores individuais (público) e institucionais. Neste tipo de operação, no caso de um eventual fracasso, a empresa já recebeu integralmente o valor correspondente às ações emitidas. O risco é inteiramente do underwriter (intermediário financeiro que executa uma operação de Underwriting).

O fato de uma emissão ser colocada por meio de Underwriting Firme oferece uma garantia adicional ao investidor, porque, se as instituições financeiras do consórcio estão dispostas a assumir o risco da operação, é porque confiam no êxito do lançamento, uma vez que não há interesse de sua parte em imobilizar recursos por muito tempo.

Underwriting Best Efforces (Melhores Esforços): é a modalidade de lançamento de ações, no qual a instituição financeira assume apenas o compromisso de fazer o melhor esforço para colocar o máximo de uma emissão junto à sua clientela, nas melhores condições possíveis e num determinado período de tempo. As dificuldades de colocação das ações irão se refletir diretamente na empresa emissora. Neste caso, o investidor deve proceder a uma avaliação mais cuidadosa, tanto das perspectivas da empresa quanto das instituições financeiras encarregadas do lançamento.

Residual ou Stand-By Underwriting: nessa forma de subscrição pública, a instituição financeira não se responsabiliza, no momento do lançamento, pela integralização total das ações emitidas. Há um comprometimento, entre a instituição e a empresa emitente, de negociar as novas ações junto ao mercado durante certo tempo. Quando este for finalizado, poderá ocorrer a subscrição total, por parte da instituição, ou a devolução à sociedade emitente, das ações que não foram absorvidas pelos investidores individuais e institucionais.

Aspectos Operacionais do Underwriting

A decisão de emitir ações pela oferta pública, tanto para abertura como para aumento do capital, pressupõe que a sociedade ofereça certas condições de atratividade econômica, bem como supõe um estudo da conjuntura econômica global a fim de evitar que não obtenha êxito por falta de senso de oportunidade. É preciso que se avaliem, pelo menos, os seguintes aspectos: existência de um clima de confiança nos resultados da economia, estudo setorial, estabilidade política, inflação controlada, mercado secundário e motivações para oferta dos novos títulos.

6.2 Mercados de Atuação das Companhias

No mercado organizado de valores mobiliários, tem-se a criação de mecanismos, sistemas e regulamentos que propiciam a existência de um ambiente seguro, para que os investidores negociem seus recursos e movimentem a economia do País.

No Brasil, existem dois tipos de mercados organizados: as Bolsas de Valores e os Balcões Organizados de negociação.

As Bolsas de Valores

- Ambiente onde se negociam os papéis das S/A abertas.
- Podem ser sociedades civis, SEM fins lucrativos; ou S/A, COM fins lucrativos.
- Operam via pregão eletrônico, não havendo mais o pregão viva voz, que era chamado presencial. Agora as transações são feitas por telefone, por meio dos escritórios das instituições financeiras autorizadas.
- Registram, supervisionam e divulgam as execuções dos negócios e as suas liquidações.

Em resumo, as Bolsas de Valores correspondem a um ambiente que pode ser físico ou eletrônico, onde são realizadas negociações entre investidores e companhias e investidores com outros investidores. Entretanto, pelo fato de as empresas que operam na bolsa serem grandes demais, e muitas delas terem tradição de anos, algumas empresas que estão começando têm dificuldade para conseguirem ser tão atrativas quanto as empresas maiores. Pensando nisso, a CVM autorizou a criação de mercados de balcão, que são, também, ambientes virtuais onde empresas menores podem negociar seus títulos com mais facilidade.

MERCADO DE CAPITAIS

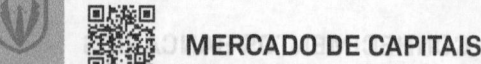

O Mercado de Balcão pode ser Organizado ou Não Organizado

Organizado	Não Organizado
Utiliza Exclusivamente o Sistema Eletrônico de Negociação	Não exite Sistema Padrão
Supervisiona a Liquidação dos papéis	Não existe padrão na supervisão dos papéis

Em resumo, o mercado de balcão organizado tem normas e é bastante confiável, já o não organizado é caótico.

Tradicionalmente, o mercado de balcão é um mercado de títulos sem local físico definido para a realização das transações que são feitas por telefone entre as instituições financeiras. O mercado de balcão é chamado de organizado quando se estrutura como um sistema de negociação de títulos e valores mobiliários, podendo estar organizado como um sistema eletrônico de negociação por terminais, que interliga as instituições credenciadas em todo o Brasil, processando suas ordens de compra e venda e fechando os negócios eletronicamente.

O mercado de balcão organizado é um ambiente administrado por instituições autorreguladoras, que propiciam sistemas informatizados e regras para a negociação de títulos e valores mobiliários. Estas instituições são autorizadas a funcionar pela CVM e por ela são supervisionadas.

Atualmente, a maior administradora de balcão organizado do país é a Cetip.

A Cetip é a integradora do mercado financeiro. É uma companhia de capital aberto que oferece serviços de registro, central depositária, negociação e liquidação de ativos e títulos. Por meio de soluções de tecnologia e infraestrutura, proporciona liquidez, segurança e transparência para as operações financeiras, contribuindo para o desenvolvimento sustentável do mercado e da sociedade brasileira. A empresa é, também, a maior depositária de títulos privados de renda fixa da América Latina e a maior câmara de ativos privados do país, além de realizar a custódia de títulos públicos estaduais e municipais.

A atual administradora do mercado de balcão organizado que opera na Bolsa de valores no Brasil é a SOMA (Sociedade Operadora do Mercado de Ativos S/A).

Como o nome já diz, a SOMA é uma SA de capital FECHADO, controlada pela BM&F Bovespa.

A SOMA é a instituição autorreguladora, autorizada pela CVM, para administrar o mercado de balcão que acontece dentro da própria bolsa. Isso mesmo, dentro da própria bolsa existe um mercado de balcão organizado.

Dentre as atribuições da SOMA, estão: autorizar as CTVM, DTVM e Bancos de Investimentos, a atuarem como intermediadores, executando e liquidando as ordens.

Reguladora/Fiscal →	CVM Autoriza ↓
ADM Merc. Balcão →	SOMA Autoriza Bold Italic ↓
Intermediadores →	CTVM DTVM Bancos de Investimento

Quais os títulos negociados no mercado de balcão organizado?

O mercado de balcão organizado pode admitir à negociação somente as ações de companhias abertas com registro para negociação em mercado de balcão organizado. As debêntures de emissão de companhias abertas podem ser negociadas simultaneamente em Bolsa de Valores e mercado de balcão organizado desde que cumpram os requisitos de ambos os mercados.

Como visto anteriormente, antes de ter seus títulos negociados no mercado primário, a companhia deve requerer o registro de companhia aberta junto à CVM, bem como especificar onde seus títulos serão negociados no mercado secundário: se em Bolsa de Valores ou mercado de balcão organizado.

Essa decisão é muito importante, pois uma vez concedido o registro para negociação em mercado de balcão organizado, este só pode ser alterado com um pedido de mudança de registro junto à CVM.

A companhia aberta é responsável por divulgar para a entidade administradora do mercado de balcão organizado todas as informações financeiras e atos ou fatos relevantes sobre suas operações. A entidade administradora do mercado de balcão organizado, por sua vez, irá disseminar essas informações por meio de seus sistemas eletrônicos ou impressos para todo o público.

No mercado de balcão organizado, a companhia aberta pode requerer a listagem de seus títulos, por meio de seu intermediário financeiro, ou este poderá requerer a listagem independentemente da vontade da companhia. Por exemplo, se o intermediário possuir uma grande quantidade de ações de uma determinada companhia, ele poderá requerer a listagem dela e negociar esses ativos no mercado de balcão organizado. Neste caso, a entidade administradora do mercado de balcão organizado irá disseminar as informações que a companhia aberta tiver encaminhado à CVM.

Além de ações e debêntures, no mercado de balcão organizado são negociados diversos outros títulos, tais como:

- bônus de subscrição;
- índices representativos de carteira de ações;
- opções de compra e venda de valores mobiliários;
- direitos de subscrição;
- recibos de subscrição;
- quotas de fundos fechados de investimento, incluindo os fundos imobiliários e os fundos de investimento em direitos creditórios;
- certificados de investimento audiovisual;
- certificados de recebíveis imobiliários.

6.2.1 Sistemática do Mercado Organizado

1ª Etapa	2ª Etapa	3ª Etapa
A empresa decide ternar-se Companhia, se S/A aberta ou S/A fechada	Busca autorização junto à CVM para entrar nos mercados de atuação	A empresa decide em qual mercado de atuação deseja estar
Se S/A Aberta	CVM autoriza ou não	Bolsa de Valores
		Mercado de balcão organizado

Vale destacar que a companhia pode trocar de mercado, mas como se trata de uma grande burocracia que envolve recomprar todos os papéis em circulação em um mercado para poder migrar para o outro, a CVM editou a IN CVM 400 que dita as regras para a mudança de mercado de atuação.

Qual a diferença entre uma Bolsa de Valores e as entidades que administram o mercado de balcão organizado?

> **Fique ligado**
>
> Para as ações, é proibida a comercialização em ambos os mercados simultaneamente; já para as debêntures, é permitida a negociação simultânea nos dois mercados.

As Bolsas de Valores também são responsáveis por administrar o mercado secundário de ações, debêntures e outros títulos e valores mobiliários. Na verdade, ainda que não haja nenhum limite de quantidade ou tamanho de ativos para uma companhia abrir o capital, e listar seus valores para negociação em Bolsas de Valores, em geral, as empresas listadas em Bolsas de Valores são companhias de grande porte.

Isto prejudica a "visibilidade" de empresas de menor porte e, de certa forma, a própria liquidez dos ativos emitidos por essas companhias. Por isso, em muitos países, há segmentos especiais e/ou mercados segregados especializados para a negociação de ações e outros títulos emitidos por empresas de menor porte.

Ao mesmo tempo, no Brasil, no mercado de balcão organizado é admitido um conjunto mais amplo de intermediários do que em Bolsas de Valores, o que pode aumentar o grau de exposição de companhias de médio porte ou novas empresas ao mercado.

Assim, o objetivo da regulamentação do mercado de balcão organizado é ampliar o acesso ao mercado para novas companhias, criando um segmento voltado à negociação de valores emitidos por empresas que não teriam, em Bolsas de Valores, o mesmo grau de exposição e visibilidade.

> **Fique ligado**
>
> Não pode haver negociação simultânea de uma mesma ação de uma mesma companhia em Bolsa de Valores e em instituições administradoras do mercado de balcão organizado.
> Não pode haver negociação simultânea de uma mesma ação de uma mesma companhia em Bolsa de Valores e em instituições administradoras do mercado de balcão organizado.

Para os investidores, a principal diferença entre as operações realizadas em Bolsas de Valores e aquelas realizadas no mercado de balcão organizado é que neste último não existe um fundo de garantia que respalde suas operações. O fundo de garantia é mantido pelas bolsas com a finalidade exclusiva de assegurar aos investidores o ressarcimento de prejuízos decorrentes de execução infiel de ordens por parte de uma corretora membro, entrega de valores mobiliários ilegítimos ao investidor, decretação de liquidação extrajudicial da corretora de valores, entre outras.

Uma segunda diferença se refere aos procedimentos especiais que as Bolsas de Valores devem adotar no caso de variação significativa de preços ou no caso de uma oferta representando uma quantidade significativa de ações. Nesses casos, as Bolsas de Valores devem interromper a negociação do ativo.

Para as companhias, a regra para se tornar uma companhia aberta é a mesma, independentemente de esta buscar uma listagem em Bolsa de Valores ou no mercado de balcão organizado.

6.3 Mercado de Ações

Dentro do mercado de capitais está o mercado mais procurado e utilizado, que é o mercado de ações. Neste mercado são comercializados os papéis mais conhecidos no mundo dos negócios e que tornam o seu possuidor um sócio da companhia emitente.

O mercado de ações consiste na negociação, em mercado primário ou secundário, das ações geradas por empresas que desejam captar dinheiro de uma forma mais barata.

Ação é a menor parcela do capital social das companhias ou sociedades anônimas. É, portanto, um título patrimonial e, como tal, concede aos seus titulares, os acionistas, todos os direitos e deveres de um sócio, no limite das ações possuídas.

Uma ação é um valor mobiliário, expressamente previsto no inciso I, do artigo 2º, da Lei nº 6385/76. No entanto, apesar de todas as companhias ou sociedades anônimas terem o seu capital dividido em ações, somente as ações emitidas por companhias registradas na CVM, chamadas companhias abertas, podem ser negociadas publicamente no mercado de valores mobiliários.

Atualmente, as ações são predominantemente escriturais, mantidas em contas de depósito, em nome dos titulares, sem emissão de certificado, em instituição contratada pela companhia para a prestação desse serviço, em que a propriedade é comprovada pelo "Extrato de Posição Acionária". As ações devem ser sempre nominativas, não mais sendo permitidas a emissão e a negociação de ações ao portador ou endossáveis.

6.3.1 As Ações

Espécies

As ações podem ser de diferentes espécies, conforme os direitos que concedem a seus acionistas. O Estatuto Social das Companhias, que é o conjunto de regras que devem ser cumpridas pelos administradores e acionistas, define as características de cada espécie de ações, que podem ser:

Ação Ordinária (sigla ON – Ordinária Nominativa)

Sua principal característica é conferir ao seu titular direito a voto nas Assembleias de acionistas.

Ação Preferencial (sigla PN – Preferencial Nominativa)

Normalmente, o Estatuto retira dessa espécie de ação o direito de voto. Em contrapartida, concede outras vantagens, tais como prioridade na distribuição de dividendos ou no reembolso de capital, podendo, ainda, possuir prioridades específicas, se admitidas à negociação no mercado.

As ações preferenciais podem ser divididas em classes, tais como, classe "A", "B" etc. Os direitos de cada classe constam do Estatuto Social.

As ações preferenciais têm o direito de receber dividendos ao menos 10% a mais que as ordinárias.

Vale observar que as ações preferenciais, em regra, não possuem direito a voto, ou quando o têm, ele é restrito. Isso porque existem 2 casos em que as ações preferenciais adquirem direito a voto temporário:

- Quando a empresa passar mais de três anos sem distribuir lucros.
- Quando houve votação para eleição dos membros do conselho administrativo da companhia.

Ordinárias	Preferenciais	Fruição ou Gozo
VOTO 51% CONTROLADOR	LUCRO Pelo menos 10% maior que as ordinárias. Se a empresa passar mais de 3 anos sem dar lucro, estas ações adquirem o direito ao VOTO.	EX- AÇÕES Ações que foram compradas de volta pelo emitente, mas que o titular recebeu um novo título representativo do valor, que é negociável e endossável.

MERCADO DE CAPITAIS

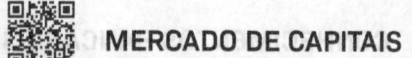

Características das Ações

Quanto ao Valor:

Nominais: o valor da ação vai descrito na escritura de emissão no momento do lançamento.

Não nominais: o valor da ação será ditado pelo mercado, mas não pode ser inferior ao valor dado na emissão das ações (esta manobra é mais arriscada, mas também pode dar maior retorno).

Quanto à Forma:

Nominativas: há o registro do nome do proprietário no cartório de registro de valores mobiliários. Há a emissão física do certificado.
Nominativas Escriturais: não há a emissão física do certificado, apenas o registro no Livro de Registros de Acionistas, e as ações são representadas por um saldo em conta.

Obs.: ações ao portador não são mais permitidas no Brasil desde 1999, pois eram alvo de muita lavagem de dinheiro.

Fique ligado

Termo que pode aparecer na prova:
Blue Chips -> Ações de primeira linha, de grandes empresas. Têm muita segurança e tradição. São ações usadas como referência para índices econômicos. Termo que pode aparecer na prova:
Blue Chips -> Ações de primeira linha, de grandes empresas. Têm muita segurança e tradição. São ações usadas como referência para índices econômicos.

Quanto à remuneração das ações::

Elas podem ser remuneradas de quatro formas:

Dividendos

Chamamos de dividendo a parcela do lucro líquido que, após a aprovação da Assembleia Geral Ordinária, será alocada aos acionistas da companhia. O montante dos dividendos deverá ser dividido entre as ações existentes, para sabermos quanto será devido aos acionistas por cada ação por eles detida.

Para garantir a efetividade do direito do acionista ao recebimento de dividendos, a Lei das S.A. prevê o sistema do dividendo obrigatório, de acordo com o qual as companhias são obrigadas a, havendo lucro, destinar parte dele aos acionistas, a título de dividendo. Porém, a Lei das S.A. confere às companhias liberdade para estabelecer, em seus estatutos sociais, o percentual do lucro líquido do exercício que deverá ser distribuído anualmente aos acionistas, desde que o faça com "precisão e minúcia" e não sujeite a determinação do seu valor ao exclusivo arbítrio de seus administradores e acionistas controladores. Caso o estatuto seja omisso, os acionistas terão direito a recebimento do dividendo obrigatório equivalente a 50% (cinquenta por cento) do lucro líquido ajustado nos termos do artigo 202 da Lei das S.A.

Ganhos de Capital

Ocorrem quando um investidor compra uma ação por um preço baixo, e vende a mesma ação por um preço mais alto, ou seja, realiza um ganho.

Bônus de Subscrição

Quando alguém adquire ações, passa a ser titular de uma fração do capital social de uma companhia. Todavia, quando o capital é aumentado e novas ações são emitidas, as ações até então detidas por tal acionista passam a representar uma fração menor do capital, ainda que o valor em moeda seja o mesmo.

Para evitar que ocorra essa diminuição na participação percentual detida pelo acionista no capital da companhia, a lei assegura a todos os acionistas, como um direito essencial, a preferência na subscrição das novas ações que vierem a ser emitidas em um aumento de capital (art. 109, inciso IV, da Lei S.A.), na proporção de sua participação no capital, anteriormente ao aumento proposto.

Da mesma forma, os acionistas também terão direito de preferência nos casos de emissão de títulos conversíveis em ações, tais como debêntures conversíveis e bônus de subscrição.

Neste período, o acionista deverá manifestar sua intenção de subscrever as novas ações emitidas no âmbito do aumento de capital ou dos títulos conversíveis em ações, conforme o caso. Caso não o faça, o direito de preferência caducará.

Alternativamente, caso não deseje participar do aumento, o acionista pode ceder seu direito de preferência (art. 171, § 6º, da Lei das S.A.). Da mesma forma que as ações, o direito de subscrevê-las pode ser livremente negociado, inclusive em Bolsa de Valores.

Bonificação

Ao longo das atividades, a Companhia poderá destinar parte dos lucros sociais para a constituição de uma conta de "Reservas" (termo contábil). Caso a companhia queira, em exercício social posterior, distribuir aos acionistas o valor acumulado na conta de Reservas, poderá fazê-lo na forma de Bonificação, podendo efetuar o pagamento em espécie ou com a distribuição de novas ações. É importante destacar que, atualmente, as empresas não mais distribuem bonificação na forma de dinheiro, pois preferem fidelizar ainda mais os sócios dando-lhes mais ações.

Ações Preferenciais e distribuição de dividendos

A Lei das S.A. permite que uma sociedade emita ações preferenciais, que podem ter seu direito de voto suprimido ou restrito, por disposição do estatuto social da companhia. Em contrapartida, tais ações deverão receber uma vantagem econômica em relação às ações ordinárias. A lei permite, ainda, que as companhias abertas tenham várias classes de ações preferenciais, que conferirão a seus titulares vantagens diferentes entre si.

Neste caso, os titulares de tais ações poderão comparecer às Assembleias Gerais da companhia, bem como opinar sobre as matérias objetos de deliberação, mas não poderão votar.

As vantagens econômicas a serem conferidas às ações preferenciais em troca dos direitos políticos suprimidos, conforme dispõe a Lei, poderão consistir em prioridade de distribuição de dividendo, fixo ou mínimo, prioridade no reembolso do capital, com prêmio ou sem ele, ou a cumulação destas vantagens (Art. 17, *caput* e incisos I a III, da Lei das S.A.).

Dividendos fixos são aqueles cujo valor encontra-se devidamente quantificado no estatuto, seja em montante certo em moeda corrente, seja em percentual certo do capital, do valor nominal da ação ou, ainda, do valor do patrimônio líquido da ação. Nesta hipótese, tem o acionista direito apenas a tal valor, ou seja, uma vez atingido o montante determinado no estatuto, as ações preferenciais com direito ao dividendo fixo não participam dos lucros remanescentes, que serão distribuídos entre ações ordinárias e preferenciais de outras classes, se houver.

Dividendo mínimo é aquele também previamente quantificado no estatuto, seja com base em montante certo em moeda corrente, seja em percentual certo do capital, do valor nominal da ação ou, ainda, do valor do patrimônio líquido da ação. Porém, ao contrário das ações com dividendo fixo, as que fazem jus ao dividendo mínimo participam dos lucros remanescentes, depois de assegurado às ordinárias dividendo igual ao mínimo. Assim, após a distribuição do dividendo mínimo às ações preferenciais, às ações ordinárias caberá igual valor. O remanescente do lucro distribuído será partilhado entre ambas as espécies de ações, em igualdade de condições.

O dividendo fixo ou mínimo assegurado às ações preferenciais pode ser cumulativo ou não. Em sendo cumulativo, no caso de a companhia não ter obtido lucros durante o exercício em montante suficiente para pagar integralmente o valor dos dividendos fixos ou mínimos, o valor faltante será acumulado para os exercícios posteriores. Esta prerrogativa depende de expressa previsão estatutária.

No caso das companhias abertas, que tenham ações negociadas no mercado, as ações preferenciais deverão conferir aos seus titulares ao menos uma das vantagens a seguir (art. 17, §1º, da Lei nº 6.404/64, Lei das S.A.):

I. Direito a participar de uma parcela correspondente a, no mínimo, 25% do lucro líquido do exercício, sendo que, desse montante, lhes será garantido um dividendo prioritário de pelo menos 3% do valor do patrimônio líquido da ação e, ainda, o direito de participar de eventual saldo desses lucros distribuídos, em igualdade de condições com as ordinárias, depois de a estas assegurado dividendo igual ao mínimo prioritário;

II. Direito de receber dividendos pelo menos 10% maiores que os pagos às ações ordinárias; ou

III. Direito de serem incluídas na oferta pública em decorrência de eventual alienação de controle.

Fique ligado! Com relação aos direitos dos acionistas, temos algumas situações que as provas costumam visar e que são importantes.

Quando a empresa realiza sobra no caixa, ou seja, lucro, ela pode comprar ações de acionistas minoritários, pois assim, concentrará mais o valor das ações. Este evento denomina-se amortização de ações. O personagem que mais ganha nessa história é o Controlador, pois como ele detém 51% das ações, seu poder ficará maior, pois o número de acionistas ou de ações diminui, aumentando seu percentual. A CVM, vendo esse aumento de poder do controlador, baixou uma Instrução Normativa nº 10, que, em outras palavras, dispõe que a: A recompra de ações, uma vez feita, finda por aumentar o poder do controlador da empresa, entretanto estas ações que foram recompradas devem: Permanecer em tesouraria por, no máximo, 90 dias e depois devem ser ou revendidas ou canceladas.

Ou seja, a CVM está limitando este aumento de poder do controlador, para evitar que os acionistas minoritários percam sua participação na administração da empresa.

Quando se fala em mudança de controlador, ou seja, o acionista majoritário, que detém 51% das ações, a CVM também edita norma que regula essa troca, para evitar prejuízos aos acionistas minoritários. É a IN CVM 400 – que diz:

Para a troca do controlador, o novo controlador deve garantir que caso queira fechar o capital da S/A, deverá comprar as ações dos minoritários por ao menos 80% do valor pago pelas ações do controlador anterior. Fazendo isso a CVM garante que, os acionistas minoritários não terão prejuízos, pois o novo controlador poderia comprar as ações a um preço bem mais baixo do que pagou pelas do controlador anterior. Ressaltando ainda que para que isso ocorra deve haver uma concordância MÍNIMA entre os acionistas Gerais. A este princípio chamamos de TAG ALONG.

Existem ainda manobras que o mercado de capitais faz gerando impacto sobre o valor das ações no mercado e sua capacidade de comercialização.

Desdobramento ou *Split*

É uma estratégia utilizada pelas empresas com o principal objetivo de melhorar a liquidez de suas ações. Acontece quando as cotações estão muito elevadas, o que dificulta a entrada de novos investidores no mercado.

Imaginemos que uma ação é cotada ao valor de R$150, com lote padrão de 100 ações. Para comprar um lote dessas ações, o investidor teria que desembolsar R$15.000, que é uma quantia considerável para a maior parte dos investidores pessoa física.

Desdobrando suas ações na razão de 1 para 3, cada ação dessa empresa seria multiplicada por 3. Assim, quem possuísse 100 ações, passaria a possuir 300 ações. O valor da cotação seria dividido por 3, ou seja, passaria de R$150 para R$50.

Na prática, o desdobramento de ações não altera de forma alguma o valor do investimento ou o valor da empresa, é apenas uma operação de multiplicação de ações e divisão dos preços para aumentar a liquidez das ações.

Agora, depois do desdobramento, o investidor que quisesse adquirir um lote de ações da empresa gastaria apenas R$5000. Convém notar que o investidor que possuía 100 ações cotadas a R$150, com um valor total de R$15.000, ainda possuía os mesmos R$15.000, mas agora distribuídos em 300 ações cotadas a R$50.

Com as ações mais baratas, mais investidores se interessam em comprá-las. Isso pode fazer com que as cotações subam no curto prazo, devido à maior entrada de investidores no mercado, porém, não há como prever se isso irá ou não acontecer. A companhia também pode utilizar os desdobramentos como parte de sua estratégia de governança corporativa, para mostrar Fique ligado e facilitar a entrada de novos acionistas minoritários.

Os desdobramentos podem acontecer em qualquer razão, mas as mais comuns são de 1 para 2, 1 para 3 e 1 para 4 ações.

Grupamento ou Inplit

Exatamente o oposto do desdobramento, o grupamento serve para melhorar a liquidez e os preços das ações quando estas estão cotadas a preços muito baixos no mercado.

Imaginemos uma empresa com ações cotadas na bolsa a R$10, com lote padrão de 100 ações. A empresa julga, baseada em seu histórico e seu posicionamento estratégico, que suas ações estão cotadas por um valor muito baixo no mercado, e aprova em Assembleia Geral, que fará um grupamento na razão de 5 para 1. Ou seja, cada cinco ações passarão a ser apenas uma ação e os preços serão multiplicados por 5.

Antes do grupamento, o investidor que possuísse 100 ações cotadas a R$10 teria o valor total de R$1000. Após o grupamento, o mesmo investidor passaria a ter 20 ações (100/5) cotadas a R$50, ou seja, continuaria possuindo os mesmos R$1000 investidos. O grupamento, assim como o desdobramento, não altera em absolutamente nada o valor do investimento.

Um dos objetivos do grupamento de ações é tentar diminuir a volatilidade dos ativos. R$1,00 de variação em um ativo cotado a R$10,00, significa 10% de variação. Já em um ativo cotado a R$50,00, representa apenas 2%. É importante ressaltar que nada garante se isso irá ou não acontecer.

Outro objetivo do grupamento pode estar atrelado ao planejamento estratégico da companhia e às suas práticas de governança corporativa. As cotações de suas ações podem estar intimamente ligadas à percepção de valor da empresa por parte dos investidores.

Desdobramento ou Split	Grupamento ou Inplit
Manobra feita para tornar as ações mais baratas e atrativas para novos investidores. Diminui o valor das ações, mas mantém o valor aplicado pelo investidor. Aumenta a quantidade de ações. Não altera o capital do investidor. Aumenta a liquidez das ações, pois ficam mais baratas e fáceis de serem comercializadas.	Manobra feita para tornar as ações mais caras e, aparentemente, elevar seu valor. Aumenta o valor das ações, mas mantém o valor aplicado do investidor. Diminui a quantidade de ações. Não altera o capital do investidor.

MERCADO DE CAPITAIS

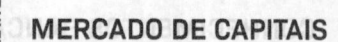

6.4 Mercado à Vista de Ações

O Mercado à Vista de Ações é onde ocorrem negociações deste papel de forma imediata, ou seja, é onde se pode comprar e vender uma ação no mesmo dia, o comprador realiza o pagamento e o vendedor entrega as ações objeto da transação em D+3 (três dias), ou seja, no terceiro dia útil após a realização do negócio. Nesse mercado, os preços são formados em pregão em negociações realizadas no sistema eletrônico de negociação chamado Mega Bolsa.

No Mercado à Vista, temos:
- Operações imediatas ou de curto prazo.
- Operacionalização na Bolsa de Valores.
- Sistema eletrônico de negociação.
- Câmara de liquidação de ações – antiga CBLC.
- After Market – vantagem para quem não consegue operar no horário normal de funcionamento da Bolsa.

Hoje o mercado à vista de ações é coordenado pela BM&F Bovespa.

Dentro do Mercado à Vista, tem-se a compra e venda de ações quase que instantaneamente, é onde ocorrem as negociações diárias do mercado de capitais.

Durante o dia há o pregão, que atualmente é eletrônico, que nada mais é do que a Bolsa de Valores coordenando a compra e venda dessas ações.

Após seu fechamento, que ocorre às 17h00min, não se pode mais realizar nenhuma transação no ambiente.

Entretanto, como várias pessoas têm suas atividades diárias voltadas a outros serviços, ficavam de fora da comercialização no Mercado à Vista de Ações. Sabendo disso, a Bolsa de Valores institui o After Market.

O After Market é uma abertura para que essas pessoas, que não puderam negociar no mercado no horário normal, possam realizar transações durante um espaço de tempo determinado.

- De 17h30min às 17h45min há a pré-abertura deste mercado, em que só podem ser canceladas operações feitas no horário normal.
- Das 17h45min até as 19h00min podem ser feitas transações no mercado, mas somente com papéis que já foram comercializados no dia, então não se podem lançar títulos novos no After Market.
- Existe ainda um limite máximo e mínimo para as operações. (2% para mais ou para menos, além de limite de valor)
- Este recurso só é disponível no Mercado à Vista de Ações.
- Nele são executadas ordens simples tais como:
  - Compra e venda: executar ou cancelar uma compra ou venda e dar ordem a mercado.

As ordens que podem ser dadas são as seguintes:

A Mercado: quando especifica a quantidade e características do que vai ser comprado ou vendido (executar na hora).

Limitada: executar a preço igual ou melhor do que o especificado.

Administrada: a mesma a mercado, mas neste caso fica a critério da intermediadora decidir o melhor momento.

ON-STOP: define o nível de preço a partir do qual a ordem deve ser executada.

Casada: ordem de venda de um e compra do outro (ambas executadas ao mesmo tempo).

	Executa a ordem ↓	
Investigador	- CTVM - DTVM - Banco de Investimentos	- After Market - Sistema de Negociação eletrônico
Dá a ordem →		Realiza a Ordem

Importante!
- As ordens diurnas que estiverem pendentes no sistema sujeitam-se aos limites de negociação do After Market.
- O sistema rejeita ordens de compra superiores ao limite e ordens de venda a preço inferior ao limite.
- Variação permitida: 2% para mais ou para menos, além de ter um limite de operações de R$ 100 mil por investidor (já somado o que ele fez no pregão normal).
- Os negócios feitos devem ser divulgados em D + 1.
- A liquidação física das compras e vendas de ações deve ser até D+2. Ocorre quando o vendedor entrega as ações a Câmara de liquidação de ações.
- A liquidação financeira das ações compradas ou vendidas é em D + 3. Ocorre quando é feito o débito na conta do comprador, e ao mesmo tempo é entregue a ação fisicamente ao comprador.

6.5 Debêntures (Lei nº 6.404/76 - Art. 64)

6.5.1 O que são Debêntures?

São valores mobiliários representativos de dívida de médio e longo prazo, que asseguram a seus detentores (debenturistas) direito de crédito contra a companhia emissora. Essa companhia emissora pode ser uma S/A aberta ou fechada, mas somente as abertas podem negociar suas debêntures no mercado das bolsas ou balcão, pois nas fechadas, as debêntures nem precisam de registro na CVM, pois é algo fechado, restrito. Convém lembrar que para operar na Bolsa ou no Mercado de Balcão as coisas precisam ser Públicas, vir a público, então uma empresa fechada não tem vontade de vir a público, somente as abertas.

Até este ponto do estudo, foi possível perceber que existem duas pessoas nesse processo de debêntures:

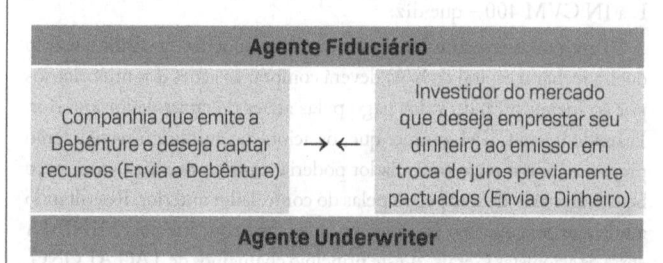

Agente Fiduciário		
Companhia que emite a Debênture e deseja captar recursos (Envia a Debênture)	→ ←	Investidor do mercado que deseja emprestar seu dinheiro ao emissor em troca de juros previamente pactuados (Envia o Dinheiro)
Agente Underwriter		

Para essa debênture ter validade, ela precisa de alguns requisitos legais, pois acima de tudo é um contrato e, como tal, precisar de algumas especificações, são elas:

- Deve constar o nome DEBÊNTURE com a indicação da espécie e suas garantias.
- Nº de emissão, série e ordem.
- Data da emissão.
- Vencimento (determinado ou indeterminado – perpétua, e se poderá ou não ter seu prazo de vencimento antecipado).
- O índice usado para corrigir o valor da debênture será CDI, IPCA, IGP-M.

- Quantidade de debêntures que irão ser emitidas (limitado ao capital PROPRIO da empresa).
- Valor nominal da debênture (ou valor de face).
- As condições para conversão ou permuta e seus respectivos prazos.

Se a debênture tiver garantias ou não, elas poderão ser classificadas em:

Real: a mais valiosa, pois a garantia existe fisicamente (hipoteca, penhor, caução, bens DETRERMINADOS).

Flutuante: não existe um bem específico, a garantia é uma parte do patrimônio da empresa (até 70% do valor do capital social).

Quirografária: nenhuma garantia ou privilégio (a garantia em caso de falência será o que sobrar, e se sobrar alguma coisa).

Subordinada: em caso de falência, oferece preferência, apenas, sobre o crédito dos acionistas.

Agora já se sabe o que é preciso para fazer uma debênture, quem pode emitir e quais as garantias que podem ser usadas, ou não.

E como se materializa, ou seja, como se transforma essa debênture em algo que possa ser visto?

Existem duas formas:

Nominativas	Nominaticas Escriturais
Título Físico, Registrado em CETIP. Emite o certificado	Informaçõe Eletrônica, CETIP registra e custodia. Não emite certificado
Registro no Livro de Registro de Debêntures Nominativas	Registro no Livro de Registro de Debêntures Normativas

Fique ligado: a Escritura da Debênture é obrigatória, mas a emissão do certificado é facultativa.

Não é comum o debenturista solicitar o certificado da debênture, mas se este solicitar, a empresa DEVE emiti-lo.

As Debêntures só podem ser emitidas por instituições que NÃO captam depósito do público, ou seja, depósito à vista, a prazo e poupança.

Fique ligado
As debêntures podem ser emitidas para fora do país, com garantia real de bens situados no Brasil. Já os Commercial Papers não podem! Só podem ser emitidos para dentro do Brasil.

Quanto ao prazo das debêntures (que deve constar na escritura da emissão):

Determinado: prazo fixado na emissão da debênture.

Indeterminado: ou perpétuo, que, em regra, não tem prazo de vencimento; mas esse prazo pode ser decretado pelo agente fiduciário quando:
- ocorrer inadimplência no pagamento dos juros ou dissolução do emitente, a empresa.

Antecipado: antes do resgate (deve contar na escritura o prazo para resgate e a possibilidade de isso ocorrer).

Antes do vencimento: quando ocorrer um colapso no mercado ou se o agente fiduciário perceber que o DEBENTURISTA corre algum risco.

Agente Fiduciário

A Lei nº 6.404/76 estabelece que a escritura de emissão, por instrumento público ou particular, de debêntures distribuídas ou admitidas à negociação no mercado, terá obrigatoriamente a intervenção de agente fiduciário dos debenturistas.

O agente fiduciário é quem representa a comunhão dos debenturistas perante a companhia emissora, com deveres específicos de defender os direitos e interesses dos debenturistas, entre outros citados na lei.

Para tanto, possui poderes próprios também atribuídos pela Lei para, na hipótese de inadimplência da companhia emissora, declarar, observadas as condições da escritura de emissão, antecipadamente vencidas as debêntures e cobrar o seu principal e acessórios, executar garantias reais ou, se não existirem, requerer a falência da companhia, entre outros.

Este personagem viabiliza a operação de compra das debêntures, por parte do DEBENTURISTA, e a venda, por parte da empresa emissora, ou seja, ele intermedeia a situação.

Mas, acima de tudo, o Agente fiduciário deve proteger o DEBENTURISTA, ou seja, ele REPRESENTA o debenturista, para isso, em caso de colapso do mercado ou para:
- proteção do debenturista;
- executar garantias reais da emissora;
- requerer falência da emissora.

O agente fiduciário pode requerer estas situações citadas para GARANTIR AO DEBENTURISTA O RECEBIMENTO DOS CRÉDITOS.

São Agentes Fiduciários os Bancos Múltiplos, Bancos de Investimento, CTVM e DTVM.

Quanto aos tipos ou classes de debêntures:

Simples: um simples direito de crédito contra a emissora, ou empresa.

Conversíveis: podem ser trocadas por ações da empresa emitente das debêntures. (Existe prazo máximo para que o debenturista decida se irá querer converter em ações ou não e, neste prazo, a empresa não pode mudar nada nos seus papéis).

Permutáveis ou não conversíveis: é uma opção que o debenturista tem de trocar as debêntures por ações de outras companhias, depois de haver passado um prazo mínimo.

Quanto à remuneração:
- Juros (fixos ou variáveis)

Fique ligado! As Soc. de Arrendamento Mercantil e as Companhias Hipotecárias só podem remunerar a juros pela TBF – Taxa Básica Financeira.

- Participação nos Lucros

Prêmio de Reembolso: não pode ser atrelado, indexado a TR, TBF ou TJLP.

As debêntures podem ser medidas por alta qualidade (baixa taxa de retorno) e por baixa qualidade (alta taxa de retorno.).

É só lembrar: quanto mais risco, mais dinheiro; quanto menos risco, menos dinheiro.

As ofertas das debêntures:

Pública	Privada
Público em geral há registro na CVM	Grupo restrito de investidores
Assembleia Geral ou Conselho Administrativo decidem, Agente Fiduciário	Não há registro na CVM

MERCADO DE CAPITAIS

Os mercados das debêntures:

Primário	Secundário
Emissão pela 1ª vez	Debêntures já existentes, compra e venda por invetidores.
Influi no caixa da empresa	Balcão Organizado (Sistema Nacional de Debêntures - Administrado pela CETIP S/A)

6.6 Commercial Papers

São títulos, papéis que valem dinheiro. Consistem em uma aplicação. Parecem muito com as debêntures e com as notas promissórias que conhecemos nos títulos de crédito (a famosa "amarelinha").

São títulos de curto prazo, que têm prazo mínimo de 30 dias e máximo de 360 dias, emitidos por instituições não financeiras, ou seja, as instituições financeiras estão fora, pois podem captar recursos de outras maneiras.

Então, o Commercial Paper serve para captar recursos no mercado interno, pois é uma promessa de pagamento no qual incidem juros a favor do investidor.

7 MERCADO DE CÂMBIO

7.1 O Que é Câmbio?

Câmbio é a operação de troca de moeda de um país pela moeda de outro país. Por exemplo, quando um turista brasileiro vai viajar para o exterior e precisa de moeda estrangeira, o agente autorizado pelo Banco Central a operar no mercado de câmbio recebe do turista brasileiro a moeda nacional e lhe entrega (vende) a moeda estrangeira. Já quando um turista estrangeiro quer converter moeda estrangeira em reais, o agente autorizado a operar no mercado de câmbio compra a moeda estrangeira do turista estrangeiro, entregando-lhe os reais correspondentes.

(Fonte: BACEN)

No Brasil, o mercado de câmbio é o ambiente no qual se realizam as operações de câmbio entre os agentes autorizados pelo Banco Central e entre estes e seus clientes, diretamente ou por meio de seus correspondentes.

O mercado de câmbio é regulamentado e fiscalizado pelo Banco Central, e compreende: as operações de compra e de venda de moeda estrangeira, as operações em moeda nacional entre residentes, domiciliados ou com sede no País e residentes, domiciliados ou com sede no exterior e as operações com ouro-instrumento cambial, realizadas por intermédio das instituições autorizadas a operar no mercado de câmbio pelo Banco Central, diretamente ou por meio de seus correspondentes.

Incluem-se no mercado de câmbio brasileiro as operações relativas aos recebimentos, pagamentos e transferências do/para o exterior mediante a utilização de cartões de uso internacional, bem como as operações referentes às transferências financeiras postais internacionais, inclusive vales postais e reembolsos postais internacionais.

À margem da lei, funciona um segmento denominado mercado paralelo. São ilegais os negócios realizados no mercado paralelo, bem como a posse de moeda estrangeira oriunda de atividades ilícitas.

7.2 Quem Opera no Mercado de Câmbio?

Bancos Múltiplos, Comerciais, de Investimentos, de Desenvolvimento, CEF, SCFI, CTVM, DTVM, Agências de Fomento e Corretoras de Câmbio.

Os que operam livremente são os Bancos e a CEF, exceto os Bancos de Desenvolvimento.

Algumas instituições operam com restrições, ou seja, não podem fazer qualquer operação, somente as especificadas pelo BACEN. São elas:

- bancos de desenvolvimento;
- sociedades de crédito, financiamento e investimento;
- agências de fomento.

Tirando essas três, as demais podem operar com todas as operações do mercado de câmbio, embora algumas tenham restrições de VALOR, mas não de operações.

As sociedades corretoras de títulos e valores mobiliários, sociedades distribuidoras de títulos e valores mobiliários e sociedades corretoras de câmbio têm algumas restrições quanto ao VALOR das operações:

- operações de câmbio com clientes para liquidação pronta de até US$ 100 mil ou o seu equivalente em outras moedas;
- operações no mercado interbancário, arbitragens no País e, por meio de banco autorizado a operar no mercado de câmbio, arbitragem com o exterior.

Fique ligado! Além desses agentes, o Banco Central também concedia autorização para agências de turismo e meios de hospedagem de turismo para operarem no mercado de câmbio. Atualmente, não se concede mais autorização para esses agentes, permanecendo ainda apenas aquelas agências de turismo cujos proprietários pediram ao Banco Central autorização para constituir instituição autorizada a operar em câmbio. Enquanto o Banco Central está analisando tais pedidos, as agências de turismo ainda autorizadas podem continuar a realizar operações de compra e venda de moeda estrangeira em espécie, cheques e cheques de viagem, relativamente a viagens internacionais.

Os meios de hospedagem não podem mais operar câmbio "de jeito nenhum"!

As agências de turismo que pediram autorização ao BACEN continuam até ele decidir se elas ficam efetivamente ou não.

Entretanto, as Instituições Financeiras podem contratar correspondentes para operar câmbio por elas. Nesse caso, teríamos um "plano B" para as agências de Turismo, que tiverem seus pedidos negados pelo BACEN, pois se elas se filiarem a uma Instituição Financeira, não mais precisarão de autorização do BACEN.

As operações realizadas pelos correspondentes são de total responsabilidade da instituição contratante, devendo esta estabelecer as regras e condutas que os correspondentes deverão seguir.

- execução ativa ou passiva de ordem de pagamento relativa à transferência unilateral (ex.: manutenção de residentes, transferência de patrimônio, prêmios em eventos culturais e esportivos) do/para o exterior, limitada ao valor equivalente a US$ 3 mil dólares dos Estados Unidos, por operação;
- compra e venda de moeda estrangeira em espécie, cheque ou cheque de viagem, bem como carga de moeda estrangeira em cartão pré-pago, limitada ao valor equivalente a US$ 3 mil dólares dos Estados Unidos, por operação; e
- recepção e encaminhamento de propostas de operações de câmbio.

A Empresa de Correios e Telégrafos do Brasil (ECT) também é autorizada pelo Banco Central a realizar operações com vales postais internacionais, emissivos e receptivos, destinadas a atender a compromissos diversos, tais como: manutenção de pessoas físicas, contribuições previdenciárias, aposentadorias e pensões, aquisição de medicamentos para uso particular, pagamento de aluguel de veículos, multas, doações. Por meio dos vales postais internacionais, a ECT também pode dar curso a recebimentos ou pagamentos conduzidos sob a sistemática de câmbio simplificado de exportação ou de importação, observado o limite de US$50 mil, ou seu equivalente em outras moedas, por operação.

Resumo dos Limites

- CTVM, DTVM e Corretoras de Câmbio = 100 mil dólares por operação.
- Empresa de Correios e Telégrafos = 50 mil dólares por operação.
- Correspondentes Bancários e Agências de Turismo ainda em operação = 3 mil dólares por operação.

Fique ligado

As instituições são obrigadas a informar o VET – Valor Efetivo Total nas operações.

Isso se deve ao fato de que nas operações de câmbio há custos embutidos como:

MERCADO DE CÂMBIO

- Tarifa de Conversão das moedas;
- IOF – Imposto sobre Operações Financeiras.

Vale destacar que o IOF é um imposto que incide sobre quase todas as operações financeiras.

Resolução 3568/2008 BACEN:

Art. 8º. As pessoas Físicas e Jurídicas podem comprar e vender moeda estrangeira ou realizar transferências internacionais em reais, de qualquer natureza, SEM LIMITAÇÃO de valor, sendo contraparte na operação agente autorizado a operar no mercado de câmbio, observada a legalidade da transação, tendo como base a fundamentação econômica e as responsabilidades definidas na respectiva documentação.

"Então, qualquer pessoa física ou jurídica pode comprar e vender moeda estrangeira?

Sim, desde que a outra parte na operação de câmbio seja agente autorizado pelo Banco Central a operar no mercado de câmbio (ou seu correspondente para tais operações) e que seja observada a regulamentação em vigor, incluindo a necessidade de identificação em todas as operações. É dispensado o respaldo documental das operações de valor até o equivalente a US$ 3 mil, preservando-se, no entanto, a necessidade de identificação do cliente."

(Fonte: BACEN. Disponível em: <http://www.bcb.gov.br/?MERCCAMFAQ>. Acesso em: maio de 2016.)

7.3 Banda Cambial no Brasil

Uma banda cambial é a forma como um país define suas taxas de câmbio, quer sejam fixas ou livres, ou até mesmo flutuantes.

Até 2005 existiam duas bandas cambiais, a livre e a flutuante.

A livre vinha dos empréstimos e envio de dinheiro do Brasil para fora, e de fora para dentro do Brasil.

Entretanto, operar com duas bandas cambiais era muito burocrático, pois cada uma tinha suas especificações. Então, em 2005, ficou instituída no Brasil a banda cambial que foi resultante da junção da Livre e da Flutuante.

Mas, como o Governo intervém, INDIRETAMENTE, no mercado, comprando e vendendo moeda, essa flutuação leva o nome de Flutuação Suja!

7.4 Operações no Mercado de Câmbio

As operações mais comuns são:
- Compra e Venda de moeda estrangeira.
- Arbitragem (operação em que há a compra de moeda estrangeira com outra moeda estrangeira).
- Exportação e Importação.

As operações são as supracitadas, mas como se efetivam as trocas de moedas?

Essas trocas podem ser:
- Manuais: em espécie, "dinheiro vivo".
- Sacadas: quando não existe o dinheiro vivo, mas sim papéis que valem dinheiro.

Quando falamos de câmbio, pensamos também nas taxas cambiais, ou seja, quais as taxas que dizem quanto uma moeda vale, em relação à outra moeda.

As mais comuns são:
- Taxa Repasse ou Cobertura: feita entre os Bancos e o BACEN.
- Dólar Pronto: para as operações com entrega em até 48 horas, ou D+2.
- PTAX: média das compras e vendas de moedas estrangeiras entre as Instituições Financeiras dentro do País. (Sempre em dólar Americano). Esta é a taxa de câmbio que é divulgada diariamente pelo Banco Central e serve de referência para várias operações no mercado cambial.

7.5 Forma de Materializar as Operações de Câmbio

7.5.1 Contrato de Câmbio

Contrato de câmbio é o documento que formaliza a operação de compra ou de venda de moeda estrangeira. Nele são estabelecidas as características e as condições sob as quais se realiza a operação de câmbio. Dele constam informações relativas à moeda estrangeira que um cliente está comprando ou vendendo, à taxa contratada, ao valor correspondente em moeda nacional e aos nomes do comprador e do vendedor. Os contratos de câmbio devem ser registrados no Sistema Câmbio pelo agente autorizado a operar no mercado de câmbio.

Nas operações de compra ou de venda de moeda estrangeira de até US$ 3 mil, ou seu equivalente em outras moedas estrangeiras, não é obrigatória a formalização do contrato de câmbio, mas o agente do mercado de câmbio deve identificar seu cliente e registrar a operação no Sistema Câmbio.

> **Fique ligado**
>
> Até US$ 3 mil, não é necessário o contrato de câmbio; mas o registro da operação é obrigatório!

O contrato de câmbio deve conter alguns requisitos legais para ter validade, os quais devem ser registrados no SISBACEN:
- qual a moeda em questão;
- a taxa cobrada;
- o valor correspondente em moeda nacional;
- nome do comprador e do vendedor.

Existem 10 tipos de contratos de câmbio, mas os mais comuns em prova são:

ACC – Adiantamento sobre Contrato de Câmbio

O ACC é um dos mais conhecidos e utilizados mecanismos de financiamento à exportação. Trata-se de financiamento na fase de produção ou pré-embarque. Para realizar um ACC, o exportador deve procurar um banco comercial autorizado a operar em câmbio.

Tendo limite de crédito com o banco, o exportador celebra com este um contrato de câmbio no valor correspondente às exportações que deseja financiar. É isso mesmo, o contrato de câmbio é celebrado antes mesmo de o exportador receber do importador o pagamento de sua venda.

Então, o exportador pede ao banco o adiantamento do valor em reais, correspondente ao contrato de câmbio. Assim, além de obter um financiamento competitivo para a produção da mercadoria a ser exportada, o exportador também fixa a taxa de câmbio da sua operação.

O ACC pode ser realizado também em algumas exportações de serviços.

O ACC pode ser realizado até 360 dias antes do embarque da mercadoria. A liquidação da operação se dá com o recebimento do pagamento efetuado pelo importador, acompanhado do pagamento dos juros devidos pelo exportador, ou pode ser feita com encadeamento com um financiamento pós-embarque.

ACE – Adiantamento sobre Cambiais Entregues

O ACE – Adiantamento sobre cambiais entregues é um mecanismo similar ao ACC, mas contratado na fase de comercialização ou pós-embarque.

Após o embarque dos bens, o exportador entrega os documentos da exportação e as cambiais (saques) da operação ao banco e celebra um contrato de câmbio para liquidação futura.

Então, o exportador pede ao banco o adiantamento do valor em reais correspondente ao contrato de câmbio. Assim, além de obter um financiamento competitivo para conceder prazo de pagamento ao importador, o exportador também fixa a taxa de câmbio da sua operação.

O ACE pode ser contratado com prazo de até 390 dias após o embarque da mercadoria. A liquidação da operação se dá com o recebimento do pagamento efetuado pelo importador, acompanhado do pagamento dos juros devidos pelo exportador.

ACC Adiantamento sob Contrato de Câmbio	ACE Adiantamento sob Contrato de Exportação
Pré-Embarque Financia a mercadoria a ser exportada. Deve ser contratado até 360 dias antes do embarque da mercadoria.	Pós-Embarque Antecipa os recursos a serem recebidos do Comprador. Deve ser feito até 390 dias posteriores ao Embarque da mercadoria
O pagamento é feito quando no embarque da mercadoria ou no ingresso do dinheiro pago pelo importador.	O pagamento da operação deverá ser feito quando o importador enviar os recursos.

Em ambos, os limites de financiamento são de até 100% do valor das mercadorias, e não incide IOF sobre essas operações por se tratar de um incentivo social á exportação no Brasil.

7.6 SISCOMEX - Sistema de Comércio Exterior

Sistema que é utilizado em conjunto pela SECEX (Secretaria de Comércio Exterior), Secretaria da Receita Federal e pelo BACEN, para fiscalizar a entrada e saída de recursos do Brasil para o exterior e vice-versa. Operações de Exportação e Importação devem ser registradas no Siscomex. Este sistema trouxe vários benefícios aos processos de exportação e importação:

- Harmonização de conceitos e uniformização de códigos dos processos.
- Ampliação de pontos de atendimento.
- Eliminação de coexistências de controles e sistemas paralelos de coleta de dados.
- Diminuição, simplificação e padronização de documentos.
- Agilidade nos processos e diminuição dos custos administrativos.

O SISCOMEX é um sistema e, como tal, precisa que as pessoas se cadastrem nele para operar. Os cadastros no SISCOMEX são 4:

1. Habilitação ordinária: destinada à pessoa jurídica que atue habitualmente no comércio exterior. Nesta modalidade, a empresa está sujeita ao acompanhamento da Receita Federal com base na análise prévia da sua capacidade econômica e financeira.

Obs.: a habilitação ordinária é a modalidade mais completa de habilitação, permitindo aos operadores realizar qualquer tipo de operação. Quando o volume de suas operações for incompatível com a capacidade econômica e financeira evidenciada, a empresa estará sujeita a procedimento especial de fiscalização.

2. Habilitação simplificada destinada para as pessoas físicas, as empresas públicas ou sociedades de economia mista, as entidades sem fins lucrativos.

3. Habilitação especial destinada aos órgãos da Administração Pública direta, autarquia e fundação pública, órgão público autônomo, e organismos internacionais.

4. Habilitação restrita para pessoa física ou jurídica que tenha operado anteriormente no comércio exterior, exclusivamente para realização de consulta ou retificação de declaração.

Operações de Remessas

As remessas são operações de envio de recursos para o exterior, por meio de ordens de pagamento (cheque, ordem por conta, fax, internet, cartões de crédito).

São formas de enviar dinheiro para fora por intermédio de instituições.

Existem remessas do Exterior para o Brasil e vice-versa, e elas podem ser:

Em Espécie: Pode ser por Instituição Financeira ou pelo ECT.

Também há remessas via cartão de crédito, que seguem a mesma lógica da em espécie; entretanto, o pagamento é feito no cartão de crédito.

7.7 Posição de Câmbio

A posição de câmbio é representada pelo saldo das operações de câmbio (compra e venda de moeda estrangeira, de títulos e documentos que as representem e de ouro-instrumento cambial) prontas ou para liquidação futura, realizadas pelas instituições autorizadas pelo Banco Central do Brasil a operar no mercado de câmbio.

7.7.1 Posição de Câmbio Comprada

A posição de câmbio comprada é o saldo em moeda estrangeira registrado em nome de uma instituição autorizada que tenha efetuado compras, prontas ou para liquidação futura, de moeda estrangeira, de títulos e documentos que as representem e de ouro-instrumento cambial, em valores superiores às vendas.

7.7.2 Posição de Câmbio Vendida

A posição de câmbio vendida é o saldo em moeda estrangeira registrado em nome de uma instituição autorizada que tenha efetuado vendas, prontas ou para liquidação futura, de moeda estrangeira, de títulos e documentos que as representem e de ouro-instrumento cambial, em valores superiores às compras.

8 ABERTURA, MANUTENÇÃO, MOVIMENTAÇÃO, TARIFAS E ENCERRAMENTO DE CONTAS

Qualquer pessoa já foi a algum banco, alguma vez, para abrir uma conta.

Basicamente, há três tipos de contas:

01. A **conta de depósito à vista** ou **Conta Corrente** é o tipo mais usual de conta bancária. Nela, o dinheiro do depositante fica à sua disposição para ser sacado a qualquer momento.

02. A **poupança** foi criada para estimular a economia popular e permite a aplicação de pequenos valores que passam a gerar rendimentos mensalmente.

03. A **"conta-salário"** é um tipo especial de conta de registro e controle de fluxo de recursos, destinada a receber salários, proventos, soldos, vencimentos, aposentadorias, pensões e similares. A "conta-salário" **não admite outro tipo de depósito** além dos créditos da entidade pagadora e **não é movimentável por cheques.**

A conta que abrimos no banco nada mais é do que um CONTRATO, e como tal precisa de regras e de orientações sobre sua forma.

É importante lembrar que esse contrato é composto de uma **FICHA-PROPOSTA** e um cartão de assinatura.

A ficha-proposta deve conter, no mínimo: qualificação do depositante, endereço residencial e comercial completos, telefone com DDD, referências pessoais, data da abertura da conta e o número dessa conta, e a assinatura do depositante.

Estas orientações estão contidas na Resolução CMN nº 4.753/2019, que dita as regras básicas que devem nortear as Instituições Financeiras quando da abertura e manutenção de contas de depósito.

Então vamos ver o que o CMN e o BACEN têm dito sobre isso:

No caso de pessoa física:
- documento de identificação (carteira de identificação ou equivalente, como, por exemplo, a carteira nacional de habilitação, passaporte, CTPS, carteiras de órgão de classe);
- inscrição no Cadastro de Pessoa Física (CPF);
- comprovante de residência.

No caso de pessoa jurídica:
- documento de constituição da empresa (contrato social e registro na junta comercial);
- inscrição no Cadastro Nacional de Pessoa Jurídica (CNPJ);
- documentos que qualifiquem e autorizem os representantes, mandatários ou prepostos a movimentar a conta.

Além disso, a instituição financeira pode estabelecer critérios próprios para abertura de conta de depósito, desde que seguidos os procedimentos previstos na regulamentação vigente (Resolução CMN 4.753/2019).

Fique ligado! As instituições financeiras podem exigir outros documentos ou termos para abrir uma conta, mas desde que não firam a resolução supracitada.

Ex.: depósito inicial e comprovante de rendimentos.

De posse destes documentos, vamos à **FICHA-PROPOSTA**. Esta deve conter, no mínimo:

▷ condições para **fornecimento de talonário de cheques**;
▷ necessidade de **comunicação pelo depositante**, por escrito, de qualquer mudança de endereço ou número de telefone ou no cadastro;
▷ condições para **inclusão** do nome do depositante no Cadastro de Emitentes de Cheque sem Fundos **(CCF)**;
▷ informação de que os **cheques liquidados, uma vez microfilmados, poderão ser destruídos** (estas **microfilmagens** devem permanecer por, no **mínimo, 10 anos** no arquivo);
▷ **tarifas de serviços**, incluindo a informação sobre serviços que não podem ser cobrados (Serviços Essenciais);
▷ **saldo** médio mínimo exigido para manutenção da conta se houver essa exigência.

Fique ligado!

A **Ficha-Proposta** somente poderá ser **microfilmada, depois** de transcorridos no mínimo **cinco anos**, a contar do início do relacionamento com o cliente.

Além disso, é **FACULTADO** à **instituição financeira abrir, manter ou encerrar** contas de depósito caso o **cliente** esteja inscrito no CCF – Cadastro de Emitente de Cheques sem Fundos.

O cliente será incluído no CCF nas seguintes condições:
- Devolução de cheque sem provisão de fundos na segunda apresentação.
- Devolução de cheque por conta encerrada.
- Devolução de cheque por prática espúria (práticas ilegais)

Veremos com mais detalhes tal assunto quando estudarmos o item CHEQUE.

Sobre as tarifas que podem ser cobradas na sua conta, vejamos:

Quando se fala em serviços bancários, lembramos que são quatro categorias de serviços:

- **Serviços essenciais:** aqueles que **não podem ser cobrados**:
- **Emissão** da primeira via do **cartão de débito**. (Segundas vias, exceto nos casos decorrentes de perda, roubo, furto, danificação e outros motivos não imputáveis à instituição emitente).

▷ **Quatro saques** mês. (No caso de poupança, são dois saques por mês).
▷ Até **10 folhas de cheque** mês.
▷ **Dois extratos** mês.
▷ Até dia 28 de fevereiro de cada ano o banco deve enviar ao cliente um **extrato consolidado**, mostrando seus rendimentos no ano anterior, geralmente para fins de Imposto de Renda.
▷ **Duas Transferências** entre contas da mesma instituição por mês. (No caso da **poupança,** duas transferências entre contas de **mesma titularidade**).
▷ **Consulta via internet.**
▷ Prestação de qualquer serviço por **meios eletrônicos**, no caso de contas cujos contratos prevejam **utilizar exclusivamente meios eletrônicos.**
▷ **Compensação de cheques**.

- **Serviços prioritários: o banco é obrigado a fornecer um pacote básico destes serviços prioritários,** que são aqueles relacionados a contas de depósitos, transferências de recursos, operações de crédito e de arrendamento mercantil, cartão de crédito básico e cadastro, somente podendo ser cobrados os serviços constantes da Lista de Serviços da Tabela I anexa à Resolução CMN 3.919, de 2010, (devendo ainda ser observados a padronização, as siglas e os fatos geradores da cobrança, também estabelecidos por meio da citada Tabela I).

- **Serviços especiais:** aqueles cuja **legislação e regulamentação específicas definem as tarifas e as condições** em que são **aplicáveis**, a exemplo dos serviços referentes ao crédito rural, ao Sistema Financeiro da Habitação (SFH), ao Fundo de Garantia do Tempo de Serviço (FGTS), ao Fundo PIS/PASEP, às chamadas "contas-salário", bem como às operações de microcrédito de que trata a Resolução nº 4574 de 26/05/2017.

- **Serviços diferenciados:** aqueles que **podem ser cobrados** desde que **explicitadas ao cliente ou ao usuário** as condições de utilização e de pagamento.

No encerramento da conta devem-se tomar alguns cuidados:

▷ Pode ser encerrada por **ambas as partes**, cliente ou banco, desde sempre acompanhada de **aviso prévio, por meio de carta registrada ou meio eletrônico.**

▷ **Informar se há cheques a serem compensados**, pois havendo, o banco pode ser negar encerrar a conta, sem a devida comprovação de que eles foram liquidados.

▷ **Devolver as folhas de cheque** restantes ou declarar que as inutilizou.

▷ **Deixar depositados na conta valores para compensar débitos** e compromissos assumidos na relação do cliente com o banco.

É importante atentar para outros detalhes:

- Pessoas Físicas com **idade entre 16 e 18 anos, não emancipadas**, podem ter conta de depósitos, e acesso a crédito também, desde que na abertura ou na assinatura do contrato sejam ASSISTIDAS por seus responsáveis legais. (**ASSISTIDAS!**)
- Já as Pessoas Físicas com **idade inferior a 16 anos** podem ter contas de depósitos, e devem ser Representadas por seus representantes legais. (**REPRESENTADAS!**)
- Pessoas Físicas com **deficiência visual** podem ter contas de depósitos, e até firmar contratos de empréstimo, desde que sejam assistidas por **duas testemunhas** e que o **contrato** seja lido em **VOZ ALTA!**

Os residentes e domiciliados no exterior podem ter conta no Brasil, mas as movimentações ocorridas em tais contas caracterizam ingressos ou saídas de recursos no Brasil e, quando em valor igual ou superior a R$10 mil, estão sujeitas à comprovação documental, ao registro no sistema informatizado do Banco Central e à identificação da proveniência e da destinação dos recursos, da natureza dos pagamentos e da identidade dos depositantes e dos beneficiários das transferências efetuadas. CONVÉM LEMBRAR QUE SÓ INSTITUIÇÕES AUTORIZADAS A OPERAR COM CÂMBIO PODEM TER ESSE TIPO DE CONTA).

Pessoa física e Pessoa Jurídica: capacidade e incapacidade civil, representação e domicílio.

Dizemos que uma pessoa física tem capacidade civil, quando esta pode praticar, por conta própria, atos da vida civil, ou seja, é uma pessoa plenamente capaz. Este evento acontece quando a Pessoa Física adquire a Maioridade, 18 anos, ou se for emancipada.

As pessoas abaixo desta idade, ou os não emancipados, são absolutamente ou relativamente incapazes.

Se uma pessoa for **absolutamente incapaz**, como o nome já diz, ela **não pode fazer NADA** sem a representação de alguém. Conforme dispõe o art. 3º do Código Civil, é o caso dos menores de dezesseis anos.

Art. 3º do Código Civil revogado pela Lei nº13.145/2015.

Os relativamente incapazes, como o nome já sugere, podem fazer algumas coisas, mas devem sempre ser ASSISTIDOS por seus responsáveis legais.

Nos termos do art. 4º do Código Civil, são os:

"I. os maiores de dezesseis e menores de dezoito anos;
II. os ébrios habituais, os viciados em tóxicos, e os que, por deficiência mental, tenham o discernimento reduzido;
III - aqueles que, por causa transitória ou permanente, não puderem exprimir sua vontade;
IV. os pródigos." (Grifo nosso)

Lembrando: a capacidade dos **índios** será regulada por legislação especial.

Os emancipados são as pessoas físicas que receberam, antes do tempo, a maioridade, ou seja, receberam a autorização para realizarem os atos da vida civil como se tivessem 18 anos, com algumas exceções.

O Código Civil aponta as condições em que se pode emancipar uma pessoa (art. 5º, parágrafo único)

04. A pedido dos pais, ou por decisão judicial, desde que tenha 16 anos completos.

05. Pelo casamento.

06. Por colação de grau em curso de nível superior.

07. Por posse em Concurso Público de cargo EFETIVO.

08. Por ser detentor de economia própria, desde que tenha 16 anos completos.

O domicílio para as pessoas físicas é onde estas estabelecem sua residência com ânimos DEFINITIVOS.

As Pessoas Jurídicas:

Estas passam a ter capacidade jurídica a partir de sua constituição e do registro do contrato social na Junta Comercial do Estado.

Cuidado: quanto ao domicílio das pessoas jurídicas, existe um tipo chamado **Domicílio Especial**, que ocorre quando o local é informado no Contrato Social da empresa. (Questão da prova de 2010 da CEF).

9 CHEQUE

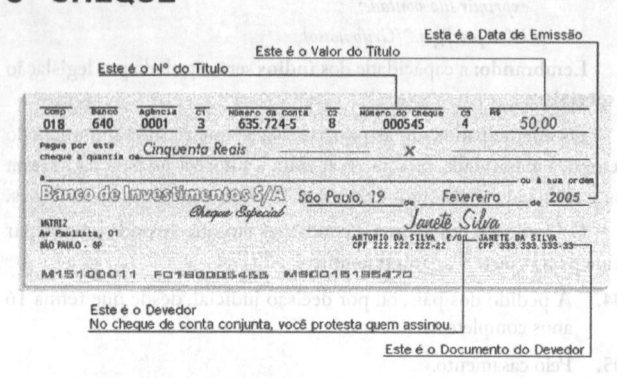

9.1 LEI Nº 7.357/85

Requisitos essenciais do cheque:
- Denominação "cheque".
- Ordem INCONDICIONAL de pagar quantia DETERMINADA ou DETERMINAVEL.
- Nome do Sacado.
- Lugar de Pagamento.
- Data e lugar de emissão do título.
- Assinatura do titular ou mandatário.

Os requisitos essenciais do cheque são os que estão na Lei nº 7357/85. Entretanto, em 2011, o BACEN editou uma circular 3972/11, que versa sobre exigências quanto à IMPRESSÃO das folhas de cheque pela instituição financeira. Os requisitos essenciais do cheque constam na Lei nº 7357/85. Entretanto, em 2011, o BACEN editou a Resolução nº 3.972/2011, que versa sobre exigências quanto à IMPRESSÃO das folhas de cheque pela instituição financeira.

> *Art. 3º As folhas de cheques fornecidas pelas instituições financeiras devem trazer impressas as seguintes informações na área destinada à identificação do titular ou titulares de contas de depósitos à vista:*
> *I. o nome do correntista e o respectivo número de inscrição no Cadastro de Pessoas Físicas (CPF) ou no Cadastro Nacional da Pessoa Jurídica (CNPJ);*
> *II. o número, o órgão expedidor e a sigla da Unidade da Federação referentes ao documento de identidade constante do contrato de abertura e manutenção de conta de depósitos à vista, no caso de pessoas naturais;*
> *III. a data de início de relacionamento contratual do correntista com instituições financeiras, na forma estabelecida na Resolução nº 3.279, de 29 de abril de 2005, e regulamentação complementar; e*
> *IV. a data de confecção da folha de cheque, no formato "Confecção: mês/ano", na parte inferior da área destinada à identificação da instituição financeira, no anverso do cheque." (Grifo nosso)*

Trata-se de requisitos técnicos para a impressão das folhas do cheque. Logo os requisitos essenciais são os que estão na Lei nº 7.357/85, pois o BACEN não tem poderes para alterar leis, mas como o CMN delegou a ele o poder de Regulamentar a Compensação de Cheques e outros papéis, ele pode ditar regras para melhorar o sistema.

Vamos a algumas observações que são extremamente abordadas nas provas.

O cheque é uma ORDEM DE PAGAMENTO À VISTA e um TÍTULO DE CRÉDITO

Assim, se um indivíduo emitir um cheque para outro hoje, hoje mesmo ele pode ir ao banco e sacar o cheque, mesmo que a data do cheque seja futura. Atualmente, o Poder Judiciário entende que, mesmo o cheque sendo uma ordem de pagamento à vista, é um acordo comercial, e como tal deve ser honrado de acordo com o que foi pactuado entre as partes, ou seja, se alguém emitir um cheque para outrem com data de amanhã, o título de crédito só deverá ser apresentado à instituição financeira a partir na data pactuada, e não hoje. Apresentá-lo hoje seria quebra de acordo comercial.

Desta forma, o Superior Tribunal de Justiça editou a SÚMULA 370, que diz que o cheque apresentado antes da data indicada acarretará dano moral em favor do emitente.

> **Fique ligado**
> O cheque apresentado antes da data do vencimento acarreta dano moral, mas posterior à data do vencimento, não. O cheque apresentado antes da data do vencimento acarreta dano moral, mas posterior à data do vencimento, não.

Não existe ACEITE em cheque, ou seja, o reconhecimento da dívida, uma vez que o cheque é emitido pelo próprio devedor, correto?

E se o próprio devedor está emitindo o cheque, então já é um reconhecimento de dívida?

O aceite está presente em títulos de crédito como a duplicata mercantil, pois quem emite este papel é o credor, ou seja, o vendedor do produto, e ao comprador aceitar o papel e reconhecer a compra por um determinado valor. O mais interessante sobre a duplicata é que ela é um título de crédito como o cheque, mas só existe em vendas a prazo, ou seja, vendas parceladas.

O prazo de apresentação de um cheque é o período em que o título deve ser apresentado à instituição financeira que detém a conta corrente do emitente do título. É o prazo legal que se tem para ir ao banco e receber o dinheiro. Este prazo varia conforme a praça de emissão do cheque, que pode ser de 30 dias se for emitido na mesma praça, e 60 dias se for emitido em praça diferente.

- A praça é o local onde a conta do emitente do cheque está. Dizemos que é da mesma praça quando o cheque foi emitido na cidade onde a conta corrente do emitente está, e dizemos que a praça é diferente quando o emitente emite um cheque em uma cidade diferente de onde sua conta corrente está.

É importante lembrar que o cheque tem prazo de prescrição, que é de 6 meses, a contar do fim do prazo de apresentação, que pode ser de 30 dias ou de 60 dias. (Caso o titular não apresente até a data limite, o prazo prescricional começa a contar do fim destas datas limite).

Em resumo:

Se o cheque está com a data de emissão 24/05/2021, tem-se dois prazos de apresentação: mesma praça (30 dias) – 24/06/2021; praça diferente (60 dias) – 24/07/2021.

Então, utilizando o de mesma praça com exemplo e excluindo os feriados e finais de semana.

Tem-se até 24/06/2021 para apresentar o cheque, mas suponha que ainda não foi apresentado.

Sendo representado o cheque no dia 27/06/2021, o banco o recebe e fará o pagamento normalmente, mesmo o prazo de apresentação tendo acabado, pois o cheque ainda está valendo. Entretanto, desde o dia 25/06/2021 o cheque começou a prescrever.

Se o prazo de apresentação acabou no dia 24/06/2021, então o prazo de prescrição vai até dia 25/12/2021, ou seja, 6 meses depois do fim do prazo de apresentação.

Apresentando-se o cheque no dia 25/12/2021, o banco fará o pagamento normalmente; mas se apresentarmos no dia 26/12/2021, o banco devolverá o cheque pelo motivo 44, cheque prescrito, pois o prazo de 6 meses já acabou.

9.1.1 O Aval no Cheque pode ser Total ou Parcial

O Aval corresponde a uma garantia a mais no cheque. Mas como assim garantia?

Se eu emitir um cheque para pagar a você, e você não confiar muito em mim, você pode me pedir que eu encontre alguém para se responsabilizar pelo pagamento deste cheque junto comigo, caso ele volte sem fundos, o famoso cheque voador ou borrachudo.

Desta forma o maluco que aceitar garantir junto comigo o pagamento do cheque é o chamado avalista. Ele, por sua vez, pode garantir o valor total do cheque, aval total, ou pode garantir apenas uma parte do valor, ou seja, o aval parcial.

No nosso atual Código Civil 2002, no artigo 897, há a vedação do aval parcial. Ou seja, em regra, o aval parcial é proibido. Entretanto, no mesmo dispositivo legal, no artigo 903, há a importante ressalva que diz que nenhuma lei geral se sobreporá a uma lei específica, salvo quando esta for omissa em relação ao assunto. Trocando em miúdos, seria dizer que: o Código Civil não pode ser sobrepor a Lei do Cheque, a Lei nº 7.357. Desta forma a Lei do Cheque fala que o aval parcial é permitido no cheque e, com isso, o Código Civil não pode se sobrepor. Logo, AVAL PARCIAL EM CHEQUE, PODE! Também é valido para outros títulos de crédito que têm leis específicas e que não são omissas em relação ao aval parcial.

O aval no cheque tem prazo, e ele é limitado ao prazo para apresentação do cheque.

9.1.2 Endosso

O endosso do cheque é a forma que o beneficiário do cheque tem para passá-lo para frente, ou seja, para transferir o direito do crédito do cheque para outra pessoa. Este endosso é materializado, ou seja, efetivado, quando o beneficiário assina atrás do cheque. Neste momento ele está endossando o cheque, ou seja, transferindo para alguém seu direito de receber aquele dinheiro escrito no cheque. Este tal endosso pode ser em branco, quando não se diz quem é o novo beneficiário, ou pode ser em preto, quando se aponta quem é o novo beneficiário.

9.1.3 A Expressão À ORDEM ou NÃO À ORDEM:

Quando falamos que o cheque é À ORDEM, estamos dizendo que o cheque permite cadeia de endosso, ou seja, permite que eu passe o cheque para frente, ou seja, para a minha ordem.

Já no NÃO À ORDEM, o cheque fica impedido de produzir uma cadeia de endosso, ou seja, o cheque não pode ser passado à minha ordem, ou seja, para quem eu quiser.

Lembrando!

- Cheque NOMINAL é aquele em que existe o nome do beneficiário, mas a Lei do Cheque permite que haja o CHEQUE AO PORTADOR, limitado ao valor de R$ 100,00, ou seja, qualquer cheque até R$ 100,00 está dispensado de indicar o nome do beneficiário. Todavia, a partir deste valor, deve ser indicado o nome do beneficiário a quem a instituição financeira irá pagar o valor.

9.1.4 Cruzamento

O cruzamento do cheque é um mecanismo que serve para proteger o emitente e o beneficiário do cheque, pois ao cruzar o cheque, o banco entende que não deve pagar ao beneficiário em dinheiro vivo, e sim depositar em sua conta. Desta forma, caso o cheque seja extraviado ou roubado, o banco tem como rastrear onde o cheque foi depositado.

Este cruzamento é sinalizado por meio de **duas barrinhas paralelas feitas no anverso do cheque**, ou seja, na frente do cheque. Este cruzamento pode ser feito de duas formas: em branco, o cheque deverá ser depositado em uma conta. Ele não pode ser sacado na "boca do caixa"; ou em preto, e neste caso o emitente do cheque está complicando a vida do beneficiário, pois neste tipo de cruzamento, entre as duas barrinhas paralelas, o emitente diz em QUAL BANCO o cheque deverá ser depositado, apenas em uma conta daquele banco específico, e em nenhum outro.

> **Fique ligado**
>
> Estar cruzado não significa que o cheque deve ser depositado em uma conta corrente, exclusivamente. Estar cruzado significa que o cheque deve ser depositado em uma conta, não exigindo exclusivamente uma conta corrente, a menos que o cruzamento em preto determine tal exigência.

Mas e se o beneficiário não tiver conta naquele banco?

Deverá proceder à abertura de uma conta para depositar o valor do cheque ou transferir o cheque mediante endosso para outro beneficiário que possa ter conta naquele banco.

9.1.5 Compensação

Essa etapa ocorre quando o beneficiário deposita o cheque em sua conta junto ao banco dele. Este banco, por sua vez, tem um prazo para comunicar ao banco do emitente que existe um cheque emitido por um cliente dele para ser pago.

O cheque é compensado na COMPE – Câmara de Compensação de Cheques, câmara esta gerenciada pelo Banco do Brasil e regulamentada pelo Banco Central. Esta câmara processa de forma eletrônica cópia digitalizada do cheque emitido, para que o banco do emissor informe se há condições de pagamento ou não do cheque.

O prazo da compensação do cheque é de 24h para cheques a partir de R$ 300,00; e de 48h para cheques até R$ 299,99.

Nestes dois casos o valor ficará bloqueado na conta do beneficiário até acabar o prazo de compensação, mas na noite que antecede o fim do prazo, o valor já fica disponibilizado para pagar débitos programados na conta do beneficiário.

> **Fique ligado**
>
> A Circular 3.535 do BACEN alterou a Resolução nº 3.972 do CMN no sentido de que, nas devoluções de cheques, os bancos só poderão devolver pelo motivo de falta de fundos (11 ou 12), ou conta encerrada (motivo 13), se não houver nenhum outro motivo pelo qual o cheque pode ser devolvido.

Mas vale ressaltar que se poderá sacar o dinheiro somente após o fim do prazo de compensação.

Na compensação, o cheque pode ser devolvido por diversos motivos, que são chamados de sem fundos, impeditivos de pagamento e erros de preenchimento, mas devemos destacar os que levam à inclusão do nome do emitente no CCF - Cadastro de Cheques sem Fundos:

- 11 – Sem fundos na primeira apresentação (não inclui diretamente, mas é uma etapa para que o motivo 12 aconteça).
- 12 – Sem fundos na segunda apresentação. Aí vai para o CCF.
  - 13 – Conta encerrada. Passagem direta e sem escalas para o CCF.

CHEQUE

- 14 – Prática Espúria. Práticas ilegais feitas com o cheque, como tentativas de fraude ou falsificação da própria assinatura, ou até mesmo apresentação de vários cheques de mesmo valor seguidos no mesmo dia. Também ganha passagem direta e sem escalas para o CCF.

Obs. 1: os bancos e seus agentes de compensação devem tomar muito cuidado com a devolução de cheques, pois a Súmula 388 do STJ diz que a devolução indevida de cheque acarreta DANO MORAL para o emitente do cheque.

Obs. 2: caso uma instituição financeira atrase a compensação de um cheque, ou retenha o valor por mais tempo que o previsto em lei, a instituição deverá remunerar a beneficiário pela taxa SELIC por dia de atraso.

Fique ligado

Um cheque que está sem fundos, mas que a assinatura do emitente também não confere, deve ser devolvido pelo motivo 22 (divergência de assinatura) e não pelo 11 ou 12 (sem provisão de fundos).

10 PRODUTOS BANCÁRIOS NOVOS

10.1 Programa Casa Verde e Amarela

Entrou em vigor, em 13 de janeiro de 2021, a Lei nº 14.118 ("Lei nº 14.118/2021"), decorrente da conversão da Medida Provisória nº 996, de 25 de agosto de 2020, que institui o Programa Casa Verde e Amarela, para promover o direito à moradia a famílias residentes em áreas urbanas com renda mensal de até R$ 7.000,00 (sete mil reais) e a famílias residentes em áreas rurais com renda anual de até R$ 84.000,00 (oitenta e quatro mil reais).

O programa reúne iniciativas habitacionais do Governo Federal para ampliar o estoque de moradias e atender as necessidades habitacionais da população. As regiões Norte e Nordeste terão um diferencial e serão contempladas com a redução nas taxas em até 0,5 ponto percentual para famílias com renda de até R$ 2 mil mensais e 0,25 para quem ganha entre R$ 2 mil e R$ 2,6 mil. Nessas localidades, os juros poderão chegar a 4,25% ao ano para cotistas do FGTS e, nas demais regiões, a 4,5%.

Além do financiamento habitacional, o programa atua com regularização fundiária e melhoria de residências, enfrentando problemas de inadequações, como falta de banheiro, por exemplo. A meta é regularizar e promover melhorias em 400 mil moradias até 2024.

10.1.1 Principais alterações no programa nacional de habitação urbana

A Lei nº 14.118/2021 que entrou em vigor alterou a Lei nº 11.977, de 7 de julho de 2009 ("Lei nº 11.977/2009"), passando a incluir como custos do Programa Nacional de Habitação Urbana aqueles decorrentes de assistência técnica e de seguros de engenharia, de danos estruturais, de responsabilidade civil do construtor, de garantia de término de obra e outros que visem a diminuição de riscos inerentes aos empreendimentos habitacionais. Tais custos poderão ser reembolsados pelo empreendedor.

A lei também passou a prever a dispensa da realização de leilão, em caso de consolidação da propriedade de imóvel em nome do credor fiduciário, em razão do não pagamento de dívida do beneficiário. Nesse caso, o credor fiduciário deve reincluir o imóvel em programas habitacionais, desde que reúna condições de habitabilidade. A doação para as pessoas que assumirem o pagamento de valores devidos pelas famílias inadimplentes, visando à moradia, também foi prevista.

O Programa Casa Verde Amarela vem em alteração ao Programa Minha Casa Minha Vida, que foi lançado em 2009 com a finalidade criar mecanismos de incentivo à produção e à aquisição de novas unidades habitacionais pelas famílias com renda mensal bruta de até R$ 6.500,00.

O programa anterior contava com 4 faixas: a primeira, faixa 1, era de responsabilidade do Governo, como programa social, e visava auxiliar famílias a conquistarem o sonho da casa própria como um programa social; as faixas 1,5 em diante eram facilitadores de acesso, com condições especiais para ajudar famílias a financiarem de forma mais acessível o imóvel.

O novo programa, Casa Verde e Amarela, tem algumas características diferentes, e passa a ser dividido agora em 3 grupos de renda, que vão de R$ 2.000 a R$ 7.000. Confira a nova segmentação:
- Grupo 1 – famílias com renda de até R$ 2 mil mensais
- Grupo 2 – famílias com renda entre R$ 2 mil e R$ 4 mil mensais
- Grupo 3 – famílias com renda entre R$ 4 mil e R$ 7 mil mensais

No Grupo 1, estão alocadas as famílias com menos recursos: o Governo informou que elas poderão ser beneficiadas com financiamento habitacional com juros reduzidos; subsídios (que são como uma ajuda financeira do Governo para facilitar o pagamento do financiamento); regularização fundiária (para imóveis que estão em situação irregular, ou sem registro) e até a reforma de um imóvel que a família já possua.

Como no Minha Casa Minha Vida, nos grupos 2 e 3, equivalentes às faixas 1,5, 2 e 3, é possível ter financiamento, com taxas acessíveis, a variar de acordo com a renda familiar, e a regularização fundiária.

Veja as tabelas comparativas para verificar as mudanças entre os dois Programas Habitacionais:

10.1.2 Modalidades de atendimento:

Programa Minha Casa, Minha Vida		
FAIXA 1	Até R$ 1.800	Produção Subsidiada
FAIXA 1,5	Até R$ 2.600	Produção Financiada
FAIXA 2	Até R$ 4 mil	
FAIXA 3	R$ 4 mil a R$ 7 mil	

Casa Verde e Amarela		
Grupo 1	Até R$ 2 mil	- Produção subsidada - Regularização Fundiária - Melhoria Habitacional e Regularização Fundiária - Produção Financiado
Grupo 2	R$ 2 mil a R$ 4 mil	- Produção Financiado - Regularização Fundiária (Até R$ 5 mil)
Grupo 3	R$ 4 mil a R$ 7 mil	

Fonte: Ministério do Desenvolvimento.

10.1.3 Novas taxas de juros de acordo com os grupos:

Programa Minha Casa, Minha Vida			
FAIXA	Faixa de renda	Brasil	
		Não Cotista	Cotista
Faixa 1,5	Até R$ 2 mil	5,00%	4,5%
Faixa 2	Até R$ 2 mil	5,50%	5,00%
	R$ 2 mil a R$ 2.600	5,50%	5,50%
	R$ 2.600 a R$ 3 mil	6,00%	5,50%
	R$ 3 mil a R$ 4 mil	7,00%	6,50%
Faixa 3	R$ 4 mil a R$ 7 mil	8,16%	7,66%

Casa Verde e Amarela					
Grupo	Faixa de Renda	S - SE - CO		N-NE	
		Não Cotista	Cotista	Não Cotista	Cotista
Grupo 1	Até R$ 2 mil	5,00%	4,50%	4,75%	4,25%
Grupo 2	R$ 2 mil a R$ 4 mil	5,25%	4,75%	5,00%	4,50%
		5,50%	5,00%	5,25%	4,75%
		6,00%	5,50%	6,00%	5,50%
		7,00%	6,50%	7,00%	6,50%
Grupo 3	R$ 4 mil a R$ 7 mil	8,16%	7,66%	8,16%	7,66%

Fonte: Ministério do Desenvolvimento.

PRODUTOS BANCÁRIOS NOVOS

10.2 Programa Fundo de Financiamento Estudantil (FIES)

O que é o FIES?

O Fundo de Financiamento Estudantil (FIES) é um programa do Ministério da Educação (MEC), instituído pela Lei nº 10.260, de 12 de julho de 2001.

O FIES tem como objetivo conceder financiamento a estudantes em cursos superiores não gratuitos, com avaliação positiva nos processos conduzidos pelo MEC e ofertados por instituições de educação superior não gratuitas aderentes ao programa.

A gestão do FIES cabe ao Ministério da Educação – MEC, na qualidade de formulador da política de oferta de financiamento e de supervisor da execução das operações do Fundo, e ao Fundo Nacional de Desenvolvimento da Educação – FNDE, na qualidade de agente operador e administrador dos ativos e passivos.

10.2.1 Novo FIES

O Novo FIES foi estabelecido pela Lei nº 13.530 de 07 de dezembro de 2017, e foi colocado em prática no primeiro semestre de 2018. O programa foi instituído para concessão de financiamento à estudantes de cursos superiores, não gratuitos, e com avaliação positiva nos processos conduzidos pelo Ministério da Educação, custeados pelo Fundo de Financiamento Estudantil. A CAIXA atua no Novo FIES como agente único, responsável pelos papéis de Agente Operador, Agente Financeiro e Gestor de Fundos Garantidores.

O programa possibilita juros zero a quem mais precisa e uma escala de financiamento que varia conforme a renda familiar do candidato e foi dividido em três diferentes modalidades:

- Modalidade 1: financiada com recursos da União, ofertará vagas com juro zero para os estudantes que tiverem uma renda per capita mensal familiar de até três salários mínimos. Nessa modalidade, o aluno começará a pagar as prestações respeitando a sua capacidade de renda, fazendo com que os encargos a serem pagos pelos estudantes diminuam consideravelmente.
- Modalidade 2: destinada às regiões Norte, Nordeste e Centro-Oeste, com recursos dos Fundos Constitucionais e de Desenvolvimento para os estudantes que tiverem uma renda per capita mensal familiar de até cinco salários mínimos.
- Modalidade 3: destinada a todas as regiões do Brasil com recursos do BNDES; assim como a modalidade 2, será destinada aos estudantes que tiverem uma renda per capita mensal familiar de até cinco salários mínimos.

As modalidades dois e três formam a categoria do P-Fies. A concessão desse financiamento é ofertada pelas instituições financeiras, mas com recursos públicos. Por essa razão, são capazes de ofertar um financiamento mais barato que o mercado, porém mais caro que o da modalidade I.

10.2.2 Condições do financiamento estudantil

Os estudantes beneficiários do financiamento estudantil contam com duas fases de condições para pagamento do Fies, que começa com a contratação do financiamento e se estende até depois da conclusão do curso, entenda como funciona:

1. Fase de utilização: durante o curso o estudante deverá pagar mensalmente o valor referente ao encargo operacional fixado em contrato. Além disso, o seguro de vida também deve ser pago durante o financiamento.

2. Fase de carência e amortização: com as novas regras do Fies, a partir de 2018 os estudantes não contam mais com o período de carência para iniciar o pagamento da dívida. Após finalizar o curso já dá início a fase de amortização.

O pagamento da dívida começa a partir do primeiro mês após a conclusão do curso, desde que o estudante possua renda - o pagamento será retido da fonte mensalmente. Caso o estudante não possua renda após a finalização do curso (período de amortização), o financiamento será quitado em prestações mensais equivalentes ao pagamento mínimo, na forma do regulamento do CG-Fies. O MEC estima que o financiamento seja quitado em um período de 14 anos, considerando que a prestação respeitará a capacidade de pagamento do estudante.

10.2.3 Contrato atrasado do FIES

Os estudantes que estiverem com contrato atrasado, com parcelas vencidas até 30 de abril de 2017, podem realizar o pagamento quitando 20% do saldo devedor em cinco vezes e o restante em até 175 parcelas. Tudo isso por meio do Programa Especial de Regularização do Fies.

10.2.4 Fundo garantidor

O Fundo Garantidor do Fies (FG-Fies) foi criado com o objetivo de garantir os créditos para os financiamentos, assim, mesmo com o aporte da União, o fundo será formado principalmente por aportes das instituições, que terão adesão obrigatória.

10.2.5 Reformulação no FIES e P-FIES a partir de 2021

O MEC anunciou novas alterações em alguns pontos do financiamento nas suas duas modalidades: Fies e P-Fies. Os pontos são:

- passou a exigir nota de corte mínima de 400 pontos na redação do Enem (a partir de 2021);
- possibilidade de redução de vagas no ensino superior privado pelo financiamento;
- possibilidade de cobrança judicial para os inadimplentes;
- exigência de nota de corte para mudança de curso em instituições de ensino;
- P-Fies não terá mais limitação de renda a partir do segundo semestre de 2020;
- participação no P-Fies não precisará de nota do Enem a partir do segundo semestre de 2020.

10.3 Programa de Crédito Penhor

O penhor é um tipo de empréstimo exclusivo da Caixa Econômica Federal, que concede bens temporariamente em troca de dinheiro rápido e sem análise em empresas de avaliação de crédito. Os bens que podem ser penhorados são joias, alianças, relógios, pedras preciosas, prataria e objetos de design. O montante do empréstimo está vinculado ao objeto a ser empenhado. A Caixa concede o valor de até 100% do bem entregue. No entanto, para pessoas que desejam renovar o período e possuem um bom relacionamento com a instituição financeira, essa porcentagem pode aumentar para 130% do valor do objeto.

No ato da contratação do penhor, é preciso pagar as tarifas de risco e de abertura e de renovação de crédito, quando ela ocorrer. O prazo do empréstimo pode variar de 30 até 180 dias, e são renováveis.

Em geral, as taxas de juros cobradas pelo Penhor Caixa são em média de 2,25% ao mês. Caso o empréstimo não esteja quitado em até 30 dias após o vencimento da nota promissória, a joia ou objeto passa a ser propriedade da Caixa e, em seguida, vai a leilão.

10.4 Programa Nacional de Microcrédito Produtivo Orientado (PNMPO)

A Microfinança é a prestação de serviços financeiros adequados e sustentáveis para qualquer empreendedor brasileiro que possibilitem sua independência financeira com ascensão social.

site: https://www.caixa.gov.br/empresa/Paginas/microfinancas_caixa.aspx

O Programa Nacional de Microcrédito Produtivo Orientado (PNMPO) foi criado pela Lei nº 11.110, de 25 de abril de 2005, posteriormente reformulado pela Lei nº 13.636, de 20 de março de 2018, com objetivo de apoiar e financiar atividades produtivas de empreendedores, principalmente por meio da disponibilização de recursos para o microcrédito produtivo orientado.

São beneficiárias do PNMPO pessoas naturais e jurídicas empreendedoras de atividades produtivas urbanas e rurais, apresentadas de forma individual ou coletiva, com renda ou a receita bruta anual limitada ao valor de R$ 200.000,00 (duzentos mil reais).

Para os efeitos PNMPO, considera-se microcrédito produtivo orientado o crédito concedido para financiamento das atividades produtivas, cuja metodologia será estabelecida em regulamento, observada a preferência do relacionamento direto com os empreendedores, admitido o uso de tecnologias digitais e eletrônicas que possam substituir o contato presencial.

A operação de crédito realizada no âmbito do PNMPO deve ser conduzida com uso de metodologia específica e por profissionais especializados. A metodologia utilizada deve contemplar a avaliação dos riscos da operação, considerados a necessidade de crédito, o endividamento e a capacidade de pagamento de cada tomador, a análise de receitas e despesas do tomador e o mecanismo de controle e acompanhamento diário do volume e da inadimplência das operações realizadas.

É oportuno lembrar que, previamente à primeira concessão de crédito, o profissional especializado – agente de crédito, deverá manter contato no local onde é executada a atividade econômica ou em local de conveniência do tomador do crédito, e realizará análise socioeconômica do tomador e prestará orientação educativa sobre o planejamento do negócio.

O contato com o tomador do crédito deve ser mantido durante a vigência do contrato, visando o seu melhor aproveitamento e aplicação, bem como o crescimento e sustentabilidade da atividade econômica.

O valor e as condições do crédito devem ser definidos após a avaliação da atividade e da capacidade de endividamento do tomador final dos recursos, em estreita interlocução com este.

Para subsidiar a coordenação do Programa, a Lei criou o Conselho Consultivo do PNMPO – órgão de natureza consultiva e propositiva, composto por representantes de órgãos e de entidades da União, com a finalidade de propor políticas e ações de fortalecimento e expansão do Programa e o Fórum Nacional de Microcrédito, com a participação de órgãos federais competentes e entidades representativas do setor, com o objetivo de promover o contínuo debate entre as entidades vinculadas ao segmento.

No Brasil, a primeira experiência em microcrédito foi desenvolvida pela União Nordestina de Assistência a Pequenas Organizações nas cidades de Recife (PE) e Salvador (BA). Conhecida como Programa Uno, funcionou de 1973 a 1991.

10.5 Correspondentes Bancários

Renato Oliva, vice-presidente da Associação Brasileira de Bancos (ABBC), afirma que "O acesso aos serviços bancários é mais do que uma simples questão de negócios. É também uma forma de garantir a cidadania e estimular o desenvolvimento econômico e social."[1]

Dentro de um contexto macroeconômico, no qual as pessoas passaram a utilizar os serviços bancários com mais frequência, e olhando sob o viés dos custos, nascem os correspondentes bancários, que surgem para se tornarem parceiros das Instituições Financeiras, buscando dar capilaridade e fluidez às demandas dos clientes que necessitam ir ao banco.

Sob esta ótica, os Correspondentes Bancários são uma peça muito importante para que as Instituições Financeiras possam atingir um maior número de clientes, dando-lhes comodidade, ao disponibilizar uma rede que pode realizar as atividades mais essenciais feitas em uma agência bancária.

A seguir, características principais dos correspondentes bancários:

* O correspondente não pode ter como atividade principal a recepção e o encaminhamento de propostas de abertura de contas de depósitos à vista, a prazo e de poupança e os recebimentos e pagamentos relativos a contas de depósitos à vista, a prazo e de poupança, bem como a aplicações e resgates em fundos de investimento.

* A responsabilidade pelos serviços prestados permanece com o banco.

* O correspondente não pode cobrar tarifa por conta própria.

Sinergia no Processo:

Banco: ganha capilaridade, canal de menor investimento, compartilhamento de custos e é amigável para clientes de menor renda, horário flexível.

Correspondente: aproveita recursos ociosos, aumenta o movimento, usa a marca do banco e amplia suas receitas.

10.5.1 Resolução Nº 3.954 - Banco Central do Brasil

Altera e consolida as normas que dispõem sobre a contratação de correspondentes no País.

Art. 1º *As instituições financeiras e demais instituições autorizadas a funcionar pelo Banco Central do Brasil devem observar as disposições desta resolução como condição para a contratação de correspondentes no País, visando à prestação de serviços, pelo contratado, de atividades de atendimento a clientes e usuários da instituição contratante.*

Parágrafo único. *A prestação de serviços de que trata esta resolução somente pode ser contratada com correspondente no País.*

Art. 2º *O correspondente atua por conta e sob as diretrizes da instituição contratante, que assume inteira responsabilidade pelo atendimento prestado aos clientes e usuários por meio do contratado, à qual cabe garantir a integridade, a confiabilidade, a segurança e o sigilo das transações realizadas por meio do contratado, bem como o cumprimento da legislação e da regulamentação relativa a essas transações.*

Art. 3º *Somente podem ser contratados, na qualidade de correspondente, as sociedades, os empresários, as associações definidos na Lei nº 10.406, de 10 de janeiro de 2002(Código Civil), os prestadores de serviços notariais e de registro de que trata a Lei nº 8.935, de 18 de novembro de 1994, e as empresas públicas. (Redação dada pela Resolução nº 3.959, de 31/3/2011.)*

§ 1º[...]

§ 2º É vedada a contratação, para o desempenho das atividades de atendimento definidas nos incisos I, II, IV e VI do Art. 8º, de entidade cuja atividade principal seja a prestação de serviços de correspondente. (Redação dada pela Resolução nº 3.959, de 31/3/2011.)

§ 3º É vedada a contratação de correspondente cujo controle seja exercido por administrador da instituição contratante ou por administrador de entidade controladora da instituição contratante. (Redação dada pela Resolução nº 3.959, de 31/3/2011.)

§ 4º[...]

Art. 4º*[...]*

Art. 4º-A *A instituição contratante deve adotar política de remuneração dos contratados compatível com a política de gestão de riscos, de modo a não incentivar comportamentos que elevem a exposição ao risco acima dos níveis considerados prudentes nas estratégias de*

---

[1] Correspondentes. Uma Inovação Brasileira. Publicado em: jun. 2007. Disponível em: https://www.bcb.gov.br/pre/microFinancas/arquivos/horario_arquivos/apres_43.pdf. Acesso em: 2 ago. 2021.

curto, médio e longo prazos adotadas pela instituição, tendo em conta, inclusive, a viabilidade econômica no caso das operações de crédito e de arrendamento mercantil cujas propostas sejam encaminhadas pelos correspondentes. (Incluído, a partir de 2/1/2012, pela Resolução nº 4.035, de 30/11/2011.)

Parágrafo único. A política de remuneração de que trata o caput deve considerar qualquer forma de remuneração, inclusive adiantamentos por meio de operação de crédito, aquisição de recebíveis ou constituição de garantias, bem como o pagamento de despesas, a distribuição de prêmios, bonificações, promoções ou qualquer outra forma assemelhada. (Incluído, a partir de 2/1/2012, pela Resolução nº 4.035, de 30/11/2011.)

Art. 5º Depende de prévia autorização do Banco Central do Brasil a celebração de contrato de correspondente com entidade não integrante do SFN cuja denominação ou nome fantasia empregue termos característicos das denominações das instituições do SFN, ou de expressões similares em vernáculo ou em idioma estrangeiro.

Art. 6º Não é admitida a celebração de contrato de correspondente que configure contrato de franquia, nos termos da Lei nº 8.955, de 15 de dezembro de 1994, ou cujos efeitos sejam semelhantes no tocante aos direitos e obrigações das partes ou às formas empregadas para o atendimento ao público. [...]

10.5.2 Do Objeto do Contrato de Correspondente

Art. 8º O contrato de correspondente pode ter por objeto as seguintes atividades de atendimento, visando ao fornecimento de produtos e serviços de responsabilidade da instituição contratante a seus clientes e usuários:

I. recepção e encaminhamento de propostas de abertura de contas de depósitos à vista, a prazo e de poupança mantidas pela instituição contratante;

II. realização de recebimentos, pagamentos e transferências eletrônicas visando à movimentação de contas de depósitos de titularidade de clientes mantidas pela instituição contratante;

III. recebimentos e pagamentos de qualquer natureza, e outras atividades decorrentes da execução de contratos e convênios de prestação de serviços mantidos pela instituição contratante com terceiros;

IV. execução ativa e passiva de ordens de pagamento cursadas por intermédio da instituição contratante por solicitação de clientes e usuários;

V. recepção e encaminhamento de propostas referentes a operações de crédito e de arrendamento mercantil de concessão da instituição contratante; (Redação dada, a partir de 2/1/2014, pela Resolução nº 4.294, de 20/12/2013.)

VI. recebimentos e pagamentos relacionados a letras de câmbio de aceite da instituição contratante;

VII. (Revogado pela Resolução nº 3.959, de 31/3/2011.)

VIII. recepção e encaminhamento de propostas de fornecimento de cartões de crédito de responsabilidade da instituição contratante; e

IX. realização de operações de câmbio de responsabilidade da instituição contratante, observado o disposto no Art. 9º.

Parágrafo único. Pode ser incluída no contrato a prestação de serviços complementares de coleta de informações cadastrais e de documentação, bem como controle e processamento de dados.

Art. 9º O atendimento prestado pelo correspondente em operações de câmbio deve ser contratualmente restrito às seguintes operações:

I. compra e venda de moeda estrangeira em espécie, cheque ou cheque de viagem, bem como carga de moeda estrangeira em cartão pré-pago; (Redação dada, a partir de 2/1/2012, pela Resolução nº 4.035, de 30/11/2011.)

II. execução ativa ou passiva de ordem de pagamento relativa a transferência unilateral do ou para o exterior; e

III. recepção e encaminhamento de propostas de operações de câmbio.

§ 1º (Revogado pela Resolução nº 4.114, de 26/7/2012.)

§ 2º O contrato que inclua o atendimento nas operações de câmbio relacionadas nos incisos I e II do caput deve prever as seguintes condições: (Resolução nº 4.811, de 30/04/2020)

I – limitação ao valor de US$3.000,00 (três mil dólares dos Estados Unidos), ou seu equivalente em outras moedas, por operação, e no caso de operação de compra ou de venda de moeda estrangeira em espécie com entrega do contravalor em moeda nacional também em espécie, limitação ao valor de US$1.000,00 (mil dólares dos Estados Unidos), ou seu equivalente em outras moedas;

II – obrigatoriedade de informação ao cliente do Valor Efetivo Total (VET) da operação, expresso em reais por unidade de moeda estrangeira e calculado considerando a taxa de câmbio, os tributos incidentes e as tarifas eventualmente cobradas;

III – obrigatoriedade de entrega ao cliente de comprovante para cada operação de câmbio realizada, contendo a identificação da instituição contratante, da empresa contratada e do cliente, a indicação da moeda estrangeira, da taxa de câmbio, dos valores em moeda estrangeira e em moeda nacional e do VET, bem como a identificação do pagador ou recebedor no exterior nas operações de câmbio de que trata o inciso II do caput;

IV – cláusula de exclusividade do correspondente com a instituição contratante para a prestação de serviços relativa às operações de câmbio de que trata o inciso I do caput; e

V – observância das disposições regulamentares que dispõem sobre o mercado de câmbio." (NR).

10.5.3 Das Condições Gerais do Contrato de Correspondente

Dentre as diversas condições que devem existir em um contrato de correspondente, ressaltamos:

[...]

III. divulgação ao público, pelo contratado, de sua condição de prestador de serviços à instituição contratante, identificada pelo nome com que é conhecida no mercado, com descrição dos produtos e serviços oferecidos e telefones dos serviços de atendimento e de ouvidoria da instituição contratante, por meio de painel visível, mantido nos locais onde seja prestado atendimento aos clientes e usuários, e por outras formas caso necessário para esclarecimento do público.

[...]

V. utilização, pelo correspondente, exclusivamente de padrões, normas operacionais e tabelas definidas pela instituição contratante, inclusive na proposição ou aplicação de tarifas, taxas de juros, taxas de câmbio, cálculo de Custo Efetivo Total (CET) e quaisquer quantias auferidas ou devidas pelo cliente, inerentes aos produtos e serviços de fornecimento da instituição contratante;

VI. vedação ao contratado de emitir, a seu favor, carnês ou títulos relativos às operações realizadas, ou cobrar por conta própria, a qualquer título, valor relacionado com os produtos e serviços de fornecimento da instituição contratante." (Grifo nosso)

[...]

Em suma, os correspondentes devem manter suas atividades transparentes e pautadas na ética proposta pela instituição contratante, seus arquivos e suas atividades têm de estar disponíveis à auditorias do BACEN, da instituição contratante e de qualquer outro órgão responsável.

A atividade dos correspondentes bancários beneficia a ambos os lados, pois os custos das operações mais básicas das instituições financeiras são barateados, uma vez que a remuneração deles é inferior aos custos embutidos nos processos internos.

11 CIRCULAR Nº 3.978/20

A presente circular lista procedimentos de "Compliance", sou seja, de controles internos para que se previna o crime de LAVAGEM DE DINHEIRO, de maneira geral temos que a circular:

*Dispõe sobre a **política, os procedimentos e os controles internos** a serem adotados pelas instituições autorizadas a funcionar pelo Banco Central do Brasil **visando à prevenção da utilização do sistema financeiro para a prática dos crimes de "lavagem"** ou ocultação de bens, direitos e valores.*

> **Fique ligado**
> **LEMBRE-SE** – Todas as instituições autorizadas a funcionar pelo Banco Central tem que adotar esta circular.

Trata-se de uma circular extensa, com muito detalhamento técnico. Meu o objetivo vai ser extrair deste documento o que eu mais acredito que possa ser cobrado em prova! Então, vamos lá!

11.1 Política de Prevenção

A política de prevenção ao crime de lavagem de dinheiro deve ser adequada ao perfil:
- Dos clientes, da instituição e dos funcionários, parceiros e prestadores.
- Das operações, transações, produtos e serviços.

Esta política deve contemplar:
- **Diretrizes** para Definir Responsabilidades, Procedimentos, Avaliação Interna do Risco, Promoção da Cultura Organizacional, Seleção Correta de Funcionários etc.
- Diretrizes para Implementar Procedimentos de Coleta, Verificação, Registro, Monitoramento, Comunicação ao COAF, entre outras.

> **Fique ligado**
> IMPORTANTE – É necessário o comprometimento da ALTA ADMINISTRAÇÃO com a efetividade e a melhoria contínua da política.
> Fique ligado - Admite-se a adoção de política de prevenção à lavagem de dinheiro e ao financiamento do terrorismo ÚNICA por conglomerado prudencial e por sistema cooperativo de crédito.

Esta política deve ser:
- Documentada, aprovada pelo Conselho ou Diretoria e Mantida Atualizada
- Divulgada aos envolvidos em linguagem clara.

11.2 Da Governança da Política de Prevenção à Lavagem de Dinheiro

- As instituições devem dispor de estrutura de governança visando a assegurar o cumprimento da política.

> **Fique ligado**
> Governança tem a ver com BOAS PRÁTICAS ADMINISTRATIVAS

- As instituições devem indicar formalmente ao Banco Central do Brasil **diretor responsável**.

> **Fique ligado**
> IMPORTANTE – Este diretor PODE desempenhar outras funções na instituição, contato que não gere conflito de interesses.

11.3 Avaliação Interna de Risco

Sem segredos, a avaliação interna deve:
- Considerar o Perfil das Operações e das Pessoas Envolvidas
- Ser Documentada e Aprovada
- Categorias de Risco devem ser definidas para maior possibilidade de Mitigação

> **Fique ligado**
> IMPORTANTE - A avaliação interna de risco pode ser realizada de forma centralizada em instituição do conglomerado prudencial e do sistema cooperativo de crédito.

11.4 Procedimentos Destinados a Conhecer os Clientes

Os procedimentos para conhecer o perfil de seus clientes devem ser compatíveis com:
- Perfil de risco do cliente, sendo maior a prevenção em perfis de maior risco.
- Política de prevenção à lavagem de dinheiro e ao financiamento do terrorismo.
- Avaliação interna de risco.

> **Fique ligado**
> Os procedimentos devem ser formalizados em manual específico, que deve ser aprovado pela diretoria e mantido atualizado.

11.4.1 Identificação dos Clientes

No processo de identificação do cliente devem ser coletados, no mínimo:
- O nome completo, o endereço, o CPF, no caso de pessoa natural.

> **Fique ligado**
> Se o cliente for do EXTERIOR, desobriga-se o CPF

- A firma ou denominação social, o endereço da sede e o CNPJ, no caso de pessoa jurídica.

> **Fique ligado**
> Se a empresa for com sede no exterior, desobriga-se o CNPJ

11.4.2 Qualificação dos Clientes

As instituições devem adotar procedimentos que permitam qualificar seus clientes de forma compatível com o perfil de risco do cliente e com a natureza da relação de negócio, avaliando:
- Capacidade Financeira do Cliente
- Perfil de Risco

CIRCULAR Nº 3.978/20

> **Fique ligado**
> A qualificação do cliente deve ser reavaliada e sempre atualizada.

11.4.3 Pontos de Fique ligado na Qualificação

Os procedimentos de qualificação devem incluir a verificação da condição do cliente como:

- **PESSOA POLÍTICAMENTE EXPOSTA** (Detentores de Mandato, Ocupantes de Cargos de Natureza Especial, tais como Ministros, Altas Autoridades Públicas)
- **FAMÍLAR** – Parentes até o **segundo grau**
- **ESTREITO COLABORADOR** - Pessoa conhecida por ter qualquer tipo de estreita relação com pessoa exposta politicamente.

> **Fique ligado**
> Para estes clientes devem ser adotados procedimentos de qualificação compatíveis com sua condição.

11.4.4 Classificação dos Clientes

As instituições devem classificar seus clientes:

- Nas categorias de risco definidas na avaliação interna de risco
- Usando como Base as informações obtidas nos procedimentos de qualificação

> **Fique ligado**
> Esta classificação deve ser revista sempre que houver alterações no perfil do cliente.
> IMPORTANTE – É VEDADO às instituições iniciar relação de negócios SEM QUE os procedimentos de identificação e de qualificação do cliente ESTEJAM CONCLUÍDOS
> IMPORTANTE - Admite-se, por um PERÍODO MÁXIMO DE 30 DIAS, o início da relação de negócios em caso de insuficiência de informações relativas à qualificação do cliente, desde que não haja prejuízo aos procedimentos de monitoramento e seleção.

11.4.5 Identificação e da Qualificação do Beneficiário Final

Os procedimentos de qualificação do cliente Pessoa Jurídica devem incluir a análise da cadeia de participação societária até a identificação da pessoa natural caracterizada como **seu beneficiário final.**

> **Fique ligado**
> É também considerado beneficiário final o representante, inclusive o procurador e o preposto, que exerça o comando sobre as atividades da pessoa jurídica.
> Este procedimento NÃO é Necessário em relação as pessoas jurídicas constituídas sob a forma de companhia aberta ou entidade sem fins lucrativos e as cooperativas.

11.4.6 Qualificação como Pessoa Exposta Politicamente

Consideram-se pessoas expostas politicamente, entre outros:

- Detentores de mandatos eletivos dos Poderes Executivo e Legislativo;
- Altas Autoridades da Administração Indireta e Direta;
- Membros do Conselho Nacional de Justiça, do Supremo Tribunal Federal, dos Tribunais Superiores, dos Tribunais Regionais Federais, dos Tribunais Regionais do Trabalho, dos Tribunais Regionais Eleitorais, do Conselho Superior da Justiça do Trabalho e do Conselho da Justiça Federal
- Membros do Conselho Nacional do Ministério Público, Procuradores Gerais
- Presidentes e os tesoureiros nacionais, ou equivalentes, de partidos políticos;
- Secretários de Estado e do Distrito Federal, e os Secretários Municipais.

São também consideradas expostas politicamente as pessoas que, NO EXTERIOR, sejam:

- Chefes de estado ou de governo;
- Políticos de escalões superiores;
- Ocupantes de cargos governamentais de escalões superiores;
- Oficiais-generais e membros de escalões superiores do Poder Judiciário;
- Executivos de escalões superiores de empresas públicas; ou
- Dirigentes de partidos políticos.

11.5 Registro de Operações

11.5.1 Disposições Gerais

As instituições devem manter registros de todas as operações realizadas, produtos e serviços contratados, inclusive saques, depósitos, aportes, pagamentos, recebimentos e transferências de recursos.

> **Fique ligado**
> Estes registros devem compor o tipo da operação, valor, data, registro cadastral entre outros.

11.5.2 Registro de Operações Envolvendo Pessoa do Exterior

No caso de operações envolvendo pessoa natural residente no exterior, as instituições devem incluir no registro as seguintes informações:

- Nome;
- Tipo e número do documento de viagem e respectivo país emissor; e
- Organismo internacional de que seja representante

No caso de ser pessoa jurídica, é necessário:

- Nome da empresa; e
- Número de identificação ou de registro da empresa no respectivo país de origem.

11.5.3 Registro de Operações de Pagamento, de Recebimento e de Transferência de Recursos

No caso de operações relativas a pagamentos, recebimentos e transferências de recursos, por meio de qualquer instrumento, as instituições devem incluir:

- Identificação da origem
- Identificação do destino dos recursos.

Para fins deste cumprimento, devem ser incluídas no registro das operações:

- Nome e número de inscrição no CPF ou no CNPJ do remetente ou sacado;
- Nome e número de inscrição no CPF ou no CNPJ do recebedor ou beneficiário;
- Códigos de identificação, no sistema de liquidação de pagamentos ou de transferência de fundos
- Números das dependências e das contas envolvidas na operação.

11.5.4 Registro das Operações em Espécie

- No caso de operações com utilização de recursos em espécie de **valor individual superior a R$ 2.000,00**, as instituições devem incluir no registro, **o nome e o respectivo número de inscrição no CPF do portador dos recursos.**
- No caso de operações de depósito ou aporte em espécie de **valor individual igual ou superior a R$ 50.000,00**, as instituições devem incluir no registro, o NOME, CPF, CNPJ do PROPRIETÁRIO e PORTADOR DOS RECURSOS, e a ORIGEM dos Recursos.

> **Fique ligado**
> Na hipótese de recusa do cliente ou do portador dos recursos em prestar a informação, a instituição deve registrar o fato e utilizar essa informação nos procedimentos de monitoramento.

- No caso de operações de SAQUE, de valor individual igual ou superior a R$ 50.000,00, as instituições devem incluir no registro, o NOME, CPF, CNPJ, **FINALIDADE DO SAQUE** e NÚMERO DE PROTOCOLO.

> **Fique ligado**
> Saques de grande valor podem indicar operações suspeitas, daí a necessidade de registro das operações.

Os saques de grande valor também não possuem a obrigatoriedade de estarem disponíveis de imediato nos bancos, dessa forma deve haver SOLICITAÇÃO DE PROVISIONAMENTO. com, no mínimo, **3 DIAS ÚTEIS DE ANTECEDÊNCIA**, das operações de valor igual ou superior a R$ 50.000,00.

> **Fique ligado**
> Para operações deste valor o cliente deve solicitar com antecedência de 3 DIAS ÚTEIS.

As instituições devem:
- Possibilitar a solicitação de provisionamento por meio do sítio eletrônico e das agências ou Postos de Atendimento;
- Emitir protocolo de atendimento ao cliente ou ao sacador não cliente
- Registrar, no ato da solicitação de provisionamento, todas as informações necessárias.

> **Fique ligado**
> É vedado postergar saques em espécie de contas de depósitos à vista de valor igual ou inferior a R$5.000,00, admitida a postergação para o expediente seguinte de saques de valor superior ao estabelecido.

11.6 Monitoramento, da Seleção e da Análise de Operações e Situações Suspeitas

As instituições implementar procedimentos de monitoramento, seleção e análise de operações e situações com o objetivo de identificar e dispensar especial Fique ligado às suspeitas de lavagem de dinheiro e de financiamento do terrorismo.

> **Fique ligado**
> Operações suspeitas dependem de maior Fique ligado.

Os procedimentos devem:
- Ser compatíveis com a política de prevenção à lavagem de dinheiro e ao financiamento do terrorismo
- Ser definidos com base na avaliação interna de risco
- Considerar a condição de pessoa exposta politicamente
- Estar descritos em manual específico, aprovado pela diretoria da instituição.

11.6.1 Monitoramento e da Seleção de Operações e Situações Suspeitas

As instituições devem implementar procedimentos em operações que possam indicar suspeitas, especialmente:
- Operações ATÍPICAS, que envolvam valor suspeito ou forma de operacionalização suspeita (tais como depósitos e saques fracionados)
- Operações de depósito ou saque em espécie, que apresentem indícios de ocultação ou dissimulação.
- Operações com pessoas expostas politicamente de nacionalidade brasileira e estrangeira
- Os clientes e as operações em relação aos quais não seja possível identificar o beneficiário final
- Operações oriundas ou destinadas a países ou territórios com deficiências estratégicas na implementação das recomendações do Grupo de Ação Financeira (Gafi)

> **Fique ligado**
> O período para a execução dos procedimentos de monitoramento e de seleção das operações e situações suspeitas não pode exceder o prazo de 45 DIAS, contados a partir da data de ocorrência da operação ou da situação.

Todas as instituições:
- Devem assegurar que os sistemas utilizados no monitoramento e na seleção de operações e situações suspeitas contenham informações detalhadas das operações.
- As instituições devem manter documentação detalhada

> **Fique ligado**
> Os procedimentos de monitoramento e seleção podem ser realizados de forma CENTRALIZADA em instituição do conglomerado prudencial e do sistema cooperativo de crédito.

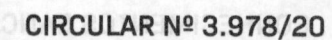

11.6.2 Procedimentos de Análise de Operações e Situações Suspeitas

- As instituições devem implementar procedimentos de análise das operações e situações selecionadas por meio dos procedimentos de monitoramento e seleção.

> **Fique ligado**
> O PRAZO PARA ESSA ANÁLISE é de 45 DIAS contado da Operação

- É vedada a contratação de terceiros para a realização da análise

> **Fique ligado**
> Os procedimentos de análise podem ser realizados de forma CENTRALIZADA em instituição do conglomerado prudencial e do sistema cooperativo de crédito.

11.7 Procedimentos de Comunicação ao COAF

As instituições devem comunicar ao Coaf as operações ou situações suspeitas de lavagem de dinheiro e de financiamento do terrorismo, de forma:

- Fundamentada
- Registrada em dossiê
- Decididas no Prazo de 45 Dias da Operação.

> **Fique ligado**
> A comunicação da operação ou situação suspeita ao Coaf deve ser realizada até o dia útil seguinte ao da decisão de comunicação.

11.7.1 Comunicação de Operações em Espécie

As instituições devem comunicar ao Coaf:

- Operações de depósito ou saque de valor igual ou superior a R$ 50.000,00
- Operações relativas a pagamentos, recebimentos e transferências de recursos, por meio de qualquer instrumento,, de valor igual ou superior a R$ 50.000,00
- Solicitação de provisionamento de saques em espécie de valor igual ou superior a R$ 50.000,00.

> **Fique ligado**
> A Circular deixa como "gatilho" o valor de R$ 50.000,00 em variadas situações.
> A comunicação da operação ou situação suspeita ao Coaf deve ser realizada até o dia útil seguinte ao da ocorrência da operação.
> As comunicações alteradas ou canceladas após o quinto dia útil seguinte ao da sua realização devem ser acompanhadas de justificativa da ocorrência.

As comunicações devem especificar, quando for o caso, se a pessoa objeto da comunicação:

- É pessoa exposta politicamente ou representante, familiar ou estreito colaborador dessa pessoa;
- É pessoa que, reconhecidamente, praticou ou tenha intentado praticar atos terroristas ou deles participado ou facilitado o seu cometimento; e
- É pessoa que possui ou controla, direta ou indiretamente, recursos na instituição.

> **Fique ligado**
> As instituições que NÃO TIVEREM EFETUADO comunicações ao Coaf em cada ano civil deverão prestar declaração, ATÉ DEZ DIAS ÚTEIS após o encerramento do referido ano, atestando a não ocorrência de operações ou situações passíveis de comunicação.

11.8 Procedimentos Destinados a Conhecer Funcionários, Parceiros e Prestadores de Serviços Terceirizados

- As instituições devem implementar procedimentos destinados a conhecer seus funcionários, parceiros e prestadores de serviços terceirizados, incluindo procedimentos de identificação e qualificação.

As instituições, na celebração de contratos com terceiros não sujeitos a autorização para funcionar do Banco Central do Brasil, participantes de arranjo de pagamento do qual a instituição também participe, devem:

- Obter informações sobre o terceiro que permitam compreender a natureza de sua atividade e a sua reputação;
- Verificar se o terceiro foi objeto de investigação ou de ação de autoridade supervisora relacionada com lavagem de dinheiro ou com financiamento do terrorismo;
- Certificar que o terceiro tem licença do instituidor do arranjo para operar, quando for o caso;
- Conhecer os controles adotados pelo terceiro relativos à prevenção à lavagem de dinheiro e ao financiamento do terrorismo

11.9 Disposições Finais

- Percebe-se que toda a circular é repetitiva, os procedimentos devem ser controlados sempre para EVITAR as ocorrências a qual a circular se destina a prevenir.
- Devem ser adotadas medidas de AVALIAÇÃO da Efetividade dos controles previstos nesta circular

12 ATUALIDADES DO MERCADO FINANCEIRO

12.1 Shadow Banking

Sistema bancário paralelo ou Bancos-sombra (Shadow banking) é um sistema financeiro informal, não regulamentada que fornece uma importante fonte de crédito para aqueles que não têm acesso ao financiamento regular, ou que não se qualificam para empréstimos em bancos regulares.

O termo "sistema bancário paralelo" tem sido atribuída a 2007 em comentários do economista Paul McCulley para descrever um grande segmento de intermediação financeira, que é conduzido fora dos balanços dos bancos comerciais regulados e outras instituições depositárias. Bancos-sombra são definidos como intermediários financeiros que realizam funções de banca "sem acesso à liquidez do banco central ou garantias de crédito do setor público."

Este mercado também prospera no ambiente financeiro de baixas taxas de juros nos grandes países industrializados, que leva os investidores a buscar rendimentos mais elevados.

Intermediários shadow banking

- Bancos de investimento;
- Fundos de hedge;
- Operações com derivativos e títulos securitizados;
- Fundos do mercado monetário;
- Companhias de seguros;
- Fundos de capital privado;
- Fundos de direitos creditórios;
- Factorings e fomentadoras mercantis;
- Empréstimos descentralizados (peer-to-peer lending).

12.2 Shadow Banking: O Lado Sombrio do Mercado Financeiro

REF - https://www.infomoney.com.br/colunistas/terraco-economico/shadow-banking-o-lado-sombrio-do-mercado-financeiro-parte-i/

O título (irônico) do presente artigo pode se assemelhar com um dos episódios de Star Wars, mas temos como objetivo introduzir o leitor a um conteúdo ainda pouco discutido no Brasil, mas que vem ganhando terreno e relevância no contexto internacional, sobretudo após a hecatombe financeira de 2008.

Estamos falando do *Shadow Banking System* (traduzido como Sistema Bancário Sombra), no qual pode ser definido de forma mais geral, na colocação de Jeffers e Plihon [1], como um "sistema de *funding* paralelo, fora do sistema bancário tradicional, incluindo todos os agentes envolvidos em empréstimo alavancados que não possuem acesso a seguros de depósitos ou a operações de redesconto de banco centrais"... Estes autores levantam uma questão em *Universal Banking and the Shadow Banking System:* seria o SBS o último estágio do desenvolvimento das instituições bancárias?

Porém, devemos especificar o que é o SBS e quais são suas origens. Victoria Chick [2] acompanha a evolução do sistema bancário, com foco especial ao inglês, desde meados dos anos 1970. Seus trabalhos se notabilizaram pela pertinência da sua crítica com relação à desregulamentação bancária, às inovações financeiras que potencializam o risco sistêmico e à mutação da própria natureza dos bancos ao longo do tempo. Em seus papers de 1986 e 1993, ela categoriza os bancos em seis estágios de desenvolvimento, cada qual mais complexo em relação ao anterior no que tange a administração do passivo dos bancos e na liberdade com que os bancos se lançam ao mercado aprofundando o risco sistêmico.

Já para Prates e Farhi, em *O Sétimo estágio de desenvolvimento do sistema bancário*, concluem que na virada do milênio chegamos a um novo tipo de sistema financeiro: os bancos tradicionais estariam entrelaçados ao sistema *off the balance sheet* de securitização de crédito, utilizado para alavancar os resultados das operações, e também "retirar" o risco de seus balanços, transferindo-os para os famosos SIV (*Special Investment Vehicles*). Tais veículos são patrocinados pelos próprios bancos. Incentivando grandes investidores institucionais, como fundos de pensão e fundos de investimentos, compradores dos novos produtos "exóticos": um *mix* de créditos de procedência duvidosa (os famosos empréstimos ninja [3]) tornando-os em ativos estruturados, combinados assim com derivativos financeiros, os quais eram divididos em *tranches* por qualidade de crédito, e o que em tese, poderia reduzir o risco de *default* de toda a estrutura. Foi então que surgiam das mentes criativas dos banqueiros os CDOs – *Collateralized Debt Obligations*.

E quem são os compradores dessas alquimias financeiras? Agora que o SBS entra em cena! Para os mais íntimos de mercado, estamos falando de:

Fundos de investimento com alavancagem superior a 25% (podendo ser fundos de private equity, hegde funds, SIV, etc..)

Concessão de crédito com funding de curto prazo. Sociedades de arrendamento mercantil, sociedades de crédito ao microempreendedor, sociedades de crédito imobiliário e sociedades de crédito imobiliário (também os populares "agiotas")

Corretoras e distribuidoras de títulos e valores mobiliários não ligadas a conglomerado bancários.

Intermediação de crédito baseada em securitização e funding de entidades financeiras. Fundos de Investimento em Direitos Creditórios (FIDC).

Estamos falando de um mercado, que segundo o Conselho de Estabilidade Financeira em seu relatório de 2015 (clique aqui para ler), alcançou USD 137 trilhões (aproximadamente 40% dos ativos globais), praticamente triplicou de tamanho desde 2002, dos quais USD 65 trilhões estão domiciliados nos EUA (os países com taxa de crescimento anual acima de 20% são: China, Argentina, Índia e África do Sul)

A China é o país onde os bancos na sombra mais crescem nos últimos anos. Estimativas mostram que a participação da China na atividade financeira não regulada global cresceu mais de seis vezes desde 2007 e o país já responde por 4% desse mercado mundial.

Fonte - REF - https://www.infomoney.com.br/colunistas/terraco-economico/shadow-banking-o-lado-sombrio-do-mercado-financeiro-parte-i/

13 BANCOS NA ERA DIGITAL

13.1 Internet *Banking*

Atualmente, a utilização de *Internet banking* já está incorporada às práticas do negócio bancário. Contudo, há não mais do que dez anos, a realidade era bem diferente.

> **Fique ligado**
>
> PERCEBA: hoje em dia quem usa *INTERNET BANKING* já é "ultrapassado". A Maioria das pessoas já utiliza o banco pelo celular, ou *Mobile Banking*.
> LEMBRE-SE: a adoção de novas tecnologias é um fenômeno complexo, que envolve questões de ordem social, cultural, política e, naturalmente, econômica.

Banco virtual, banco eletrônico ou banco doméstico são termos utilizados para caracterizar transações, pagamentos e outras operações financeiras e de dados pela Internet por meio de uma página segura de banco.

Quando surgiu, tratou-se de um conceito revolucionário, permitindo que os clientes utilizassem os serviços do banco fora do horário de atendimento ou de qualquer lugar onde houvesse acesso à Internet.

> **Fique ligado**
>
> **LEMBRE-SE**: em regra, para utilizar o *Internet Banking*, **não é necessário nenhum *software* ou *hardware* adicional**.

13.2 Mobile *Banking*

Mobile banking é o tipo de utilização mais difundido atualmente, nada mais sendo do que a utilização do banco por meio de celulares, com o uso de aplicativos. É um meio muito difundido pelos **bancos digitais**, tais como: Nubank, Inter, Original etc.

13.2.1 Banco Digital X Banco Digitalizado

Em síntese, a principal diferença entre eles está nos serviços online e presencial, sendo que, no Banco Digital, os serviços são 100% *online*, sem nenhuma necessidade de agências físicas, caixa eletrônico ou similares para validar qualquer etapa da operação.

No banco digitalizado ainda existe a necessidade de validação de dados em algum meio físico, sendo o caso dos bancos mais tradicionais, que acabam variando entre o *online* e o presencial, possuindo agências físicas.

13.3 Questões sobre Internet *Banking*

Visto ser um assunto de explicação relativamente vaga, cabe mostrar como as bancas cobram o assunto, a fim de capacitar o aluno para o que importa: a **resolução de questões**:

01. (CESGRANRIO – 2008) A evolução da tecnologia e da teleinformática permitiu um acelerado desenvolvimento da troca de informações entre os bancos e seus clientes. Um dos mais notáveis exemplos dessa evolução é o *home banking*, que é, basicamente:
    a) O atendimento remoto ao cliente com o objetivo principal de redução das filas nos Bancos, sendo um exemplo comum a utilização dos caixas 24 horas.
    b) Toda e qualquer ligação entre o cliente e o banco que permita às partes se comunicarem à distância, possibilitando ao cliente realizar operações bancárias sem sair de sua casa ou escritório, como o pagamento de contas pela Internet.
    c) Toda operação realizada pelo banco com o uso de tecnologia avançada com o objetivo de gerar comodidade ao cliente, como, por exemplo, o cadastramento de contas em débito automático.
    d) Qualquer serviço de atendimento ao cliente realizado pelo banco, permitindo a troca de documentação sem a necessidade de o cliente sair de casa, como, por exemplo, a entrega de talões de cheque em domicílio.
    e) A disponibilização de serviços no caixa 24 horas, que, anteriormente, só poderiam ser realizados nas agências bancárias, sendo a liberação de crédito automática um exemplo desse tipo de serviço.

RESPOSTA: Gabarito: B.

02. (CESPE – 2002) O *home banking* tem se tornado um facilitador indispensável no relacionamento dos bancos com os clientes, embora aumente seus custos operacionais.
    Certo ( )   Errado ( )

RESPOSTA: Gabarito: errado.

03. (IADES – 2019) A pesquisa Febraban de Tecnologia Bancária 2019 revelou que, entre 2017 e 2018, as transações realizadas por meio de canais digitais cresceram 16%, totalizando 60% das transações bancárias. A respeito do uso dos canais digitais, assinale a alternativa correta.
    a) O aumento das transações com movimentação financeira nos canais digitais evidencia o aumento da confiança do cliente na segurança do canal.
    b) A abertura de conta por meio de canal digital somente pode ser efetuada pelo internet banking.
    c) O mobile banking somente pode ser usado para transações sem movimentação financeira.
    d) São considerados canais digitais o internet banking, o mobile banking e os correspondentes no País.
    e) Internet banking e mobile banking são canais digitais mutuamente excludentes, ou seja, o cliente tem que informar ao banco qual canal quer usar para acessar as transações bancárias.

RESPOSTA: Gabarito: A.

04. (IADES – 2019) O sistema bancário vem passando por um processo acelerado de transformação digital. Entretanto, o nível de maturidade digital varia de banco para banco. A respeito desse assunto, assinale a alternativa correta.
    a) Uma característica do banco digital é a realização de processos não presenciais, como o envio de informações e documentos por meio digital e a coleta eletrônica de assinatura para a abertura de contas.
    b) Um banco digital é o mesmo que um banco digitalizado, visto que ambos apresentam o mesmo nível de automação dos processos.

c) A oferta de canais de acesso virtual representa o mais alto nível de maturidade digital.
d) O banco digitalizado dispensa o atendimento presencial e o fluxo físico de documentos.
e) Por questão de segurança, o banco digital permite a consulta de produtos e serviços financeiros por meio de canais eletrônicos, mas ainda não permite a contratação.

RESPOSTA: Gabarito: A.

05. (IADES – 2019) Quanto às diferenças entre bancos digitalizados e bancos digitais, assinale a alternativa correta.
   a) Um banco digital pode permitir que o próprio cliente ajuste o respectivo limite de transferência ou do cartão de crédito e pode, por medida de segurança, demandar que tal cliente dirija-se a um caixa eletrônico ou agência para concluir o processo.
   b) Permitir que o cliente abra a própria conta corrente sem precisar sair de casa e não cobrar taxa de manutenção da conta são os únicos requisitos obrigatórios que diferenciam um banco digital de um banco digitalizado.
   c) Para que um banco seja considerado digital, basta que disponibilize um ambiente de internet banking e aplicativos móveis, mesmo que, por medida de segurança, seja necessário instalar softwares de segurança adicionais que possam comprometer a experiência do cliente.
   d) Demandar que o cliente se dirija a um caixa eletrônico para desbloquear o respectivo cartão ou senha de Internet é aceitável para bancos digitalizados, mas não para bancos digitais.
   e) Disponibilizar serviços gratuitos e pacotes padronizados de serviços, tais como os exigidos pela Resolução nº 3.919, art. 2º, inciso I, do Banco Central é o que define um banco como digital.

RESPOSTA: Gabarito: D.

13.4 Open *banking*

Open Banking (Sistema Financeiro Aberto) é a **integralização** de todos os "bancos". De forma prática, trará total autonomia para o cliente sobre os seus dados financeiros, que decidirá quando e com quem quer compartilhá-los.

Fique ligado
NA PRÁTICA: é como se o cliente pudesse, de uma vez só, ser cliente de TODOS os bancos que desejar, com uma única conta.

Este compartilhamento se dará de forma padronizada entre instituições autorizadas a funcionar pelo Banco Central do Brasil, e ocorrerá por meio da integração de plataformas e infraestruturas tecnológicas das instituições participantes.

Fique ligado
IMPORTANTE: haverá INTEGRAÇÃO de plataformas e infraestruturas tecnológicas.

Ou seja, o cliente é dono dos seus próprios dados e decide quando e com quem quer compartilhá-los. O *open banking* permitirá que o cliente use seus dados para ter produtos e serviços financeiros variados, de todas as instituições de "uma vez só".

A decisão de com QUAIS instituições financeiras compartilhar os dados é do próprio cliente. Sem este consentimento, nenhum participante do *open banking* poderá acessar as suas informações.

Fique ligado
IMPORTANTE: a autorização para acesso aos dados terá validade de até 12 meses.
IMPORTANTE: apenas as instituições participantes do Open Banking que o cliente autorizar terão acesso às suas informações, e todo o procedimento é regulamentado pelo Banco Central.

13.5 PIX

Segundo o site do Banco Central do Brasil, PIX é o pagamento instantâneo brasileiro. É o meio de pagamento criado pelo Banco Central no qual os recursos são transferidos entre contas em poucos segundos, a qualquer hora ou dia.

Fique ligado
LEMBRE-SE: o PIX pode ser realizado a QUALQUER hora do dia, em QUALQUER dia.
Fique ligado: o PIX pode ser realizado a partir de conta corrente, conta poupança ou conta de pagamento pré-paga.

13.5.1 Benefícios
- Alavancar a competitividade e a eficiência do mercado.
- Baixar o custo, aumentar a segurança e aprimorar a experiência dos clientes.
- Incentivar a "eletronização" do mercado de pagamentos de varejo.
- Promover a inclusão financeira.
- QUALQUER hora e QUALQUER dia, INCLUSIVE feriados.
- GRATUITO.

14 LEI Nº 9.613/1998 – CRIMES DE LAVAGEM DE BENS

A lavagem de dinheiro consiste em um processo em que se opera a transformação de recursos obtidos de forma ilícita em recursos com aparência de origem lícita, para futura utilização.

O termo "lavagem de dinheiro" foi utilizado pela primeira vez nos Estados Unidos, em 1982, em um caso no qual se requeria a perda de dinheiro derivado de tráfico de entorpecentes. Esse termo se originou com a máfia, que se utiliza de lavanderias automáticas para investir seu dinheiro e assim encobrir o caráter ilícito de sua origem.

Em 1988, o Brasil se tornou signatário da Convenção de Viena, sendo esta a Convenção das Nações Unidas Contra o Tráfico Ilícito de Entorpecentes e Substâncias Psicotrópicas, sendo ratificada pelo Decreto nº 154/1991, no qual se prestava o compromisso de adotar uma postura repressiva ao que se refere à lavagem de dinheiro derivada do tráfico, somente em 1998 foi que surgiu a Lei nº 9.613/1998, um diploma normativo específico ao combate à lavagem de dinheiro no âmbito nacional.

Outro marco importante foi a aprovação na Convenção das Nações Unidas contra a Delinquência Organizada Transnacional, o conceito de "grupo criminoso", já que grande parte dos recursos lavados, digamos assim, eram derivados de ações de organizações criminosas. O conceito de organização criminosa é mais bem definido nos termos do art. 1º, § 1º, da Lei nº 12.580/2013. A Lei nº 12.694/1994, por sua vez, apresentou o conceito de ORCRIM a fim de atender à Convenção de Palermo, contudo, com a Lei nº 12.850/2013, o entendimento da doutrina majoritária é de que esta legislação revogou tacitamente àquela.

> *Art. 1º, Lei nº 12.850/2013 [...]*
> *§ 1º Considera-se organização criminosa a associação de 4 (quatro) ou mais pessoas estruturalmente ordenada e caracterizada pela divisão de tarefas, ainda que informalmente, com objetivo de obter, direta ou indiretamente, vantagem de qualquer natureza, mediante a prática de infrações penais cujas penas máximas sejam superiores a 4 (quatro) anos, ou que sejam de caráter transnacional.*

Para que de forma efetiva se consiga encobrir a origem ilícita dos lucros, a lavagem se realiza por meio de um processo dinâmico. Segundo o Grupo de Ação Financeira sobre Lavagem de Dinheiro, o modelo ideal de lavagem de capital se desenvolverá em três etapas independentes:

Fases da Lavagem de Capitais

- **Colocação**: Introduz os lucros no sistema financeiro, dificultando a relação entre o agente e o resultado da prática de crime antecedente.
- **Dissimulação**: Realização de transações financeiras com o fim de impedir o rastreio e encobrir a origem ilícita dos valores.
- **Integração**: Com a aparência de ilícitos, os bens são formalmente introduzidos no sistema financeiro.

Contudo, embora esse seja o modelo tido como ideal, não é exigido a ocorrência das três fases para que o crime de lavagem se consuma.

14.1 Crimes de "lavagem" ou ocultação de bens, direitos e valores

> *Art. 1º Ocultar ou dissimular a natureza, origem, localização, disposição, movimentação ou propriedade de bens, direitos ou valores provenientes, direta ou indiretamente, de infração penal. [...]*
> *Pena – Reclusão, de 3 (três) a 10 (dez) anos, e multa.*

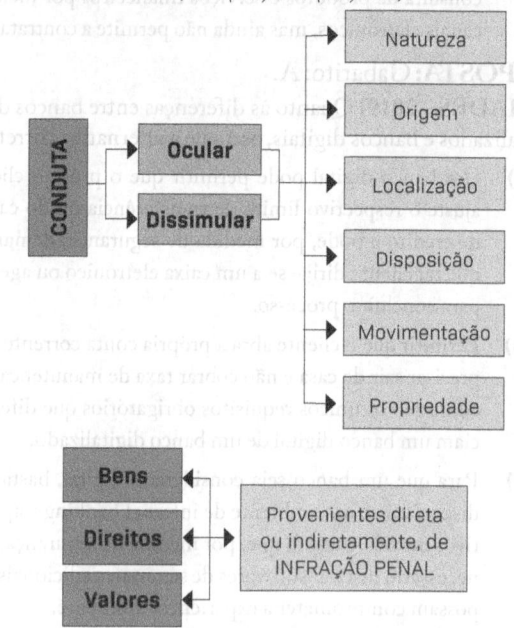

CONDUTA: Ocultar / Dissimular → Natureza, Origem, Localização, Disposição, Movimentação, Propriedade

Bens / Direitos / Valores ↔ Provenientes direta ou indiretamente, de INFRAÇÃO PENAL

Este tipo penal tem como conduta a ocultação, que seria o mesmo que encobrir ou esconder, e a dissimulação, que seria o mesmo que disfarçar ou camuflar, no caso, as informações de bens, direitos ou valores que decorram de infração penal. Assim, o agente que participa da lavagem de dinheiro tinha conhecimento do delito cometido anteriormente, de modo que responderá por ambos os crimes, ou seja, terá o afastamento do princípio da consunção, no qual o agente responderá pela infração penal cometida anteriormente e também pelo crime de lavagem de capitais, na modalidade de concurso material de crimes, pois além das suas condutas serem praticadas em momentos diversos, elas também são diferentes.

Por se tratar de um crime formal não é necessário que os bens, direitos ou valores sejam introduzidos efetivamente dentro do sistema econômico ou financeiro, sendo necessário apenas a sua ocultação ou dissimulação.

> *§ 1º Incorre na mesma pena quem, para ocultar ou dissimular a utilização de bens, direitos ou valores provenientes de infração penal:*
> *I – os converte em ativos lícitos;*
> *II – os adquire, recebe, troca, negocia, dá ou recebe em garantia, guarda, tem em depósito, movimenta ou transfere;*
> *III – importa ou exporta bens com valores não correspondentes aos verdadeiros.*

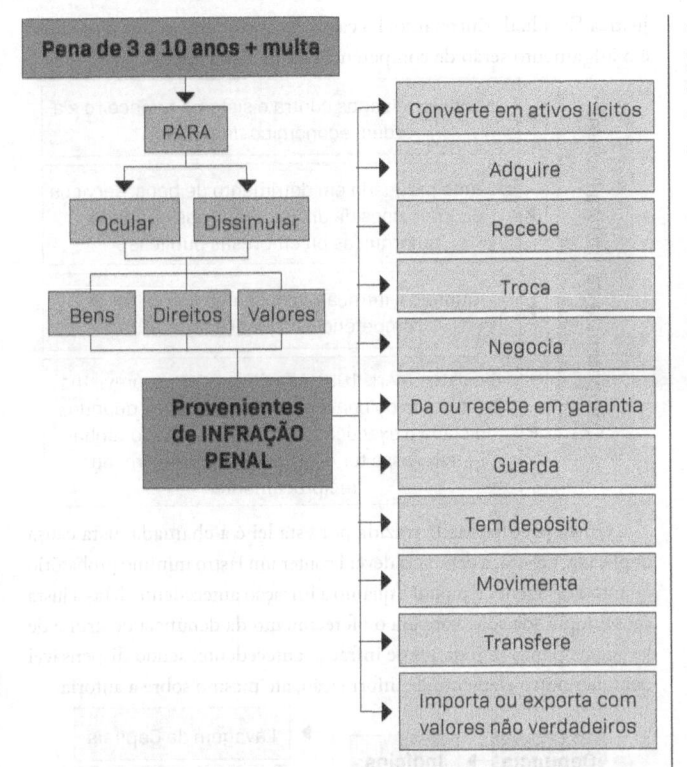

CONHECIMENTOS BANCÁRIOS

Pena de 3 a 10 anos + multa

PARA → Ocular / Dissimular → Bens, Direitos, Valores → **Provenientes de INFRAÇÃO PENAL**

- Converte em ativos lícitos
- Adquire
- Recebe
- Troca
- Negocia
- Dá ou recebe em garantia
- Guarda
- Tem depósito
- Movimenta
- Transfere
- Importa ou exporta com valores não verdadeiros

No § 1º, o que se pune é a **conduta que antecede a ocultação ou dissimulação**. É um **crime formal** que se consuma com a prática de um dos atos previstos, independentemente de o agente conseguir ocultar ou dissimular.

> § 2º Incorre, ainda, na mesma pena quem:
> I – utiliza, na atividade econômica ou financeira, bens, direitos ou valores provenientes de infração penal;
> II – participa de grupo, associação ou escritório tendo conhecimento de que sua atividade principal ou secundária é dirigida à prática de crimes previstos nesta Lei.

Pena de 3 a 10 anos + multa
- Utiliza → Bens direitos ou valores provenientes da infração penal.
- Participa → Grupo, associação ou de escritório que tenha como atividade a prática de lavagem de dinheiro.

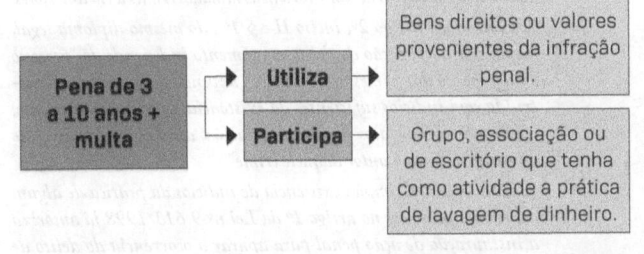

No § 2º, pune-se a conduta posterior à dissimulação ou ocultação, a primeira infração, contida no inciso I, está relacionada à utilização dos bens, direitos ou valores em atividade econômica ou financeira, tendo ciência de que são provenientes de infração penal. Já a infração contida no inciso II pune aquele que participa do grupo, associação ou escritório que tenha ciência que de alguma forma desenvolve atividade relacionada à lavagem de dinheiro.

É admitida a modalidade tentada de todos os crimes de lavagem, mesmo que, muitas vezes, seja difícil a configuração conforme estabelece o § 3º.

Vale registrar que conforme prevê o § 4º, a pena dos crimes de lavagem será aumentada de 1/3 a 2/3, se os crimes forem cometidos de forma reiterada ou por intermédio de organização criminosa.

De outro lado, o § 5º prevê a colaboração premiada, podendo a pena ser reduzida de 1/3 a 2/3 e ser cumprida em regime aberto ou semiaberto, sendo facultado ao juiz deixar de aplicá-la ou substituí-la, a qualquer tempo, por pena restritiva de direitos, se o autor, coautor ou partícipe colaborar espontaneamente com as autoridades, prestando esclarecimentos que conduzam à apuração das infrações penais, à identificação dos autores, coautores e partícipes, ou à localização dos bens, direitos ou valores objeto do crime.

É necessária a efetiva colaboração para que o agente efetivamente se beneficie na aplicação da pena – quanto maior é o grau de colaboração, maior é o benefício concedido.

Por fim, um acréscimo da Lei nº 13.964/2019 dispôs a possibilidade da utilização da ação controlada e da infiltração de agentes para apuração do crime de lavagem de capital, conforme prevê o § 6º.

Disposições processuais especiais

> **Art. 2º** O processo e julgamento dos crimes previstos nesta Lei:
> I – obedecem às disposições relativas ao procedimento comum dos crimes punidos com reclusão, da competência do juiz singular;
> II – independem do processo e julgamento das infrações penais antecedentes, ainda que praticados em outro país, cabendo ao juiz competente para os crimes previstos nesta Lei a decisão sobre a unidade de processo e julgamento;
> III – são da competência da Justiça Federal:
> a) quando praticados contra o sistema financeiro e a ordem econômico-financeira, ou em detrimento de bens, serviços ou interesses da União, ou de suas entidades autárquicas ou empresas públicas;
> b) quando a infração penal antecedente for de competência da Justiça Federal.
> § 1º A denúncia será instruída com indícios suficientes da existência da infração penal antecedente, sendo puníveis os fatos previstos nesta Lei, ainda que desconhecido ou isento de pena o autor, ou extinta a punibilidade da infração penal antecedente.
> § 2º No processo por crime previsto nesta Lei, não se aplica o disposto no art. 366 do Decreto-lei nº 3.689, de 3 de outubro de 1941 (Código de Processo Penal), devendo o acusado que não comparecer nem constituir advogado ser citado por edital, prosseguindo o feito até o julgamento, com a nomeação de defensor dativo.

O crime de lavagem de capitais será submetido ao procedimento comum ordinário, e ao contrário do que determina o inciso I, o procedimento não tem relação com os crimes punidos com reclusão, mas, sim, por ser uma infração penal com sanção máxima de 4 anos (3 a 10 anos e multa).

O inciso II ressalta a **autonomia no processo do crime de lavagem**, ou seja, o processo de lavagem de capitais independe do processamento da infração antecedente. Um processo não precisa obrigatoriamente do outro para seguir, contudo, o STJ entende que para decidir se há ou não essa necessidade de unificação dos feitos deverá ser analisado o caso concreto.

A Lei nº 12.683/2012, que alterou alguns aspectos da Lei nº 9.613/1998 (Lavagem de Dinheiro), objetivando torná-la mais eficiente em relação à persecução penal dos respectivos crimes, não modificou o tema sobre a competência. Segundo o teor do art. 2º, inciso III da lei: são da competência da Justiça Federal:

> a) Quando praticados contra o sistema financeiro e a ordem econômico-financeira, ou em detrimento de bens, serviços ou interesses da União, ou de suas entidades autárquicas ou empresas públicas;
> b) Quando o crime antecedente for de competência da Justiça Federal;

A conclusão que ressalta do dispositivo é no sentido de que, pela regra, a competência para processar e julgar os crimes de lavagem de dinheiro é da Justiça Estadual (regra), sendo os casos da Justiça Federal (exceções), apenas os expressamente referidos no dispositivo com enumeração e referência taxativas.

LEI Nº 9.613/1998 – CRIMES DE LAVAGEM DE BENS

Em alguns casos, o ideal será reunir as ações penais, a fim de se evitar decisões contraditórias, reconhecendo a existência de conexão instrumental ou probatória, na medida em que cada prova do crime antecedente possa influir como prova no crime de lavagem de capitais. Em conformidade com o que determina o art. 76, inciso III do Código de Processo Penal (CPP), tudo dependerá do caso concreto.

> **Art. 76** *A competência será determinada pela conexão: [...]*
> *III – quando a prova de uma infração ou de qualquer de suas circunstâncias elementares influir na prova de outra infração.*

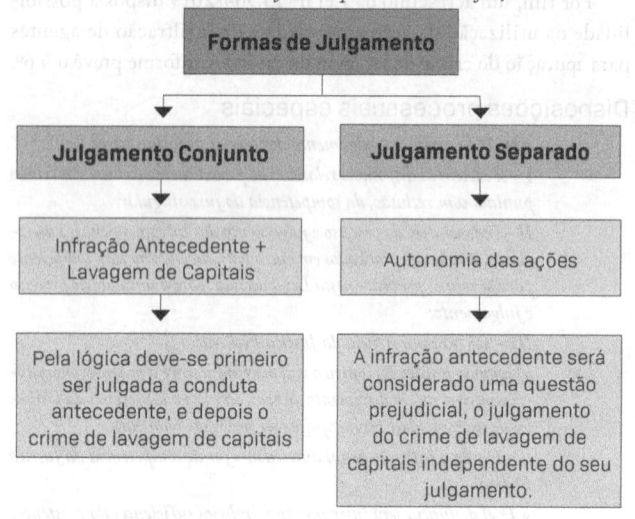

Formas de Julgamento

- **Julgamento Conjunto**
  - Infração Antecedente + Lavagem de Capitais
  - Pela lógica deve-se primeiro ser julgada a conduta antecedente, e depois o crime de lavagem de capitais
- **Julgamento Separado**
  - Autonomia das ações
  - A infração antecedente será considerado uma questão prejudicial, o julgamento do crime de lavagem de capitais independente do seu julgamento.

No julgamento separado, existe a possibilidade de que o crime de lavagem seja julgado antes mesmo da infração antecedente e que as decisões sejam contraditórias. Por exemplo: o agente é condenado pelo crime de lavagem de capitais, entretanto, é absolvido no crime antecedente. Nesse caso, por ser a infração antecedente um requisito para a prática do crime de lavagem, o condenado deverá ajuizar uma revisão criminal ou impetrar habeas corpus, com a finalidade de destrancar o processo de lavagem de capitais e demonstrar a atipicidade da conduta.

Quando transitado em julgado a sentença absolutória pelo crime antecedente, este impede o processo e o julgamento pelo crime de lavagem quando:

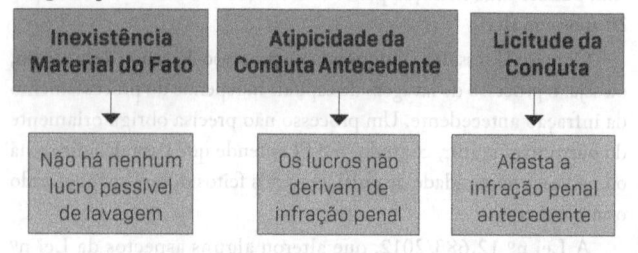

Inexistência Material do Fato	Atipicidade da Conduta Antecedente	Licitude da Conduta
Não há nenhum lucro passível de lavagem	Os lucros não derivam de infração penal	Afasta a infração penal antecedente

Se sujeita, ainda, à legislação brasileira o crime de lavagem de capitais praticado no estrangeiro. É uma hipótese de extraterritorialidade condicionada a infrações, que, mediante tratado ou convenção, será reprimida pelo Brasil.

> **Art. 7º, CP** *Ficam sujeitos à lei brasileira, embora cometidos no estrangeiro:*
> *[...]*
> *II – os crimes:*
> *a) que, por tratado ou convenção, o Brasil se obrigou a reprimir;*
> *b) praticados por brasileiro;*
> *c) praticados em aeronaves ou embarcações brasileiras, mercantes ou de propriedade privada, quando em território estrangeiro e aí não sejam julgados.*

Outra informação importante sobre processo e julgamento é que, em regra, os crimes de lavagem de capitais serão de competência da Justiça Estadual. Entretanto, há casos excepcionais em que o processo e o julgamento serão de competência da Justiça Federal:

Competência da Justiça Federal:
- Quando praticados contra o sistema financeiro e a ordem econômico financeiro.
- Quando praticado em detrimento de bens, serviços ou interesses da união ou de suas entidades autárquicas ou empresas públicas.
- Quando a infração penal antecedente for de competência da justiça federal.
- Previsto no Art. 109, V da CF: os crimes previstos em tratado ou convenção internacional, quando, iniciada a execução no País, o resultado tenha ou devesse ter ocorrido no estrangeiro, ou reciprocamente.

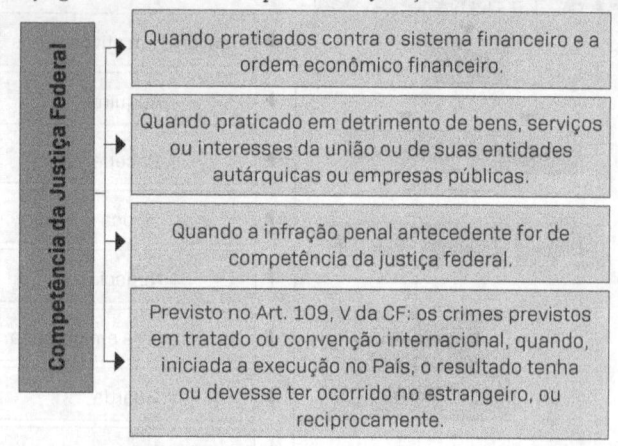

Outra peculiaridade trazida por esta lei é a chamada justa causa duplicada, ou seja, a denúncia deverá conter um lastro mínimo probatório quanto à lavagem de capital e quanto à infração antecedente. Mas a justa causa duplicada só exige para o oferecimento da denúncia do crime de lavagem apenas os indícios de infração antecedente, sendo dispensável qualquer outro elemento de informação, até mesmo sobre a autoria.

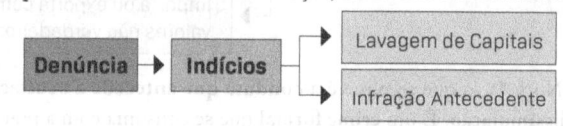

Denúncia → Indícios →
- Lavagem de Capitais
- Infração Antecedente

Não há necessidade de que a infração antecedente seja detalhada; somente é necessário um mínimo de evidência de sua ocorrência e sua descrição resumida. Nesse sentido, é importante observar a jurisprudência do Superior Tribunal de Justiça:

> *1. Da leitura do artigo 1º da Lei nº 9.613/1998, depreende-se que para que o delito de lavagem de capitais reste configurado, é necessário que o dinheiro, bens ou valores ocultados ou dissimulados sejam provenientes de algum dos ilícitos nele arrolados, ou seja, no tipo penal há expressa vinculação entre a lavagem de dinheiro a determinados crimes a ela anteriores.*
>
> *2. Contudo, o artigo 2º, inciso II e § 1º., do mesmo diploma legal, dispõe que a apuração do delito em comento independe do "processo e julgamento dos crimes antecedentes", devendo a denúncia ser "instruída com indícios suficientes da existência do crime antecedente, sendo puníveis os fatos previstos nesta Lei, ainda que desconhecido ou isento de pena o autor daquele crime".*
>
> *3. Desse modo, a simples existência de indícios da prática de algum dos crimes previstos no artigo 1º da Lei nº 9.613/1998 já autoriza a instauração de ação penal para apurar a ocorrência do delito de lavagem de dinheiro, não sendo necessária a prévia punição dos autores do ilícito antecedente. Doutrina. Precedentes.*
>
> *4. No caso dos autos, na mesma denúncia imputou-se ao paciente e demais corréus tanto a prática dos delitos antecedentes à lavagem de capitais, quanto ela própria.*
>
> *5. Contudo, o paciente teve extinta a sua punibilidade no que se refere aos crimes anteriores à lavagem, ante a prescrição da pretensão punitiva estatal, circunstância que, segundo os impetrantes, impediria o Ministério Público de provar que ele teria auferido recursos provenientes de atividades ilícitas.*
>
> *6. Ocorre que os crimes contra o sistema financeiro nacional a partir dos quais teriam sido obtidos os bens, valores e direitos cuja origem e propriedade teria sido ocultada e dissimulada, não foram atribuídos apenas ao paciente, mas também aos demais sócios da offshore supostamente utilizada para a abertura e movimentação de diversas contas correntes no exterior.*
>
> *7. Dessa forma, ainda que o órgão ministerial jamais possa provar que o paciente cometeu os delitos dispostos nos artigos 4º, 16, 21 e 22 da Lei nº 7.492/1986, o certo é que há indícios de que tais ilícitos teriam*

sido praticados pelos demais corréus, circunstância que evidencia a legalidade da manutenção da ação penal contra ele deflagrada para apurar o cometimento do crime de lavagem de capitais.

8. Aliás, se a própria Lei nº 9.613/1998 permite a punição dos fatos nela previstos ainda que desconhecido ou isento de pena o autor do crime antecedente, é evidente que a extinção da punibilidade pela prescrição de um dos coautores dos delitos acessórios ao de lavagem não tem o condão de inviabilizar a persecução penal no tocante a este último ilícito penal.

9. É dispensável a participação do acusado da lavagem de dinheiro nos crimes a ela antecedentes, sendo suficiente que ele tenha conhecimento da ilicitude dos valores, bens ou direitos cuja origem, localização, disposição, movimentação ou propriedade tenha sido ocultada ou dissimulada. Precedentes.

10. Havendo indícios da prática de crimes contra o sistema financeiro nacional pelos corréus na ação penal em apreço, a partir dos quais teriam sido obtidos valores e bens cuja origem e propriedade teria sido ocultada e dissimulada pelo ora paciente, impossível reconhecer-se a atipicidade do delito de lavagem de dinheiro que lhe foi imputado e, por conseguinte, inviável o trancamento da ação penal contra ele deflagrada.

11. Ordem denegada." (STJ, 5ª T., HC 207.936, rel. Min. Jorge Mussi, j. 27-03-2012, DJe 12-04-2012)

Outro ponto de destaque é que não se aplica a esta lei a regra trazida pelo art. 366 do CPP:

> **Art. 366, CPP** Se o acusado, citado por edital, não comparecer, nem constituir advogado, ficarão suspensos o processo e o curso do prazo prescricional, podendo o juiz determinar a produção antecipada das provas consideradas urgentes e, se for o caso, decretar prisão preventiva, nos termos do disposto no art. 312.

O legislador, nas exposições dos motivos, fundamentou a não aplicação deste artigo como sendo um meio de não favorecer os criminosos que podem vir a se beneficiar com a suspensão do processo:

> O projeto veda expressamente a suspensão do processo em caso do não comparecimento do réu citado por edital, como prevê o art. 366 do Código de Processo Penal com a redação dada pela Lei nº 9.271, de 17 de abril de 1996 (art. 2º, § 2º). Trata-se de medida de Política Criminal diante da incompatibilidade material existente entre os objetivos desse novo diploma e a macrocriminalidade representada pela lavagem de dinheiro ou ocultação de bens, direitos e valores oriundos de crimes de especial gravidade. A suspensão do processo constituiria um prêmio para os delinquentes astutos e afortunados e um obstáculo à descoberta de uma grande variedade de ilícitos que se desenvolvem em parceria com a lavagem ou a ocultação.

> **Art. 4º** O juiz, de ofício, a requerimento do Ministério Público ou mediante representação do delegado de polícia, ouvido o Ministério Público em 24 (vinte e quatro) horas, havendo indícios suficientes de infração penal, poderá decretar medidas assecuratórias de bens, direitos ou valores do investigado ou acusado, ou existentes em nome de interpostas pessoas, que sejam instrumento, produto ou proveito dos crimes previstos nesta Lei ou das infrações penais antecedentes.
> **§ 1º** Proceder-se-á à alienação antecipada para preservação do valor dos bens sempre que estiverem sujeitos a qualquer grau de deterioração ou depreciação, ou quando houver dificuldade para sua manutenção.
> **§ 2º** O juiz determinará a liberação total ou parcial dos bens, direitos e valores quando comprovada a licitude de sua origem, mantendo-se a constrição dos bens, direitos e valores necessários e suficientes à reparação dos danos e ao pagamento de prestações pecuniárias, multas e custas decorrentes da infração penal.
> **§ 3º** Nenhum pedido de liberação será conhecido sem o comparecimento pessoal do acusado ou de interposta pessoa a que se refere o caput deste artigo, podendo o juiz determinar a prática de atos necessários à conservação de bens, direitos ou valores, sem prejuízo do disposto no § 1º.
> **§ 4º** Poderão ser decretadas medidas assecuratórias sobre bens, direitos ou valores para reparação do dano decorrente da infração penal antecedente ou da prevista nesta Lei ou para pagamento de prestação pecuniária, multa e custas.

As **medidas assecuratórias** são determinações cautelares com a finalidade de garantir a responsabilização penal. Dentre os meios de repressão cabíveis em certas infrações penais está a recuperação de ativos ilícitos, que, sem deixar de lado as penas aplicáveis ao caso, vale-se de medidas cautelares que atingem diretamente o patrimônio.

Nos crimes de lavagem de capitais, temos as seguintes medidas cautelares de natureza patrimonial:

Produto indireto da lavagem de capitais	Sequestro	Produto direto da infração antecedente
Patrimônio lícito ou acusado	**Medidas Assecuratórias**	Aresto previsto à especialização e registro de hipoteca legal e aresto subsidiário de bens móveis
Produto indireto da ingração antecedente	Produto direito da lavagem de capitais	Especialização e registro de hipoteca legal

Embora a apreensão não seja entendida como medida assecuratória, esta também funciona como um importante instrumento para a repressão ao crime de lavagem de capitais.

Sempre que esses bens estiverem se deteriorando ou sua manutenção for difícil, poderá ser procedido sua alienação, com a finalidade de preservar seu valor. Além disso, o juiz pode determinar a liberação, do todo ou parte dos bens, direitos ou valores, quando o agente comprovar a origem lícita, contudo, manterá sob proteção o que seja necessário e suficiente para reparação dos danos e aos pagamentos dos demais valores decorrentes da infração penal. E a liberação só será feita mediante apresentação pessoal do acusado ou da pessoa interposta, contudo, pode o juiz estabelecer medidas que vise a garantir a preservação e conservação dos bens a serem devolvidos.

> **Art. 4º-A** A alienação antecipada para preservação de valor de bens sob constrição será decretada pelo juiz, de ofício, a requerimento do Ministério Público ou por solicitação da parte interessada, mediante petição autônoma, que será autuada em apartado e cujos autos terão tramitação em separado em relação ao processo principal.
> **§ 1º** O requerimento de alienação deverá conter a relação de todos os demais bens, com a descrição e a especificação de cada um deles, e informações sobre quem os detém e local onde se encontram.
> **§ 2º** O juiz determinará a avaliação dos bens, nos autos apartados, e intimará o Ministério Público.
> **§ 3º** Feita a avaliação e dirimidas eventuais divergências sobre o respectivo laudo, o juiz, por sentença, homologará o valor atribuído aos bens e determinará sejam alienados em leilão ou pregão, preferencialmente eletrônico, por valor não inferior a 75% (setenta e cinco por cento) da avaliação.
> **§ 4º** Realizado o leilão, a quantia apurada será depositada em conta judicial remunerada, adotando-se a seguinte disciplina:
> I – nos processos de competência da Justiça Federal e da Justiça do Distrito Federal:
> a) os depósitos serão efetuados na Caixa Econômica Federal ou em instituição financeira pública, mediante documento adequado para essa finalidade;
> b) os depósitos serão repassados pela Caixa Econômica Federal ou por outra instituição financeira pública para a Conta Única do Tesouro Nacional, independentemente de qualquer formalidade, no prazo de 24 (vinte e quatro) horas; e
> c) os valores devolvidos pela Caixa Econômica Federal ou por instituição financeira pública serão debitados à Conta Única do Tesouro Nacional, em subconta de restituição;
> II – nos processos de competência da Justiça dos Estados:
> a) os depósitos serão efetuados em instituição financeira designada em lei, preferencialmente pública, de cada Estado ou, na sua ausência, em instituição financeira pública da União;

b) *os depósitos serão repassados para a conta única de cada Estado, na forma da respectiva legislação.*

§ 5º Mediante ordem da autoridade judicial, o valor do depósito, após o trânsito em julgado da sentença proferida na ação penal, será: (Incluído pela Lei nº 12.683, de 2012)

I – em caso de sentença condenatória, nos processos de competência da Justiça Federal e da Justiça do Distrito Federal, incorporado definitivamente ao patrimônio da União, e, nos processos de competência da Justiça Estadual, incorporado ao patrimônio do Estado respectivo;

II – em caso de sentença absolutória extintiva de punibilidade, colocado à disposição do réu pela instituição financeira, acrescido da remuneração da conta judicial.

§ 6º A instituição financeira depositária manterá controle dos valores depositados ou devolvidos.

§ 7º Serão deduzidos da quantia apurada no leilão todos os tributos e multas incidentes sobre o bem alienado, sem prejuízo de iniciativas que, no âmbito da competência de cada ente da Federação, venham a desonerar bens sob constrição judicial daqueles ônus.

§ 8º Feito o depósito a que se refere o § 4º deste artigo, os autos da alienação serão apensados aos do processo principal.

§ 9º Terão apenas efeito devolutivo os recursos interpostos contra as decisões proferidas no curso do procedimento previsto neste artigo.

§ 10 Sobrevindo o trânsito em julgado de sentença penal condenatória, o juiz decretará, em favor, conforme o caso, da União ou do Estado:

I – a perda dos valores depositados na conta remunerada e da fiança;

II – a perda dos bens não alienados antecipadamente e daqueles aos quais não foi dada destinação prévia; e

III – a perda dos bens não reclamados no prazo de 90 (noventa) dias após o trânsito em julgado da sentença condenatória, ressalvado o direito de lesado ou terceiro de boa-fé.

§ 11 Os bens a que se referem os incisos II e III do § 10 deste artigo serão adjudicados ou levados a leilão, depositando-se o saldo na conta única do respectivo ente.

§ 12 O juiz determinará ao registro público competente que emita documento de habilitação à circulação e utilização dos bens colocados sob o uso e custódia das entidades a que se refere o caput deste artigo.

§ 13 Os recursos decorrentes da alienação antecipada de bens, direitos e valores oriundos do crime de tráfico ilícito de drogas e que tenham sido objeto de dissimulação e ocultação nos termos desta Lei permanecem submetidos à disciplina definida em lei específica.

A alienação antecipada é a venda prévia dos bens, direitos ou valores constritos em decorrência da medida assecuratória patrimonial. Essa alienação ocorre quando há risco de perda do seu valor econômico com o passar do tempo.

O art. 144-A do Código de Processo Penal autoriza a alienação antecipada em todo curso do processo:

Art. 144-A, CPP O juiz determinará a alienação antecipada para preservação do valor dos bens sempre que estiverem sujeitos a qualquer grau de deterioração ou depreciação, ou quando houver dificuldade para sua manutenção.

Requisitos da Alienação
- Risco de deterioração ou depreciação
- Dificuldade em realizar sua manutenção

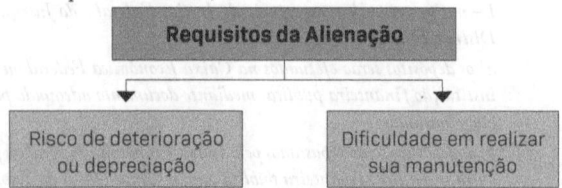

A alienação acontecerá quando necessária para a preservação dos bens constritos, de modo que a venda só ocorrerá do momento da constrição até o trânsito em julgado da sentença penal condenatória. A lei é omissa quanto ao momento em que a alienação deva ser realizada, entretanto, a doutrina entende que, sendo essa uma situação excepcional, ela não se dará antes da fase judicial, ou seja, quando ainda não há motivos relevantes para o oferecimento da peça acusatória.

A alienação se dará por determinação judicial, de ofício pelo Juiz, ou mediante requerimento do MP ou da parte interessada, por meio de uma petição autônoma. Essa petição será autuada em apartado, sendo que a tramitação dos autos será feita separadamente do processo principal.

LEGITIMIDADE
- JUIZ
  - Ofício
  - Requerimento
    - MP
    - Parte interessada
      - Próprio acusado
      - Terceiro interessado
      - Assistente de acusação

Normalmente, o acusado é o titular dos bens sob constrição e, por isso, pode ser que ele mesmo tenha interesse em sua alienação com receio da sua depreciação em virtude do tempo. Será possível, ainda, que um terceiro seja o titular do bem constrito e requeira por motivos que lhe sejam favoráveis a alienação.

Art. 4º-B A ordem de prisão de pessoas ou as medidas assecuratórias de bens, direitos ou valores poderão ser suspensas pelo juiz, ouvido o Ministério Público, quando a sua execução imediata puder comprometer as investigações.

Nesse dispositivo, temos a chamada "ação controlada", que é uma técnica especial de investigação que tem por finalidade retardar a intervenção do mecanismo estatal.

Essa ação também está prevista nas leis de drogas e das organizações criminosas, e o que diferencia a Lei de Lavagem de Capitais das outras duas leis é que esta foi omissa quanto ao adiamento da prisão em flagrante. E, com isso, trazendo uma divisão doutrinária, uma parte entende que a prisão em flagrante continua sendo obrigatória no crime de lavagem de capitais, seguindo a regra geral; contudo, a outra parte da doutrina entende que, ainda que em caso de flagrante, o retardamento será possível.

Art. 5º Quando as circunstâncias o aconselharem, o juiz, ouvido o Ministério Público, nomeará pessoa física ou jurídica qualificada para a administração dos bens, direitos ou valores sujeitos a medidas assecuratórias, mediante termo de compromisso.

Art. 6º A pessoa responsável pela administração dos bens:

I – fará jus a uma remuneração, fixada pelo juiz, que será satisfeita com o produto dos bens objeto da administração;

II – prestará, por determinação judicial, informações periódicas da situação dos bens sob sua administração, bem como explicações e detalhamentos sobre investimentos e reinvestimentos realizados.

Parágrafo único. Os atos relativos à administração dos bens sujeitos a medidas assecuratórias serão levados ao conhecimento do Ministério Público, que requererá o que entender cabível.

Estamos diante das regras acerca da administração dos bens diretos ou valores constritos.

A administração não retira a propriedade dos bens do acusado; retira apenas a gestão dos bens que será transferida a uma pessoa responsável, com o intuito de maximizar os frutos e rendimentos que decorram deles.

O administrador receberá um valor como forma de ser remunerado pelo seu trabalho de cuidar, o valor será fixado pelo juiz. O pagamento será feito por meio dos frutos dos bens que estão sob seu cuidado.

O administrador terá, ainda, como seu dever, a prestação de informações periódicas do estado dos bens sob seu cuidado, devendo explicar e detalhar cada investimento e reinvestimentos realizado, tudo isso para que se garanta proteção aos bens constritos.

Outra regra é que todos os atos que envolvam os bens que estão sujeitos a medidas assecuratórias, ou seja, medidas que visam garantir sua proteção e conservação, deverão ser comunicados ao MP, que requererá o que ele entender que seja cabível ao caso concreto.

Efeitos da condenação

Art. 7º São efeitos da condenação, além dos previstos no Código Penal:
I – a perda, em favor da União. e dos Estados, nos casos de competência da Justiça Estadual -, de todos os bens, direitos e valores relacionados, direta ou indiretamente, à prática dos crimes previstos nesta Lei, inclusive aqueles utilizados para prestar a fiança, ressalvado o direito do lesado ou de terceiro de boa-fé;
II – a interdição do exercício de cargo ou função pública de qualquer natureza e de diretor, de membro de conselho de administração ou de gerência das pessoas jurídicas referidas no art. 9º, pelo dobro do tempo da pena privativa de liberdade aplicada.
§ 1º A União e os Estados, no âmbito de suas competências, regulamentarão a forma de destinação dos bens, direitos e valores cuja perda houver sido declarada, assegurada, quanto aos processos de competência da Justiça Federal, a sua utilização pelos órgãos federais encarregados da prevenção, do combate, da ação penal e do julgamento dos crimes previstos nesta Lei, e, quanto aos processos de competência da Justiça Estadual, a preferência dos órgãos locais com idêntica função.
§ 2º Os instrumentos do crime sem valor econômico cuja perda em favor da União ou do Estado for decretada serão inutilizados ou doados a museu criminal ou a entidade pública, se houver interesse na sua conservação.

Note que o caput do art. 7º já menciona a aplicabilidade subsidiária do Código Penal, expandindo os efeitos da condenação do acusado no crime de lavagem de capitais.

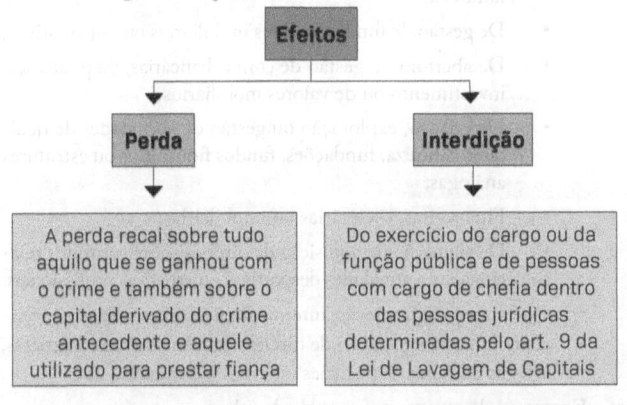

```
                    Efeitos
                   /       \
                Perda    Interdição
```

Perda	Interdição
A perda recai sobre tudo aquilo que se ganhou com o crime e também sobre o capital derivado do crime antecedente e aquele utilizado para prestar fiança	Do exercício do cargo ou da função pública e de pessoas com cargo de chefia dentro das pessoas jurídicas determinadas pelo art. 9 da Lei de Lavagem de Capitais

Vale ressaltar uma diferença entre a Lei de Lavagem de Capitais e o Código de Processo Penal. O CPP prevê a perda total do valor da fiança se o acusado for condenado e não se apresentar para cumprir a pena imposta, nos termos do art. 344, e a perda da metade do valor dado em fiança no caso de seu quebramento, nos moldes do art. 343.

Já a Lei de Lavagem de Capitais prevê a perda do valor da fiança como um efeito da condenação, independentemente da quebra da medida imposta.

Bens, direitos ou valores oriundos de crimes praticados no estrangeiro

Art. 8º O juiz determinará, na hipótese de existência de tratado ou convenção internacional e por solicitação de autoridade estrangeira competente, medidas assecuratórias sobre bens, direitos ou valores oriundos de crimes descritos no art. 1o praticados no estrangeiro.
§ 1º Aplica-se o disposto neste artigo, independentemente de tratado ou convenção internacional, quando o governo do país da autoridade solicitante prometer reciprocidade ao Brasil.
§ 2º Na falta de tratado ou convenção, os bens, direitos ou valores privados sujeitos a medidas assecuratórias por solicitação de autoridade estrangeira competente ou os recursos provenientes da sua alienação serão repartidos entre o Estado requerente e o Brasil, na proporção de metade, ressalvado o direito do lesado ou de terceiro de boa-fé.

Estamos diante da colaboração internacional, em que o magistrado poderá colaborar com a autoridade estrangeira competente determinando as medidas assecuratórias. Nesse caso, impõe-se carta rogatória, que deverá ser cumprida pela Seção Judiciária na Justiça Federal onde estiver localizado o bem, depois de concedido o exequatur.

O exequatur é uma autorização dada por um Estado para que o cônsul de outro Estado seja aceito e venha a ser autorizado a exercer as atividades inerentes às suas funções.

Note que essa colaboração não depende de tratado ou convenção; basta que o governo do país da autoridade que solicita a ajuda preste um compromisso de reciprocidade com o Brasil. Seria uma espécie de acordo entre os países.

Por fim, não havendo nenhum diploma internacional legal, os bens, direitos ou valores constritos ou o que se obteve com sua alienação será dividido em metade para o Brasil e metade para o país solicitante, respeitando o direito do lesado ou do terceiro de boa-fé.

Pessoas sujeitas ao mecanismo de controle

Art. 9º Sujeitam-se às obrigações referidas nos arts. 10 e 11 as pessoas físicas e jurídicas que tenham, em caráter permanente ou eventual, como atividade principal ou acessória, cumulativamente ou não:
I – a captação, intermediação e aplicação de recursos financeiros de terceiros, em moeda nacional ou estrangeira;
II – a compra e venda de moeda estrangeira ou ouro como ativo financeiro ou instrumento cambial;
III – a custódia, emissão, distribuição, liquidação, negociação, intermediação ou administração de títulos ou valores mobiliários.
Parágrafo único. Sujeitam-se às mesmas obrigações:
I – as bolsas de valores, as bolsas de mercadorias ou futuros e os sistemas de negociação do mercado de balcão organizado;
II – as seguradoras, as corretoras de seguros e as entidades de previdência complementar ou de capitalização;
III – as administradoras de cartões de credenciamento ou cartões de crédito, bem como as administradoras de consórcios para aquisição de bens ou serviços;
IV – as administradoras ou empresas que se utilizem de cartão ou qualquer outro meio eletrônico, magnético ou equivalente, que permita a transferência de fundos;
V – as empresas de arrendamento mercantil (leasing) e, as empresas de fomento comercial (factoring) e as Empresas Simples de Crédito (ESC);
VI – as sociedades que, mediante sorteio, método assemelhado, exploração de loterias, inclusive de apostas de quota fixa, ou outras sistemáticas de captação de apostas com pagamento de prêmios, realizem distribuição de dinheiro, de bens móveis, de bens imóveis e de outras mercadorias ou serviços, bem como concedam descontos na sua aquisição ou contratação; (Redação dada pela Lei nº 14.183, de 2021)
VII – as filiais ou representações de entes estrangeiros que exerçam no Brasil qualquer das atividades listadas neste artigo, ainda que de forma eventual;
VIII – as demais entidades cujo funcionamento dependa de autorização de órgão regulador dos mercados financeiro, de câmbio, de capitais e de seguros;
IX – as pessoas físicas ou jurídicas, nacionais ou estrangeiras, que operem no Brasil como agentes, dirigentes, procuradoras, comissionárias ou por qualquer forma representem interesses de ente estrangeiro que exerça qualquer das atividades referidas neste artigo;
X – as pessoas físicas ou jurídicas que exerçam atividades de promoção imobiliária ou compra e venda de imóveis;

LEI Nº 9.613/1998 – CRIMES DE LAVAGEM DE BENS

XI – *as pessoas físicas ou jurídicas que comercializem joias, pedras e metais preciosos, objetos de arte e antiguidades.*

XII – *as pessoas físicas ou jurídicas que comercializem bens de luxo ou de alto valor, intermedeiem a sua comercialização ou exerçam atividades que envolvam grande volume de recursos em espécie;*

XIII – *as juntas comerciais e os registros públicos;*

XIV – *as pessoas físicas ou jurídicas que prestem, mesmo que eventualmente, serviços de assessoria, consultoria, contadoria, auditoria, aconselhamento ou assistência, de qualquer natureza, em operações:*
  a) *de compra e venda de imóveis, estabelecimentos comerciais ou industriais ou participações societárias de qualquer natureza;*
  b) *de gestão de fundos, valores mobiliários ou outros ativos;*
  c) *de abertura ou gestão de contas bancárias, de poupança, investimento ou de valores mobiliários;*
  d) *de criação, exploração ou gestão de sociedades de qualquer natureza, fundações, fundos fiduciários ou estruturas análogas;*
  e) *financeiras, societárias ou imobiliárias; e*
  f) *de alienação ou aquisição de direitos sobre contratos relacionados a atividades desportivas ou artísticas profissionais;*

XV – *pessoas físicas ou jurídicas que atuem na promoção, intermediação, comercialização, agenciamento ou negociação de direitos de transferência de atletas, artistas ou feiras, exposições ou eventos similares;*

XVI – *as empresas de transporte e guarda de valores;*

XVII – *as pessoas físicas ou jurídicas que comercializem bens de alto valor de origem rural ou animal ou intermedeiem a sua comercialização; e*

XVIII – *as dependências no exterior das entidades mencionadas neste artigo, por meio de sua matriz no Brasil, relativamente a residentes no País.*

O art. 9º trouxe o rol de pessoas que se sujeitam às obrigações de identificação dos clientes e manutenção de registros e de comunicação de operações financeiras, ainda que pessoas físicas ou jurídicas.

As pessoas jurídicas mencionadas podem ser:

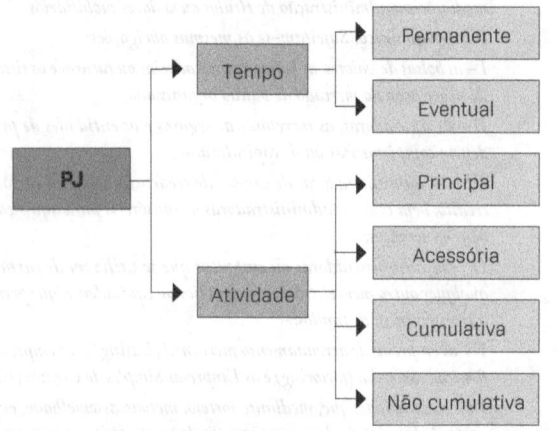

```
          ┌─ Tempo ─┬─► Permanente
          │         └─► Eventual
   PJ ────┤
          │         ┌─► Principal
          │         ├─► Acessória
          └─ Atividade ─┤
                    ├─► Cumulativa
                    └─► Não cumulativa
```

▷ Captação, intermediação e aplicação: de recursos financeiros de terceiros, em moeda nacional ou estrangeira.

▷ Compra e venda de moeda estrangeira ou ouro: como ativo financeiro ou instrumento cambial.

▷ Custódia, emissão, distribuição, liquidação, negociação, intermediação ou administração: de títulos ou valores mobiliários.

▷ Bolsas: de valores, de mercadorias ou futuros.

▷ Sistemas de negociação: do mercado de balcão organizado.

▷ Seguradoras e corretoras: de seguros.

▷ Entidades: de previdência complementar ou de capitalização.

▷ Administradoras: de cartões de credenciamento ou cartões de crédito, consórcios para aquisição de bens ou serviços.

▷ Administradoras ou empresas: que se utilizem de cartão ou qualquer outro meio eletrônico, magnético ou equivalente, que permita a transferência de fundos.

▷ Empresas: de arrendamento mercantil (leasing) e as de fomento comercial (factoring) e as Empresas Simples de Crédito (ESC).

▷ Sociedades: que efetuem distribuição de dinheiro ou quaisquer bens móveis, imóveis, mercadorias, serviços, ou, ainda, concedam descontos na sua aquisição, mediante sorteio ou método assemelhado.

▷ Filiais ou representações: de entes estrangeiros que exerçam no Brasil qualquer das atividades listadas neste artigo, ainda que de forma eventual.

▷ Demais entidades: cujo funcionamento dependa de autorização de órgão regulador do mercado financeiro, de câmbio, de capitais e de seguros.

▷ Pessoas físicas ou jurídicas, nacionais ou estrangeiras: que operem no Brasil como agentes, dirigentes, procuradoras, comissionárias ou por qualquer forma representem interesses de ente estrangeiro que exerça qualquer das atividades referidas neste artigo.

▷ Pessoas físicas ou jurídicas:
  • Que exerçam atividades de promoção imobiliária ou compra e venda de imóveis.
  • Que comercializem joias, pedras e metais preciosos, objetos de arte e antiguidades.
  • Que comercializem bens de luxo ou de alto valor, intermedeiem a sua comercialização ou exerçam atividades que envolvam grande volume de recursos em espécie.

Juntas comerciais e registros públicos:

▷ Pessoas físicas ou jurídicas:
  • Que prestem, mesmo que eventualmente, serviços de assessoria, consultoria, contadoria, auditoria, aconselhamento ou assistência, de qualquer natureza, em operações.
    • De compra e venda de imóveis, estabelecimentos comerciais ou industriais ou participações societárias de qualquer natureza;
    • De gestão de fundos, valores mobiliários ou outros ativos;
    • De abertura ou gestão de contas bancárias, de poupança, investimento ou de valores mobiliários;
    • De criação, exploração ou gestão de sociedades de qualquer natureza, fundações, fundos fiduciários ou estruturas análogas;
    • Financeiras, societárias ou imobiliárias; e
    • De alienação ou aquisição de direitos sobre contratos relacionados a atividades desportivas ou artísticas profissionais.
  • Que atuem na promoção, intermediação, comercialização, agenciamento ou negociação de direitos de transferência de atletas, artistas ou feiras, exposições ou eventos similares.

▷ Empresas: de transporte e guarda de valores.

▷ Pessoas físicas ou jurídicas: que comercializem bens de alto valor de origem rural ou animal ou intermedeiem a sua comercialização.

▷ Dependências no exterior das entidades mencionadas neste artigo: por meio de sua matriz no Brasil, relativamente a residentes no País.

Identificação dos clientes e manutenção de registros

Art. 10 As pessoas referidas no art. 9º:

I – identificarão seus clientes e manterão cadastro atualizado, nos termos de instruções emanadas das autoridades competentes;

II – manterão registro de toda transação em moeda nacional ou estrangeira, títulos e valores mobiliários, títulos de crédito, metais, ou qualquer ativo passível de ser convertido em dinheiro, que ultrapassar limite fixado pela autoridade competente e nos termos de instruções por esta expedidas;

III – deverão adotar políticas, procedimentos e controles internos, compatíveis com seu porte e volume de operações, que lhes permitam atender ao disposto neste artigo e no art. 11, na forma disciplinada pelos órgãos competentes;

CONHECIMENTOS BANCÁRIOS

IV – deverão cadastrar-se e manter seu cadastro atualizado no órgão regulador ou fiscalizador e, na falta deste, no Conselho de Controle de Atividades Financeiras (Coaf), na forma e condições por eles estabelecidas;

V – deverão atender às requisições formuladas pelo Coaf na periodicidade, forma e condições por ele estabelecidas, cabendo-lhe preservar, nos termos da lei, o sigilo das informações prestadas.

§ 1º Na hipótese de o cliente constituir-se em pessoa jurídica, a identificação referida no inciso I deste artigo deverá abranger as pessoas físicas autorizadas a representá-la, bem como seus proprietários.

§ 2º Os cadastros e registros referidos nos incisos I e II deste artigo deverão ser conservados durante o período mínimo de cinco anos a partir do encerramento da conta ou da conclusão da transação, prazo este que poderá ser ampliado pela autoridade competente.

§ 3º O registro referido no inciso II deste artigo será efetuado também quando a pessoa física ou jurídica, seus entes ligados, houver realizado, em um mesmo mês-calendário, operações com uma mesma pessoa, conglomerado ou grupo que, em seu conjunto, ultrapassem o limite fixado pela autoridade competente.

Art. 10-A O Banco Central manterá registro centralizado formando o cadastro geral de correntistas e clientes de instituições financeiras, bem como de seus procuradores.

No art. 9º foi estabelecido um rol de pessoas físicas e jurídicas que tem como obrigação cumprir o determinado no art. 10. Para visualizarmos melhor, vamos esquematizar essas obrigações:

▷ Identificarão seus clientes e manterão cadastro atualizado, nos termos de instruções emanadas das autoridades competentes;

▷ Manterão registro de toda transação em moeda nacional ou estrangeira, títulos e valores mobiliários, títulos de crédito, metais ou qualquer ativo passível de ser convertido em dinheiro, que ultrapassar limite fixado pela autoridade competente e nos termos de instruções por esta expedidas;

▷ Deverão adotar políticas, procedimentos e controles internos, compatíveis com seu porte e volume de operações, que lhes permitam atender ao disposto neste artigo e no art. 11, na forma disciplinada pelos órgãos competentes;

▷ Deverão cadastrar-se e manter seu cadastro atualizado no órgão regulador ou fiscalizador e, na falta deste, no Conselho de Controle de Atividades Financeiras (Coaf), na forma e nas condições por eles estabelecidas;

▷ Deverão atender às requisições formuladas pelo Coaf na periodicidade, forma e condições por ele estabelecidas, cabendo-lhe preservar, nos termos da lei, o sigilo das informações prestadas.

No que diz respeito à identificação dos clientes, quando estes forem pessoas jurídicas, deverão ser identificadas todas as pessoas físicas autorizadas a representá-la, bem como identificados seus proprietários.

O cadastro atualizado de clientes e o de registro de transações financeiras, deverão ser conservados pelo prazo mínimo de 5 anos, contados do encerramento da conta ou da conclusão da sua transação, sendo que este prazo poderá ser aumentado por requerimento da autoridade competente.

Cadastro atualizado e registro de transações ▶ Prazo MÍNIMO de conservação ▶ 5 anos ▶ Pode ser ampliado pela autoridade competente

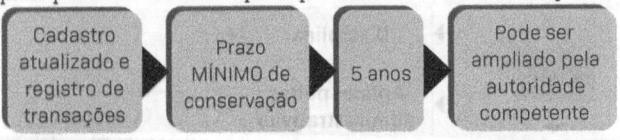

Vejamos, ainda, que o registro das transações será realizado quando a pessoa, física ou jurídica, ou seus entes ligados tiverem realizado, dentro do mesmo período, operações com uma mesma pessoa, grupo ou conglomerado, que ao serem somados ultrapassem os limites fixados pela autoridade competente.

O registro centralizado, que formará o cadastro geral de correntistas e clientes, bem como dos seus procuradores será feito pelo Banco Central.

Comunicação de operações financeiras

Art. 11 As pessoas referidas no art. 9º:

I – dispensarão especial atenção às operações que, nos termos de instruções emanadas das autoridades competentes, possam constituir-se em sérios indícios dos crimes previstos nesta Lei, ou com eles relacionar-se;

II – deverão comunicar ao Coaf, abstendo-se de dar ciência de tal ato a qualquer pessoa, inclusive àquela à qual se refira a informação, no prazo de 24 (vinte e quatro) horas, a proposta ou realização:

a) de todas as transações referidas no inciso II do art. 10, acompanhadas da identificação de que trata o inciso I do mencionado artigo; e

b) das operações referidas no inciso I;

III – deverão comunicar ao órgão regulador ou fiscalizador da sua atividade ou, na sua falta, ao Coaf, na periodicidade, forma e condições por eles estabelecidas, a não ocorrência de propostas, transações ou operações passíveis de serem comunicadas nos termos do inciso II.

§ 1º As autoridades competentes, nas instruções referidas no inciso I deste artigo, elaborarão relação de operações que, por suas características, no que se refere às partes envolvidas, valores, forma de realização, instrumentos utilizados, ou pela falta de fundamento econômico ou legal, possam configurar a hipótese nele prevista.

§ 2º As comunicações de boa-fé, feitas na forma prevista neste artigo, não acarretarão responsabilidade civil ou administrativa.

§ 3º O Coaf disponibilizará as comunicações recebidas com base no inciso II do caput aos respectivos órgãos responsáveis pela regulação ou fiscalização das pessoas a que se refere o art. 9º.

Art. 11-A As transferências internacionais e os saques em espécie deverão ser previamente comunicados à instituição financeira, nos termos, limites, prazos e condições fixados pelo Banco Central do Brasil.

Assim como o art. 10, este artigo visa estabelecer obrigações às pessoas contidas no art. 9º. De forma a simplificar o estudo, vamos esquematizar essas obrigações:

▷ Dispensarão especial atenção às operações que, nos termos de instruções emanadas das autoridades competentes, possam constituir-se em sérios indícios dos crimes previstos nesta lei ou com eles relacionar-se;

▷ Deverão comunicar ao Coaf, abstendo-se de dar ciência de tal ato a qualquer pessoa, inclusive àquela à qual se refira a informação, no prazo de 24 horas, a proposta ou realização:
- de todas as transações referidas no inciso II do art. 10, acompanhadas da identificação de que trata o inciso I do mesmo artigo; e
- das operações referidas no inciso I.

▷ Deverão comunicar ao órgão regulador ou fiscalizador da sua atividade ou, na sua falta, ao Coaf, na periodicidade, forma e condições por eles estabelecidas, a não ocorrência de propostas, transações ou operações passíveis de serem comunicadas nos termos do inciso II.

As autoridades competentes, dentro das obrigações impostas no inciso I, deverão elaborar uma relação de operações que, por meio de suas peculiaridades, possam configurar crime.

Quando a comunicação ocorrer de boa-fé e nos moldes do art. 11, não haverá o que se falar em responsabilidade civil ou administrativa.

O Coaf disponibilizará as comunicações por ele recebidas, conforme determina o inciso II, aos órgãos responsáveis pela regulação ou fiscalização das pessoas determinadas no art. 9º.

para finalizar, havendo transferências internacionais ou saques em espécies, deverão estes ser previamente comunicados à instituição financeira, em conformidade com as regras fixadas pelo Banco Central.

Responsabilidade administrativa

Art. 12 Às pessoas referidas no art. 9º, bem como aos administradores das pessoas jurídicas, que deixem de cumprir as obrigações previstas nos arts. 10 e 11 serão aplicadas, cumulativamente ou não, pelas autoridades competentes, as seguintes sanções:

I – advertência;

LEI Nº 9.613/1998 – CRIMES DE LAVAGEM DE BENS

II – multa pecuniária variável não superior:
a) ao dobro do valor da operação;
b) ao dobro do lucro real obtido ou que presumivelmente seria obtido pela realização da operação; ou
c) ao valor de R$ 20.000.000,00.
III – inabilitação temporária, pelo prazo de até dez anos, para o exercício do cargo de administrador das pessoas jurídicas referidas no art. 9º;
IV – cassação ou suspensão da autorização para o exercício de atividade, operação ou funcionamento.

§ 1º A pena de advertência será aplicada por irregularidade no cumprimento das instruções referidas nos incisos I e II do art. 10.
§ 2º A multa será aplicada sempre que as pessoas referidas no art. 9o, por culpa ou dolo:
I – deixarem de sanar as irregularidades objeto de advertência, no prazo assinalado pela autoridade competente;
II – não cumprirem o disposto nos incisos I a IV do art. 10;
III – deixarem de atender, no prazo estabelecido, a requisição formulada nos termos do inciso V do art. 10;
IV – descumprirem a vedação ou deixarem de fazer a comunicação a que se refere o art. 11.
§ 3º A inabilitação temporária será aplicada quando forem verificadas infrações graves quanto ao cumprimento das obrigações constantes desta Lei ou quando ocorrer reincidência específica, devidamente caracterizada em transgressões anteriormente punidas com multa.
§ 4º A cassação da autorização será aplicada nos casos de reincidência específica de infrações anteriormente punidas com a pena prevista no inciso III do caput deste artigo.
Art. 13 (Revogado)

As sanções se aplicam quanto às pessoas jurídicas taxadas no art. 9º, bem como aos administradores dessas pessoas, que não cumprirem com as obrigações de identificação dos clientes e manutenção de registros e de comunicação de operações financeiras.

As sanções podem ser aplicadas tanto de forma cumulativa, ou seja, pode ser aplicada mais de uma sanção, bem como pode ser aplicada de forma isolada, ou seja, apenas uma.

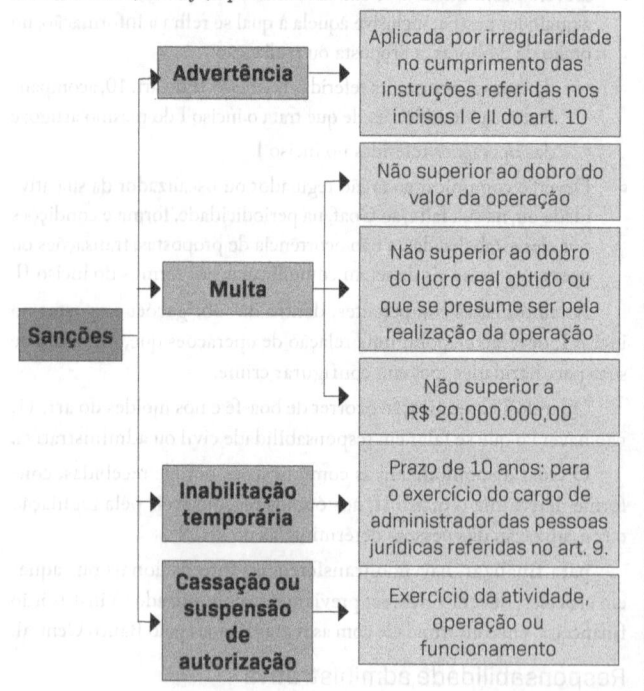

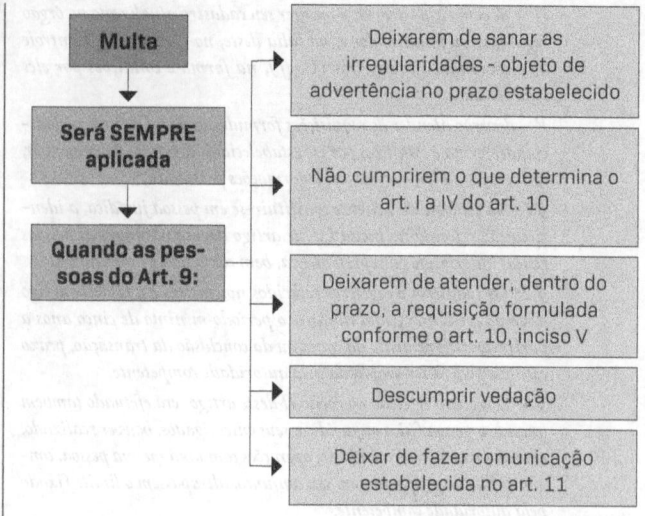

Sanções:
- **Advertência** → Aplicada por irregularidade no cumprimento das instruções referidas nos incisos I e II do art. 10
- **Multa** →
  - Não superior ao dobro do valor da operação
  - Não superior ao dobro do lucro real obtido ou que se presume ser pela realização da operação
  - Não superior a R$ 20.000.000,00
- **Inabilitação temporária** → Prazo de 10 anos: para o exercício do cargo de administrador das pessoas jurídicas referidas no art. 9.
- **Cassação ou suspensão de autorização** → Exercício da atividade, operação ou funcionamento

Multa → Será SEMPRE aplicada → Quando as pessoas do Art. 9:
- Deixarem de sanar as irregularidades - objeto de advertência no prazo estabelecido
- Não cumprirem o que determina o art. I a IV do art. 10
- Deixarem de atender, dentro do prazo, a requisição formulada conforme o art. 10, inciso V
- Descumprir vedação
- Deixar de fazer comunicação estabelecida no art. 11

Conselho de Controle de Atividades Financeiras

Art. 14 É criado, no âmbito do Ministério da Fazenda, o Conselho de Controle de Atividades Financeiras - Coaf, com a finalidade de disciplinar, aplicar penas administrativas, receber, examinar e identificar as ocorrências suspeitas de atividades ilícitas previstas nesta Lei, sem prejuízo da competência de outros órgãos e entidades.
§ 1º As instruções referidas no art. 10 destinadas às pessoas mencionadas no art. 9º, para as quais não exista órgão próprio fiscalizador ou regulador, serão expedidas pelo Coaf, competindo-lhe, para esses casos, a definição das pessoas abrangidas e a aplicação das sanções enumeradas no art. 12.
§ 2º O Coaf deverá, ainda, coordenar e propor mecanismos de cooperação e de troca de informações que viabilizem ações rápidas e eficientes no combate à ocultação ou dissimulação de bens, direitos e valores.
§ 3º O Coaf poderá requerer aos órgãos da Administração Pública as informações cadastrais bancárias e financeiras de pessoas envolvidas em atividades suspeitas.
Art. 15 O Coaf comunicará às autoridades competentes para a instauração dos procedimentos cabíveis, quando concluir pela existência de crimes previstos nesta Lei, de fundados indícios de sua prática, ou de qualquer outro ilícito.

O Conselho de Controle de Atividades Financeiras (Coaf) é o órgão de inteligência financeira do Governo Federal que atua, principalmente, na prevenção e no combate ao crime de lavagem de capitais. Esse órgão foi criado no âmbito do Ministério da Fazenda e da Segurança Pública e tem como atribuições a produção de inteligência financeira e a promoção de meios protetivos aos setores econômicos contra a lavagem de capitais e o financiamento do terrorismo.

Art. 5º, Lei nº 13.974/2020 A organização e o funcionamento do Coaf, incluídas a sua estrutura e as competências e as atribuições no âmbito da Presidência, do Plenário e do Quadro Técnico, serão definidos em seu Regimento Interno, aprovado pela Diretoria Colegiada do Banco Central do Brasil.

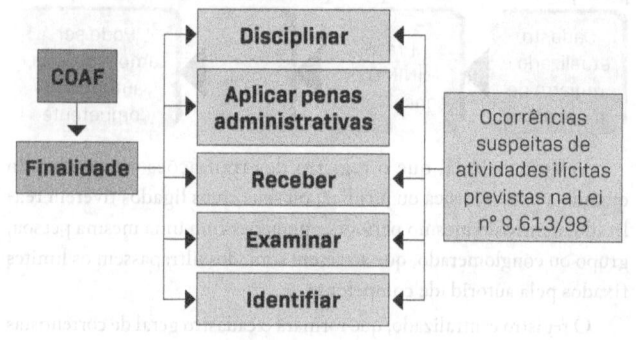

COAF → Finalidade:
- Disciplinar
- Aplicar penas administrativas
- Receber
- Examinar
- Identificar

→ Ocorrências suspeitas de atividades ilícitas previstas na Lei nº 9.613/98

CONHECIMENTOS BANCÁRIOS

Nos casos mencionados no art. 10, quando a pessoa, física ou jurídica, não tiver órgão próprio de fiscalização ou regulamentação, será o Coaf competente para a realização de atos e, ainda, para a consequente aplicação de sanções, caso necessário.

Outra atribuição do Coaf é a coordenação e a proposição de meios que auxiliem na troca de informações e cooperação no que for necessário, com o intuito de promover ações rápidas e eficientes ao combate dos crimes de ocultação ou dissimulação de bens, direitos e valores.

Será, ainda, permitido ao Coaf o requerimento aos órgãos da Administração Pública, seja ela direita ou indireta, as informações sobre cadastros bancários e financeiros de todas as pessoas que tenham envolvimento com as atividades consideradas suspeitas.

Se verificada a existência dos crimes aqui mencionados ou, ainda, indícios de sua prática ou de qualquer outro crime, caberá a esse órgão a comunicação às autoridades competentes para que se instaurem os procedimentos cabíveis.

O Coaf é tratado atualmente também como Unidade de Inteligência Financeira (UIF), sendo responsável por receber, examinar e identificar quaisquer ocorrências suspeitas de atividades ilícitas no âmbito financeiro.

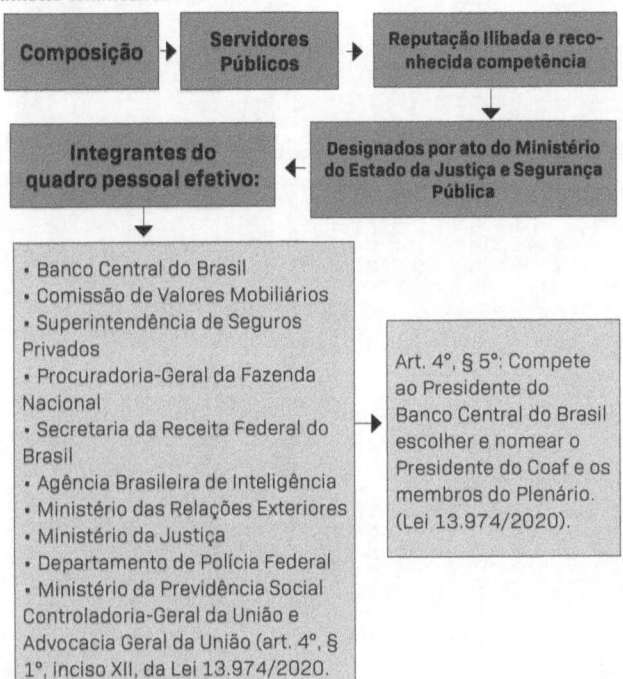

Composição → **Servidores Públicos** → **Reputação ilibada e reconhecida competência**

Integrantes do quadro pessoal efetivo: ← **Designados por ato do Ministério do Estado da Justiça e Segurança Pública**

- Banco Central do Brasil
- Comissão de Valores Mobiliários
- Superintendência de Seguros Privados
- Procuradoria-Geral da Fazenda Nacional
- Secretaria da Receita Federal do Brasil
- Agência Brasileira de Inteligência
- Ministério das Relações Exteriores
- Ministério da Justiça
- Departamento de Polícia Federal
- Ministério da Previdência Social Controladoria-Geral da União e Advocacia Geral da União (art. 4º, § 1º, inciso XII, da Lei 13.974/2020.

Art. 4º, § 5º: Compete ao Presidente do Banco Central do Brasil escolher e nomear o Presidente do Coaf e os membros do Plenário. (Lei 13.974/2020).

Disposições gerais

Art. 17-A Aplicam-se, subsidiariamente, as disposições do Decreto-lei nº 3.689, de 3 de outubro de 1941 (Código de Processo Penal), no que não forem incompatíveis com esta Lei.

Por força do princípio da subsidiariedade, nos casos em que a Lei nº 9.613/1998 for omissa e havendo compatibilidade entre essa lei e o Código de Processo Penal, este poderá ser aplicado de forma subsidiária.

Omissão + Compatibilidade = Aplicação subsidiária do CPP

Art. 17-B A autoridade policial e o Ministério Público terão acesso, exclusivamente, aos dados cadastrais do investigado que informam qualificação pessoal, filiação e endereço, independentemente de autorização judicial, mantidos pela Justiça Eleitoral, pelas empresas telefônicas, pelas instituições financeiras, pelos provedores de internet e pelas administradoras de cartão de crédito.

De forma exclusiva, ou seja, limitada, tanto o MP quanto a autoridade policial, sem ordem judicial, terão acesso a dados cadastrais das pessoas investigadas, desde que esses dados fornecidos tenham relação apenas sobre qualificação pessoal, filiação e seu endereço. Esses dados devem ser aqueles mantidos pela Justiça Eleitoral, empresas de telefonia, instituições financeiras, provedores de internet e ainda pelas administradoras de cartão de crédito.

Art. 17-C Os encaminhamentos das instituições financeiras e tributárias em resposta às ordens judiciais de quebra ou transferência de sigilo deverão ser, sempre que determinado, em meio informático, e apresentados em arquivos que possibilitem a migração de informações para os autos do processo sem redigitação.

Nos casos de as instituições financeiras e tributárias precisarem responder a ordens judiciais, dá-se preferência para que estas sejam feitas por meio informático, ou seja, arquivos eletrônicos, que possam ser transferidos para os autos do processo, sem a necessidade que seja ele redigitado, buscando a celeridade processual.

Art. 17-D Em caso de indiciamento de servidor público, este será afastado, sem prejuízo de remuneração e demais direitos previstos em lei, até que o juiz competente autorize, em decisão fundamentada, o seu retorno.

O servidor público que for indiciado pela prática de um dos crimes aqui mencionados será afastado de seu cargo até que o juízo competente autorize seu retorno. Durante esse período, o servidor continuará a receber sua remuneração, bem como não sofrerá prejuízos aos demais direitos a ele atribuídos por lei.

Art. 17-E A Secretaria da Receita Federal do Brasil conservará os dados fiscais dos contribuintes pelo prazo mínimo de 5 (cinco) anos, contado a partir do início do exercício seguinte ao da declaração de renda respectiva ou ao do pagamento do tributo.

Como dissemos anteriormente, pelo menos por 5 anos, contados do início do exercício seguinte ao da declaração do imposto de renda ou, ainda, do pagamento da tributação, a Secretaria da Receita Federal devera conservar os dados fiscais dos contribuintes.

15 NOVOS MODELOS DE NEGÓCIO

Com a transformação do mercado e digital, muitos modelos de negócios também mudaram. Podemos citar como responsáveis por essa demanda as quantidades massivas de poder computacional acessível, a proliferação de dispositivos conectados à internet, a Inteligência Artificial (IA), a Internet das Coisas (IoT) e a disponibilidade em compartilhar aplicativos.

Assim, é natural que exista uma transformação no mercado, bem como surjam novos modelos e oportunidades de negócio.

A seguir, apresentaremos alguns dos novos modelos de negócio que têm gerado diversas oportunidades para as empresas.

Modelo freemium

Essa modalidade de negócio visa oferecer um produto gratuito (free), mas cobrar para que determinados recursos sejam liberados. Isso é muito comum em jogos, que cobram para "liberar" certos personagens e avatares. No caso dos aplicativos de música como o Spotify, por exemplo, esse modelo permite que o usuário ouça músicas e tenha algumas configurações predeterminadas, mas quando ele adere ao pacote premium, o app permite que se faça download de músicas, crie playlists, entre outras funcionalidades que não estão disponíveis versão gratuita.

O objetivo do modelo freemium é conquistar o cliente com o produto em sua versão básica - uma espécie de amostra grátis - e fazê-lo comprar novos recursos ou fazer uma assinatura (mensal ou anual) do serviço oferecido.

Modelo on demand

O foco do modelo *on demand* está na personalização. O objetivo é oferecer meios para que os compradores montem seu próprio produto ou pacote de serviços, cabendo à empresa achar a solução adequada ao problema com um preço justo.

Como os produtos só são desenvolvidos após o pedido, um dos diferenciais desse modelo de negócios é a supressão ou diminuição do estoque, ou seja, menos riscos de encalhe e aumento de custos.

Modelo marketplace

No modelo marketplace, assim como ocorre com os tradicionais classificados, qualquer pessoa física ou jurídica pode publicar anúncios referentes a um produto ou serviço e, pela infraestrutura tecnológica e pelo uso da plataforma, pagar uma pequena taxa por transação ou para ampliar a visibilidade do anúncio.

Modelo de ecossistema

Esse é o modelo utilizado por duas das maiores empresas do mundo, Google e Apple. O que elas fazem é criar um vasto conjunto de produtos e serviços que, embora funcionem de forma independente, podem ser mais bem aproveitados quando utilizados em conjunto, como os aplicativos Gmail, Hangouts e Meets, do Google, ou icloud e Facetime, da Apple.

Impactos

O impacto dos novos modelos de negócios se deve, basicamente, a dois grandes fatores: novas formas de produção e nova cultura de consumo.

O modo de fazer negócios que perdurou por todo o século XX é embasado em uma lógica industrial. "Isso significa que as empresas precisam desenvolver produtos e vendê-los a um preço justo o suficiente para bancar seus custos e ainda gerar lucro. O problema é que esse tipo de modelo é muito pouco escalável: para uma montadora de veículos se tornar uma potência mundial, ela precisa de uma enorme quantidade de fábricas, insumos e funcionários, além de tudo mais que se espera de uma indústria tradicional e multinacional.

Várias fintechs, por sua vez, conseguem ampliar sua rede de clientes sem abrir uma única agência, uma vez que todos os serviços tradicionais de um banco (como liberação de crédito) podem ser feitos via aplicativo de celular.

16 CÓDIGO DE ÉTICA DA CAIXA

(Caixa Econômica Federal)

Este Código estabelece, em suma, sua missão, bem como seus valores: respeito, honestidade, compromisso, transparência e responsabilidade.

Os conteúdos mais relevantes que serão abordados ao longo deste Capítulo são os valores do respeito e responsabilidade do Código de Ética da Caixa.

CÓDIGO DE ÉTICA DA CAIXA
PROPÓSITO, VISÃO E VALORES

Propósito
Ser o banco de todos os brasileiros

Visão
Ser o maior parceiro dos brasileiros, reconhecido pela capacidade de transformação, com eficiência e rentabilidade.

Valores
Meritocracia; foco no cliente; responsabilidade socioambiental; integridade ética

VALORES DO CÓDIGO DE ÉTICA DA CAIXA
RESPEITO

As pessoas na CAIXA são tratadas com ética, justiça, respeito, cortesia, igualdade e dignidade.

Exigimos de dirigentes, empregados e parceiros da CAIXA absoluto respeito pelo ser humano, pelo bem público, pela sociedade e pelo meio ambiente.

Repudiamos todas as atitudes de preconceitos relacionadas à origem, raça, gênero, cor, idade, religião, credo, classe social, incapacidade física e quaisquer outras formas de discriminação.

Respeitamos e valorizamos nossos clientes e seus direitos de consumidores, com a prestação de informações corretas, cumprimento dos prazos acordados e oferecimento de alternativa para satisfação de suas necessidades de negócios com a CAIXA.

Preservamos a dignidade de dirigentes, empregados e parceiros, em qualquer circunstância, com a determinação de eliminar situações de provocação e constrangimento no ambiente de trabalho que diminuam o seu amor-próprio e a sua integridade moral.

Os nossos patrocínios atentam para o respeito aos costumes, tradições e valores da sociedade, bem como a preservação do meio ambiente.

HONESTIDADE

No exercício profissional, os interesses da CAIXA estão em 1º lugar nas mentes dos nossos empregados e dirigentes, em detrimento de interesses pessoais, de grupos ou de terceiros, de forma a resguardar a lisura dos seus processos e de sua imagem.

Gerimos com honestidade nossos negócios, os recursos da sociedade e dos fundos e programas que administramos, oferecendo oportunidades iguais nas transações e relações de emprego.

Não admitimos qualquer relacionamento ou prática desleal de comportamento que resulte em conflito de interesses e que estejam em desacordo com o mais alto padrão ético.

Não admitimos práticas que fragilizem a imagem da CAIXA e comprometam o seu corpo funcional.

Condenamos atitudes que privilegiem fornecedores e prestadores de serviços, sob qualquer pretexto.

Condenamos a solicitação de doações, contribuições de bens materiais ou valores a parceiros comerciais ou institucionais em nome da CAIXA, sob qualquer pretexto.

COMPROMISSO

Os empregados, colaboradores, dirigentes, membros estatutários e representantes em órgãos estatutários de empresas de que participe, estão comprometidos com a uniformidade de procedimentos e com o mais elevado padrão ético no exercício de suas atribuições profissionais.

Temos compromisso permanente com o cumprimento das leis, das normas e dos regulamentos internos e externos que regem a nossa Instituição.

Pautamos nosso relacionamento com clientes, fornecedores, correspondentes, coligadas, controladas, patrocinadas, associações e entidades de classe dentro dos princípios deste Código de Ética.

Temos o compromisso de oferecer produtos e serviços de qualidade que atendam ou superem as expectativas dos nossos clientes.

Prestamos orientações e informações corretas aos nossos clientes para que tomem decisões conscientes em seus negócios.

Preservamos o sigilo e a segurança das informações.

Buscamos a melhoria das condições de segurança e saúde do ambiente de trabalho, preservando a qualidade de vida dos que nele convivem.

Incentivamos a participação voluntária em atividades sociais destinadas a resgatar a cidadania do povo brasileiro.

TRANSPARÊNCIA

As relações da CAIXA com os segmentos da sociedade são pautadas no princípio da transparência e na adoção de critérios técnicos.

Como empresa pública, estamos comprometidos com a prestação de contas de nossas atividades, dos recursos por nós geridos e com a integridade dos nossos controles.

Aos nossos clientes, parceiros comerciais, fornecedores e a mídia dispensamos tratamento equânime na disponibilidade de informações claras e tempestivas, por meio de fontes autorizadas e no estrito cumprimento dos normativos a que estamos subordinados.

Oferecemos aos nossos empregados oportunidades de ascensão profissional, com critérios claros e do conhecimento de todos.

Valorizamos o processo de comunicação interna, disseminando informações relevantes relacionadas aos negócios e às decisões corporativas.

RESPONSABILIDADE

Devemos pautar nossas ações nos preceitos e valores éticos deste Código, de forma a resguardar a CAIXA de ações e atitudes inadequadas à sua missão e imagem e a não prejudicar ou comprometer, direta ou indiretamente, empregados, colaboradores, dirigentes, membros estatutários e representantes em órgãos estatutários de empresas de que participe.

Zelamos pela proteção do patrimônio público, com a adequada utilização das informações, dos bens, equipamentos e demais recursos colocados à nossa disposição para a gestão eficaz dos nossos negócios.

Buscamos a preservação ambiental nos projetos dos quais participamos, por entendermos que a vida depende diretamente da qualidade do meio ambiente.

Garantimos proteção contra qualquer forma de represália ou discriminação profissional a quem denunciar as violações a este Código, como forma de preservar os valores da CAIXA.

O presente tópico vem sendo questionado a partir da análise de situações fáticas descritas no enunciado das questões em face dos valores do Código de Ética da Caixa, especialmente Respeito e Responsabilidade.

CONHECIMENTOS DE INFORMÁTICA

CONHECIMENTOS DE INFORMÁTICA

1 SOFTWARE

O software é a parte **abstrata** de um computador, também conhecido como a parte **lógica**. É um conjunto de instruções que devem ser seguidas e executadas por um mecanismo, seja ele um computador ou um aparato eletromecânico. É o termo usado para descrever programas, apps, scripts, macros e instruções de código embarcado diretamente (firmware), de modo a ditar o que uma máquina deve fazer.

Já os programas são a aplicação de regras de maneira digital, para que, dada uma situação, ocorra uma reação pré-programada. Assim, temos que um programa é uma representação de tarefas manuais, em que podemos automatizar processos, o que torna as tarefas mais dinâmicas.

1.1 Licenças de software

Uma licença de software define o que um usuário pode ou não fazer com ele e baseia-se essencialmente no direito autoral[1]. Existem vários tipos de licenças de software, mas, no que tange ao concurso público, apenas duas são de valor significativo: a licença de software livre e a licença de software proprietário.

1.1.1 Software proprietário

A licença de software proprietário procura reservar o direito do desenvolvedor. Um software proprietário é também conhecido como software não livre, pois uma de suas principais características é manter o **código-fonte**[1] **fechado**.

Há vários softwares proprietários gratuitos e, também, aqueles que, para o usuário adquirir o direito de uso, exigem a compra de uma licença, a qual não lhe dá direito de propriedade sobre o programa, apenas concede o direito de utilizá-lo, além de impor algumas regras de utilização.

| Windows, Microsoft Office, Mac OS, aplicativos da Adobe, Corel Draw, WinRAR, WinZip, MSN, entre outros.

1.1.2 Software livre

Em contrapartida ao software proprietário, um grupo criou o software livre. Tem, como um de seus princípios, as leis que regem a definição de **liberdades** como forma de protesto em relação ao software proprietário. A principal organização que mantém e promove esse tipo de software é a Free Software Foundation (FSF).

A característica mais importante para que seja considerado "livre" é que tenha o **código-fonte aberto** e deve obedecer a quatro **liberdades de software** do projeto **GNU/GPL** (*General Public License*/Licença Pública Geral), idealizado por Richard Matthew Stallman, ativista e fundador do movimento software livre. São elas:

▷ **Liberdade 0:** liberdade para executar o programa, para qualquer propósito.
▷ **Liberdade 1:** liberdade de estudar como o programa funciona e adaptá-lo às suas necessidades.
▷ **Liberdade 2:** liberdade de redistribuir cópias do programa de modo que você possa ajudar ao seu próximo.
▷ **Liberdade 3:** liberdade de modificar o programa e distribuir essas modificações, de modo que toda a comunidade se beneficie.

A GPL é um reforço a essas quatro liberdades, garantindo que o código-fonte de um software livre não possa ser apropriado por outra pessoa ou empresa, principalmente para que não seja transformado em software proprietário. Tem característica Copyleft, que qualquer um que distribui o software, com ou sem modificações, deve passar adiante a liberdade de copiar e modificar novamente o programa.

O Linux é um dos principais projetos desenvolvidos sob a licença de software livre, assim como o BrOffice, mas o principal responsável por alavancar o software livre, assim como o próprio Linux, foi o projeto Apache,[2] que no início só rodava em servidores Linux e hoje é multiplataforma.

| Apache, Linux, BrOffice, LibreOffice, Mozilla Firefox, Mozilla Thunderbird.

1.1.3 Shareware

A licença do tipo shareware é comumente usada quando se deseja permitir ao usuário uma degustação do programa, oferecendo funcionalidades reduzidas ou mesmo total, porém com prazo determinado, que, depois de encerrado, o programa limita as funcionalidades ou pode deixar de funcionar.

O shareware permite a cópia e redistribuição do software, porém não permite a alteração, pois o código-fonte não é aberto.

Um exemplo de software popular que utiliza essa licença é o WinRAR que, após 40 dias, começa a exibir uma mensagem toda vez que é aberto, contudo, continua funcionando mesmo que o usuário não adquira a licença.

1.1.4 BIOS (basic input/output system)

O BIOS (sistema básico de entrada e saída, em português) é um software embarcado em uma **memória do tipo ROM**[3]; nos computadores atuais é mais comum em memórias do tipo **Flash ROM**[4].

É o primeiro programa que roda quando ligamos o computador. Ele é composto pelo **setup**, que são suas configurações, e pelo **post**, responsável por realizar os testes de hardware.

---

1 Código-fonte: conjunto de instruções feitas em uma linguagem de programação, que definem o funcionamento e o comportamento do programa.
2 Apache: servidor responsável pelo processamento da maior parte das páginas disponibilizadas atualmente na internet, cerca de 51%.
3 Memórias ROM (Read-Only Memory – Memória Somente de Leitura) recebem esse nome porque os dados são gravados nelas apenas uma vez.
4 Memórias Flash ROM: são mais duráveis e podem guardar um volume elevado de dados.

SOFTWARE

Durante o processo de boot[5], o BIOS aciona a memória CMOS[6], onde ficam armazenadas as últimas informações sobre o hardware do computador e sobre a posição de início do sistema operacional no disco. Em posse dessas informações, consegue executar o post, verificando se todos os dispositivos necessários estão conectados e operantes.

Após as verificações de compatibilidade, o BIOS inicia o processo de leitura do disco indicado como primário a partir do ponto onde se encontra o sistema operacional, que é carregado para a memória principal do computador.

Em um mesmo computador podem ser instalados dois ou mais sistemas operacionais diferentes, ou mesmo versões diferentes do mesmo sistema. Quando há apenas um sistema operacional instalado no computador, este é iniciado diretamente pelo BIOS, porém, se houver dois ou mais, é necessário optar por qual dos sistemas se deseja utilizar.

Em uma situação em que existem dois sistemas operacionais atribui-se a caracterização de dual boot. Um computador que possua uma distribuição Linux instalada e uma versão Windows, por exemplo, ao ser concluído o processo do BIOS, inicia um gerenciador de boot. Em geral é citado nas provas ou o **GRUB**[7] ou o **LILO**,[8] que são associados ao Linux.

1.2 Tipos de software

Existem diversos tipos de software, mas somente alguns nos interessam durante a prova. Dessa forma, focaremos o estudo no que nos é pertinente.

Podemos classificar os softwares em: firmwares, sistemas operacionais, escritório, utilitários, entretenimento e malwares.

1.2.1 Firmwares

Um firmware é normalmente um software embarcado, ou seja, ele é um software desenvolvido para operar sobre um hardware específico. De forma geral, um firmware é incorporado ao hardware já no momento de sua fabricação, mas, dependendo do tipo de memória em que é armazenado, ele pode ser atualizado ou não. O software do tipo firmware que interessa ao nosso estudo é o BIOS.

1.2.2 Sistemas operacionais (SO)

O sistema operacional é o **principal programa do computador**. Ele é o responsável por facilitar a interação do usuário com a máquina, além de ter sido criado para realizar as tarefas de controle do hardware, livrando assim os aplicativos de conhecer o funcionamento de cada peça existente para funcionar.

As tarefas de responsabilidade do SO são, principalmente, de níveis gerenciais e é o tem que administrar a entrada e a saída de dados, de forma que quando um usuário seleciona uma janela, ele está trazendo-a para o primeiro plano de execução. Por exemplo: sempre que o usuário digita um texto, o SO tem de gerenciar qual janela, ou seja, qual aplicativo receberá as informações entradas pelo teclado, mas, ao mesmo tempo, o SO receberá uma solicitação do aplicativo para que exiba na tela as informações recebidas.

Também é responsabilidade do SO gerenciar o uso da memória RAM e do processador. Ele dita que programa será executado naquele instante e quais espaços de memória estão sendo usados por ele e pelos demais aplicativos em execução.

Para que o sistema operacional consiga se comunicar com cada dispositivo, precisa saber antes como estes funcionam e, para tanto, é necessário instalar o **driver**[9] do dispositivo. Atualmente, a maioria dos drivers é identificada automaticamente pelo SO, mas o sistema nem sempre possui as informações sobre hardwares recém-lançados. Nesse caso, ao não conseguir o driver específico, o SO solicita ao usuário que informe o local onde ele possa encontrar o driver necessário.

Dentre os sistemas operacionais modernos, o Windows é o que mais se destaca em termos de número de usuários de computadores pessoais (PC). Por outro lado, quando se questiona em relação ao universo de servidores na internet, deparamo-nos com o Linux como mais utilizado e o principal motivo para isso relaciona-se à segurança mais robusta oferecida pelo ele.

| Exemplos de SO para computadores pessoais: Windows, Linux, Mac OS e Chrome OS.

Vale a observação que esses sistemas derivaram de duas vertentes principais o **DOS** e o **UNIX**. É de interesse da prova saber que o DOS foi o precursor do Windows e que a plataforma UNIX foi a base do Linux e do Mac OS.

Contudo, não encontramos SO apenas em PCs. Os celulares, smartphones e tablets também utilizam sistemas operacionais. Atualmente, fala-se muito no sistema do Google para esses tipos dispositivos, o Google Android.

Os sistemas operacionais podem ser divididos em duas partes principais: núcleo e interface. O **núcleo** é chamado **kernel**. Ele é a parte responsável pelo gerenciamento do hardware, como já explanado, enquanto a **interface** é parte de interação com o usuário, seja ela apenas textual ou com recursos gráficos.

Sistema operacional	Kernel
Windows XP	NT 5.2
Windows Vista	NT 6.0

---

5 Boot: processo de inicialização do sistema operacional.
6 CMOS: é uma pequena área de memória volátil, alimentada por uma bateria, que é usada para gravar as configurações do setup da placa mãe.
7 GRUB (Grand Unifield Bootloader): gerenciador de boot disponibilizado como software GNU. Entre seus principais recursos está a capacidade de trabalhar com diversos sistemas operacionais, como o Linux, o Windows e as versões BSD.
8 LILO (LInux Loader): programa que permite o uso de dois ou mais sistemas operacionais no mesmo computador. A ferramenta possui uma série de instruções para gerenciar o setor de boot (inicialização) do HD, permitindo que se inicialize o computador a partir de uma partição que não seja a primeira do disco.
9 Driver: conjunto de informações sobre como funciona um dispositivo de hardware.

CONHECIMENTOS DE INFORMÁTICA

Windows 7	NT 6.1
Windows 8	NT 6.2
Linux	Linux 3.10

A interface com recursos gráficos é comumente chamada **GUI (Graphic User Interface/Interface Gráfica do Usuário)**, também citada como gerenciador de interface gráfica. O nome Windows foi baseado, justamente, nessa característica de trabalhar com janelas gráficas como forma de comunicação com o usuário.

Em relação às **GUIs**, cada versão do Windows utiliza e trabalha com apenas uma interface gráfica, que só passou a ter um nome específico a partir do Windows Vista, conforme indicado na tabela a seguir:

Windows	GUI
XP	Sem nomenclatura
Vista	Aero
7	Aero
8	Metro

Por outro lado, existem diversas GUIs para o Linux, algumas distribuições Linux[10] trabalham com apenas um gerenciador de interface gráfica, enquanto outras trabalham com múltiplas. Ao contrário do Windows, o Linux tem suporte a várias Interfaces gráficas e as principais GUIs do Linux são: Gnome, FluxBox, KDE, BlackBox, Unity, Mate, XFCE e Cinnamon.

Características de um sistema operacional

Os sistemas operacionais podem ser classificados de acordo com suas características comportamentais: multitarefa, monotarefa, multiusuário e monousuário.

▷ **Multitarefa:** é o sistema que consegue executar mais de uma tarefa simultânea, como tocar uma música enquanto o usuário navega na internet e escreve um texto no Word.
| Windows, Linux e Mac OS.

▷ **Monotarefa:** é o sistema que, para executar uma tarefa, deve aguardar a que está em execução terminar ou mesmo forçar o seu término para que possa executar o que precisa. Trabalha com um item de cada vez.
| DOS e algumas versões UNIX.

▷ **Multiusuário:** é quando o SO permite mais de uma sessão de usuário ativa simultaneamente. Se dois ou mais usuários estiverem com sessões iniciadas, elas são, de certa maneira, tratadas independentemente, ou seja, um usuário não vê o que o outro estava fazendo, como também, em uso normal, não interfere nas atividades que estavam sendo executadas por outro usuário. O sistema multiusuário geralmente possui a opção trocar de usuário, que permite bloquear a sessão ativa e iniciar outra sessão simultânea.
| Unix, VMS e sistemas operacionais mainframe, como o MVS.

▷ **Monousuário:** em um sistema monousuário, para que outro usuário inicie sessão, é necessário finalizar a do usuário ativo, também conhecido como efetuar logoff.
| Palm OS.

1.2.3 Softwares de escritório

São aplicativos com utilização mais genérica, os quais possibilitam diversas demandas de um escritório, suprindo, também, muitas necessidades acadêmicas em relação à criação de trabalhos.

A seguir, apresentamos um comparativo entre as suítes de escritório[11] que são cobradas na prova.

Editor	Microsoft Office	BrOffice
Texto	Word	Writer
Planilha	Excel	Calc
Apresentação de slides	PowerPoint	Impress
Desenho	Publisher	Draw
Banco de dados	Access	Base
Fórmula	Equation	Math

---

10 Distribuição Linux: uma cópia do Linux desenvolvida, geralmente, com base em outra cópia, mas com algumas adaptações.
11 Suíte de escritório: expressão que remete ao conjunto integrado de aplicativos voltados para as tarefas de escritório, como editores de texto, editores de planilhas, editores de apresentação, aplicativos, agendas e outros.

SOFTWARE

> **Fique ligado**
>
> Editores de texto, planilha e apresentação são os itens mais cobrados em provas de concursos. Sobre esses programas, podem aparecer perguntas a respeito do seu funcionamento, ainda que sobre editores de apresentação sejam bem menos frequentes.

Outro ponto importante a ser ressaltado é que o **Microsoft Outlook** é componente da suíte de aplicativos Microsoft Office e que não foi destacado na tabela comparativa por não existir programa equivalente no BrOffice.

Por vezes o concursando pode se deparar na prova com o nome **LibreOffice**, o que está correto, pois o BrOffice é utilizado no Brasil apenas, mas ele é baseado no Libre Office. Até a versão 3.2, o BrOffice era fundamentado no OpenOffice e, após a compra da Sun pela Oracle a comunidade decidiu mudar para o Libre por questões burocráticas.

1.2.4 Softwares utilitários

Alguns programas ganharam tamanho espaço no dia a dia do usuário que, sem eles, podemos ficar sem acesso às informações contidas em arquivo, por exemplo.

São classificados como utilitários os programas compactadores de arquivos, como o ZIP, e leitores de PDF, como o Adobe Reader. Esses programas assumiram tal patamar por consolidarem seus formatos de arquivos.

Entre os compactadores temos os responsáveis pelo formato de arquivos ZIP, apesar de que, desde a versão XP, o Windows já dispunha de recurso nativo para compactar e descompactar arquivos nesse formato, muitos aplicativos se destacavam por oferecer o serviço de forma mais eficiente ou prática. Os compactadores mais conhecidos são: WinZip, BraZip e 7-Zip. Outro compactador que ganhou espaço no mercado foi o WinRar com o formato .RAR, que permite maior compactação quando comparado ao ZIP.

1.2.5 Softwares de entretenimento

Aqui entram os aplicativos multimídias como players de áudio e vídeo, assim como Windows Media Player, Winamp, iTunes, VLC player e BS player, dentre outros, e os players de jogos como Campo Minado, Paciência, Pinball e outros tantos de mais alto nível.

1.2.6 Malwares

Os malwares são programas que têm finalidade mal-intencionada e, na maioria das vezes, ilícita. Grande parte das bancas cita-os como pragas cibernéticas que infectam o computador do usuário e trazem algum prejuízo; por outro lado, há bancas que especulam sobre os diferentes tipos de malwares. A seguir são destacados os principais tipos de malwares.

> **Fique ligado**
>
> Para ser um malware tem que ser um software; do contrário, pode ser uma prática maliciosa, mas não um malware.

Vírus

O vírus é apenas um dos tipos de malware, ou seja, nem tudo que ataca o computador é um vírus. Para ser classificado como vírus, tem que ter as seguintes características:

▷ **Infectar** os arquivos do computador do usuário, principalmente arquivos do sistema.
▷ **Depender de ação do usuário**, como executar o arquivo ou programa que está contaminado com o vírus.
▷ Ter finalidades diversas, dentre as quais **danificar** tanto arquivos e o sistema operacional, como também as peças.

Vírus mutante

É um vírus mais evoluído, que tem a capacidade de alterar algumas de suas características a fim de burlar o antivírus.

Vírus de macro

O vírus de macro explora falhas de segurança das suítes de escritório, principalmente da Microsoft. Uma macro, ao ser criada, anexa ao documento uma programação (comandos geralmente em Visual Basic[12]) e o vírus desse tipo pode inserir seu código dentro deste código em VB.

O vírus de macro geralmente danifica a suíte de escritório, inutilizando-a, além de poder apagar documentos do computador. Para que seja executado, é necessário que o usuário execute o arquivo contaminado.

Worm

Ao contrário do vírus, o worm **não depende de ação do usuário** para executar; ele executa automaticamente: quando um pendrive é conectado a um computador, ele é contaminado ou contamina o sistema.

Ele tem como finalidade se replicar, porém, não infecta outros arquivos, apenas **cria cópias de si** em vários locais, o que pode encher o HD do usuário. Outra forma utilizada de se replicar é por meio da exploração de falhas dos programas, principalmente o e-mail, enviando por correio eletrônico cópias de si para os contatos do usuário.

Um worm, muitas vezes, instala no computador do usuário um bot, transformando o computador em um verdadeiro robô controlado à distância. Os indivíduos que criam um worm o fazem com a finalidade de infectar o maior número possível de computadores, para que possam utilizá-los em um ataque de DDoS[13], ou como forma de elevar a estatística de acessos a determinados sites. Também pode ser utilizado para realizar um ataque a algum computador ou servidor na internet a partir do computador infectado.

---

12 Visual Basic (VB): é uma linguagem de programação criada pela Microsoft.
13 DDoS: ataque de negação de serviço distribuído.

CONHECIMENTOS DE INFORMÁTICA

Trojan Horse (Cavalo de Troia)

O Trojan Horse (Cavalo de Troia) foi batizado com esse nome devido as suas características se assemelharem muito às da guerra da Grécia com Troia. Na História, os gregos deram aos troianos um grande cavalo feito de madeira e coberto de palha para disfarçar que era oco. Porém, dentro do cavalo estavam vários soldados gregos escondidos, que deveriam atacar quando fossem abertos os gigantes e fortes portões da cidade de Troia e, assim, o exército grego poderia invadir a fortaleza.

Um Cavalo de Troia é recebido pelo usuário como um "presente de grego", de modo a levar o usuário a abri-lo, ou seja, ele **depende de ação do usuário**. Esses presentes, geralmente, parecem um cartão virtual, uma mensagem, um álbum de fotos, uma indicação de prêmio, falsas respostas de orçamentos, folhas de pagamento ou qualquer coisa que, de alguma forma, chame a atenção do usuário para que ele abra para ser infectado.

Podemos tratá-lo em essência como um **meio** para que outro malware seja instalado no computador. Da mesma forma como o cavalo da história serviu como meio para infiltrar soldados e abrir os portões da cidade, o malware também pode abrir as portas do computador para que outros malwares o infectem, o que acontece na maioria dos casos, portanto, pode trazer em seu interior qualquer tipo de malware.

Esse malware executa as ações como exibir uma mensagem, ou crackear[14] um programa. Essa tarefa é realizada com o intuito de distrair o usuário enquanto os malwares são instalados.

Spyware

Também conhecido como **software espião**, o spyware tem a finalidade de capturar dados do usuário e enviá-los para terceiros. São de interesse, principalmente os números de cartões de crédito, CPF, RG, nomes, data de nascimento e tudo mais que for pertinente para que transações eletrônicas possam ser realizadas a partir dos dados capturados.

Existem dois tipos de spywares: os **KeyLoggers** e os **ScreenLoggers**.

KeyLogger

O termo key significa chave e log significa registro de ações.

O KeyLogger é um spyware cuja característica é capturar os dados digitados pelo usuário. Na maioria das situações o KeyLogger não captura o que é digitado a todo instante, mas o que é teclado após alguma ação prévia do usuário, como abrir uma página de um banco ou de uma mídia social. Há ainda alguns KeyLoggers são desenvolvidos para capturar conversas em programas de mensagens instantâneas.

ScreenLogger

Screen significa tela e, como mencionado anteriormente, log significa registro de ações.

O ScreenLogger é uma evolução do KeyLogger na tentativa de capturar, principalmente, as senhas de bancos, pois essa modalidade captura fotos avançadas da tela do computador a cada clique do mouse. Essa foto avançada, na verdade, é uma imagem de uma pequena área que circunda o cursor na tela, mas grande o suficiente para que seja possível ver em que número o usuário clicou.

Muitos serviços de internet Banking[15] utilizam um **teclado virtual**, no qual o usuário clica nos dígitos de sua senha ao invés de digitar. Assim, ao forçar que o usuário não utilize o teclado, essa ferramenta de segurança ajuda a evitar roubos de senhas por KeyLoggers. Por outro lado, foi criado o ScreenLogger, que captura imagens e, para combater essa modalidade, como forma de oferecer maior segurança, alguns bancos utilizam um dispositivo chamado **Token**, que é um dispositivo que gera uma chave de segurança aleatória e temporária, a qual uma vez utilizada para acessar a conta, torna-se inválida para novos acessos. Assim, mesmo sendo capturada, ela se torna inútil ao invasor.

Fique ligado
Cuidado para não confundir: teclado virtual em uma página de internet Banking é um recurso de segurança, enquanto o teclado virtual que faz parte do Windows é um recurso de acessibilidade.

Hijacker

O Hijacker é um malware que tem por finalidade **capturar** o **navegador** do usuário, principalmente o internet Explorer. Esse programa **fixa uma página inicial** no navegador, que pode ser uma página de propaganda ou um site de venda de produtos, ou mesmo um site de pornografia, ou páginas falsas de bancos.

As alterações realizadas por ele no navegador dificilmente são reversíveis. Na maioria dos casos, é necessário reinstalar o navegador várias vezes ou até formatar o computador. Existem, no mercado, alguns programas que tentam restaurar as configurações padrões dos navegadores, são conhecidos por HijackerThis, porém, não são ferramentas de segurança, mas apenas uma tentativa de consertar o estrago feito.

Adware

Adware (advertising software) é um software especializado em apresentar propagandas. Ele é tratado como malware, quando apresenta algumas características de spywares, além de, na maioria dos casos, se instalar no computador explorando falhas do usuário, por exemplo, durante a instalação de um programa em que o indivíduo não nota que em uma das etapas estava instalando outro programa diferente do desejado.

Muitos adwares monitoram o comportamento do usuário durante a navegação na internet e vendem essas informações para as empresas interessadas.

---

14 Crackear: é uma quebra de licença de um software para que não seja necessário adquirir a licença de uso, caracterizando pirataria.
15 Internet Banking: acesso à conta bancária pela internet, para realizar algumas movimentações e consultas.

SOFTWARE

Backdoors

Backdoor é uma **porta dos fundos** para um ataque futuro ao computador do usuário. Ele pode ser inserido no computador por meio de Trojan Horse – que engana com falsos links –, como também pode ser um programa adulterado recebido de fonte pouco confiável. Por exemplo, um usuário baixa um programa em um site qualquer, diferente do oficial, e, por isso, nada impede que tenha sido ligeiramente alterado com a inserção de brechas para ataques futuros.

RootKits

Root significa raiz, que, nesse caso, é o administrador do ambiente Linux. Kit, por sua vez, é o conjunto de ferramentas e ações.

Um RootKit altera aplicativos do sistema, como os gerenciadores de arquivos, com o intuito de **esconder arquivos maliciosos** que estejam presentes no computador. Por meio dele, o invasor também pode criar backdoors no computador, para que possa voltar a atacar o equipamento sem se preocupar em ter de contaminá-lo novamente para fazer qualquer processo.

2 SEGURANÇA DA INFORMAÇÃO

A Segurança da Informação é um ponto crucial para muitas bancas examinadoras de concurso público e, também, de interesse da instituição que irá receber os aprovados. Afinal, ao ser aprovado, o candidato fará parte do quadro de funcionários de uma instituição pública que possui uma intranet e sistemas sobre os quais há necessidade de manter uma boa política de segurança.

Segundo o Comitê Gestor de internet no Brasil (CGI), para um sistema ser classificado como seguro, ele deve atentar a três requisitos básicos: confidencialidade, integridade e disponibilidade.

Faz-se necessário que sejam atendidos alguns requisitos mínimos para uma segurança do microcomputador, que dependem tanto de recursos tecnológicos como de bom senso e discernimento por parte dos usuários.

Para manter um computador com o mínimo de segurança deve-se:

▷ Manter o **sistema operacional sempre atualizado**, pois a maioria dos malwares exploram as vulnerabilidades do SO.
▷ Possuir um sistema **antivírus** e manter tanto o aplicativo quanto as assinaturas de vírus[1] atualizadas.
▷ Manter o Firewall sempre ativo.
▷ Para se proteger contra os spywares também é indicada a instalação de um antispyware. Atualmente, a maioria dos antivírus já possui esse recurso integrado a eles.

2.1 Princípios básicos da segurança da informação

Os Princípios Básicos de Segurança em Tecnologia da Informação (TI) incluem os processos que devem ser garantidos para manter um sistema de informações seguro. Podemos destacar quatro conceitos como principais:

- **D** • Disponibilidade
- **I** • Integridade
- **C** • Confidencialidade
- **A** • Autenticidade

2.1.1 Disponibilidade

Deve garantir que os serviços ou recursos que forem necessários para uma tarefa, principalmente relacionados ao próprio processo de segurança, estejam sempre disponíveis. Um bom exemplo é na situação de entrega da declaração de imposto de renda, em que o serviço deve suportar a alta demanda que possa surgir sem afetar o usuário.

Podemos estreitar esse princípio sobre a garantia de que as chaves públicas do processo de Certificação Digital (estes conceitos são abordados na seção sobre Certificados Digitais) estejam sempre disponíveis para quem precisar delas.

2.1.2 Integridade

A Integridade garante a **não alteração** de uma informação/dado tanto no armazenamento quanto durante a troca dessas informações por algum meio. Com o princípio da integridade, verificamos se, durante o tráfego de uma informação, ela não foi alterada por alguém ou mesmo por falhas do processo de transmissão. No armazenamento ela garante que o dado não foi corrompido.

O processo que protege a integridade consiste na geração de um código de cerca de 20 caracteres, o **código HASH**, também conhecido como **resumo** de um dado; um exemplo é o MD5. O processo é realizado em uma via única, em que, a partir de um dado, gera-se o resumo dele. Porém, a partir do resumo, não é possível gerar o dado novamente.

Para verificar se houve alteração em um arquivo, deve-se comparar dois códigos HASH: um gerado por quem disponibiliza o dado e outro por quem o recebe. Se uma vírgula for alterada, os códigos gerados ficam completamente diferentes e é possível que dois dados diferentes gerem o mesmo HASH, mas é uma possibilidade ínfima.

2.1.3 Confidencialidade

O princípio da Confidencialidade é a garantia de que há sigilo sobre uma informação, de forma que o processo deve garantir que um dado não seja acessado por pessoas diferentes daquelas às quais ele se destina.

Para garantir a confidencialidade, utilizamos processo de criptografia de informações.

2.1.4 Autenticidade

A Autenticidade garante o autor de uma informação, ou seja, por meio dela podemos confirmar se uma mensagem é de autoria de quem diz.
Assim como a confidencialidade, a autenticidade é garantida por meio de criptografia.

---

1 Assinatura de vírus: é uma sequência de caracteres que identifica a presença do vírus em um arquivo.

SEGURANÇA DA INFORMAÇÃO

2.2 Criptografia

A criptografia é a arte ou ciência de escrever em códigos, quer dizer, transformar um texto em algo ilegível de forma que possa ser armazenado ou enviado por um canal de comunicação. Assim, se alguém interceptá-lo, não conseguirá entender o que está escrito e o destinatário, ao receber a informação, deve fazer o processo inverso: decifrar o dado, para que consiga lê-lo.

Há dois principais métodos de criptografia: a de chave simétrica e a de chaves assimétricas.

2.2.1 Criptografia de chave simétrica

Uma chave de criptografia é uma informação a partir da qual seja possível transcrever uma mensagem criptografada.

A de chave simétrica é também conhecida como criptografia de chave única, em que a mesma chave é usada tanto para codificar uma mensagem quanto para decifrá-la. Um bom exemplo desse modelo é a criptografia maçônica.

A informação apresentada está criptografada. Para decifrar o que ela diz, precisamos da chave de criptografia que, na simétrica, é a mesma usada para gerar a mensagem. A seguir, temos a chave que abre a mensagem.

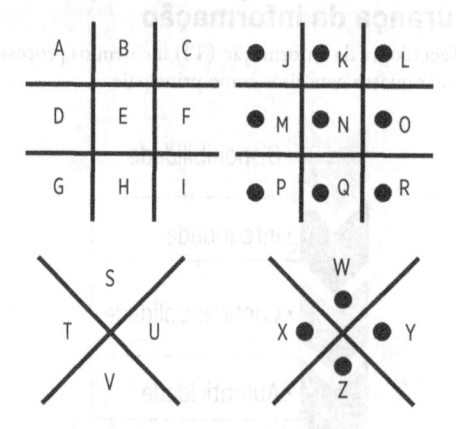

Ao substituirmos os símbolos pelas letras correspondentes, obtemos a palavra ALFA.

2.2.2 Criptografia de chaves assimétricas

Na criptografia de chaves assimétricas, em vez de uma chave como na simétrica, são usadas duas chaves que são diferentes entre si. Elas são chamadas de **Chave Pública** e a outra de **Chave Privada,** por conta da característica de cada uma.

A Chave Pública é uma informação (código) que fica disponível em um servidor de Chaves Públicas na internet, para quem precisar dela, enquanto a Chave Privada é um código que somente o dono deve conhecer.

O par de Chaves é único e correspondente, ou seja, uma mensagem/dado cifrada pela chave pública de um usuário só pode ser aberta pela chave privada do mesmo usuário. E o inverso também, uma mensagem cifrada com a chave privada de um usuário só pode ser descriptografada pela chave pública dele próprio.

2.2.3 Certificado digital

Um certificado digital é um documento eletrônico assinado digitalmente e cumpre o papel de associar um usuário a uma chave pública, pode ser comparado ao CPF ou CNPJ para empresas.

Ele também apresenta junto com a chave pública algumas informações essenciais como:

▷ Nome do dono da chave pública;
▷ Prazo de validade do certificado, que varia de 1 a 3 anos dependendo da classe contratada;
▷ Um número de série, critério de correspondência para identificar o usuário;
▷ E, juntamente, o certificado possui a assinatura da entidade de certificação, para comprovar sua validade.

Para adquirir um certificado digital, o usuário ou entidade deve procurar uma Autoridade Certificadora (AC), é a responsável por criar o par de Chaves de um usuário, ou uma Autoridade de Registro (AR), que é um intermediário entre o usuário e uma AC. Cabe a AR a responsabilidade de verificar os dados do usuário e encaminhar o pedido do certificado para a AC, entretanto, o usuário também pode se dirigir direto à AC. A Caixa Econômica Federal é a única instituição financeira que é uma AC.

2.2.4 Assinatura digital

Uma Assinatura Digital é um procedimento similar a uma assinatura de um documento impresso. Quando assinamos um contrato, normalmente ele possui mais de uma página, rubricamos[2] todas elas exceto a última, pois a assinatura precisa ser completa. A rubrica não prova que o documento foi lido, mas sim para que aquela folha não seja substituída. Além disso, é preciso recorrer a um cartório para reconhecer e certificar a assinatura na última página.

Esse procedimento realizado no papel, juntamente com as garantias, foi adaptado para o mundo digital, afinal, papel ocupa espaço.

---
2 Rubrica: assinatura abreviada.

Quando falamos sobre a rubrica garantir a não alteração de um documento, citamos o princípio da Integridade. Portando, uma Assinatura Digital deve garantir também esse princípio, enquanto a certificação de quem assinou é o princípio da Autenticidade, que também deve ser garantido pela Assinatura Digital. Ou seja, garante os princípios da Autenticidade e da Integridade.

2.3 Ataques

Nem todos os ataques são realizados por malwares, atualmente existem duas práticas muito comuns utilizadas pelos criminosos cibernéticos para obter dados do usuário e realizar invasões.

2.3.1 Phishing

Phishing é uma expressão derivada do termo "pescar" em inglês, pois o que esse tipo de ataque faz é induzir o usuário a informar seus dados pessoais por meio de páginas da internet ou e-mails falsos.

Podemos identificar a página do tipo Phishing pelo endereço do site na barra de endereços do navegador, porque a página de phishing possui um endereço parecido, mas ligeiramente diferente do que o endereço desejado. Por exemplo, você certamente já deve ter visto ou ouvido falar de alguém que teve sua conta do Facebook[3] hackeada[4]; esse ataque procede a partir de um recado que o usuário recebe em sua conta.

Imagine o seguinte cenário: um usuário está navegando no site www.facebook.com.br, conectado em sua conta e clica no recado que normalmente traz um anúncio chamativo como "veja as fotos/vídeos do fim de semana passado", "cara, olha o que vc aprontou no fds", entre outros tantos. Quando clicado, uma nova aba ou janela é carregada no navegador, apenas como uma distração para o usuário, pois, enquanto ele fica vendo a nova aba carregar, a anterior muda, ligeiramente, para um endereço do gênero www.facebooks.com.br ou www.facebooki.com.br e mostra uma página idêntica à página de login de usuário do Facebook.

Sem perceber, ao clicar no recado, acabou saindo de sua conta e redigita seu usuário e senha novamente e é redirecionado novamente para sua conta, porém, o usuário em nenhum momento havia saído. A página de login que lhe foi mostrada era uma página falsa que capturou suas informações de login; cerca de dois dias depois o perfil invadido começa a enviar propagandas para os amigos e o mesmo recado etc., até o usuário não conseguir mais entrar na conta.

2.3.2 Pharming

O Pharming é uma evolução do Phishing, uma forma de deixar este mais difícil de ser identificado. O Pharming, na maioria das questões, é cobrado com relação aos seus sinônimos: DNS Poisoning, Cache Poisoning, sequestro de DNS, sequestro de Cache, Envenenamento de DNS e Envenenamento de Cache.

2.3.3 Negação de serviço (DoS e DDoS)

Um ataque de negação de serviço se dá quando um servidor ou serviço recebe mais solicitações do que é capaz de suprir.
▷ **DoS** (Denial of Service) é um ataque individual, geralmente com o intuito de tornar um serviço inoperante para o usuário.
▷ **DDoS** (Distributed Denial of Service) é um ataque realizado em massa. Utiliza-se de vários computadores contaminados com um malware que dispara solicitações de acesso a determinados serviços ou sites, derrubando o serviço. Muitas vezes, enquanto o servidor tenta suprir a demanda, ele se torna vulnerável a inserções de códigos maliciosos. Um grupo intitulado Anonymous realizou vários ataques de DDoS em sites de governos em protesto às suas ações, por exemplo, em retaliação à censura do WikiLeaks[5] e do The Pirate Bay.[6]

---

3 Facebook: mídia social, definida erroneamente como rede social, assim como as demais.
4 Hackear: termo utilizado como sinônimo para invasão ou roubo.
5 WikiLeaks: portal com postagens de fontes anônimas com documentos, fotos e informações confidenciais, vazadas de governos ou empresas, sobre assuntos sensíveis.
6 The Pirate Bay: um dos maiores portais de compartilhamento, *peer to peer*.

3 WINDOWS 10

O Microsoft Windows 10 é um sistema operacional lançado em 29 de julho de 2015. Essa versão trouxe inúmeras novidades, principalmente por conta da sua portabilidade para celulares e tablets.

3.1 Requisitos mínimos

Para instalar o Windows 10, o computador deve ter no mínimo 1 GB de memória RAM para computadores com processador 32 bits de 1 GHz, e 2 GB de RAM para processadores de 32 bits de 1 GHz. Todavia, recomenda-se pelo menos 4 GB.

A versão 32 bits do Windows necessita, inicialmente, de 16 GB de espaço livre em disco, enquanto o Windows 64 bits utiliza 20 GB. A resolução mínima recomendada para o monitor é de 1.024 × 768.

3.2 Diferenças em relação à versão anterior

O Windows 10 nasceu com a promessa de ser o último Windows lançado pela Microsoft, o que não significa que não será atualizado. A proposta da fabricante é não lançar mais versões, a fim de tornar as atualizações mais constantes, sem a necessidade de aguardar para atualizar junto com uma versão numerada. Em de outubro de 2021, o Windows 11 foi lançado e conta com um visual mais limpo e minimalista, incluindo ícones remodelados, janelas translúcidas, nova iconografia e um Menu Iniciar centralizado.

O objetivo do projeto do novo Windows foi baseado na interoperabilidade entre os diversos dispositivos como tablets, smartphones e computadores, de modo que a integração seja transparente, sem que o usuário precise, a cada momento, indicar o que deseja sincronizar.

A Charms Bar, presente no Windows 8 e 8.1, foi removida, e a tela inicial foi fundida ao botão (menu) Iniciar. Algumas outras novidades apresentadas pela Microsoft são:

▷ Xbox Live e novo Xbox app proporcionam novas experiências de jogo no Windows 10. No Xbox, é possível que jogadores e desenvolvedores acessem à rede de jogos do Xbox Live, tanto nos computadores quanto no Xbox One. Os jogadores podem capturar, editar e compartilhar seus melhores.

▷ Momentos no jogo com o Game DVR e disputar novos jogos com os amigos nos dispositivos, conectando a outros usuários do mundo todo. Os jogadores também podem disputar jogos no seu computador, transmitidos por stream diretamente do console Xbox One para o tablet ou computador Windows 10, dentro de casa.

▷ **Sequential mode:** em dispositivos 2 em 1, o Windows 10 alterna facilmente entre teclado, mouse, toque e tablet. À medida que detecta a transição, muda convenientemente para o novo modo.

▷ **Novos apps universais:** o Windows 10 oferece novos aplicativos de experiência, consistentes na sequência de dispositivos, para fotos, vídeos, música, mapas, pessoas e mensagens, correspondência e calendário. Esses apps integrados têm design atualizado e uniformidade de app para app e de dispositivo para dispositivo. O conteúdo é armazenado e sincronizado por meio do OneDrive, e isso permite iniciar uma tarefa em um dispositivo e continuá-la em outro.

3.2.1 Área de Trabalho

A barra de tarefas apresenta como novidade a busca integrada.

3.2.2 Cortana

Esse recurso opera junto ao campo de pesquisa localizado na barra de tarefas do Windows. É uma ferramenta de execução de comandos por voz, porém, ainda não conta com versão para o português do Brasil.

3.2.3 Continue de onde parou

Esse recurso permite uma troca entre computador, tablet e celular sem que o usuário tenha de salvar os arquivos e os enviar para os aparelhos; o próprio Windows se encarrega da sincronização.

Ao abrir um arquivo em um computador e editá-lo, basta abri-lo em outro dispositivo, de modo que as alterações já estarão acessíveis (a velocidade e disponibilidade dependem da conexão à internet).

3.2.4 Desbloqueio imediato de usuário

Trata-se de um recurso disponível que permite ao usuário que possua webcam usar uma forma de reconhecimento facial para *logar* no sistema, sem a necessidade de digitar senha.

3.2.5 Múltiplas áreas de trabalho

Uma das novidades do Windows 10 é a possibilidade de manipular "múltiplas Áreas de Trabalho", uma característica que já estava há tempos presente no Linux e no MacOS. Ao usar o atalho Windows + Tab, é possível criar uma Área de Trabalho e arrastar as janelas desejadas para ela.

CONHECIMENTOS DE INFORMÁTICA

3.2.6 Iniciar

Com essa opção em exibição, ao arrastar o mouse ligeiramente para baixo, são listados os programas abertos pela tela inicial. Programas abertos dentro do desktop não aparecem na lista, conforme ilustrado a seguir.

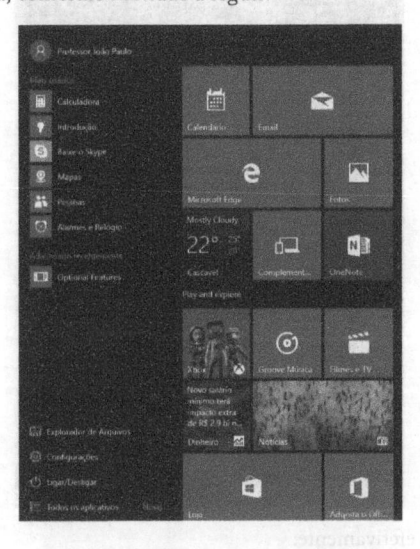

3.2.7 Aplicativos

Os aplicativos podem ser listados clicando-se no botão presente na parte inferior do botão Iniciar, mais à esquerda.

WINDOWS 10

3.2.8 Acessórios

O Windows 10 reorganizou seus acessórios ao remover algumas aplicações para outro grupo (sistema do Windows).

Os aplicativos listados como acessórios são, efetivamente:

- Bloco de notas;
- Conexão de área de trabalho remota;
- Diário do Windows;
- Ferramenta de captura;
- Gravador de passos;
- Internet Explorer;
- Mapa de caracteres;
- Notas autoadesivas;
- Painel de entrada de expressões matemática;
- Paint;
- Visualizador XPS;
- Windows Fax and Scan;
- Windows Media Player;
- WordPad.

3.2.9 Bloco de notas

O bloco de notas é um editor de texto simples, e apenas texto, ou seja, não aceita imagens ou formatações muito avançadas e são possíveis apenas algumas formatações de fonte: tipo/nome da fonte, estilo de fonte (negrito, itálico) e tamanho da fonte. A imagem a seguir ilustra a janela do programa.

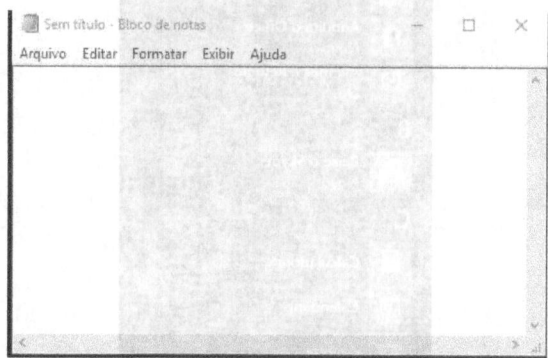

A cor da fonte não é uma opção de formatação presente. A janela a seguir ilustra as opções.

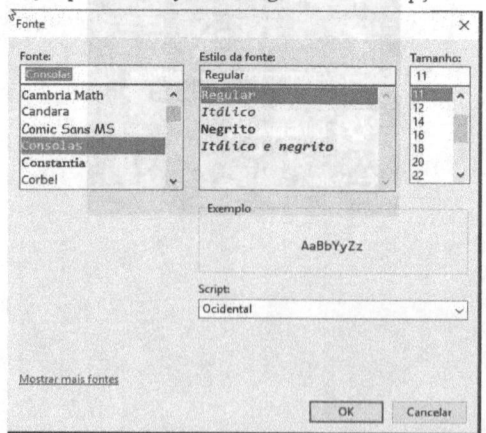

CONHECIMENTOS DE INFORMÁTICA

3.2.10 Conexão de área de trabalho remota

A conexão remota do Windows não fica ativa por padrão, por questões de segurança. Para habilitar a conexão, é necessário abrir a janela de configuração das Propriedades do Sistema, ilustrada a seguir. Essa opção é acessível pela janela Sistema do Windows.

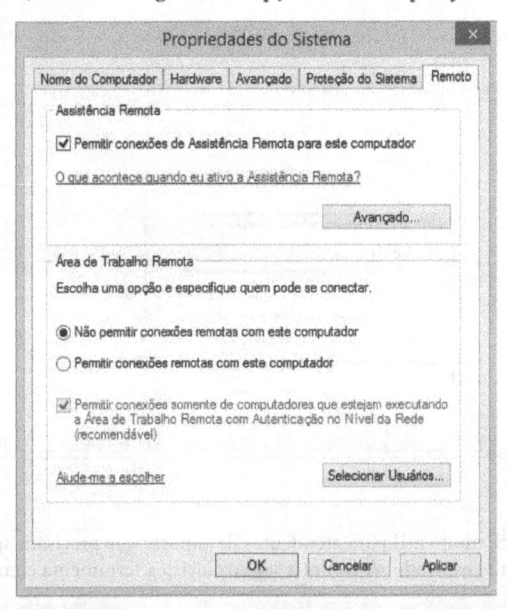

A conexão pode ser limitada à rede por restrição de autenticação em nível de rede, ou pela internet, usando contas de e-mail da Microsoft. A figura a seguir ilustra a janela da Conexão de Área de Trabalho Remota.

3.2.11 Diário do Windows

A ferramenta Diário do Windows é uma novidade no Windows 8. Ela permite que o usuário realize anotações como em um caderno. Os recursos de formatação são limitados, de modo que o usuário pode escrever com fonte manuscrita ou por meio de caixas de texto.

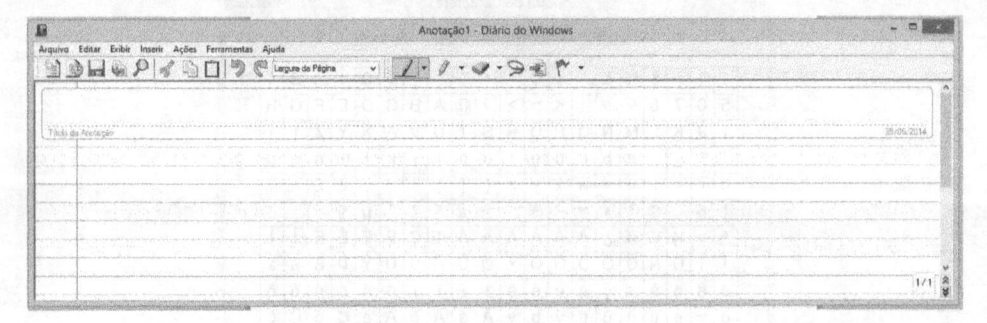

WINDOWS 10

3.2.12 Ferramenta de captura

A ferramenta de captura, presente desde o Windows 7, permite o print de partes da tela do computador. Para tanto, basta selecionar a parte desejada usando o aplicativo.

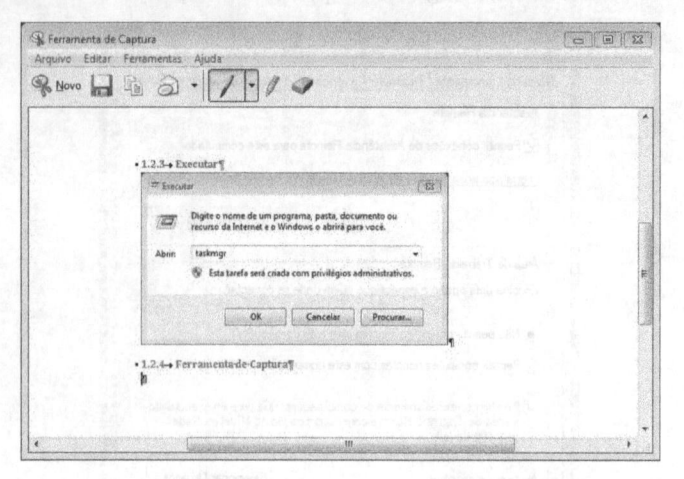

3.2.13 Gravador de passos

É um recurso vindo desde o Windows 8, muito útil para atendentes de suporte que precisam apresentar o passo a passo das ações que um usuário precisa executar para obter o resultado esperado. A figura a seguir ilustra a ferramenta com um passo gravado para exemplificação.

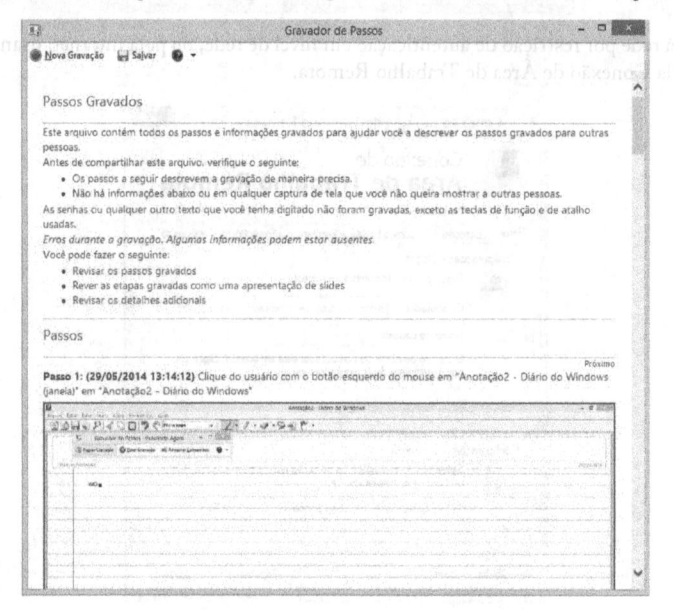

3.2.14 Mapa de caracteres

Frequentemente, faz-se necessário utilizar alguns símbolos diferenciados. Esses símbolos são chamados de caracteres especiais e esse recurso consegue listar os caracteres não presentes no teclado para cada fonte instalada no computador e copiá-los para a área de transferência do Windows.

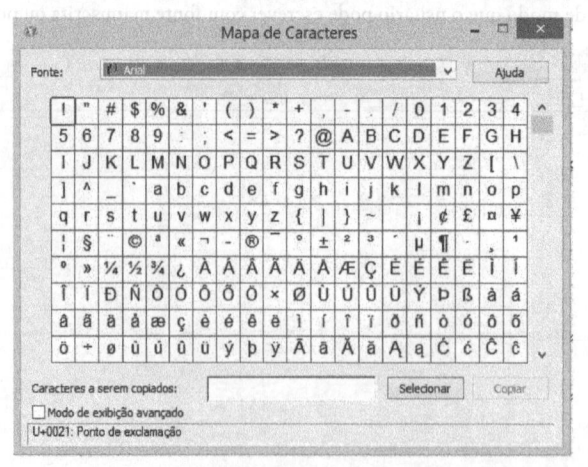

3.2.15 Notas autoadesivas

Por padrão, as notas autoadesivas são visíveis na Área de Trabalho, elas se parecem com post-its.

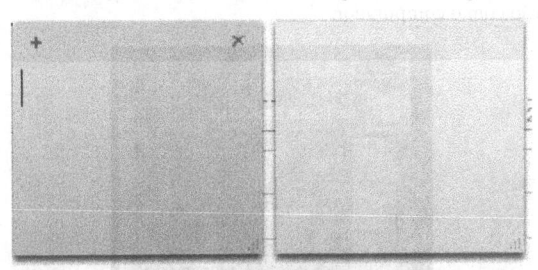

3.2.16 Painel de entrada de expressões matemáticas

Essa ferramenta possibilita o usuário de desenhar fórmulas matemáticas como integrais e somatórios, e ainda colar o resultado produzido em documentos. É possível fazer isso utilizando o mouse ou outro dispositivo de inserção como tablet canetas e mesas digitalizadoras.

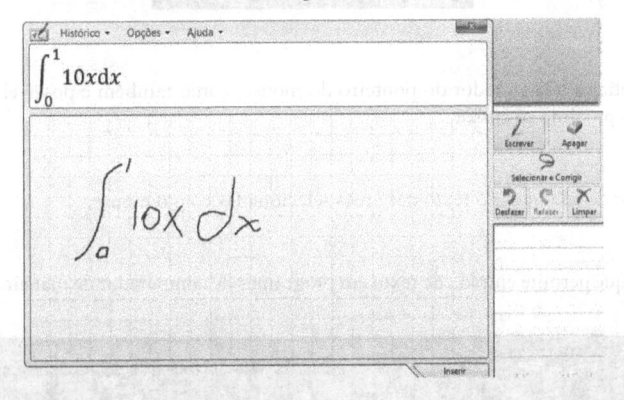

3.2.17 Paint

O tradicional editor de desenho do Windows, que salva seus arquivos no formato PNG, JPEG, JPG, GIF, TIFF e BMP (Bitmap), não sofreu mudanças em comparação com a versão presente no Windows 7.

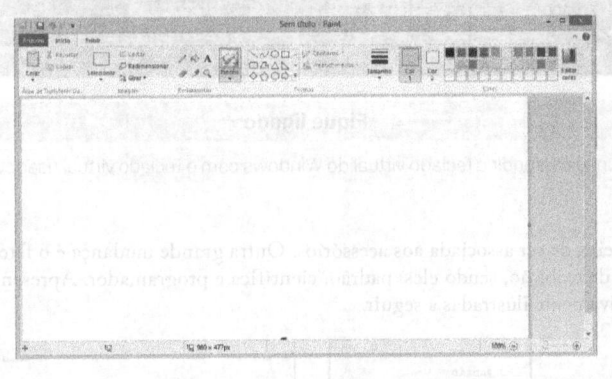

3.2.18 WordPad

É um editor de texto que faz parte do Windows, ao contrário do MS Word, com mais recursos que o Bloco de Notas.

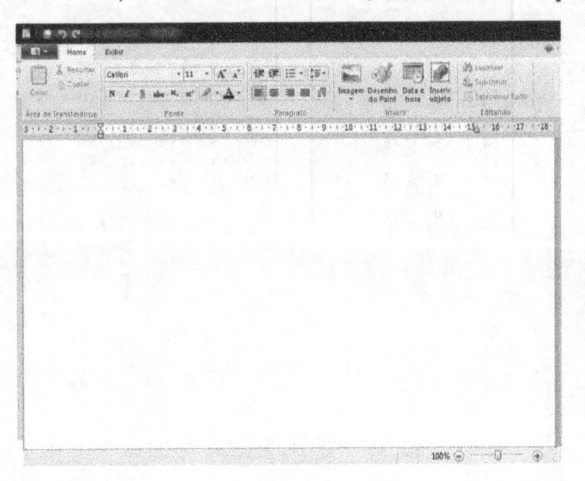

3.2.19 Facilidade de acesso

Anteriormente conhecida como ferramentas de acessibilidade, são recursos que têm por finalidade auxiliar pessoas com dificuldades para utilizar os métodos tradicionais de interação com o computador.

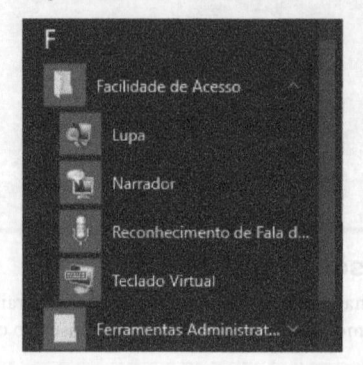

Lupa

Ao utilizar a lupa, pode-se ampliar a tela ao redor do ponteiro do mouse, como também é possível usar metade da tela do computador exibindo a imagem ampliada da área próxima ao cursor.

Narrador

O narrador é uma forma de leitor de tela que lê o texto das áreas selecionadas com o mouse.

Teclado virtual

O teclado virtual é um software que permite entrada de texto em programas de computador de maneira alternativa ao teclado convencional.

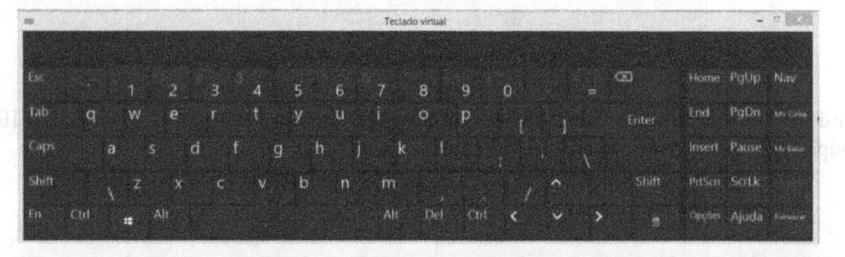

> **Fique ligado**
>
> É preciso ter muito cuidado para não confundir o teclado virtual do Windows com o teclado virtual usado nas páginas de internet Banking.

3.2.20 Calculadora

A calculadora do Windows 10 deixa de ser associada aos acessórios. Outra grande mudança é o fato de que sua janela pode ser redimensionada, bem como perde um modo de exibição, sendo eles: padrão, científica e programador. Apresenta inúmeras opções de conversões de medidas, conforme ilustrado respectivamente ilustradas a seguir.

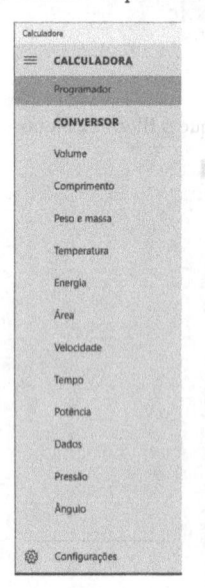

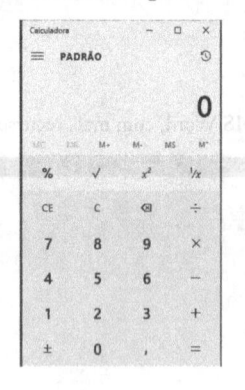

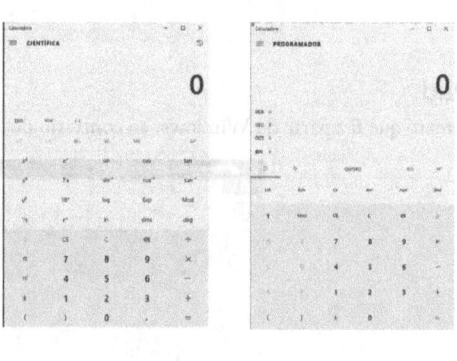

CONHECIMENTOS DE INFORMÁTICA

3.2.21 Painel de Controle

É o local onde se encontram as configurações do sistema operacional Windows e pode ser visualizado em dois modos: ícones ou categorias. As imagens a seguir representam, respectivamente, o modo ícones e o modo categorias.

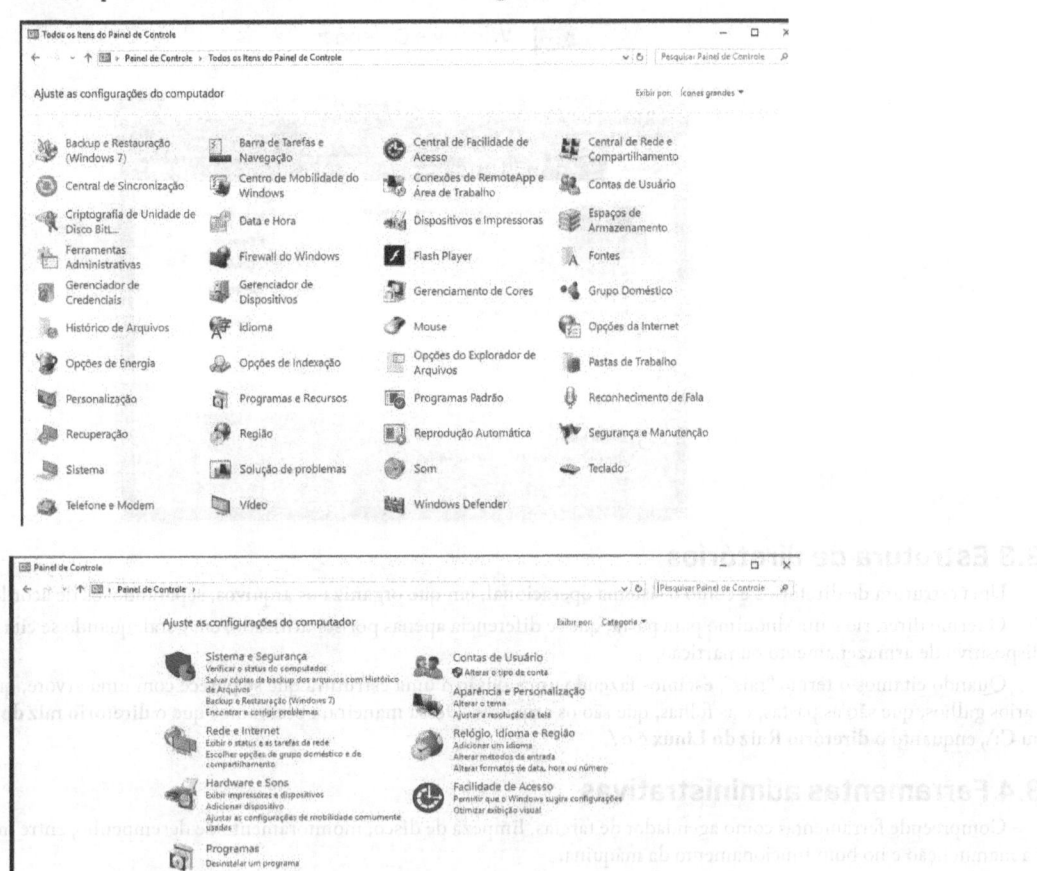

No modo categorias, as ferramentas são agrupadas de acordo com sua similaridade, como "Sistema e segurança", o que envolve o "Histórico de arquivos" e a opção "Corrigir problemas".

A opção para remover um programa possui uma categoria exclusiva chamada "Programas".

Na categoria "Relógio, idioma e região", temos acesso às opções de configuração do idioma padrão do sistema. Por consequência, é possível também o acesso às unidades métricas e monetárias, bem como alterar o layout do teclado ou botões do mouse.

Algumas das configurações também podem ser realizadas pela janela de configurações acessível pelo botão Iniciar.

3.2.22 Segurança e manutenção

Nessa seção, é possível verificar o nível de segurança do computador em relação ao sistema ou à possibilidade de invasão.

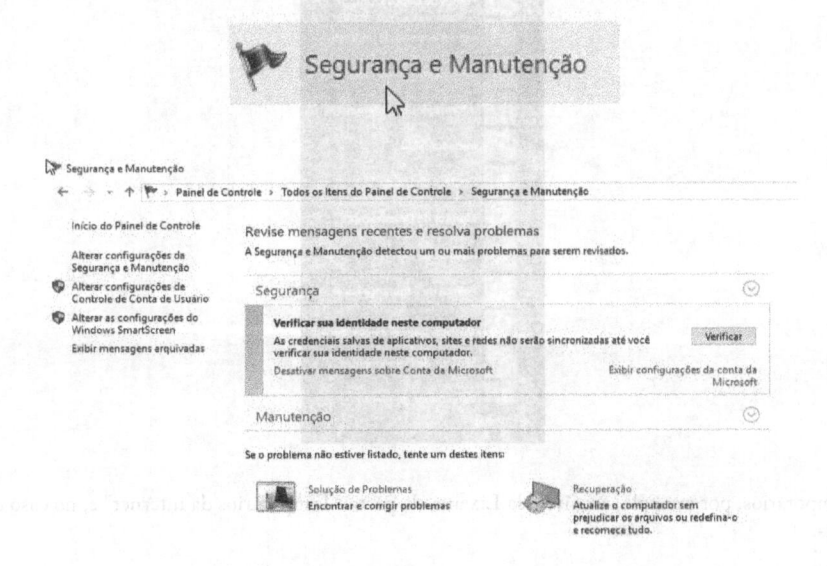

WINDOWS 10

3.2.23 Windows Defender

No Windows 10, o Windows Defender passou a ser antivírus, além de ser antispyware.

3.3 Estrutura de diretórios

Uma estrutura de diretórios é como o sistema operacional, em que organiza os arquivos, separando-os de acordo com sua finalidade.

O termo diretório é um sinônimo para pasta, que se diferencia apenas por ser utilizado, em geral, quando se cita alguma pasta "raiz" de um dispositivo de armazenamento ou partição.

Quando citamos o termo "raiz", estamos fazendo uma alusão a uma estrutura que se parece com uma árvore, que parte de uma raiz e cria vários galhos, que são as pastas, e as folhas, que são os arquivos. Dessa maneira, observamos que o **diretório raiz do Windows** é o diretório **C:** ou **C:**, enquanto o **diretório Raiz do Linux** é o **/**.

3.4 Ferramentas administrativas

Compreende ferramentas como agendador de tarefas, limpeza de disco, monitoramento de desempenho, entre muitos outros, que auxiliam na manutenção e no bom funcionamento da máquina.

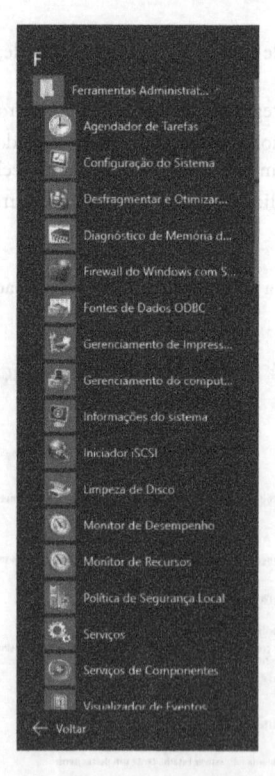

Limpeza de disco

Apaga os arquivos temporários, por exemplo, arquivos da Lixeira, da pasta "Temporários da internet" e, no caso do Windows, a partir da versão Vista, as miniaturas.

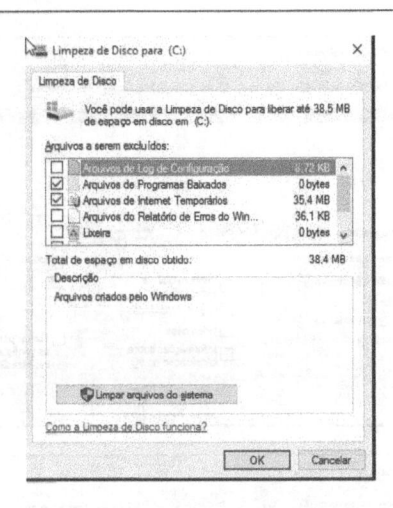

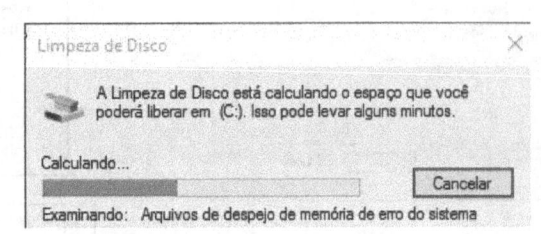

Lixeira

A capacidade da Lixeira do Windows é calculada. Assim, para HDs de até 40 GB, a capacidade é de 10%. Todavia, para discos rígidos maiores que 40 GB, o cálculo não é tão direto. Vamos a um exemplo: caso um HD possua o tamanho de 200 GB, é necessário descontar 40 GB, pois até 40 GB a lixeira possui capacidade de 10%; assim, sobram 160 GB. A partir desse valor, deve-se calcular mais 5%, ou seja, 8 GB. Com isso, a capacidade total da lixeira do HD de 200 GB fica com 4 GB + 8 GB = 12 GB.

> **Fique ligado**
>
> É importante, ainda, destacar que a capacidade da lixeira é calculada para cada unidade de armazenamento. Desse modo, se um HD físico de 500 GB estiver particionado, é necessário calcular separadamente a capacidade da lixeira para cada unidade.

A Lixeira é um local, e não uma pasta. Ela lista os arquivos que foram excluídos, porém nem todos aqueles que foram excluídos vão para a Lixeira. Vejamos a lista de situações em que um arquivo não será movido para a lixeira:

▷ Arquivos maiores do que a capacidade da Lixeira;
▷ Arquivos que estão compartilhados na rede;
▷ Arquivos de unidades removíveis;
▷ Arquivos que foram removidos de forma permanente pelo usuário.

Desfragmentar e otimizar unidades

É responsabilidade do Desfragmentador organizar os dados dentro do HD de maneira contínua/contígua para que o acesso às informações em disco seja realizado mais rapidamente.

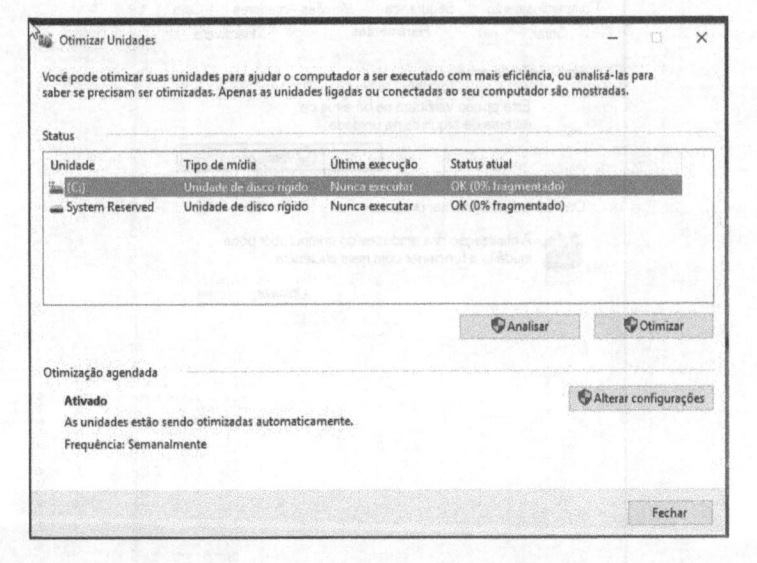

Configuração do sistema

A Configuração do Sistema é também acessível ao ser digitado o comando msconfig na janela "Executar". Essa ação permite configurar quais serviços serão carregados com o Sistema. No entanto, para fazer essa configuração, deve-se proceder ao acesso pelo "Gerenciador de tarefas".

WINDOWS 10

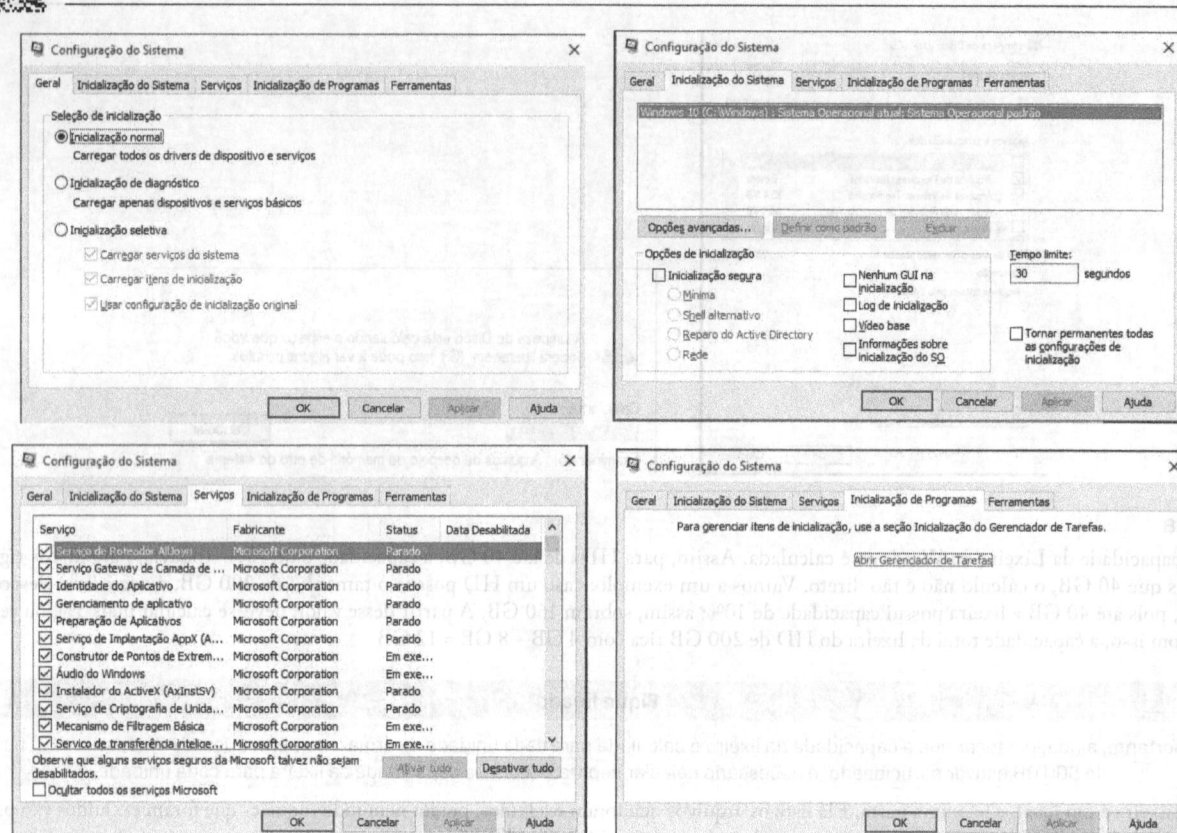

Monitor de recursos

Permite monitorar os recursos do computador e qual o uso que está sendo realizado.

ScanDisk

O ScankDisk é o responsável por verificar o HD em busca de falhas de disco. Muitas vezes, ele consegue corrigi-las.

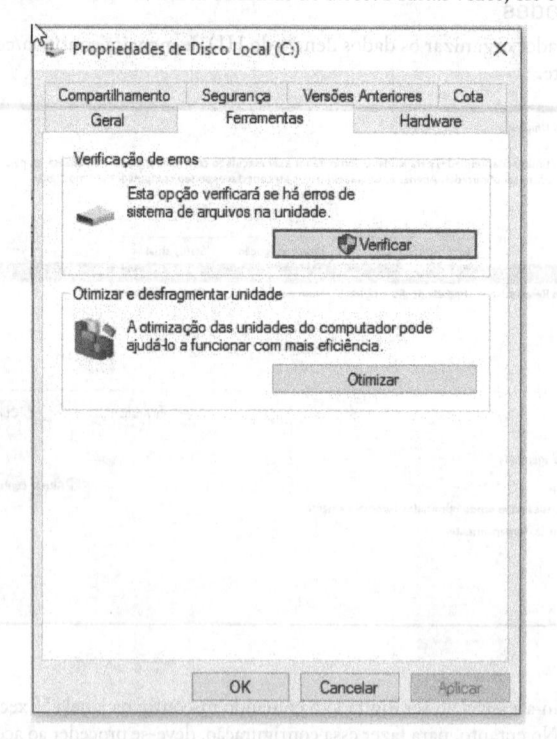

CONHECIMENTOS DE INFORMÁTICA

3.5 Configurações

Uma novidade do Windows 10 é a opção "Configurações", presente no botão Iniciar, que apresenta uma estrutura similar ao Painel de Controle, realizando a separação por categorias de ferramentas, conforme ilustra a figura a seguir.

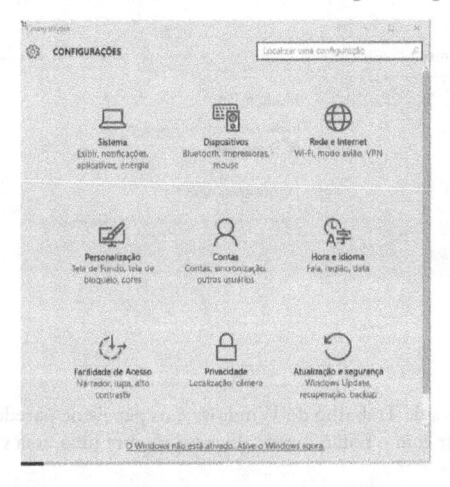

3.6 Sistema

Nessa opção, são apresentadas as ferramentas de configuração de resolução de tela, definição de monitor principal (caso possua mais de um), modos de gestão de energia (mais utilizados em notebooks).

Também é possível encontrar a opção "Mapas offline", que permite o download de mapas para a pesquisa e o uso por GPS, principalmente usado em dispositivos móveis ou dotados de GPS.

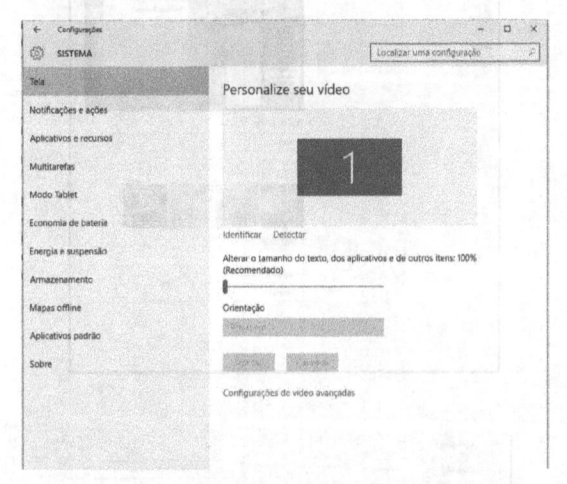

3.7 Dispositivos

Esse recurso lista os dispositivos que foram instalados em algum momento no sistema, como as impressoras.

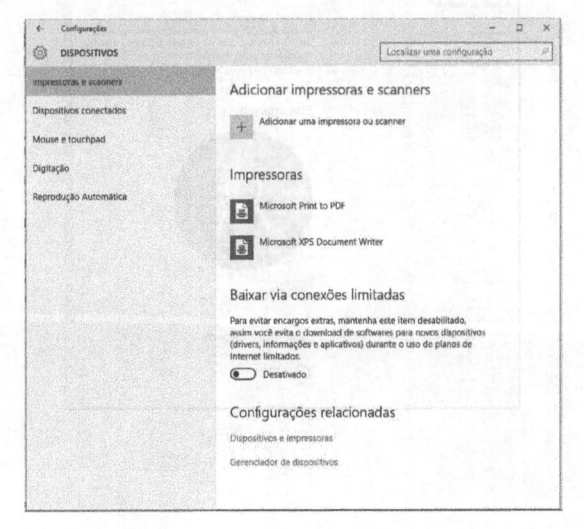

3.8 Rede e internet

Esse recurso serve para configurar rapidamente o proxy de uma rede, ou ativar/desativar a rede wi-fi, incluindo a opção para configurar uma rede VPN.

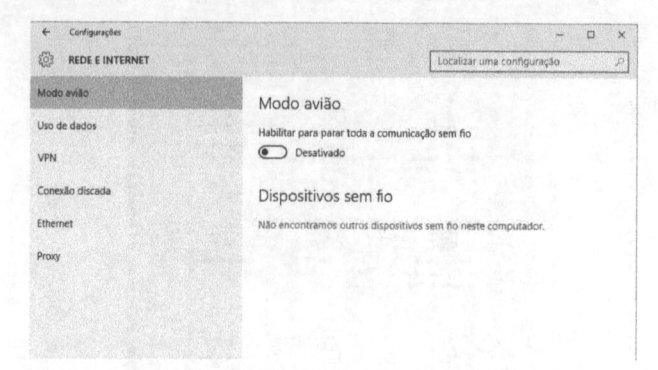

3.9 Personalização

Para personalizar os temas de cores da Área de Trabalho do Windows e os papéis de parede, a opção de personalização pode ser acessada pelas Configurações. Também é possível clicar com o botão direito do mouse sobre uma área vazia da Área de Trabalho e selecionar a opção "Personalizar".

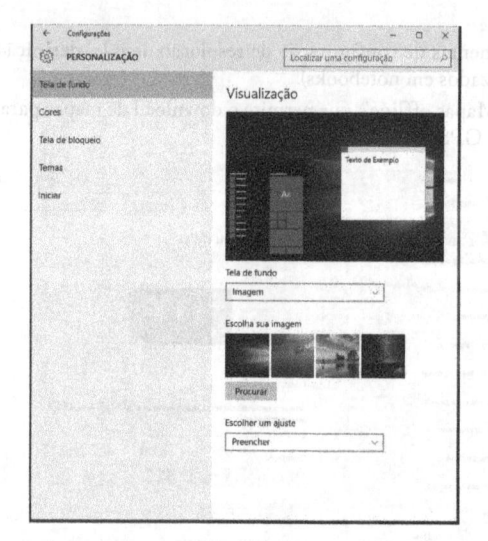

3.9.1 Contas

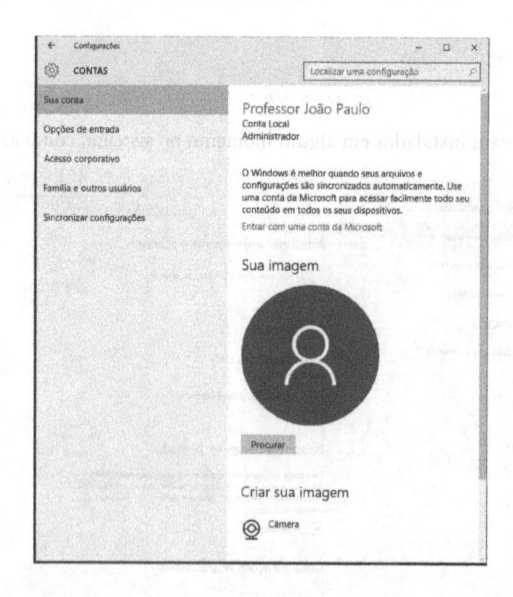

3.9.2 Hora e idioma

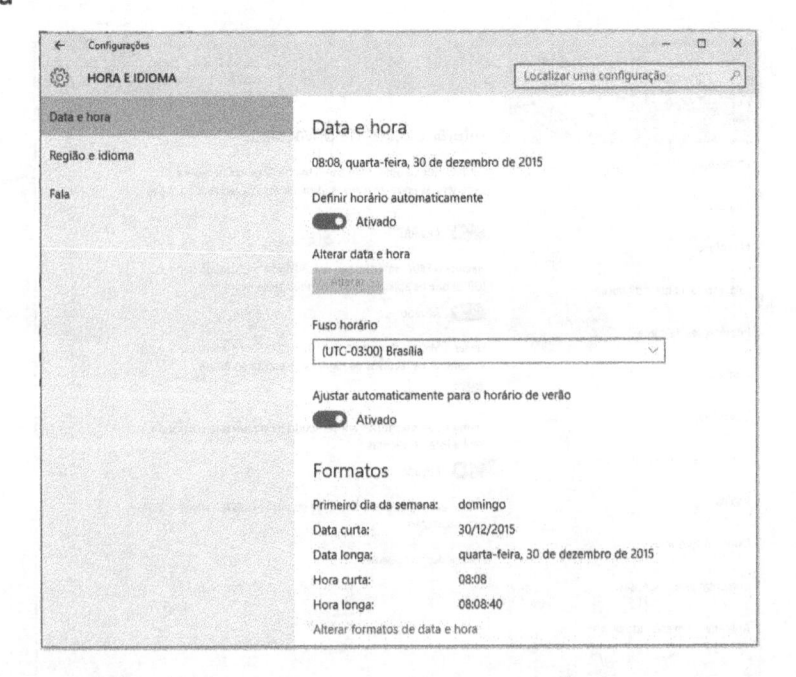

3.10 Facilidade de acesso

Além de contar com as ferramentas para acessibilidade, é possível configurar algumas características com alto contraste para melhorar o acesso ao uso do computador.

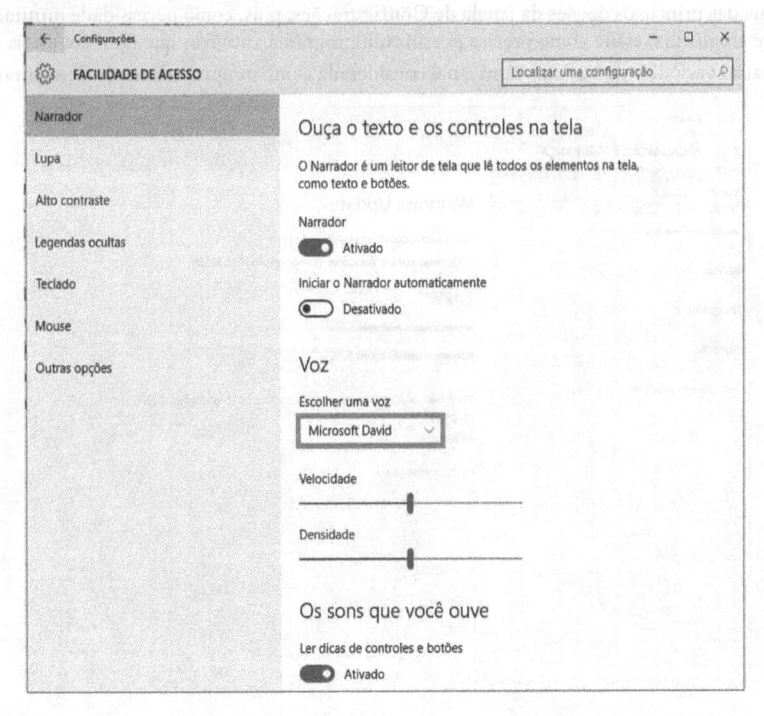

3.10.1 Privacidade

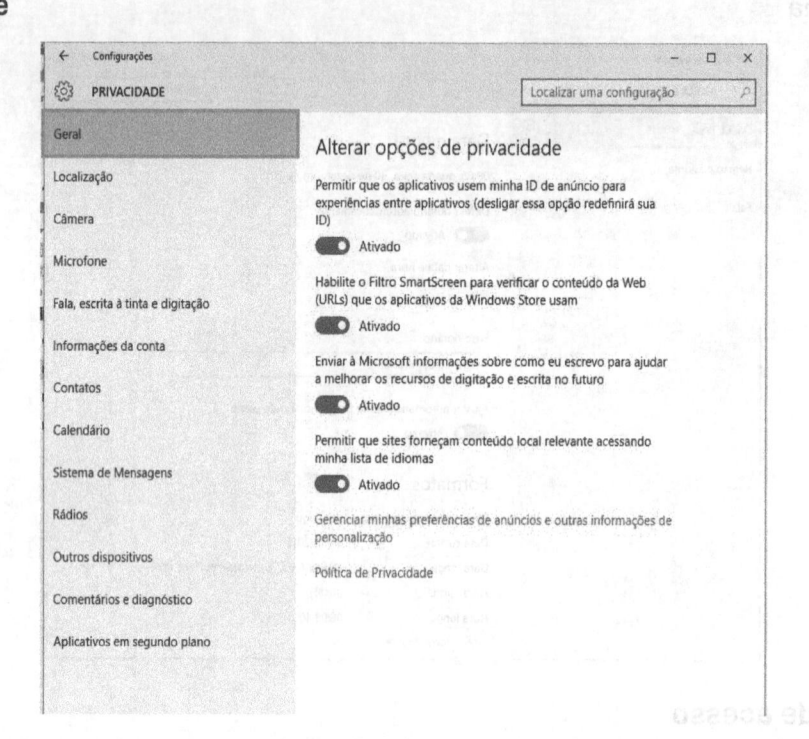

3.11 Atualização e segurança

Essa opção talvez seja uma das principais opções da janela de Configurações, pois, como necessidade mínima para a segurança, o sistema operacional deve estar sempre atualizado, assim como precisa possuir um programa antivírus que também esteja atualizado.

Vale lembrar que a realização periódica de backups também é considerada como um procedimento de segurança.

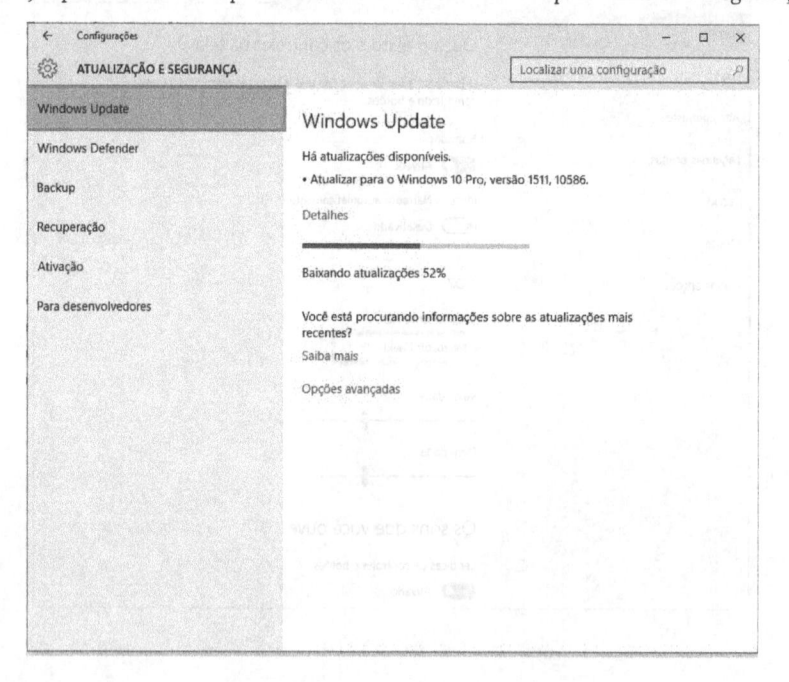

CONHECIMENTOS DE INFORMÁTICA

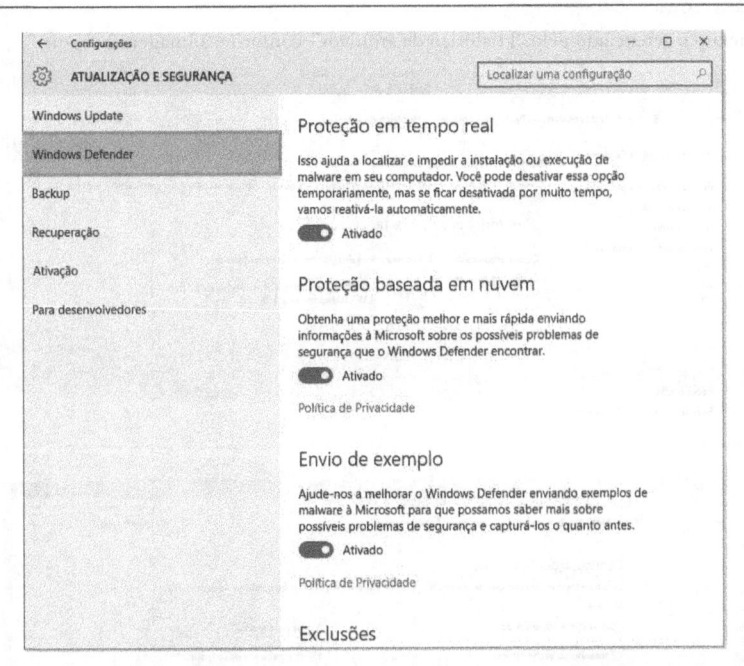

O Windows 10 realiza o backup dos arquivos usando a ferramenta "Histórico de arquivos", embora ainda permita realizar backups como no Windows 7.

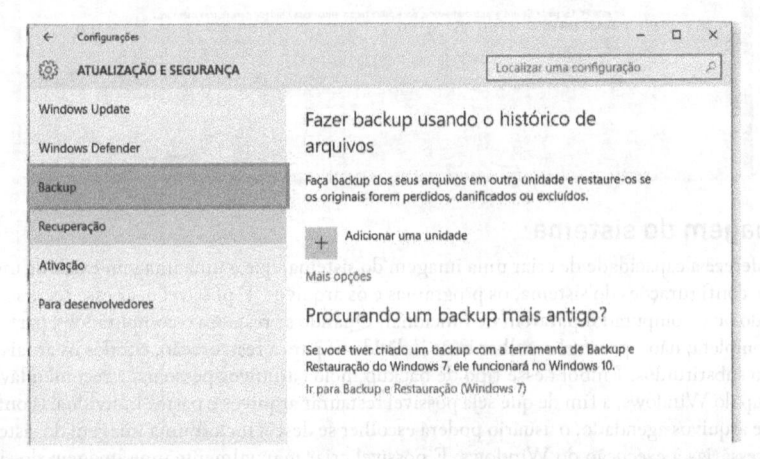

A opção "Para desenvolvedores" é uma novidade do Windows que assusta alguns usuários desavisados, pois, ao tentarem instalar algum aplicativo que não seja originário da loja da Microsoft, não conseguem. Esse impedimento ocorre por segurança. De qualquer forma, para poder instalar aplicativos "externos", basta selecionar a opção "Sideload" ou "Modo desenvolvedor".

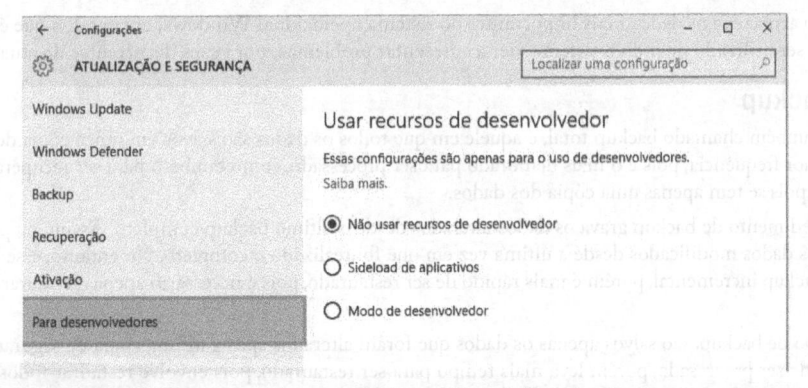

3.12 Backup no Windows 10

Um backup consiste em uma cópia de segurança dos arquivos, que deve ser feita periodicamente, preferencialmente em uma unidade de armazenamento separada do computador.

Apesar do nome cópia de segurança, um backup não impede que os dados sejam acessados por outros usuários. Ele é apenas uma salvaguarda dos dados para amenizar os danos de uma perda.

WINDOWS 10

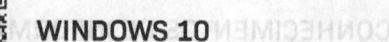

Nos Windows 8 e 10, o backup é gerenciado pelo "Histórico de arquivos", conforme a imagem a seguir.

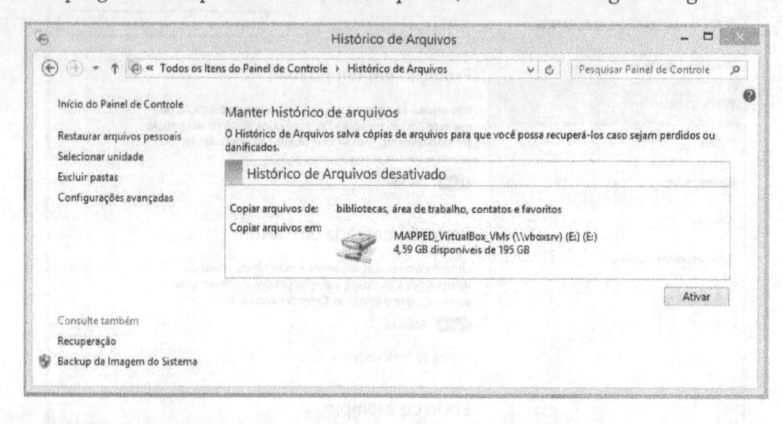

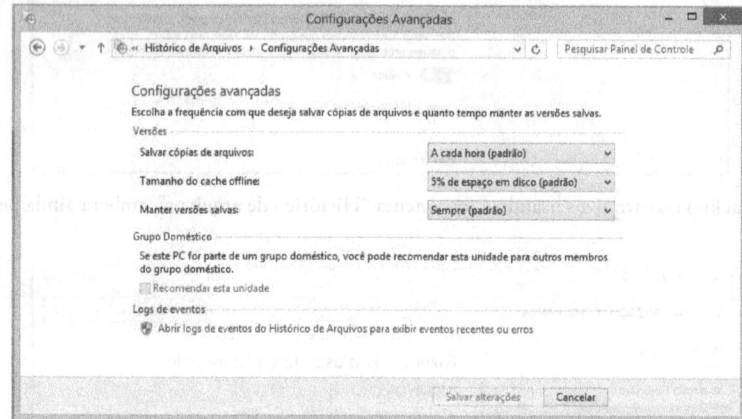

3.12.1 Backup da imagem do sistema

O Backup do Windows oferece a capacidade de criar uma imagem do sistema, que é uma imagem exata de uma unidade. Uma imagem do sistema inclui o Windows e as configurações do sistema, os programas e os arquivos. É possível usar esse recurso para restaurar o conteúdo do computador, caso o disco rígido ou o computador pararem de funcionar. Quando se restaura o computador a partir de uma imagem do sistema, trata-se de uma restauração completa; não é possível escolher itens individuais para a restauração, e todos os atuais programas, as configurações do sistema e os arquivos serão substituídos. Embora esse tipo de backup inclua arquivos pessoais, é recomendável fazer backup dos arquivos regularmente, usando o Backup do Windows, a fim de que seja possível restaurar arquivos e pastas individuais conforme a necessidade. Quando for configurado um backup de arquivos agendado, o usuário poderá escolher se deseja incluir uma imagem do sistema. Essa imagem do sistema inclui apenas as unidades necessárias à execução do Windows. É possível criar manualmente uma imagem do sistema, caso o usuário queira incluir unidades de dados adicionais.

3.12.2 Disco de restauração

O disco de restauração armazena os dados mais importantes do sistema operacional Windows, em geral, o que é essencial para seu funcionamento. Esse disco pode ser utilizado quando o sistema vier a apresentar problemas, por vezes decorrentes de atualizações.

3.12.3 Tipos de backup

▷ **Completo/Normal:** também chamado backup total, é aquele em que todos os dados são salvos em única cópia de segurança. Ele é indicado para ser feito com menor frequência, pois é o mais demorado para ser processado, como também para ser recuperado. Contudo, localizar um arquivo fica mais fácil, pois se tem apenas uma cópia dos dados.

▷ **Diferencial:** esse procedimento de backup grava os dados alterados desde o último backup completo. Assim, no próximo backup diferencial, somente serão salvos os dados modificados desde a última vez em que foi realizado o completo. No entanto, esse backup é mais lento de ser processado do que o backup incremental, porém é mais rápido de ser restaurado, pois é necessário apenas restaurar o último backup completo e o último diferencial.

▷ **Incremental:** nesse tipo de backup, são salvos apenas os dados que foram alterados após a última cópia de segurança realizada. Este procedimento é mais rápido de ser processado, porém leva mais tempo para ser restaurado, pois envolve restaurar todos os backups anteriores. Os arquivos gerados são menores do que os gerados pelo backup diferencial.

▷ **Diário:** um backup diário copia todos os arquivos selecionados que foram modificados no dia de execução do backup diário. Os arquivos não são marcados como aqueles passaram por backup (o atributo de arquivo não é desmarcado).

▷ **De cópia:** um backup de cópia copia todos os arquivos selecionados, mas não os marca como arquivos que passaram por backup (ou seja, o atributo de arquivo não é desmarcado). A cópia é útil caso o usuário queira fazer backup de arquivos entre os backups normal e incremental, pois ela não afeta essas outras operações.

CONHECIMENTOS DE INFORMÁTICA

3.13 Explorador de arquivos

Conhecido até o Windows 7 como Windows Explorer, o gerenciador de arquivos do Windows usa a chamada Interface Ribbon (por faixas) no Windows 8 e 10. Com isso, torna mais acessíveis algumas ferramentas como a opção para exibir as pastas e os arquivos ocultos.

A figura a seguir ilustra a janela "Computador", que apresenta os dispositivos e unidades de armazenamento locais como HDs e Drives de mídias ópticas, bem como as mídias removíveis.

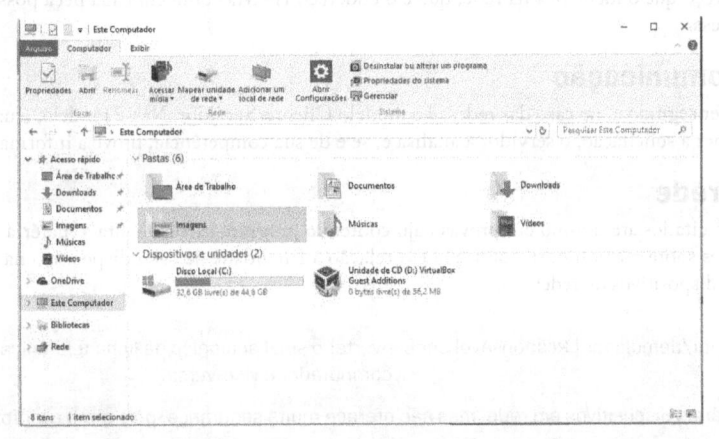

Um detalhe interessante sobre o Windows 10 é que as bibliotecas, conforme é possível verificar na imagem, não estão visíveis por padrão; o usuário precisa ativar sua exibição.

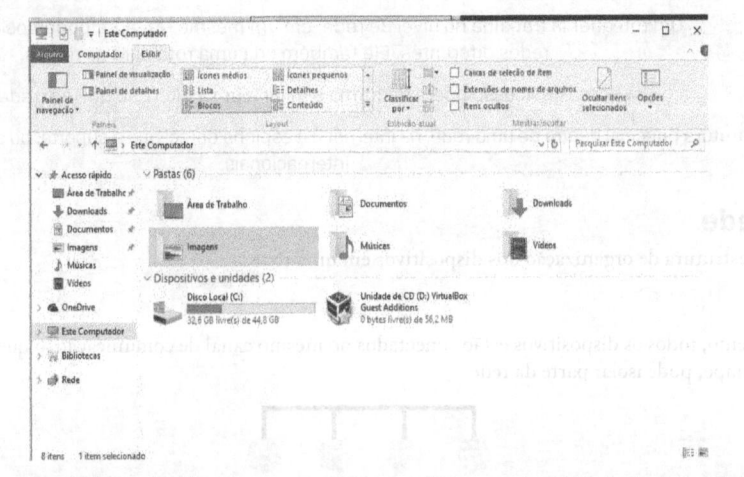

Ao selecionar arquivos ou pastas de determinados tipos, como imagens, algumas guias são exibidas como ilustra a série de figuras a seguir.

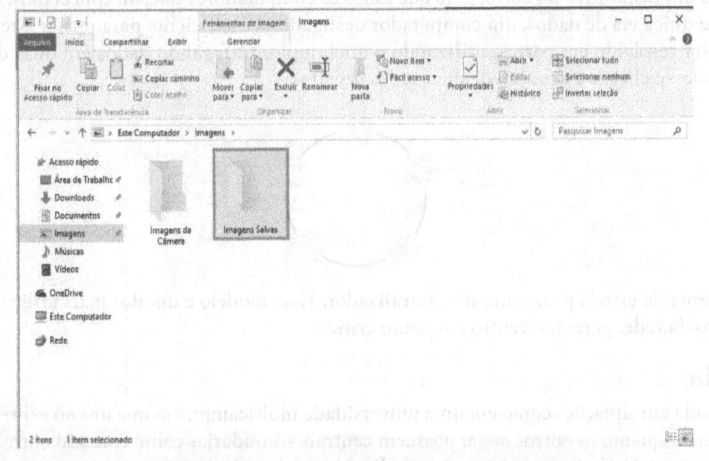

É possível notar que há opções específicas para facilitar o compartilhamento dos arquivos e pastas.

4 REDES DE COMPUTADORES

Dois computadores conectados entre si já caracterizam uma rede. Contudo, ela normalmente é composta por diversificados dispositivos como: celulares, smartphones, tablets, computadores, servidores, impressoras, roteadores, switches, hubs, modens etc. e, devido à essa grande variedade de dispositivos, o nome genérico HOST é atribuído aos dispositivos conectados na rede.

Todo host possui um endereço que o identifica na rede, que é o endereço IP. Mas também cada peça possui um número único de fábrica que o identifica, o MAC Address.

4.1 Paradigma de comunicação

Paradigma é um padrão a ser seguido e, no caso das redes, é o modelo Cliente/Servidor. Nesse modelo, o usuário é o cliente que envia uma solicitação ao servidor; ao receber a solicitação, o servidor a analisa e, se é de sua competência, provê a informação/dado.

4.2 Dispositivos de rede

Os dispositivos de rede são citados até mesmo em provas cujo conteúdo programático não cita a matéria de hardware. E na maioria das vezes em que aparecem questões sobre o assunto, se questiona em relação à finalidade de cada dispositivo na rede, portanto, nesta seção são descritos alguns dos principais dispositivos de rede:

Modem	Modulador/demulator	Responsável por converter o sinal analógico da linha telefônica em um sinal digital para o computador e vice-versa.
Hub	Conecta vários dispositivos em rede, mas não oferece muita segurança, pois envia as informações para todos na rede.
Switch	É um dispositivo que permite interligar vários dispositivos de forma mais inteligente que o Hub, pois no switch os dados são direcionados aos destinos corretos.
Roteador	Um roteador já trabalha no nível de rede; em um mesmo roteador podemos definir várias redes diferentes. Ele também cria uma rota para os dados.
Access Point	Um Ponto de Acesso opera de forma similar a um Switch, só que em redes sem fio.
Backbone	É a estrutura principal dentro de uma rede, na internet é a espinha dorsal que a suporta, ou seja, as principais ligações internacionais.

4.3 Topologia de rede

Topologia diz respeito à estrutura de organização dos dispositivos em uma rede.

4.3.1 Barramento

Na Topologia de Barramento, todos os dispositivos estão conectados no mesmo canal de comunicação, o que torna o tráfego de dados mais lento e, se o barramento se rompe, pode isolar parte da rede.

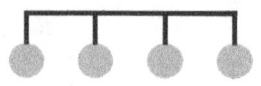

4.3.2 Anel

A estrutura em Anel conecta um dispositivo no outro; para que todos os computadores estejam conectados, é necessário que estejam ligados. Se o anel for simples, ou seja, de única via de dados, um computador desligado já é suficiente para tornar a rede inoperante para algum outro computador; o problema pode ser resolvido em partes, utilizando o anel duplo, trafegando dados em duas direções da rede, porém, se dois pontos forem desconectados, pode-se chegar à situação de duas redes isoladas.

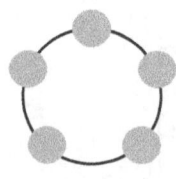

4.3.3 Estrela

Uma rede organizada em forma de estrela possui um nó centralizador. Esse modelo é um dos mais utilizados, pois um nó pode estar desconectado sem interferir no resto da rede, porém, o centro é o ponto crítico.

4.3.4 Estrela estendida

A Estrela Estendida é utilizada em situações como em uma universidade multicampi, em que um nó central é a conexão principal, a partir da qual se conecta com a internet, enquanto os outros *campi* possuem centrais secundárias como conexão entre seus computadores. A estrutura entre o nó principal e as centrais secundárias é o que chamamos de Backbone dessa rede.

CONHECIMENTOS DE INFORMÁTICA

4.3.5 Malha

A conexão em malha é o modelo da internet, em que encontramos vários nós principais, mas também várias ligações entre diversos nós.

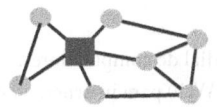

4.3.6 Pilhas de protocolos

Também colocadas pelas bancas examinadoras como modelos, as pilhas de protocolos definem um conjunto de protocolos e em quais camadas de rede devem operar.

Neste tópico temos dois tipos de questões que podem ser associados na prova. Questões que fazem relação com os tipos de redes e questões que tratam da finalidade dos principais protocolos utilizados em uma navegação na internet.

As pilhas de protocolos são:

TCP/IP	OSI

O modelo TCP/IP é o **padrão utilizado nas redes**. Mas, em redes privadas, mesmo o TCP/IP sendo padrão, pode ser implantado o modelo OSI. Como o modelo TCP/IP é o padrão na seção seguinte são destacados os principais protocolos de navegação.

4.3.7 Principais protocolos

Um protocolo é uma regra de comunicação em redes, portanto, a transferência de arquivos, mesmo entre computadores de uma mesma rede, utiliza um protocolo como forma de padronizar o entendimento entre os dois.

HTTP

HTTP (Hyper Text Transport Protocol): é o protocolo de transferência de hipertexto. É o mais utilizado pelo usuário em uma navegação pela internet. Hipertexto consiste em um arquivo no formato HTML (HyperText Markup Language) - Linguagem de Marcação de Hipertexto.

HTML: é um arquivo que pode ser gerado por qualquer editor de texto, pois, quando é aberto no Bloco de Notas ou Wordpad, ele apresenta apenas informações de texto. No entanto, quando é aberto pelo navegador, este interpreta o código em HTML e monta o conteúdo Multimídia na página. Entende-se por conteúdo multimídia: textos, áudio, vídeos e imagens.

HTTPS

HTTPS (Hyper Text Transport Protocol Secure), também conhecido como HTTP Seguro, é um protocolo que tem como diferença entre o HTTP apenas a segurança que oferece, pois, assim como o HTTP, serve para visualizar o conteúdo multimídia.

O que se questiona em relação a sua segurança é como ela é feita. O protocolo HTTPS utiliza o processo de Criptografia para manter sigilo sobre os dados transferidos entre o usuário e o servidor, para isso, são utilizados os protocolos TLS ou SSL.

Um detalhe muito importante é o de saber identificar se a navegação está sendo realizada por meio do protocolo HTTP ou pelo protocolo HTTPS. A forma mais confiável é observar a barra de endereços do navegador:

Firefox 10.02	google.com https://mail.google.com/
IE 9	https://mail.google.com/mail/html/pt-BR/noactivex.html
Google Chrome	🔒 https://mail.google.com/

Logo no início da barra, observamos a indicação do protocolo HTTPS, que, sempre que estiver em uso, deverá aparecer. Porém, deve-se ter muita atenção, pois, quando é utilizado o HTTP, alguns navegadores atuais têm omitido a informação no começo da barra de endereços.

Outra informação que nos ajuda a verificar se o acesso é por meio de uma conexão segura é o símbolo do cadeado fechado.

FTP

FTP (File Transport Protocol) é o protocolo de transferência de arquivos utilizado quando um usuário realiza download ou upload de um arquivo na rede.

O protocolo FTP tem como diferencial o fato de operar sobre duas portas: uma para tráfego dos dados e outra para autenticação e controle.

4.4 Firewall

O firewall pode ser software, hardware ou ambos. Ele é o responsável por **monitorar as portas da rede/computador**, permitindo ou negando a passagem dos dados na rede, seja na entrada ou saída.

É o monitor que fica na porta olhando para uma lista na qual contém as regras que um dado tem de cumprir para passar por ela. Essa lista são os protocolos, por exemplo, o Firewall monitorando a porta 80, relativa ao protocolo HTTP, o qual só trabalha com conteúdo multimídia. Então, se um arquivo .EXE tentar passar pela porta 80, ele deve ser barrado; essa é a função do Firewall.

REDES DE COMPUTADORES

4.5 Tipos de redes

Podemos classificar as redes de acordo com sua finalidade; neste tópico expõe-se a diferença entre as redes: internet × intranet × extranet.

4.5.1 internet

É a rede das redes, também conhecida como rede mundial de computadores.

Muitas provas citam o sinônimo WWW (World Wide Web) para internet, ou por vezes apenas web. Ela é definida como uma **rede pública** a qual todos com computador e servidor de acesso podem conectar-se.

4.5.2 intranet

É uma rede empresarial, também chamada de rede corporativa. Tem como principal característica ser uma **rede privada**, portanto, possui controle de acesso, o qual é restrito somente a pessoas autorizadas.

Uma intranet geralmente é constituída com o intuito de compartilhar recursos entre os funcionários de uma empresa, de maneira que pessoas externas não tenham acesso a eles. Os recursos compartilhados podem ser: impressoras, arquivos, sistemas, entre outros.

4.5.3 Extranet

É quando parte de uma intranet é disponibilizada por meio da internet. Também dizemos que extranet é quando duas empresas com suas distintas intranets possuem um sistema comum que acessam apenas parte de cada uma das intranets.

4.5.4 VPN

VPN é uma forma de criar uma intranet entre localizações geograficamente distantes, com um custo mais baixo do que ligar cabos entre os pontos. Para isso, emprega-se o processo de criptografia nos dados antes de enviá-los por meio da internet e, quando o dado chega na outra sede, passa pelo processo de descriptografia. Dessa maneira, quem está navegando na internet não tem acesso às informações da empresa, que continuam restritas; esse processo também é chamado tunelamento.

4.6 Padrões de infraestrutura

São padrões que definem como deve ser organizada e quais critérios precisam ser seguidos para montar uma estrutura de rede de acordo com os padrões estabelecidos pelo Instituto de Engenheiros Eletricistas e Eletrônicos (IEEE).

O padrão Ethernet define as regras para uma infraestrutura cabeada, como tipos de cabos que devem ser utilizados, distância máxima, tipos e quantidade de dispositivos, entre outras. Já o padrão 802.11 define as regras para uma estrutura wi-fi, ou seja, para a rede sem fio.

4.7 Correio eletrônico

O serviço de e-mail é outro ponto bastante cobrado nos concursos públicos. Em essência, o que se pede é se o concursando sabe sobre as diferentes formas de se trabalhar com ele.

O e-mail é uma forma de comunicação assíncrona, ou seja, no momento do envio apenas o emissor precisa estar conectado.

4.7.1 Formas de acesso

Podemos ler e escrever e-mail utilizando duas formas diferentes. O webmail ganhou mais espaço no mercado e se tornou majoritário no ramo de e-mails, mas muitas empresas utilizam ainda os clientes de e-mail.

Webmail

O webmail é uma interface de acesso para o e-mail via Browser (navegador de internet), ou seja, uma forma de visualizar o e-mail via uma página de web. Diante disso, é possível destacar que usamos os protocolos HTTP ou HTTPS para visualizar páginas da internet. Dessa forma, ao acessar sites de e-mail como Gmail, Hotmail, Yahoo! e Outlook, fazemos uso desses protocolos, sendo o HTTPS o mais usado atualmente pelos grandes serviços de e-mail, pois confere ao usuário maior segurança no acesso.

Dizemos que o webmail é uma forma de ler e escrever e-mails, dificilmente citado como forma de enviar e receber, uma vez que quem realmente envia é o servidor e não o computador do usuário.

Quando um e-mail é enviado, ele parte diretamente do servidor no qual o remetente possui conta para o servidor do serviço de e-mail do destinatário.

Cliente de e-mail

Um cliente de e-mail é um programa específico para enviar e receber mensagens de e-mail e que é, necessariamente, instalado no computador do usuário. Como exemplo temos: o Microsoft Outlook, o Mozilla Thunderbird, o Outlook Express, e o Windows Live Mail.

Os programas clientes de e-mail usam protocolos específicos para envio e recebimento das mensagens de e-mail.

Protocolos utilizados pelos clientes de e-mail

Para o envio, um cliente de e-mail utiliza o protocolo SMTP (Simple Mail Transport Protocol – Protocolo de transporte de mensagens simples). Como todo protocolo, o SMTP também opera sobre uma porta específica, que pode ser citada como sendo a porta 25, correspondente ao padrão, mas atualmente ela foi bloqueada para uso dos usuários, vindo a ser substituída pela 587.

Com isso, em questões de Certo e Errado, apenas a 587 é a correta, quando abordado sobre o usuário, pois entre servidores a 25 ainda é utilizada. Já nas questões de múltipla escolha, vale o princípio da menos errada, ou seja, se não tiver a 587, a 25 responde à questão.

Mesmo que a mensagem de e-mail possua arquivos anexos a ela, envia-se por SMTP; assim o protocolo FTP não é utilizado.

Já para o recebimento, o usuário pode optar em utilizar o protocolo POP ou o protocolo IMAP, contudo, deve ser observada a diferença entre os dois, pois essa diferença é ponto para muitas questões.

O protocolo POP tem por característica baixar as mensagens de e-mail para o computador do usuário, mas por padrão, ao baixá-las, elas são apagadas do servidor. Portanto, as mensagens que um usuário está lendo estão, necessariamente, em seu computador.

Por outro lado, se o usuário desejar, ele pode configurar o protocolo de forma que sejam mantidas cópias das mensagens no servidor, no entanto, a que o usuário está lendo, efetivamente, está em seu computador. Sobre essa característica são citadas questões relacionando à configuração a uma espécie de backup das mensagens de e-mail.

Atualmente o protocolo POP encontra-se na versão 3; dessa forma ele pode aparecer nos textos de questão como POP3, não afetando a compreensão dela. Uma vez que o usuário necessita conectar na internet apenas para baixar as mensagens, é possível que ele se desconecte da internet e mesmo assim leia seus e-mails. E, uma vez configurado o SMTP, também é possível redigir as respostas off-line, sendo necessário, no entanto, conectar-se novamente para que as mensagens possam ser enviadas.

Ao invés de utilizar o POP, o usuário pode optar em fazer uso do protocolo IMAP, que é para acesso a mensagens de e-mail, as quais, por sua vez, residem no servidor de e-mails. Portanto, se faz necessário estar conectado à internet para poder ler o e-mail por meio do protocolo IMAP.

Spam

Spam é uma prática que tem como finalidade divulgar propagandas por e-mail, ou mesmo utilizar-se de e-mails que chamem a atenção do usuário e o incentivem a encaminhar para inúmeros outros contatos, para que, com isso, levantem uma lista de contatos que pode ser vendida na internet ou mesmo utilizada para encaminhar mais propagandas.

Geralmente um spammer utiliza-se de e-mail com temas como: filantropia, hoax (boatos), lendas urbanas, ou mesmo assuntos polêmicos.

4.8 URL (Uniform Resource Locator)

É um endereço que identifica um site, um serviço, ou mesmo um endereço de e-mail. A seguir, temos um exemplo de URL; observe que podemos dividi-la em várias partes.

http://www.site.com.br
Protocolo — Pasta — Domínio

4.8.1 Domínio

É o nome registrado de um site para que possa ser acessado por meio da internet. Assim como a URL, um domínio também pode ser dividido em três partes.

site.com.br

O .br indica que esse site está registrado no conjunto de domínios do Brasil, que é administrado e regulamentado pelo Registro.Br, componente do Comitê Gestor de internet no Brasil (CGI).

O Registro.Br define várias normas em relação à criação de um domínio, como o tamanho máximo de 26 caracteres, a limitação para apenas letras e números e recentemente a opção de criar domínios com letras acentuadas e o caractere ç.

Também compete ao Registro.Br a normatização da segunda parte do domínio, representado na figura pelo **.com**. Essa informação diz respeito ao ramo de atividade a que se destina o domínio, mas não nos garante qual a real finalidade do site. A última parte, por fim, é o próprio nome do site que se deseja registrar.

4.8.2 Protocolo IP

Cada equipamento na rede ganha o nome genérico de Host, o qual deve possuir um endereço para que seja localizado na rede. Esse é o endereço IP.

O protocolo IP é o responsável por trabalhar com essa informação, para tanto, um endereço IP possui versões: IPv4 e IPv6.

Um IP também é um endereço, portanto, pode ser inserido diretamente na barra de endereços de um navegador.

O IPv4 é composto por até quatro grupos de três dígitos que atingem valor máximo de 255 cada grupo, suportando, no máximo, cerca de 4 bilhões (4.294.967.296) de endereços.

O IPv6 é uma proposta que está gradativamente substituindo o IPv4, justamente pela pouca quantidade de endereço que ele oferece. O IPv6 é organizado em 8 grupos de 4 dígitos hexadecimais, suportando cerca de 3,4 × 1038, aproximadamente 3,6 undecilhões de endereços IP.

| 0123:4567:89AB:CDEF:1011:1314:5B6C:88CC

4.8.3 DNS (Domain Name System)

O Domain Name System (em português, Sistema de Nomes de Domínios) é o responsável por traduzir (resolver por meio de consultas aos servidores Raiz da internet) um domínio para o endereço IP do servidor que hospeda (armazena) o site desejado. Esse processo ocorre em questão de segundos e obedece a uma estrutura hierárquica.

4.9 Navegadores

Navegadores são programas que permitem acesso às páginas da internet, são muitas vezes citados em provas pelo termo em inglês Browser. Como exemplo, temos: internet Explorer, Mozilla Firefox e Google Chrome. Também são cobrados os conceitos dos tipos de dados de navegação que estão relacionados aos navegadores.

4.9.1 Cache

É um armazenamento temporário. No caso dos navegadores, trata-se de uma pasta onde são armazenados os conteúdos multimídias como imagens, vídeos, áudio e inclusive textos, para que, no segundo momento em que o mesmo conteúdo for acessado, ele possa ser mostrado ao usuário mais rapidamente.

4.9.2 Cookies

São pequenas informações que alguns sites armazenam no computador do usuário. Exemplos de informações armazenadas nos cookies: senhas, obviamente que são armazenadas criptografadas; também são muito utilizados em sites de compras, para armazenar o carrinho de compras.

4.9.3 Dados de formulários

Quando preenchemos um formulário, os navegadores oferecem opção para armazenar os dados digitados em cada campo, assim, quando necessário preencher o mesmo formulário ou ainda outro formulário com campos de mesmo nome, o navegador sugere os dados já usados a fim de autocompletar o preenchimento do campo.

4.10 Conceitos relacionados à internet

Nesta seção são apresentados alguns conceitos, tecnologias e ferramentas relacionadas à internet que são cobrados nas provas dos concursos.

4.10.1 Motores de busca

Os Motores de Busca são normalmente conhecidos por buscadores. Dentre os principais estão Google, Bing (MSN) e Yahoo!.

É importante observar que, nos navegadores atuais, os motores de busca são integrados, com isso podemos definir qual se deseja utilizar, por exemplo: o Google Chrome e o Mozilla Firefox utilizam como motor de busca padrão o Google, já o internet Explorer utiliza o Bing. Essa informação é relevante, pois é possível nesses navegadores digitar os termos buscados diretamente na barra de endereços, ao invés de acessar previamente o site do motor de busca.

Busca avançada

Os motores de busca oferecem alguns recursos para otimizar a busca, como operadores lógicos, também conhecidos como operadores booleanos[1]. Dentre eles podemos destacar a negação (-). Ao realizar uma busca na qual se deseja encontrar resultados que sejam relacionados a determinado assunto, porém os termos usados são comuns a outro, podemos utilizar o sinal de menos precedendo o termo do assunto irrelevante, como o exemplo de uma questão que já caiu em prova: realizar a busca por leite e cão, contudo, se for inserido apenas estes termos na busca, muitos resultados serão relacionados a gatos e leite. Para que as páginas que contenham a palavra gato não sejam exibidas na lista de páginas encontradas, basta digitar o sinal de menos (-) antes da palavra gato (sem espaço entre o sinal e a palavra), assim a pesquisa a ser inserida no buscador fica **Cão Leite -Gato**.

Também é possível realizar a busca por uma frase exata, assim, somente serão listados os sites que contenham exatamente a mesma expressão. Para isso, basta digitar a frase desejada entre aspas duplas.

▷ **Busca por/em domínio específico:** para buscar sites que possuam determinado termo em seu nome de domínio, basta inserir o texto site: seguido da palavra desejada, lembrando que não deve haver espaço entre site: e o termo desejado. De forma similar, também pode-se utilizar **inurl:** termo para buscar sites que possuam o termo na URL.

Quando o domínio já é conhecido, é possível realizar a busca por determinado termo apenas nas páginas do domínio. Para tanto, deve-se digitar **site:Dominiodosite termo**.

▷ **Calculadora:** é possível, ainda, utilizar o Google como uma calculadora, bastando digitar a expressão algébrica que se deseja resolver como 2 + 2 e, como resultado da "pesquisa", é apresentado o resultado da operação.

▷ **Operador:** quando não se sabe exatamente qual é a palavra para completar uma expressão, pode-se completar a lacuna com um asterisco, assim o motor de busca irá entender que naquele espaço pode ser qualquer palavra.

▷ **Busca por tipo de arquivo:** podemos refinar as buscas a resultados que consistam apenas em determinado formato de arquivo. Para tanto, podemos utilizar o operador filetype: assim, para buscar determinado tema, mas que seja em PDF, por exemplo, pode-se digitar filetype: pdf tema.

Tipos de busca

Os principais motores de busca permitem realizar as buscas de forma orientada a conteúdos gerais da web, como refinar a busca para exibir apenas imagens, vídeos ou mapas relacionados aos termos digitados.

4.10.2 Chat

Um chat é normalmente citado como um bate-papo em tempo real; é a forma de comunicação em que ambos os interlocutores estão conectados (on-line) simultaneamente. Muitos chats operam com salas de bate-papo. Um chat pode ser em um site específico como o chat do UOL. Conversas pelo MSN ou Facebook podem ser consideradas como chat, desde que ambos os interlocutores estejam conectados.

4.10.3 Fórum

Também conhecidos como Listas de Discussão, os fóruns funcionam como debates sobre determinados assuntos. Em um fórum não é necessário que os envolvidos estejam conectados para receberem os comentários, pois estes ficam disponíveis para acesso futuro pelo usuário ou mesmo por pessoas que não estejam cadastradas no fórum, contudo, existem muitos fóruns fechados, nos quais só se entra por convite ou mediante aquisição. A maioria deles vincula o e-mail dos envolvidos a uma discussão, alertando-os assim, caso um novo comentário seja acrescentado.

4.10.4 Moodle

O Moodle é uma ferramenta fortemente utilizada pelo setor público, e privado, para dar suporte ao Ensino a Distância (EAD).

---
1 Em referência à lógica de Boole, ou seja, a lógica que você estuda para o concurso.

5 MICROSOFT EXCEL 365

O Microsoft 365 é uma assinatura que inclui os recursos mais colaborativos e atualizados em uma experiência integrada e perfeita, pois inclui os aplicativos robustos de trabalho do Office, como Word, PowerPoint e Excel. Com ele, também é possível também obter armazenamento on-line extra e recursos conectados à nuvem que permitem colaborar com arquivos em tempo real.

O objetivo da assinatura é disponibilizar os recursos, correções e atualizações de segurança mais recentes, além de suporte técnico contínuo, sem nenhum custo extra. É possível optar por pagar a assinatura mensal ou anual, e o plano Microsoft 365 Family permite compartilhar a assinatura com até seis pessoas e usar os aplicativos em vários PCs, Macs, tablets e telefones.

Há também a possibilidade de adquirir o Office 2019 como uma compra única, o que significa pagar um custo único e inicial para obter os aplicativos do Office para um computador. Compras únicas estão disponíveis para PCs e Macs. No entanto, não há opções de upgrade

Segundo a Microsoft, o Excel: é um programa de planilhas do sistema Microsoft Office. Pode ser usado para criar e formatar pastas de trabalho (um conjunto de planilhas), para analisar dados e tomar decisões de negócios mais bem informadas. Especificamente, o Excel é muito utilizado para acompanhar dados, criar modelos de análise de dados, criar fórmulas para fazer cálculos desses dados, organizar dinamicamente de várias maneiras e apresentá-los em diversos tipos de gráficos profissionais.

5.1 Características do Excel

- **Planilha eletrônica:** sistema composto de 1.048.576 linhas e 16.384 colunas.
- **Pastas de trabalho abertas:** limitado pela memória disponível e pelos recursos do sistema (o padrão é 1 planilha).
- **Intervalo de zoom:** 10%a 400% por cento.
- **Extensão:** .xlsx
- **Trabalhando com pastas de trabalho:** cada pasta de trabalho do MS-Excel **consiste em um documento com uma ou mais planilhas**, ou seja, uma pasta no sentido literal, contendo diversos documentos.

5.2 Interface

A interface do Excel segue o padrão dos aplicativos Office, com ABAS, botão Office, controle de Zoom na direita etc. O que muda são alguns grupos e botões exclusivos do Excel e as guias de planilha no rodapé.

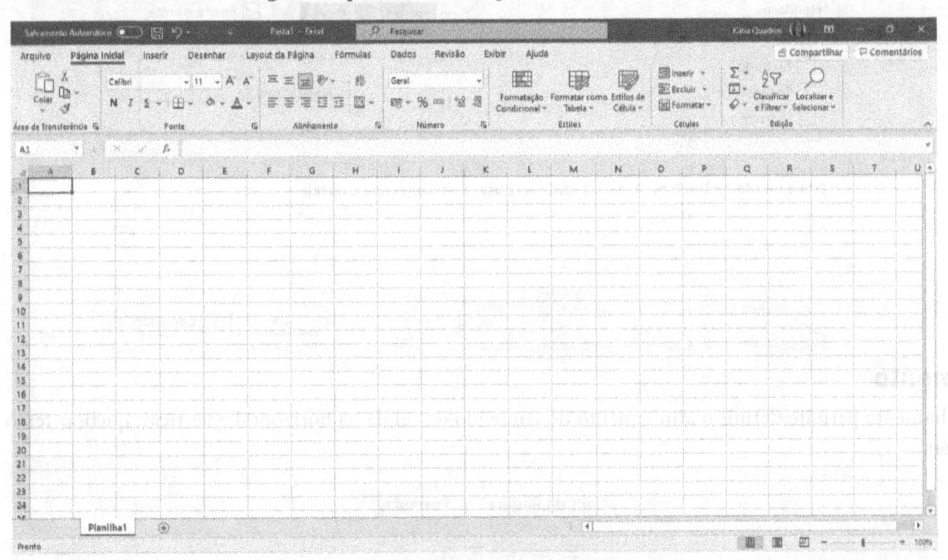

As linhas são identificadas por números e as colunas por letras. Desse modo, a junção de uma coluna e uma linha tem como resultado uma célula.

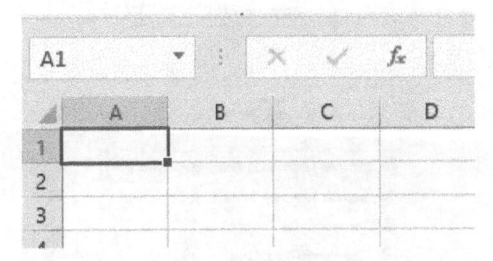

Na imagem mostrada, temos a célula A1 selecionada e podemos perceber uma caixa logo acima com o endereço da célula. Esta é a Caixa de Nome.

Ao lado temos a Barra de Fórmulas com os botões cancelar, inserir e inserir função.

5.3 Seleção de células

Se caso seja necessário selecionar mais de uma célula, basta manter pressionado o mouse e arrastar selecionando as células em sequência. Também, para selecionar células em sequência, clique na primeira célula, selecionando-a e em seguida pressione a tecla SHIFT e clique na última célula da sequência desejada.

Se precisar selecionar células alternadamente, clique sobre a primeira célula a ser selecionada, pressione CTRL e vá clicando nas que você quer selecionar. É possível também selecionar usando a combinação das setas do teclado com a tecla SHIFT.

5.4 Página Inicial

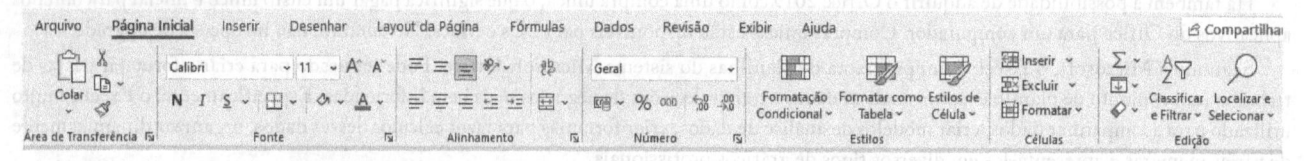

Nessa guia, temos recursos para a formatação das células. Nela é possível encontrar o grupo Fonte, que permite alterar a fonte a ser utilizada, o tamanho, aplicar negrito, itálico e sublinhado, linhas de grade, cor de preenchimento e cor de fonte. Ao clicar na faixa "Fonte", será mostrada a janela, conforme a imagem a seguir:

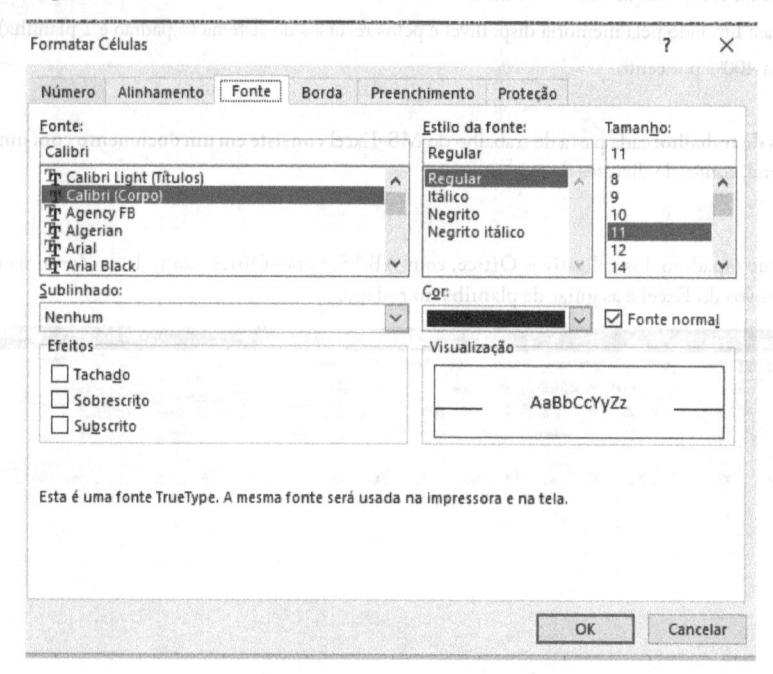

5.4.1 Alinhamento

O grupo Alinhamento permite definir o alinhamento do conteúdo da célula na horizontal e vertical, quebrar texto automaticamente, mesclar e centralizar.

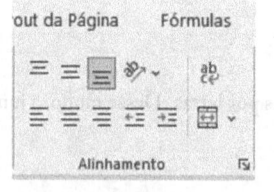

▷ **Botão Orientação:** permite girar o texto.

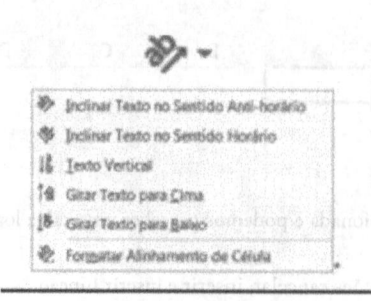

CONHECIMENTOS DE INFORMÁTICA

▷ **Mesclar e Centralizar:** torna duas ou mais células selecionadas em uma, centralizando o conteúdo da célula.
▷ **Mesclar através:** mescla somente em linha.
▷ **Mesclar célula:** apenas mescla sem centralizar.
▷ **Desfazer mesclagem de células:** desfaz a mesclagem das células.

5.4.2 Número

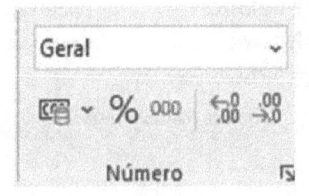

O grupo Número permite que se formatem os números de suas células. Ele dividido em categorias e dentro de cada categoria, possui exemplos de utilização e algumas personalizações, por exemplo, na categoria Moeda em que é possível definir o símbolo a ser usado e o número de casas decimais.

Formato de número de contabilização: Para formatar como moeda. Ex: R$ 40,00.

000 Separador de Milhares: Para formatar com duas casas decimais.

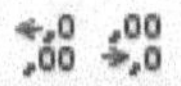

Aumentar e Diminuir casas decimais.

5.5 Formatação condicional

5.5.1 Página Inicial

Com essa funcionalidade podemos criar regras para evidenciar textos ou valores através de formatação de fonte ou preenchimento/sombreamento da célula, por exemplo. Podemos selecionar uma planilha inteira e definir uma regra, por exemplo, que números negativos ficarão automaticamente com fonte na cor vermelho e efeito negrito.

Tudo o que for digitado nestas células com valor negativo, ficarão na cor vermelho e efeito negrito.

5.6 Validação de dados – Guia dados

Use a validação de dados para restringir o tipo de dados ou os valores que os usuários inserem em células.

5.6.1 Texto para Colunas – Guia Dados

Pegue o texto em uma ou mais células e divida-o em várias células usando o Assistente para Converter Texto em Colunas.

5.6.2 Remover Duplicatas – Guia Dados

Quando você usa o recurso Remover Duplicatas, os dados duplicados são permanentemente excluídos.

5.6.3 Obter Dados – Guia Dados

O principal benefício da conexão com dados externos é que você pode analisar periodicamente esses dados no Microsoft Office Excel sem copiar repetidamente os dados, que é uma operação que pode ser demorada e propensa a erros. Depois de se conectar a dados externos, você também pode atualizar automaticamente (ou atualizar) sua Excel de trabalho da fonte de dados original sempre que a fonte de dados for atualizada com novas informações.

5.6.4 Atingir Meta – Guia Dados

Se você conhece o resultado que deseja obter de uma fórmula, mas não tem certeza sobre o valor de entrada necessário para chegar a esse resultado, use o recurso Atingir Meta.

Por exemplo, suponha que você precise pedir algum dinheiro emprestado. Você sabe quanto dinheiro quer, quanto tempo deseja usar para pagar o empréstimo e quanto pode pagar a cada mês. Você pode usar o recurso Atingir Meta para determinar qual taxa de juros você precisará garantir para atingir seu objetivo de empréstimo.

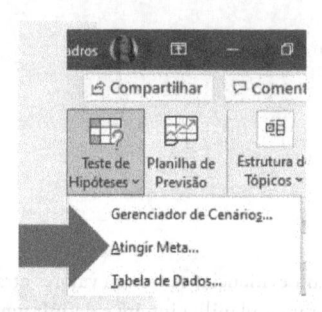

5.6.5 Impressão – Guia Arquivo

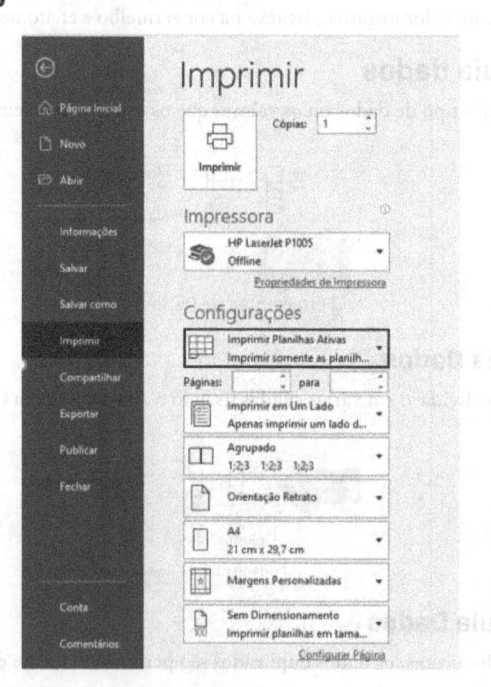

5.6.6 Classificar - Guia Página Inicial e Guia Dados

Permite classificar dados em ordem crescente ou decrescente. Pode ser com texto (alfabeticamente) ou números.

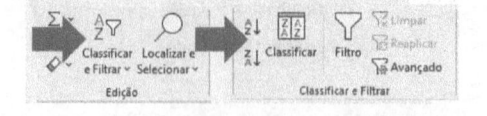

CONHECIMENTOS DE INFORMÁTICA

5.6.7 Filtrar – Guia Página Inicial e Guia dados

Organiza os dados para que seja mais fácil analisá-los. Por exemplo: Se tenho uma planilha com Homens e Mulheres, posso filtrar para que apareçam apenas as Mulheres. Perceba que as informações referentes aos Homens não são excluídas, apenas ficam ocultas, facilitando analisar apenas as informações referentes às mulheres.

Também posso filtrar por valores, pedindo para ocultar valores inferiores a R$ 1.000,00, por exemplo.

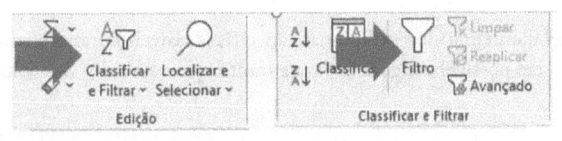

5.6.8 Tabela Dinâmica

Uma Tabela Dinâmica é uma ferramenta poderosa para calcular, resumir e analisar os dados que lhe permitem ver comparações, padrões e tendências nos dados.

Criar uma tabela dinâmica

- Selecione as células a partir das quais você deseja criar uma Tabela Dinâmica.
- **Observação:** seus dados não devem ter linhas ou colunas vazias. Deve haver apenas uma única linha de título.
- Selecione Inserir > Tabela Dinâmica.
- Em Escolha os dados que você deseja analisar, selecione Selecionar uma tabela ou intervalo.
- Em Tabela/Intervalo, verifique o intervalo de células.
- Em Escolha onde deseja que o relatório da Tabela Dinâmica seja posicionado, selecione Nova Planilha para posicionar a Tabela Dinâmica em uma nova planilha, ou escolha Planilha Existente e selecione o local em que deseja exibir a Tabela Dinâmica.
- Selecione OK.

5.6.9 Rastrear Precedentes e Dependentes - Guia Fórmulas

- **Células precedentes:** células que são referidas por uma fórmula em outra célula. Por exemplo, se a célula D10 contiver a fórmula =B5, a célula B5 será um precedente para a célula D10.
- **Células dependentes:** essas células contêm fórmulas que se referem a outras células. Por exemplo, se a célula D10 contiver a fórmula =B5, a célula D10 é dependente da célula B5.

5.6.10 Guia Fórmula

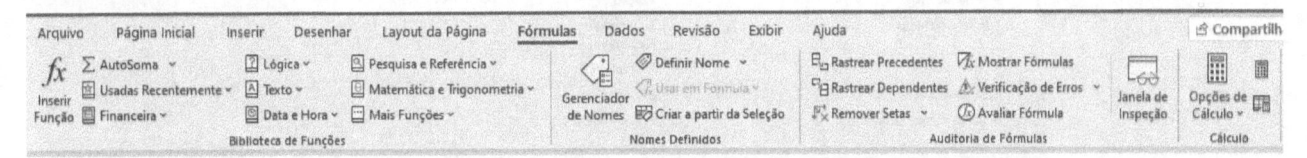

5.6.11 Transpor

Se tiver uma planilha com dados em colunas que você precisa girar para reorganizar em linhas, use o recurso Transpor. Com ele, você pode alternar rapidamente dados de colunas para linhas ou vice-versa.

Por exemplo, se seus dados se parecem com isso, com Regiões de Vendas nos títulos de coluna e Trimestres no lado esquerdo:

Vendas por região	Europa	Ásia	América do Norte
1º trim.	21.704.714	8.774.099	12.094.215
2º trim.	17.987.034	12.214.447	10.873.099
3º trim.	19.485.029	14.356.879	15.689.543
4º trim.	22.567.894	15.763.492	17.456.723

O recurso Transpor reorganizará a tabela de forma que os Trimestres sejam exibidos nos títulos de coluna e as Regiões de Vendas possam ser vistas à esquerda, assim:

MICROSOFT EXCEL 365

Vendas por região	1º trim.	2º trim.	3º trim.	4º trim.
Europa	21.704.714	17.987.034	19.485.029	22.567.894
Ásia	8.774.099	12.214.447	14.356.879	15.763.492
América do Norte	12.094.215	10.873.099	15.689.543	17.456.723

5.6.12 Congelar Painéis

Quando você congela painéis, o Excel mantém linhas ou colunas específicas visíveis durante a rolagem na planilha. Por exemplo, se a primeira linha da planilha contiver rótulos, será possível congelá-la para garantir que os rótulos das colunas permaneçam visíveis enquanto você rola para baixo na planilha.

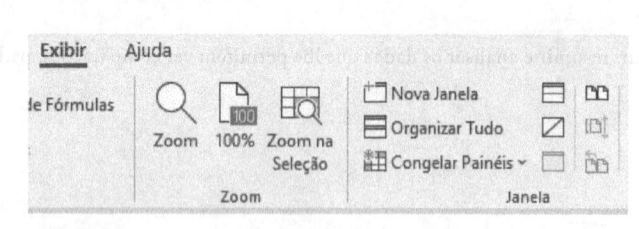

5.6.13 Dividir

▷ **Dividir:** Ao dividir divide painéis, o Excel cria duas ou quatro áreas separadas da planilha que podem ser roladas individualmente, enquanto as linhas e colunas da área não rolada permanecem visíveis.

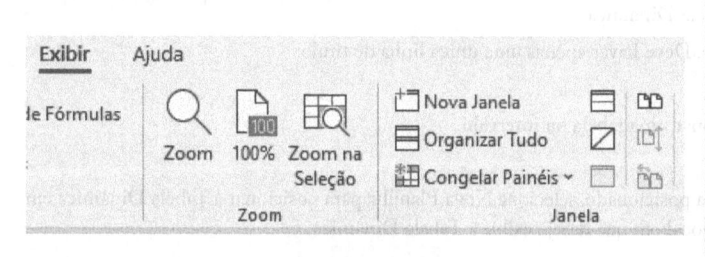

5.6.14 Utilização de fórmulas

A planilha do Excel reconhece um cálculo ou fórmula quando se inicializa a célula com o sinal de igual (=). E, além do sinal de = uma fórmula também pode ser precedida por: + (mais) ou - (menos).

Assim, é possível, por exemplo, somar em uma célula C3, o valor de uma célula A3 mais o valor de uma célula B3, como também, pode-se multiplicar, dividir, subtrair ou inserir outras fórmulas.

5.6.15 Operadores

OPERADOR ARITMÉTICO	SIGNIFICADO	EXEMPLO
+ (sinal de mais)	Adição	3+3
– (sinal de menos)	Subtração Negação	3–1 –1
* (asterisco)	Multiplicação	3*3
/ (sinal de divisão)	Divisão	3/3
% (sinal de porcentagem)	Porcentagem	20%
^ (acento circunflexo)	Exponenciação	3^2

OPERADOR DE COMPARAÇÃO	SIGNIFICADO	EXEMPLO
= (sinal de igual)	Igual a	A1=B1
> (sinal de maior que)	Maior que	A1>B1
< (sinal de menor que)	Menor que	A1<B1
>= (sinal de maior ou igual a)	Maior ou igual a	A1>B1
<= (sinal de menor ou igual a)	Menor ou igual a	A1<B1
<> (sinal de diferente de)	Diferente de	A1<>B1

OPERADOR DE TEXTO	SIGNIFICADO	EXEMPLO
& (E comercial)	Conecta, ou concatena, dois valores para produzir um valor de texto contínuo	("North"&"wind")

CONHECIMENTOS DE INFORMÁTICA

É importante ressaltar que o Excel trabalha com os parênteses, quando se pretende fazer vários cálculos em uma mesma célula, a fim de priorizar aqueles que devem ser realizados primeiramente.

1ª prioridade - % e ^
2ª prioridade - * e /
3ª prioridade - + e -

O valor médio do intervalo B1:B10 na planilha denominada Marketing na mesma pasta de trabalho.

Nome da planilha | Referência à célula ou ao intervalo de células na planilha

=MÉDIA(Marketing!B1:B10)

Separa a referência de planilha da referência de célula

PARA SE REFERIR A	USE
A célula na coluna A e linha 10	A10
O intervalo de células na coluna A e linhas 10 a 20	A10:A20
O intervalo de células na linha 15 e colunas B até E	B15:E15
Todas as células na linha 5	5:5
Todas as células nas linhas 5 a 10	5:10
Todas as células na coluna H	H:H
Todas as células nas colunas H a J	H:J
O intervalo de células nas colunas A a E e linhas 10 a 20	A10:E20

Observe que o nome da planilha e um ponto de exclamação (!) precedem a referência de intervalo.

5.7 Funções

Funções são fórmulas predefinidas que efetuam cálculos usando valores específicos, denominados argumentos, em uma determinada ordem ou estrutura. As funções podem ser usadas para executar cálculos simples ou complexos.

5.7.1 SOMA

=SOMA(arg1;arg2;...;arg30)
=soma(a1:a5)
=soma(a1:a5;5)
=soma(a3;5;c1:c20)

	A	B	C	D	E
1					
2	Turma	Meninos	Meninas	Total	
3	2504B	16	17		
4	7001A	14	20		
5	3602A	21	19		
6	Total	51			
7					

B6 = =SOMA(B3:B5)

Fique ligado

Essa função soma dois ou mais números. É importante notar que a referência : (dois pontos) significa "ATÉ" e a referência ; (ponto e vírgula) significa "E". É possível usar os dois sinais numa mesma função.

5.7.2 MÉDIA

=MÉDIA(arg1;arg2;...;arg30)
=média(a1:a5)
=média(a1:a5;6)
=média(a3;2;c1:c10)

MICROSOFT EXCEL 365

	A	B	C	D	E
1					
2	Turma	Meninos	Meninas	Total	
3	2504B	16	17		
4	7001A	14	20		
5	3602A	21	19		
6	Total	17			

B6 = =MÉDIA(B3:B5)

Fique ligado

A função MÉDIA soma os argumentos e divide pelo número de argumentos somados.
Por exemplo: MÉDIA(a1:a5)
A média, nesse exemplo, será a soma de a1, a2, a3, a4 e a5 dividido por 5.

5.7.3 MÁXIMO

Mostra o maior valor no intervalo.
| =MÁXIMO(arg1;arg2;...arg30)
| =máximo(c1:c10)
| =máximo(c1:c10;3)

B6 = =MÁXIMO(B3:B5)

	A	B	C	D	E
1					
2	Turma	Meninos	Meninas	Total	
3	2504B	16	17		
4	7001A	14	20		
5	3602A	21	19		
6	Total	21			

5.7.4 MÍNIMO

Mostra o menor valor no intervalo.
| =MÍNIMO(arg1;arg2;...arg30)
| =mínimo(c1:c10)
| =mínimo(c1:c10;3)

B6 = =MÍNIMO(B3:B5)

	A	B	C	D	E
1					
2	Turma	Meninos	Meninas	Total	
3	2504B	16	17		
4	7001A	14	20		
5	3602A	21	19		
6	Total	14			

5.7.5 MAIOR

Você pode usar esta função para selecionar um valor de acordo com a sua posição relativa. Por exemplo, você pode usar MAIOR para obter o primeiro, o segundo e o terceiro resultado e assim por diante.

Neste caso, o EXCEL deve mostrar o terceiro maior valor encontrado no intervalo A1:C3. O número 3 após o ";" é que indica essa posição.
| =MAIOR(a1:c3;3)

CONHECIMENTOS DE INFORMÁTICA

	A	B	C	D	E
1	2	3	5		
2	4	7	1		
3	6	8	0		
4					
5			6		
6					

C5 fx =MAIOR(A1:C3;3)

5.7.6 MENOR

Você pode usar esta função para selecionar um valor de acordo com a sua posição relativa. Por exemplo, você pode usar MENOR para obter o primeiro, segundo e terceiro resultados para obter o primeiro, o segundo e o terceiro resultado e assim por diante.

| =MENOR(a1:c3;3)

Neste caso quero que o EXCEL mostre o terceiro menor valor encontrado no intervalo A1:C3.

C5 fx =MENOR(A1:C3;3)

	A	B	C	D	E
1	2	3	5		
2	4	7	1		
3	6	8	0		
4					
5			2		
6					

5.7.7 CONT.SE

Realiza a contagem de todas as células de um intervalo que satisfazem uma determinada condição.

| =CONT.SE(intervalo;condição)
| =cont.se(c3:c8;">=2")
| =cont.se(c3:c8;a2)

fx =CONT.SE(C3:C8;C4)

C	D	E	F
5			
5			
25			
	2		

Perceba que no exemplo queremos que o Excel conte o número de células que contenham o valor referido em C4 (condição), ou seja, o valor 5. As células que o Excel deve procurar e contar esse valor são as células C3 até C8 (intervalo). Nesse caso temos o resultado 2.

fx =CONT.NÚM(C3:C8)

C	D	E	F
5			
5			
25			
casa			
dia		4	
20/mar			

5.7.8 CONT.NÚM

Conta quantas células contêm números.

| =CONT.NÚM(intervalo)

5.7.9 CONT.VALORES

Conta o número de células que não estão vazias em um intervalo.

| =CONT.VALORES(intervalo)

	C	D	E	F
			=CONT.VALORES(C3:C8)	
	5			
	5,3333			
	casa			
	dia		5	
	20/mar			

5.7.10 CONCATENAR

A função **CONCATENAR** agrupa cadeias de texto. Os itens agrupados podem ser texto, números, referências de células ou uma combinação desses itens. Por exemplo, se sua planilha contiver o nome de uma pessoa na célula A1 e o sobrenome da pessoa na célula B1, você poderá combinar os dois valores em outra célula usando a seguinte fórmula:

=CONCATENAR(A1;" ";B1)

O segundo argumento neste exemplo (" ") é um caractere de espaço. É preciso especificar quaisquer espaços ou pontuação que você deseja que sejam exibidos nos resultados como um argumento entre aspas.

Você também pode usar o caractere **&** para concatenar:

=CONCATENAR(A2&B2&" -"&C2&"anos")

ou

=A2&" "&B2&" - "&C2&" "&"anos"

ou ainda

=CONCATENAR(A2&" ";B2;"-"&C2&"anos")

Todas as formas estão corretas.

No exemplo abaixo, o examinador pediu que na célula C4 aparecesse o nome que está em A2, mais o sobrenome que está em B2 e a idade que está em C3, com devidos espaços e a palavra anos.

Os espaços e a palavra anos estão entre aspas, pois não são conteúdo de nenhuma célula e são textos. Textos devem ficar entre aspas nas fórmulas do Excel.

	C4			fx	=A2&" "&B2&" - "&C2&" "&"anos"	
	A	B	C	D	E	F
1						
2	antonio	sutir	43			
3						
4	&		antonio sutir - 43 anos			

Podemos usar a função **CONCATENAR**:

	C4			fx	=CONCATENAR(A2;" ";B2;" - "; C2;" anos")		
	A	B	C	D	E	F	G
1							
2	antonio	sutir		43			
3							
4	Concatenar e ;		antonio sutir - 43 anos				
5							

CONHECIMENTOS DE INFORMÁTICA

Podemos usar a função **CONCATENAR** e o operador de texto &:

	A	B	C	D	E	F	G
	C4		fx =CONCATENAR(A2&" "&B2&" - "&C2&" anos")				
1							
2	antonio	sutir	43				
3							
4	& e concatenar		antonio sutir - 43 anos				

Podemos usar a função **CONCATENAR,** o operador de texto & e;.

	A	B	C	D	E	F	G
	C4		fx =CONCATENAR(A2&" ";B2;" - "&C2&" anos")				
1							
2	antonio	sutir	43				
3							
4	&, Concatenar e ;		antonio sutir - 43 anos				
5							

5.7.11 E

TODOS os argumentos devem ser verdadeiros.

=E(E2>=7;F2>=75)

Então, temos a função E e as condições separadas por ";".

=E(E2>=7;F2>=75)				
	C	D	E	F
			Nota	Freq
	75		7	75
	70		8	70
	80		5	80
	50		5	50
			VERDADEIRO	
			FALSO	
			FALSO	
			FALSO	

5.7.12 OU

Apenas um dos argumentos precisa ser verdadeiro.

=OU(E2>=7;F2>=75)

Então, temos a função OU e as condições separadas por ";".

=OU(E2>=7;F2>=75)					
	C	D	E	F	G
			Nota	Freq	
	75		7	75	
	70		8	70	
	30		5	80	
	50		5	50	
			VERDADEIRO		
			VERDADEIRO		
			VERDADEIRO		
			FALSO		

5.7.13 SOMASE

| =SOMASE(intervalo;condição)
| =SOMASE(c1:c10;">5")

Nesse caso, o Excel realizará a soma apenas das células no intervalo C1 até C10 que contenham valores maiores que 5. Outros números são ignorados. Realiza a soma de todos os valores de um intervalo que satisfazem uma determinada condição.

A função SOMASE pode assumir a seguinte sintaxe:
| SOMASE(intervalo, critérios, [intervalo_soma])

Uma planilha do Microsoft Excel apresenta os valores a seguir.

Assinale a alternativa que apresenta, corretamente, o resultado gerado pela fórmula =SOMASE(A1:A5; ">15";B1:B5).

a) 0

b) 21

c) 32

d) 72

e) 95

Veja o resultado diretamente em uma planilha do Excel:

Agora vamos entender este resultado!
| =SOMASE(A1:A5; ">15";B1:B5)

A função Somase, neste caso em que tenho o intervalo da soma definido, irá fazer com que o Excel selecione o intervalo indicado: A1:A5, obedeça a condição que é: >15, mas some os valores que constam nas células correspondentes: B1:B5.

Então o Excel irá somar os valores 5, 7 e 9, pois esses valores estão no intervalo B1:B5 e correspondem aos valores 23, 32 e 17 que estão no intervalo A1:A5 e que obedecem a condição: ser >5.

5.7.14 MÉDIASE

=MÉDIASE(B2:B5;"<23000")

Retorna a média (média aritmética) de todas as células em um intervalo que satisfazem um determinado critério.

5.7.15 SE

Retorna valores diferentes dependendo do resultado de uma expressão.

É usada para testar condições, ou seja, se a condição especificada equivaler à verdadeira e a outra se equivaler a falsa.

=SE(teste_lógico;valor_se_verdadeiro;valor_se_falso)

CONHECIMENTOS DE INFORMÁTICA

Fique ligado
O "SE" funciona como todos os "SEs" da nossa vida: SE chover não vou à praia, SE eu tiver dinheiro vou à festa, SE eu tiver média final igual ou maior que 7,0 sou aprovado no colégio. Sim, SE você estudar com certeza vai passar no concurso! É lógica pura!

No exemplo a seguir temos um boletim escolar, em que o aluno que tiver nota igual ou maior a 7,0 será aprovado, senão será reprovado.

	F	G
1	le médi	
6	Média	Situação
7	8,0	Aprovado
8	7,0	Aprovado
9	3,8	Reprovado
10	8,5	Aprovado
11	7,5	Aprovado
12	7,8	Aprovado
13	8,8	Aprovado

G7: =SE(F7>=7;"Aprovado";"Reprovado")

Vamos entender:

=SE -> aqui tenho a função

A função SE é uma pergunta com duas possíveis respostas: SIM ou NÃO:

F7>=7 -> Aqui tenho a pergunta: F7 é igual ou maior a 7?

Ao verificar a célula F7, ela contém a média 8,0. Logo, 8,0 é maior que 7, então, a resposta da pergunta anterior é SIM. Ao responder SIM à pergunta (condição), o Excel mostra a resposta especificada na função que está logo após o ";", neste caso a palavra "Aprovado". Ao responder NÃO à pergunta, o Excel mostra a segunda resposta especificada na função, após o ";", neste caso a palavra "Reprovado".

5.8 Aninhar uma função dentro de outra função

As funções aninhadas usam uma função como um dos argumentos de outra função.

A fórmula a seguir soma um conjunto de números (G2:G5) somente se a média de outro conjunto de números (F2:F5) for maior que 50. Caso contrário, ela retorna 0. Analise também a planilha.

	F	G
1	5	5
2	2	2
3	2	2
4	2	2
5	2	2
6		

=SE(MÉDIA(F2:F5)>50;SOMA(G2:G5);0)

As funções MÉDIA e SOMA são aninhadas na função SE.

Como resolver essa função? **Por partes!**

Primeiro devemos lembrar que a função Se é uma pergunta que pode ter apenas dois tipos de resposta: Ou SIM, ou NÃO. E que a pergunta está antes do primeiro ";". Caso a resposta seja SIM o EXCEL retornará o que estiver entre os dois ";". Caso a resposta seja NÃO o EXCEL retornará o que estiver após o segundo ";".

Vamos em busca da pergunta:

=SE(MÉDIA(F2:F5)>50;SOMA(G2:G5);0)

A pergunta é: MÉDIA(F2:F5)>50

Na planilha fornecida devemos observar os valores e calcular a Média:

Média(F2:F5) => (2 + 2 + 2 + 2)/4 = 2

A média é 2.

A pergunta é: 2>50?

A resposta é NÃO.

Então o EXCEL retornará o que está após o segundo ";" que é 0 (zero).

MICROSOFT EXCEL 365

5.8.1 SE Aninhado

A função SE nos permite definir apenas 2 valores de retorno, porém muitas vezes precisamos de 3, 4 ou mais valores de retorno. Nestes casos utilizamos a função SE Aninhado.

	A	B	C	D
			fx	=SE(B3=0;A3*A10;SE(B3=1;A3*A11;SE(B3>=2;0)))
1	Salario	Faltas	Gratificação	Total
2				
3	1280	0	128	1408
9	Gratificação	Faltas		
10	10%	0		
11	5%	1		
12	0%	2 ou mais		

Nesse exemplo temos uma empresa e sua folha de pagamentos. A empresa oferece gratificação aos funcionários que não faltam ou faltam apenas uma vez.

Dessa forma a pergunta que faço para começar a desenvolver a função é: Se o funcionário não faltar quanto ele recebe de gratificação? Basta olhar na célula A10 onde tenho o valor da gratificação que é de 10% sobre o salário. Então veja:

- Se o funcionário não faltar recebe salário acrescido de 10% de gratificação.
- Se o funcionário faltar apenas 1 vez ele recebe salário acrescido de 5% de gratificação.
- Se o funcionário faltar 2 ou mais vezes, recebe apenas o salário.

Agora é colocar essas regras na função. Perceber que o número de faltas está na célula B3, o salário na A3 e as regras para Gratificação nas células A9:B12. Certo?

Feito isso, vamos à função:

=SE(B3=0;A3*A10;SE(B3=1;A3*A11;SE(B3>=2;0)))

Ou seja: SE(B3 {número de faltas} =0;A3 {Salário} *A10 {Valor da Gratificação}) ;SE {Senão, caso não atenda a condição anterior}(B3 {número de faltas} =1;A3 {Salário} *A11{Valor da Gratificação});SE(B3 {número de faltas} >=2;0 {Não recebe nada de gratificação})))

Obs.: O texto em vermelho entre chaves refere-se a comentários sobre dados da função. Não fazem parte da função.

Ainda podemos escrever a função dessa forma:

=SE(B3=0;A3*A10;SE(B3=1;A3*A11;0))

Nesse caso, não desenvolvemos o último SE. Colocamos um ";" que se comporta como um SENÃO. Ou seja, se não forem satisfeitas as condições dos SEs anteriores o Excel fará o que houver após este último ";".

5.8.2 SES

A função SES verifica se uma ou mais condições são satisfeitas e retorna um valor que corresponde à primeira condição VERDADEIRO. A função SES pode ser usada como substituta de várias instruções SE aninhadas, além de ser muito mais fácil de ser lida quando condições múltiplas são usadas.

=SES(F2=1;D2;F2=2;D3;F2=3;D4;F2=4;D5;F2=5;D6;F2=6;D7;F2=7;D8)

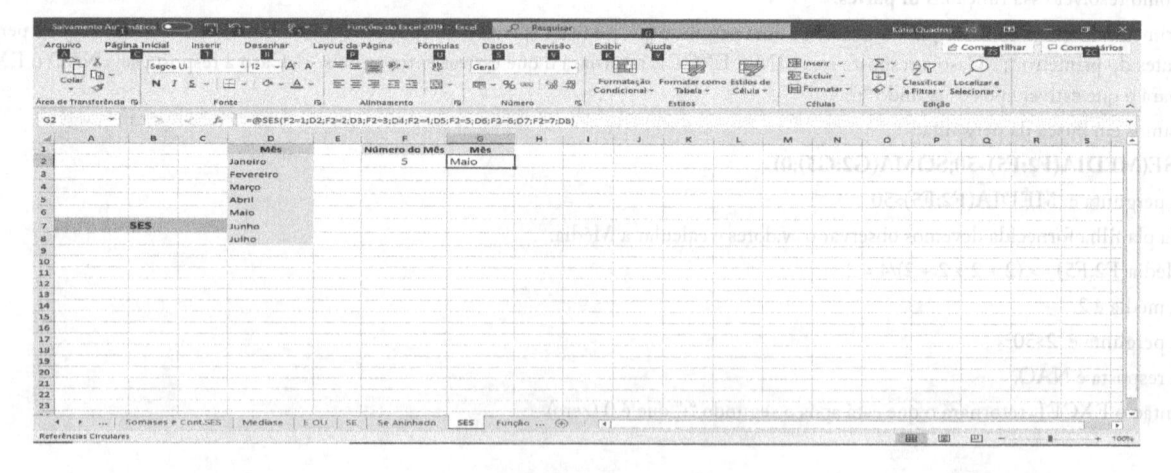

5.8.3 PROCV

Use a função PROCV, uma das funções de pesquisa e referência, quando precisar localizar algo em linhas de uma tabela ou de um intervalo. Por exemplo, para pesquisar o preço de uma peça automotiva pelo número da peça.

=PROCV(Valor que você deseja pesquisar, intervalo no qual você deseja pesquisar o valor, o número da coluna no intervalo contendo o valor de retorno, Correspondência Exata ou Correspondência Aproximada – indicado como 0/FALSO ou 1/VERDADEIRO).

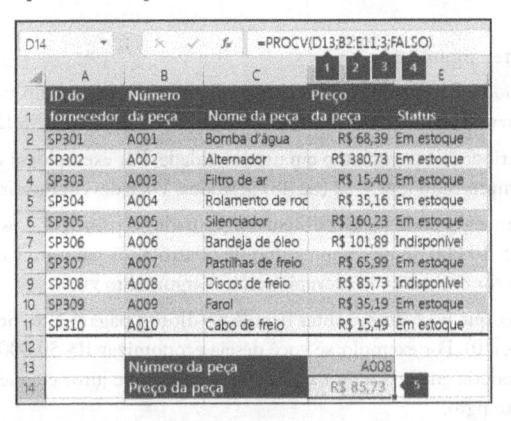

- D13 é o valor_procurado ou o valor que você deseja pesquisar.
- B2 a E11 (realçados em amarelo na tabela) é a matriz_tabela ou o intervalo onde o valor de pesquisa está localizado.
- 3 é o núm_índice_coluna ou o número de coluna na matriz_tabela que contém o valor de retorno. Neste exemplo, a terceira coluna da matriz de tabela é Preço da Peça, portanto, o resultado da fórmula será um valor da coluna Preço da Peça.
- FALSO é o intervalo_pesquisa, portanto, o valor de retorno será uma correspondência exata.
- O resultado da fórmula PROCV é 85,73, o preço dos Rotores de freio.

Há quatro informações que serão necessárias para criar a sintaxe da função PROCV:

- O valor que você deseja pesquisar, também chamado valor de pesquisa.
- O intervalo onde o valor de pesquisa está localizado. Lembre-se de que o valor de pesquisa deve estar sempre na primeira coluna no intervalo para que a função PROCV funcione corretamente. Por exemplo, se o valor de pesquisa estiver na célula C2, o intervalo deve começar com C.
- **O número da coluna no intervalo que contém o valor de retorno. Por exemplo, se você especificar B2:**D11 como o intervalo, deverá contar B como a primeira coluna, C como a segunda e assim por diante.
- Se preferir, você pode especificar VERDADEIRO se quiser uma correspondência aproximada ou FALSO se quiser que uma correspondência exata do valor de retorno. Se você não especificar nada, o valor padrão será sempre VERDADEIRO ou correspondência aproximada.

5.8.4 VF

=VF(taxa,nper,pgto,[vp],[tipo])

Retorna o valor futuro de um investimento de acordo com os pagamentos periódicos e constantes e com uma taxa de juros constante.

| =VF(2%;10;38,96)

A sintaxe da função VF tem os seguintes argumentos:

- **Taxa:** obrigatório. A taxa de juros por período.
- **Nper:** obrigatório. O número total de períodos de pagamento em uma anuidade.
- **Pgto:** obrigatório. O pagamento feito a cada período; não pode mudar durante a vigência da anuidade. Geralmente, pgto contém o capital e os juros e nenhuma outra tarifa ou taxas. Se pgto for omitido, você deverá incluir o argumento vp.
- **Vp:** opcional. O valor presente ou a soma total correspondente ao valor presente de uma série de pagamentos futuros. Se vp for omitido, será considerado 0 (zero) e a inclusão do argumento pgto será obrigatória.
- **Tipo:** opcional. O número 0 ou 1 e indica as datas de vencimento dos pagamentos. Se tipo for omitido, será considerado 0.

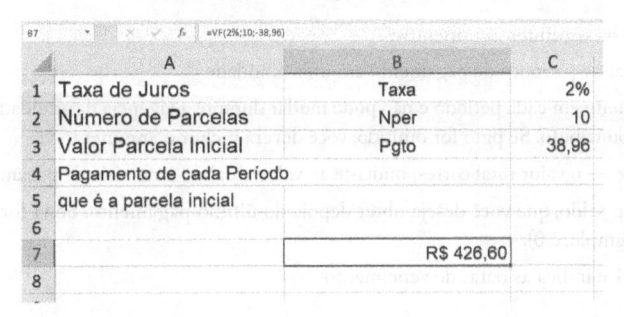

5.8.5 VP

=VP(taxa, nper, pgto, [vf], [tipo])

Retorna o valor presente de um investimento. O valor presente é o valor total correspondente ao valor atual de uma série de pagamentos futuros. Por exemplo, quando você toma uma quantia de dinheiro emprestada, a quantia do empréstimo é o valor presente para o concessor do empréstimo.

=VP(2%;10;38,96)

A sintaxe da função VP tem os seguintes argumentos:

▷ **Taxa:** necessário. A taxa de juros por período. Por exemplo, se você tiver um empréstimo para um automóvel com taxa de juros de 10% ano e fizer pagamentos mensais, sua taxa de juros mensal será de 10%/12 ou 0,83%. Você deverá inserir 10%/12 ou 0,83%, ou 0,0083, na fórmula como taxa.

▷ **Nper:** necessário. O número total de períodos de pagamento em uma anuidade. Por exemplo, se você fizer um empréstimo de carro de quatro anos e fizer pagamentos mensais, seu empréstimo terá 4*12 (ou 48) períodos. Você deverá inserir 48 na fórmula para nper.

▷ **Pgto:** necessário. O pagamento feito em cada período. Geralmente, pgto inclui o principal e os juros e nenhuma outra taxa ou tributo. Por exemplo, os pagamentos mensais de R$ 10.000 de um empréstimo de quatro anos para um carro serão de R$ 263,33. Você deverá inserir -263,33 na fórmula como pgto. Se pgto for omitido, você deverá incluir o argumento vf.

▷ **Vf:** opcional. O valor futuro, ou o saldo, que você deseja obter depois do último pagamento. Se vf for omitido, será considerado 0 (o valor futuro de um empréstimo, por exemplo, é 0). Por exemplo, se você deseja economizar R$ 50.000 para pagar um projeto em 18 anos, então o valor futuro será de R$ 50.000. Você poderia então fazer uma estimativa na taxa de juros e concluir quanto economizaria por mês. Se vf for omitido, você deverá incluir o argumento pgto.

▷ **Tipo:** opcional. O número 0 ou 1 e indica as datas de vencimento.

	A	B	C
1	Taxa de Juros	Taxa	2%
2	Número de Parcelas	Nper	10
3	Valor Parcela Inicial	Pgto	38,96
4	Pagamento de cada Período		
5	que é a parcela inicial		
6			
7			R$ 426,60
8			

5.8.6 NPER

=NPER(taxa;pgto;vp;vf;tipo)

Retorna o número de períodos para investimento de acordo com pagamentos constantes e periódicos e uma taxa de juros constante.

=NPER(2%;10;350)

A sintaxe da função NPER tem os seguintes argumentos:

▷ **Taxa:** é a taxa de juros por período.

▷ **Pgto:** é o pagamento feito em cada período; não pode mudar durante a vigência da anuidade. Geralmente, pgto contém o capital e os juros, mas nenhuma outra tarifa ou taxas.

▷ **Vp:** é o valor presente ou atual de uma série de pagamentos futuros.

▷ **Vf:** é o valor futuro, ou o saldo, que você deseja obter depois do último pagamento. Se vf for omitido, será considerado 0 (o valor futuro de um empréstimo, por exemplo, é 0).

▷ **Tipo:** é o número 0 ou 1 e indica as datas de vencimento.

5.8.7 Taxa

=TAXA(nper, pgto, vp, [vf], [tipo], [estimativa])

Retorna a taxa de juros por período de uma anuidade.

=TAXA(10;-38,96;426,65)

A sintaxe da função TAXA tem os seguintes argumentos:

▷ **Nper:** obrigatório. O número total de períodos de pagamento em uma anuidade.

▷ **Pgto:** obrigatório. O pagamento feito em cada período e não pode mudar durante a vigência da anuidade. Geralmente, pgto inclui o principal e os juros e nenhuma outra taxa ou tributo. Se pgto for omitido, você deverá incluir o argumento vf.

▷ **Vp: obrigatório.** O valor presente — o valor total correspondente ao valor atual de uma série de pagamentos futuros.

▷ **Vf:** opcional. O valor futuro, ou o saldo, que você deseja obter depois do último pagamento. Se vf for omitido, será considerado 0 (o valor futuro de um empréstimo, por exemplo, é 0).

Tipo: opcional. O número 0 ou 1 e indica as datas de vencimento.

5.8.8 PGTO

=PGTO(taxa, nper, vp, [fv], [tipo])

Retorna o pagamento periódico de uma anuidade de acordo com pagamentos constantes e com uma taxa de juros constante.

=PGTO(2%;36;350)

A sintaxe da função PGTO tem os seguintes argumentos:

▷ **Taxa:** obrigatório. A taxa de juros para o empréstimo.
▷ **Nper:** obrigatório. O número total de pagamentos pelo empréstimo.
▷ **Vp:** obrigatório. O valor presente, ou a quantia total agora equivalente a uma série de pagamentos futuros; também conhecido como principal.
▷ **Vf:** opcional. O valor futuro, ou o saldo, que você deseja obter após o último pagamento. Se vf for omitido, será considerado 0 (zero), ou seja, o valor futuro de um empréstimo é 0.
▷ **Tipo:** opcional. O número 0 (zero) ou 1 e indica o vencimento dos pagamentos.

5.8.9 ABS

=ABS(núm)

Retorna o valor absoluto de um número.

=ABS(-4)

5.8.10 AGORA

Retorna a data e hora.

=AGORA()

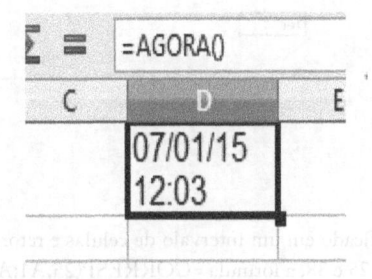

HOJE

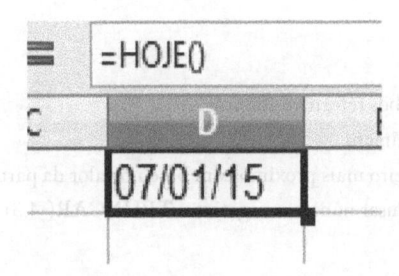

Retorna a data atual.

=HOJE()

5.8.11 DIA DA SEMANA

Fornece o dia da semana a que uma data corresponde. O Excel nos dará como resultado um número que equivale a um dia da semana. Por padrão o n.1 corresponde ao domingo.

=DIA.DA.SEMANA(data ou célula que contém a data)
=DIA.DA.SEMANA("10/11/1975")
=DIA.DA.SEMANA(B6)

5.8.12 DIAS360

Com esta função teremos o número de dias que há entre uma data inicial e uma data final.

=DIAS360(datainicial;datafinal)
=DIAS360("10/11/1975";"10/12/1975")
=DIAS360(A1;A2)

5.8.13 MULT

A função MULT multiplica todos os números especificados como argumentos e retorna o produto. Por exemplo, se as células A1 e A2 contiverem números, você poderá usar a fórmula =MULT(A1;A2) para multiplicar esses dois números juntos. A mesma operação também pode ser realizada usando o operador matemático de multiplicação (*); por exemplo, =A1 * A2.

A função MULT é útil quando você precisa multiplicar várias células ao mesmo tempo. Por exemplo, a fórmula =MULT(A1:A3;C1:C3) equivale a =A1 * A2 * A3 * C1 * C2 * C3.

5.8.14 MOD

Retorna o resto de uma divisão.

Sintaxe: (Valor a ser dividido; divisor)

Exemplo:

=MOD(10;3)

O resultado retornado pelo Excel será 1.

5.8.15 ESCOLHER

Use núm_índice para retornar um valor da lista de argumentos de valor. Use ESCOLHER para selecionar um valor entre 254 valores que se baseie no número de índice.

=ESCOLHER(3;A1;A2;A3;A4;A5;A6;A7)

	A	B	C	D	E	F	G	H
1	Dom							
2	Seg		Ter					
3	Ter							
4	Qua							
5	Qui							
6	Sex							
7	Sáb							

5.8.16 CORRESP

A função CORRESP procura um item especificado em um intervalo de células e retorna à posição relativa desse item no intervalo. Por exemplo, se o intervalo A1:A3 contiver os valores 5, 25 e 38, a fórmula =CORRESP(25,A1:A3,0) retornará o número 2, porque 25 é o segundo item no intervalo.

=CORRESP(25;A1:A3)

5.8.17 TRUNCAR E INT

TRUNCAR e INT são semelhantes pois ambos retornam inteiros.

TRUNCAR remove a parte fracionária do número.

INT arredonda números para baixo até o inteiro mais próximo com base no valor da parte fracionária do número.

INT e TRUNCAR são diferentes apenas ao usar números negativos: TRUNCAR(-4.3) retorna -4, mas INT(-4.3) retorna -5 pois -5 é o número mais baixo.

5.8.18 ARRED

A função ARRED arredonda um número para um número especificado de dígitos. Por exemplo, se a célula A1 contiver 23,7825 e você quiser arredondar esse valor para duas casas decimais, poderá usar a seguinte fórmula:

=ARRED(A1;2)

O resultado dessa função é 23,78

5.8.19 PRI.MAIUSCULA

Coloca em maiúscula a primeira letra e todas as outras letras que seguem um caractere que não seja uma letra em uma cadeia de texto. Converte todas as outras letras da cadeia de texto em letras minúsculas.

PRI.MAIÚSCULA(texto)

5.8.20 MAIÚSCULA

Converte o texto em maiúsculas.

MAIÚSCULA(texto)

CONHECIMENTOS DE INFORMÁTICA

5.9 Recursos automatizados do Excel

5.9.1 Autopreenchimento

Este recurso é utilizado para digitar sequências de texto ou números.

Perceba na imagem abaixo que há uma célula qualquer selecionada e que em seu canto direito inferior existe um pequeno quadradinho. É nele que vamos clicar e manter pressionado o mouse para utilizar este recurso. Esta é a alça de preenchimento.

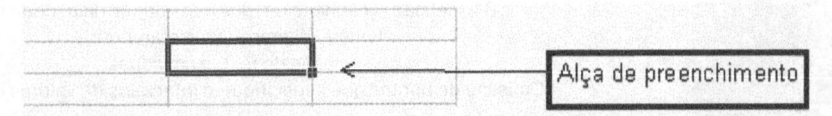

Como exemplo, digite na célula A1 a palavra **Janeiro**. Posicione a seta do mouse sobre a Alça de Preenchimento. Ela irá se transformar em uma cruz. Clique com o botão esquerdo do mouse e arraste a cruz até a célula E1. Ao chegar na coluna E, libere o botão do mouse. O Autopreenchimento reconhece letras maiúsculas e minúsculas, datas, dias de semana, sequências como Mês 1 etc.

5.10 Endereço absoluto e endereço relativo

Um recurso presente em qualquer planilha é o endereçamento ou referenciamento relativo. Dá-se o nome de referenciamento relativo ao fato de que quando se atribui, por exemplo, "=A2 + 1", na célula "a5" e se copia a fórmula para a célula "A6", esta irá referenciar o valor "=A3 + 1" (observe o incremento na fórmula). O mesmo pode ser feito através da Alça de Preenchimento, que copia a fórmula, mas a incrementa conforme você arrasta no sentido Linha ou Coluna.

Nem sempre este é o comportamento desejável. Veja o exemplo:

Na imagem, temos uma planilha do Excel com dados de uma empresa que empresta dinheiro, ou seja, trabalha com financiamento.

Se a pessoa emprestar qualquer valor dentre os oferecidos poderá pagar em 12 parcelas sob o juro de 36% ou em 24 parcelas sob o juro de 74,40%.

Então, trabalhamos nessa empresa, criamos a planilha com os dados especificados e que um cliente empresta R$ 1.000,00, então calculamos os juros conforme as especificações: =(A9*B3) + A9. Até aqui tudo certo!

Digamos que um segundo cliente empreste R$ 2.000,00 e para sermos mais rápidos e eficientes, apenas copiamos a fórmula da célula B9 para a B10, ou a arrastamos pela alça de preenchimento. Nesse caso, teremos um erro! Pois ao fazermos isso a função será incrementada e ficará assim: =(A10*B4) + A10, cobrando juros de 74,40% em vez de 36%.

Para lidar com esta situação precisamos fixar, ancorar a fórmula inserindo um $ em frente a especificação de Linha e/ou Coluna que desejamos fixar, que não queremos que seja alterada: =(A9*$B$3) + A9.

Dessa forma, quando copiarmos a função para outras células, a célula B3 não irá incrementar.

Em um endereço, quando se fixa a coluna e a linha simultaneamente, estamos perante um endereço absoluto.

| Se a célula A3 tiver a fórmula =$A$1*A2, ao copiar a fórmula para as células B3 e C3 terão respectivamente as fórmulas: =$A$1*B2 e =$A$1*C2.

5.11 Erros do Excel

	Significado
#DIV/0!	A função ou fórmula está efetuando uma divisão por zero.
#N/DN	Não existe valor disponível.
#NOME?	O Excel não reconhece um dos itens da fórmula. Pode ser: Função digitada incorretamente. Inclusão do texto sem aspas. Omissão de pontos que especifiquem intervalos de valores e outros.
#NULO	Interseção de valores que não se referenciam.
#NUM!	Algum número da fórmula está incorreto.
#REF!	Referência inválida na fórmula.
#VALOR!	Argumento inserido de forma errada na fórmula ou função.

5.11.1 Referência circular

Quando uma fórmula volta a fazer referência à sua própria célula, tanto direta como indiretamente, este processo chama-se referência circular. Ou seja: Você não pode digitar a função =soma(A1:A3) na célula A1, pois ela faz parte da função.

CONHECIMENTOS DE INFORMÁTICA

6 MICROSOFT POWERPOINT 365

O PowerPoint 365 é um aplicativo visual e gráfico, usado principalmente para criar apresentações. Com ele, você pode criar, visualizar e mostrar apresentações de slides que combinam texto, formas, imagens, gráficos, animações, tabelas e vídeos.

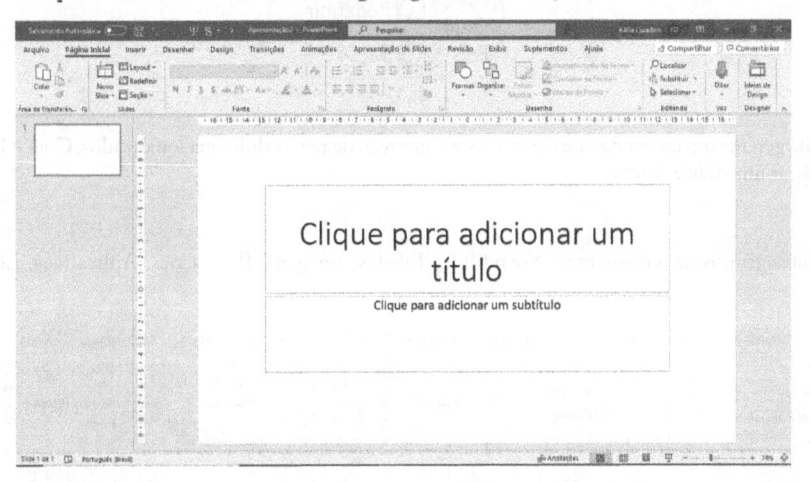

A parte principal do PowerPoint é a janela localizada à direita do aplicativo, em que é exibido o primeiro slide como padrão, perceba que este slide apresenta uma estrutura para inserção de conteúdo por meio de textos, imagens etc.

Principais extensões de arquivos:
- .pptx – extensão padrão.
- .ppsx – extensão de apresentação de slides.
- .potx – extensão modelo de arquivo.
- .odp – salva, abre, edita arquivos do LibreOffice Impress.

6.1 Arquivo

A Guia ou Menu Arquivo contém funcionalidades como Salvar, Salvar Como, Abrir, Fechar e que se comportam da mesma maneira conforme estudamos no Editor de Textos Microsoft Word 2019.

6.2 Imprimir

Na opção Imprimir, vamos trabalhar com Slides ao invés de páginas. Vamos escolher entre Imprimir Todos os Slides, Imprimir Seleção, Imprimir Slide Atual ou Imprimir um Intervalo Personalizado de Slides.

Em Folhetos, você poderá escolher o número de Slides em cada página.

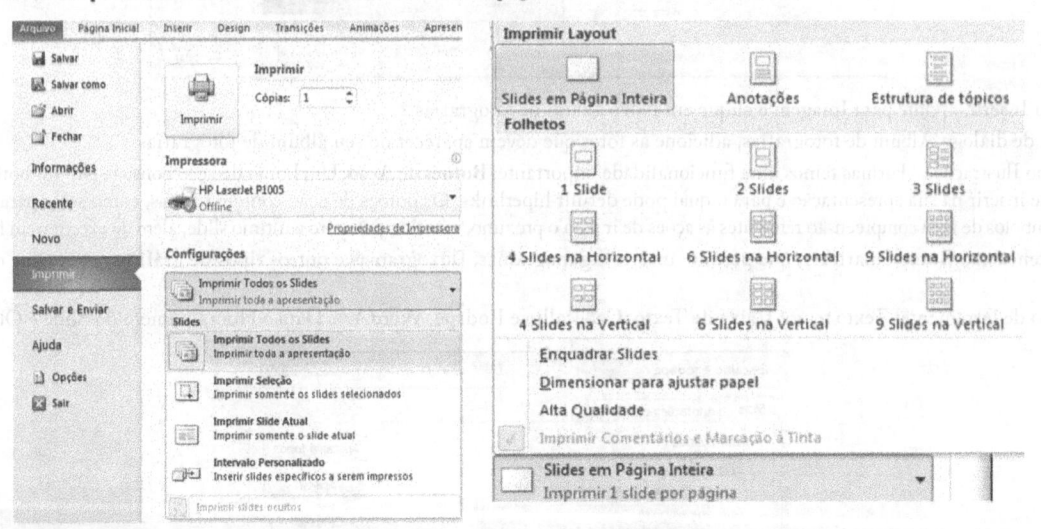

6.3 Página Inicial

MICROSOFT POWERPOINT 365

Na Guia Inicial, temos os seguintes grupos de ferramentas: Área de Transferência, Slides, Fonte, Parágrafo, Desenho e Edição.

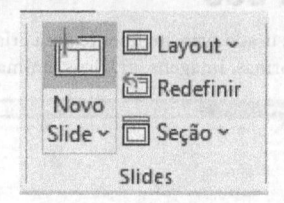

O Grupo **Slides** permite gerenciar o layout das apresentações e a inserção de novos slides personalizados. Com o botão Novo Slide, podemos inserir Novo Slide ou duplicar um slide existente.

6.4 Inserir

Aqui, temos os seguintes grupos de ferramentas: Novo Slide, Tabelas, Imagens, Ilustrações, Aplicativos, Links, Comentários, Texto, Símbolos e Mídia.

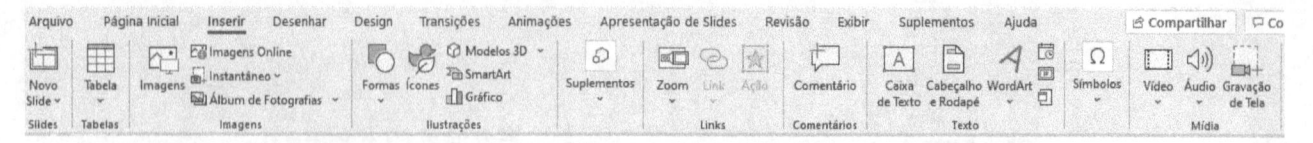

6.4.1 Álbum de Fotografias

No Grupo Imagens, temos Álbum de Fotografias. O Microsoft PowerPoint cria uma apresentação quando você usa o recurso Álbum de Fotografias. Qualquer apresentação que esteja aberta no momento no PowerPoint não será afetada por essa tarefa.

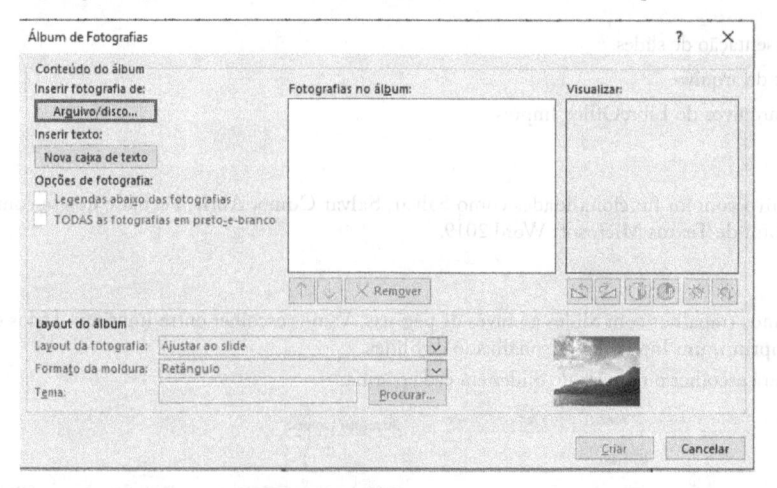

No menu Inserir, aponte para Imagem e clique em Novo álbum de fotografias.

Na caixa de diálogo Álbum de fotografias, adicione as fotos que devem aparecer no seu álbum de fotografias.

No Grupo Ilustrações / Formas temos uma funcionalidade importante: **Botões de Ação.** Um botão de ação consiste em um botão já existente que você pode inserir na sua apresentação e para o qual pode definir hiperlinks. Os botões de ação contêm formas, como setas para direita e para esquerda e símbolos de fácil compreensão referentes às ações de ir para o próximo, anterior, primeiro e último slide, além de executarem filmes ou sons.

Preste atenção ao Botão SmartArt, que permite inserir organogramas, fluxogramas e outros tipos de gráficos, conforme estudamos no Word 2019.

No grupo de ferramentas Texto temos Caixa de Texto, Cabeçalho e Rodapé, WordArt, Data e Hora, Número do Slide e Objetos.

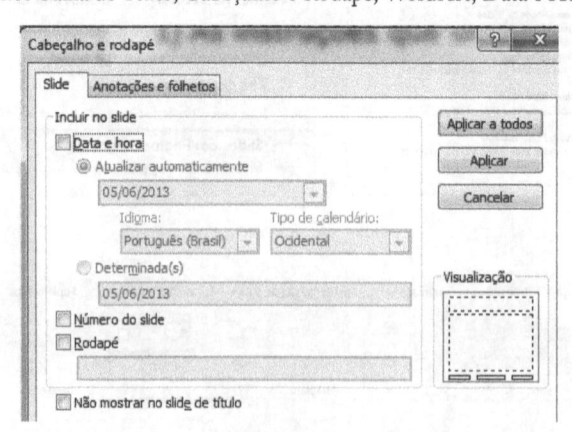

CONHECIMENTOS DE INFORMÁTICA

6.5 Transições

Nesta guia, configuramos o efeito durante a transição de um slide para o outro.

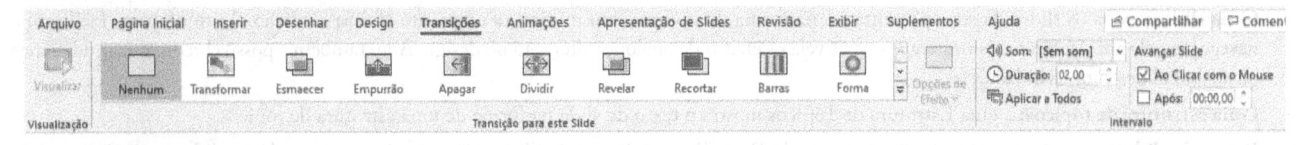

6.6 Animações

Na guia Animações, você irá escolher animações para textos e objetos das apresentações em slides.

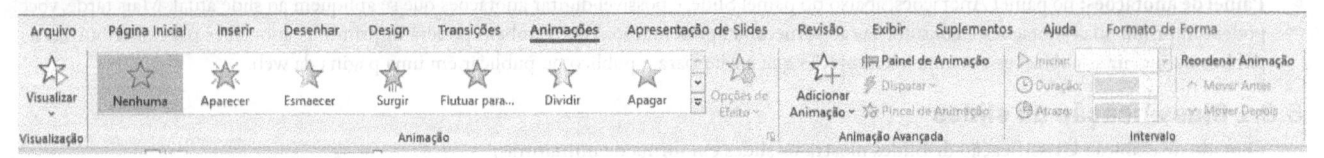

No grupo Animação, você seleciona a animação desejada para se aplicar ao texto ou objeto, bastando, para isso, selecionar o texto ou objeto desejado, escolher a animação e aplicar as configurações de intervalo, por exemplo, o tempo de duração do efeito animado.

No grupo Animação Avançada, temos o botão Adicionar Animação, Painel de Animação, Disparar e Pincel de Animação que copia a animação de um objeto para outro.

No grupo Intervalo, você irá configurar a Duração e Atraso das animações.

6.7 Apresentação de slides

Esta guia contém os seguintes grupos de ferramentas: Iniciar Apresentação de Slides, Configurar e Monitores.

No grupo **Iniciar Apresentação de Slides, você poderá iniciar sua apresentação através do Botão do Começo, ou do Botão do Slide Atual.**

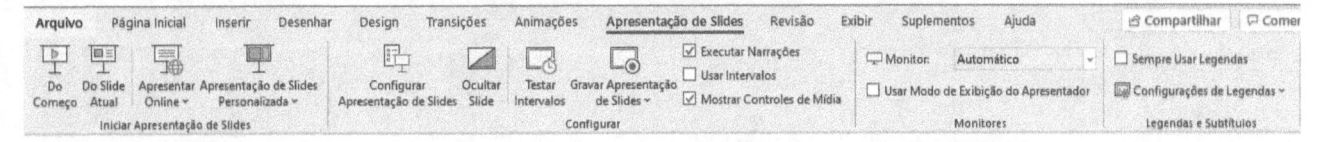

6.8 Guia Exibir

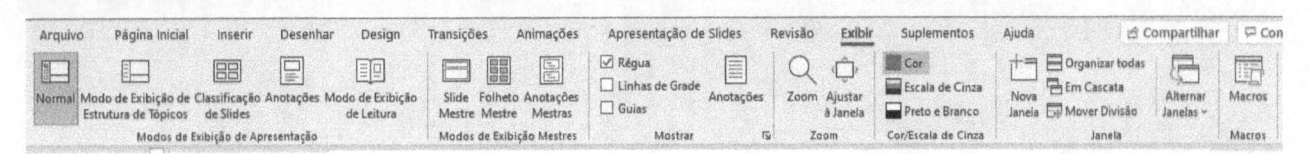

MICROSOFT POWERPOINT 365

▷ **Modo de exibição normal:** é o principal modo de exibição de edição, no qual você pode escrever e criar sua apresentação. O modo de exibição Normal tem quatro áreas de trabalho:

Área do Modo de Exibição Normal:

▷ **Guia slides:** exiba os slides da sua apresentação na forma de imagens em miniatura enquanto realiza a edição. As miniaturas facilitam a navegação pela apresentação e permitem que você veja os efeitos de qualquer alteração no design. Aqui também é possível reorganizar, adicionar ou excluir slides com facilidade.

▷ **Guia estrutura de tópicos:** a guia Estrutura de Tópicos mostra o texto do slide na forma de uma estrutura de tópicos.

▷ **Painel de slides:** na seção superior direita da janela do PowerPoint, o Painel de Slide exibe uma imagem ampla do slide atual. Com o slide nesse modo de exibição, é possível adicionar texto e inserir imagens, tabelas, elementos gráficos SmartArt, gráficos, objetos de desenho, caixas de texto, filmes, sons, hiperlinks e animações.

▷ **Painel de anotações:** no painel Anotações, abaixo do painel Slide, é possível digitar anotações que se apliquem ao slide atual. Mais tarde, você poderá imprimir suas anotações e consultá-las ao fornecer a apresentação. Você também poderá imprimir as anotações para distribuí-las ao público ou incluir as anotações em uma apresentação que enviar para o público ou publicar em uma página da web.

6.8.1 Classificação de slides

O modo de exibição Classificação de Slides mostra os slides em forma de miniaturas.

▷ **Anotações:** é possível digitar anotações que se apliquem ao slide atual.

▷ **Modos de exibição mestres:** tem a função de alterar o design e layout dos slides por meio dos próprios slides, folhetos ou anotações. Esta guia possui as funções Slide Mestre, Folheto Mestre, Anotações Mestras e podem ser utilizadas separadamente. Um slide mestre é o slide principal em uma hierarquia de slides que armazena informações sobre o tema e os layouts dos slides de uma apresentação, incluindo o plano de fundo, a cor, as fontes, os efeitos, os tamanhos dos espaços reservados e o posicionamento. Como os slides mestres afetam a aparência de toda a apresentação, ao criar e editar um slide mestre ou os layouts correspondentes, você trabalha no modo de exibição Slide Mestre.

▷ **Usar vários slides mestres (cada um com um tema diferente) em uma apresentação:** para que a sua apresentação contenha dois ou mais estilos ou temas diferentes (como planos de fundo, cores, fontes e efeitos), você precisa inserir um slide mestre para cada tema.

▷ **Prática recomendada para criar e trabalhar com slides mestres:** o ideal é criar um slide mestre antes de começar a criar slides individuais, e não depois. Quando você cria o slide mestre primeiro, todos os slides adicionados à apresentação são baseados nesse slide mestre e nos layouts associados. Quando começar a fazer alterações, faça-as no slide mestre.

7 MICROSOFT WORD 365

O Microsoft 365 é uma assinatura que possui os recursos mais colaborativos e atualizados em uma experiência integrada e perfeita, como os do Office que possui o Word, o PowerPoint e o Excel. Possui ainda armazenamento *on-line* extra e recursos conectados à nuvem que permitem editar arquivos em tempo real entre várias pessoas, além de sempre ter correções e atualizações de segurança mais recentes e suporte técnico contínuo, sem nenhum custo extra. É possível pagar a assinatura mensalmente ou anualmente, e o plano Microsoft 365 *Family* permite compartilhar a assinatura com até seis pessoas da família e usar seus aplicativos em vários PCs, Macs, tablets e telefones.

7.1 Extensões

Até a versão 2003, os documentos eram salvos no formato ".doc". A partir da versão 2007, os documentos são salvos na versão ".docx". O padrão do Word 2019 continua com a extensão .docx "DOCX", mas podemos salvar arquivos nos formatos .odt (Writer), PDF, .doc, .rtf, entre outros.

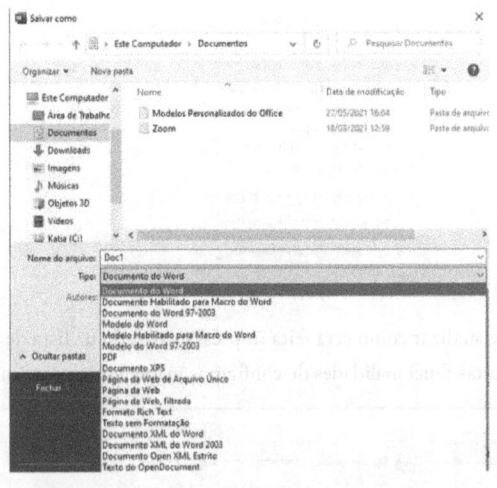

O Office 2019 é, também, vendido como uma compra única, o que significa tem um custo único e inicial para obter os aplicativos do Office para um computador. Compras únicas estão disponíveis para PCs e Macs. No entanto, não há opções de *upgrade*, o que significa que, caso seja necessário fazer um upgrade para a próxima versão principal, precisará comprá-la pelo preço integral.

Preste atenção a esses detalhes como extensão de arquivos, pois eles caem com frequência em provas de concurso.

Você poderá salvar os arquivos em uma versão anterior do Microsoft Office selecionando na lista "Salvar como", na caixa de diálogo. Por exemplo, é possível salvar o documento do Word 2013 (.docx) como um documento 97-2003 (.doc).

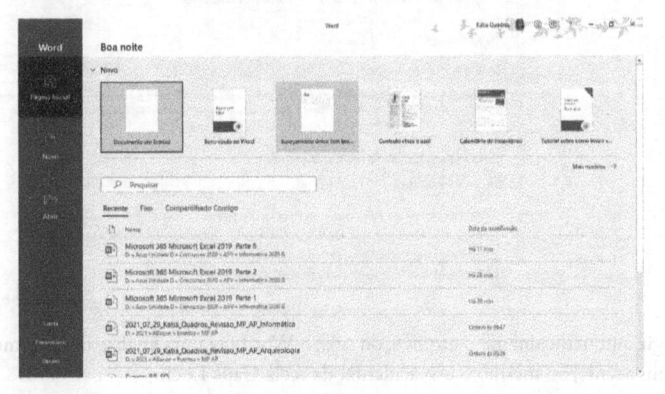

▷ **Barra de título:** em um novo documento, ela apresenta como título "Documento1". Quando o documento for salvo, ele apresentará o nome do documento nesta mesma barra.

▷ **Barra de acesso rápido:** é personalizável e contém um conjunto de comandos independentes da guia exibida no momento na "Faixa de opções".

▷ **Menu arquivo:** possui comandos básicos, que incluem – embora não estejam limitados a – Abrir, Salvar e Imprimir.

Note as entradas da coluna da esquerda, que, na prática, funciona como um painel. Elas prestam os clássicos serviços auxiliares de um menu "Arquivo" convencional, ou seja, Salvar, Salvar como, Abrir e Fechar o arquivo de trabalho.

Outras conhecidas como Novo: cria um arquivo e permite escolher entre centenas de modelos (*templates*) oferecidos.

MICROSOFT WORD 365

▷ **Imprimir:** refere-se à impressão do documento.

Ao clicar em Imprimir, abrirá um menu dropdown, que mostra a impressora selecionada no momento. Um clique na lista suspensa mostrará outras impressoras disponíveis.

É possível imprimir tudo ou parte de um documento. As opções para escolher qual parte imprimir podem ser encontradas na guia "Imprimir", no modo de exibição do Microsoft Office *Backstage*. Em "Configurações", clique em Imprimir "Todas as páginas" para ver essas opções.

Quando há a necessidade de imprimir páginas alternadas no Word, é preciso digitar no formulário o intervalo desejado, como ˜Páginas: 3-6;8˜, em que "-"(aspas) significam "até" e ";" ou "e".

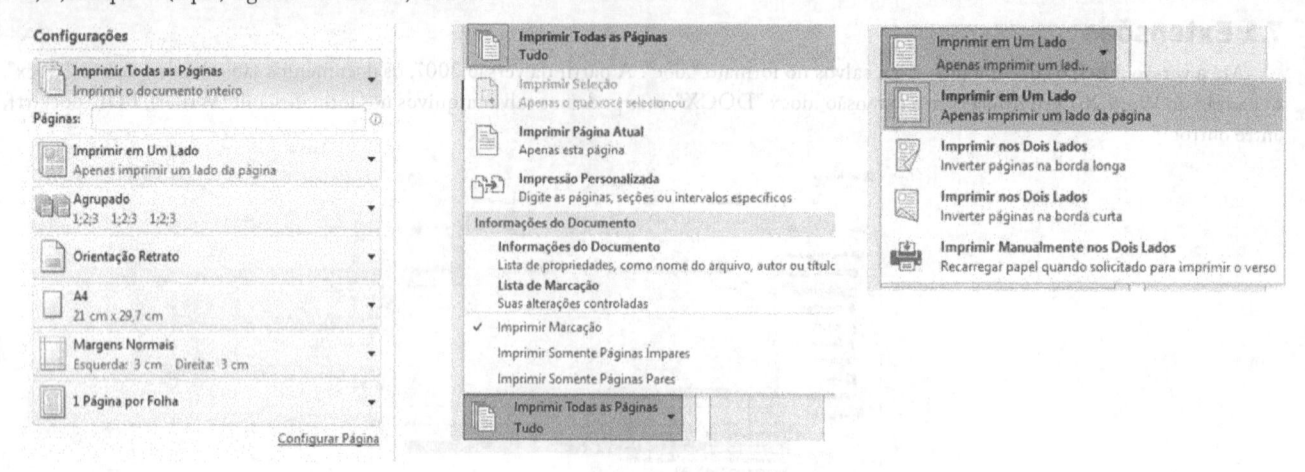

Ainda na opção "Imprimir", é possível visualizar como será feita impressão ao lado da lista de opções.

▷ **Arquivo/Opções:** esse comando traz muitas funcionalidades de configuração que estavam no menu Ferramentas do Word 2003.

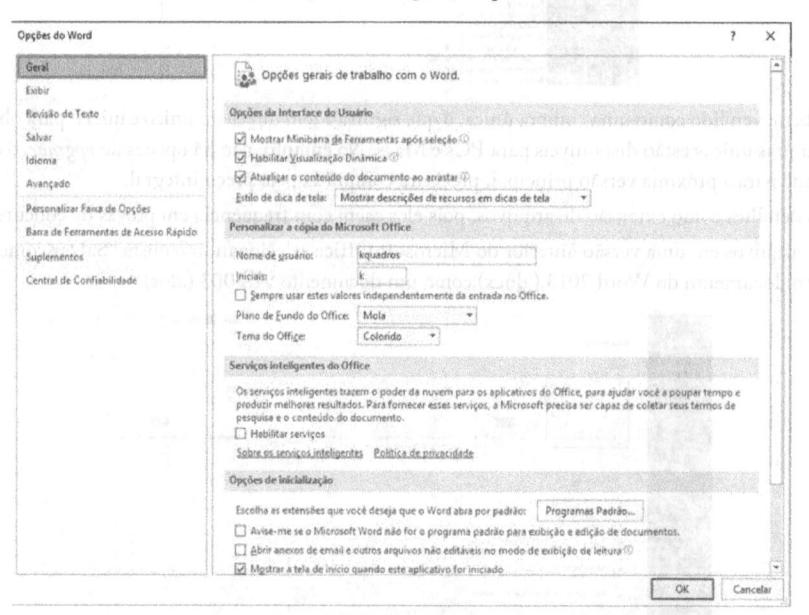

▷ **Autocorreção:** é possível corrigir automaticamente o arquivo, ou seja, o Word faz uma análise do documento e consegue resolver problemas como palavras duplicadas ou sem acento, ou mesmo o uso acidental da tecla Caps Lock.

A diferença trazida na versão 2013 é poder abrir documentos PDF e editá-los. Basta clicar em "Abrir" e escolher o arquivo. A seguinte mensagem é exibida pelo word:

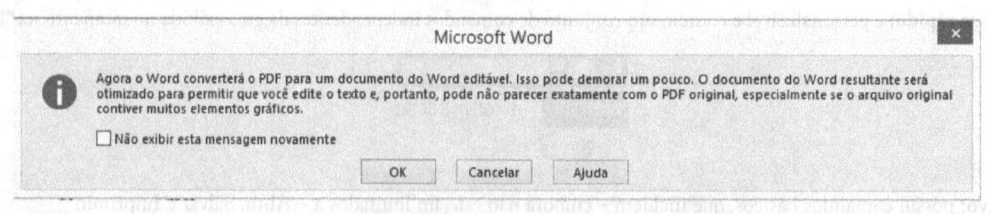

▷ **Abas ou guias:** todos os comandos e funcionalidades do Word 2013 estão dispostos em Guias. As Guias são divididas por Grupos de ferramentas. Alguns grupos possuem um pequeno botão na sua direita inferior que dão acesso a janelas de diálogo.

CONHECIMENTOS DE INFORMÁTICA

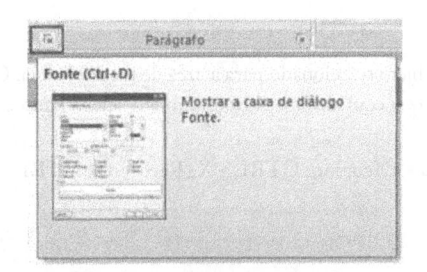

▷ **Guias contextuais:** essas guias são exibidas na Faixa de Opções somente quando relevantes para a tarefa atual, como formatar uma tabela ou uma imagem.

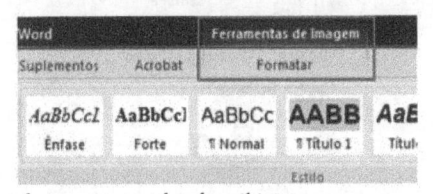

▷ **Barra de status:** contém informações sobre o documento, modos de exibição e zoom.

7.2 Selecionando texto

Selecionando pelo mouse: ao posicionar o mouse mais à esquerda do texto, o cursor, em forma de flecha branca, aponta para a direita:
▷ Ao dar um clique, ele seleciona toda a linha.
▷ Ao dar um duplo clique, ele seleciona todo o parágrafo.
▷ Ao dar um triplo cliquem, ele seleciona todo o texto.

Com o cursor no meio de uma palavra:
▷ Ao dar um clique, o cursor se posiciona onde foi clicado.
▷ Ao dar um duplo clique, ele seleciona toda a palavra.
▷ Ao dar um triplo clique ele seleciona todo o parágrafo.

É possível também clicar, manter o mouse pressionado e arrastá-lo até onde desejamos selecionar. Ou, ainda, clicar onde começa a seleção, pressionar a tecla SHIFT e clicar onde termina a seleção.

▷ **Selecionar palavras alternadas:** selecione a primeira palavra, pressione CTRL e vá selecionando as partes do texto que deseja modificar.

Pressionando ALT, selecionamos o texto em bloco:

7.3 Guia página inicial

Preste muita atenção nesta guia: é uma das mais cobradas em Word.

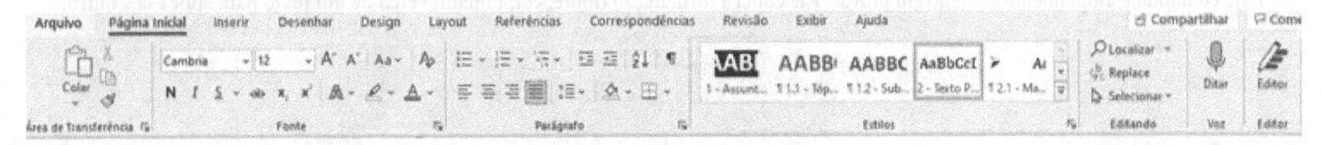

7.3.1 Grupo área de transferência

7.3.2 Copiar, Recortar e Colar

Copiar e Recortar enviam um texto ou um objeto selecionado para a área de transferência. Copiar permite que o texto ou objeto selecionado fique no local de origem também, e Recortar faz o contrário: o texto ou objeto selecionado é retirado do local de origem. Colar busca o que está na área de transferência.

Podem-se utilizar as teclas de atalho CTRL + C (copiar), CTRL + X (Recortar) e CTRL + V (Colar), ou o primeiro grupo na Guia Página Inicial.

7.3.3 Opções de colagem

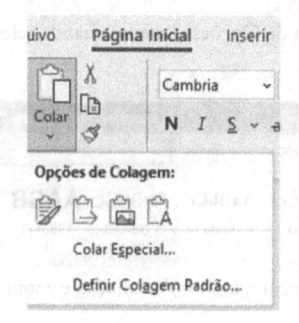

▷ **Manter formatação original:** preserva a aparência do texto original.
▷ **Mesclar formatação:** altera a formatação para que ela corresponda ao texto ao redor.
▷ **Imagem:** cola imagem.
▷ **Manter somente texto:** remove toda a formatação original do texto. Se você usar a opção Manter Somente Texto para colar conteúdo que inclui imagens e uma tabela, as imagens serão omitidas do conteúdo colado, e a tabela será convertida em uma série de parágrafos.

7.3.4 Colar especial

▷ **CTRL + ALT + V:** cola um texto ou objeto, que esteja na área de transferência, sem formatação, no formato RTF ou no formato HTML.

7.3.5 Área de Transferência

▷ **CTRL + CC – Importante:** abre o painel de tarefa Área de Transferência. Você pode armazenar até 24 itens na área de transferência.

Para abrir o painel, clique no botão ou use o atalho CTRL + CC, que deve estar configurado em Opções da Área de Transferência.

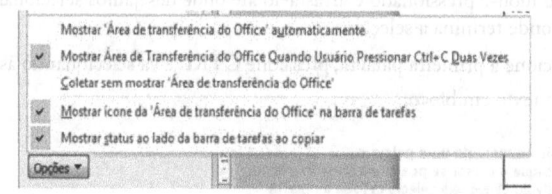

A Área de Transferência é uma área de armazenamento temporário de informações onde o que foi copiado ou movido de um lugar fica armazenado temporariamente. É possível selecionar o texto ou os elementos gráficos e, em seguida, usar os comandos Recortar ou Copiar para mover a seleção para a Área de Transferência, onde ela será armazenada até que o comando Colar seja acionado para inseri-la em algum outro lugar.

Quando são acionados o "Cortar" (CTRL + X) ou o "Copiar" (CTRL + C) de um elemento, este é conservado temporariamente na área de transferência.

7.3.6 Pincel de formatação

Este comando é amplamente cobrado em provas. Ele copia a formatação (fonte, cor, tamanho etc.) de um texto para aplicá-la a outro.

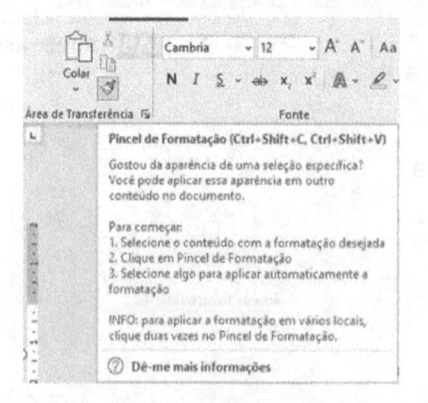

7.3.7 Fonte

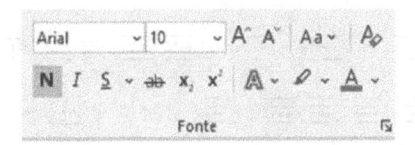

Para usar esse recurso, é possível usar os seguintes atalhos:

- **Abrir caixa de diálogo:** CTRL + D ou CTRL + SHIFT + P
- **Tipo e tamanho da fonte:** aumentar (CTRL + >) e Diminuir (CTRL + <)

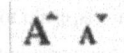

7.3.8 Maiúsculas e minúsculas

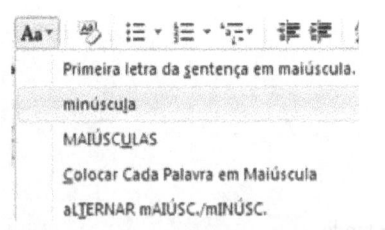

Para usar esse recurso, é possível usar os seguintes atalhos:

- **Abrir caixa de diálogo:** CTRL + SHIFT + A.

- **Negrito:** CTRL + N
- **Itálico:** CTRL + I
- **Sublinhado:** CTRL + S (na seta ao lado do botão há opções de sublinhado).
- **Tachado:** efeito de texto com uma linha no meio: TEXTO
- **Subscrito:** H2O – CTRL + =
- **Sobescrito:** 22 – CTRL + SHIFT + +
- **Cor do realce do texto:** como se fosse um marcador de textos.

7.3.9 Cor da fonte

Ao pressionar o atalho CTRL + D, ou atalho CTRL + SHIFT + P ou ainda clicar no botão (Iniciador de caixa de diálogo) na parte inferior da guia, no grupo Fonte, a janela de diálogo FONTE é aberta.

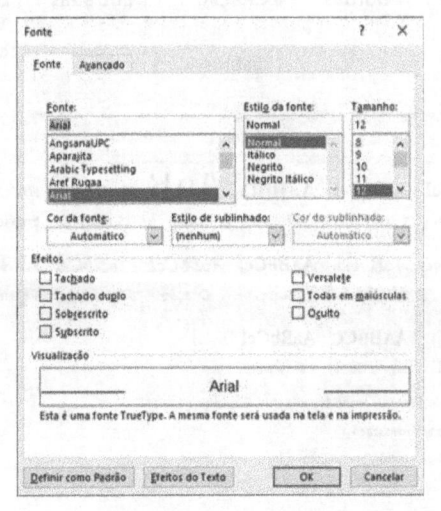

7.3.10 Parágrafo

▷ **Marcadores:** ativa ou desativa marcadores (bullets points)
▷ **Numeração:** ativa ou desativa numeração, que pode ser com algarismos romanos, arábicos ou mesmo com letras maiúsculas e minúsculas.
▷ **Lista de vários níveis:** ativa ou desativa numeração de vários níveis, estilo tópicos e subtópicos.
▷ **Classificar:** abre caixa de diálogo onde podemos ordenar em ordem crescente ou decrescente os parágrafos do texto.
▷ **Mostrar tudo:** mostra marcas de parágrafo e outros símbolos de formatação ocultos. Esses símbolos não são imprimíveis.

7.3.11 Botões de alinhamento

É possível usar os seguintes recursos:
- **Alinhamento à esquerda:** CTRL + Q
- **Alinhamento centralizado:** CTRL + E
- **Alinhamento à direita:** CTRL + G
- **Alinhamento justificado:** CTRL + J
- **Botão sombreamento:** para colorir plano de fundo.
- **Botão bordas:** para inserir ou retirar bordas.

Na aba Quebra de linha e de página, temos o controle de linhas órfãs e viúvas.

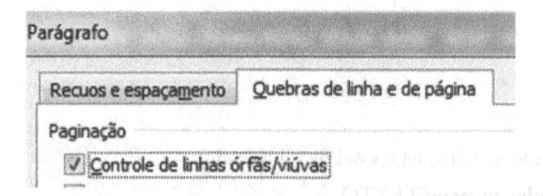

▷ **Linhas órfãs:** são as primeiras linhas dos parágrafos que têm as linhas subsequentes passadas para outra página.
▷ **Linhas viúvas:** são as linhas que ficam sozinhas em outra página, com o restante do parágrafo na página anterior.

7.3.12 Estilos

É possível fazer a maioria das alterações no texto pelo grupo Fonte, mas é trabalhoso. Uma maneira de fazer todas as alterações com um único comando é por meio dos estilos. Estilos é um conjunto de formatações predefinido, onde é possível fazer várias formatações em um texto com apenas um clique no botão do estilo escolhido.

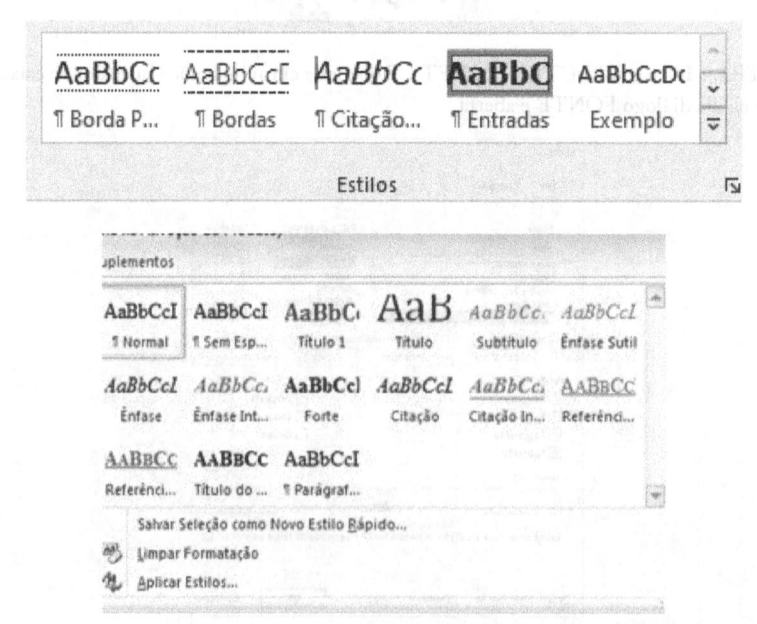

CONHECIMENTOS DE INFORMÁTICA

7.3.13 Editando

- **Localizar:** abre o painel de navegação para que se digite um texto para ser procurado no Word.
- **Localização avançada:** abre caixa de diálogo com opções avançadas para procurar um texto.
- **Ir Para:** permite ir para determinada página, tabela, gráfico, entre outros.
- **Substituir:** usado para substituir palavras em um texto. Você pode substituir uma palavra ou todas em uma única operação.
- **Selecionar:** seleciona textos ou objetos no documento.

7.4 Inserir

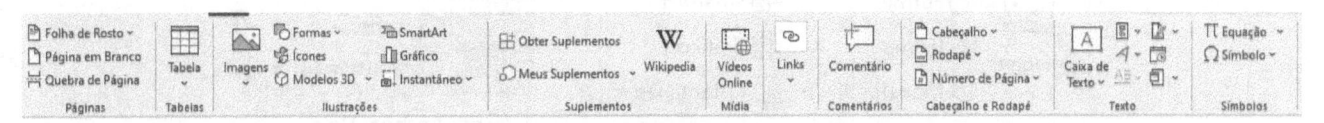

7.4.1 Páginas

- **Folha de rosto:** insere uma folha de rosto já formatada ao documento.
- **Página em branco:** insere uma página em branco onde está o cursor.
- **Quebra de página:** insere uma quebra de página levando o texto para outra página.

7.4.2 Tabelas

Com o botão "Tabela", temos as funções Inserir Tabela, Desenhar Tabela, Converter Texto em Tabela, Inserir Planilha do Excel e Tabelas Rápidas. Quando o cursor é colocado dentro da tabela ou seleciona alguma área, aparece a guia de ferramentas de tabela, juntamente com o grupo Design e Layout.

Na guia Design é onde terão as opções para tratar as cores de sombreamento, bordas, linhas de cabeçalho da tabela. Na guia Layout, é possível trabalhar com inúmeras funcionalidades, como o botão Selecionar:

Ainda nesse grupo, há o botão "Exibir linhas de grade" e "Propriedades". Clicando em Propriedades, abrir, uma caixa de diálogo para configurar alinhamento, disposição do texto, especificar a altura da linha, largura da coluna ou célula será disposta na tela.

No grupo "Linhas e colunas", temos as opões de excluir células, colunas, linhas ou tabela, inserir linhas acima e abaixo e colunas esquerda e à direita.

No grupo Mesclar estão os botões para Mesclar células, Dividir células e Dividir Tabela.

Há, ainda alguns outros recursos presentes. São eles:

- **Tamanho da célula:** especifica a altura da linha e a largura da coluna. Há também os botões "Distribuir linhas" e "Distribuir colunas", que faz com que todas as linhas e colunas com as mesmas medidas.

MICROSOFT WORD 365

- **Alinhamento:** alinhar parte superior à esquerda, alinhar parte superior no centro, alinhar parte superior à direita, centralizar à esquerda, centralizar, centralizar à direita, alinhar parte Inferior à esquerda, alinhar parte Inferior no centro, alinhar parte Inferior à direita. Depois, temos o botão de Direção do Texto e Margens da célula.
- **Classificar:** coloca o texto selecionado em ordem alfabética ou classifica dados numéricos.
- **Converter em texto:** muito importante para as provas. Possibilita converter uma tabela em um texto. É possível também converter texto em tabela, mas, para isso, é preciso clicar na Guia Inserir, no botão Tabela/Converter Texto em Tabela.
- **Movimentação na tabela:** movimente-se na tabela por meio das teclas setas, TAB, ou clicando com o mouse. A tecla ENTER não passará o cursor para outra célula da tabela, mas deixará a linha mais larga, logo, não é utilizada para a movimentação. Contudo, preste atenção: caso a tabela esteja no início de um documento, sem linha nenhuma anterior a ela (em branco ou não), posicionando o cursor na primeira célula da tabela e teclando ENTER, o Word criará uma linha em branco antes da tabela, movendo-a para baixo.

Dica: ao pressionar a tecla TAB, se o cursor estiver na última célula da tabela, será adicionada uma nova linha na tabela.

7.4.3 Ilustrações

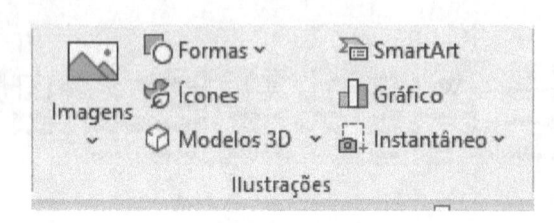

- **Opções de layout de uma imagem:** ao selecionar uma imagem, surge um botão, e, ao clicar nele, abre um menu com opções de Layout, no qual é possível escolher a maneira como seu objeto interage com o texto. Abre, ainda, lista com opção de formas para inserir no documento. Veja exemplos:

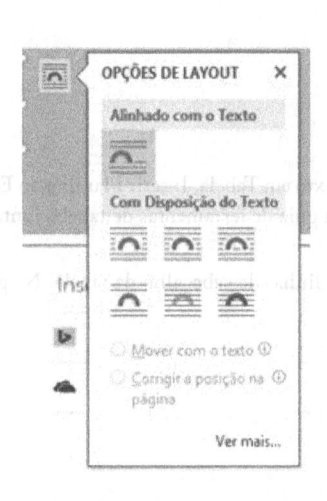

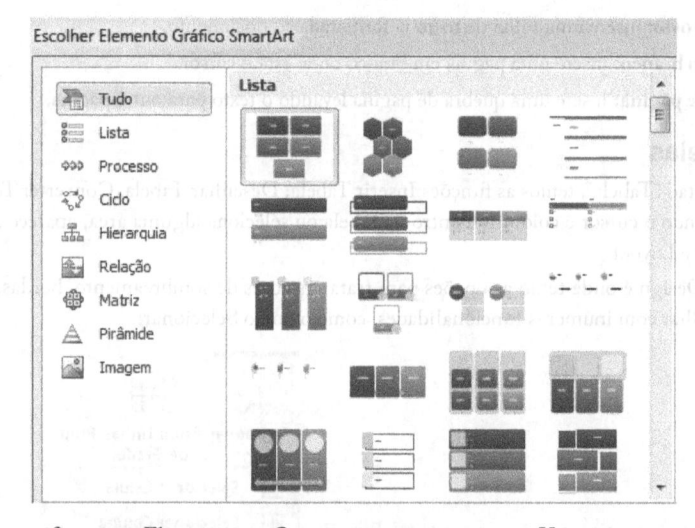

Abre caixa de diálogo para escolher um elemento gráfico como Fluxogramas, Organogramas, entre outros. Veja os tipos na imagem abaixo:
- **Instantâneo:** funciona como um *print screen* e possibilita selecionar a imagem que você quer colar em seu documento.
- **Gráfico:** botão para inserir gráfico com o auxílio do Excel.

7.4.4 Suplementos

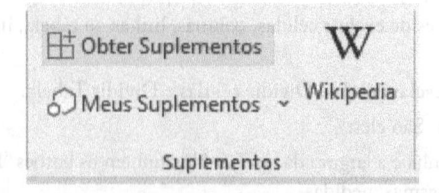

- **Obter suplementos:** é possível adicionar ou comprar aplicativos, como um dicionário, por exemplo. Para começar a usar um novo aplicativo, clique em Meus Suplementos.

7.4.5 Mídia

▷ **Vídeo online:** é possível adicionar vídeos on-line também. Para isso, acesse o grupo Média. Insira vídeos on-line para assistir diretamente no Word sem ter que sair do documento.

7.4.6 Links

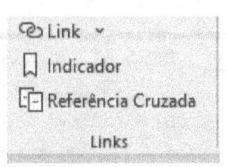

▷ **Hiperlink:** permite criar *links* para o mesmo documento ou outros documentos ou sites da internet.
▷ **Indicador:** cria um nome para um ponto específico do documento.
▷ **Referência cruzada:** permite criar *links* para redirecionar para uma figura ou tabela, por exemplo.

7.4.7 Cabeçalho e rodapé

Na Guia Contextual, podemos trabalhar com o Cabeçalho e Rodapé. Podemos inserir Número de Páginas, Data e Hora, Imagens, assim como inserir cabeçalhos e/ou rodapés diferentes em páginas pares e ímpares ou somente na primeira página.

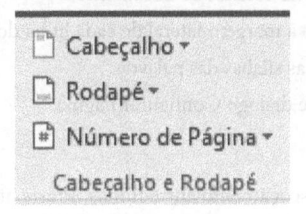

▷ **Navegação:** permite alternar entre Cabeçalho e Rodapé.
▷ **Fechar:** temos apenas o botão para sair do modo de edição do Cabeçalho e Rodapé.

7.4.8 Texto

▷ **Caixa e texto:** insere uma caixa de texto pré-formatada no documento.
▷ **Explorar partes rápidas:** insere trechos de conteúdo reutilizáveis, como data ou uma assinatura.
▷ **WordArt:** insere um texto decorativo no documento.
▷ **Capitular:** cria uma letra maiúscula, grande, no início do parágrafo.
▷ **Adicionar uma linha de assinatura:** insere uma linha de assinatura para identificar quem vai assinar.
▷ **Data e hora:** inserir Data e hora atual no documento.
▷ **Objeto:** para aplicar um objeto ou texto inserido de outro arquivo no seu documento

7.4.9 Grupo símbolos

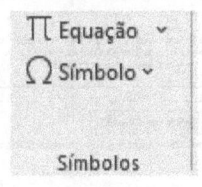

MICROSOFT WORD 365

- **Equação:** permite inserir equações matemáticas ou desenvolver suas próprias equações usando uma biblioteca de símbolos matemáticos.
- **Símbolo:** utilizado para inserir símbolos que não constam no teclado, como símbolos de copyright, símbolo de marca registrada e outros.

7.5 Guia Design

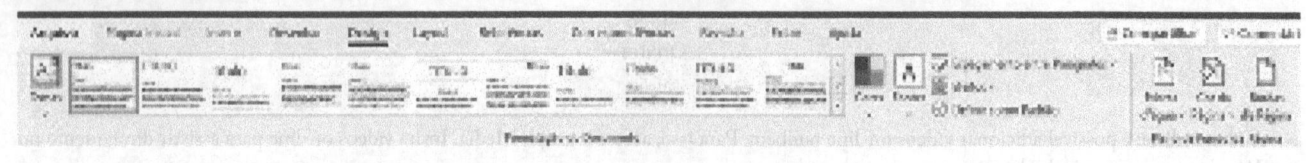

- **Temas:** botões para alterar o design geral do documento inteiro, incluindo cores, fontes e efeitos.

7.6 Guia Layout

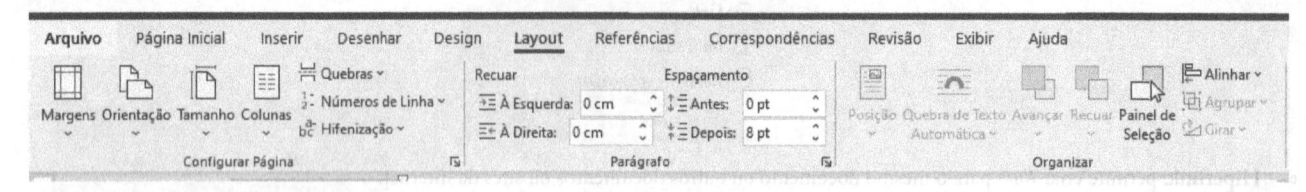

Botões para definir margens, orientação do papel (retrato ou paisagem) e tamanho do papel.

Em Margens personalizadas (acessível ao clicar no botão Margens), há uma caixa de diálogo "Configurar Página, igual a velha conhecida do Office 2003, lembra? Lá temos configurações como margens, orientação do papel, layout entre outras.

- **Colunas:** para formatar o documento em colunas, com ou sem linha entre elas.
- **Quebras:** para adicionar páginas, seção ou quebras de colunas ao documento.
- **Número de linha:** para adicionar número de linhas à margem lateral de cada linha do documento.
- **Hifenização:** permite o word quebrar linhas entre as sílabas das palavras.
- **Configuração de página:** esse botão abre a caixa de diálogo Configurar Página.

7.6.1 Grupo Parágrafo

Permite configurações de Recuo do parágrafo e espaçamento entre linhas. Preste atenção aos botões dessas funcionalidades.

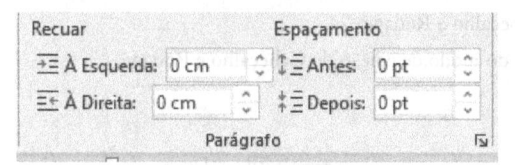

- **Parágrafo:** abre a caixa de diálogo parágrafo.

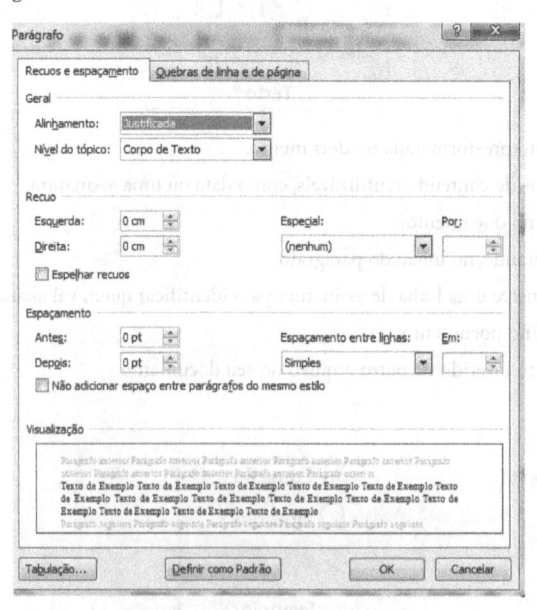

7.6.2 Organizar

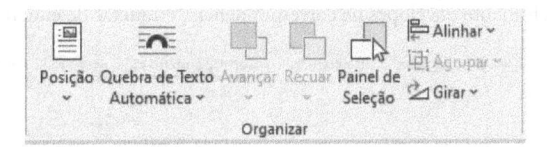

- **Posição:** configura o alinhamento da imagem no documento.
- **Quebra de texto automática:** altera a disposição do texto ao redor do objeto selecionado.
- **Avançar:** trará o objeto selecionado para a frente para que menos objetos fiquem à frente dele.
- **Recuar:** enviará o objeto selecionado para trás para que ele fique oculto atrás dos objetos à frente dele.
- **Painel de seleção:** mostra Painel de Seleção.
- **Alinhar:** alinhará o objeto selecionado em relação às margens.
- **Agrupar:** para agrupar objetos de forma que sejam tratados como um único.
- **Girar:** girar ou inverter o objeto selecionado.

7.7 Guia Referências

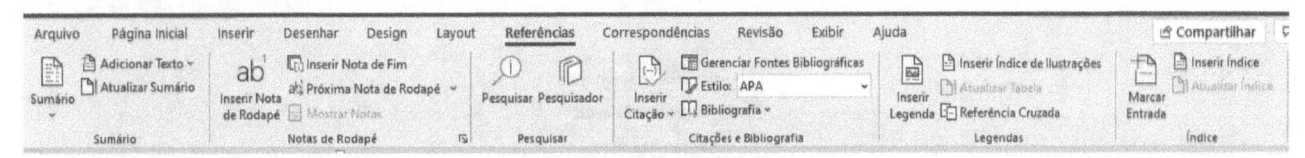

- **Sumário:** permite criar e editar um sumário para o documento ativo. Para isso acesse a guia Referências/Grupo Sumário/ Botão Sumário e escolha o tipo de sumário desejado.
- **Inserir nota de rodapé:** adiciona uma nota de rodapé. Para isso cursor após a palavra ou texto que deseje acrescentar na Nota de rodapé.
- **Inserir nota de fim:** adiciona uma nota de fim ao documento.
- **Próxima nota de rodapé:** útil para navegar até a próxima nota de rodapé do documento.
- **Mostrar notas:** mostra as notas inseridas no documento.

7.7.1 Citações e bibliografia

Uma bibliografia é uma lista de fontes, normalmente colocada no final de um documento, que você consultou ou citou na criação do documento. No Microsoft Word 2019, é possível gerar uma bibliografia automaticamente com base nas informações sobre a fonte fornecidas para o documento.

Toda vez que é criada é uma nova fonte (referência), as informações sobre são salvas no seu computador, para que você possa localizar e usar qualquer fonte que criou.

7.7.2 Legendas

Utilizado para inserir e gerenciar legendas de imagens.

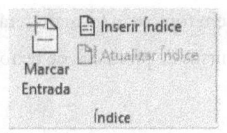

7.7.3 Índice

Perceba que Guia Referências oferece funcionalidades referentes a edição de um livro ou produção de uma monografia ou um TCC. Basta dar uma olhada: sumário, citações, bibliografias.

A Guia Página Inicial é utilizada principalmente para a formatação do documento, a Guia Inserir para inserir elementos e assim por diante.

MICROSOFT WORD 365

7.8 Guia Correspondências

Essa guia permite a criação de preenchimento envelopes de correspondência, etiquetas de endereçamento e de mala direta.

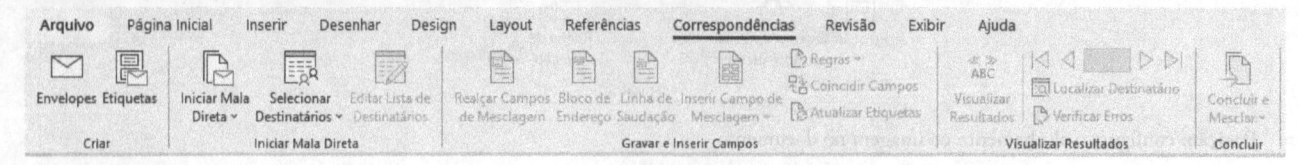

7.9 Revisão

Esta aba é destinada à revisão textual, por exemplo, verificação de ortografia, substituição por sinônimos, ajuste de idioma, tradução, entre outros.

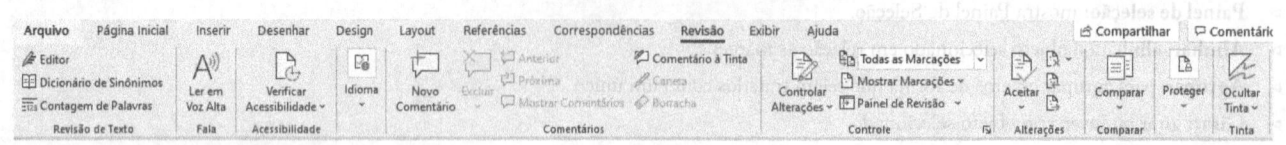

7.9.1 Revisão de texto

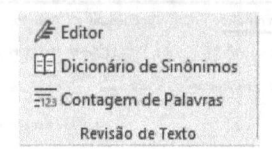

▷ **Editor/Ortografia e gramática:** inicia a correção ortográfica e gramatical do documento.
▷ **Dicionário de sinônimos:** sugere outras palavras com significado semelhante ao da palavra selecionada
▷ **Contagem de palavras:** para saber o número de palavras, caracteres, parágrafos e linhas no documento.

7.9.2 Idioma

Você pode traduzir texto escrito em outro idioma, como frases ou parágrafos e palavras individuais (com o Minitradutor), ou pode traduzir o arquivo inteiro.

Se esta for a primeira utilização dos serviços de tradução, é preciso clicar em OK para instalar os dicionários bilíngues e habilitar o serviço de tradução no painel Pesquisa. Também é possível ver quais dicionários bilíngues e serviços de tradução automática foram habilitados, basta clicar no link Opções de tradução no painel Pesquisa.

7.10 Exibir

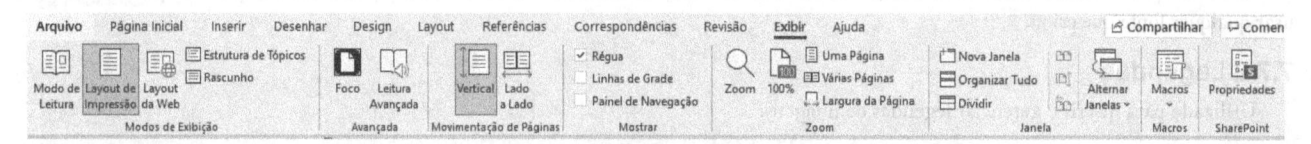

▷ **Modo de Leitura:** oculta as barras do documento, facilitando a leitura em tela.
▷ **Layout de impressão:** formato atual do documento - como ficará na folha impressa-. Esse modo de exibição é útil para editar cabeçalhos e rodapés, para ajustar margens e para trabalhar com colunas e objetos de desenho.
▷ **Layout da web: aproxima** o documento de uma visualização na internet. Esse formato existe, pois muitos usuários postam textos produzidos no Word em sites e blogs.
▷ **Estrutura de tópicos:** permite visualizar seu documento em tópicos, o formato terá melhor compreensão quando trabalharmos com marcadores.
▷ **Rascunho:** é o formato bruto, permite aplicar diversos recursos de produção de texto, porém não visualiza como impressão nem outro tipo de meio.

7.10.1 Janela

▷ **Nova janela:** abre o documento em uma nova janela.
▷ **Organizar tudo:** organiza as janelas abertas.
▷ **Dividir:** divide a janela de modo que fica com dupla barra de rolagem, dupla régua. Ideal para trabalhar com cabeçalhos de textos.

CONHECIMENTOS DE INFORMÁTICA

7.11 Barra de Status

A barra de status, que é uma área horizontal na parte inferior da janela do documento no Microsoft Word, fornece informações sobre o estado atual do que está sendo exibido na janela e quaisquer outras informações contextuais.

- **Número da página:** mostra o número da página atual e o número de páginas no documento.
- **Palavras:** mostra o número de palavras do documento e quando um texto for selecionado, mostra também o número de palavras que estão selecionadas.

Esta opção, mostra o status da verificação de ortografia e gramática. Quando o Word faz a verificação de erros, uma caneta animada aparece sobre o livro. Se nenhum erro for encontrado, será exibida uma marca de seleção. Se um erro for encontrado, será exibido um "X". Para corrigir o erro, clique duas vezes nesse ícone.

7.12 Visualização do Documento

É possível alterar a forma de visualização do documento. No rodapé, a direita da tela tem o controle de Zoom. Anterior a este controle de zoom temos os botões de forma de visualização de seu documento, que podem também ser acessados pela Aba Exibição, conforme já estudamos.

7.13 Atalhos

Arquivo	
Recurso	Teclas de atalho
Novo documento	CTRL + O
Abrir	CTRL + A
Salvar	CTRL + B
Salvar como	F12
Imprimir	CTRL + P
Visualizar impressão	CTRL + F2
Fechar	CTRL + W ou CTRL + F4
Sair	ALT + F4
Desfazer	CTRL + Z

Parágrafo	
Recurso	Teclas de atalho
Alinhar à esquerda	CTRL + Q
Centralizar	CTRL + E
Alinhar à direita	CTRL + G
Justificar	CTRL + J
Espaçamento parágrafo 1	CTRL + 1
Espaçamento parágrafo 1,5	CTRL + 5
Espaçamento parágrafo 1,5	CTRL + 2

Fonte	
Recurso	Teclas de atalho
Fonte	CTRL + D ou CTRL + SHIFT + P
Aumentar fonte	CTRL + SHIFT + >
Diminuir fonte	CTRL + SHIFT + <
Negrito	CTRL + N
Itálico	CTRL + I

MICROSOFT WORD 365

Recurso	Teclas de atalho
Sublinhado	CTRL + S
Duplo sublinhado	CTRL + SHIFT + D
Maiúscula e minúscula	SHIFT + F3
Todas maiúsculas	CTRL + SHIFT + A
Realce	CTRL + ALT + H
Sobrescrito	CTRL + SHIFT + +
Subscrito	CTRL + =

Outros	
Recurso	Teclas de atalho
Ajuda	F1
Quebra de página	CTRL + Enter
Dicionário de sinônimos	SHIFT + F7
Verificação ortográfica	F7
Hipelink	CTRL + K

Edição	
Recurso	Teclas de atalho
Localizar	CTRL + L
Ir para	ALT + CTRL + G ou ALT + CTRL + F5

Geral	
Recurso	Teclas de atalho
Substituir	CTRL + U
Selecionar tudo	CTRL + T

8 VISÃO GERAL SOBRE SISTEMAS DE SUPORTE À DECISÃO E INTELIGÊNCIA DE NEGÓCIO

8.1 Sistemas de Informação

Stari e Reinolds (2011) o descrevem como sendo:

"um conjunto de elementos ou componentes inter-relacionados que coleta (entrada), manipula (processo), armazena e dissemina dados (saída) e informações e fornece uma reação corretiva (mecanismo de realimentação), para alcançar um objetivo [...].

O mecanismo de realimentação é o componente que ajuda as organizações a alcançar seus objetivos, como aumentar os lucros ou melhorar os serviços ao cliente".

Entropia: a entropia é definida como sendo uma forma de medir o grau médio de incerteza a respeito de fontes de informação, o que consequentemente permite a quantificação da informação presente que flui no sistema. Todo sistema sofre deterioração, desatualização.

Entropia negativa: Há a necessidade de continuidade de desenvolvimento. O sistema precisa ser atualizado. Desenvolver forças contrárias a entropia.

Homeostase: Equilíbrio do sistema. Softwares estáveis. Sistemas multitarefas, multiprocessamento. Capaz de executar tarefas complexas.

Trata-se então de uma propriedade autorreguladora de um sistema ou organismo que permite manter o estado de equilíbrio de suas variáveis essenciais ou de seu meio ambiente.

Homeorrese: Recuperação de falhas. Arquivos reinstalados. Reinicialização do sistema. Journaling.

8.1.1 Fundamentos de Sistemas de Informações

Os sistemas de informação (SI) utilizam hardware, software, redes de telecomunicações, técnicas de administração de dados computadorizadas e outras formas de tecnologia de informação (TI) para transformarem recursos de dados em uma variedade de produtos de informação para consumidores e profissionais de negócios.

O que é um sistema?

O que é um sistema e quando ele se aplica ao conceito de um sistema de informação?

Um sistema é um grupo de componentes inter-relacionados que trabalham juntos rumo a uma meta comum, recebendo insumos e produzindo resultados em um processo organizado de transformação.

Os conceitos de sistemas são subjacentes ao campo dos sistemas de informação. Entendê-los irá ajudá-lo a compreender muitos outros conceitos na tecnologia, aplicações, desenvolvimento e administração dos sistemas de informação.

Os conceitos de sistemas o ajudam a entender:

Tecnologia: Que as redes de computadores são sistemas de componentes de processamento de informações.

Aplicações: Que os usos das redes de computadores pelas empresas são, na verdade, sistemas de informação empresarial interconectados.

Desenvolvimento: Que o desenvolvimento de maneiras de utilizar as redes de computadores nos negócios inclui o projeto dos componentes básicos dos sistemas de informação.

Administração: Que a administração da informática enfatiza a qualidade, valor para o negócio e a segurança dos sistemas de informação de uma organização.

Um sistema possui três componentes ou funções básicos em interação:

Entrada - envolve a captação e reunião de elementos que entram no sistema;

Processamento - processos de transformação que convertem insumo (entrada) em produto;

Saída - transferência de elementos produzidos na transformação até seu destino final.

Feedback e Controle:

Os dois conceitos adicionais do conceito de sistema (entrada, processamento e saída) incluem o feedback e o controle.

Um sistema dotado de componentes de feedback e controle às vezes é chamado de um sistema cibernético, ou seja, um sistema automonitorado, auto-regulado.

Feedback - são dados sobre o desempenho de um sistema.

Controle - envolve monitoração e avaliação do feedback para determinar se um sistema está se dirigindo para a realização de sua meta.

- em seguida, a função de controle faz os ajustes necessários aos componentes de entrada e processamento de um sistema para garantir que seja alcançada a produção adequada.

8.1.2 Outras Características dos Sistemas

Um sistema não existe em um vácuo; na verdade, ele existe e funciona em um ambiente que contém outros sistemas.

Subsistema: Sistema que é um componente de um sistema maior que, por sua vez, é seu ambiente.

Fronteira de Sistema: Um sistema se separa de seu ambiente e de outros sistemas por meio de suas fronteiras de sistema.

Interface: Vários sistemas podem compartilhar o mesmo ambiente. Alguns desses sistemas podem ser conectados entre si por meio de um limite compartilhado, ou interface.

VISÃO GERAL SOBRE SISTEMAS DE SUPORTE À DECISÃO E INTELIGÊNCIA DE NEGÓCIO

Sistema Aberto: Um sistema que interage com outros sistemas em seu ambiente é chamado de um sistema aberto (conectado com seu ambiente pela troca de entrada e saída).

Sistema Adaptável: Um sistema que tem a capacidade de transformar a si mesmo ou seu ambiente a fim de sobreviver é chamado de um sistema adaptável.

8.1.3 Dimensões de um Sistema de Informação

Dimensão Humana - Sem ação humana o equipamento é inútil (Dimensão mais importante).

Dimensão tecnológica - Hardware, software, rede, internet.

Dimensão organizacional - Desenvolver um novo produto, preencher um pedido ou contratar um novo funcionário são exemplos de processos organizacionais.

8.1.4 Componentes de um Sistema de Informação

Um SI depende dos recursos de pessoal, hardware, software e redes, para executar atividades de entrada, processamento, saída, armazenamento e controle que convertem recursos de dados em produtos de informação.

O modelo de sistemas de informação destaca os cinco conceitos principais que podem ser aplicados a todos os tipos de sistemas de informação:

Recursos dos Sistemas de Informação

- Recursos humanos
- Recursos de hardware
- Recursos de software
- Recursos de dados
- Recursos de rede

Recursos do Sistema de informação
Humanos
Dados
Hardware
Redes
Software

▷ **RECURSOS HUMANOS**

São necessárias pessoas para a operação de todos os sistemas de informação. Esses recursos incluem os usuários finais e os especialistas em SI.

Usuários finais - pessoas que usam um SI ou a informação que ele produz.

Especialistas em SI - são pessoas que desenvolvem e operam sistemas de informação.

Analistas de Sistemas – projetam SI com base nas demandas dos usuários finais.

Desenvolvedores de Software – criam programas de computador seguindo as especificações dos analistas de sistemas.

Operadores do sistema – monitoram e operam grandes redes e sistemas de computadores.

Incluem todos os dispositivos físicos e equipamentos utilizados no processamento de informações.

Máquinas - dispositivos físicos (periféricos, computadores)

Mídia - todos os objetos tangíveis nos quais são registrados dados (papel, discos)

Exemplos de hardware em sistemas de informação computadorizados são:

Sistemas de computadores – consistem em unidades de processamento central contendo microprocessadores e uma multiplicidade de dispositivos periféricos interconectados.

Periféricos de computador – são dispositivos, como um teclado ou um mouse, para a entrada de dados e de comandos, uma tela de vídeo ou impressora, para a saída de informação, e discos magnéticos ou ópticos para armazenamento de recursos de dados.

▷ **RECURSOS DE SOFTWARE**

Incluem todos os conjuntos de instruções de processamento da informação.

Programas - conjunto de instruções que fazem com que o computador execute uma certa tarefa.

Procedimentos - conjunto de instruções utilizadas por pessoas para finalizar uma tarefa.

Exemplos de recursos de software são:

Software de sistema – por exemplo, um programa de sistema operacional, que controla e apoia as operações de um sistema de computador.

Software aplicativo - programas que dirigem o processamento para um determinado uso do computador pelo usuário final.

Procedimentos – são instruções operacionais para as pessoas que utilizarão um SI.

▷ **RECURSOS DE DADOS**

Devem ser efetivamente administrados para beneficiar todos os usuários finais de uma organização.

CONHECIMENTOS DE INFORMÁTICA

Os recursos de dados são transformados por atividades de processamento de informação em uma diversidade de produtos de informação para os usuários finais.

Os recursos de dados dos sistemas de informação normalmente são organizados em:

Bancos de dados - uma coleção de registros e arquivos logicamente relacionados. Um banco de dados incorpora muitos registros anteriormente armazenados em arquivos separados para que uma fonte comum de registros de dados sirva muitas aplicações.

Bases de conhecimento - que guardam conhecimento em uma multiplicidade de formas como fatos, regras e inferência sobre vários assuntos.

Dados X Informações

Dados: - são fatos ou observações crus, normalmente sobre fenômenos físicos ou transações de negócios. Mais especificamente, os dados são medidas objetivas dos atributos (características) de entidades como pessoas, lugares, coisas e eventos.

Informações: - são dados processados que foram colocados em um contexto significativo e útil para um usuário final. Os dados são submetidos a um processo onde:

Sua forma é agregada, manipulada e organizada

Seu conteúdo é analisado e avaliado

São colocados em um contexto adequado a um usuário humano.

▷ **RECURSOS DE REDE**

Redes de telecomunicações como a Internet, intranets e extranets tornaram-se essenciais ao sucesso de operações de todos os tipos de organizações e de seus SI baseados no computador.

Essas redes consistem em computadores, processadores de comunicações e outros dispositivos interconectados por mídia de comunicações e controlados por software de comunicações. O conceito de recursos de rede enfatiza que as redes de comunicações são um componente de recurso fundamental de todos os SI.

Os recursos de rede incluem:

Mídia de comunicações (cabo de par trançado, cabo coaxial, cabo de fibra ótica, sistemas de microondas e sistemas de satélite de comunicações).

Suporte de rede (recursos de dados, pessoas, hardware e software que apoiam diretamente a operação e uso de uma rede de comunicações).

Entrada de Recursos de Dados

Os dados sobre transações comerciais e outros eventos devem ser capturados e preparados para processamento pela atividade de entrada. A entrada normalmente assume a forma de atividades de registro de dados como gravar e editar.

Uma vez registrados, os dados podem ser transferidos para uma mídia que pode ser lida por máquina, como um disco magnético, por exemplo, até serem requisitados para processamento.

8.2 Os Papéis Fundamentais das Aplicações de si na Empresa

Os sistemas de informação desempenham três papéis vitais em qualquer tipo de organização. Ou seja, eles apoiam em uma organização:

- As operações e processos da empresa
- A tomada de decisão de empregados e gerentes
- As estratégias para a vantagem competitiva

- Apoio à vantagem Estratégica
- Apoio à tomada de decisão Gerencial
- Apoio às operações

8.2.1 Seis Principais Tipos de Sistemas de Informação

▷ Nível estratégico
  - ESS (Sistemas de Suporte Executivo)
▷ Nível administrativo/gerencial
  - MIS (Sistemas de Informações Gerenciais)
  - DSS (Sistemas de Suporte à Decisão)

VISÃO GERAL SOBRE SISTEMAS DE SUPORTE À DECISÃO E INTELIGÊNCIA DE NEGÓCIO

▷ Nível de conhecimento
- KWS (Sistemas de Trabalho do Conhecimento)
- OAS (Sistemas de Automação de Escritório)

▷ Nível operacional
- TPS (Sistemas de Processamento de Transações)

Sistema de Apoio à Decisão

▷ Nível administrativo/gerencial
- MIS (Sistemas de Informações Gerenciais)
- DSS (Sistemas de Suporte à Decisão)

8.2.2 Sistema de Apoio à Decisão - DSS

- São sistemas de computador a nível gerencial de uma organização combinam dados e modelos analíticos sofisticados
- Possuem interface amigável para apoiar tomada de decisão
- DSSs estão sob controle do usuário desde o princípio até a implementação final e uso diário.
- DSS frequentemente é isolado dos outros sistemas da organização.

▷ **CAPACIDADES DO DSS**

Um DSS deve fornecer capacidades para responder questões e alcançar decisões.

Capacidades principais que caracterizam os DSS:
- Representações
- Operações
- Ajudas de Memória
- Ajudas de Controle

1) REPRESENTAÇÕES

Conceitualização de informações usadas na tomada de decisão, tais como gráficos, tabelas, listas, relatórios e símbolos para operações de controle.

2) OPERAÇÕES

Manipulações de dados matemática e lógica, tais como colher informações, gerar listas, preparar relatórios, atribuir riscos e valores, gerar estatísticas e simular alternativas.

3) AJUDAS DE MEMÓRIA

Visões/bases de dados, bibliotecas, ligações entre visões/bases e bibliotecas e outras capacidades para refazer e atualizar a memória.

4) AJUDAS DE CONTROLE

Capacidades que permitem ao usuário controle das atividades do DSS. Inclui funcionalidades, tais como diversidade de menus e help, que permitem que o usuário controle as representações, operações e memórias.

▷ **PESSOAS ENVOLVIDAS COM DSS**

Profissionais/Desenvolvedores: são necessários para construir as bases de dados, bases de modelos e linguagens de controle.

Usuários finais/Gerentes: DSS devem fornecer meios para que os usuários finais controlem a sessão. Eles devem ser capazes de encontrar dados relevantes, escolher e operar modelos relevantes e controlar operações sem

intervenção profissional.

Especialistas: devem estar disponíveis para consulta, treinamento, conselhos e apoio, mas as sessões devem ser dirigidas pelos usuários finais.

SAD, que também são conhecidos como "Decision Support Systems" (DSS), possuem funções específicas, não vinculadas aos sistemas existentes, que permitem buscar informações nas bases de dados existentes e delas retirar subsídios para o processo de tomada de decisão.

A necessidade dos SADs surgiu na década de 70, em decorrência de diversos fatores, como:
- a competição cada vez maior entre as organizações;
- necessidade de informações rápidas para auxiliar no processo de tomada de decisão;
- disponibilidade de tecnologias de hardware e software para armazenar e buscar rapidamente as informações; dentre outros.

SAD começam a ser desenvolvidos na organização a partir dos estágios de controle e integração no modelo proposto por Richard Nolan, segundo seu livro Management Accounting and Controlo of Data Processing, em que a evolução da informática numa organização ocorre em seis estágios:

- **Iniciação:** resistência ao uso da informática e desenvolvimento superficial com a tecnologia;
- **Contágio:** automatização de atividades sem se preocupar com o aprendizado;
- **Controle:** crescente uso de SI, exigência de recursos de informática;
- **Integração:** atender necessidades à nível gerencial em que as informações são de melhor qualidade e se exige maior integração entre elas;
- **Administração de dados:** organização dos dados em termos de sistemas que interessam à organização, de forma a se evitar redundâncias;
- **Maturidade:** informação como patrimônio da empresa.

Os profissionais envolvidos:
- Desenvolvedores

- Usuários finais
- Especialistas

Os desenvolvedores são responsáveis por construir as bases de dados, bases de modelos e linguagens de controle.

Os usuários finais são capazes de encontrar dados relevantes, escolher e operar modelos relevantes e controlar operações sem intervenção profissional.

Os especialistas devem estar disponíveis para consulta, treinamento, conselhos e apoio.

Assim, o sistema de software do DSS gerencia as bases de dados DSS, as bases de modelos e interfaces dos usuários.

O sistema de software DSS permite a fácil interação entre os usuários e as bases de dado e de modelos; além disso, são gerenciadores da criação, do armazenamento e da recuperação dos modelos na base de modelos e os integra com os dados na base de dados DSS.

Um sistema de suporte à decisão (SAD) é um sistema de informação que auxilia uma empresa nas atividades de tomada de decisão que requerem julgamento, determinação e uma sequência de ações.

O sistema de informação auxilia a gestão de nível médio e alto de uma organização, analisando grandes volumes de dados não estruturados e acumulando informações que podem ajudar a resolver problemas e auxiliar na tomada de decisões.

Um DSS pode ser movido por humanos, automatizado ou uma combinação de ambos.

Um sistema de apoio à decisão produz relatórios de informações detalhados, reunindo e analisando dados.

Portanto, um SAD é diferente de um aplicativo de operações normais, cujo objetivo é coletar dados e não analisá-los.

Uma das principais aplicações de um DSS em uma organização é a geração de relatórios em tempo real.

8.3 Componentes de um Sistema de Apoio à Decisão

Os três componentes principais de uma estrutura DSS são:
01. Sistema de gerenciamento de modelo
02. Interface do usuário
03. Base de Conhecimento

Sistema de gerenciamento de modelo

O sistema de gerenciamento de modelos S = armazena modelos que os gerentes podem usar em suas tomadas de decisão. Os modelos são usados na tomada de decisões quanto à saúde financeira da organização e na previsão de demanda por um bem ou serviço.

Interface do usuário

A interface do usuário inclui ferramentas que ajudam o usuário final de um DSS a navegar pelo sistema.

Base de Conhecimento

A base de conhecimento inclui informações de fontes internas (informações coletadas em um sistema de processo de transação) e fontes externas (jornais e bancos de dados online).

8.4 Técnicas Computacionais de Apoio

Orientado para a comunicação: permite às empresas apoiar tarefas que exigem mais de uma pessoa para trabalhar na tarefa. Inclui ferramentas integradas, como Microsoft SharePoint Workspace e Google Docs.

Orientado por modelos: permite o acesso e o gerenciamento de modelos financeiros, organizacionais e estatísticos. Os dados são coletados e os parâmetros são determinados usando as informações fornecidas pelos usuários. A informação é criada em um modelo de tomada de decisão para analisar situações.

Orientado para o conhecimento: fornece soluções factuais e especializadas para situações usando fatos armazenados, procedimentos, regras ou estruturas de tomada de decisão interativas como fluxogramas.

Os fluxogramas são ótimos para descrever processos de negócios de forma concisa, sem comprometer a estrutura e os detalhes.

Orientado a documentos: gerencia informações não estruturadas em diferentes formatos eletrônicos.

Orientado por dados: ajuda as empresas a armazenar e analisar dados internos e externos.

8.5 Vantagens de um Sistema de Apoio à Decisão

- Um sistema de suporte à decisão aumenta a velocidade e a eficiência das atividades de tomada de decisão. Isso é possível, pois um DSS pode coletar e analisar dados em tempo real.
- Promove o treinamento dentro da organização, uma vez que habilidades específicas devem ser desenvolvidas para implementar e administrar um SAD dentro de uma organização.
- Ele automatiza processos gerenciais monótonos, o que significa que mais do tempo do gerente pode ser gasto na tomada de decisões
- Melhora a comunicação interpessoal. A comunicação é definida como a transferência de informações para produzir maior compreensão. Pode ser feito de forma vocal (por meio de trocas verbais), por meio de mídia escrita (livros, sites e revistas), visualmente (usando gráficos, tabelas e mapas) ou não verbalmente dentro da organização.

8.6 Desvantagens de um Sistema de Apoio à Decisão

- O custo para desenvolver e implementar um DSS é um grande investimento de capital, o que o torna menos acessível para organizações menores.

VISÃO GERAL SOBRE SISTEMAS DE SUPORTE À DECISÃO E INTELIGÊNCIA DE NEGÓCIO

- Uma empresa pode desenvolver uma dependência de um SAD, pois ele está integrado aos processos de tomada de decisão diários para melhorar a eficiência e a velocidade. No entanto, os gerentes tendem a confiar demais no sistema, o que tira o aspecto da subjetividade da tomada de decisão.
- Um SAD pode levar à sobrecarga de informações porque um sistema de informações tende a considerar todos os aspectos de um problema. Isso cria um dilema para os usuários finais, pois eles ficam com várias opções.
- A implementação de um DSS pode causar medo e reação dos funcionários de nível inferior. É porque muitos deles não se sentem confortáveis com as novas tecnologias e têm medo de perder seus empregos para a tecnologia.

8.7 Exemplos de Empresas que usam DSS

Restaurante

Atualmente o DSS está sendo usado por restaurantes fast food para determinar melhores locais para criação de novos restaurantes buscando maior lucro, em que se levara em conta dados de renda da população, tipo de cidade, comportamento de atividade comercial, que pode variar de acordo com o usuário do DSS, pois ele pode desejar levar em conta outros fatores como por exemplo, dados de criminalidade.

Exemplos de restaurantes que utilizam DSS desta forma temos: McDonald's, pizzaria Domino's, Starbucks e Wendy's.

Banco

Itaú, HSBC e Bank of America que utilizam um software que, dentre outras funcionalidades, serve como suporte para realizar processamento de dados e simulações rapidamente, para facilitar a tomada de decisão.

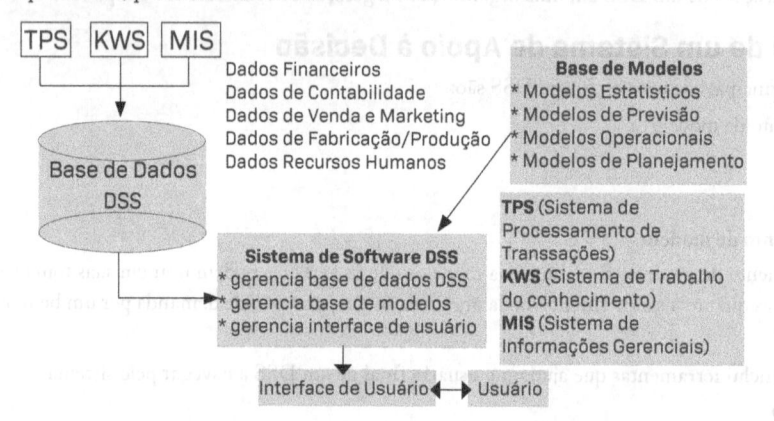

▷ **BASE DE DADOS DSS**

Coleção de dados, atuais ou históricos, obtidos de várias aplicações ou grupos, organizados para fácil acesso.

Contém dados que foram extraídos de base de dados relevantes (internas e externas) e armazenados especificamente para uso do DSS.

Maioria dos DSS não tem acesso direto à BD Organizacional por duas razões:

04. organização quer proteger os dados de alterações acidentais ou inapropriadas.
05. processo de busca em grandes bases de dados é vagaroso e dispendioso.

DSS não criam nem atualizam dados da Base de Dados DSS

▷ **BASE DE MODELOS**

Coleção de modelos analíticos e matemáticos que são facilmente acessíveis aos usuários DSS.

Um MODELO é uma representação abstrata que ilustra os componentes ou relacionamentos de um fenômeno.

Um modelo pode ser:
- um modelo físico (como um modelo de avião)
- um modelo matemático (como uma equação)
- um modelo verbal (como uma descrição
- de um procedimento para descrever um pedido)

Cada DSS é construído para um conjunto específico de propósitos e, dependendo desses propósitos, terá a sua disposição diferentes coleções de modelos.

Modelos mais comuns disponíveis na Base de Modelos são bibliotecas de modelos estatísticos, usualmente contendo:
- média
- mediana
- desvio padrão

▷ **MODELOS ESTATÍSTICOS:** podem ajudar a estabelecer relacionamentos, tais como vendas de produtos por idade, renda e outros fatores.
▷ **MODELOS DE OTIMIZAÇÃO:** (usando programação linear) determinam alocação de recursos ótima para maximizar ou minimizar variáveis específicas, tais como custo ou tempo.
▷ **MODELOS DE PREVISÃO:** são frequentemente usados para prever vendas.

- Usuário desse tipo de modelo fornece uma série de dados históricos para projetar condições futuras e as vendas que podem resultar dessas condições.
- Usuário pode então variar essas condições futuras para determinar como elas podem afetar as vendas.
- Frequentemente usa-se esse modelo para prever as ações dos competidores
- **MODELOS DE ANÁLISE DE SENSIBILIDADE:** mais usados e realizam questões "o-que se", repetidamente.
- **TIPOS:**
  Análise de sensibilidade "para frente"
  Análise de sensibilidade "para trás"
  ANÁLISE DE SENSIBILIDADE "PARA FRENTE"
  Usado para determinar as consequências de alterações em um ou mais fatores.
  Exemplo
  O que aconteceria se "elevássemos o preço em 5% ou aumentássemos o orçamento de publicidade em $100.000"?
  ANÁLISE DE SENSIBILIDADE "PARA TRÁS"
  Usado para buscar objetivos.
  Exemplo
  Se quero vender um milhão de unidades de um produto no próximo ano, em quanto devo reduzir o preço do produto?
- **SISTEMA DE SOFTWARE DSS**
  - DSS permite fácil interação dos usuários com a base de dados e a base de modelos.
  - DSS gerencia a criação, armazenamento e recuperação dos modelos na base de modelos e integra-os com os dados na base de dados DSS.
  - DSS fornece uma interface amigável com o usuário que é flexível, fácil de usar e que apoia o diálogo com o DSS.
- **INTERFACE DO DSS**
  - Usuários do DSS geralmente são executivos.
  - com estilos de trabalho e preferências individuais bem desenvolvidos.
  - frequentemente têm pouca ou nenhuma experiência com computador e nenhuma paciência para aprender a usar ferramentas complexas.
  - a interface deve ser relativamente intuitiva.
- **TÉCNICAS COMPUTACIONAIS DE APOIO AO DSS**
  - Inteligência Artificial
  - Redes Neurais
  - Agentes Inteligentes
  - Algoritmos Genéticos
  - Sistemas Especialistas

Fonte: Universidade de São Paulo
Prof. Elisa Yumi Nakagawa

8.8 DSS está Relacionado com:
- Data warehousing
- Ferramentas OLAP
- Datamining
- Ferramentas de Business Intelligence (BI)
- Ferramentas BAM
- Ferramentas de modelagem Analítica e de previsões
- Sistemas CRM

8.9 Bi - Business Intelligence

Inteligência de negócios refere-se ao processo de coleta, organização, análise, compartilhamento e monitoramento de informações que oferecem suporte a gestão de negócios.

É um conjunto de técnicas e ferramentas para auxiliar na transformação de dados brutos em informações significativas e úteis a fim de analisar o negócio.

As tecnologias BI são capazes de suportar uma grande quantidade de dados desestruturados para ajudar a identificar, desenvolver, e até mesmo criar uma nova oportunidade de estratégia de negócios.

O objetivo do BI é permitir uma fácil interpretação do grande volume de dados. Identificando novas oportunidades e implementando uma estratégia efetiva baseada nos dados, também pode promover negócios com vantagem competitiva no mercado e estabilidade a longo prazo.
- Focado na coleta, transformação e disponibilização de dados estruturados para a tomada de decisões;
- Analisa o que já existe, definindo as melhores hipóteses;

VISÃO GERAL SOBRE SISTEMAS DE SUPORTE À DECISÃO E INTELIGÊNCIA DE NEGÓCIO

- Ideal para quando já se conhece as perguntas;
- Mais específico, voltado apenas para negócios.

O BI pode ser usado para ajudar na decisão de uma grande variedade de negócios, variando do **operacional** ao **estratégico**.

- Decisões de **operações** básicas incluem posição do produto e atribuição de preços.
- Decisões de **estratégia** de negócios abrangem prioridades, objetivos e direções do mais amplo nível.

Em todos os casos, o BI é mais efetivo quando combinado a dados procedentes do mercado em que uma companhia opera dados externos com dados de fontes internas da companhia para os negócios, como dados financeiros ou operacionais.

Quando os dados externos e internos são combinados, podem fornecer um cenário mais completo.

Inteligência empresarial também pode ser definida como a Atividade de Inteligência aplicada à atividade econômica com a identificação de forças e fraquezas da companhia e o monitoramento dos stakeholders para antecipação de ameaças à organização e melhor aproveitamento das oportunidades de negócios.

Stakeholders significa público estratégico e descreve todas as pessoas ou «grupo de interesse» que são impactados pelas ações de um empreendimento, projeto, empresa ou negócio.

8.10 DSS x Business Intelligence (BI)

DSS é um subconjunto de Business Intelligence (BI) e ajuda a sua organização a tomar decisões de negócios baseadas em um grande volume de dados.

Esse sistema pode ser usado no gerenciamento, nas operações e no planejamento de uma empresa.

Apesar de serem semelhantes, DSS não é o mesmo que BI, uma vez que um Sistema de Suporte à Decisão vai ser desenvolvido apenas para resolver um problema específico. Alguns exemplos são:

- Uma instituição financeira pode verificar a qual crédito um cliente ainda tem direito, se ele solicitar mais.
- Uma empresa de engenharia pode saber se os custos de um projeto o tornam competitivo.
- Uma unidade de saúde pode avaliar riscos de doenças e elaborar laudos de pacientes.

Tudo isso é possível, porque o DSS vai combinar dados específicos de fontes diversas:

- Dados brutos.
- Documentos.
- Conhecimento de líderes/Modelos de negócios.
- Armazém de dados.
- Prontuários eletrônicos de saúde.
- Projeções de receita e/ou de vendas.

Business Intelligence utiliza aplicativos, serviços e tecnologias para coletar, armazenar, analisar e acessar dados, dando insumos para o líder tomar uma decisão estratégica.

No entanto, a arquitetura de uma solução de BI não é estável e provedores podem desenvolver uma ferramenta baseada em funcionalidades específicas e expandi-las de acordo com as necessidades do cliente.

Independentemente da demanda, aplicações de BI vão oferecer a habilidade de evoluir os dados em melhores relacionamentos com os clientes, novas oportunidades de negócios e antecipação de demandas e dores dos consumidores.

Enquanto isso, uma solução DSS **vai resolver** — ou fornecer opções para resolver — **um determinado problema**. O processo de decisão é estruturado de maneira hierárquica. O gestor insere vários parâmetros e o DSS avalia essencialmente o impacto relativo de seguir um caminho ao invés de outro.

8.11 Ferramentas DSS

Ferramentas DSS fornecem informações valiosas para o processo decisório, permitindo corrigir falhas e potencializar táticas que já estão dando certo.

8.11.1 Pesquisas Automatizadas

Realizar pesquisas pode ajudar a conhecer melhor o seu público, o mercado em que a sua empresa atua ou até mesmo os seus funcionários e os processos internos. Com a ajuda da tecnologia, você pode elaborar pesquisas e obter dados confiáveis e que orientarão as suas estratégias de negócio.

8.11.2 Método FCA

O método FCA, sigla para Fato-Causa-Ação, é utilizado para identificar a causa principal de determinado problema. Essa ferramenta ajuda a prevenir riscos e permite que o gestor tenha um conhecimento mais aprofundado sobre o funcionamento de seus processos.

Fato – É o problema em si. Por exemplo: A taxa de churn aumentou 13% no último trimestre.

Causa – São os fatores que ocasionaram o problema. Por exemplo: A taxa de churn aumentou porque os clientes não estão satisfeitos com o atendimento.

Ação – É o que deverá ser feito para solucionar o problema. Por exemplo: Para diminuir a taxa de churn, pode-se investir em treinamentos para a equipe de atendimento.

* Churn (rate) é a taxa que mede a rotatividade dos clientes de uma empresa.

8.11.3 Análise de Pareto

A Análise de Pareto é feita sobre um gráfico de colunas que indica e ordena a frequência de determinadas ocorrências. A ideia é a seguinte: 80% das consequências advêm de 20% das causas.

O objetivo é identificar os problemas que são, de fato, prejudiciais para a empresa e listá-los em ordem de importância. Assim, é possível concentrar os esforços nos mais graves e solucioná-los de maneira mais eficiente.

A Análise de Pareto funciona assim:

- Faça uma lista com os problemas que a sua empresa enfrenta e suas respectivas causas, bem como a frequência com que eles acontecem.
- Coloque os problemas listados em ordem decrescente de gravidade; ou seja, do mais grave (ou frequente) para o menos grave.
- Faça o cálculo da porcentagem dos problemas.
- Divida o total de causas de cada problema pelo total das causas listadas e multiplique o resultado por 100.
- **Por fim, crie um gráfico com os dados obtidos:** as causas do problema no eixo "x" (horizontal) e a frequência no eixo "y" (vertical).

8.11.4 Matriz de Decisão

A matriz de decisão funciona como uma análise de critério que visa identificar pontos fortes e fracos de cada objetivo. Sua aplicação é bem simples. Veja:

- Monte uma tabela com 5 colunas.
- Na primeira coluna, liste as principais ideias que você tem para o seu negócio.
- **Nas colunas seguintes, coloque os seguintes critérios de avaliação:** Impacto, Lucro, Visão e Esforço.
- Para cada ideia, determine uma pontuação de 1 a 5 em cada um dos critérios.
- Faça a soma dos critérios Impacto, Lucro e Visão de cada ideia e depois subtraia o resultado pela pontuação do critério Esforço.
- No final, a ideia com maior pontuação receberá dedicação prioritária.

8.11.5 Matriz GUT

A Matriz GUT é uma ferramenta que ajuda o gestor a priorizar determinados processos. Ela classifica os problemas em 3 categorias: Gravidade, Urgência e Tendência.

Problema	Gravidade	Urgência	Tendência	GxUxT	Classificação
"Atraso na entrega de mercadorias"	5	5	5	125	1º
"Atraso na entrega do fornecedor"	5	4	4	80	4º
"Baixo Iodice de recompra entre clientes"	3	3	4	36	4º
Baixa taxa de conversão de landing pages	3	4	2	24	5º
"Falta de controle de estoque"	4	5	5	100	2º
Falta de planejamento de marketing digital	5	4	3	60	3º

A cada problema listado, atribui-se uma pontuação de 1 a 5 indicando o grau de prioridade. A Matriz GUT é muito fácil de utilizar e os resultados são bem eficazes.

8.11.6 Matriz de Eisenhower

Utilizada para priorizar tarefas.

A ideia é dispor todas as tarefas em 4 quadrantes divididos em dois eixos: Importância e Urgência.

Cada quadrante terá um comando: Fazer agora, Agendar, Delegar ou Eliminar.

Fazer agora	Agendar
Delegar	Eliminar

9 FERRAMENTAS DE PRODUTIVIDADE E TRABALHO À DISTÂNCIA: MICROSOFT TEAMS E CISCO WEBEX

9.1 Software de Videoconferência

Os softwares de videoconferência representam uma metodologia em ascensão que proporciona redução de custos para pequenas e grandes empresas.

Elas otimizam a rotina da empresas, pois permitem uma comunicação mais integrada e inteligente entre os membros de uma equipe em eventos como reuniões e treinamentos, por exemplo.

Dessa forma, equipes em diferentes locais podem trocar informações sem qualquer problema. E tudo pode ser realizado através de uma única plataforma, como é o caso da Skype for Business e do Zoom.

Como usar: A videoconferência é uma ferramenta que pode ser usada em reuniões, workshops, treinamentos, brainstorm, entrevistas e entre todos. Toda a vez que for necessário reunir pessoas que não fazem parte do ambiente local da empresa a videoconferência se faz presente.

9.2 Ferramenta Colaborativa

Ferramenta colaborativa pode ser definida como um software ou aplicativo para compartilhamento de informações de trabalho entre duas ou mais pessoas.

Neste sentido, a equipe pode desenvolver uma mesma atividade mesmo que não esteja no mesmo ambiente de trabalho.

Cada ferramenta possui sua especificidade para atender as necessidades de comunicação de cada equipe e empresa.

Portanto, além de otimizar a comunicação as ferramentas colaborativas também podem proporcionar:

- Acompanhamento de fluxograma;
- Compartilhamento de agenda;
- Edição simultânea de documentos;
- Desenvolvimento de planilhas e formulários.

Embora a otimização do tempo no horário de trabalho seja um dos principais focos no objetivo de como usar ferramentas colaborativas, existem diversos outros objetivos que a tornam ainda mais atraente. Confira:

- Redução de Custos
- Aumento da Produtividade
- Acompanhamento em Tempo Real

9.2.1 Microsoft Teams

Microsoft Teams é uma plataforma unificada de comunicação e colaboração que combina bate-papo, videoconferências, armazenamento de arquivos e integração de aplicativos no local de trabalho.

Planos

	Microsoft Teams (gratuito)	Microsoft 365 Business Basic (Inclui o Microsoft Teams)	Microsoft 365 Business Standard (Inclui o Microsoft Teams)
	Grátis (sem compromisso) Permite reuniões de até 60 minutos	R$ 28,60 usuário/mês (compromisso anual) Preços já incluem todos os impostos	R$ 71,40 usuário/mês (compromisso anual) Preços já incluem todos os impostos
Reuniões online (chamadas e vídeo)[1]	✓	✓	✓
Capacidade de participantes	✓ 100 participantes[2]	✓ 300 participantes	✓ 300 participantes
Duração máxima de reunião	✓ 60 minutos[3]	✓ 24 horas	✓ 24 horas

Interface

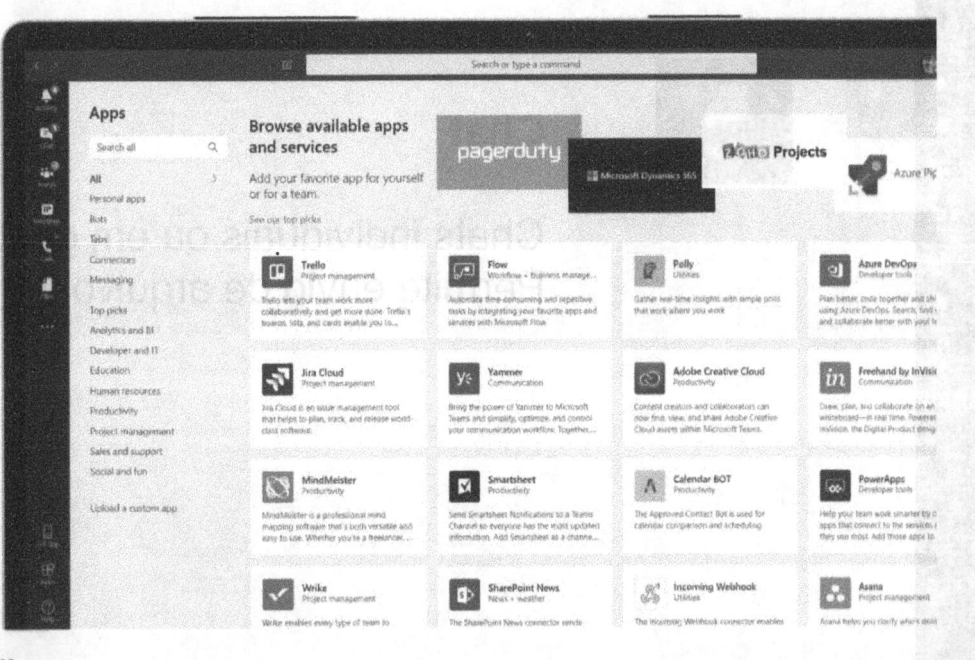

Barra de Menus

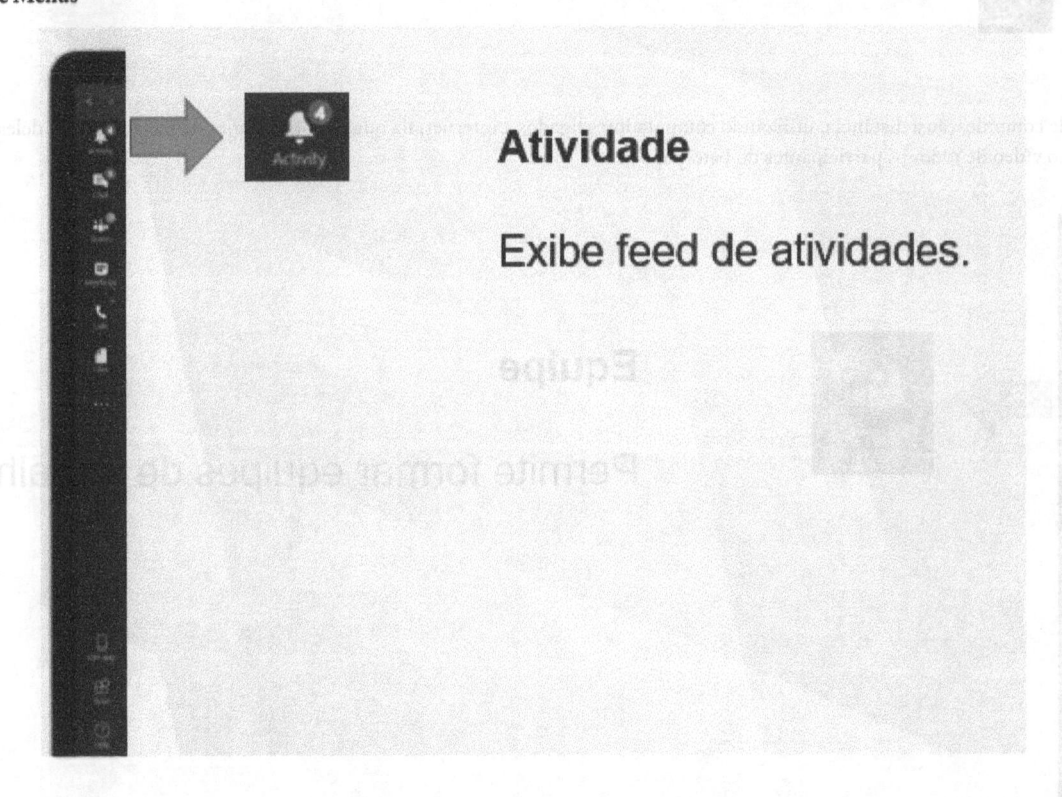

Atividade

Exibe feed de atividades.

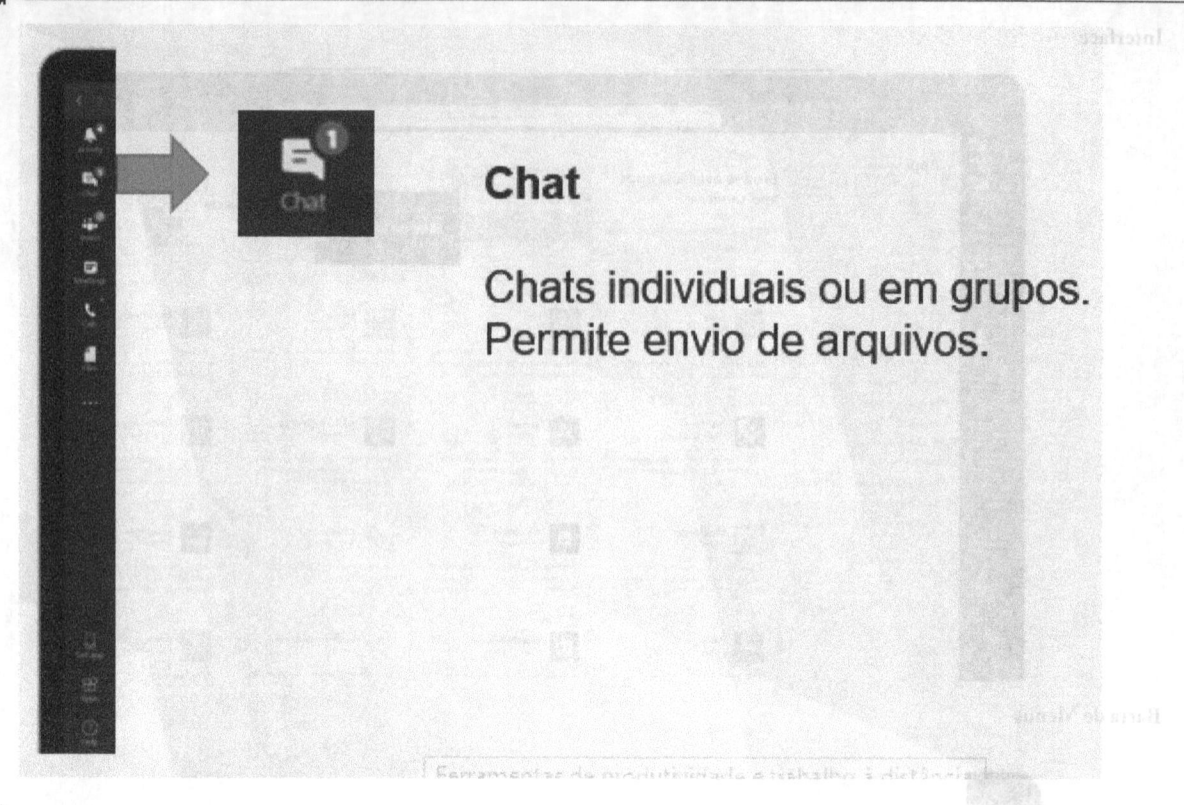

FERRAMENTAS DE PRODUTIVIDADE E TRABALHO À DISTÂNCIA: MICROSOFT TEAMS E CISCO WEBEX

Chat

Chats individuais ou em grupos. Permite envio de arquivos.

Chat

Forma de comunicação a distância, utilizando computadores ligados à internet, na qual o que se digita no teclado de um deles aparece em tempo real no vídeo de todos os participantes do bate-papo.

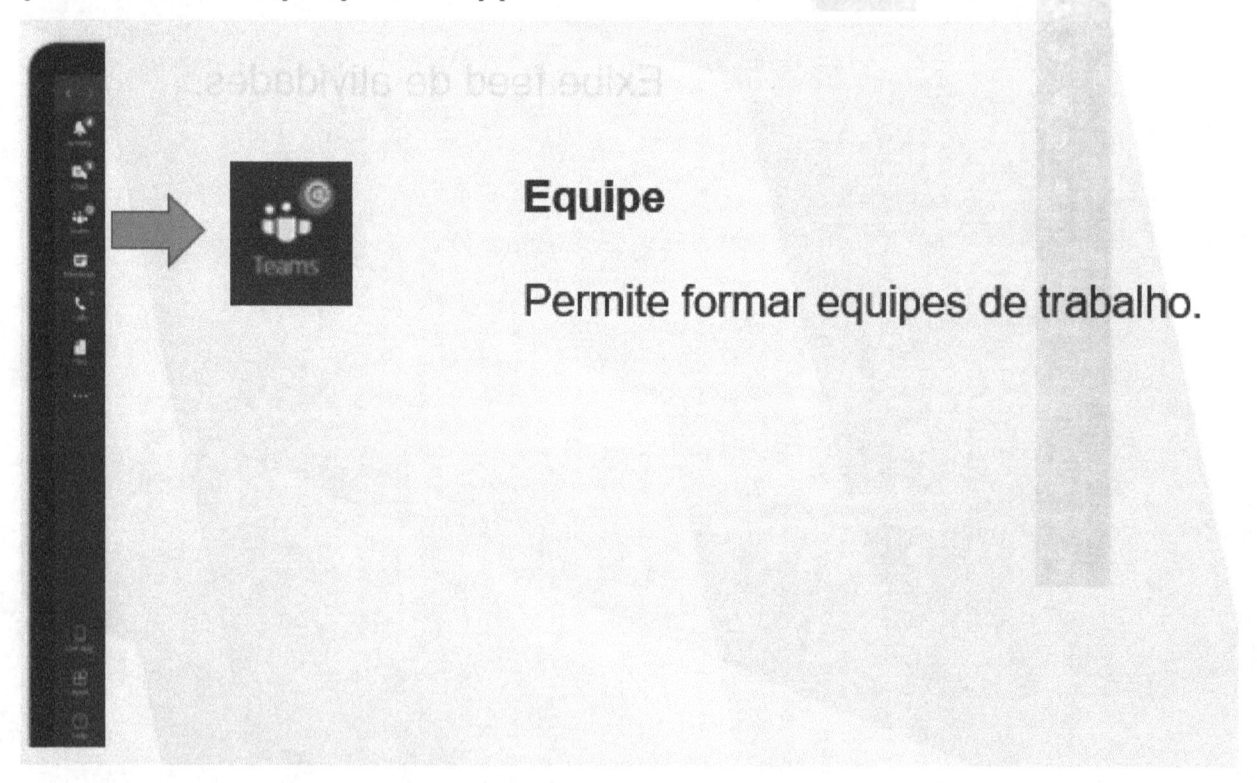

Equipe

Permite formar equipes de trabalho.

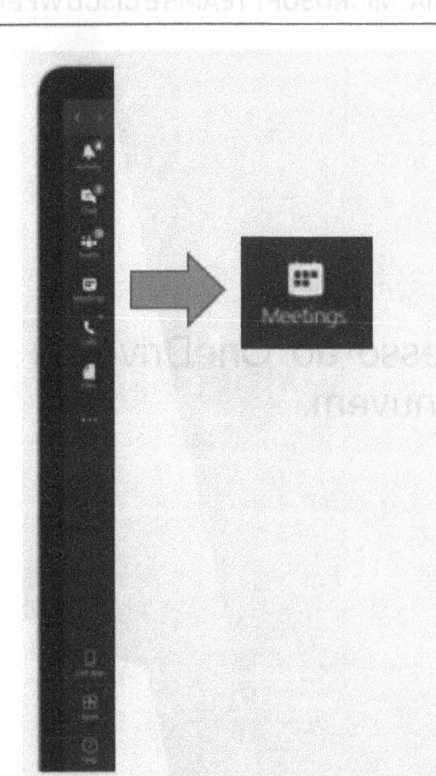

Calendário

É conectado ao calendário do Exchange, ou seja, sincroniza compromissos que estão no Microsoft Outlook.

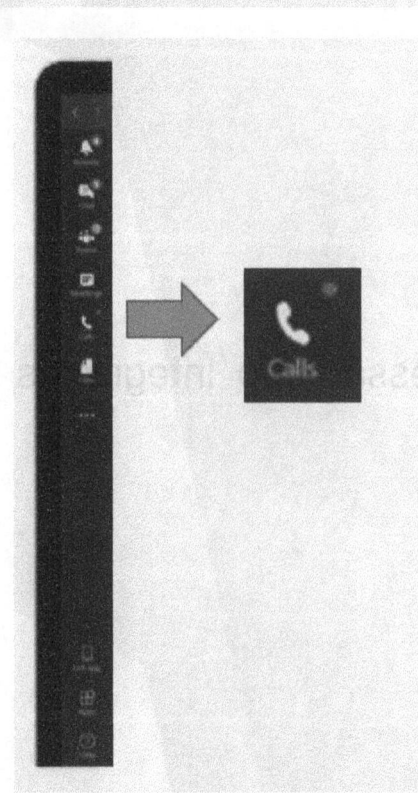

Chamadas

Individuais ou em grupo.

FERRAMENTAS DE PRODUTIVIDADE E TRABALHO À DISTÂNCIA: MICROSOFT TEAMS E CISCO WEBEX

Arquivos

Torna fácil o acesso ao OneDrive ou outro serviço de nuvem.

Permite acessar app integrados ao Teams.

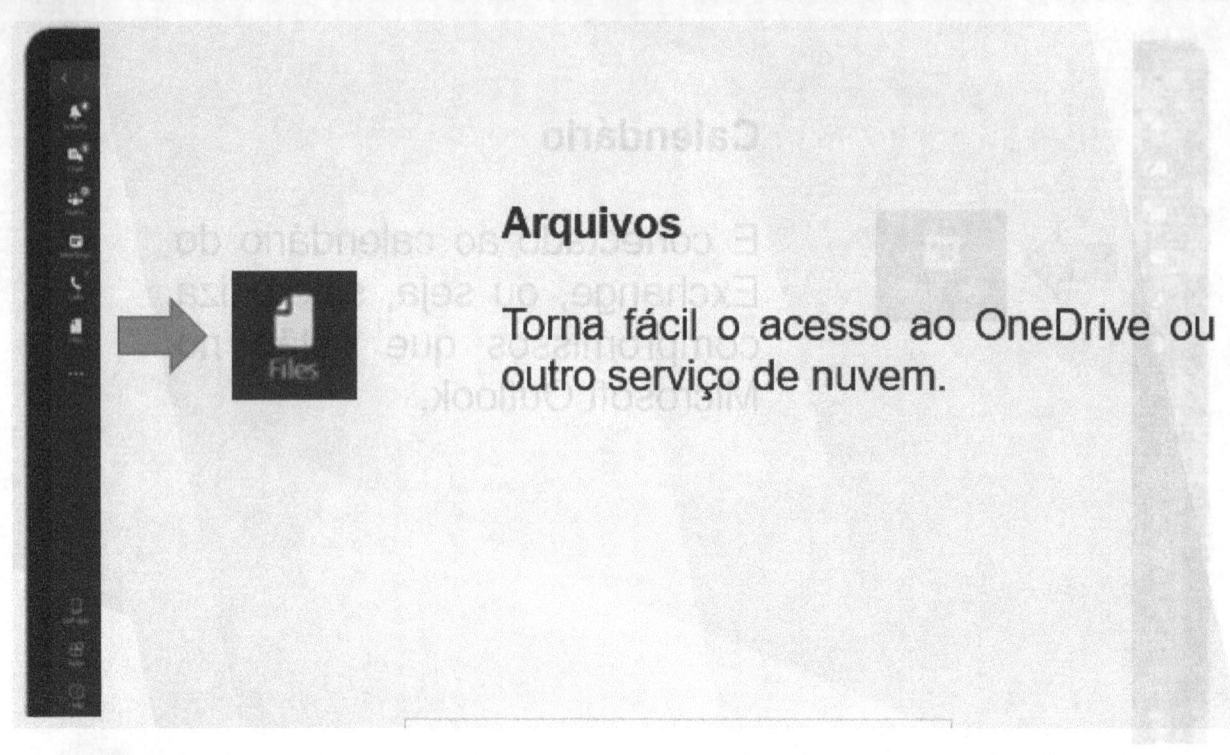

9.2.2 CISCO WEBEX

O Webex é um serviço de videoconferência que oferece compartilhamento de áudio, vídeo e conteúdo extremamente seguros, integrados à nuvem do Cisco Webex.

Webex Meetings, Webex Teams e Webex Devices fazem parte deste pacote de serviços.

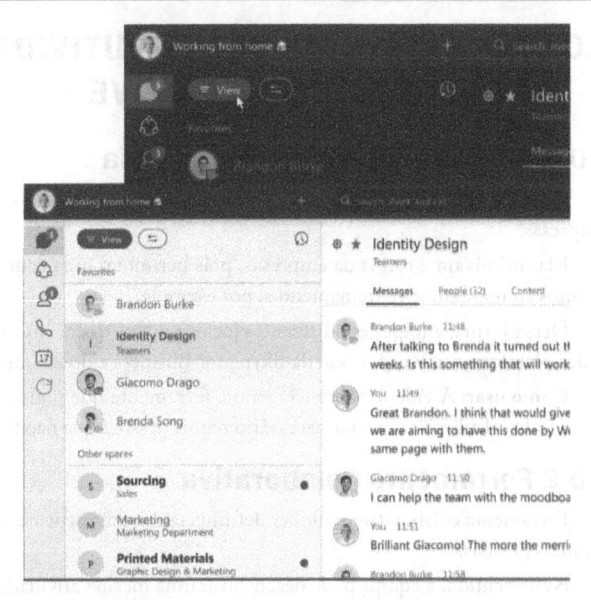

CONHECIMENTOS DE INFORMÁTICA

Utilizado para organizar reuniões, trocar mensagens, fazer chamadas e compartilhar documentos. Em tempo real ou a qualquer instante, o Webex é o aplicativo interativo, inteligente e inclusivo que faz o trabalho em equipe ser mais agradável.

Chamadas

Receba um número de telefone comercial e um moderno sistema de chamadas, em nuvem, completo, com um menu de discagem, roteamento de chamadas e poderosas funcionalidades de chamada interna, como chamada aguardando, encaminhamento, transferência, espera e muito mais. O melhor de tudo é que a sua linha comercial chamará em qualquer dispositivo, em qualquer lugar, para que você nunca perca uma chamada importante. Isso significa que, havendo 3 ou centenas de pessoas, o seu negócio demonstrará profissionalismo à medida que receber as chamadas.

Status inteligente

Webex define automaticamente o status quando você estiver em uma reunião, compartilhando a tela ou estiver fora do escritório para que as pessoas possam saber quando, de fato, você está disponível. Também é possível definir o modo "não interromper" para os momentos em que houver a necessidade de uma pausa.

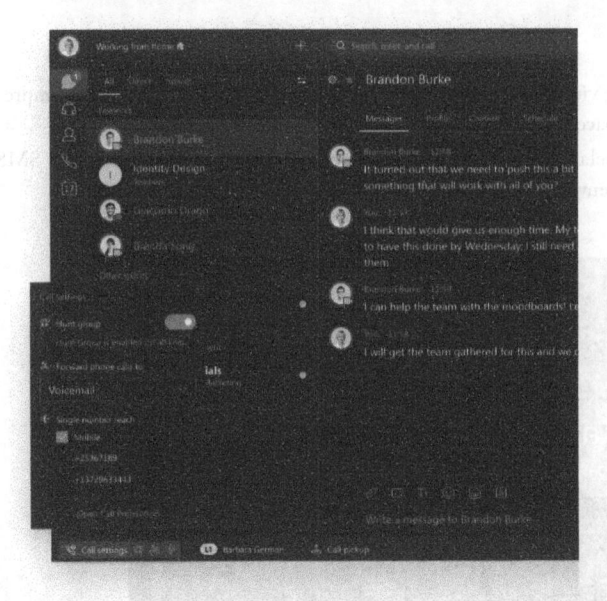

Mensagem

Um poderoso sistema de mensagens individual e em grupo está incluído em cada plano. Entretanto, e mais do que um simples sistema de mensagens instantânea, trata-se de uma plataforma de colaboração em equipe completa com compartilhamento seguro de arquivo, quadro de comunicações bidirecional e espaços digitais que permitem organizar as conversas em fluxos de trabalho.

10 FERRAMENTAS DE PRODUTIVIDADE E TRABALHO À DISTÂNCIA: GOOGLE HANGOUT E GOOGLE DRIVE

10.1 Software de Videoconferência

Os softwares de videoconferência representam uma metodologia em ascensão que proporciona redução de custos para pequenas e grandes empresas.

Elas otimizam a rotina da empresas, pois permitem uma comunicação mais integrada e inteligente entre os membros de uma equipe em eventos como reuniões e treinamentos, por exemplo.

Dessa forma, equipes em diferentes locais podem trocar informações sem qualquer problema. E tudo pode ser realizado através de uma única plataforma, como é o caso da Skype for Business e do Zoom.

Como usar: A videoconferência é uma ferramenta que pode ser usada em reuniões, workshops, treinamentos, brainstorm, entrevistas e entre todos. Toda a vez que for necessário reunir pessoas que não fazem parte do ambiente local da empresa a videoconferência se faz presente.

10.2 Ferramenta Colaborativa

Ferramenta colaborativa pode ser definida como um software ou aplicativo para compartilhamento de informações de trabalho entre duas ou mais pessoas.

Neste sentido, a equipe pode desenvolver uma mesma atividade mesmo que não esteja no mesmo ambiente de trabalho.

Cada ferramenta possui sua especificidade para atender as necessidades de comunicação de cada equipe e empresa.

Portanto, além de otimizar a comunicação as ferramentas colaborativas também podem proporcionar:

- Acompanhamento de fluxograma;
- Compartilhamento de agenda;
- Edição simultânea de documentos;
- Desenvolvimento de planilhas e formulários.

Embora a otimização do tempo no horário de trabalho seja um dos principais focos no objetivo de como usar ferramentas colaborativas, existem diversos outros objetivos que a tornam ainda mais atraente. Confira:

- Redução de Custos
- Aumento da Produtividade
- Acompanhamento em Tempo Real

10.2.1 Google Hangouts

O Hangouts é a solução do Google para a realização de chamadas de vídeo. Se você já usa as outras ferramentas colaborativas da empresa, essa é a escolha ideal, pois se integra perfeitamente ao G Suíte – Workspace - e às demais aplicações da gigante das buscas.

Google Hangouts é uma plataforma de comunicação, desenvolvida pela Google, que inclui mensagens instantâneas, chat de vídeo, SMS e VOIP. Foi lançada em 15 de maio de 2013, durante a conferência de desenvolvedores Google I/O.

Interface

Barra de Menus

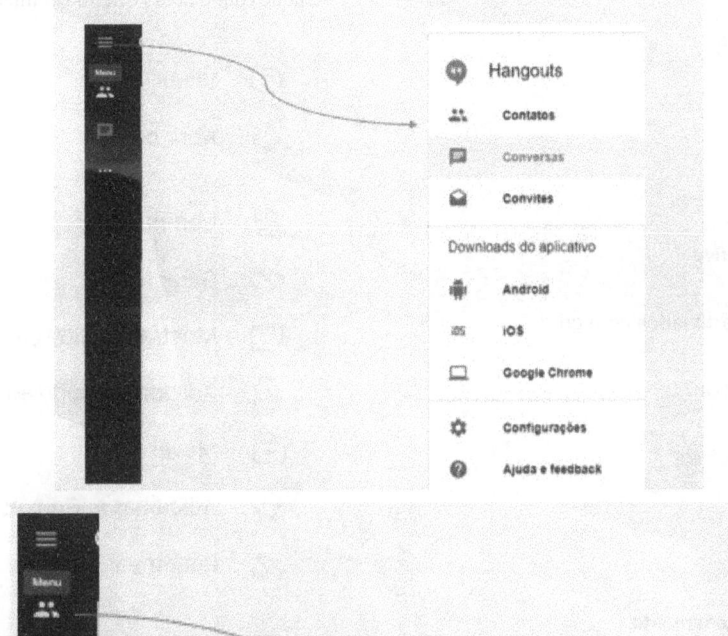

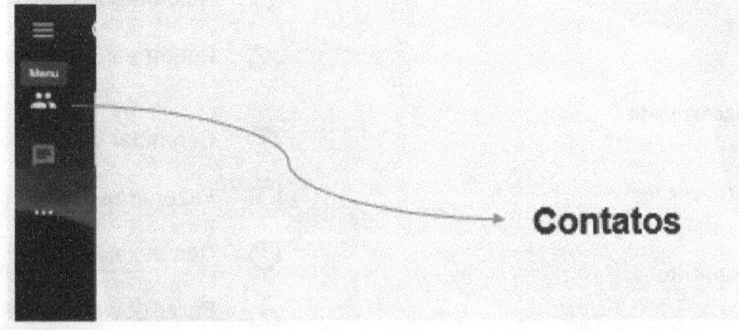

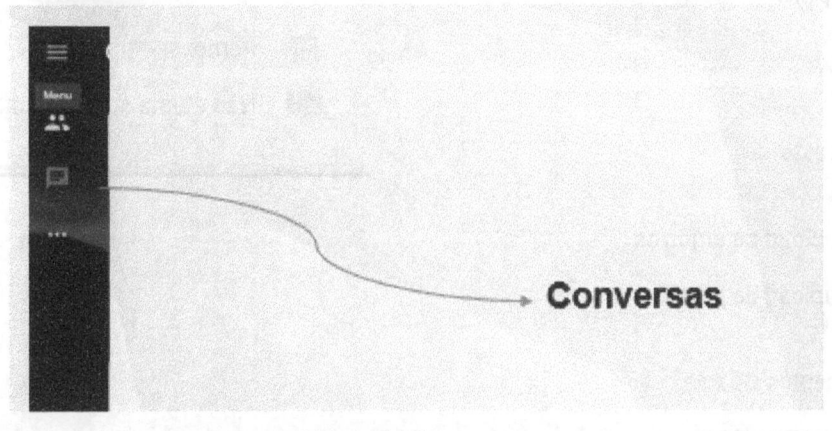

Está disponível via web ou como um aplicativo para iOS e Android.

10.2.2 Google Drive

Armazenamento em nuvem

Basicamente, o armazenamento em nuvem consiste no ato de armazenar um ou mais arquivos em um HD fora da sua máquina, através da internet.

Isso é possível, pois os serviços em nuvem contam com um servidor que fará a comunicação dos dispositivos pessoais com data centers (centros de dados). Os data centers são locais físicos que possuem um alto nível de segurança digital, física e estão espalhados pelo mundo.

Quando um usuário acessa um serviço de armazenamento em nuvem através de seus dispositivos, ele está acessando os servidores disponibilizados pelas empresas. Com uma conta, é possível acessar, compartilhar, editar e até mesmo excluir os arquivos armazenados na nuvem.

Envie fotos, vídeos, documentos e outros arquivos importantes para o Google Drive.

Comece com 15 GB de armazenamento - Grátis.

O Drive tem integração com as ferramentas e os apps do Workspace.

FERRAMENTAS DE PRODUTIVIDADE E TRABALHO À DISTÂNCIA: GOOGLE HANGOUT E GOOGLE DRIVE

Menu Principal

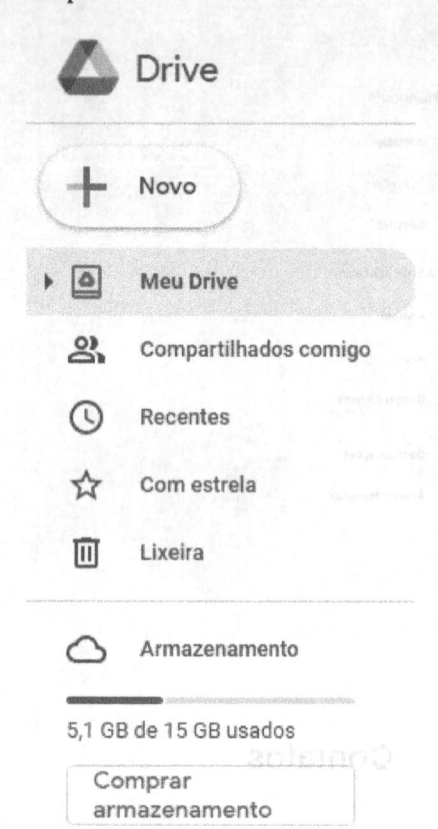

- Drive
- + Novo
- ▸ Meu Drive
- Compartilhados comigo
- Recentes
- Com estrela
- Lixeira
- Armazenamento
- 5,1 GB de 15 GB usados
- Comprar armazenamento

Para criar uma nova pasta:

Meu Drive ▾

- Nova pasta
- Fazer upload de arquivos
- Fazer upload de pasta
- Documentos Google ›
- Planilhas Google ›
- Apresentações Google ›
- Formulários Google ›
- Mais ›

Menu de Contexto

Clique com o botão direito em uma pasta ou arquivo:

- 👁 Visualização
- ✥ Abrir com ›
- Compartilhar
- Gerar link
- Mostrar localização do arquivo
- Adicionar atalho ao Google Drive ⓘ
- Mover para
- Adicionar a "Com estrela"
- Renomear
- Gerenciar versões
- Fazer uma cópia
- Denunciar abuso
- Fazer download
- Remover
- Não é uma sugestão útil

11 FERRAMENTAS DE PRODUTIVIDADE E TRABALHO À DISTÂNCIA: SKYPE

11.1 Software de Videoconferência

Os softwares de videoconferência representam uma metodologia em ascensão que proporciona redução de custos para pequenas e grandes empresas.

Elas otimizam a rotina da empresas, pois permitem uma comunicação mais integrada e inteligente entre os membros de uma equipe em eventos como reuniões e treinamentos, por exemplo.

Dessa forma, equipes em diferentes locais podem trocar informações sem qualquer problema. E tudo pode ser realizado através de uma única plataforma, como é o caso da Skype for Business e do Zoom.

Como usar: A videoconferência é uma ferramenta que pode ser usada em reuniões, workshops, treinamentos, brainstorm, entrevistas e entre todos. Toda a vez que for necessário reunir pessoas que não fazem parte do ambiente local da empresa a videoconferência se faz presente.

11.2 Ferramenta Colaborativa

Ferramenta colaborativa pode ser definida como um software ou aplicativo para compartilhamento de informações de trabalho entre duas ou mais pessoas.

Neste sentido, a equipe pode desenvolver uma mesma atividade mesmo que não esteja no mesmo ambiente de trabalho.

Cada ferramenta possui sua especificidade para atender as necessidades de comunicação de cada equipe e empresa.

Portanto, além de otimizar a comunicação as ferramentas colaborativas também podem proporcionar:

- Acompanhamento de fluxograma;
- Compartilhamento de agenda;
- Edição simultânea de documentos;
- Desenvolvimento de planilhas e formulários.

Embora a otimização do tempo no horário de trabalho seja um dos principais focos no objetivo de como usar ferramentas colaborativas, existem diversos outros objetivos que a tornam ainda mais atraente. Confira:

- REDUÇÃO DE CUSTOS
- AUMENTO DA PRODUTIVIDADE
- ACOMPANHAMENTO EM TEMPO REAL

11.2.1 Skype

Skype é um programa que realiza chamadas de voz e/ou vídeo online e grátis. Com o app para celular ou a versão web do mensageiro é possível ligar para pessoas do mundo todo de forma simples e eficiente. Após baixar o Skype, basta criar uma conta e realizar o login.

O app está disponível para Android, iPhone (iOS), Windows Phone, Windows 7, Windows 8, Windows 10, Mac OS e Linux. As conversas são gratuitas, mas há cobrança em ligações para telefones convencionais. Se preferir, é possível usar o Skype no navegador sem baixar nada.

O programa permite que o usuário envie mensagens de texto e arquivos para a lista de contatos e criar conversas em grupo no chat. Também há o Skype Translator, uma ferramenta que traduz as mensagens trocadas no programa em tempo real. Possui integração com o Facebook e com o Windows Live ID e oferece ao usuário um número de telefone para receber chamadas. É bastante simples utilizar o Skype no pc (para a área de trabalho - desktop), no Android e no iPhone (iOS).

Você pode usar mensagens instantâneas e chamadas de vídeo no navegador sem ter que instalar o aplicativo em seu dispositivo.

FERRAMENTAS DE PRODUTIVIDADE E TRABALHO À DISTÂNCIA: SKYPE

Gravação de chamada
Guarde momentos especiais de uma chamada pelo Skype com pessoas queridas ou grave uma reuniões importantes com colegas de trabalho.

Painel Notificações
Clique no sino para ver reações às suas mensagens, @menções em conversas em grupo e se alguém citou você. Tudo isso em um só lugar.

Pesquise a galeria de chats
O Skype permite que você navegue pela sua mídia com facilidade. Escolha o tipo de mídia ou pesquise todas.

Janela Privativa

Janela InPrivate
Abra o Skype online em uma nova janela InPrivate do navegador no Microsoft Edge ou uma nova Janela anônima do navegador no Chrome.
Nenhum cookie será usado e nenhum dado será salvo.

Skype Web

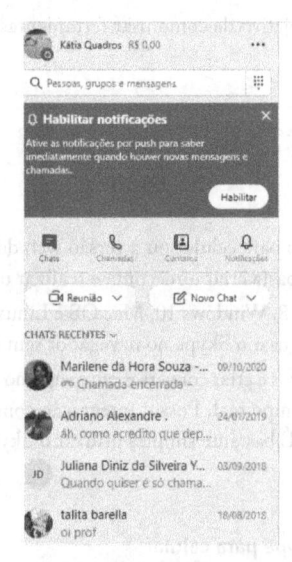

Ferramentas

CONHECIMENTOS DE INFORMÁTICA

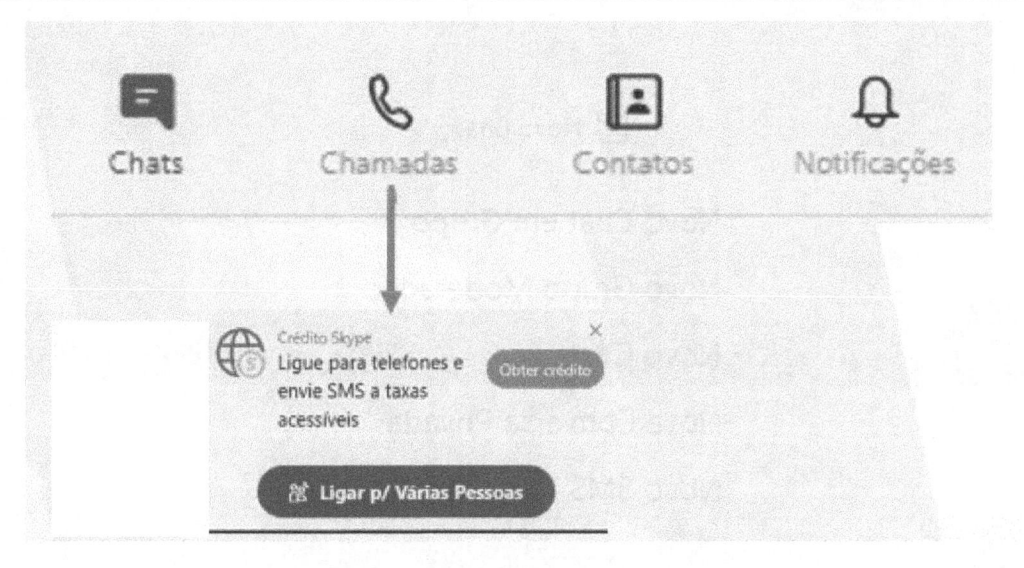

Reuniões

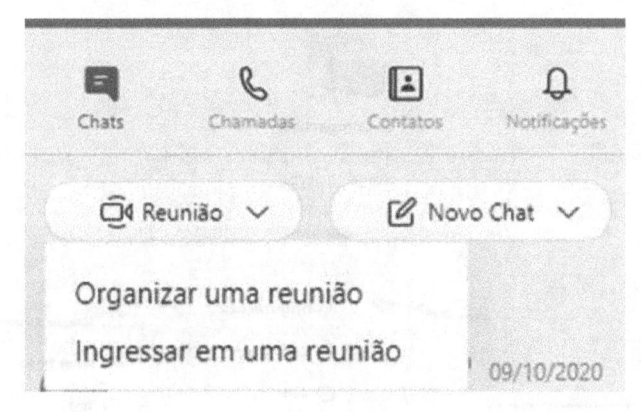

É fácil: basta criar um link e compartilhar com as pessoas que você quer que participem da chamada. Não é necessário ter uma conta. Se não tiver o Skype instalado, use-o no seu navegador. Convide até 50 pessoas e aproveite chamadas de vídeo gratuitas usando o Skype.

O melhor de tudo é que seu link de convite pessoal não expira e pode ser usado a qualquer momento.

- Não é necessário ter uma conta de verificação
- Não é necessário baixar um aplicativo de verificação
- Chamadas de até 24 horas cada

Use os recursos do Skype para tornar seus chats com vídeo mais atrativos

Grave suas chamadas e salve-as para análise posterior

Concentre-se e envolva-se em suas reuniões online sem nenhuma distração. Grave sua chamada para analisá-la e fazer anotações posteriormente. Seus registros serão mantidos por até 30 dias.

Desfoque o fundo antes de ingressar na chamada

Está em trânsito ou não teve tempo para se preparar para a reunião por vídeo? Basta ativar o recurso para desfocar o fundo e participar tranquilamente.

Compartilhe sua tela sempre que necessário

Compartilhe apresentações, materiais de trabalho ou projetos com facilidade durante a chamada de conferência. Colabore e revise seu trabalho no chat.

Novo Chat

FERRAMENTAS DE PRODUTIVIDADE E TRABALHO À DISTÂNCIA: SKYPE

Novo Chat

Novo Chat em Grupo

Novo Grupo Moderado

Novo Chat

Nova Conversa Privada

Novo SMS

1. Gere um link
Gere um link de chamada com apenas um clique.

2. Compartilhe
Convide qualquer pessoa, mesmo que ela não tenha conta no Skype.

3. Participe da chamada
Participe da chamada por meio do seu link exclusivo.

Menu

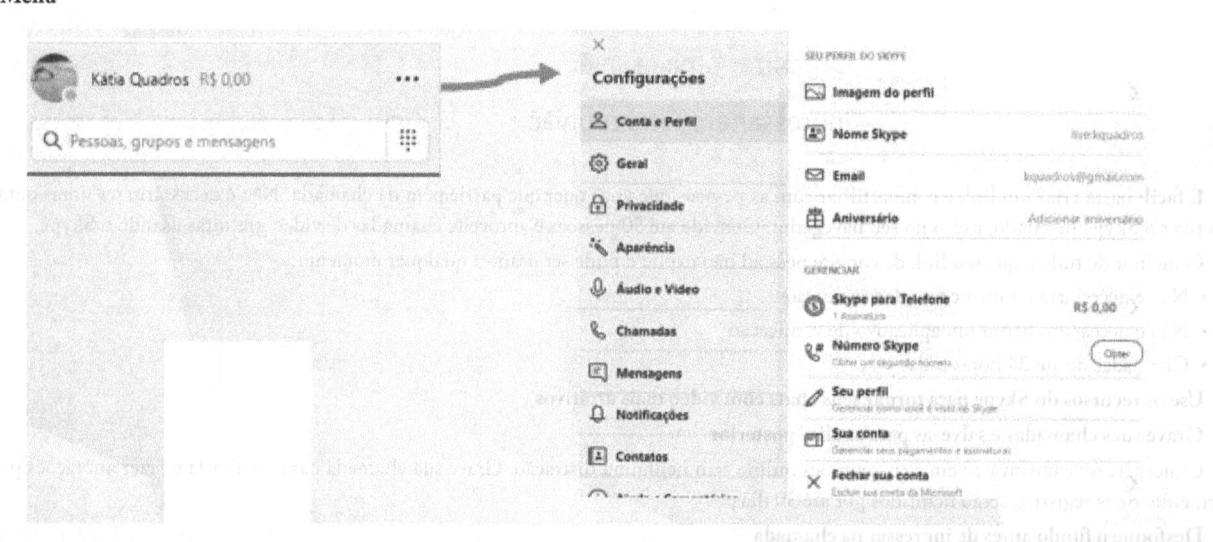

Principais Recursos

CONHECIMENTOS DE INFORMÁTICA

Chamadas de áudio e vídeo em HD
Experimente áudio e vídeo em HD de altíssima qualidade em chamadas de grupo ou privadas, agora também com reações em chamadas.

Mensagens inteligentes
Reaja instantaneamente a qualquer mensagem com reações divertidas ou use @menções para chamar a atenção de alguém.

Compartilhamento de tela
Compartilhe facilmente apresentações, fotos das férias ou qualquer coisa em sua tela durante uma chamada com compartilhamento de tela integrada.

Gravar chamadas e legendas ao vivo
Grave as chamadas do Skype para capturar momentos especiais, anote as decisões importantes e use legendas ao vivo para ler as palavras que são ditas.

Ligar para telefones
Fale com amigos que não estão online com taxas de chamadas internacionais acessíveis para celulares e telefones fixos.

Conversas particulares
Mantenha suas conversas particulares confidenciais com criptografia de ponta a ponta padrão do setor.

Chamadas

Você precisa colocar créditos para fazer chamadas.

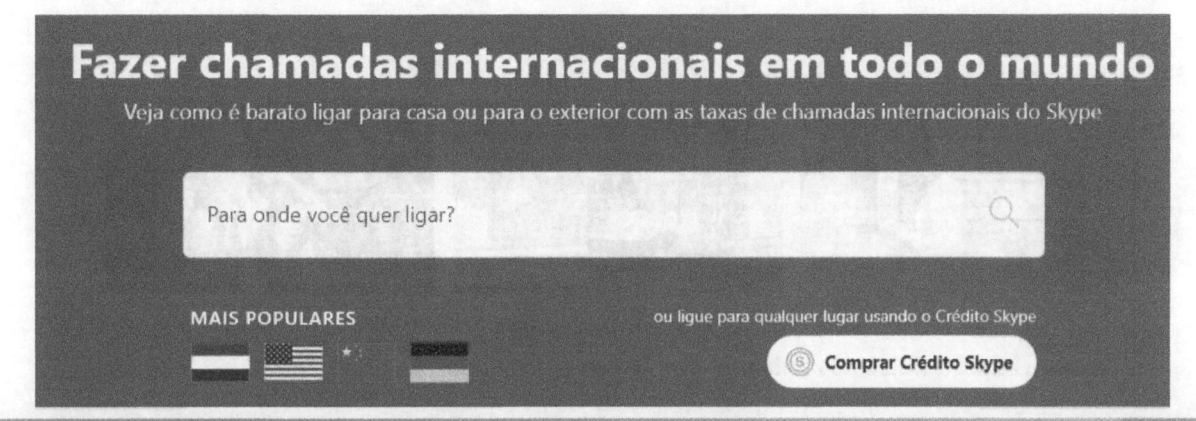

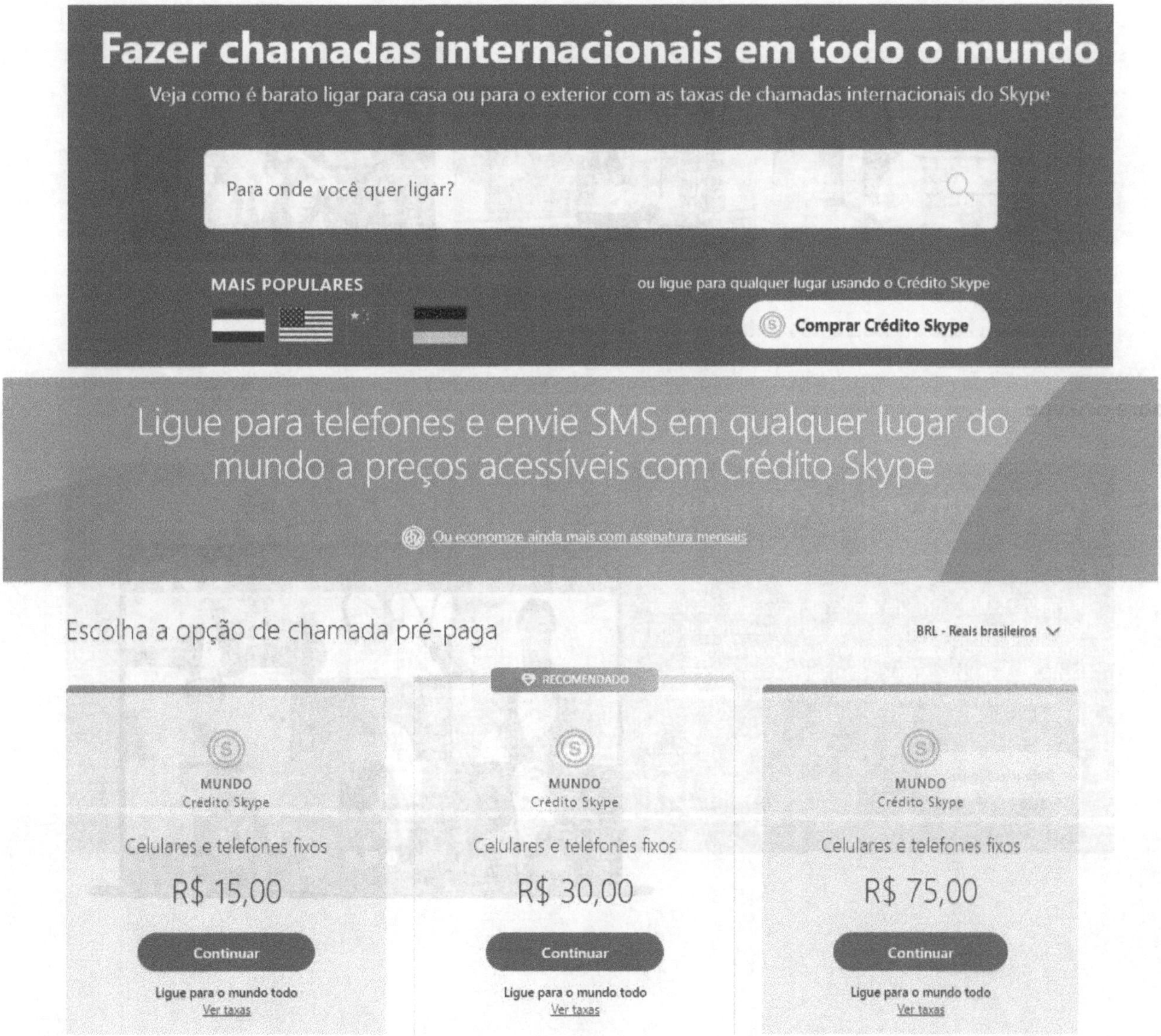

Fazer chamadas internacionais em todo o mundo

Veja como é barato ligar para casa ou para o exterior com as taxas de chamadas internacionais do Skype

Para onde você quer ligar?

MAIS POPULARES

ou ligue para qualquer lugar usando o Crédito Skype

Comprar Crédito Skype

Ligue para telefones e envie SMS em qualquer lugar do mundo a preços acessíveis com Crédito Skype

Ou economize ainda mais com assinatura mensais

Escolha a opção de chamada pré-paga

BRL - Reais brasileiros

MUNDO Crédito Skype	RECOMENDADO MUNDO Crédito Skype	MUNDO Crédito Skype
Celulares e telefones fixos	Celulares e telefones fixos	Celulares e telefones fixos
R$ 15,00	R$ 30,00	R$ 75,00
Continuar	Continuar	Continuar
Ligue para o mundo todo Ver taxas	Ligue para o mundo todo Ver taxas	Ligue para o mundo todo Ver taxas

FERRAMENTAS DE PRODUTIVIDADE E TRABALHO À DISTÂNCIA: SKYPE

Confira um exemplo de preço de ligação:

Confira as taxas dos destinos que você deseja chamar

Rússia

~476 min por R$ 30,00 de Crédito Skype*

Chamada	Chamadas – por minuto[1]
Rússia	R$ 0,06
Rússia - Celular [2]	R$ 0,28
Rússia - Moscou	R$ 0,06
Rússia - São Petersburgo	R$ 0,06
SMS	Custo por mensagem
Rússia	R$ 0,14

1. Ao ligar do(a) Brasil, será aplicada uma taxa de conexão de R$ 0,14, salvo indicação em contrário.
2. Ao ligar do(a) Brasil, será aplicada uma taxa de conexão de R$ 0,25, salvo indicação em contrário.

Por que o Crédito Skype?

Pré-pago
Não é necessário qualquer contrato ou assinatura, pague apenas quando usar

Ligar para Qualquer Lugar
Ligar e enviar SMS em todo o mundo a taxas acessíveis

Muitas maneiras de usar
Forneça crédito de presente aos seus amigos ou use-o para pagar outros serviços do Skype

Sobre o Skype

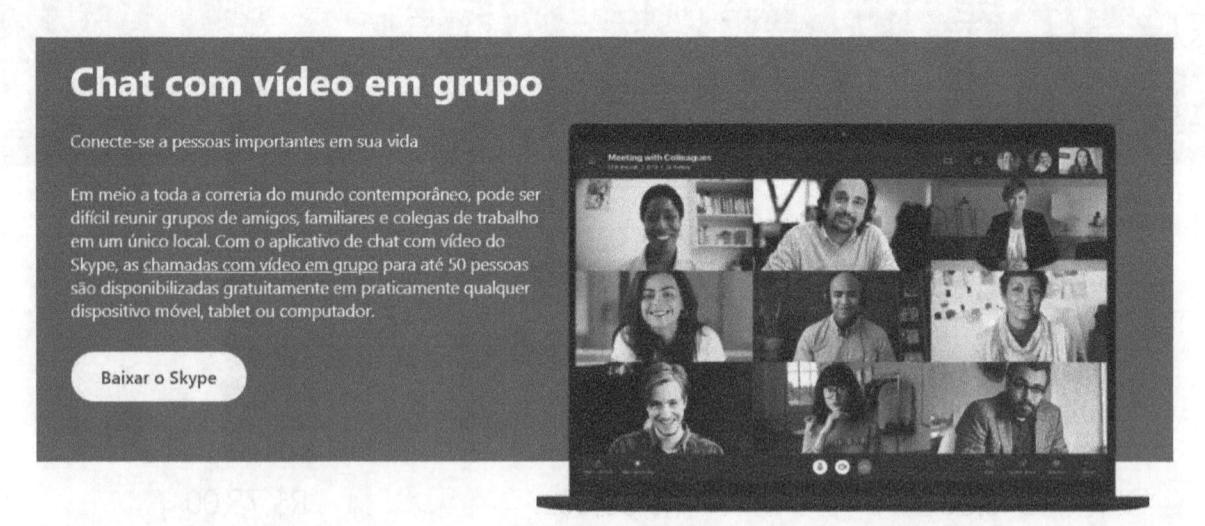

Chat com vídeo em grupo

Conecte-se a pessoas importantes em sua vida

Em meio a toda a correria do mundo contemporâneo, pode ser difícil reunir grupos de amigos, familiares e colegas de trabalho em um único local. Com o aplicativo de chat com vídeo do Skype, as chamadas com vídeo em grupo para até 50 pessoas são disponibilizadas gratuitamente em praticamente qualquer dispositivo móvel, tablet ou computador.

Baixar o Skype

ATENDIMENTO BANCÁRIO

1 NOÇÕES DE ADMINISTRAÇÃO DE VENDAS E TÉCNICAS DE VENDAS

O processo de vendas inicia-se antes mesmo de as partes se encontrarem e continua após a separação delas. Dessa forma, a negociação constitui-se de várias etapas, dentre elas: planejamento, execução e controle de negociação, sabendo que elas auxiliam na sistematização do processo de venda.

Em linhas gerais, a noção de negociação pode ser definida como o artifício de procurar um contrato aceitável para os envolvidos. Se a entendermos como um processo, facilmente concluiremos que ela se dá em um determinado espaço do tempo, vinculado ao passado, ao presente e ao futuro. Por isso, identificaremos os elementos mais importantes da negociação, como o planejamento (oferece a quem negocia uma perspectiva mais evidente do panorama); a execução, que é dividida em partes menores, faz com que o negociador focalize forças de grau e natureza adequados a cada instante, evitando desperdícios de força de trabalho; por fim, o controle que é realizado de maneira metódica e auxilia na construção de bases da credibilidade por meio de instauração dos acordos, ou, quando feito de forma analítica, concretiza o autodesenvolvimento durável, por meio do aprendizado adquirido em cada negociação.

1.1 Elementos Mais Importantes da Negociação

Planejamento → Execução → Controle

São sete etapas para o processo de negociação:
- Preparação.
- Abertura.
- Exploração.
- Apresentação.
- Clarificação ou manejo das objeções.
- Fechamento.
- Avaliação.

Para facilitar, podemos dividi-las da seguinte forma:

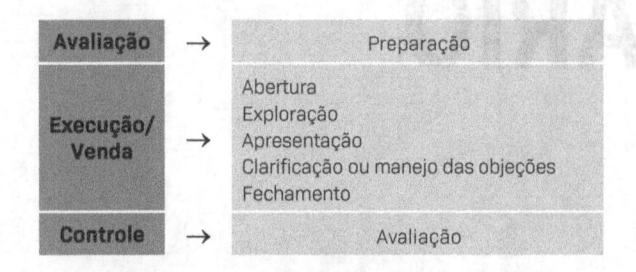

Avaliação →	Preparação
Execução/Venda →	Abertura Exploração Apresentação Clarificação ou manejo das objeções Fechamento
Controle →	Avaliação

1.1.1 Elementos mais Importantes do Processo de Vendas

Pré-venda → Venda → Pós-venda

São sete as etapas para o processo de vendas, segundo Kotler:
- Prospecção ou qualificação.
- Pré-abordagem.
- Abordagem.
- Demonstração do produto ou serviço.
- Superação das objeções.
- Fechamento.
- Acompanhamento ou avaliação.

Dividindo as etapas:

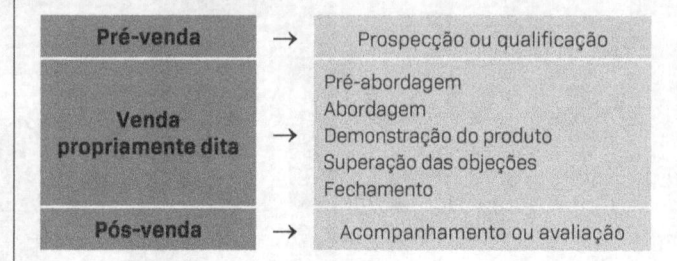

Pré-venda →	Prospecção ou qualificação
Venda propriamente dita →	Pré-abordagem Abordagem Demonstração do produto Superação das objeções Fechamento
Pós-venda →	Acompanhamento ou avaliação

Planejamento ou Pré-Venda - Preparação para Vendas

A sistemática relacionada ao Planejamento de Vendas compreende um rol de passos específicos que devem ser observados para que se obtenha o melhor resultado no momento em que o plano de vendas for implementado.

Esse plano deve possuir uma relação coerente com a realidade do mercado e da empresa, precisa ser arrojado e desafiador, todavia deve ser possível de ser realizado.

O Plano de Vendas resulta da análise de várias estratégias menores construídas com base em nichos de mercado que se deseja atingir. A análise é fundamental para o planejamento de vendas, pois é com base nela que as decisões posteriores serão tomadas.

Para estabelecer um plano de vendas é necessário:
- Identificar os possíveis consumidores de determinado produto.
- Determinar a organização e a distribuição dos produtos e dos serviços.
- Oferecer suporte pós-venda.
- Estabelecer planos de pagamento a serem oferecidos.
- Identificar materiais de marketing específicos e seus custos.
- Conhecer os produtos.
- Estabelecer argumentos sobre objeções que possam ser apresentadas pelos clientes.
- Definição de margem negocial (objetivo ideal, ou seja, o que objetiva conseguir; e objetivo real, aquilo que é possível conseguir).
- Planejar concessões no caso de haver resistência do cliente.

Encontra-se na fase do planejamento a etapa de prospecção ou qualificação, detalhada abaixo:

1.1.2 Prospecção ou Qualificação → Identificar os clientes potenciais

Nessa etapa é importante que o vendedor busque alternativas para captar e identificar novos clientes em potencial. Ações como solicitar indicação de nomes aos clientes, visitar empresas, entre outras.

Após receber as indicações, os vendedores deverão fazer uma pré-análise dos clientes, avaliando aspectos como situação financeira, volume de negócios, antes de decidir visitá-lo.

Depois de realizado o planejamento, o passo posterior é a execução, também identificado com o termo venda contendo as etapas pré-abordagem e abordagem.

1.1.3 Venda Propriamente Dita

Pré-abordagem → Verificar as necessidades dos clientes potenciais

O vendedor terá que identificar as necessidades dos clientes, os desejos, quem é o responsável pela decisão de compra, estabelecendo objetivos de visitas, que podem ser obter informações sobre o cliente ou concretizar uma venda imediata.

Outro aspecto a ser avaliado é o melhor momento e a melhor forma de se fazer a **abordagem**, quer seja por uma ligação ou uma visita pessoal, pois os clientes têm compromissos e nem sempre estão disponíveis para um atendimento.

Abordagem → Ouvir o cliente, fazer perguntas e iniciar a apresentação do produto

A abordagem é uma das fases fundamentais, porque aqui se inicia o contato com o cliente, sendo importante para um bom início de relacionamento uma ótima "primeira impressão", conversar sobre assuntos amenos, sempre explorando as preferências e costumes do cliente. A partir desse diálogo o vendedor irá mapear os principais produtos que se encaixam no perfil daquele comprador. Orienta-se a tomar alguns cuidados, como não falar muito alto, chamar o cliente pelo nome, evitar críticas a outras pessoas ou entidades; é fundamental sempre ser cortês e prometer o que pode cumprir.

Nessa ambientação toda, deve-se fazer a percepção da reação do cliente, bem como os sinais que indicam o nível de interesse e satisfação na conversa. Por exemplo, se o vendedor fez toda a explanação acerca do produto e o cliente fez perguntas, comparou taxas, anotou tópicos, significa que ele ficou interessado e o vendedor está no caminho certo.

O vendedor deve atentar-se ao modo de se vestir, ser cortês, simpático, aspectos estudados em atendimento. Na matéria de venda, o vendedor deverá ser ouvinte e prestar atenção às informações repassadas pelo cliente durante a conversa; é o momento de fazer questionamentos, perguntas buscando aproximação com o cliente e compreender o que ele mais necessita.

Uma técnica relevante nessa etapa é o modo como efetuar as perguntas, sendo importante diferenciar entre as perguntas abertas e as perguntas fechadas.

Perguntas Fechadas

São aquelas que geralmente induzem o cliente a responder "sim" ou "não", e permitem um direcionamento mais exato àquilo que o cliente precisa. É o tipo de pergunta ideal para se fazer àquele cliente mais fechado, mais calado.

Perguntas Abertas

São as perguntas mais indicadas para a ampliação do diálogo, permitindo ao cliente expressar sua opinião, seus ensejos e necessidades. Um exemplo seria perguntar ao cliente como vão os negócios em sua empresa (em caso de cliente pessoa jurídica) ou como vão os preliminares para aquela viagem que ele vai fazer. Só nesse curto diálogo o vendedor já consegue descobrir várias necessidades do cliente, por isso é fundamental deixar o comprador se expressar e ouvi-lo atentamente.

Apresentação e Demonstração → Apresentar o produto destacando suas vantagens e benefícios

Nessa fase, o vendedor apresentará o produto ao cliente seguindo a fórmula AIDA (Kotler): Atenção (obter atenção do cliente); Interesse (captar o interesse); Desejo (despertar o desejo) e Ação (levar o cliente a agir adquirindo o produto). Na apresentação, o vendedor deverá destacar vantagens e benefícios do produto, buscando satisfazer as necessidades do cliente. A demonstração pode ser auxiliada com apresentação de folhetos, livretos, slides, amostras de produtos, entre outros.

Durante a demonstração, o vendedor pode usar cinco estratégias de influência, segundo Kotler:

Legitimidade: enfatizar características da empresa, como experiência, reputação.

Conhecimento especializado: o vendedor é especialista no produto ou serviço, conhecendo cada detalhe, e também conhece as necessidades do cliente.

Poder de referência: o vendedor aproveita-se das características, dos interesses e dos conhecimentos comuns dos clientes.

Agrado: o vendedor concede agrados ao cliente como convite para almoço, brindes, para fortalecer o relacionamento.

Zelo pela impressão: o vendedor procura causar a boa impressão no cliente.

Superação das Objeções → Sanar as dúvidas e superar a resistência da compra

Durante a apresentação, os clientes costumam colocar objeções quando solicitado o fechamento do negócio. Essas objeções podem ser psicológicas ou lógicas. A resistência psicológica é a preferência por marcas estabelecidas, apatia, relutância em ceder a uma argumentação. A resistência lógica é a objeção por preço, prazo de entrega ou algumas características do produto.

Para superar as objeções o vendedor deve questionar o cliente de modo a descobrir a origem da dúvida e procurar saná-la da melhor forma possível.

Fechamento → Concretização do negócio

O vendedor deve partir para o fechamento do negócio, e pode se utilizar de algumas ações para auxiliá-lo nesse processo, como solicitar o pedido, condicionar uma venda a uma concessão (um benefício que será avaliado para o cliente), partir para a próxima etapa já verificando a melhor data para pagamento.

É importante ressaltar que jamais devem ser utilizados quaisquer métodos ou truques para ludibriar o cliente para acelerar a venda do produto. Nesta etapa é importante reforçar os benefícios do produto e finalizar com frases do tipo: "Vamos aproveitar para fazer a adesão/simulação/contratação?". Há várias maneiras de se fazer o fechamento, como o fechamento por antecipação, em que o vendedor já pula para a etapa seguinte, como se a venda já estivesse concluída, emitindo perguntas como: "Vamos ligar para o corretor agendando a vistoria em seu veículo?".

Existe ainda o fechamento condicionado, utilizado quando o cliente exige condições especiais para adquirir o produto, portanto, deve-se obter um compromisso de compra com o cliente, por exemplo: "Se conseguirmos um desconto de 15% na cotação, podemos contratar o seguro do seu automóvel?".

Outra forma de fechar um negócio seria por meio do fechamento direto, na qual o próprio vendedor deve solicitar o fechamento, oferecendo a oportunidade para o cliente comprar o produto. Por exemplo, pergunte ao cliente qual é o melhor dia para pagamento das parcelas do seguro de automóvel, se no final ou começo do mês.

A última etapa da venda é a conclusão do negócio, entretanto, não basta apenas vender o produto ao cliente, é necessário conquistar a lealdade e fidelidade desse comprador, prestando uma assistência pós-venda. Pequenos gestos auxiliam nesse acompanhamento, como

NOÇÕES DE ADMINISTRAÇÃO DE VENDAS E TÉCNICAS DE VENDAS

um telefonema de agradecimento, um convite a voltar para futuras negociações e o agradecimento pela preferência. O papel do vendedor não se restringe a apenas vender os produtos e atingir metas, mas sim conquistar os clientes, tornando-os fiéis, pois a reputação da empresa e um cliente satisfeito é uma das melhores formas de marketing.

1.1.4 Pós-venda

Acompanhamento (Follow-up) e Manutenção → Assegura a satisfação e busca a fidelização do cliente

Última etapa do processo de venda, o acompanhamento nada mais é do que a tentativa de o vendedor assegurar a satisfação do cliente e também a prospecção de novas vendas. É um contato após a concretização do negócio, em que o vendedor avalia o grau de satisfação do cliente feito por meio de uma visita pessoal, uma ligação. Além de o vendedor manter um relacionamento ativo com o cliente evitando o esquecimento ou perdê-lo para o concorrente.

1.2 Metas

Afinal, como definir as metas e até que ponto são positivas dentro da empresa? As metas foram instituídas com base em reproduções de anseios próprios ou de terceiros. Quando queremos comprar algo novo, por exemplo, delineamos um objetivo, seja ele acumular dinheiro ou obter alguma outra fonte de renda, tudo para alcançar o objetivo.

As metas podem causar alguns efeitos indesejáveis aos gerenciadores de vendas, por exemplo, criar concorrências internas, deixando essa competição refletir no atendimento ao cliente. Outra dificuldade encontrada em empresas que colocam muitas metas é o conflito entre os objetivos. Muitas vezes o cumprimento de uma meta acaba colidindo com outra, tornando-se algo impraticável, portanto a descrição ideal de meta seria aquela que traz a maior produção plausível dentro das particularizações e normas da empresa com uma relação custo-benefício imaginado.

No ambiente bancário, as metas influenciam abertamente na qualidade dos produtos e serviços comercializados. Como consequência tem-se o desperdício dos recursos financeiros, de tempo, de pessoas, sem mencionar o desgaste emocional sofrido pelos funcionários.

1.3 Técnicas de Vendas

A melhor maneira para ter sucesso na negociação é fazer um bom planejamento e ter um bom preparo, ou seja, elaborar um plano de ação aumenta as possibilidades de um negócio bem-sucedido.

Para uma venda de sucesso, devemos, primeiramente, elaborar uma estratégia, sempre objetivando o mérito a ser conquistado. Para colocar essa estratégia em prática, precisamos das técnicas ou táticas negociais, que são ações empregadas para completar as estratégias. Esse planejamento estratégico é feito em uma das etapas de pré-venda e são utilizados três elementos de referência: poder, tempo e informação, que abaixo serão explanados.

Há vários fatores que influenciam a negociação, dentre os principais destacamos **Poder**, **Tempo** e **Informação**.

A variável **Poder** está ligada aos poderes pessoais e aos circunstanciais (cargo, função) e por meio desse fator podemos mudar a realidade e alcançar os objetivos almejados. A forma mais correta de utilizar essa variável é dentro dos limites, ou seja, basear-se em informações sólidas e ter autoconfiança de forma a realizar acordos satisfatórios entre as partes. É importante ressaltar que, para que alguém mude, é necessário que a influência por ele sofrida seja maior que sua capacidade de resistência.

Os poderes pessoais são aqueles inerentes ao indivíduo, e podem dividir-se em: **poder da moralidade, poder da atitude, poder da persistência e poder da capacidade persuasiva.**

No que tange aos poderes circunstanciais, podemos defini-los como aqueles que focam na situação, sofrendo influência do meio: poder do especialista (conhecer o objeto de negociação e com quem se negocia), poder de posição (ocupar determinado cargo ou função), poder de precedente (basear-se em fatos pretéritos para argumentar na negociação), poder de conhecer as necessidades (perceber as exigências do cliente) e poder de barganha (exercer influência para chegar ao objetivo).

Outro fator há de ser levado em consideração. É o fator **Tempo**. Durante uma negociação essa variável deve ser levada em consideração, pois é válido falar em tempo limite e observar que as concessões são feitas geralmente próximas do tempo-limite, ou seja, quando o cliente está quase indo embora sem levar o produto o negociador faz uma concessão e resgata a possibilidade de negócio. Nem sempre é o ideal, pois quanto mais próximo do fim, maior é a pressão e tensão, e o acordo pode não ser satisfatório. Portanto, o vendedor até pode precipitar o desfecho da negociação e, adiá-lo para outra data, sempre tomando os devidos cuidados para não perder a venda.

Devemos ainda atentar para a variável **Informação**, que está intimamente ligada ao poder de conhecer o produto e o cliente para uma negociação bem-sucedida e com resultado acertado. Deve-se colher informações antes de iniciar a negociação, principalmente das necessidades do seu cliente, e se não for possível uma prévia pesquisa, ouça o cliente com atenção.

Por meio das técnicas de venda bem aplicadas, podem-se eliminar obstáculos e dificuldades encontrados no processo de negociação. E esses elementos que dificultam o processo de negociação são denominados de **objeções** e **impasses**, que muitas vezes são sanados com **concessões** pela parte do vendedor. Vamos explicar um a um esses elementos.

Objeções

As objeções podem ocorrer geralmente por desconfiança, desvantagens ou por falta de conhecimento do produto e do negociador. Dessa forma, é necessário que o vendedor atente para a origem dessa objeção para melhor tratá-la: basta ouvir o que o cliente pensa a respeito. As mais comuns são:

Objeção por desconfiança: ocorre quando o cliente não acredita no produto, no negociador ou na própria empresa. O vendedor deve apresentar autoconfiança e provas sólidas sobre seus argumentos, como cartilhas e folhetos da própria empresa.

Objeções por desvantagens: geralmente acontece quando o cliente percebe uma certa desvantagem no produto ou no serviço oferecido, geralmente ocorre quando o vendedor não consegue identificar corretamente as necessidades do cliente ou se esqueceu de ressaltar um benefício. Nesse caso o vendedor deve contra-argumentar, expondo outros benefícios.

Objeção por desconhecimento: ocorre quando o cliente é desconhecedor do produto. Para resolver esse problema basta prestar todos os esclarecimentos para eliminar as dúvidas, explicando de forma clara e objetiva os benefícios do produto.

Objeção circunstancial: acontece quando a negociação não é concretizada devido a circunstâncias como falta de tempo, condição financeira não atende aos requisitos etc. A solução para esse caso é agendar outra data com o cliente.

Dicas para dirimir objeções:
- Não interromper o cliente.
- Não discutir.
- Não rir da forma como o cliente se expressa.
- Ouvir o cliente com atenção.
- Transformar as objeções a seu favor, convertendo-as em pontos de venda.

1.3.1 Impasses

Durante o processo de negociação pode haver conflitos, que são originados das divergências na interação vendedor-cliente e geralmente ocorrem por falta de empatia entre as partes. Não se pode simplesmente largar a negociação por haver um impasse, existem alternativas para superar esse obstáculo, por exemplo:
- Dar uma pausa na negociação, marcar outra data.
- Chamar outro negociador para assumir seu lugar, como um gerente.
- Tentar alterar as condições, se possível, dilatar prazos, oferecer outras vantagens.
- Esteja sempre bem-humorado e sorridente, não demonstre tanta preocupação e afobamento em fechar o negócio.

Concessões

Diante desses obstáculos nem sempre se consegue contorná-los com as técnicas listadas anteriormente, então, deve-se tomar uma atitude mais decisiva: a concessão. Mas, afinal, o que é concessão?

Entende-se por concessão o processo, dentro da negociação, de ceder às exigências da outra parte. Lembre-se: perder um pouco é essencial para quem quer ganhar muito! O vendedor pode abrir mão do acessório para preservar o que é essencial no negócio e também para conquistar um bom cliente. Algumas dicas de como fazer as concessões de forma correta:
- **Deixe o cliente apresentar sugestões de negociação:** "E se não tivesse essa taxa...?"
- Evite conceder coisas que a parte não tenha solicitado, para o cliente não achar que o vendedor é muito flexível, e que tudo o que ele solicitar você concederá.
- Se fizer uma concessão inadequada, volte atrás de forma discreta e educada.

1.3.2 Dicas para um Bom Negociador

- Competência.
- Confiança.
- Critério.
- Comunicação.

O que um cliente espera do atendimento bancário?
- Cortesia.
- Segurança.
- Confiabilidade.
- Facilidade de acesso.
- Prontidão.

Em suma, o cliente quer produtos e serviços que correspondam à sua necessidade e um tratamento adequado, a fim de que se sinta valorizado e respeitado.

O vendedor deve:
- Ter boa apresentação.
- Bom humor.
- Boa postura.
- Empatia.
- Saber ouvir o cliente.
- Ter disposição.
- Ser cortês.
- Ser eficiente.
- Ser honesto e sincero.
- Comunicar-se bem.
- Assumir compromisso com o cliente.

1.3.3 Motivação

A chave para a realização de vendas é a motivação. Para que os trabalhadores se sintam motivados a desempenhar as suas tarefas é preciso que se dê constante atenção a fatores como reconhecimento, responsabilidade e desenvolvimento individual, além da definição adequada da tarefa em si.

A teoria de Maslow tem sido utilizada para auxiliar a compreensão do fenômeno da motivação pessoal. Abraham Maslow definiu uma hierarquia e necessidades que devem ser satisfeitas para que o indivíduo possua vontade de atingir a autorrealização. Em uma breve descrição, pode-se resumir da seguinte maneira:

Necessidades fisiológicas: o abrigo, o sono, a excreção, a fome, a sede etc.

Necessidades de segurança: desde a segurança em casa até o nível de estabilidade no ambiente de trabalho.

Necessidades sociais: aceitação no grupo em que vive, amor, amizade etc.

Necessidades de estima: reconhecimentos pelos membros do grupo de que faz parte.

Necessidade de autorrealização: em que o indivíduo se torna aquilo que deseja ser.

Ao passo que essas necessidades vão sendo satisfeitas, o indivíduo possui motivação para buscar mais altos níveis de realização.

Claramente, a empresa deve buscar alternativas para motivar seus vendedores, para que haja sempre um retorno positivo de seu trabalho. Uma das formas de motivação para vendas é a criação de grupos internos, que competem entre si por prêmios dados àqueles que tiverem melhor desempenho.

Dentre as teorias da motivação, existe a chamada teoria X e Y, de Douglas McGregor, que, numa primeira visão, sugere que os gerentes devem coagir, controlar e ameaçar os funcionários a fim de motivá-los e, numa segunda visão, acredita que as pessoas são capazes de ser responsáveis, não necessitam ser constrangidas ou controladas para ter um bom desempenho no trabalho.

Para a motivação, contemporaneamente muito se tem falado sobre *coaching*, técnica que visa a despertar o espírito de liderança e, por extensão, a capacidade de motivar as pessoas.

1.4 Os Quatro "Ps": Produto, Preço, Praça e Promoção

Esse é um assunto interessante e importante para quem trabalha com o setor de vendas. Na verdade, são fundamentos que auxiliam o profissional a desempenhar suas funções.

NOÇÕES DE ADMINISTRAÇÃO DE VENDAS E TÉCNICAS DE VENDAS

1.4.1 Produto

Convencionou-se chamar "produto" tudo aquilo que se pode oferecer e que, de alguma maneira, possa satisfazer necessidades ou anseios de um mercado. Qualquer tipo de serviço ou bem, marca, embalagem pode ser identificado como produto. Evidentemente não há apenas produtos físicos, eles podem também ser caracterizados como serviços, ambientes, organizações, conceitos etc.

É preciso entender que, quando se compra algum bem, também há a agregação de serviços e ideias a esse produto. Uma imagem de artista famoso, uma canção, um serviço qualquer pode estar anexo a esse produto. Um belo exemplo é a imagem dos atores que costuma ser utilizadas em propagandas de instituições bancárias. A ideia de confiabilidade do famoso passa ao produto imediatamente quando se opera a propaganda.

Antes de qualquer coisa, o produto deve ser aquilo que é desejado pelo consumidor, encaixar-se dentro das expectativas do público-alvo e, claro, satisfazer a necessidade do comprador.

Na criação de um produto, é importante ressaltar cinco itens fundamentais:

O produto real (também chamado de produto esperado): aquilo que o consumidor geralmente está buscando.

O produto ampliado: no geral, é o oferecimento de serviços e ou qualquer tipo de benefício adicional.

O produto básico: efetivamente aquilo que o comprador adquire.

O produto potencial: qualquer tipo de implemento que o produto pode sofrer durante o seu processo evolutivo provável.

O benefício-núcleo: é o melhoramento elementar que é comprado pelo consumidor.

O produto é o mais importante dos elementos do mix de marketing, pois as decisões administrativas acerca dele são as mais relevantes para a política empresarial.

1.4.2 Preço

A soma de dinheiro que se cobra por um produto ou por um serviço é denominada como **preço**. Quando o consumidor compra determinado produto, ele paga um determinado preço, que é acordado na venda, e recebe os benefícios cabíveis. Há, porém, outras variáveis embutidas no preço de um produto: a rentabilidade, por exemplo. Quando se determina o preço de um produto, é preciso ter em vista que sua colocação no mercado visa ao lucro, por isso, no estabelecimento do plano de marketing, a definição do preço de um produto pode significar o sucesso da estratégia adotada.

Para que haja competitividade de um produto, é necessário que seu preço seja razoável, ou seja, nem tão alto que faça o consumidor perder a vontade de comprar; nem tão baixo que signifique prejuízo para quem o produz, quer seja pelo custo de produção, quer seja pela depreciação do produto no mercado. Em suma o produto não pode ser superestimado por seu preço, tampouco ser subestimado com um preço tão baixo, que o cliente pense haver algum problema com o bem adquirido.

É importante levar em conta, para a definição do preço, se a compra será realizada e qual é a escala possível dessa compra; se haverá lucratividade nessa comercialização; se há possibilidade de mudança no preço do produto para se adequar com rapidez ao mercado. Finalmente, pode-se entender que o preço adequado a um produto é aquele que satisfaz o cliente, pois não se sente enganado, e gera dividendos para a empresa.

1.4.3 Praça

A praça compreende aquilo que se identifica também como o ponto de venda ou ainda o chamado canal de distribuição de determinado produto. A praça pode ser uma rede que executa a logística a fim de fazer o produto chegar a seu usuário final. A noção de acessibilidade é importantíssima para a identificação da praça.

O cliente deve poder adquirir o produto da maneira que lhe for mais conveniente, por isso é mister que a praça abarque canais eficientes de distribuição. Como variável, a praça representa parte significativa no processo decisório da empresa em seu planejamento de marketing.

Dentre as várias formas de distribuição, podemos citar:

Direta: em que o produtor fornece diretamente o seu produto ao consumidor ou presta seu serviço diretamente ao consumidor.

| *Por exemplo, o feirante que vende pastéis ou o dentista.*

Indireta: em que o produto é levado ao consumidor por um distribuidor. Um exemplo comum é o mercado, que dificilmente produz todos os produtos que comercializa, necessitando de fornecedores para abastecer seu comércio.

1.4.4 Promoção

> **PROMOÇÃO** → São as ações de marketing aplicadas em organizações de serviços que oferecem incentivos e vantagens para determinado grupo de clientes, com a finalidade de incentivar a experimentação.

Há cinco elementos relevantes na determinação da promoção: promoção de vendas, propaganda, força de vendas, relações públicas, publicidade e marketing direto.

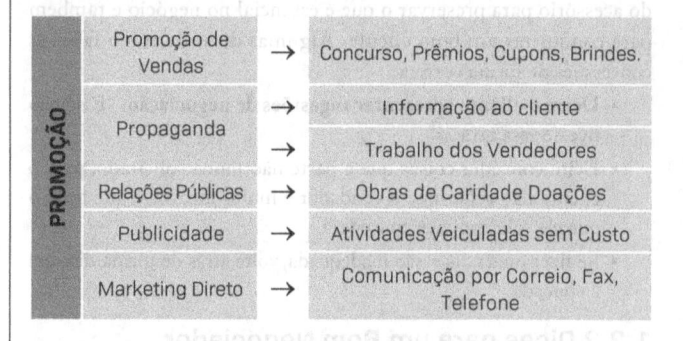

PROMOÇÃO		
Promoção de Vendas	→	Concurso, Prêmios, Cupons, Brindes.
Propaganda	→	Informação ao cliente
	→	Trabalho dos Vendedores
Relações Públicas	→	Obras de Caridade Doações
Publicidade	→	Atividades Veiculadas sem Custo
Marketing Direto	→	Comunicação por Correio, Fax, Telefone

Promoção de vendas: realizada por meio de concursos, prêmios, cupons, descontos pós-compras, amostras grátis, pacotes de preços promocionais, entre outros elementos que visam a estimular a atenção, o consumo e a realização da transação por parte do cliente. Os sorteios relacionados ao consumo de algum produto podem ser citados como exemplos.

Afirma Kotler que a promoção de vendas consiste de um conjunto diversificado de ferramentas de incentivo, em sua maioria a curto prazo, que visa a estimular a compra mais rápida e/ou em maior volume de produtos/serviços específicos por consumidores ou comerciantes.

Propaganda: utilizada para informar o cliente e ativar nele a necessidade de realizar a compra. Segundo Kotler, a propaganda é qualquer forma paga de apresentação impessoal e de promoção de ideias, bens ou serviços por um patrocinador identificado.

Objetivos da propaganda:
- **Informar:** comunicar ao mercado sobre um novo produto; sugerir novos usos para um produto; explicar como o produto funciona.
- **Persuadir:** desenvolver preferência de marca, encorajar a mudança para a marca, persuadir compradores a adquirir o produto.
- **Lembrar:** lembrar os compradores que o produto pode ser necessário em breve, e onde comprar o produto.

Força de vendas: relacionada ao trabalho dos vendedores, durante o processo de venda pessoal. Deve-se fidelizar o cliente por meio de um contato interativo com o consumidor. A venda pessoal é o que une a empresa e os clientes. O vendedor é a ferramenta que, em muitos casos, se torna a própria estrutura para o cliente, sendo um mecanismo de divulgação e estratégia. Por isso, a empresa deve definir cuidadosamente os objetivos específicos que esperam atingir com sua força de trabalho. São tarefas desempenhadas pelos colaboradores: prospecção (buscam os clientes potenciais), comunicação (informam sobre os produtos e serviços disponibilizados aos clientes), coleta de informações (realizam as pesquisas de mercado e reúnem informações em relatórios de visitas), entre outras.

Relações Públicas: consistem em impactar o consumidor por meio de estratégias como obras de caridade, históricos da empresa, eventos, notícias, publicações, palestras em que a empresa participa e desenvolve. "Envolve uma variedade de programas destinados a promover e/ou proteger a imagem de uma empresa ou seus produtos", afirma Kotler.

Publicidade: é o tipo de comunicação que não é financiada, ou seja, que não é paga para ser veiculada. Exposição por razão da boa qualidade ou do destaque do produto são exemplos de boa publicidade.

A publicidade significa em português "tornar público", a qual designa qualquer mensagem impressa ou difundida e todas as técnicas associadas, cujo objetivo seja o de divulgar e conquistar, com fins comerciais, uma ideia, um produto ou serviço, uma marca ou uma organização junto de um determinado grupo de potenciais clientes, isto é, o mercado-alvo. Utiliza como meio de divulgação a televisão, o rádio, o cinema, os jornais, as revistas, os painéis publicitários, a internet e o e-mail marketing.

Marketing direto: é o conjunto de atividades de comunicação impessoal, sem intermediários, entre a empresa e o cliente, via correio, fax, telefone, internet ou outros meios de comunicação, com foco em obter uma resposta imediata do cliente e a concretização da venda do produto ou serviço.

Segundo Kotler, marketing direto é um sistema interativo que usa uma ou mais mídias de propaganda para obter resposta e/ou transação mensurável em qualquer localização.

Os principais canais de marketing direto tradicionais são:
- **Marketing por mala direta:** é oferta, anúncio, sugestão ou outras ações que são enviados diretamente ao endereço do cliente. É um meio que permite alta seletividade do público-alvo; é direcionada, flexível e modernizada.
- **Marketing de catálogo:** Kotler define como a situação em que as empresas enviam um ou mais catálogos de produtos a clientes potenciais selecionados que possuem alta probabilidade de fazer pedido.
- **Telemarketing:** usado em marketing de bens de consumo, como em marketing de bens industriais, o telemarketing vem crescendo e atingindo mercado diferenciados, obtendo-se resposta imediata e reduzindo os custos empresariais. Muito do sucesso do telemarketing é devido ao treinamento eficiente dos colaboradores e da estratégia adequada a cada empresa. Está sendo muito criticado devido ao abuso praticado pelas empresas com ligações em horários inadequados, insistência desnecessária, ocorrendo prejuízos. Portanto, a estratégia deve ser bem planejada para um bom resultado.
- **Marketing on-line:** é o estabelecimento do contato direto com o cliente via internet. Destacam-se os canais de marketing on-line, como canais comerciais que são os serviços de informações e marketing acessados por assinantes; internet para facilitar a comunicação por meio de e-mail, sites para tirar dúvidas.

Tome muito cuidado para compreender que os quatro "Ps" são variáveis a serem consideradas no mix de marketing. As questões buscarão testar seu conhecimento a respeito desse tópico, portanto, fique alerta!

Muito embora a maior parte das questões aborde a teoria dos 4 "Ps", hoje já se fala em 8 "Ps": pesquisa, promoção, personalização, planejamento, publicação, propagação e precisão.

1.5 Vantagem Competitiva

Entende-se por vantagem competitiva a vantagem que uma empresa pode possuir em relação àquelas que são suas concorrentes, usualmente ratificada pela análise do desempenho financeiro superior ao dos demais concorrentes.

Em linhas gerais, a vantagem competitiva é aquilo que demonstra a superioridade da estratégia de mercado adotada pela empresa em relação às demais que figuram no mercado.

Para que um produto ou serviço possua vantagem competitiva relevante, é necessário haver algumas características:
- Ser difícil de imitar.
- Ser algo único.
- Ser algo que possua sustentabilidade.
- Ser algo superior a qualquer tipo de competição.
- Ser facilmente aplicável a múltiplas situações.

É possível buscar a vantagem competitiva com medidas do tipo: foco específico no consumidor; maior qualidade do produto; grande distribuição; possuir um custo não elevado etc.

Apesar de haver muitos estudos a respeito do assunto, a melhor vantagem competitiva é possuir uma empresa ágil, que é antenada às mudanças do mercado.

▷ Liderança em custo, quando a empresa consegue ter uma boa gestão de despesas, possibilitando um custo inferior que as suas concorrentes.

▷ Enfoque em um segmento de produtos e serviços ou mercado buscando atender de maneira mais eficiente, conseguindo satisfazer as necessidades de seus clientes/público-alvo.

Devem ser enfocadas as ações de *Market-share*, que têm o objetivo de medir o crescimento, a aceitação de produtos e serviços, bem como, avaliar sua força e as dificuldades da empresa. *Market-share* significa a fatia que aquela empresa tem no seu segmento.

As empresas também devem sempre estar atentas às concorrentes de setor (mesma categoria de produtos e serviços) e concorrentes de mercado (atendem as mesmas necessidades dos consumidores de formas diferentes).

Em marketing, temos a prática do *Bechmarking*, que se divide em competitivo (realizando comparações com as empresas líderes de mercado) e funcional (compara boas gestões, processos similares).

NOÇÕES DE ADMINISTRAÇÃO DE VENDAS E TÉCNICAS DE VENDAS

1.6 Noções de Imaterialidade ou Intangibilidade, Inseparabilidade e Variabilidade dos Produtos Bancários

Sabe-se que atualmente o setor bancário é o responsável pelos maiores lucros líquidos no Brasil, uma vez que é o setor "movimentador" da economia, pois injeta no mercado grande capital, seja por meio de crédito direto e pessoal aos seus clientes ou apoiando o desenvolvimento nacional sustentável.

O lucro dos bancos advém, geralmente, de juros, taxas e custos pela comercialização dos serviços.

Dessa forma, percebe-se que o fator lucrativo dos bancos está lastreado não na comercialização de produtos tangíveis e estocáveis, mas sim nos serviços prestados pelas instituições bancárias. Portanto, o marketing dessas empresas deve ser diferenciado e voltado para a Intangibilidade, Inseparabilidade e Variabilidades dos seus "produtos", que abaixo serão explicados.

Devido a isso, o processo de venda deixa de ser uma mera troca entre comprador e vendedor, pois a natureza dos produtos exige que o vendedor explore situações de vida do comprador, estabelecendo uma estreita relação humana. Por exemplo, na venda de um seguro de vida, o segurado deve deixar claro para o vendedor quem serão os responsáveis por receber o "prêmio" em casos de falecimento do titular do seguro. Só nessa conversa o vendedor já consegue estar a par de vários detalhes da vida pessoal de seu cliente.

Por isso, o marketing bancário é diferente, pois, como não se tem o produto palpável, aliás, o produto bancário não é material e palpável, deve-se investir em outros direcionamentos de marketing, como o contato pessoal e recursos físicos do ambiente, como a decoração e *layout*. Deve-se levar em consideração também a qualificação do funcionário atendente, bem como os treinamentos realizados e o preparo do funcionário. Importante ressaltar também o grande investimento direcionado a novas tecnologias para melhorar o relacionamento com seus clientes e superar a concorrência.

É em razão disso que o marketing de relacionamento surge como outro aspecto de importância relevante nesse setor, pois fará com que compradores e vendedores parceiros estabeleçam laços de confiança. Se as necessidades do comprador forem atendidas, conclui-se que poderá haver estabelecimento de um relacionamento que pode render ótimos frutos, o que fará com que o comprador fique satisfeito e haja uma fidelização desse cliente para essa instituição, se a venda for realizada corretamente.

Os serviços detêm uma quantidade de características que os costuma distinguir dos produtos, a saber:

- **Intangibilidade:** diferentemente dos produtos, os serviços não podem ser experimentados antes de o comprador os adquirir.
- **Inseparabilidade:** os serviços são vendidos e consumidos de forma simultânea, não podendo ser separados da pessoa que a oferece.
- **Variabilidade:** por depender de quem o executa, em razão da inseparabilidade e do alto nível de abarcamento, os serviços não podem ser prestados de forma homogênea.

Cada serviço é singular, com alguma variação de qualidade.

1.7 Manejo de Carteira de Pessoa Física e de Pessoa Jurídica

No que tange ao manejo de pessoa física e jurídica, entende-se que a forma ideal de tratamento para esses clientes deve ser a diferenciada, uma vez que os produtos a serem destinados às pessoas físicas não serão os mesmos a serem direcionados para clientes administradores e proprietários de empresas.

Enquanto um cliente pessoa física precisa de um crédito pessoal rápido para pintar sua casa, o cliente pessoa jurídica precisará de um crédito que lhe proporcione uma melhora do capital de giro ou um empréstimo que lhe forneça dinheiro para investimento em equipamentos.

A mesma regra se aplica aos investimentos e aos seguros, pois para um cliente pessoa física devemos oferecer um seguro de automóvel, enquanto para a pessoa jurídica podemos oferecer um seguro da frota de veículos, quando houver.

1.8 Marketing de Relacionamento

Define-se por marketing de relacionamento o processo de assegurar a satisfação e a fidelização contínua daqueles que foram ou que são consumidores da empresa, ou seja, assegurar a satisfação dos clientes.

Para que isso ocorra, é necessário conhecer o perfil dos clientes, fazer um controle de qualidade do atendimento, para perceber como um cliente é ouvido e respondido.

Há diversas ferramentas que podem ser utilizadas para atingir os objetivos intentados pelo marketing relacional. Como exemplo, pode-se citar a criação de uma página informativa na internet com mecanismos de análise de satisfação do cliente.

1.8.1 Marketing de Relacionamento

Logo, o marketing de relacionamento cria relações duradouras, de longo prazo, que diminuem os custos. Sai muito mais caro para as empresas conquistar novos clientes. Para uma empresa será bem mais fácil (e com menor custo) vender um produto novo para um cliente antigo, que já conhece a empresa, a qualidade dos seus produtos, o atendimento etc.

Para bem desenvolver este relacionamento, a empresa precisa conhecer as necessidades, metas, capacidade do grupo que busca atingir.

Portanto, é necessário às empresas:

- Buscar todas as informações sobre comportamento de consumo e transações que foram realizadas são importantes para a análise de qual é a melhor maneira de atender, satisfazer e fidelizar.
- Buscar a comunicação, utilizando-se de todos os meios (telefone, internet, correspondência, ferramentas do marketing direto).
- Utilizar a tecnologia a seu favor. Estamos na era digital, utilizar estas ferramentas pode fazer a diferença.
- Individualização e personalização na comunicação.
- Força de vendas capacitada para apresentar uma boa imagem da empresa. Se faz necessário utilizar técnicas de endomarketing, capacitando e criando um bom relacionamento com os colaboradores da empresa.
- Ter atenção aos serviços de atendimento ao consumidor, ouvindo as demandas para melhorar seus serviços e produtos.

Quando abordamos o relacionamento do cliente com a empresa, podemos dividi-los em clientes:

Potenciais (prospect): a empresa deve analisar entre o "público em geral" quais são os potenciais clientes, ou seja, aqueles cujo perfil se enquadra com o que a empresa busca.

Defensores: clientes que defendem a empresa, indicam a outros, que confiam plenamente na empresa.

Experimentadores: são os potenciais que já tiveram contato com a empresa e agora experimentam produtos/serviços.

Compradores: já experimentaram, gostaram e estão voltando a fazer negócios.

Eventuais: este cliente gostou da sua experiência, ficou satisfeito e compra da empresa. Porém, analisa constantemente e, qualquer falha, irá para a concorrente.

Regular: o cliente regular é aquele que compra há um bom tempo e confia na empresa.

As características mais sensíveis do marketing relacional são:

Personalização: tratar o cliente de uma maneira não mecânica, valendo-se até mesmo de mensagens distintas para cada consumidor.

Memorização: qualquer ação deve ser registrada, identificando-se características, preferências, particularidades as atividades mantidas com o cliente.

Interatividade: o cliente pode interagir com a empresa, quer seja como receptor, quer seja como emissor das comunicações.

Receptividade: a empresa deve buscar ouvir mais o cliente. Aliás, ele deve ser quem decide se quer manter o relacionamento com a empresa e como o fará.

Prestar orientação ao cliente: focalizando suas necessidades.

O marketing de relacionamento serve como um termômetro para a empresa decidir quais ações podem gerar maior impacto nas vendas.

1.8.2 Criação de Estratégias

Em linhas gerais, há que se construir uma tática de negócios, visando à construção de relações permanentes entre uma empresa e seus clientes. O objetivo deve ser melhorar o desempenho da organização para com seus clientes, o que permite atingir a sustentabilidade dos resultados.

A definição da estratégia deve levar em conta o perfil do cliente, a fim de identificar seus anseios, os produtos que melhor se adequam ao perfil desse consumidor, bem como a identificar serviços oferecidos e seus agregados, buscando o melhor equilíbrio entre custo/benefício.

Isso é crucial para a empresa adquirir vantagem competitiva em relação aos seus concorrentes. Há destaque ainda para a tentativa de manter os clientes pelo sentimento de confiança, segurança, credibilidade que deve ser passada pela organização. Um atendimento ágil e motivado é a chave para conquistar esses objetivos.

Uma poderosa ferramenta para consultar a satisfação do cliente ou mesmo ofertar produtos ao cliente é o telemarketing. Ele é o canal de marketing direto aplicado em organizações de serviços que utilizam tecnologia de telecomunicação de forma planejada, estruturada e controlada, para estabelecer contatos de comunicação, serviços de apoio e venda de produtos diretamente a clientes finais ou intermediários da organização.

Satisfação do Cliente

O pós-marketing serve de ferramenta para mensurar a satisfação do cliente. Essa etapa é importante para que a empresa receba o *feedback* em relação aos produtos e serviços oferecidos, com a finalidade de identificar os melhores posicionamentos para eventuais alterações e melhorias.

As técnicas que são utilizadas para mensurar a satisfação dos clientes deixam mais claro qual é o valor percebido pelo consumidor em relação àquilo que é ofertado pela empresa.

Ao passo que se desenvolve o marketing relacional, a empresa pode começar a apostar em produtos e serviços de ordem mais personalizada, o que permite o desenvolvimento e a implementação de novos produtos e serviços no mercado.

1.8.3 Interação entre Vendedor e Cliente

Nesse ponto vamos estudar os principais aspectos do relacionamento entre a empresa e o cliente no momento da venda.

Qualidade no Atendimento

O diferencial em relação à concorrência é a qualidade no atendimento ao cliente. Para que a empresa busque excelência no atendimento, é preciso:

- Que o profissional entenda que sua imagem se identifica com a da empresa.
- Que o profissional se comprometa com o trabalho da empresa.
- Que o profissional não tenha um histórico de trabalho ruim (demitido várias vezes, viciado em drogas etc.).
- Que o profissional entenda que seu papel é fazer a empresa progredir e não regredir.
- Que o profissional seja proativo em suas funções, buscando integrar-se com a sistemática da empresa.

Algumas empresas, visando a compreender como seus funcionários estão desempenhando as funções de atendimento, se valem da chamada **compra misteriosa**, a qual é a **técnica de pesquisa** de compreensão da satisfação dos clientes, em que uma empresa contrata pesquisadores para utilizarem seus serviços, pesquisadores estes que não serão identificados pelos atendentes de marketing. Com os resultados obtidos por esse processo, a empresa pode decidir como tomar as medidas necessárias para melhorar seu atendimento e conseguir melhor satisfação dos clientes.

Os bancos aderiram às técnicas de vendas para enfrentar a enorme concorrência hoje existente. Os gerentes de vendas estão diretamente ligados ao público. São eles que fazem que os produtos bancários tenham penetração no mercado. Com as técnicas de vendas, caminham em paralelo o marketing de relacionamento, a motivação para vendas, as relações com clientes, o planejamento de vendas e outros tantos mecanismos que têm o objetivo de aumentar as vendas dos produtos bancários, reter clientes (satisfeitos com os serviços do banco) e, consequentemente, gerar mais lucro para o banco.

O especialista em marketing tem a função de levar o produto ao mercado, preocupando-se com a imagem e a credibilidade da instituição perante os consumidores.

Valor Percebido pelo Cliente

Pode-se entender como valor percebido pelo cliente a imagem que ele possui da empresa. Geralmente, a frase do senso comum que diz "a primeira impressão é a que fica" faz sentido nesse aspecto, portanto, a empresa deve zelar para que o valor percebido seja, em seu conjunto (produtos e serviços), positivo.

Eis algumas estratégias para melhorar o valor percebido pelo cliente:

Comunicação eficaz: a empresa precisa falar com o consumidor.

Setor de ouvidoria eficiente: para que consiga resolver os anseios do cliente.

Acessibilidade: basicamente consiste na facilidade de obter algum serviço. Como exemplo é possível imaginar a quantidade de caixas eletrônicos em um banco.

Atendimento às solicitações dos clientes: buscando minimizar quaisquer insatisfações que possam ocorrer.

Os autores de marketing definem valor de diversas formas. Ainda, o valor total entregue ao cliente é o comparativo que faz entre benefícios e os custos, ou seja, a razão entre o que o cliente paga e o que recebe.

Assim, podemos esquematizar pontos que devem ser observados para o valor percebido pelo cliente:

NOÇÕES DE ADMINISTRAÇÃO DE VENDAS E TÉCNICAS DE VENDAS

Valor Total Entregue	
Valor	Valor
Produto	Monetário
Serviço	Tempo
Pessoal	Energia Física
Imagem	Psíquico

O valor de produto está atrelado à qualidade, algo que seja diferenciado. O serviço diz respeito à garantia, à manutenção dos serviços atrelados, além do produto e do serviço adquiridos. O Pessoal refere-se aos colaboradores positivos, defensores, vendedores motivados. A Imagem trata da visão da marca. Hoje o que "valoriza" a imagem das empresas é a preocupação social, ambiental e ética.

Já o custo Monetário é o valor que será efetivamente pago. O custo de Tempo é o quanto demora para finalizar o serviço, adquiri-lo. A Energia Física é o esforço que o cliente fará para executar e adquirir o produto/serviço. O Custo Psíquico liga-se ao status, à segurança e à idoneidade da marca.

2 PLANEJAMENTO ESTRATÉGICO

2.1 Processo de Planejamento

Maximiano descreve o planejamento como o processo de tomar *decisões para o futuro*. De forma mais completa, Chiavenato diz que *planejar é definir os objetivos e escolher antecipadamente o melhor curso de ação para alcançá-los*.

Para Felipe Sobral e Alketa Peci, o planejamento tem a dupla atribuição de definir o *que* deve ser feito – objetivos – e *como* deve ser feito – planos:

Planejamento	
Concepção de planos	Definição dos objetivos
Guias que entegram e coordenam as atividades da organização de forma a alcançar esses objetivos	Resultados, propósitos, intenções ou estados futuros que as organizações preteden alcaçar

Na lição de Chiavenato (2006), o planejamento pode ser considerado como um processo constituído de uma série sequencial de seis passos:

01. **Definição dos objetivos:** o primeiro passo do planejamento é o estabelecimento dos objetivos que se pretende alcançar, ou seja, os objetivos da organização devem orientar todos os principais planos, servindo de base os objetivos departamentais. Os objetivos devem especificar resultados desejados e os pontos finais a que se pretende chegar, para se conhecer quais os passos intermediários para chegar lá.
02. **Verificação da situação atual em relação aos objetivos:** simultaneamente à definição dos objetivos, deve-se avaliar a situação atual em contraposição aos objetivos desejados, verificar onde se está e o que precisa ser feito.
03. **Desenvolver premissas quanto às condições futuras:** premissas constituem os ambientes esperados dos planos em operação. Como a organização opera em ambientes complexos. Trata-se de gerar cenários alternativos para os estados futuros das ações, analisando o que pode ajudar ou prejudicar o progresso em relação aos objetivos.
04. **Analisar as alternativas de ação:** o quarto passo do planejamento é a busca e análise dos cursos alternativos de ação. Trata-se de relacionar e avaliar as ações que devem ser empreendidas.
05. **Escolher um curso de ação entre as várias alternativas:** o quinto passo é selecionar o curso de ação adequada para alcançar os objetivos propostos. Trata-se de uma tomada de decisão, em que se escolhe uma alternativa e se abandona as demais. A alternativa escolhida se transforma em um plano para alcance dos objetivos.
06. **Implementar o plano e avaliar os resultados:** fazer aquilo que o plano determina e avaliar cuidadosamente os resultados para assegurar o alcance dos objetivos, seguir por meio do que foi planejado e empreender as ações corretivas à medida que se tornarem necessárias.

2.2 Níveis de Planejamento

Estratégico	Amplo e genérico - menor grau de detalhamento. Impacta em toda a organização. Determina objetivos e diretrizes institucionais. Longo Prazo - maior nível de incerteza.
Tático	Desdobramento das estratégias em cada unidade. Aproxima/intrega o estratégico com o operacional. Grau de detalhamento um pouco maior - diminui incertezas. Médio Prazo
Operacional	Desdobramento dos planos táticos em atividades. Máximo detalhamento - maior precisão. Curto prazo - menor risco. "O que" e "Como" fazer - procedimentos, cronogramas.

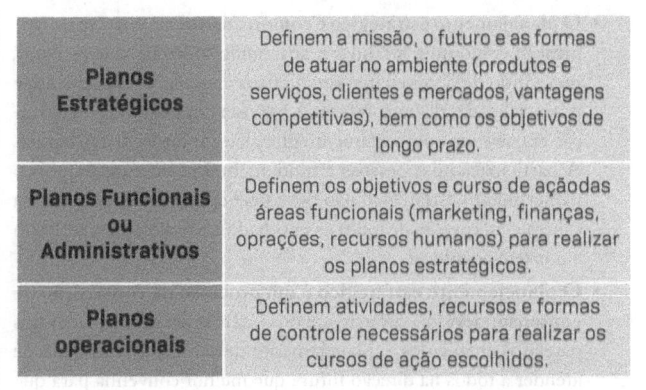

Planos Estratégicos	Definem a missão, o futuro e as formas de atuar no ambiente (produtos e serviços, clientes e mercados, vantagens competitivas), bem como os objetivos de longo prazo.
Planos Funcionais ou Administrativos	Definem os objetivos e curso de açãodas áreas funcionais (marketing, finanças, oprações, recursos humanos) para realizar os planos estratégicos.
Planos operacionais	Definem atividades, recursos e formas de controle necessários para realizar os cursos de ação escolhidos.

O planejamento estratégico é insuficiente de forma isolada para que as organizações alcancem vantagem competitiva, sendo necessário o desenvolvimento e a implantação dos planejamentos táticos e operacionais de forma integrada e alinhada.

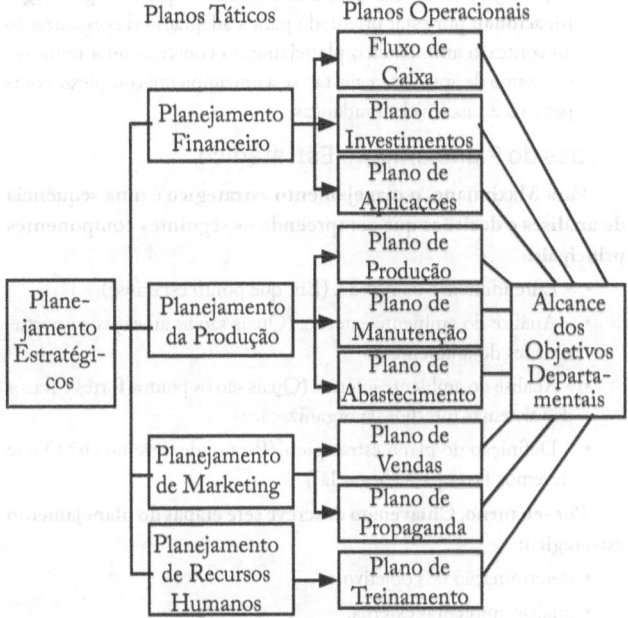

```
                    Planos Táticos         Planos Operacionais
                                           ┌─────────────┐
                                        ┌─▶│Fluxo de Caixa│
                                        │  ├─────────────┤
                    ┌──────────────┐    │  │  Plano de   │
                 ┌─▶│ Planejamento │────┼─▶│Investimentos│
                 │  │  Financeiro  │    │  ├─────────────┤
                 │  └──────────────┘    │  │  Plano de   │
                 │                      └─▶│  Aplicações │
                 │                         ├─────────────┤
                 │                      ┌─▶│Plano de     │
                 │                      │  │Produção     │
                 │  ┌──────────────┐    │  ├─────────────┤    ┌──────────┐
 Plane-       ┌─▶│ Planejamento │────┼─▶│Plano de     │    │ Alcance  │
 jamento    ─┤    │ da Produção  │    │  │Manutenção   │───▶│   dos    │
 Estratégi-  │    └──────────────┘    │  ├─────────────┤    │Objetivos │
 cos         │                        └─▶│Plano de     │    │Departa-  │
             │                            │Abastecimento│    │mentais   │
             │                            ├─────────────┤    └──────────┘
             │    ┌──────────────┐    ┌─▶│Plano de     │
             ├─▶│ Planejamento │────┤  │Vendas       │
             │    │ de Marketing │    │  ├─────────────┤
             │    └──────────────┘    └─▶│Plano de     │
             │                            │Propaganda   │
             │    ┌──────────────┐       ├─────────────┤
             └─▶│ Planejamento │───────▶│Plano de     │
                  │ de Recursos  │       │Treinamento  │
                  │   Humanos    │       └─────────────┘
                  └──────────────┘
```

2.2.1 Planejamento Estratégico

O ambiente cheio de incertezas em que estão inseridas as organizações faz com que elas busquem se adaptar constantemente. E, nesse sentido, uma ferramenta indispensável é o planejamento estratégico, que proporciona flexibilidade na gestão das organizações com técnicas e processos administrativos.

No entanto, Matos e Chiavenato (1999) lecionam que o planejamento estratégico apresenta cinco características fundamentais:

- **O planejamento estratégico está relacionado com a adaptação da organização a um ambiente mutável:** ou seja, sujeito à incerteza a respeito dos eventos ambientais. Por se defrontar com a incerteza, tem suas decisões baseadas em julgamentos, e não em dados concretos. Reflete uma orientação externa que focaliza as respostas adequadas às forças e pressões que estão situadas do lado de fora da organização.
- **O planejamento estratégico é orientado para o futuro:** seu horizonte de tempo é o longo prazo. Durante o curso do planejamento, a consideração dos problemas atuais é dada em função dos obstáculos e barreiras que eles possam provocar para um almejado lugar no futuro.

PLANEJAMENTO ESTRATÉGICO

- **O planejamento estratégico é compreensivo:** ele envolve a organização como uma totalidade, abarcando todos os seus recursos, no sentido de obter efeitos sinergéticos de todas as capacidades e potencialidades da organização. A resposta estratégica da organização envolve um comportamento global, compreensivo e sistêmico. A participação das pessoas é fundamental nesse aspecto, pois o planejamento estratégico não deve ficar apenas no papel, mas na cabeça e no coração de todos os envolvidos. São eles que o realizam e o fazem acontecer.

- **O planejamento estratégico é um processo de construção de consenso:** devido à diversidade dos interesses e necessidades dos parceiros envolvidos, o planejamento deve oferecer um meio de atender a todos na direção futura que melhor convenha para que a organização possa alcançar seus objetivos. Para isso, é preciso aceitação ampla e irrestrita para que o planejamento estratégico possa ser realizado, por meio dessas pessoas, em todos os níveis da organização.

- **O planejamento estratégico é uma forma de aprendizagem organizacional:** por estar orientado para a adaptação da organização ao contexto ambiental, o planejamento constitui uma tentativa constante de aprender a ajustar-se a um ambiente complexo, competitivo e suscetível a mudanças.

Etapas do Planejamento Estratégico

Para Maximiano, o planejamento estratégico é uma sequência de análises e decisões que compreende os seguintes componentes principais:

- - Entendimento da missão. (Em que ponto estamos?)
- - Análise do ambiente externo. (Quais são as ameaças e oportunidades do ambiente?)
- - Análise do ambiente interno. (Quais são os pontos fortes e fracos dos sistemas internos da organização?)
- - Definição do plano estratégico. (Para onde devemos ir? O que devemos fazer para chegar lá?)

Por seu turno, Chiavenato descreve sete etapas do planejamento estratégico:

- determinação dos objetivos;
- análise ambiental externa;
- análise organizacional interna;
- formulação de alternativas;
- elaboração do planejamento;
- implementação e execução;
- avaliação dos resultados.

Ademais, Djalma Rebouças de Oliveira dispõe que o planejamento estratégico compõe-se por quatro fases básicas:

Fase I – Diagnóstico estratégico – também denominada auditoria de posição, deve-se determinar "como se está". As pessoas representativas devem analisar os aspectos inerentes à realidade interna e externa da empresa. Essa fase pode ser dividida em cinco etapas básicas: (a) identificação da visão; (b) identificação dos valores; (c) análise externa; (d) análise interna; e (e) análise dos concorrentes.

Fase II – Missão da empresa – nesse momento, deve ser estabelecida a razão de ser da empresa, bem como o seu posicionamento estratégico. Essa fase divide-se em cinco etapas: (a) estabelecimento da missão da empresa; (b) estabelecimento dos propósitos atuais e potenciais; (c) estruturação e debate de cenários; (d) estabelecimento da postura estratégica; e (e) estabelecimento das macroestratégias e macropolíticas.

Fase III – Instrumentos prescritivos e quantitativos – nessa fase, deve-se estabelecer "de onde se quer chegar" e de "como chegar à situação que se deseja". Assim, pode-se dividi-la em dois instrumentos perfeitamente interligados: (a) instrumentos prescritivos (explicitação do que deve ser feito pela empresa); e (b) instrumentos quantitativos (projeções econômico-financeiras do planejamento orçamentário).

Fase IV – Controle e avaliação – deve verificar "como a empresa está indo" para a situação desejada.

2.2.2 Missão, Visão, Valores, Questões e Objetivos

A missão significa a razão de ser da empresa. A missão deve expressar o motivo da existência da organização e o que ela faz. Trata-se do propósito fundamental ou razão de existir de uma organização, independentemente de ser pública ou privada. É um referencial para as ações desempenhadas pela instituição.

Por outro lado, **a visão representa o consenso dos membros da organização sobre o futuro que se deseja**. Na hora de definir a visão, deve-se olhar para o futuro e identificar a forma como a organização deve ser vista por colaboradores, clientes, fornecedores e a sociedade em geral.

Por sua vez, os **valores são princípios, crenças, normas e padrões** que devem orientar o comportamento das pessoas na organização.

| Ex.: Profissionalismo, Equidade, Ética e Transparência.

Por fim, os **objetivos são resultados que a empresa pretende alcançar; enquanto as metas são os desdobramentos dos objetivos**. As estratégias representam o caminho a ser seguido para alcançar os objetivos.

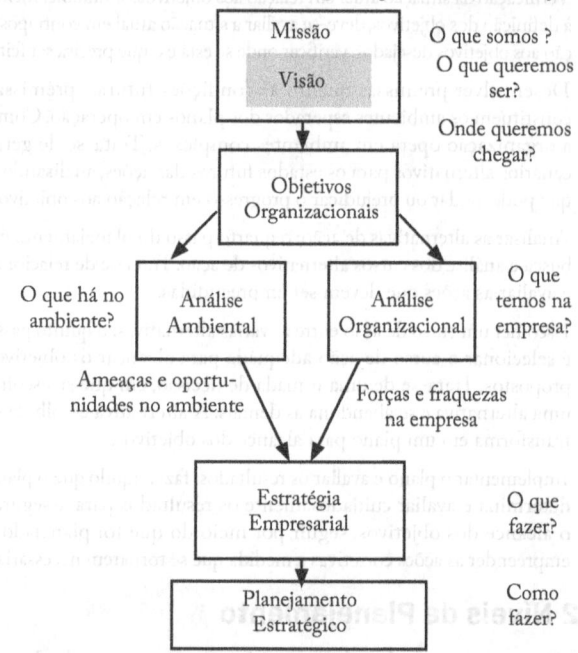

```
        Missão            O que somos?
        Visão             O que queremos ser?
          │
          │               Onde queremos chegar?
          ▼
       Objetivos
     Organizacionais
        ╱       ╲
       ╱         ╲
O que há no              O que
ambiente?  Análise   Análise  temos na
          Ambiental Organizacional empresa?
       ╲         ╱
  Ameaças e oportu-  Forças e fraquezas
  nidades no ambiente   na empresa
        ╲       ╱
         ▼     ▼
        Estratégia        O que
        Empresarial       fazer?
          │
          ▼
       Planejamento       Como
       Estratégico        fazer?
```

2.2.3 Evolução do Pensamento Estratégico

O pensamento estratégico vem evoluindo com o passar do tempo, sendo manifestado por meio de várias correntes. Moysés Filho et al. (2003, p. 15-30) descrevem as fases de evolução do pensamento estratégico empresarial, desde 1950 até os dias de hoje, por meio de seis escolas que se sucedem e se complementam no decorrer do tempo.

A primeira fase é correspondente à **Escola do Planejamento Financeiro,** segundo a qual a alta administração aprovava um orçamento visando apenas ao controle financeiro do desempenho.

A segunda fase, caracterizada pela **Escola do Planejamento a Longo Prazo**, baseava-se na projeção do futuro por meio da elaboração de cenários na premissa de que o futuro seria estimado pela projeção de indicadores passados e atuais, podendo ser melhorados a longo prazo pela intervenção ativa no presente.

A terceira fase, chamada de **Escola do Planejamento Estratégico**, caracterizou-se por se basear principalmente na análise das forças-fraquezas internas e das oportunidades-ameaças do ambiente, calçada na premissa de que as estratégias eficazes derivam de um processo de pensamento rigidamente formado, dando ênfase ao planejamento.

Já a quarta escola, definida com**o Escola da Administração Estratégica**, embora aceitasse a maioria das premissas desenvolvidas anteriormente, concentrou sua abordagem no argumento de que a implantação das estratégias era tão importante quanto a sua formulação, focando consequentemente a abordagem prescritiva do pensamento estratégico.

Na quinta fase, **Escola da Gestão Estratégica**, a abordagem sistêmica foi inserida a todo o processo, em que além do ato de planejar estrategicamente, era também necessário organizar, dirigir e coordenar estrategicamente, proporcionando, com isso, uma abordagem mais integrada e menos centralizada.

A sexta escola, chamada de **Gestão Estratégica Competitiva**, é descrita como uma tendência do pensamento estratégico contemporâneo. Esta Escola tem como premissa básica a ideia de que a estratégia deve assumir a forma de um processo de aprendizado ao longo do tempo, integrando oito características básicas: Atuação Global; Proatividade e Foco Participativo; Incentivo à Criatividade; Controle pelo Balanced Scorecard; Organização em Unidades Estratégicas de Negócios; Ênfase em Alianças Responsabilidade Social Aprendizagem Contínua.

Evolução do Pensamento Estratégico

Escola de Pensamento	Características Principais	Sistemas de Valores	Problemas	Predominância
Planejamento Financeiro	- Orçamento Anual - Controle Financeiro - Administração por objetivos (APO)	-Cumprir o Orçamento	-Promover a Miopia	Década de 1950
Planejamento a longo prazo	-Projeção de Tendências -Análise de Lacunas - Estudos de Cenários	-Projetar o Futuro	-Não prever descontinuidades	Década de 1960
Planejamento estratégico	-Pensamento Estratégico -Analise de Mudanças no Ambiente -Analise dos Recursos internos e Competências - Alocação de Recursos - Foco na Formulação	-Definir a Estratégia	-Falta de Foco na Implementação	Década de 1970
Administração Estratégica	-Analise da Estrutura da Industria -Contexto Econômico e Competitivo -Estratégia Genéricas -Cadeia de Valor -Foco na análise e Implementação -Pesquisa e Informações com Base Analítica	-Definir as Atividades da Industria	-Não Desenvolver a Abordagem Sistêmica	Década de 1980
Gestão Estratégica	-Pensamento Sistêmico -Integração entre Planejamento e Controle -Coordenação de todos os Recursos para o Objetivo -Organização Estratégica -Direção Estratégica -Foco nos Objetivos Financeiros	-Buscar Sintonia Entre os Ambientes Internos e Externos	-Falta de Alinhamento com a Filosofia Organizacional	Década de 1990
Gestão Estratégica Competitiva	-Atuação Global -Proatividade e Foco Participativo -Incentivo à Criatividade -Controle pelo Balanced Scorecard -Organização em Unidades Estratégicas de Negócios -Enfase em Alianças -Responsabilidade Social -Aprendisagem Continua	-Estratégia como processo de Aprendisagem Continua e Integrada	--------------	Início do Século XXI

2.2.4 Análise SWOT

A técnica SWOT surgiu da tentativa de correção do planejamento corporativo, conhecido na época como planejamento estratégico malsucedido (Chiavenato 2000).

O planejamento estratégico, segundo Chiavenato (2000), é um método pelo qual uma organização deseja implantar uma determinada estratégia de negócios, crescimento e desenvolvimento almejando os objetivos propostos. Para Philip KOTLER (1975), o conceito de planejamento estratégico é um método gerencial pelo qual uma corporação estabelece sua direção a ser seguida, considerando a maximização da interação com o ambiente interno e externo. A direção estabelecida pela corporação deve considerar o âmbito de atuação, políticas funcionais, macropolíticas, estratégias funcionais, filosofia de atuação, macroestratégia, macro-objetivos e objetivos funcionais.

Segundo Andrade, et al. (2008),

"A sigla S.W.O.T., deriva da língua inglesa e traduz-se: **sthreats** (forças), **Weaknesses** (fraquezas), **Opportunities** (oportunidades) e **Sthreats** (ameaças). Esta análise procura avaliar os pontos fortes e pontos fracos no ambiente interno da organização e as oportunidades e as ameaças no ambiente externo." (Andrade, et al. 2008).

- **S – Sthreats:** Pontos fortes (Forças) – Descreve os pontos fortes da empresa que estão sob influência do próprio administrador;
- **W – Weaknesses:** Pontos fracos (Fraquezas) – Competências que estão sob influência do administrador, mas por algum motivo atrapalham ou não geram vantagem competitiva;
- **O - Opportunities:** oportunidades – Forças externas à empresa, influenciando positivamente, porém não estão sob controle do administrador.
- **T - Threats:** ameaças – Forças externas à empresa, que tendem a pesar negativamente nos negócios da empresa.

As Forças e Fraquezas são fatores que estão caracterizados como internos de criação ou de destruição de valores. Estes valores podem ser ativos, habilidades ou recursos financeiros e humanos que uma organização possui a disposição em relação aos seus concorrentes (Value Based Management, 2011).

Já as Oportunidades e as Ameaças são consideradas como fatores externos de criação ou de destruição de valores, não controlados pela empresa. Estes valores podem ser fatores demográficos, políticos, sociais, legais e Tecnológicos. (Value Based Management, 2011).

A análise SWOT é uma técnica que sintetiza os principais fatores internos e externos das organizações empresariais e sua capacidade estratégica de influenciar uma tendência de causar maior impacto no desenvolvimento da estratégia (Johnson, et al. 2007). O objetivo desta ferramenta "(...) é identificar o grau em que as forças e fraquezas atuais são relevantes para, e capazes de, lidar com as ameaças ou capitalizar as oportunidades no ambiente empresarial." (JOHNSON, et al. 2007).

Há várias vantagens na utilização desta técnica, dentre elas estão:

- Auxiliar a empresa a identificar o que a torna mais efetiva (forças), aumentando a confiança nas ações a serem tomadas, indicando um caminho mais seguro para sua ação no mercado.
- Planejar ações de correção e ajuste, identificando os pontos de melhoria da empresa (fraquezas).
- Usufruir das oportunidades identificadas.
- Diminuir os riscos referentes às ameaças identificadas.
- Alcance de um maior grau de conhecimento diante do negócio, ambiente e do nicho de mercado da empresa.
- Domínio do Problema.

A Análise SWOT ou Matriz SWOT, pode ser adotada por uma organização, unidade ou até mesmo por uma equipe favorecendo uma série de objetivos do projeto, podendo esta ser utilizada para avaliar um produto ou marca; uma terceirização de uma função de negócios; uma parceria ou aquisição. Além de que, quando bem aplicada pode trazer **benefícios** para o desenvolvimento de uma negociação, a aplicação de uma tecnologia específica ou uma fonte de alimentação especial.

- **Neutralidade Aplicação:** a análise SWOT é realizada por meio da identificação de um objetivo/problema, sendo assim deve se realizar uma sessão de Brainstorming utilizada para identificar os fatores internos e externos que são favoráveis e desfavoráveis para a realização deste objetivo. Permanecendo este mesmo critério para análise com finalidade de apoio ao planejamento estratégico, análise de oportunidades, análise competitiva, desenvolvimento de negócios ou processos de desenvolvimento de produtos.
- **Análise Multinível:** consiste em informações valiosas sobre as chances de seu objetivo, podendo ser fornecidas por meio da visualização de cada um dos quatro elementos das forças de análise SWOT (Forças, Fraquezas, Oportunidades e Ameaças), de forma independente ou em combinação.
- **Integração de Dados:** a análise SWOT propõe que as informações quantitativas e qualitativas a partir de um número de fontes devem ser combinadas, facilitando o acesso a uma gama de dados de múltiplas fontes, a fim de melhorar a comunicação, o nível de planejamento e tomada de decisões da empresa, auxiliando na coordenação de suas operações.
- **Simplicidade:** esse método de análise não requer habilidades técnicas nem treinamento. Sendo assim, ela pode ser realizada por qualquer pessoa com domínio e competência de realização sobre o negócio, ou setor em que ela opera. O processo envolve uma sessão de Brainstorming, em que serão discutidas as quatro dimensões de análise SWOT, como resultado, as crenças individuais de cada participante, os conhecimentos e os julgamentos são agregados em uma avaliação coletiva assegurada pelo grupo como um todo, com a finalidade de chegar a acordo/ solução.
- **Custo:** por meio da simplicidade de realização do método SWOT, a empresa pode escolher um membro da equipe em vez de contratar um consultor externo, reduzindo assim o custo de investimento. Além disso, pode ser realizado em um curto período de tempo já que o membro da empresa que irá realizar este método de análise já possui conhecimento sobre o negócio e a conduta da empresa.

As Desvantagens em Não Utilizar a Matriz SWOT

A MATRIZ SWOT é uma ferramenta que proporciona para as empresas a facilidade de poder identificar quais são seus pontos fortes e fracos, quais são suas oportunidades e ameaças. Com a sua implantação, pode trazer a capacidade de a empresa conseguir enxergar as características principais da empresa de um modo mais específico, profundo e detalhado.

Com a identificação dessas características, traz a facilidade de se fazer ou implantar melhorias em seu processo produtivo, e também aumenta sua vantagem competitiva no mercado. O importante é que as empresas se adequem a essa ferramenta, pois ela traz pode trazer um benefício qualitativo, e pode também agregar valor para a empresa e torna a empresa mais competitiva do ponto de vista da concorrência.

Empresas que não a implantam possuem grande dificuldade de identificar os pontos a serem melhorados, e quais são seus aspectos que podem lhe proporcionar oportunidades de melhoria? Não implantar a MATRIZ SWOT traz como consequência a baixa vantagem competitiva no mercado.

Empresas que optam por não a implantar podem conseguir sucesso, mas não com a mesma forma repentina e ágil de empresas que a implantam.

ATENDIMENTO BANCÁRIO

ESQUEMAS
Ambiente interno (variáveis controláveis):
Pontos fortes (Strengths) - são competências, fatores ou características internas positivas que a organização possui – Ex.: funcionários capacitados; e
Pontos fracos (Weaknesses) - são deficiências, fatores ou características internas negativas que prejudicam o desempenho e o cumprimento da missão organizacional – Ex.: funcionários não capacitados.
Ambiente externo (variáveis não controláveis):
Oportunidades (Opportunities) - as oportunidades são as forças externas à organização que influenciam positivamente no cumprimento da missão, mas que não temos controle sobre elas – Ex.: mercado internacional em expansão; e
Ameaças (Threats) - são aspectos externos à organização que impactam negativamente no desempenho e no cumprimento da missão – Ex.: governo cria um novo imposto.

Forças	Fraquezas
- Boa imagem - Qualidade do produto - Baixo custo - Parcerias - Distribuição - Liderança de mercado - Competência Tecnologia própria	- Falta de direção e estratégia - Pouco investimento em inovação - Linha de produtos muito reduzida - Distribuição limitada - Custos Altos - Problemas operacionais internos - Falta de experiência da administração - Falta de formação dos funcionários

Oportunidades	Ameaças
- Rápido crescimento de mercado - Abertura aos mercados estrangeiros - Empresa rival enfrenta dificuldade - Encontrados novos usos do produto - Novas tecnologias - Mudanças demográficas - Novos métodos de distribuição - Diminuição da regulamentação	- Receção - Nova tecnologia - Mudanças demográficas - Empresas rivais adaptam novas estratégias - Barreiras ao comércio exterior - Desempenho negativos das empresas associadas - Aumento da regulamentação

Graus de interação	Comprotamento	Consequências
Negativoi ↓ [Dinossauro]	- Não reage - Não adaptativo - Não inovativo	Sobrevivência curto prazo ↓ [extinção]
Neutro ↓ [camaleão]	- Reagente - Adaptativo	Sobrevivência longo prazo ↓ [estagnação]
Positivo ↓ [homo sapiens]	- Reagente - Adaptativo - Inovativo	Sobrevivência longo prazo ↓ [desenvolvimento]

O cruzamento entre os quatro pontos da análise SWOT gera uma moldura em que a organização pode desenvolver suas estratégias e melhor aproveitar suas vantagens competitivas. Vamos utilizar, para essa demonstração, a nomenclatura FOFA:

FOFA		AMBIENTE INTERNO	
		Forças (S)	Fraquezas (W)
AMBIENTE EXTERNO	Oportunidades (O)	SO (máx.-máx.)-ALAVANCAGEM Tirar o máximo partido dos pontos fortes para aproveitar o máximo das oportunidades.	WO (min.-máx.)-LIMITAÇÕES Minimizar ou superar os efeitos negativos dos pontos fracos e aproveitar oportunidades.
	Ameaças (T)	ST (máx. - min.)-VULNERABILIDADE Tirar o máximo partido dos pontos fortes para minimizar efeitos das ameaças detectadas.	WT (min. - min.)-PROBLEMAS Minimizar ou ultrapassar pontos fracos e fazer face às ameaças.

Tipos de Estratégias

O executivo poderá escolher determinado tipo de estratégia que seja o mais adequado, tendo em vista a sua capacitação e o objetivo estabelecido. Entretanto, deverá estar ciente de que a escolha poderá nortear o seu desenvolvimento por um período de tempo que poderá ser longo.

As estratégias podem ser estabelecidas de acordo com a situação da empresa: podem estar voltadas à sobrevivência, à manutenção, ao crescimento ou ao desenvolvimento, conforme postura estratégica da empresa.

A combinação de estratégias deve ser feita de forma que aproveite todas as oportunidades possíveis, e utilizando a estratégia certa no memento certo.

Estratégia de Sobrevivência

Este tipo de estratégia deve ser adotado pela empresa quando não existir outra alternativa para ela, ou seja, apenas quando o ambiente e a empresa estão em situação inadequada com muitas dificuldades ou quando apresentam péssimas perspectivas (alto índice de pontos fracos internos e ameaças externas). Em qualquer outra situação, quando a empresa adota esta estratégia como precaução, as consequências podem ser desastrosas, pois numa postura de sobrevivência, normalmente a primeira decisão do executivo é parar os investimentos e reduzir, ao máximo, as despesas.

A sobrevivência pode ser uma situação adequada como condição mínima para atingir outros objetivos mais tangíveis no futuro, como lucros maiores, vendas incrementadas, maior participação no mercado, etc., mas não como um objetivo único da empresa, ou seja, estar numa situação de "sobreviver por sobreviver".

Os tipos que se enquadram na situação de estratégia de sobrevivência são:
- **Redução de custos:** utilizada normalmente em período de recessão, que consiste na redução de todos os custos possíveis para que a empresa possa subsistir.
- **Desinvestimento:** quando as empresas encontram-se em conflito com linhas de produtos que deixam de ser interessantes, portanto, é melhor desinvestir do que comprometer toda a empresa.

Se nenhuma estratégia básica de sobrevivência der certo, o executivo penderá para a adoção da estratégia de - Liquidação de negócio: estratégia usada em último caso, quando não existe outra saída, a não ser fechar o negócio.

Estratégia de Manutenção

Neste caso, a empresa identifica um ambiente com predominância de ameaças; entretanto, ela possui uma série de pontos fortes (disponibilidade financeira, recursos humanos, tecnologia etc.) acumulados ao longo dos anos, que possibilitam ao administrador, além de querer continuar sobrevivendo, também manter a sua posição conquistada até o momento. Para tanto, deverá sedimentar e usufruir ao máximo os seus pontos fortes, tendo em vista, inclusive, minimizar os seus pontos fracos, tentando ainda, maximizar os pontos fracos e minimizar os pontos fortes dos concorrentes.

A estratégia de manutenção é uma postura preferível quando a empresa está enfrentando ou espera encontrar dificuldades, e a partir dessa situação prefere tomar uma atitude defensiva diante das ameaças.

A estratégia de manutenção pode apresentar três situações:

- **Estratégia de estabilidade:** procura, principalmente, a manutenção de um estado de equilíbrio ameaçado, ou ainda, o seu retorno em caso de sua perda.
- **Estratégia de especialização:** a empresa busca conquistar ou manter a liderança no mercado por meio da concentração dos esforços de expansão numa única ou em poucas atividades da relação produto/mercado. Sua vantagem é a redução dos custos unitários, e a desvantagem é a vulnerabilidade pela alta dependência de poucas modalidades de fornecimento de produção e vendas.
- **Estratégia de nicho:** a empresa procura dominar um segmento de mercado que ela atua, concentrando o seu esforço e recursos em preservar algumas vantagens competitivas. Pode ficar entendido que este tipo de empresa tem um ambiente ecológico bem restrito, não procura expandir-se geograficamente e segue a estratégia do menor risco, executando-se aquele que é inerente a quem se encontra num só segmento. Assim a empresa dedica-se a um único produto, mercado ou tecnologia, pois não há interesse em desviar os seus recursos para outras atenções.

Estratégia de Crescimento

Nesta situação, o ambiente está proporcionando situações favoráveis que podem transformar-se em oportunidades, quando efetivamente é usufruída a situação favorável pela empresa. Normalmente, o executivo procura, nesta situação, lançar novos produtos, aumentar o volume de vendas etc.

Algumas das estratégias inerentes à postura de crescimento são:

- **Estratégia de inovação:** a empresa procura antecipar-se aos concorrentes por meio de frequentes desenvolvimentos e lançamentos de novos produtos e serviços; portanto, a empresa deve ter acesso rápido e direto a todas as informações necessárias num mercado de rápida evolução tecnológica.
- **Estratégia de joint venture:** trata-se de uma estratégia usada para entrar em novo mercado onde duas empresas se associam para produzir um produto. Normalmente, uma empresa entra no negócio com capital e a outra com a tecnologia necessária.
- **Estratégia de internacionalização:** a empresa estende suas atividades para fora do seu país de origem. Embora o processo seja lento e arriscado, esta estratégia pode ser muito interessante para empresas de grande porte, pela atual evolução de sistemas, como logísticos e comunicação.
- **Estratégia de expansão:** o processo de expansão das empresas deve ser muito bem planejado, pois caso contrário, elas podem ser absorvidas pelo Governo ou outras empresas nacionais ou multinacionais. Muitas vezes, a não expansão na hora certa pode provocar uma perda de mercado, de modo que a única providência da empresa perante esta situação seja a venda ou a associação com empresas de maior porte.

A decisão em investir na expansão é mais comum que na diversificação, pois esta última envolve uma mudança mais radical dos produtos, e dos seus usos atuais, enquanto a expansão aproveita uma situação de sinergia potencial muito forte.

Estratégia de Desenvolvimento

Neste caso, a predominância na situação da empresa é de pontos fortes e de oportunidades. Diante disso, o executivo deve procurar desenvolver a sua empresa por meio de duas direções: podem-se procurar novos mercados e clientes ou então, novas tecnologias diferentes daquelas que a empresa domina. A combinação destas permite ao executivo construir novos negócios no mercado.

- **Desenvolvimento de mercado:** ocorre quando a empresa procura maiores vendas, levando seus produtos a novos mercados.
- **Desenvolvimento de produto ou serviços:** ocorre quando a empresa procura maiores vendas mediante o desenvolvimento de melhores produtos e/ou serviços para seus mercados atuais. Este desenvolvimento pode ocorrer por meio de novas características do produto/serviço; variações de qualidade; ou diferentes modelos e tamanhos (proliferação de produtos).
- **Desenvolvimento financeiro:** união de duas ou mais empresas por meio da associação ou fusão, para a formação de uma nova empresa. Isto ocorre quando uma empresa apresenta poucos recursos financeiros e muitas oportunidades; enquanto a outra empresa tem um quadro totalmente ao contrário; e ambas buscam a união para o fortalecimento em ambos os aspectos.
- **Desenvolvimento de capacidades:** ocorre quando a associação é realizada entre uma empresa com ponto fraco em tecnologia e alto índice de oportunidades usufruídas e/ou potenciais, e outra empresa com ponto forte em tecnologia, mas com baixo nível de oportunidades ambientais.
- **Desenvolvimento de estabilidade:** corresponde a uma associação ou fusão de empresas que procuram tornar as suas evoluções uniformes, principalmente quanto ao aspecto mercadológico.

Entretanto a estratégia mais forte do desenvolvimento de uma empresa corresponde à diversificação, que é dividida em dois modelos:

- **Diversificação horizontal:** por meio desta estratégia, a empresa concentra o seu capital, pela compra ou associação com empresas similares. A empresa atua em ambiente econômico que lhe é familiar, porque os consumidores são do mesmo tipo. O potencial de ganhos de sinergia neste tipo de diversificação é baixo, com exceção da sinergia comercial, uma vez que os mesmos canais de distribuição são usados.
- **Diversificação vertical:** ocorre quando a empresa passa a produzir novo produto ou serviço, que se acha entre o seu mercado de matérias-primas e o consumidor final do produto que já se fabrica.
- **Diversificação concêntrica:** diversificação da linha de produtos, com o aproveitamento da mesma tecnologia ou força de vendas, oferecendo-se uma quantidade maior de produtos no mesmo mercado. A empresa pode ter ganhos substanciais em termos de flexibilidade.
- **Diversificação conglomerada:** consiste na diversificação de negócios em que a empresa não aproveitará a mesma tecnologia ou força de vendas.
- **Diversificação interna:** corresponde a uma situação em que a diversificação da empresa é, basicamente, gerada pelos fatores internos, e sofre menos influência dos fatores externos.

- **Diversificação mista:** trata-se de uma situação em que a empresa apresenta mais que um tipo anterior de diversificação ao mesmo tempo.

Diagnóstico		Interno	Interno
		Pontos Fracos	Pontos Forte
		Postura Estratégica de Sobrevivência	Postura Estratégica de Manutenção
E X T E R N O	PREDOMINÂNCIA DE AMEAÇAS	Redução de Custos	Estabilidade
		Desinvestimento	Nicho
		Liquidação de Negocio	Especialização
		Postura Estratégica de Crescimento	Postura Estratégica de Desenvolvimento
	PREDOMINÂNCIA DE OPORTUNIDADES	Inovação	de Mercado
		Internacionalização	de Produção
		Joint Venture	Financeiro
		Expansão	de Capacidades
			de Estabilidade
			Diversificação

Resumo dos tipos básicos de estratégias:

Análise competitiva e estratégias genéricas de Michael Porter

Michael Porter desenvolveu um modelo de cinco forças competitivas. Esses fatores são os seguintes:

Ameaça de Novos Entrantes – Alto investimento necessário e economias de escala são alguns dos fatores que podem dificultar a entrada de um novo competidor em um mercado. Naturalmente, é mais difícil abrir uma nova indústria aeronáutica do que uma nova loja de roupas. Dessa forma, as empresas que estão em setores com altas barreiras à entrada sofrem menos competição dos que as que estão em mercados com baixas barreiras de entrada.

Poder de Negociação dos Clientes – Quanto mais informados estão os clientes, mais eles normalmente podem exigir das empresas qualidade, preço e serviços. Os clientes são poderosos quando são poucos, ou compram em grande quantidade, quando os custos de trocar de fornecedor são baixos, quando eles conhecem as estruturas de custos das empresas e quando podem deixar de consumir os produtos ou fabricá-los internamente.

Poder de Negociação dos Fornecedores – Muitos dos fatores que podem deixar os clientes fortes podem deixar os fornecedores poderosos se forem invertidos. Os fornecedores são fortes: quando são poucos e/ou dominam o mercado; quando o custo de trocar de fornecedor é alto; quando os clientes são pouco importantes; e quando podem se tornar competidores, ou seja, passar a concorrer no mercado do cliente.

Ameaça de Produtos Substitutos – Um produto é substituto quando satisfaz a mesma necessidade dos clientes (exemplo: manteiga e margarina). Se existem muitos produtos que podem substituir o produto que sua empresa fornece, a posição estratégica é difícil e o setor será menos atraente e lucrativo.

Rivalidade entre os Concorrentes – Se existem muitos concorrentes em um mercado e se a força deles é semelhante, pode ocorrer uma guerra de preços, levando a uma queda na atratividade do setor. Outros fatores que levam a isso são: custos fixos elevados, que podem levar as empresas a buscar operar com capacidade total, e uma grande barreira de saída, como instalações caras, de difícil venda, maquinário específico e altas indenizações, que podem levar empresas a continuar investindo e operando em mercados com lucratividades baixas.

Rivalidade entre Concorrentes
Avalia a competitividade do mercado, levando em conta aspectos como:
- Quantidade de concorrentes
- Diferenciação dos produtos
- Diversidade dos concorrentes
- Marketing Share de cada concorrente
- Poder/financeiro dos concorrentes

Novos Entrantes
Avalia a dificuldade de novas empresas entrarem no mesmo Mercado, observando:
- Necessidade de Capital para iniciar o negócio
- Custos de mudança
- Acesso aos canais de distribuição
- Know, How, patentes
- Custos e tempo para regulamentação

Compradores
Avalia o seu poder de negociação sobre os fornecedores, observando:
- Volume de compras
- Custo de mudança de fornecedor
- Produtos substitutos
- Quantidade de fornecedores

Substitutos
Analisa a possibilidadede produtos substitutos através de:
- Propensão do comprador
- Relação/rendimento
- Custos de mudança para o comprador

Fornecedores
Avalia o poder de negociação dos fornecedores, levando em conta aspectos como:
- Quantidade de fornecedores
- Custo para mudanças de fornecedor

A partir das características de cada um dos fatores acima, as empresas podem tomar uma das **três estratégicas genéricas propostas por Porter: liderança em custo, diferenciação e foco (também chamado enfoque ou estratégia de nicho).**

Liderança em custos – Nessa estratégia, a empresa busca ser a mais eficiente na produção de produtos e serviços em seu mercado, de modo que tenha vantagem competitiva em relação aos seus concorrentes. Pode-se alcançar isso com: economias de escala, acesso a matérias-primas mais baratas, entre outras. Essa posição de custo mais baixo que seus concorrentes permite uma série de vantagens, como operar com lucratividade quando seus concorrentes estão perdendo dinheiro, por exemplo.

Diferenciação – Uma empresa também pode ter vantagens competitivas tendo produtos com características únicas na percepção de seus clientes, que lhe possibilitem cobrar um preço mais alto sem perder sua clientela. Um exemplo atual é a Apple. Essa empresa, com seus produtos inovadores, como o iPhone e o iPad, tem conquistado uma maior lealdade de seus clientes e maior lucratividade. A diferenciação pode ocorrer na qualidade do produto, no atendimento, no estilo do produto, na marca etc.

Foco ou Enfoque – Também é chamada de estratégia de nicho. Nessa situação, a empresa foca seus esforços em um mercado pequeno (seja geográfico, produto ou clientela) de modo a conseguir uma vantagem específica naquele mercado, que não tenha como conseguir em todo o mercado (a Ferrari buscou essa estratégia com o foco em carros de alto desempenho, pois era pequena para concorrer no mercado de automóveis populares, muito maior, antes de ser comprada pela Fiat).

ESTRATÉGIAS GENÉRICAS DE PORTER

ALVO ESTRATÉGICO	VANTAGEM COMPETITIVA	
	Unicidade observada pelo Cliente	Posição de Baixo Custo
Indústria como um todo	DIFERENCIAÇÃO	LIDERANÇA DE CUSTOS
Segmento específico	ENFOQUE	

Em síntese, Porter identificou cinco forças competitivas que devem ser analisadas pelas empresas para que escolham uma de suas três estratégias genéricas.

Matriz *Ansoff*

Um dos fatores mais importantes para o sucesso de uma organização ou de qualquer outro negócio é a análise estratégica do mercado. Igor *Ansoff*, professor e consultor russo, desenvolveu em 1965, uma ferramenta de análise e de definição dos problemas estratégicos.

A matriz de produtos e mercados de *Ansoff* tem como foco principal mostrar a expansão de produtos e mercados visando criar oportunidades de crescimento para as empresas. Um administrador pode usar essa matriz no momento em que estiver mapeando o portfólio da sua organização. Neste momento, será analisada a receita criada pelos produtos existentes, de modo a compará-la com a receita que a organização pretende alcançar. A matriz permite estruturar e definir a estratégia para esse crescimento.

A matriz *Ansoff* é um quadrante composto por duas dimensões: produtos e mercados. Do lado direito, encontram-se os produtos novos; e do esquerdo, os existentes. Essa combinação forma quatro estratégias para o crescimento e o desenvolvimento da empresa. Essas estratégias são: o desenvolvimento do mercado, a penetração no mercado, a diversificação e o desenvolvimento do produto.

A definição desse quadro mostra em qual mercado sua organização deseja atuar.

Desenvolvimento do mercado	No desenvolvimento de mercado, a empresa deseja vender seus produtos existentes em um mercado novo. Essa estratégia de desenvolvimento de mercado deve analisar os mercados parecidos com o seu, e pensar na expansão de seus negócios. Essa expansão deve analisar alguns fatores como localização geográfica e idade. Imaginemos uma loja de camisas on-line que vende apenas em um Estado. Ela pode expandir suas vendas para outras unidades federativas, incluindo outros serviços de entrega. Se o público-alvo dessa loja for composto por homens de uma determinada faixa etária, ela pode aumentar esse público ao incluir outras idades.
Penetração de mercado	A penetração de mercado visa vender os produtos existentes em um mercado existente, ou seja, pretende-se desenvolver uma estratégia para aumentar sua presença onde ela já atua. Essa estratégia pode ser feita por meio de liquidações, fidelização de clientes, promoções, entre outras ações.
Diversificação	A diversificação é uma estratégia que objetiva criar produtos, para atuar em novos mercados. Essa estratégia busca a inovação que inevitavelmente proporciona riscos, pois a empresa está entrando em um campo desconhecido. Logo, não tem muito como fugir desse fator. Criar uma estratégia para crescer e desenvolver nesse mercado é inerente a uma organização na maioria das vezes.
Desenvolvimento do produto	Essa estratégia sugere o desenvolvimento de novos produtos em mercados existentes. Isso pode ser feito por meio de aperfeiçoamento do produto e de melhorias tecnológicas. Um bom exemplo é a ação de empresas de refrigerantes que incluem em seu MIX de sucos e refrigerantes, versões diet e light.

		Produtos	
		Existentes	Novos
Mercados	Existentes	Penetração de Mercado	Desenvolvimento de produtos
	Novos	Desenvolvimento de Mercado	Diversificação

Construção de Cenários

Para Godet (apud MARCIAL E GRUMBACH, 2008, p. 47), cenário é *"o conjunto formado pela descrição coerente de uma situação futura e pelo encaminhamento dos acontecimentos que permitem passar da situação de origem à situação futura"*.

A importância de se trabalhar com cenários, conforme menciona Valdez (2007), é que eles permitem "estimular a imaginação, reduzir as incoerências, criar uma linguagem comum e permitir a reflexão". Já Franco (2007) informa que *"a existência de mais de uma solução é condição básica para a tomada de decisão e uma das bases do planejamento estratégico"*.

No tocante à atividade de planejamento estratégico, Cortez (2007) anota dois tipos de enfoques que explicam os estudos referentes ao futuro: **a abordagem projetiva e a prospectiva**.

Segundo esse autor, a **abordagem projetiva** se refere a cenário único. É a abordagem clássica. Para os seguidores dessa linha de pensamento, as forças que atuaram no passado até o presente serão as mesmas que atuarão no presente até o futuro. Com esse raciocínio, acreditam poder prever o que ocorrerá. Naturalmente, a previsão clássica não considera o ambiente macro, tendo somente a visão parcial do problema.

A figura a seguir apresenta de maneira simples esta abordagem:

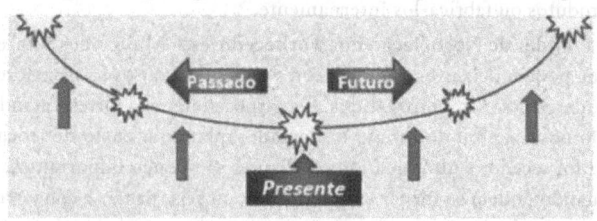

Figura 1 – Abordagem Projetiva

Pelo entendimento de Santos (2004), a abordagem prospectiva trata de vários cenários prováveis de ocorrer no futuro, dentro de um horizonte de tempo determinado. A abordagem prospectiva indica que as forças que atuaram no passado até o presente não necessariamente serão as mesmas que atuarão até o futuro. Desta forma, não existirá somente um só cenário.

A figura 2 exemplifica o raciocínio prospectivo:

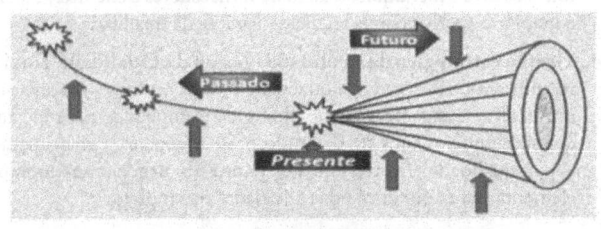

Figura 2 – Abordagem Prospectiva

O que se percebe é a criação de um cone (cone de futuro), em que o passado e o presente são conhecidos, sendo este último o vértice e os diversos caminhos até sua base os cenários que poderão vir a ocorrer.

A lógica dessa abordagem, segundo Marcial (2008), é no sentido de que, conhecendo os diversos caminhos, o homem pode influir na constituição de um futuro melhor. Isso requer que se considere o ambiente como um todo, levando em consideração as variáveis econômicas, ambientais, políticas, tecnológicas, entre outras, bem como os diversos agentes, clientes, governo, concorrentes etc. Perceber a intensidade dessas forças e, se possível, interferir para obter o melhor resultado é o propósito maior da análise prospectiva.

3 GESTÃO DA QUALIDADE

"Qualidade" é hoje uma palavra-chave muito difundida nas empresas: fácil de falar e difícil de fazer. Ao mesmo tempo, existe pouco entendimento do que vem a ser qualidade.

A definição da qualidade possui uma extrema diversidade de interpretação, dada por diversos autores, que procuram dar uma definição simples para que seja assimilável a todos os níveis das organizações: precisa, para não gerar interpretações duvidosas; e abrangente, para mostrar sua importância em todas as suas atividades produtivas.

O conceito de qualidade apresentado pelas principais autoridades da área são as seguintes:

(JURAN, 1992:9) Qualidade é ausência de deficiências, ou seja, quanto menos defeitos, melhor a qualidade.

(FEIGENBAUM, 1994:8) Qualidade é a correção dos problemas e de suas causas ao longo de toda a série de fatores relacionados com marketing, projetos, engenharia, produção e manutenção, que exercem influência sobre a satisfação do usuário.

(CROSBY, 1986:31) Qualidade é a conformidade do produto às suas especificações. As necessidades devem ser especificadas, e a qualidade é possível quando essas especificações são obedecidas sem ocorrência de defeito.

(DEMING, 1993:56) Qualidade é tudo aquilo que melhora o produto do ponto de vista do cliente. Deming associa qualidade à impressão do cliente, portanto não é estática. A dificuldade em definir qualidade está na renovação das necessidades futuras do usuário em características mensuráveis, de forma que o produto possa ser projetado e modificado para dar satisfação por um preço que o usuário possa pagar.

> **Fique ligado**
> Qualidade se refere às características do produto e do serviço que atendem às necessidades dos clientes.

(ISHIKAWA, 1993: 43) Qualidade é desenvolver, projetar, produzir e comercializar um produto de qualidade que é mais econômico, mais útil e sempre satisfatório para o consumidor.

3.1 Os Períodos ou Eras da Qualidade

A gestão da qualidade é um tema dinâmico, que foi se modificando ao longo do tempo, fruto de sua interação com a sociedade. Logo, assim como a sociedade, a gestão da qualidade evoluiu, buscando atender aos anseios da população. Nesse contexto, vejamos as classificações para os diversos períodos ou eras da qualidade:

01. **Inspeção:** a garantia da qualidade era certificada por meio do controle em massa de 100% dos produtos, ocorrendo o controle por amostragens em casos muito específicos, sem uma estruturação adequada. Essa técnica era possível, pois a maioria dos produtores era composta por artesãos, e as empresas não tinham uma grande capacidade de produção. Nesse período, o controle da qualidade limitava-se à inspeção e às atividades restritas, como contagem, classificação pela qualidade e reparos.

02. **Controle estatístico da qualidade:** surgiu em meados de 1931, tendo como referência Walter Andrew Shewhart, que deu um caráter científico à prática da busca da qualidade. Nesse período, o controle da qualidade no processo produtivo passa ao correr mediante procedimentos estatísticos, utilizando mecanismos como a amostragem. Porém, assim como na era da inspeção, a qualidade ainda era pensada de forma sistêmica, com envolvimento de todos.

03. **Garantia da qualidade:** surge após a II Guerra Mundial, tendo como referência William Edwards Deming e Joseph M. Juran. A proposta passa a ser por uma preocupação com a qualidade desde o projeto de desenvolvimento, envolvendo todos os funcionários, de todos os níveis hierárquicos, além de fornecedores e clientes. A ideia é manter e aperfeiçoar as técnicas clássicas da qualidade.

04. **Gestão estratégica da qualidade (gestão da Qualidade Total):** nas últimas duas décadas, a qualidade passa a ser uma preocupação estratégica da organização, incorporando e ampliando as propostas que surgiram nos anos 50. Contudo, nesse momento, a preocupação com a qualidade envolve todos os pontos do negócio, sendo fator elementar na manutenção das atividades da empresa.

EVOLUÇÃO DO CONCEITO DE QUALIDADE		
FASE	**CONCEITO**	**EIXO**
Inspeção	Conforme especificações	Produto
Controle da qualidade	Conforme especificações	Processo
Garantia da qualidade	Adequação ao uso	Prevenção
Qualidade Total	Satisfação do cliente	Pessoas

3.2 Principais Teóricos e Suas Contribuições Para a Gestão da Qualidade

3.2.1 W. Edwards Deming

O estudo da qualidade tornou-se mais evidente a partir das ideias do americano William Edwards Deming no começo do século XX. Apesar de ter nascido nos EUA, Deming não conseguiu fazer sua proposta ser difundida naquele país, pois os norte-americanos vendiam tudo o que produziam, logo não sentiam os efeitos da falta de qualidade de seus produtos. Contudo, o Japão era um país quase destruído em decorrência da II Guerra Mundial, assim acolheu e difundiu as ideias de Deming, tornando-se, em pouco tempo, referência em qualidade e tecnologia.

Somente a partir dos anos 70-80 é que os Estados Unidos passaram a dar importância aos escritos da qualidade de Deming, fruto da alta competitividade dos produtos japoneses.

Ele baseava sua abordagem no uso de técnicas estatísticas, em que o principal objetivo era reduzir custos e aumentar a produtividade e a qualidade. Com efeito, Deming apresentou quatorze princípios, ou pontos, para a gestão, que descrevem o caminho para a Qualidade Total. São eles:

> **Quatorze Princí da Qualidade de Deming**
>
> Criar uma constância de propósitos de aperfeiçoamento do produto e do serviço, a fim de torná-los competitivos, perpetuá-los no mercado e gerar empregos.
>
> Adotar a nova filosofia. Vivemos numa nova era econômica. A administração ocidental deve despertar deve despertar para o desafio, conscientizar-se de suas responsabilidades e assumir a liderança em direção á transformação.
>
> Acabar com a dependencia de inspeção para a obtenção da qualidade. Eliminar a necessidade da inspeção em massa, priorizando a internalização da qualidade do produto.

ATENDIMENTO BANCÁRIO

Acabar com a prática do negócio compensador baseado apenas no preço. Em vez disso, minimizar o custo total. Insistir na ideia de um único fornecedor para cada item, desenvolvendo relacionamento duradouros, calcados na qualidade e na confiança.

Aperfeiçoar continuamente todo o processo de planejamento, produção e serviço, com o objetivo de aumentar a qualidade e a produtividade e, consequentemente, reduzir os custos.

Fornecer treinamento no local de trabalho.

Adotar e estabeler a liderança. O objetivo da liderança é ajudar as pessoas a realizar um trabalho melhor. Assim como a liderança dos trabalhadores, a liderança empresarial necessita de uma completa reformulação.

Eliminar o medo.

Quebrar barreiras entre departamentos. Os colaboradores dos setores de pesquisa, projetos, vendas, compras ou produção devem trabalhar em equipe, tornando-se capazes de antecipar problemas que possam sugir durante a produção ou durante a utilização dos produtos ou serviços

Eliminar slogans, exortações e metas dirigidas aos empregados.

Eliminar padrões atificiais (cotas numéricas) para o chão de fábrica, a administração por objetivos (APO) e a administração atráves de números e metas numéricas.

Remover barreiras que despojem as pessoas de orgulho no trabalho. A atenção dos supervisores deve voltar-se para a qualidade e não para os números. Remover as barreiras que usurpam dos colaboradores das áreas administrativas e de planejamento/engenharia o justo direito de orgulhar-se do produto de seu trabalho. Isso significa a abolição das avaliações de desempenho ou mérito e da administra por objetivos ou por números.

Estabelecer um programa rigoroso de educação e autoaperfeiçoamento para todo o pessoal.

Colocar todos da empresa para trabalhar de modo a realizar a transformação. A transformação é tarefa de todos.

Método PDCA

- Método de controle de processos desenvolvido pelo americano Shewhart, na década de 30 e divulgado por Deming no Japão, como uma das ferramentas da qualidade, que visa à melhoria contínua (Kaizen) dos processos de trabalho.
- O método PDCA é utilizado nas organizações para gerenciar os processos internos de forma a garantir o alcance das metas estabelecidas, usando as informações como fator de direcionamento das decisões.

Ciclo PDCA de Melhoria Contínua

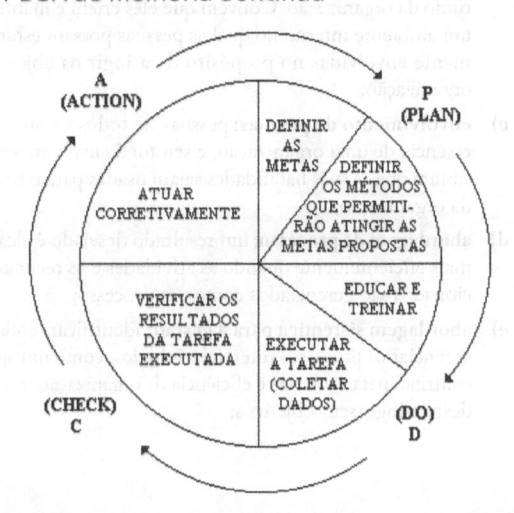

- **P (Plan – planejar):** definir o que se quer, estabelecer metas para manter e para melhorar e métodos para alcançar as metas (itens de controle do processo).
- **D (Do – executar):** tomar a iniciativa, educar e treinar e fazer conforme o planejado, registrando as informações.
- **C (Check – verificar):** monitorar e medir a execução (a partir dos registros) com o planejado.
- **A (Action – agir):** tomar ações corretivas (ou de melhoria) para resultados não alcançados, para melhorar o desempenho do processo e retomar o modelo PDCA.

3.2.2 Joseph M. Juran

Conforme apresentamos acima, a qualidade, conforme o conceito proposto por Joseph Moses Juran, é a adequação à finalidade e ao uso. Essa definição está alinhada à perspectiva da qualidade baseada no usuário em que um produto de qualidade é aquele que atende aos padrões e às preferências do usuário.

Juran foi o primeiro a aplicar os conceitos de qualidade à estratégia empresarial, em vez de meramente associá-la à estatística ou aos métodos de controle total da qualidade. Juntamente com Deming, foi um dos principais responsáveis pelo movimento da qualidade no Japão.

Nessa linha, propôs uma trilogia que compõe os pontos fundamentais para a gestão da qualidade: planejamento, controle e melhoria.

- **Planejamento:** é a preparação para encontrar as metas de qualidade em que serão identificados os consumidores e suas necessidades;
- **Controle:** é usado para evitar ou corrigir eventos indesejáveis ou inesperados, conferindo estabilidade e consistência. É o processo de encontro das metas de qualidade estabelecidas durante as operações; e
- **Melhoria:** processo de melhoria contínua da qualidade por meio de mudanças planejadas, previstas e controladas.

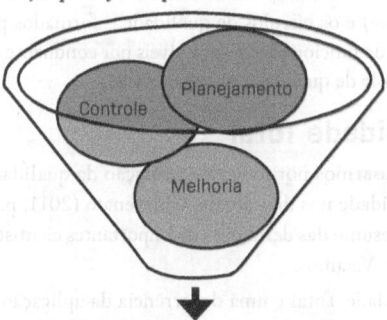

Trilogia da gestão da qualidade de Juran

3.2.3 Armand Vallin Feigenbaun

Feigenbaun é o pioneiro no uso da expressão Qualidade Total, por meio de seus estudos realizados na General Electric (GE). Em sua abordagem, a qualidade deveria ser vista como instrumento estratégico pelo qual todos os trabalhadores devem ser responsáveis. A qualidade é uma filosofia de gestão e um compromisso de excelência. Este autor enumerou quatro características essenciais em um sistema organizacional provido de Qualidade Total:

01. Os processos de **aperfeiçoamento da qualidade são contínuos.**
02. Todo o esforço é **documentado,** de sorte que as pessoas da organização possam visualizar onde, como, por que e quando suas atividades afetam a qualidade.

03. **Tanto a gerência como as demais pessoas** abraçam a ideia de desempenharem suas atividades com qualidade. e
04. Aperfeiçoamento técnico e planejamento para **oferecer inovações** que sustentem positivamente a relação cliente/organização.

Por fim, destaca-se que Feigenbaun foi a primeira pessoa a realizar estudos sobre os custos da qualidade, demonstrando os custos envolvidos na garantia ou na falta de qualidade nas organizações (custos da prevenção, da avaliação, de falhas internas e de falhas externas).

3.2.4 Philip B. Crosby

Para Crosby a qualidade significa a conformidade com as especificações, de acordo com as necessidades dos clientes. Seus estudos relacionam-se com os conceitos de —zero defeito e de —fazer certo desde a primeira vez.

Este autor afirma que a insatisfação com o serviço ou produto final de uma organização constitui um — problema de qualidade. Esse problema, porém, é apenas um sintoma do que está ocorrendo no interior da organização. Assim, ele traçou o — perfil da organização problema.

Para ele, a prevenção é muito mais eficaz do que as técnicas não preventivas, como inspeção, teste e controle da qualidade. Além disso, traçou, assim como fez Deming, 14 passos para a melhoria da qualidade, que devem ser encarados como um processo perseguido continuamente.

3.2.5 Outros "Gurus da Qualidade"

Além dos autores mencionados acima, podemos destacar:
- **Walter Shewart**, que inseriu as técnicas de controle estatístico da qualidade e criou algumas ferramentas de qualidade como o ciclo PDCA e o gráfico de controle; e
- **Kaoru Ishikawa**, é conhecido como o "Pai do Controle ou Gestão da Qualidade Total" (TQC) japonês, desenvolveu o diagrama de causa e efeito (diagrama de Espinha de Peixe ou diagrama de Ishikawa) e os círculos de qualidade – formados por pequenos grupos de funcionários responsáveis por conduzir e democratizar o controle de qualidade na organização.

3.3 Qualidade Total

Após passarmos por toda essa evolução da qualidade, podemos falar da qualidade nos dias atuais. Chiavenato (2011, p. 549) faz um importante resumo das definições de importantes cientistas do mundo da qualidade. Vejamos:

A Qualidade Total é uma decorrência da aplicação da melhoria contínua. A palavra qualidade tem vários significados. Qualidade é o atendimento das exigências do cliente. Para Deming, a qualidade deve ter como objetivo as necessidades dos usuários, presentes e futuras. Para Juran, representa a adequação à finalidade e ao uso. Para Crosby, é a conformidade com as exigências. Feigenbaum diz que ela é o total das características de um produto ou serviço referentes a marketing, engenharia, manufatura e manutenção, pelas quais o produto ou serviço, quando em uso, atenderá às expectativas do cliente.

Ainda nesse sentido, a norma ISO 9000 define qualidade como — a totalidade de características de um ente (organização, produto, processos etc.) que lhe confere a capacidade de satisfazer às necessidades implícitas dos cidadãos.

Percebe-se que o conceito de Qualidade Total implica o atendimento às necessidades do cliente. Contudo, vai além, pois com a incorporação de práticas de qualidade, a organização deverá diminuir os custos de produção, fruto da eliminação do desperdício. Com isso, aumenta-se a eficiência e, por fim, os lucros da empresa.

Ademais, a **gestão da Qualidade Total** (*Total Quality Management* –TQM) atribui às pessoas, e não somente aos gerentes e dirigentes, a responsabilidade pelo alcance dos padrões de qualidade. Nessa linha, cada pessoa da instituição deve exercer o controle de qualidade do produto. Com isso, as práticas de controle de qualidade ocorrem de maneira descentralizada e coletiva, ao contrário do controle burocrático que é rígido, unitário e centralizador.

Devemos destacar que, na Qualidade Total, deve ocorrer uma preocupação não somente com a satisfação dos clientes externos, mas também dos clientes internos. Para explicar melhor esse conceito, devemos entender os clientes externos como os clientes finais de um processo, ou seja, as pessoas ou organizações que devem ser atendidas ao final do processo.

Os clientes internos, por sua vez, são aquelas pessoas que participam do processo produtivo e dependem de um insumo realizado por outro servidor.

Dessa forma, a Qualidade Total, além de envolver a participação de todos na gestão da qualidade, preocupa-se com o atendimento das demandas dos clientes internos e externos.

Podemos mencionar, também, os mandamentos da melhoria contínua:

01. total satisfação dos clientes;
02. gerência participativa;
03. constância de propósitos;
04. aperfeiçoamento contínuo;
05. desenvolvimento de recursos humanos;
06. delegação;
07. garantia da qualidade;
08. não aceitação de erros;
09. gerência de processos; e
10. disseminação de informações.

Convém lembrar, é claro, que a **satisfação dos clientes** é considerada como princípio central da gestão da Qualidade Total.

Para encerrar o assunto, apresentaremos os princípios da gestão da qualidade constantes da NBR ISO 9004:200, que foram desenvolvidos para serem utilizados pela Alta Direção a fim de dirigir a organização à melhoria de desempenho.

a) **foco no cliente:** organizações dependem de seus clientes e, portanto, convém que entendam as necessidades atuais e futuras do cliente, atendam aos requisitos e procurem exceder as suas expectativas;

b) **liderança:** líderes estabelecem a unidade de propósitos e o rumo da organização. Convém que eles criem e mantenham um ambiente interno no qual as pessoas possam estar totalmente envolvidas no propósito de atingir os objetivos da organização;

c) **envolvimento de pessoas:** pessoas de todos os níveis são a essência de uma organização, e seu total envolvimento possibilita que as suas habilidades sejam usadas para o benefício da organização;

d) **abordagem de processo:** um resultado desejado é alcançado mais eficientemente quando as atividades e os recursos relacionados são gerenciados como um processo;

e) **abordagem sistêmica para a gestão:** identificar, entender e gerenciar os processos inter-relacionados, como um sistema, contribui para a eficácia e eficiência da organização no sentido desta atingir seus objetivos;

f) **melhoria contínua:** convém que a melhoria contínua do desempenho global da organização seja seu objetivo permanente;

g) **abordagem factual para tomada de decisões:** decisões eficazes são baseadas na análise de dados e de informações; e

h) **benefícios mútuos nas relações com os fornecedores:** uma organização e seus fornecedores são interdependentes, e uma relação de benefícios mútuos aumenta a capacidade de ambos em agregar valor.

Segundo a NBR, o uso com sucesso dos oito princípios de gestão por uma organização resultará em benefícios para as partes interessadas, tais como melhoria no retorno financeiro, criação de valores aumento de estabilidade.

3.4 Melhoria Contínua

A melhoria contínua deriva da filosofia japonesa do kaizen (kai– mudança; zen – bom), significando um aprimoramento contínuo e gradual na maneira como as coisas são feitas na organização, envolvendo a participação de todos os membros. Nesse contexto, vejamos os ensinamentos de Chiavenato (2012, p. 272):

A melhoria contínua é uma técnica de mudança organizacional suave e ininterrupta centrada nas atividades em grupo das pessoas. Visa à qualidade dos produtos e serviços dentro de programas em longo prazo, que privilegiam a melhoria gradual e o passo a passo por meio da intensiva colaboração e participação das pessoas. Trata-se de uma abordagem incremental e participativa para obter excelência na qualidade dos produtos e serviços a partir das pessoas.

Por meio dessa filosofia, as mudanças não ocorrem de forma abrupta, mas aos poucos, de forma incremental, prevendo que os funcionários melhorem suas atividades dia após dia. Nesse contexto, o aprimoramento organizacional deve ser contínuo e gradual. Com efeito, a consequência desse aprimoramento poderá ser vista pelo aumento da qualidade dos produtos e serviços oferecidos, aumento da eficiência, eliminação de custos, aumento da satisfação dos clientes etc. Ademais, a filosofia do kaizen foi pioneira ao destacar a importância das pessoas e das equipes com sua participação e conhecimentos.

3.5 Qualidade na Administração Pública

- **Em 1991: Collor** lançou o **Programa Brasileiro da Qualidade e Produtividade (PBQP)**, para dinamizar a indústria brasileira diante da abertura comercial. Lançou o **Subprograma Qualidade e Produtividade do Serviço Público – PQSP**, voltado para o cidadão e para a melhoria da qualidade dos serviços públicos. Tinha foco interno, voltado para Técnicas e Ferramentas.

- **Em 1996: FHC** lançou o **Programa de Qualidade e Participação da Administração Pública – QPAP** - que visava à satisfação do cliente com o envolvimento de todos os servidores. O foco era interno e externo, voltado para a Gestão e Resultados.

- **Em 1999:** com a formulação do PPA 2000-2003, houve a transformação em **Programa de Qualidade no Serviço Público – PQSP**, com o objetivo de trazer satisfação ao cidadão. Tinha foco externo, voltado para a satisfação do cidadão.

- **Em 2005:** foi instituído o **Programa Nacional de Gestão Pública e Desburocratização – GesPública**, por meio do Decreto nº 5.378, resultado da fusão do **programa de Qualidade no Serviço Público e o Programa Nacional de Desburocratização**, sob a coordenação do MPOG.

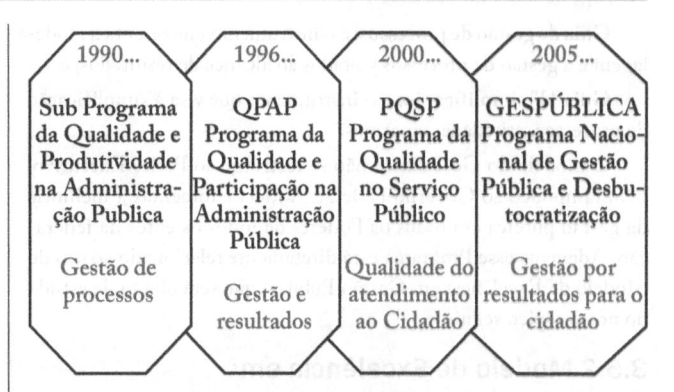

1990...	1996...	2000...	2005...
Sub Programa da Qualidade e Produtividade na Administração Publica	QPAP Programa da Qualidade e Participação na Administração Pública	PQSP Programa da Qualidade no Serviço Público	GESPÚBLICA Programa Nacional de Gestão Pública e Desbutocratização
Gestão de processos	Gestão e resultados	Qualidade do atendimento ao Cidadão	Gestão por resultados para o cidadão

3.5.1 Modelo do GesPública

O Programa Nacional de Gestão Pública e Desburocratização (GesPública) foi instituído em 2005, por meio do Decreto nº 5.378/2005. Este programa tem como principais características: ser essencialmente público, ser contemporâneo, estar voltado para a disposição de resultados para a sociedade e ser federativo.

A missão do Programa é promover a excelência em gestão pública. O Art. 1º do Decreto nº 5.378/2005 prevê que a finalidade do GesPública é contribuir para a melhoria da qualidade dos serviços públicos prestados aos cidadãos e para o aumento da competitividade do País. Já o Art. 3º traz os seus objetivos:

I. *eliminar o déficit institucional, visando ao integral atendimento das competências constitucionais do Poder Executivo Federal;*

II. *promover a governança, aumentando a capacidade de formulação, implementação e avaliação das políticas públicas;*

III. *promover a eficiência, por meio de melhor aproveitamento dos recursos, relativamente aos resultados da ação pública;*

IV. *assegurar a eficácia e efetividade da ação governamental, promovendo a adequação entre meios, ações, impactos e resultados; e*

V. *promover a gestão democrática, participativa, transparente e ética.*

O quadro a seguir resume a missão, finalidade e objetivos do Programa:

	MISSÃO	Promover a excelência em gestão pública
GESPÚ-BLICA	FINALI-DADE	Melhorar a qualidade dos serviços públicos ao cidadão
		Aumentar a competitividade do país
		Eliminar o déficit Institucional
		Melhorar a governança
		Aumentar a eficiência
		Assegurar a eficácia e a efetividade da ação governamental
		Promover uma gestão democrática

Gespública: missão, finalidades e objetivos. (Fonte: Paludo, 2013, p.207)

Com efeito, Augustinho Paludo resume de forma brilhante as ferramentas disponibilizadas pelo GesPública:

Autoavaliação: verifica o grau de aderência dos processos gerenciais de um ente público em relação ao Modelo/Critérios de Excelência em Gestão Pública;

Carta de serviço: metodologia utilizada para tornar a organização mais acessível e transparente para o cidadão, disponibilizando informações sobre como acessar os serviços prestados por ela e quais são os compromissos e os padrões de atendimento estabelecidos;

Padrão de pesquisa de satisfação: é uma metodologia de pesquisa de opinião padronizada, que investiga o nível de satisfação dos usuários de um serviço público;

Guia de gestão de processos: é o instrumento que orienta a modelagem e a gestão de processos voltados ao alcance de resultados; e

Guia "d" simplificação: é o instrumento que visa à simplificação de processos, atividades e normas.

O modelo do GesPública não se restringe ao Poder Executivo, nem tampouco ao Governo Federal. A ideia é fomentar a melhoria da gestão pública em todos os Poderes de todos os entes da federação. Ademais, esse Programa está diretamente relacionado ao uso do Modelo de Excelência em Gestão Pública, que será objeto de estudo do nosso tópico seguinte.

3.5.2 Modelo de Excelência em Gestão Pública (MEGP)

O Modelo de Excelência em Gestão Pública (MEGP) foi concebido a partir da premissa de que a Administração Pública tem que ser excelente sem deixar de considerar as particularidades inerentes à sua natureza pública.

Nesse contexto, o MEGP tem como base os princípios constitucionais da Administração Pública e como pilares os fundamentos da excelência gerencial. Os fundamentos da excelência são conceitos que definem o entendimento contemporâneo de uma gestão de excelência na Administração Pública e que, orientados pelos princípios constitucionais, compõem a estrutura de sustentação do MEGP. Ou seja, os princípios constitucionais representam a orientação dos fundamentos que, por sua vez, são os pilares do Modelo.

Juntos, os princípios constitucionais e os fundamentos sustentam o MEGP, indicam os valores e diretrizes estruturais que devem balizar o funcionamento do sistema de gestão das organizações públicas e definem o que se entende, hoje, por excelência em gestão pública.

Os princípios constitucionais são apresentados no Art. 37 da Constituição Federal de 1988. Juntos eles formam o famoso LIMPE (Legalidade, Impessoalidade, Moralidade, Publicidade e Eficiência). No contexto do MEGP, para a gestão pública ser excelente, ela deve ser legal, impessoal, moral, pública e eficiente.

- **Legalidade:** estrita obediência à lei; nenhum resultado poderá ser considerado bom, nenhuma gestão poderá ser reconhecida como de excelência à revelia da lei.
- **Impessoalidade:** não fazer acepção de pessoas. O tratamento diferenciado restringe-se apenas aos casos previstos em lei. A cortesia, a rapidez no atendimento, a confiabilidade e o conforto são requisitos de um serviço público de qualidade e devem ser agregados a todos os usuários indistintamente. Em se tratando de organização pública, todos os seus usuários são preferenciais, são pessoas muito importantes.
- **Moralidade:** pautar a gestão pública por um código moral. Não se trata de ética (no sentido de princípios individuais, de foro íntimo), mas de princípios morais de aceitação pública.
- **Publicidade:** ser transparente, dar publicidade aos fatos e aos dados. Essa é uma forma eficaz de indução do controle social.
- **Eficiência:** fazer o que precisa ser feito com o máximo de qualidade ao menor custo possível. Não se trata de redução de custo de qualquer maneira, mas de buscar a melhor relação entre qualidade do serviço e qualidade do gasto.

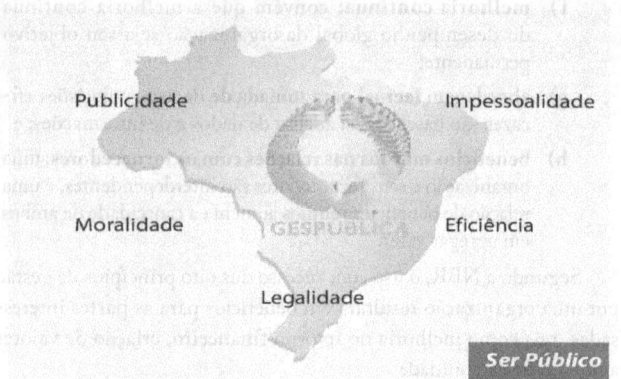

O MEGP está alicerçado em fundamentos próprios da gestão de excelência contemporânea e condicionado aos princípios constitucionais próprios da natureza pública das organizações. Esses fundamentos e princípios constitucionais, juntos, definem o que se entende hoje por excelência em gestão pública. Vejamos quais são os fundamentos do Modelo:

- Pensamento sistêmico - entendimento das relações de interdependência entre os diversos componentes de uma organização, bem como entre a organização e o ambiente externo, com foco na sociedade.
- Aprendizado organizacional - busca contínua e alcance de novos patamares de conhecimento, individuais e coletivos, por meio da percepção, reflexão, avaliação e compartilhamento de informações e experiências.
- Cultura da inovação - promoção de um ambiente favorável à criatividade, à experimentação e à implementação de novas ideias que possam gerar um diferencial para a atuação da organização.
- Liderança e constância de propósitos - a liderança é o elemento promotor da gestão, responsável pela orientação, estímulo e comprometimento para o alcance e melhoria dos resultados organizacionais e deve atuar de forma aberta, democrática, inspiradora e motivadora das pessoas, visando ao desenvolvimento da cultura da excelência, à promoção de relações de qualidade e à proteção do interesse público. É exercida pela alta administração, entendida como o mais alto nível gerencial e assessoria da organização.
- Orientação por processos e informações - compreensão e segmentação do conjunto das atividades e processos da organização que agreguem valor para as partes interessadas, sendo que a tomada de decisões e a execução de ações devem ter como base a medição e análise do desempenho, levando-se em consideração as informações disponíveis.
- Visão de futuro - Indica o rumo de uma organização e a constância de propósitos que a mantém nesse rumo. Está diretamente relacionada à capacidade de estabelecer um estado futuro desejado que dê coerência ao processo decisório e que permita à organização antecipar-se às necessidades e expectativas dos cidadãos e da sociedade. Inclui, também, a compreensão dos fatores externos que afetam a organização com o objetivo de gerenciar seu impacto na sociedade.
- Geração de valor - alcance de resultados consistentes, assegurando o aumento de valor tangível e intangível de forma sustentada para todas as partes interessadas.
- Comprometimento com as pessoas - estabelecimento de relações com as pessoas, criando condições de melhoria da qualidade nas relações de trabalho, para que elas se realizem profissional e humanamente, maximizando seu desempenho por meio do comprometimento, de oportunidade para desenvolver competências e de empreender, com incentivo e reconhecimento.

- Foco no cidadão e na sociedade - direcionamento das ações públicas para atender e regular, continuamente, as necessidades dos cidadãos e da sociedade, na condição de sujeitos de direitos, beneficiários dos serviços públicos e destinatários da ação decorrente do poder de Estado exercido pelas organizações públicas.
- Desenvolvimento de parcerias - desenvolvimento de atividades conjuntamente com outras organizações com objetivos específicos comuns, buscando o pleno uso das suas competências complementares para desenvolver sinergias.
- Responsabilidade social - atuação voltada para assegurar às pessoas a condição de cidadania com garantia de acesso aos bens e serviços essenciais, e ao mesmo tempo tendo também como um dos princípios gerenciais a preservação da biodiversidade e dos ecossistemas naturais, potencializando a capacidade das gerações futuras de atender suas próprias necessidades.
- Controle social - atuação que se define pela participação das partes interessadas no planejamento, acompanhamento e avaliação das atividades da Administração Pública e na execução das políticas e dos programas públicos.
- Gestão participativa - estilo de gestão que determina uma atitude gerencial da alta administração que busque o máximo de cooperação das pessoas, reconhecendo a capacidade e o potencial diferenciado de cada um e harmonizando os interesses individuais e coletivos, a fim de conseguir a sinergia das equipes de trabalho.

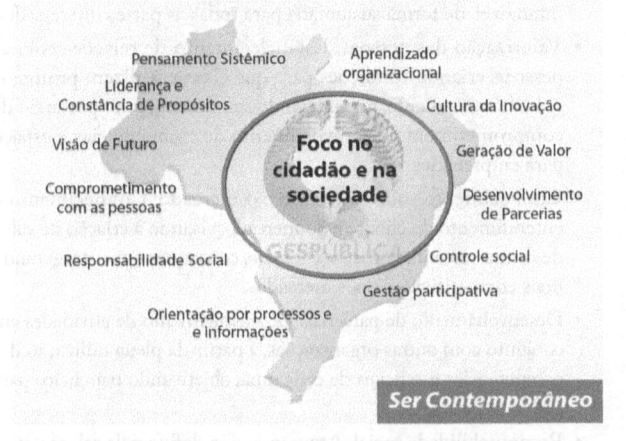

O GesPública desdobrou o Modelo de Excelência em Gestão Pública em três instrumentos de avaliação, com a finalidade de facilitar o processo de avaliação continuada da gestão. Os três instrumentos sugerem um caminho progressivo do processo de autoavaliação, conforme mostra o quadro a seguir.

Excelência em Serviços Públicos

A questão da excelência em serviços públicos está atrelada às melhorias acumuladas no decorrer do processo de modernização, à utilização de ferramentas da qualidade, à situação orçamentária financeira do Estado para custeio da prestação dos serviços e ao padrão de relacionamento entre o Estado e a sociedade.

> **Fique ligado**
> Atenção 1: Os conceitos, técnicas e ferramentas da qualidade são utilizados para obter a excelência na gestão de produtos e serviços.
> Atenção 2: No conceito da qualidade, a excelência no serviço público é tida como a satisfação das expectativas e necessidades do cidadão.

A excelência na prestação de serviços públicos corresponde ao grau máximo/ótimo dos serviços prestados – quase impossível de ser atingido –, no entanto, advoga-se ser possível e **atribui-se aos programas de qualidade a missão de atingir essa excelência**. A excelência corresponde a uma visão existente na Administração Pública, segundo a qual ao utilizar ferramentas e técnicas da qualidade para promover melhorias contínuas relacionadas aos serviços oferecidos ao cidadão – o que inclui o treinamento e a motivação dos servidores – estar-se-á caminhando rumo à excelência.

Não são leis, normas ou técnicas que caracterizam uma gestão pública como de excelência; **são valores** essenciais, que precisam ser internalizados por todas as pessoas das organizações públicas, que definirão a gestão de uma organização como excelente.

A qualidade é uma filosofia de gestão e um compromisso com a excelência (...) baseada na orientação para o cliente (Valéria Moreira, 2008).

A Excelência em uma organização depende fundamentalmente de sua capacidade de perseguir seus propósitos em completa harmonia com seu ecossistema (PNQ, 2011).

A cultura organizacional deve ser de inovação, de aprendizado e de comprometimento com o atendimento eficiente (e de qualidade) das necessidades e demandas dos cidadãos. Incorporar as necessidades dos cidadãos como sendo as da própria organização e disseminar isso dentro da organização como meta contínua a ser alcançada pode levar as entidades públicas a um grau muito próximo da excelência pretendida.

Pode-se afirmar que a conquista da excelência nos serviços públicos **decorre de um amplo conjunto de fatores**, muitos dos quais associados à incorporação de novas filosofias gerenciais, de novas tecnologias, de princípios e ferramentas da qualidade, do desempenho dos recursos humanos, com mudança cultural e amplo engajamento dos servidores públicos, e com a efetiva participação e controle da sociedade – **direcionando tudo isso para o atendimento das necessidades dos cidadãos**.

> **Fique ligado**
> Na busca pela excelência na prestação de serviços públicos, as pessoas (servidores públicos) é que farão a grande diferença.

De acordo com Philip Kotler (2000), existem fatores determinantes da qualidade/excelência dos serviços: **confiabilidade:** prestar o serviço exatamente como foi prometido; **capacidade de resposta:** prontidão para ajudar os clientes e prestar os serviços dentro do prazo estabelecido; **segurança:** transmitir confiança aos clientes, além de conhecimento, cortesia e capacidade; **empatia:** compreender o cliente e dar-lhe atenção individualizada; **itens tangíveis:** referem-se à boa aparência que devem ter as instalações físicas, equipamentos e servidores.

É importante ter em mente que prestar serviços de excelência/qualidade é um grande passo, mas a excelência exige mais: é preciso monitorar continuamente a opinião dos clientes sobre a qualidade dos serviços prestados, para saber se continuam satisfeitos. Nesse sentido, segundo Geoff Dinsdale e Brian Marson (2000),

As pesquisas são uma ferramenta poderosa para se identificar e reduzir as lacunas entre as expectativas dos usuários com relação aos serviços e sua satisfação com os mesmos (...) Se as pesquisas fazem as perguntas certas, os resultados podem informar aos gestores o que eles precisam fazer para melhorar o serviço aos seus usuários especificamente, e/ou para os cidadãos em geral.

Para que os serviços sejam de excelência, é necessário que – ente público e servidor – criem uma cultura de excelência na prestação de serviços e no atendimento aos cidadãos – o que deixa claro que mudanças continuam sendo necessárias para readequar a atuação pública direcionada ao atendimento do usuário-cidadão. Isso representa um desafio que abrange:

- A gestão pública – novos modelos de gestão baseados na inovação, no incentivo e na flexibilidade (reorganizar a administração e os recursos disponíveis, otimizando-os).
- As condições de trabalho – os dirigentes públicos devem propiciar um ambiente de trabalho adequado, que contribua para motivar os servidores a prestarem serviços e atendimentos de excelência.
- Os recursos humanos – além de capacitação contínua, deve ser criada uma nova cultura de atendimento ao cidadão e de comprometimento com a prestação dos serviços públicos de excelência.
- As novas tecnologias – devem ser amplamente utilizadas para a melhoria dos processos de trabalho e de comunicação – para fazer mais e melhor, com menor custo –, sem comprometer a excelência.
- Os conceitos e ferramentas da qualidade – a implantação de conceitos e ferramentas da qualidade para melhorar o atendimento e a prestação dos serviços, com vistas a alcançar a excelência.
- A comunicação com o usuário-cidadão – criação de novos canais que possibilitem a troca de informações e o conhecimento das expectativas, reclamações e necessidades dos clientes-usuários.
- Controle por resultados – necessariamente, avaliar a atuação administrativa em face dos resultados alcançados, e do nível de satisfação dos usuários quanto aos serviços prestados.

A avaliação dos serviços trará para a administração o feedback necessário à manutenção ou ao aperfeiçoamento dos serviços. Alguns requisitos foram identificados para avaliar se os serviços têm qualidade: facilidade de acesso ao serviço; utilidade das visitas aos locais de atendimento – quanto menor o número de visitas para obter o serviço, maior o nível de qualidade; tempo utilizado para o atendimento completo do serviço: horas, dias ou meses; a correspondência entre o produto final do serviço e a satisfação da necessidade do cliente; a divulgação de informações sobre os serviços; e a atenção às reclamações dos usuários.

Destaque-se ainda que a excelência em serviços no conceito de Qualidade Total é mais ampla, pois inclui também os clientes internos, como funcionários e administradores. Para Karl Albrecht (1992), a Qualidade Total na prestação de serviços é uma situação na qual uma organização fornece qualidade e serviços superiores a seus clientes, proprietários e funcionários.

Em síntese, para que os serviços prestados sejam excelentes, toda a gestão deve estar orientada para a busca da excelência – tanto no discurso, quanto nas ações.

O Modelo de Excelência da FNQ

O modelo de excelência em gestão da FNQ – Fundação Nacional da Qualidade – **consiste na representação de um sistema gerencial constituído por diversos fundamentos e critérios**, que orientam a adoção de práticas de gestão nas organizações públicas e privadas, com a finalidade de levar as organizações brasileiras a padrões de desempenho reconhecidos pela sociedade e à excelência em sua gestão.

A FNQ definiu os fundamentos e os critérios de excelência em gestão, **tendo como referência organizações de excelência em nível mundial**. Esses critérios incorporam conceitos e técnicas utilizados na administração das atuais organizações de sucesso: organizações de classe mundial, líderes em seus segmentos.

Os fundamentos de excelência, segundo o Caderno FNQ (2011), são os seguintes:

- Pensamento sistêmico. Entendimento das relações de interdependência entre os diversos componentes de uma organização, bem como entre a organização e o ambiente externo.
- Aprendizado organizacional. Busca o alcance de um novo patamar de conhecimento para a organização por meio de percepção, reflexão, avaliação e compartilhamento de experiências.
- Cultura de inovação. Promoção de um ambiente favorável à criatividade, experimentação e implementação de novas ideias que possam gerar um diferencial competitivo para a organização.
- Liderança e constância de propósitos. Atuação de forma aberta, democrática, inspiradora e motivadora das pessoas, visando ao desenvolvimento da cultura da excelência, à promoção de relações de qualidade e à proteção dos interesses das partes interessadas.
- Orientação por processos e informações. Compreensão e segmentação do conjunto das atividades e processos da organização que agreguem valor para as partes interessadas, sendo que a tomada de decisões e execução de ações deve ter como base a medição e análise do desempenho, levando-se em consideração as informações disponíveis, além de incluir os riscos identificados.
- Visão de futuro. Compreensão dos fatores que afetam a organização, seu ecossistema e o ambiente externo no curto e no longo prazo, visando à sua perenização.
- Geração de valor. Alcance de resultados consistentes, assegurando a perenidade da organização pelo aumento de valores tangível e intangível, de forma sustentada para todas as partes interessadas.
- Valorização das pessoas. Estabelecimento de relações com as pessoas, criando condições para que elas se realizem profissional e humanamente, maximizando seu desempenho por meio de comprometimento, desenvolvimento de competências e espaço para empreender.
- Conhecimento sobre o cliente e o mercado. Conhecimento e entendimento do cliente e do mercado, visando à criação de valor de forma sustentada para o cliente e, consequentemente, gerando mais competitividade nos mercados.
- Desenvolvimento de parcerias. Desenvolvimento de atividades em conjunto com outras organizações, a partir da plena utilização das competências essenciais de cada uma, objetivando benefícios para ambas as partes.
- Responsabilidade social. Atuação que se define pela relação ética e transparente da organização com todos os públicos com os quais se relaciona, estando voltada para o desenvolvimento sustentável da sociedade, preservando recursos ambientais e culturais para gerações futuras; respeitando a diversidade e promovendo a redução das desigualdades sociais como parte integrante da estratégia da organização.

A partir dos fundamentos, foram constituídos oito critérios de excelência, que permitem às organizações medirem seus esforços no sentido de avaliar se estão ou não sendo excelentes, ou, ao menos, caminhando rumo à excelência. O Caderno da FNQ (2011) **apresenta os seguintes critérios de excelência:**

- Liderança. Examina o sistema de liderança da organização e o comprometimento pessoal dos membros da Direção no estabelecimento, disseminação e atualização de valores e princípios organizacionais que promovam a cultura da excelência, considerando as necessidades de todas as partes interessadas. Também examina como é implementada a governança, como é analisado o desempenho da organização e como são implementadas as práticas voltadas para assegurar a consolidação do aprendizado organizacional.

- Estratégias e planos. Examina, em detalhe, o processo de formulação das estratégias, enfatizando a análise do setor de atuação, do macroambiente e do modelo de negócio da organização. Também examina o processo de implementação das estratégias, incluindo a definição de indicadores, o desdobramento das metas e planos para todos os setores da organização e o acompanhamento dos ambientes internos e externos.
- Clientes. Examina como a organização identifica, analisa e compreende as necessidades e expectativas dos clientes e dos mercados; divulga seus produtos, marcas e ações de melhoria; e estreita seu relacionamento com os clientes. Também examina como a organização mede e intensifica a satisfação e a fidelidade dos clientes em relação a seus produtos e marcas, bem como avalia a insatisfação.
- Sociedade. Examina como a organização contribui para o desenvolvimento econômico, social e ambiental de forma sustentável – por meio da minimização dos impactos negativos potenciais de seus produtos e operações na sociedade –, e como interage com a sociedade de forma ética e transparente.
- Informações e conhecimento. Examina a gestão e a utilização das informações da organização e de informações comparativas pertinentes, bem como a gestão de seus ativos intangíveis.
- Pessoas. Examina como são proporcionadas as condições para o desenvolvimento e utilização plena do potencial das pessoas que compõem a força de trabalho, em consonância com as estratégias organizacionais. Também examina os esforços para criar e manter um ambiente de trabalho e um clima organizacional que conduzam à excelência do desempenho, à plena participação e ao crescimento das pessoas.
- Processos. Examina como a organização identifica os processos de agregação de valor; e identifica, gerencia, analisa e melhora os processos principais do negócio e os processos de apoio. Também examina como a organização gerencia o relacionamento com os fornecedores e conduz a sua gestão financeira, visando à sustentabilidade econômica do negócio.
- Resultados. Examina os resultados da organização, abrangendo os aspectos econômico-financeiros e os relativos aos clientes e mercados, sociedade, pessoas, processos principais do negócio e de apoio, assim como os relativos ao relacionamento com os fornecedores.

Modelo de Excelência em Gestão Pública (MEGP)

Com efeito, o Modelo de Excelência em Gestão Pública é a representação de um sistema gerencial constituído de oito partes integradas, que orientam a adoção de práticas de excelência em gestão com a finalidade de levar as organizações públicas brasileiras a padrões elevados de desempenho e de excelência em gestão. A figura a seguir representa graficamente o MEGP, destacando a relação entre as suas partes.

Representação do Modelo de Excelência em Gestão Pública

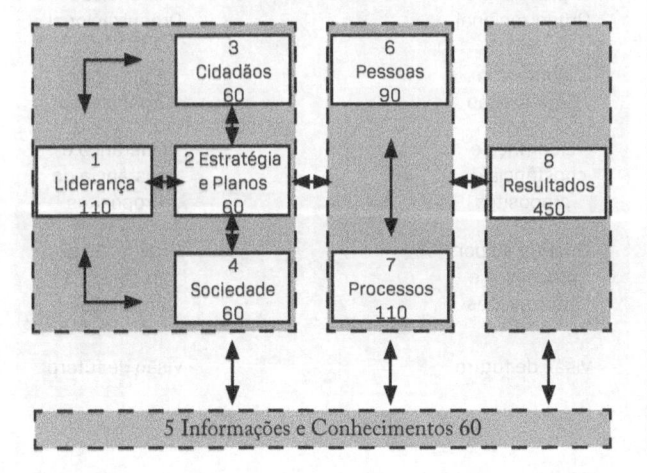

[Diagrama: 1 Liderança 110; 2 Estratégia e Planos 60; 3 Cidadãos 60; 4 Sociedade 60; 5 Informações e Conhecimentos 60; 6 Pessoas 90; 7 Processos 110; 8 Resultados 450]

O primeiro bloco – Liderança, Estratégias e Planos, Cidadãos e Sociedade - pode ser denominado de planejamento. Por meio da liderança forte da alta administração, que focaliza as necessidades dos cidadãos-usuários, os serviços, os produtos e os processos são planejados conforme os recursos disponíveis, para melhor atender a esse conjunto de necessidades.

- **Liderança:** este critério examina a governança pública e a governabilidade da organização, incluindo aspectos relativos à transparência, equidade, prestação de contas e responsabilidade corporativa. Também examina como é exercida a liderança, incluindo temas como mudança cultural e implementação do sistema de gestão da organização. O critério aborda a análise do desempenho da organização, enfatizando a comparação com o desempenho de outras organizações e a avaliação do êxito das estratégias.
- **Estratégias e Planos:** este critério examina como a organização, a partir de sua visão de futuro, da análise dos ambientes interno e externo e da sua missão institucional, formula suas estratégias, desdobra-as em planos de ação de curto e longo prazos e acompanha a sua implementação, visando ao atendimento de sua missão e à satisfação das partes interessadas.
- **Cidadãos:** este critério examina como a organização, no cumprimento das suas competências institucionais, identifica os cidadãos usuários dos seus serviços e produtos, conhece suas necessidades e avalia a sua capacidade de atendê-las, antecipando-se a elas. Aborda também como ocorre a divulgação de seus serviços, produtos e ações para fortalecer sua imagem institucional e como a organização estreita o relacionamento com seus cidadãos-usuários, medindo a sua satisfação e implementando e promovendo ações de melhoria.
- **Sociedade:** este critério examina como a organização aborda suas responsabilidades perante a sociedade e as comunidades diretamente afetadas pelos seus processos, serviços e produtos e como estimula a cidadania. Examina, também, como a organização atua em relação às políticas públicas do seu setor e como estimula o controle social de suas atividades pela Sociedade e o comportamento ético.

O **segundo bloco** - Pessoas e Processos - representa a execução do planejamento. Nesse espaço, concretizam-se as ações que transformam objetivos e metas em resultados. São as pessoas, capacitadas e motivadas, que operam esses processos e fazem com que cada um deles produza os resultados esperados.

- **Pessoas:** este critério examina os sistemas de trabalho da organização, incluindo a organização do trabalho, a estrutura de cargos, os processos relativos à seleção e contratação de pessoas, assim como a gestão do desempenho de pessoas e equipes. Também examina os processos relativos à capacitação e ao desenvolvimento das pessoas e como a organização promove a qualidade de vida das pessoas, interna e externamente ao ambiente de trabalho.
- **Processos:** este critério examina como a organização gerencia, analisa e melhora os processos finalísticos e os processos de apoio. Também examina como a organização gerencia o processo de suprimento, destacando o desenvolvimento da sua cadeia de suprimento. O critério aborda como a organização gerencia os seus processos orçamentários e financeiros, visando o seu suporte.

O **terceiro bloco** - Resultados - representa o controle, pois serve para acompanhar o atendimento à satisfação dos destinatários dos serviços e da ação do Estado, o orçamento e as finanças, a gestão das pessoas, a gestão de suprimento e das parcerias institucionais, bem como o desempenho dos serviços/produtos e dos processos organizacionais.

GESTÃO DA QUALIDADE

- **Resultados:** este critério examina os resultados da organização, abrangendo os resultados orçamentários e financeiros, os relativos aos cidadãos-usuários, à sociedade, às pessoas, aos processos finalísticos e processos de apoio, assim como os relativos ao suprimento. A avaliação dos resultados inclui a análise da tendência e do nível atual de desempenho, pela verificação do atendimento dos níveis de expectativa das partes interessadas e pela comparação com o desempenho de outras organizações.

O quarto bloco - Informações e Conhecimento - representa a inteligência da organização. Nesse bloco, são processados e avaliados os dados e os fatos da organização (internos) e aqueles provenientes do ambiente (externos), que não estão sob seu controle direto, mas, de alguma forma, influenciam o seu desempenho. Esse bloco dá à organização a capacidade de corrigir ou melhorar suas práticas de gestão e, consequentemente, seu desempenho.

- **Informações e Conhecimento:** este critério examina a gestão das informações, incluindo a obtenção de informações comparativas pertinentes. Também examina como a organização identifica, desenvolve, mantém e protege os seus conhecimentos. Assim, para efeito de avaliação da gestão pública, as oito partes do Modelo de Excelência em Gestão Pública foram transformadas em Critérios para Avaliação da Gestão Pública; a esses critérios foram incorporados referenciais de excelência (requisitos) a partir dos quais a organização pública pode implementar ciclos contínuos de avaliação e melhoria de sua gestão. Apenas para ilustração, observaremos a figura a seguir com as respectivas pontuações máximas do MEGP, destacando os critérios e itens de avaliação.

Critério e Itens de Avaliação

	Critérios e Itens	Pontos
1	Liderança	110
	1.1 Governança pública e governabilidade	40
	1.2 Sistema de Liderança	40
	1.3 Analise de Desempenho da Organização	30
2	Estratégia e Planos	60
	2.1 Formulação das Estratégias	30
	2.2 Implementação das Estratégias	30
3	Cidadãos	60
	3.1 Imagem e conhecimento mútuo	30
	3.2 Relacionamento com os cidadãos-usuários	30
4	Sociedade	60
	4.1 Atuação Socioambiental	20
	4.2 Ética e controle social	20
	4.3 Politica públicas	20
5	Informações e Conhecimento	60
	5.1 Informações da Organização	20
	5.2 Informações Comparativas	20
	5.3 Gestão do Conhecimento	20
6	Pessoas	90
	6.1 Sistema de Trabalho	30
	6.2 Capacitação e Desenvolvimento	30
	6.3 Qualidade de Vida	30
7	Precessos	110
	7.1 Processos finalísticos e processos de apoio	50
	7.2 Processos de suprimento	30
	7.3 Processos orçamentário e financeiros	30
8	Resultados	450
	8.1 Resultado relativo aos cidadão-usuários	100
	8.2 Resultado relativos à sociedade	100
	8.3 Resultados orçamentários e financeiros	60
	8.4 Resultados relativos às pessoas	60
	8.5 Resultados relativos aos processos de suprimento	30
	8.6 Resultado dos processos finalísticos e dos processos de apoio	100
	Total de Pontos	**100**

QUADRO RESUMO

MEGP (GESPÚBLICA)		FNQ
Fundamentos	Princípios Cponstitucionais	Fundamentos
Pensamento sistêmico		Pensamento sistêmico
Aprendizado Organizacional		Aprendizado Organizacional
Cultura da Organização		Cultura da Organização
Liderança e constância de propósitos		Liderança e constância de propósitos
Orientação por processos e informações		Orientação por processos e informações
Visão de futuro		Visão de futuro

ATENDIMENTO BANCÁRIO

Geração de Valor	Geração de Valor
Valorização das pessoas	Valorização das pessoas
Foco no cidadão e na sociedade	Foco no cidadão e na sociedade
Desenvolvimento de parcerias	Desenvolvimento de parcerias
Responsabilidade Social	Responsabilidade Social
Controle Social	Legalidade
Gestão parcipativa	Impessoabilidade
	Moralidade
	Publicidade
	Eficiência

3.6 Ferramentas da Qualidade

São recursos utilizados que identificam e melhoram a qualidade dos produtos, serviços e processos. As ferramentas não servem unicamente para solucionar problemas, elas devem também fazer parte de um processo de planejamento para alcançar objetivos.

As ferramentas básicas da qualidade que serão descritas a seguir têm como objetivo demonstrar a aplicação de cada uma delas, os pré-requisitos para a construção, como fazer e relação entre cada ferramenta.

Segundo Williams (1995), as ferramentas devem ser usadas para controlar a variabilidade, que é a quantidade de diferença em relação a um padrão, sendo que a finalidade das ferramentas é eliminar ou reduzir a variação em produto e serviço.

Para manter os processos estáveis e com um nível de variação mínimo, usam-se duas estratégias:

i) Padronização dos processos da empresa.
j) Controlar a variabilidade dos processos envolvendo as ferramentas adequadas, visando à sua redução.

Os objetivos das ferramentas da qualidade, segundo Oliveira (1995), são:

a) Facilitar a visualização e entendimento dos problemas.
b) Sintetizar o conhecimento e as conclusões.
c) Desenvolver a criatividade.
d) Permitir o conhecimento do processo.
e) Fornecer elementos para o monitoramento dos processos.

Para analisar a variabilidade nos processos, podemos utilizar várias ferramentas, sendo que as citadas a seguir não são as únicas, mas são as mais utilizadas.

Folha de verificação

A folha de verificação é uma das sete ferramentas da qualidade e é considerada a mais simples das ferramentas. Apresenta uma maneira de organizar e apresentar os dados em forma de um quadro, tabela ou planilha, facilitando desta forma a coleta e análise dos dados.

A utilização da folha de verificação economiza tempo, eliminando o trabalho de desenhar figuras ou escrever números repetitivos, não comprometendo a análise dos dados.

A seguir, apresentamos um exemplo de folha de verificação utilizada no levantamento da produção mensal de uma fábrica de biscoitos. Esta folha de verificação é capaz de proporcionar evidência objetiva para análises de eventuais problemas envolvendo a produção de diferentes biscoitos.

Produto	Semana				Total
	1	2	3	4	
Waffer	100	80	50	40	270
Recheado	50	70	80	100	300
Salgado	50	50	55	45	200
Leite	80	85	79	82	326
Maisena	47	48	50	49	194

De acordo com o exemplo acima, podemos perceber que a produção do biscoito tipo waffer vem diminuindo semana a semana, o que pode ou não ser indício de um problema. Portanto, a folha de verificação tem grande aplicação para levantamento e verificação de dados e fatos.

Na administração da qualidade, não é possível tomar decisões acertadas ou propor planos de melhoria com base apenas em suposições e argumentos que não estejam fundamentados em fatos e dados. Por exemplo, quando um funcionário comenta que o serviço de entrega está ruim, não é possível saber se isso é fato ou opinião, não suportados por qualquer evidência objetiva. Mas, se o funcionário informa que, de acordo com levantamento realizado, das 1500 entregas feitas no mês de setembro, foram registradas 50 reclamações de clientes, o que significa que para cada 30 entregas, uma entrega apresentou problema, ele está comprovando um fato para que uma decisão seja tomada. Mas, para dispor desses dados, é necessário que eles tenham sido coletados. Daí a importância das folhas de verificação: elas possibilitam a coleta dos dados e a sua disponibilidade (são evidências objetivas) para análise e solução de eventuais problemas.

Sobre os fatos é que devem se basear as decisões empresariais, levando-se em conta a melhoria da qualidade de produtos, processos produtivos e serviços. As opiniões devem ser motivadoras e capazes de proporcionar as evidências objetivas nas quais as decisões precisam se apoiar.

Gráfico de Pareto (método 80/20 – prioriza problemas)

O diagrama ou gráfico de Pareto é assim definido no Japão segundo Karatsuand Ikeda (1985: 25): "É um diagrama que apresenta os itens e a classe na ordem dos números de ocorrências, apresentando a soma total acumulada." Nos permite visualizar diversos elementos de um problema auxiliando na determinação da sua prioridade.

É representado por barras dispostas em ordem decrescente, com a causa principal vista do lado esquerdo do diagrama, e as causas menores são mostradas em ordem decrescente ao lado direito. Cada barra representa uma causa exibindo a relevante causa com a contribuição de cada uma em relação à total.

É uma das ferramentas mais eficientes para encontrar problemas. Para traçar o diagrama, ele deve ser repetido várias vezes para cada um dos problemas levantados, tomando os itens prioritários como problemas novos.

O diagrama de Pareto descreve as causas que ocorrem na natureza e no comportamento humanos, podendo assim ser uma poderosa ferramenta para focalizar esforços pessoais em problemas, e tem maior potencial de retorno.

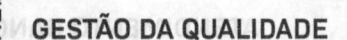

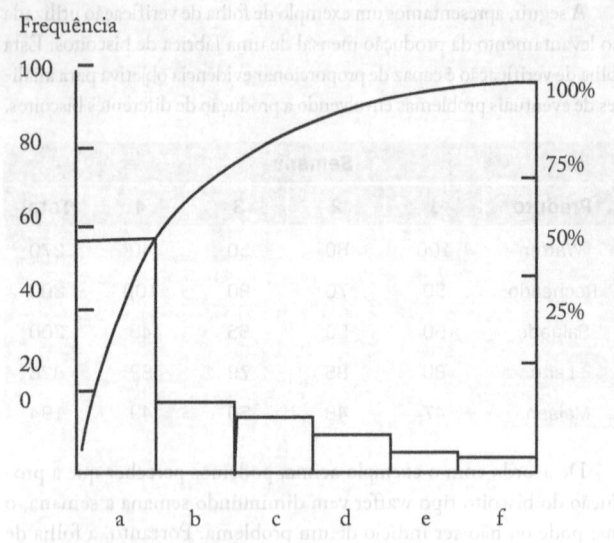

3. Diagrama de Causa e Efeito (Diagrama de Espinha de Peixe ou Diagrama de Ishikawa)

É uma representação gráfica que permite a organização das informações possibilitando a identificação das possíveis causas de um determinado problema ou efeito. OLIVEIRA (1995: 29).

Mostra-nos as causas principais de uma ação, as quais dirigem para as subcausas, levando ao resultado final. Foi desenvolvido em 1943 por Ishikawa na Universidade de Tóquio. Ele usou isto para explicar como vários fatores poderiam ser comuns entre si e estar relacionados.

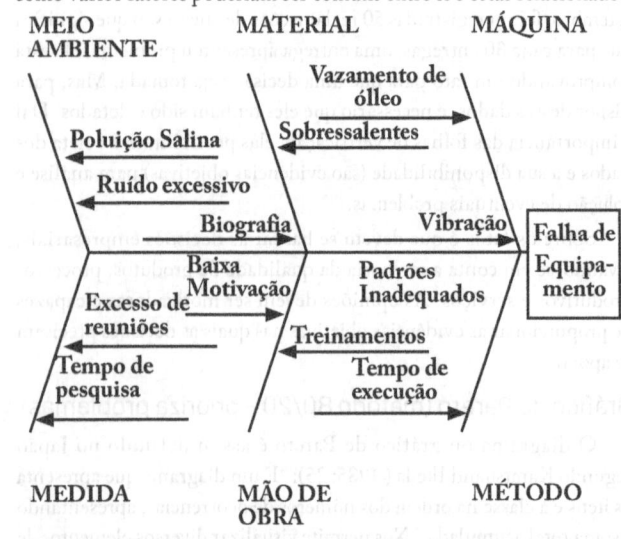

4. Histograma

São gráficos de barras que mostram a variação sobre uma faixa específica, JURAN (1989). O histograma foi desenvolvido por Guerry em 1833 para descrever sua análise de dados sobre crime. Desde então, os histogramas têm sido aplicados para descrever os dados nas mais diversas áreas.

É uma ferramenta que nos possibilita conhecer as características de um processo ou um lote de produto permitindo uma visão geral da variação de um conjunto de dados. ROSALES (1994:52).

A maneira como esses dados se distribuem contribui de uma forma decisiva na identificação dos dados. Eles descrevem a frequência com que variam os processos e a forma de distribuição dos dados como um todo. PALADINI (1994).

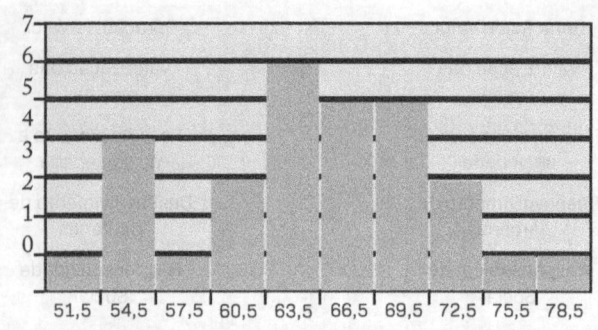

5. Estratificação

A estratificação é o método usado para separar (ou estratificar) um conjunto de dados de modo a perceber que existe um padrão. Quando esse padrão é descoberto, fica fácil detectar o problema e identificar suas causas. A estratificação ajuda a verificar o impacto de uma determinada causa sobre o efeito estudado e ajuda a detectar um problema.

A estratificação começa pela coleta de dados com perguntas do tipo: os turnos de trabalho diferentes podem ser responsáveis por diferenças nos resultados?; os erros cometidos por empregados novos são diferentes dos erros cometidos por empregados mais experientes?; a produção às segundas-feiras é muito diferente da dos outros dias da semana? etc.

Quando a coleta de dados termina, devem-se procurar, primeiramente, padrões relacionados com o tempo ou a sequência, verificando se há diferenças sistemáticas entre os dados coletados. No caso de perguntas como as exemplificadas, devem-se analisar as diferenças entre dias da semana, turnos, operadores etc.

Um exemplo comum de estratificação é o das pesquisas realizadas por institutos de pesquisa que aparecem nos jornais diariamente. Em época de eleições, por exemplo, os dados da pesquisa podem ser estratificados por região de origem, sexo, faixa etária, escolaridade ou classe socioeconômica do eleitor.

6. Gráfico de Controle

Os gráficos de controle servem para medirmos a variabilidade de um processo. Por meio da determinação de limites mínimos e máximos de "tolerância", podemos analisar o comportamento de um processo específico.

No caso a seguir, teríamos o número de defeitos em um processo Y em cada mês. Sempre que o processo mostrar um comportamento atípico, como nos meses de fevereiro e setembro, por exemplo, devemos analisar o funcionamento do processo com mais rigor.

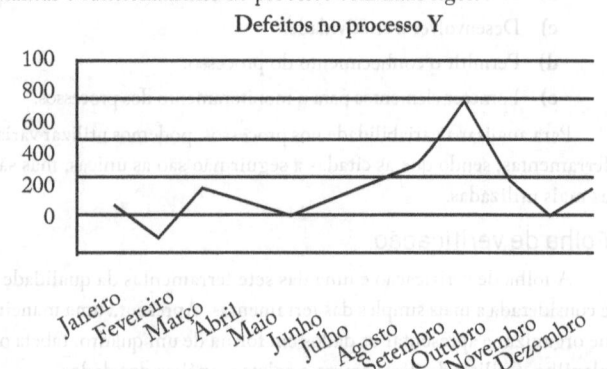

Portanto, esse gráfico nos mostra se existe algum fator influenciando de modo especial a qualidade. Quando os valores estiverem dentro da faixa entre o limite inferior e o limite superior, poderíamos dizer que o processo está "sob controle".

Gráfico de dispersão

Os **Diagramas de dispersão** ou **Gráficos de Dispersão** são representações de duas ou mais variáveis que são organizadas em um gráfico, uma em função da outra.

O **diagrama de dispersão** é também utilizado como ferramenta de qualidade. Um método gráfico de análise que permite verificar a existência ou não de relação entre duas variáveis de natureza quantitativa, ou seja, variáveis que podem ser medidas ou contadas, tais como: sinergia, horas de treinamento, intenções, número de horas em ação, jornada, intensidades, velocidade, tamanho do lote, pressão, temperatura etc.

Nesta forma, o diagrama de dispersão é usado para se verificar uma possível relação de causa e efeito. Isto não prova que uma variável afeta a outra, mas torna claro se a relação existe e em que intensidade. Na prática, muitas vezes, temos a necessidade de estudar a relação de correspondência entre duas variáveis.

Idade	Peso	Altura	Idade	Peso	Altura
17	50	1,50	37	52	1,55
18	55	1,58	41	95	1,90
20	72	1,62	28	62	1,65
25	62	1,65	19	79	1,82
17	70	1,71	46	85	1,82
38	83	1,72	74	79	1,90
54	80	1,78	58	85	1,90
64	72	1,80	60	89	2,00

Enxugamento (*downsizing*)

A Qualidade Total representa uma revolução na gestão da entidade, porque os antigos Departamentos de Controle de Qualidade (DCQ) e os sistemas formais de controle é que detinham e centralizavam totalmente essa responsabilidade. A Qualidade Total provocou o enxugamento (*downsizing*) dos DCQs e sua descentralização para o nível operacional. O downsizing promove redução de níveis hierárquicos e enxugamento organizacional para reduzir as operações ao essencial (*core business*) do negócio e transferir o acidental para terceiros que saibam fazê-lo melhor e mais barato (terceirização). O enxugamento substitui a antiga cultura baseada na desconfiança - que alimentava um contingente excessivo de comandos e de controles - para uma nova cultura que incentiva a iniciativa das pessoas. O policiamento externo é substituído pelo comprometimento e autonomia das pessoas, além do investimento em treinamento para melhorar a produtividade.

Terceirização (*outsourcing*)

A terceirização ocorre quando uma operação interna da organização é transferida para outra organização que consiga fazê-la melhor e de forma mais barata. As organizações transferem para outras organizações atividades como malotes, limpeza e manutenção de escritórios e fábricas, serviços de expedição, guarda e vigilância, refeitórios etc. Por essa razão, empresas de consultoria em contabilidade, auditoria, advocacia, engenharia, relações públicas, propaganda etc., representam antigos departamentos ou unidades organizacionais terceirizados para reduzir a estrutura organizacional e dotar a organização de maior agilidade e flexibilidade. A terceirização representa uma transformação de custos fixos em custos variáveis. Na prática, uma simplificação da estrutura e do processo decisório das organizações e uma focalização maior no core business e nos aspectos essenciais do negócio.

Redução do tempo do ciclo de produção

O tempo de ciclo refere-se às etapas seguidas para completar um processo, como ensinar o programa a uma classe, fabricar um carro ou atender um cliente. A simplificação de ciclos de trabalho, a queda de barreiras entre as etapas do trabalho e entre departamentos envolvidos e a remoção de etapas improdutivas no processo permite que a Qualidade Total seja bem-sucedida. O ciclo operacional da organização torna-se mais rápido e o giro do capital mais ainda. A redução do ciclo operacional permite a competição pelo tempo, o atendimento mais rápido do cliente, etapas de produção mais encadeadas entre si, queda de barreiras e obstáculos intermediários. Os conceitos de fábrica enxuta e just in time (JIT) são baseados no ciclo de tempo reduzido.

11. Reengenharia

A reengenharia foi uma reação ao colossal abismo existente entre as mudanças ambientais velozes e intensas e a total inabilidade das organizações em ajustar-se a essas mudanças. Para reduzir a enorme distância entre a velocidade das mudanças ambientais e a permanência das organizações tratou-se de aplicar um remédio forte e amargo. Reengenharia significa fazer uma nova engenharia da estrutura organizacional. Representa uma reconstrução, e não simplesmente uma reforma total ou parcial da empresa. Não se trata de fazer reparos rápidos ou mudanças cosméticas na engenharia atual, mas de fazer um desenho organizacional totalmente novo e diferente. A reengenharia se baseia nos processos empresariais e considera que eles é que devem fundamentar o formato organizacional. Não se pretende melhorar os processos já existentes, mas a sua total substituição por processos inteiramente novos. Nem se pretende automatizar os processos já existentes. Isso seria o mesmo que sofisticar aquilo que é ineficiente ou buscar uma forma ineficiente de fazer as coisas erradas. Nada de pavimentar estradas tortuosas, que continuam tortas apesar de aparentemente novas, mas construir novas estradas modernas e totalmente remodeladas. A reengenharia não se confunde com a melhoria contínua: pretende criar um processo inteiramente novo e baseado na TI, e não o aperfeiçoamento gradativo e lento do processo atual.

Para alguns autores, a reengenharia é o reprojeto dos processos de trabalho e a implementação de novos projetos, enquanto para outros é o repensar fundamental e a reestruturação radical dos processos empresariais visando alcançar enormes melhorias no desempenho de custos, qualidade, atendimento e velocidade. A reengenharia se fundamenta em quatro palavras-chave:

01. **Fundamental.** Busca reduzir a organização ao essencial e fundamental. As questões: por que fazemos o que fazemos? E por que fazemos dessa maneira?

02. **Radical.** Impõe uma renovação radical, desconsiderando as estruturas e os procedimentos atuais para inventar novas maneiras de fazer o trabalho.

03. **Drástica.** A reengenharia joga fora tudo o que existe atualmente na empresa. Destrói o antigo e busca sua substituição por algo inteiramente novo. Não aproveita nada do que existe!

04. **Processos.** A reengenharia reorienta o foco para os processos, e não mais para as tarefas ou serviços nem para pessoas ou para a estrutura organizacional. Busca entender o "quê" e o "porquê" e não o "como" do processo.

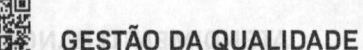

A reengenharia está preocupada em fazer cada vez mais com cada vez menos. Seus três componentes são: pessoas, TI e processos. Na verdade, a reengenharia focaliza os processos organizacionais. Um processo é o conjunto de atividades com uma ou mais entradas e que cria uma saída de valor para o cliente. As organizações estão mais voltadas para tarefas, serviços, pessoas ou estruturas, mas não para os seus processos. Ninguém gerencia processos. Na realidade, as organizações são constituídas de vários processos fragmentados que atravessam os departamentos funcionais separados como se fossem diferentes feudos. Melhorar apenas tais processos não resolve. A solução é focalizar a empresa nos seus processos e não nos seus órgãos. Daí, virar o velho e tradicional organograma de cabeça para baixo. Ou jogá-lo fora. A reengenharia trata de processos.

A reengenharia de processos direciona as características organizacionais para os processos. Suas consequências para a organização são:

01. Os departamentos tendem a desaparecer e ceder lugar a equipes orientadas para os processos e para os clientes. A tradicional departamentalização por funções é substituída por redes de equipes de processos. A orientação interna para funções especializadas dos órgãos cede lugar para uma orientação voltada para os processos e clientes.
02. A estrutura organizacional hierarquizada, alta e alongada passa a ser nivelada, achatada e horizontalizada. É o enxugamento (downsizing) da organização para transformá-la de centralizadora e rígida em flexível, maleável e descentralizadora.
03. A atividade também muda: as tarefas simples, repetitivas, rotineiras, fragmentadas e especializadas, com ênfase no isolamento individual passam a basear-se em equipes com trabalhos multidimensionais e com ênfase na responsabilidade grupal, solidária e coletiva.
04. Os papéis das pessoas deixam de ser moldados por regras e regulamentos internos para a plena autonomia, liberdade e responsabilidade.
05. A preparação e o desenvolvimento das pessoas deixam de ser feitos por meio do treinamento específico, com ênfase na posição e no cargo ocupado, para se constituir em uma educação integral e com ênfase na formação da pessoa e nas suas habilidades pessoais.
06. As medidas de avaliação do desempenho humano deixam de se concentrar na atividade passada e passam a avaliar os resultados alcançados, a contribuição efetiva e o valor criado à organização e ao cliente.
07. Os valores sociais, antes protetores e visando à subordinação das pessoas às suas chefias, agora passam a ser produtivos, visando à orientação das pessoas para o cliente, seja ele interno ou externo.
08. Os gestores, antes controladores de resultados e distantes das operações cotidianas, tornam-se líderes e impulsionadores ficando mais próximos das operações e das pessoas.
09. Os gestores deixam de ser supervisores dotados de habilidades técnicas e se tornam orientadores e educadores dotados de habilidades interpessoais.

A reengenharia nada tem a ver com a tradicional departamentalização por processos. Ela simplesmente elimina departamentos e os substitui por equipes. Apesar de estar ligada a demissões em massa devido ao consequente *downsizing* e à substituição de trabalho humano pelo computador, a reengenharia mostrou a importância dos processos horizontais das organizações e do seu tratamento racional.

Benchmarking

O *benchmarking* foi introduzido em 1979 pela Xerox, como um *processo contínuo de avaliar produtos, serviços e práticas dos concorrentes mais fortes e daquelas empresas que são reconhecidas como líderes empresariais*. Spendolini acrescenta que o *benchmarking* é um processo contínuo e sistemático de pesquisa para avaliar produtos, serviços, processos de trabalho de empresas ou organizações que são reconhecidas como representantes das melhores práticas, com o propósito de aprimoramento organizacional. Isso permite comparações de processos e práticas administrativas entre empresas para identificar o "melhor do melhor" e alcançar um nível de superioridade ou vantagem competitiva. O benchmarking encoraja as organizações a pesquisar os fatores-chave que influenciam a produtividade e a qualidade. Essa visualização pode ser aplicada a qualquer função como produção, vendas, recursos humanos, engenharia, pesquisa e desenvolvimento, distribuição etc., o que produz melhores resultados quando implementado na empresa como um todo.

O benchmarking visa desenvolver a habilidade dos administradores de visualizar no mercado as melhores práticas administrativas das empresas consideradas excelentes (benchmarks) em certos aspectos, comparar as mesmas práticas vigentes na empresa focalizada, avaliar a situação e identificar as oportunidades de mudanças dentro da organização. A meta é definir objetivos de gestão e legitimá-los por meio de comparações externas. A comparação costuma ser um saudável método didático, pois desperta para as ações que as empresas excelentes estão desenvolvendo e que servem de lição e de exemplo, de guia e de orientação para as empresas menos inspiradas.

O *benchmarking* exige três objetivos que a organização precisa definir:

01. Conhecer suas operações e avaliar seus pontos fortes e fracos. Para tanto, deve documentar os passos e práticas dos processos de trabalho, definir medidas de desempenho e diagnosticar suas fragilidades.
02. Localizar e conhecer os concorrentes ou organizações líderes do mercado, para poder diferenciar as habilidades, conhecendo seus pontos fortes e fracos e compará-los com os próprios pontos fortes e fracos.
03. Incorporar o melhor do melhor adotando os pontos fortes dos concorrentes e, se possível, excedendo-os e ultrapassando-os.

O *benchmarking* é constituído de 15 estágios, todos eles focalizados no objetivo de comparar competitividade.

A principal barreira à adoção do benchmarking reside em convencer os administradores de que seus desempenhos podem ser melhorados e excedidos. Isso requer uma paciente abordagem e apresentação de evidências de melhores métodos utilizados por outras organizações. O *benchmarking* requer consenso e comprometimento das pessoas. Seu principal benefício é a competitividade, pois ajuda a desenvolver um esquema de como a operação pode sofrer mudanças para atingir um desempenho superior e excelente.

Job Enrichment e Job Enlargement

O desenho contingencial de cargos é dinâmico e privilegia a mudança em função do desenvolvimento pessoal do ocupante. Em outros termos, permite a adaptação do cargo ao potencial de desenvolvimento pessoal do ocupante. Essa adaptação contínua é feita pelo enriquecimento de cargos. Enriquecimento de cargos significa a reorganização e ampliação do cargo para proporcionar adequação ao ocupante no sentido de aumentar a satisfação intrínseca, por meio do acréscimo de variedade, autonomia, significado das tarefas, identidade com as tarefas e retroação. Segundo a teoria dos dois fatores de Herzberg, o enriquecimento de cargos constitui a maneira de obter satisfação intrínseca por meio do cargo. É que o cargo é pequeno demais para o espírito de muitas pessoas. Em outras palavras, os cargos não são suficientemente grandes para a maioria das pessoas e precisam ser redimensionados. O enriquecimento do cargo — ou ampliação do cargo - torna-se a maneira prática e viável para a adequação permanente do cargo ao crescimento profissional do ocupante. Consiste em aumentar de maneira deliberada e gradativa os objetivos, responsabilidades e desafios das tarefas do cargo para ajustá-los às características progressivas do ocupante. O enriquecimento do cargo pode ser lateral ou horizontal (carga lateral com a adição de novas responsabilidades do mesmo nível) ou vertical (carga vertical com adição de novas responsabilidades mais elevadas).

A adequação do cargo ao ocupante melhora o relacionamento entre as pessoas e o seu trabalho, incluindo novas oportunidades de iniciar outras mudanças na organização e na cultura organizacional e de melhorar a qualidade de vida no trabalho. O que se espera do enriquecimento de cargos é não apenas uma melhoria das condições de trabalho, mas, sobretudo, um aumento da produtividade e redução das taxas de rotatividade e de absenteísmo do pessoal. Uma experiência desse tipo introduz um novo conceito de cultura e clima organizacional, tanto na fábrica como no escritório: reeducação da gerência e da chefia, descentralização da gestão de pessoas, delegação de responsabilidades, maiores oportunidades de participação etc. O enriquecimento de cargos oferece as seguintes vantagens:

01. Elevada motivação intrínseca do trabalho.
02. Desempenho de alta qualidade no trabalho.
03. Elevada satisfação com o trabalho.
04. Redução de faltas (absenteísmo) e de desligamentos (rotatividade).

As pessoas que executam trabalhos interessantes e desafiadores estão mais satisfeitas com eles do que as que executam tarefas repetitivas e rotineiras. Os resultados do trabalho aumentam quando estão presentes três estados psicológicos críticos nas pessoas que o executam, a saber:

01. Quando a pessoa encara o seu trabalho como significativo ou de valor.
02. Quando a pessoa se sente responsável pelos resultados do trabalho.
03. Quando a pessoa conhece os resultados que obtém fazendo o trabalho.

14. Brainstorming

Brainstorming, ou técnica da tempestade cerebral, traz à lembrança chuvas e trovoadas (ideias e sugestões) seguidas de bonança e tranquilidade (solução). É uma técnica utilizada para gerar ideias criativas que possam resolver problemas da organização. É feita em sessões que duram de 10 a 15 minutos e envolve um número de participantes - não maior que 15 - que se reúnem ao redor de uma mesa para dizer palavras que veem à mente quando se emite uma palavra-base. Isso permite gerar tantas ideias quanto for possível. Os participantes são estimulados a produzir, sem qualquer crítica nem censura, o maior número de ideias sobre determinado assunto ou problema.

Em uma primeira etapa, o brainstonning visa obter a máxima quantidade possível de contribuições em forma de ideias e que constituirão o material de trabalho para a segunda etapa, em que se selecionam as ideias mais promissoras. A primeira etapa chama-se geração de ideias e pode ser feita de modo estruturado (um participante de cada vez em sequência) ou não estruturado (cada um fala a sua ideia quando quiser e sem nenhuma sequência). O modo estruturado permite a obtenção da participação de todos. As ideias são anotadas em um quadro, sem nenhuma preocupação de interpretar o que o participante quis dizer. Na segunda etapa, as ideias serão discutidas e reorganizadas para verificar quais são as que têm possibilidade de aplicação e de gerar soluções para o problema em foco. O brainstorming é uma técnica que se baseia em quatro princípios básicos:

01. Quanto maior o número de ideias, maior a probabilidade de boas ideias.
02. Quanto mais extravagante ou menos convencional a ideia, melhor.
03. Quanto maior a participação das pessoas, maiores as possibilidades de contribuição, qualidade, acerto e implementação.
04. Quanto menor o senso crítico e a censura íntima, mais criativas e inovadoras serão as ideias.

O *brainstorming* elimina totalmente qualquer tipo de regra ou limitação, mas se assenta nos seguintes aspectos:

01. É proibida a crítica de qualquer pessoa sobre as ideias alheias.
02. Deve ser encorajada a livre criação de ideias.
03. Quanto mais ideias surgirem, melhor.
04. Deve ser encorajada a combinação ou modificação de ideias.

Histogramas

Histograma é uma representação gráfica da distribuição de frequências de massa de medições; é normalmente um gráfico de barras verticais.

Fluxograma

Fluxograma é um tipo de diagrama, e pode ser entendido como uma representação esquemática de um processo, muitas vezes feito por meio de gráficos que ilustram de forma descomplicada a transição de informações entre os elementos que o compõem. Podemos entendê-lo, na prática, como a documentação dos passos necessários para a execução de um processo qualquer. É uma das sete ferramentas da qualidade. É muito utilizada em fábricas e indústrias para a organização de produtos e processos.

Matriz GUT

É uma ferramenta muito importante para a gestão de problemas dentro de uma empresa, e mostra-se bastante eficaz, apesar da simplicidade no desenvolvimento e manutenção. Ela está ligada, geralmente, à Matriz SWOT e à sua análise dos ambientes interno e externo da empresa, onde analisa a prioridade de resolução de um problema, que pode estar dentro ou fora da empresa.

A grande vantagem em se utilizar a Matriz GUT é que ela auxilia o gestor a avaliar de forma quantitativa os problemas da empresa, tornando possível priorizar as ações corretivas e preventivas para o extermínio total ou parcial do problema.

Para montar a Matriz GUT, é necessário listar todos os problemas relacionados às atividades realizadas no departamento, na empresa ou até mesmo nos processos, por exemplo. Em seguida são atribuídas notas para cada problema listado, dentro dos três aspectos principais que serão analisados: Gravidade, Urgência e Tendência.

As notas devem ser atribuídas seguindo a seguinte escala crescente: nota 5, para os maiores valores, e 1, para os menores valores.

Gravidade: representa o impacto do problema analisado caso ele venha a acontecer. É analisado sobre alguns aspectos, como: tarefas, pessoas, resultados, processos, organizações etc., analisando sempre seus efeitos a médio e longo prazo, caso o problema em questão não seja resolvido.

Urgência: representa o prazo, o tempo disponível ou necessário para resolver um determinado problema analisado. Quanto maior a urgência, menor será o tempo disponível para resolver esse problema. É recomendado que seja feita a seguinte pergunta: "A resolução deste problema pode esperar ou deve ser realizada imediatamente?".

Tendência: representa o potencial de crescimento do problema, a probabilidade de o problema se tornar maior com o passar do tempo. É a avaliação da tendência de crescimento, redução ou desaparecimento do problema. Recomenda-se fazer a seguinte pergunta: "Se eu não resolver esse problema agora, ele vai piorar pouco a pouco ou vai piorar bruscamente?".

Após definir e listar os problemas e dar uma nota a cada um deles, é necessário somar os valores de cada um dos aspectos: Gravidade, Urgência e Tendência, para então obtermos aqueles problemas que serão nossas prioridades. Aqueles que apresentarem um valor maior de prioridade serão os que deveremos enfrentar primeiro, uma vez que serão os mais graves, urgentes e com maior tendência a se tornarem piores.

5W2H

O **5W2H**, basicamente, é um checklist de determinadas atividades que precisam ser desenvolvidas com o máximo de clareza possível por parte dos colaboradores da empresa.

Ele funciona como um mapeamento destas atividades, no qual ficará estabelecido o que será feito, quem fará o quê, em qual período de tempo, em qual área da empresa e todos os motivos pelos quais esta atividade deve ser feita.

Esta ferramenta é extremamente útil para as empresas, uma vez que elimina por completo qualquer dúvida que possa surgir sobre um processo ou sua atividade. Em um meio ágil e competitivo, como é o ambiente corporativo, a ausência de dúvidas agiliza e muito as atividades a serem desenvolvidas por colaboradores de setores ou áreas diferentes. Afinal, um erro na transmissão de informações pode acarretar diversos prejuízos a uma empresa. Por isso, é preciso ficar atento a essas questões decisivas, e o **5W2H** é excelente neste quesito!

Por que 5W2H?

O nome desta ferramenta foi assim estabelecido por juntar as primeiras letras dos nomes (em inglês) das diretrizes utilizadas neste processo. Abaixo é possível ver cada uma delas e o que elas representam:

5W					2H	
What	Why	Where	When	Who	How	Howmuch
O que será feito (etapas)	Por que será feito (justificativa)	Onde será feito (local)	Quando será feito (tempo)	Por quem será feito (responsabilidade)	Como será feito (método)	Quanto custará fazer (custo)

Há ainda outros 2 tipos de nomenclatura para esta ferramenta, o **5W1H** (em que se exclui o "H" referente ao "How much") e o mais recente **5W3H** (em que se inclui o "H" referente ao "How many", ou Quantos). Todas elas podem ser utilizadas perfeitamente, dependendo da necessidade do gestor, respeitando sempre as características individuais, e todas já foram cobradas em prova.

Deming e Juran são, frequentemente, considerados os Pais da Qualidade. Joseph Juran (1904-2008) é considerado o primeiro a aplicar os princípios da qualidade à estratégia empresarial. Juran ficou famoso por definir que a qualidade deve se basear sempre em três etapas: planejamento, controle e melhoria. Estas etapas são conhecidas como Trilogia Juran. Deming estabeleceu 14 princípios, que veremos a seguir.

4 ESTATUTO DA PESSOA COM DEFICIÊNCIA (OU LEI DE INCLUSÃO)

Quando tratamos de direitos das pessoas com deficiência, abordamos não só o Estatuto da Pessoa com Deficiência (ou lei de inclusão), mas diversas leis e normas que garantem a efetividade de diversos direitos, promovendo inclusão e igualdade.

O seu edital poderá cobrar somente o Estatuto da Pessoa com Deficiência (EPD) ou abordar outras leis. Nosso foco será o Estatuto e faremos, em alguns pontos, comparativos e abordando aspectos de outras leis que garantem acessibilidade.

A Lei nº 13.146/2015 instituiu o Estatuto da Pessoa com Deficiência (EPD) que visa promover a inclusão social e a cidadania, promovendo a igualdade no exercício dos direitos e liberdades fundamentais da pessoa com deficiência.

A Lei tem por base a Convenção sobre os Direitos das Pessoas com Deficiência e seu protocolo facultativo, que foram devidamente ratificados pelo Congresso Nacional e promulgados pelo Decreto nº 6.949, de 25 de agosto de 2009.

Para aplicação do Estatuto, devemos entender que a lei conceitua como pessoa com deficiência:

Considera-se pessoa com deficiência aquela que tem impedimento de longo prazo de natureza física, mental, intelectual ou sensorial, o qual, em interação com uma ou mais barreiras, pode obstruir sua participação plena e efetiva na sociedade em igualdade de condições com as demais pessoas (art. 2º do EPD).

Para acesso a alguns direitos (como aposentadoria com tempo de contribuição reduzido), faz-se necessária a avaliação da deficiência.

Conforme prevê o EPD, a avaliação da deficiência, quando necessária, será biopsicossocial (modelo que visa à análise e identificação considerando fatores biológicos, psicológicos e sociais) por uma equipe multiprofissional e interdisciplinar e considerará:

- os impedimentos nas funções e nas estruturas do corpo;
- os fatores socioambientais, psicológicos e pessoais;
- a limitação no desempenho de atividades; e
- a restrição de participação.

Além do conceito sobre pessoa com deficiência, o artigo 3º dispõe de diversos conceitos para a aplicabilidade da lei. Para melhor compreensão e fixação, agrupamos em uma tabela e colocamos lado a lado os conceitos que mais são "trocados" nas provas:

Acessibilidade: possibilidade e condição de alcance para utilização, com segurança e autonomia, de espaços, mobiliários, equipamentos urbanos, edificações, transportes, informação e comunicação, inclusive seus sistemas e tecnologias, bem como de outros serviços e instalações abertos ao público, de uso público ou privados de uso coletivo, tanto na zona urbana como na rural, por pessoa com deficiência ou com mobilidade reduzida.	Pessoa com deficiência aquela que tem impedimento de longo prazo de natureza física, mental, intelectual ou sensorial, o qual, em interação com uma ou mais barreiras, pode obstruir sua participação plena e efetiva na sociedade em igualdade de condições com as demais pessoas.	Pessoa com mobilidade reduzida: aquela que tenha, por qualquer motivo, dificuldade de movimentação, permanente ou temporária, gerando redução efetiva da mobilidade, da flexibilidade, da coordenação motora ou da percepção, incluindo idoso, gestante, lactante, pessoa com criança de colo e obeso.
Adaptações razoáveis: adaptações, modificações e ajustes necessários e adequados que não acarretem ônus desproporcional e indevido, quando requeridos em cada caso, a fim de assegurar que a pessoa com deficiência possa gozar ou exercer, em igualdade de condições e oportunidades com as demais pessoas, todos os direitos e liberdades fundamentais.	Elemento de urbanização: quaisquer componentes de obras de urbanização, tais como os referentes a pavimentação, saneamento, encanamento para esgotos, distribuição de energia elétrica e de gás, iluminação pública, serviços de comunicação, abastecimento e distribuição de água, paisagismo e os que materializam as indicações do planejamento urbanístico.	Mobiliário urbano: conjunto de objetos existentes nas vias e nos espaços públicos, superpostos ou adicionados aos elementos de urbanização ou de edificação, de forma que sua modificação ou seu traslado não provoque alterações substanciais nesses elementos, como semáforos, postes de sinalização e similares, terminais e pontos de acesso coletivo às telecomunicações, fontes de água, lixeiras, toldos, marquises, bancos, quiosques e quaisquer outros de natureza análoga.
Moradia para a vida independente da pessoa com deficiência: moradia com estruturas adequadas capazes de proporcionar serviços de apoio coletivos e individualizados que respeitem e ampliem o grau de autonomia de jovens e adultos com deficiência.	Residências inclusivas: unidades de oferta do Serviço de Acolhimento do Sistema Único de Assistência Social (Suas) localizadas em áreas residenciais da comunidade, com estruturas adequadas, que possam contar com apoio psicossocial para o atendimento das necessidades da pessoa acolhida, destinadas a jovens e adultos com deficiência, em situação de dependência, que não dispõem de condições de autossustentabilidade e com vínculos familiares fragilizados ou rompidos.	
Atendente pessoal: pessoa, membro ou não da família, que, com ou sem remuneração, assiste ou presta cuidados básicos e essenciais à pessoa com deficiência no exercício de suas atividades diárias, excluídas as técnicas ou os procedimentos identificados com profissões legalmente estabelecidas.	Acompanhante: aquele que acompanha a pessoa com deficiência, podendo ou não desempenhar as funções de atendente pessoal.	Profissional de apoio escolar: pessoa que exerce atividades de alimentação, higiene e locomoção do estudante com deficiência e atua em todas as atividades escolares nas quais se fizer necessária, em todos os níveis e modalidades de ensino, em instituições públicas e privadas, excluídas as técnicas ou os procedimentos identificados com profissões legalmente estabelecidas.

ESTATUTO DA PESSOA COM DEFICIÊNCIA (OU LEI DE INCLUSÃO)

4.1 Da Igualdade e Não Discriminação

Determina o artigo 4º do EPD:

> **Art. 4º** Toda pessoa com deficiência tem direito à igualdade de oportunidades com as demais pessoas e não sofrerá nenhuma espécie de discriminação.
>
> **§ 1º** Considera-se discriminação em razão da deficiência toda forma de distinção, restrição ou exclusão, por ação ou omissão, que tenha o propósito ou o efeito de prejudicar, impedir ou anular o reconhecimento ou o exercício dos direitos e das liberdades fundamentais de pessoa com deficiência, incluindo a recusa de adaptações razoáveis e de fornecimento de tecnologias assistivas.
>
> **§ 2º** A pessoa com deficiência não está obrigada à fruição de benefícios decorrentes de ação afirmativa.

A ação afirmativa são ações especiais e temporárias que visam eliminar desigualdades, garantindo a compensação provocada pela discriminação e desigualdade.

A pessoa com deficiência, especialmente os considerados vulneráveis, criança, adolescente, mulher e idoso, deve ser protegida de toda forma de:

- negligência;
- discriminação;
- exploração;
- violência;
- tortura;
- crueldade;
- opressão; e
- tratamento desumano ou degradante.

A deficiência não afeta a plena capacidade civil da pessoa, inclusive para:

- casar-se e constituir união estável;
- exercer direitos sexuais e reprodutivos;
- exercer o direito de decidir sobre o número de filhos e de ter acesso a informações adequadas sobre reprodução e planejamento familiar;
- conservar sua fertilidade, sendo vedada a esterilização compulsória;
- exercer o direito à família e à convivência familiar e comunitária; e
- exercer o direito à guarda, à tutela, à curatela e à adoção, como adotante ou adotando, em igualdade de oportunidades com as demais pessoas.

O Estatuto prevê como DEVER:

DEVER	
Juízes e tribunais - no exercício da função	Todos
↓	↓
Remeter peças ao Ministério Público para providências	Comunicar ameaça ou violação de direitos

Ainda, prevê o artigo 8º do EPD:

> **Art. 8º** É dever do Estado, da sociedade e da família assegurar à pessoa com deficiência, com prioridade, a efetivação dos direitos referentes à vida, à saúde, à sexualidade, à paternidade e à maternidade, à alimentação, à habitação, à educação, à profissionalização, ao trabalho, à previdência social, à habilitação e à reabilitação, ao transporte, à acessibilidade, à cultura, ao desporto, ao turismo, ao lazer, à informação, à comunicação, aos avanços científicos e tecnológicos, à dignidade, ao respeito, à liberdade, à convivência familiar e comunitária, entre outros decorrentes da Constituição Federal, da Convenção sobre os Direitos das Pessoas com Deficiência e seu Protocolo Facultativo e das leis e de outras normas que garantam seu bem-estar pessoal, social e econômico.

4.2 Do Atendimento Prioritário

Determina o art. 9º do EPD:

> **Art. 9º** A pessoa com deficiência tem direito a receber atendimento prioritário, sobretudo com a finalidade de:
>
> I. proteção e socorro em quaisquer circunstâncias;
>
> II. atendimento em todas as instituições e serviços de atendimento ao público;
>
> III. disponibilização de recursos, tanto humanos quanto tecnológicos, que garantam atendimento em igualdade de condições com as demais pessoas;
>
> IV. disponibilização de pontos de parada, estações e terminais acessíveis de transporte coletivo de passageiros e garantia de segurança no embarque e no desembarque;
>
> V. acesso a informações e disponibilização de recursos de comunicação acessíveis;
>
> VI. recebimento de restituição de imposto de renda;
>
> VII. tramitação processual e procedimentos judiciais e administrativos em que for parte ou interessada, em todos os atos e diligências.
>
> **§ 1º** Os direitos previstos neste artigo são extensivos ao acompanhante da pessoa com deficiência ou ao seu atendente pessoal, exceto quanto ao disposto nos incisos VI e VII deste artigo.
>
> **§ 2º** Nos serviços de emergência públicos e privados, a prioridade conferida por esta Lei é condicionada aos protocolos de atendimento médico.

O dispositivo determina situações que as pessoas com deficiência terão atendimento prioritário.

Atenção com as confusões sobre prioridade de atendimento. O edital pode abordar, além do EPD, a Lei nº 10.048/2000, que trata das pessoas que terão atendimento prioritário em órgãos públicos, instituições financeiras, entre outras.

A citada lei prevê atendimento prioritário para:

- pessoas com deficiência;
- os idosos com idade igual ou superior a 60 (sessenta) anos;
- as gestantes;
- as lactantes;
- as pessoas com crianças de colo;
- obesos.

A lei prevê também que as empresas públicas de transporte e as concessionárias de transporte coletivo reservarão assentos, devidamente identificados, aos idosos, gestantes, lactantes, pessoas deficientes e pessoas acompanhadas por crianças de colo e os logradouros e sanitários públicos, bem como os edifícios de uso público, terão normas de construção, para efeito de licenciamento da respectiva edificação, baixadas pela autoridade competente, destinadas a facilitar o acesso e uso desses locais pelas pessoas deficientes.

O PRESIDENTE DA REPÚBLICA Faço saber que o Congresso Nacional decreta e eu sanciono a seguinte Lei:

> **Art. 1º** As pessoas portadoras de deficiência física, os idosos com idade igual ou superior a sessenta e cinco anos, as gestantes, as lactantes e as pessoas acompanhadas por crianças de colo terão atendimento prioritário, nos termos desta Lei.
>
> **Art. 1º** As pessoas portadoras de deficiência, os idosos com idade igual ou superior a 60 (sessenta) anos, as gestantes, as lactantes e as pessoas acompanhadas por crianças de colo terão atendimento prioritário, nos termos desta Lei. (Redação dada pela Lei nº 10.741, de 2003)
>
> **Art. 1º** As pessoas com deficiência, os idosos com idade igual ou superior a 60 (sessenta) anos, as gestantes, as lactantes, as pessoas com crianças de colo e os obesos terão atendimento prioritário, nos termos desta Lei. (Redação dada pela Lei nº 13.146, de 2015) (Vigência)
>
> **Art. 2º** As repartições públicas e empresas concessionárias de serviços públicos estão obrigadas a dispensar atendimento prioritário, por meio de serviços individualizados que assegurem tratamento diferenciado e atendimento imediato às pessoas a que se refere o art. 1º.
>
> **Parágrafo único.** É assegurada, em todas as instituições financeiras, a prioridade de atendimento às pessoas mencionadas no art. 1º.

Art. 3º As empresas públicas de transporte e as concessionárias de transporte coletivo reservarão assentos, devidamente identificados, aos idosos, gestantes, lactantes, pessoas portadoras de deficiência e pessoas acompanhadas por crianças de colo.

Art. 4º Os logradouros e sanitários públicos, bem como os edifícios de uso público, terão normas de construção, para efeito de licenciamento da respectiva edificação, baixadas pela autoridade competente, destinadas a facilitar o acesso e uso desses locais pelas pessoas portadoras de deficiência.

Art. 5º Os veículos de transporte coletivo a serem produzidos após doze meses da publicação desta Lei serão planejados de forma a facilitar o acesso a seu interior das pessoas portadoras de deficiência.

§ 1º (VETADO)

§ 2º Os proprietários de veículos de transporte coletivo em utilização terão o prazo de cento e oitenta dias, a contar da regulamentação desta Lei, para proceder às adaptações necessárias ao acesso facilitado das pessoas portadoras de deficiência.

Art. 6º A infração ao disposto nesta Lei sujeitará os responsáveis:

I. no caso de servidor ou de chefia responsável pela repartição pública, às penalidades previstas na legislação específica;

II. no caso de empresas concessionárias de serviço público, a multa de R$ 500,00 (quinhentos reais) a R$ 2.500,00 (dois mil e quinhentos reais), por veículos sem as condições previstas nos arts. 3º e 5º;

III. no caso das instituições financeiras, às penalidades previstas no art. 44, incisos I, II e III, da Lei nº 4.595, de 31 de dezembro de 1964.

Parágrafo único. As penalidades de que trata este artigo serão elevadas ao dobro, em caso de reincidência.

Art. 7º O Poder Executivo regulamentará esta Lei no prazo de sessenta dias, contado de sua publicação.

Art. 8º Esta Lei entra em vigor na data de sua publicação.

Brasília, 8 de novembro de 2000; 179º da Independência e 112º da República.

FERNANDO HENRIQUE CARDOSO
Alcides Lopes Tápias
Martus Tavares

4.3 Direitos Fundamentais

Os direitos fundamentais são garantidos a todos pela nossa Constituição. Portanto, não importa quem seja, fica garantido os direitos previstos na nossa Carta Magna.

O EPD prevê regras específicas tratando sobre direitos fundamentais, tendo por objetivo a garantia de inclusão e igualdade.

São previstos:

- Do direito à vida;
- Do direito à habilitação e à reabilitação;
- Do direito à saúde;
- Do direito à educação;
- Do direito à moradia;
- Do direito ao trabalho;
- Do direito à assistência social;
- Do direito à previdência social;
- Do direito à cultura, ao esporte, ao turismo e ao lazer;
- Do direito ao transporte e à mobilidade.

Vamos trabalhar alguns destes (é essencial a leitura da lei de todos os dispositivos).

4.3.1 Direito à Vida

O Poder Público deve garantir a dignidade da pessoa com deficiência ao longo de toda a vida. E em situações de risco, emergência ou estado de calamidade pública, a pessoa com deficiência será considerada vulnerável, devendo o poder público adotar medidas para sua proteção e segurança.

A pessoa com deficiência não poderá ser obrigada a se submeter à intervenção clínica ou cirúrgica, a tratamento ou a institucionalização forçada (a curatela pode suprir o consentimento)

O consentimento prévio, livre e esclarecido da pessoa com deficiência é indispensável para a realização de tratamento, procedimento, hospitalização e pesquisa científica.

Dispensa em casos de:

- Risco de morte.
- Emergência em saúde, resguardado seu superior interesse e adotadas as salvaguardas legais cabíveis.

O EPD prevê que a pesquisa científica envolvendo pessoa com deficiência em situação de tutela ou de curatela deve ser realizada, em caráter excepcional, quando não existe a possibilidade de realização com participantes não tutelados ou curatelados, apenas quando houver indícios de benefício direto para sua saúde ou para a saúde de outras pessoas com deficiência.

4.3.2 Direito à Reabilitação e Habilitação

A reabilitação e habilitação é um direito garantido a toda pessoa com deficiência, visando ao desenvolvimento de potencialidades, talentos, habilidades e aptidões físicas, cognitivas, sensoriais, psicossociais, atitudinais, profissionais e artísticas que contribuam para a conquista da autonomia da pessoa com deficiência e de sua participação social em igualdade de condições e oportunidades com as demais pessoas.

Para passar por este processo, será realizada avaliação multidisciplinar, analisando potencialidades, habilidades e quais necessidades da pessoa com deficiência, seguindo as seguintes diretrizes:

Art. 15. O processo mencionado no art. 14 desta Lei baseia-se em avaliação multidisciplinar das necessidades, habilidades e potencialidades de cada pessoa, observadas as seguintes diretrizes:

I. diagnóstico e intervenção precoces;

II. adoção de medidas para compensar perda ou limitação funcional, buscando o desenvolvimento de aptidões;

III. atuação permanente, integrada e articulada de políticas públicas que possibilitem a plena participação social da pessoa com deficiência;

IV. oferta de rede de serviços articulados, com atuação intersetorial, nos diferentes níveis de complexidade, para atender às necessidades específicas da pessoa com deficiência;

V. prestação de serviços próximo ao domicílio da pessoa com deficiência, inclusive na zona rural, respeitadas a organização das Redes de Atenção à Saúde (RAS) nos territórios locais e as normas do Sistema Único de Saúde (SUS).

Fica, ainda, garantido para as pessoas com deficiência:

- organização, serviços, métodos, técnicas e recursos para atender às características de cada pessoa com deficiência;
- acessibilidade em todos os ambientes e serviços;
- tecnologia assistiva, tecnologia de reabilitação, materiais e equipamentos adequados e apoio técnico profissional, de acordo com as especificidades de cada pessoa com deficiência;
- capacitação continuada de todos os profissionais que participem dos programas e serviços.

Os serviços do SUS e do SUAS deverão promover ações articuladas para garantir à pessoa com deficiência e sua família a aquisição de informações, orientações (nas mais diversas áreas: de saúde, de educação, de cultura, de esporte, de lazer, de transporte, de previdência social, de assistência social, de habitação, de trabalho, de empreendedorismo, de acesso ao crédito, de promoção, proteção e defesa de direitos e nas demais áreas que possibilitem à pessoa com deficiência exercer sua cidadania) formas de acesso às políticas públicas disponíveis, com a finalidade de propiciar sua plena participação social.

4.3.3 Direito à Saúde

À pessoa com deficiência fica assegurada a atenção integral à saúde, de forma universal e igualitária, por intermédio do SUS, bem como fica assegurada a participação na elaboração de políticas de saúde.

As ações e os serviços de saúde pública destinados à pessoa com deficiência devem assegurar:

ESTATUTO DA PESSOA COM DEFICIÊNCIA (OU LEI DE INCLUSÃO)

- diagnóstico e intervenção precoces, realizados por equipe multidisciplinar;
- serviços de habilitação e de reabilitação sempre que necessários, para qualquer tipo de deficiência, inclusive para a manutenção da melhor condição de saúde e qualidade de vida;
- atendimento domiciliar multidisciplinar, tratamento ambulatorial e internação;
- campanhas de vacinação;
- atendimento psicológico, inclusive para seus familiares e atendentes pessoais;
- respeito à especificidade, à identidade de gênero e à orientação sexual da pessoa com deficiência;
- atenção sexual e reprodutiva, incluindo o direito à fertilização assistida;
- informação adequada e acessível à pessoa com deficiência e a seus familiares sobre sua condição de saúde;
- serviços projetados para prevenir a ocorrência e o desenvolvimento de deficiências e agravos adicionais;
- promoção de estratégias de capacitação permanente das equipes que atuam no SUS, em todos os níveis de atenção, no atendimento à pessoa com deficiência, bem como orientação a seus atendentes pessoais;
- oferta de órteses, próteses, meios auxiliares de locomoção, medicamentos, insumos e fórmulas nutricionais, conforme as normas vigentes do Ministério da Saúde.

As diretrizes aplicam-se também às instituições privadas que participem de forma complementar do SUS ou que recebam recursos públicos para sua manutenção.

O Art. 19 do EPD prevê ações que devem ser desenvolvidas pelo SUS destinadas à prevenção:

> **Art. 19.** *Compete ao SUS desenvolver ações destinadas à prevenção de deficiências por causas evitáveis, inclusive por meio de:*
> *I. acompanhamento da gravidez, do parto e do puerpério, com garantia de parto humanizado e seguro;*
> *II. promoção de práticas alimentares adequadas e saudáveis, vigilância alimentar e nutricional, prevenção e cuidado integral dos agravos relacionados à alimentação e nutrição da mulher e da criança;*
> *III. aprimoramento e expansão dos programas de imunização e de triagem neonatal;*
> *IV. identificação e controle da gestante de alto risco.*

Importante também frisar que o EPD prevê no aspecto da saúde:
- As operadoras de planos e seguros privados de saúde são obrigadas a garantir à pessoa com deficiência, no mínimo, todos os serviços e produtos ofertados aos demais clientes. Também é vedada cobrança de valores diferenciados por planos e seguros privados de saúde, em razão de sua condição de pessoa com deficiência.
- Quando esgotados os meios de atenção à saúde da pessoa com deficiência no local de residência, será prestado atendimento fora de domicílio, para fins de diagnóstico e de tratamento, garantidos o transporte e a acomodação da pessoa com deficiência e de seu acompanhante.
- À pessoa com deficiência internada ou em observação é assegurado o direito à acompanhante ou à atendente pessoal, devendo o órgão ou a instituição de saúde proporcionar condições adequadas para sua permanência em tempo integral e, na impossibilidade de permanência, o profissional de saúde responsável deverá justificar, por escrito, devendo o órgão ou a instituição de saúde adotar as providências cabíveis para suprir a ausência do acompanhante ou do atendente pessoal.
- É assegurado à pessoa com deficiência o acesso aos serviços de saúde, tanto públicos como privados, e às informações prestadas e recebidas, por meio de recursos de tecnologia assistiva e de todas as formas de comunicação.
- Os espaços dos serviços de saúde, tanto públicos quanto privados, devem assegurar o acesso da pessoa com deficiência, em conformidade com a legislação em vigor, mediante a remoção de barreiras, por meio de projetos arquitetônicos, de ambientação de interior e de comunicação que atendam às especificidades das pessoas com deficiência física, sensorial, intelectual e mental.
- Os casos de suspeita ou de confirmação de violência praticada contra a pessoa com deficiência serão objetos de notificação compulsória pelos serviços de saúde públicos e privados à autoridade policial e ao Ministério Público, além dos Conselhos dos Direitos da Pessoa com Deficiência. Para efeito da lei, conceitua-se violência qualquer ação ou omissão, praticada em local público ou privado, que lhe cause morte ou dano ou sofrimento físico ou psicológico.

Aos profissionais que prestam assistência à pessoa com deficiência, especialmente em serviços de habilitação e de reabilitação, deve ser garantida capacitação inicial e continuada.

4.3.4 Direito à Educação

A educação também constitui direito da pessoa com deficiência, assegurados um sistema educacional inclusivo em todos os níveis e aprendizado ao longo de toda a vida, de forma a alcançar o máximo de desenvolvimento possível de seus talentos e habilidades físicas, sensoriais, intelectuais e sociais, segundo suas características, interesses e necessidades de aprendizagem.

Cabe ao Estado, à família, à comunidade escolar e à sociedade assegurar educação de qualidade à pessoa com deficiência, colocando-a a salvo de toda forma de violência, negligência e discriminação.

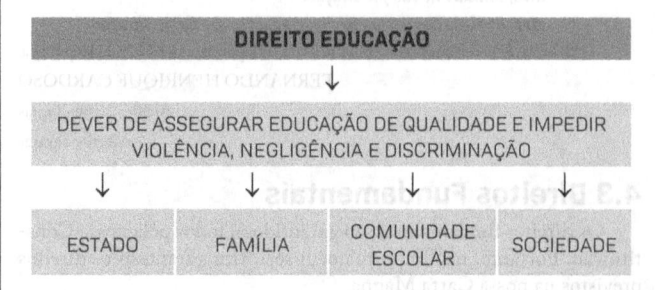

DIREITO EDUCAÇÃO

↓

DEVER DE ASSEGURAR EDUCAÇÃO DE QUALIDADE E IMPEDIR VIOLÊNCIA, NEGLIGÊNCIA E DISCRIMINAÇÃO

↓ ↓ ↓ ↓

ESTADO	FAMÍLIA	COMUNIDADE ESCOLAR	SOCIEDADE

Desta feita, determina o Art. 28 do EPD:

> **Art. 28.** *Incumbe ao poder público assegurar, criar, desenvolver, implementar, incentivar, acompanhar e avaliar:*
> *I. sistema educacional inclusivo em todos os níveis e modalidades, bem como o aprendizado ao longo de toda a vida;*
> *II. aprimoramento dos sistemas educacionais, visando a garantir condições de acesso, permanência, participação e aprendizagem, por meio da oferta de serviços e de recursos de acessibilidade que eliminem as barreiras e promovam a inclusão plena;*
> *III. projeto pedagógico que institucionalize o atendimento educacional especializado, assim como os demais serviços e adaptações razoáveis, para atender às características dos estudantes com deficiência e garantir o seu pleno acesso ao currículo em condições de igualdade, promovendo a conquista e o exercício de sua autonomia;*
> *IV. oferta de educação bilíngue, em Libras como primeira língua e na modalidade escrita da língua portuguesa como segunda língua, em escolas e classes bilíngues e em escolas inclusivas;**
> *V. adoção de medidas individualizadas e coletivas em ambientes que maximizem o desenvolvimento acadêmico e social dos estudantes com deficiência, favorecendo o acesso, a permanência, a participação e a aprendizagem em instituições de ensino;*
> *VI. pesquisas voltadas para o desenvolvimento de novos métodos e técnicas pedagógicas, de materiais didáticos, de equipamentos e de recursos de tecnologia assistiva; **
> *VII. planejamento de estudo de caso, de elaboração de plano de atendimento educacional especializado, de organização de recursos e serviços de acessibilidade e de disponibilização e usabilidade pedagógica de recursos de tecnologia assistiva;*

VIII. participação dos estudantes com deficiência e de suas famílias nas diversas instâncias de atuação da comunidade escolar;

IX. adoção de medidas de apoio que favoreçam o desenvolvimento dos aspectos linguísticos, culturais, vocacionais e profissionais, levando-se em conta o talento, a criatividade, as habilidades e os interesses do estudante com deficiência;

X. adoção de práticas pedagógicas inclusivas pelos programas de formação inicial e continuada de professores e oferta de formação continuada para o atendimento educacional especializado;

XI. formação e disponibilização de professores para o atendimento educacional especializado, de tradutores e intérpretes da Libras, de guias intérpretes e de profissionais de apoio;

XII. oferta de ensino da Libras, do Sistema Braille e de uso de recursos de tecnologia assistiva, de forma a ampliar habilidades funcionais dos estudantes, promovendo sua autonomia e participação;

XIII. acesso à educação superior e à educação profissional e tecnológica em igualdade de oportunidades e condições com as demais pessoas;

XIV. inclusão em conteúdos curriculares, em cursos de nível superior e de educação profissional técnica e tecnológica, de temas relacionados à pessoa com deficiência nos respectivos campos de conhecimento;

XV. acesso da pessoa com deficiência, em igualdade de condições, a jogos e a atividades recreativas, esportivas e de lazer, no sistema escolar;

XVI. acessibilidade para todos os estudantes, trabalhadores da educação e demais integrantes da comunidade escolar às edificações, aos ambientes e às atividades concernentes a todas as modalidades, etapas e níveis de ensino;

XVII. oferta de profissionais de apoio escolar;

XVIII. articulação intersetorial na implementação de políticas públicas.

Às instituições privadas, de qualquer nível e modalidade de ensino, aplica-se obrigatoriamente o que determina o artigo, exceto incisos IV e VI, sendo vedada a cobrança de valores adicionais de qualquer natureza em suas mensalidades, anuidades e matrículas no cumprimento dessas determinações.

Na disponibilização de tradutores e intérpretes da Libras para o atendimento educacional especializado, de guias intérpretes e de profissionais de apoio; deve-se observar o seguinte:

- **Educação básica:** Ensino Médio + certificado de proficiência na Libras.
- **Os tradutores e intérpretes da Libras, quando direcionados à tarefa de interpretar nas salas de aula dos cursos de graduação e pós-graduação:** nível superior + com habilitação, prioritariamente, em Tradução e Interpretação em Libras.

Nos processos seletivos para ingresso e permanência nos cursos oferecidos pelas instituições de ensino superior e de educação profissional e tecnológica, públicas e privadas, devem ser adotadas as seguintes medidas:

- atendimento preferencial à pessoa com deficiência nas dependências das Instituições de Ensino Superior (IES) e nos serviços;
- disponibilização de formulário de inscrição de exames com campos específicos para que o candidato com deficiência informe os recursos de acessibilidade e de tecnologia assistiva necessários para sua participação;
- disponibilização de provas em formatos acessíveis para atendimento às necessidades específicas do candidato com deficiência;
- disponibilização de recursos de acessibilidade e de tecnologia assistiva adequados, previamente solicitados e escolhidos pelo candidato com deficiência;
- dilação de tempo, conforme demanda apresentada pelo candidato com deficiência, tanto na realização de exame para seleção quanto nas atividades acadêmicas, mediante prévia solicitação e comprovação da necessidade;
- adoção de critérios de avaliação das provas escritas, discursivas ou de redação que considerem a singularidade linguística da pessoa com deficiência, no domínio da modalidade escrita da língua portuguesa;
- tradução completa do edital e de suas retificações em Libras.

4.3.5 Direito à Moradia

O EPD prevê que a pessoa com deficiência tem direito à moradia digna, no seio da família natural ou substituta, com seu cônjuge ou companheiro ou desacompanhada, ou em moradia para a vida independente da pessoa com deficiência, ou, ainda, em residência inclusiva.

O Poder público deve adotar programas e ações estratégicas para apoiar a criação e a manutenção de moradia para a vida independente da pessoa com deficiência.

A proteção integral na modalidade de residência inclusiva será prestada no âmbito do Suas à pessoa com deficiência em situação de dependência que não disponha de condições de autossustentabilidade, com vínculos familiares fragilizados ou rompidos.

Programas habitacionais, públicos ou subsidiados devem reservar 3% das unidades habitacionais para aquisição para pessoa com deficiência, que goza de prioridade na aquisição, sendo beneficiada com prioridade uma vez apenas.

PROGRAMAS HABITACIONAIS → PÚBLICOS OU SUBSIDIADOS → 3% DAS UNIDADES

4.3.6 Direito ao Trabalho

A pessoa com deficiência tem direito ao trabalho de sua livre escolha e aceitação, em ambiente acessível (sendo obrigação das pessoas jurídicas a garantir ambiente acessível e inclusivo) e inclusivo, em igualdade de oportunidades com as demais pessoas.

São direitos das pessoas com deficiência:

- igualdade de oportunidades com as demais pessoas;
- condições justas e favoráveis de trabalho, incluindo igual remuneração por trabalho de igual valor;
- participação e acesso a cursos, treinamentos, educação continuada, planos de carreira, promoções, bonificações e incentivos profissionais oferecidos pelo empregador, em igualdade de oportunidades com os demais empregados;
- acessibilidade em cursos de formação e de capacitação.

É vedada a restrição ao trabalho da pessoa com deficiência e qualquer discriminação em razão de sua condição, inclusive nas etapas de recrutamento, seleção, contratação, admissão, exames admissional e periódico, permanência no emprego, ascensão profissional e reabilitação profissional, bem como exigência de aptidão plena.

É finalidade primordial das políticas públicas de trabalho e emprego promover e garantir condições de acesso e de permanência da pessoa com deficiência no campo de trabalho. Os programas de estímulo ao empreendedorismo e ao trabalho autônomo, incluídos o cooperativismo e o associativismo, devem prever a participação da pessoa com deficiência e a disponibilização de linhas de crédito, quando necessárias.

4.3.7 Da Habilitação Profissional e Reabilitação Profissional

O Art. 36 do EPD prevê:

Art. 36. O poder público deve implementar serviços e programas completos de habilitação profissional e de reabilitação profissional para que a pessoa com deficiência possa ingressar, continuar ou retornar ao campo do trabalho, respeitados sua livre escolha, sua vocação e seu interesse.

§ 1º Equipe multidisciplinar indicará, com base em critérios previstos no § 1º do art. 2o desta Lei, programa de habilitação ou de reabilitação que possibilite à pessoa com deficiência restaurar sua capacidade e habilidade profissional ou adquirir novas capacidades e habilidades de trabalho.

§ 2º A habilitação profissional corresponde ao processo destinado a propiciar à pessoa com deficiência aquisição de conhecimentos, habilidades e aptidões para exercício de profissão ou de ocupação, permitindo nível suficiente de desenvolvimento profissional para ingresso no campo de trabalho.

ESTATUTO DA PESSOA COM DEFICIÊNCIA (OU LEI DE INCLUSÃO)

§ 3º Os serviços de habilitação profissional, de reabilitação profissional e de educação profissional devem ser dotados de recursos necessários para atender a toda pessoa com deficiência, independentemente de sua característica específica, a fim de que ela possa ser capacitada para trabalho que lhe seja adequado e ter perspectivas de obtê-lo, de conservá-lo e de nele progredir.

§ 4º Os serviços de habilitação profissional, de reabilitação profissional e de educação profissional deverão ser oferecidos em ambientes acessíveis e inclusivos.

§ 5º A habilitação profissional e a reabilitação profissional devem ocorrer articuladas com as redes públicas e privadas, especialmente de saúde, de ensino e de assistência social, em todos os níveis e modalidades, em entidades de formação profissional ou diretamente com o empregador.

§ 6º A habilitação profissional pode ocorrer em empresas por meio de prévia formalização do contrato de emprego da pessoa com deficiência, que será considerada para o cumprimento da reserva de vagas prevista em lei, desde que por tempo determinado e concomitante com a inclusão profissional na empresa, observado o disposto em regulamento.

§ 7º A habilitação profissional e a reabilitação profissional atenderão à pessoa com deficiência.

4.4 Da Inclusão da Pessoa com Deficiência no Trabalho

Teremos inclusão quando da colocação da pessoa com deficiência de forma competitiva e em igualdade de oportunidades, observada legislação trabalhista e previdenciária.

Devem, ainda, ser observadas as normas de acessibilidade e fornecidos recursos de tecnologia assistiva e a adaptação razoável no ambiente de trabalho.

A colocação competitiva da pessoa com deficiência pode ocorrer por meio de trabalho com apoio, observadas as seguintes diretrizes:

- prioridade no atendimento à pessoa com deficiência com maior dificuldade de inserção no campo de trabalho;
- provisão de suportes individualizados que atendam a necessidades específicas da pessoa com deficiência, inclusive a disponibilização de recursos de tecnologia assistiva, de agente facilitador e de apoio no ambiente de trabalho;
- respeito ao perfil vocacional e ao interesse da pessoa com deficiência apoiada;
- oferta de aconselhamento e de apoio aos empregadores, com vistas à definição de estratégias de inclusão e de superação de barreiras, inclusive atitudinais;
- realização de avaliações periódicas;
- articulação intersetorial das políticas públicas;
- possibilidade de participação de organizações da sociedade civil.

4.4.1 Assistência Social

A assistência social visa à promoção da pessoa, sendo previstos serviços, programas, projetos e os benefícios no âmbito da política pública de assistência social à pessoa com deficiência e sua família têm como objetivo a garantia da segurança de renda, da acolhida, da habilitação e da reabilitação, do desenvolvimento da autonomia e da convivência familiar e comunitária, para a promoção do acesso a direitos e da plena participação social.

Os serviços socioassistenciais destinados à pessoa com deficiência em situação de dependência deverão contar com cuidadores sociais para prestar-lhe cuidados básicos e instrumentais.

É assegurado à pessoa com deficiência que não possua meios para prover sua subsistência nem de tê-la provida por sua família o benefício mensal de 1 (um) salário-mínimo, nos termos da Lei nº 8.742, de 7 de dezembro de 1993 (LOAS – Lei Orgânica da Assistência Social), que é conhecido como Benefício de Prestação Continuada da Assistência Social (BPC-LOAS).

Dentro do âmbito assistencial, o EPD trouxe a previsão do Auxílio-Inclusão, prevendo benefício para aquele que passe a exercer atividade remunerada e recebia o BPC-LOAS, como uma forma de incentivo para manutenção da pessoa com deficiência no mercado de trabalho (ser segurado obrigatório do RGPS – Regime Geral de Previdência Social) vejamos o que dispõe o artigo 94 do Estatuto:

Art. 94. Terá direito a auxílio-inclusão, nos termos da lei, a pessoa com deficiência moderada ou grave que:

I. receba o benefício de prestação continuada previsto no art. 20 da Lei nº 8.742, de 7 de dezembro de 1993, e que passe a exercer atividade remunerada que a enquadre como segurado obrigatório do RGPS;

II. tenha recebido, nos últimos 5 (cinco) anos, o benefício de prestação continuada previsto no art. 20 da Lei nº 8.742, de 7 de dezembro de 1993, e que exerça atividade remunerada que a enquadre como segurado obrigatório do RGPS.

Resumo dos requisitos pelo Estatuto:

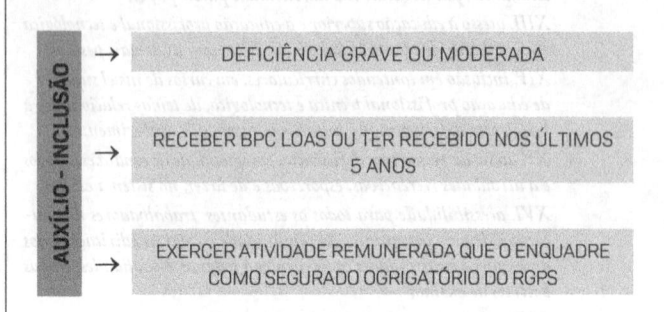

AUXÍLIO - INCLUSÃO
- → DEFICIÊNCIA GRAVE OU MODERADA
- → RECEBER BPC LOAS OU TER RECEBIDO NOS ÚLTIMOS 5 ANOS
- → EXERCER ATIVIDADE REMUNERADA QUE O ENQUADRE COMO SEGURADO OBRIGATÓRIO DO RGPS

4.4.2 Cultura, Esporte, Turismo e Lazer

Vamos aos dispositivos legais:

Art. 42. A pessoa com deficiência tem direito à cultura, ao esporte, ao turismo e ao lazer em igualdade de oportunidades com as demais pessoas, sendo-lhe garantido o acesso:

I. a bens culturais em formato acessível;

II. a programas de televisão, cinema, teatro e outras atividades culturais e desportivas em formato acessível; e

III. a monumentos e locais de importância cultural e a espaços que ofereçam serviços ou eventos culturais e esportivos.

§ 1º É vedada a recusa de oferta de obra intelectual em formato acessível à pessoa com deficiência, sob qualquer argumento, inclusive sob a alegação de proteção dos direitos de propriedade intelectual.

§ 2º O poder público deve adotar soluções destinadas à eliminação, à redução ou à superação de barreiras para a promoção do acesso a todo patrimônio cultural, observadas as normas de acessibilidade, ambientais e de proteção do patrimônio histórico e artístico nacional.

Art. 43. O poder público deve promover a participação da pessoa com deficiência em atividades artísticas, intelectuais, culturais, esportivas e recreativas, com vistas ao seu protagonismo, devendo:

I. incentivar a provisão de instrução, de treinamento e de recursos adequados, em igualdade de oportunidades com as demais pessoas;

II. assegurar acessibilidade nos locais de eventos e nos serviços prestados por pessoa ou entidade envolvida na organização das atividades de que trata este artigo; e

III. assegurar a participação da pessoa com deficiência em jogos e atividades recreativas, esportivas, de lazer, culturais e artísticas, inclusive no sistema escolar, em igualdade de condições com as demais pessoas.

Nos teatros, cinemas, auditórios, estádios, ginásios de esporte, locais de espetáculos e de conferências e similares serão reservados espaços livres e assentos para a pessoa com deficiência, de acordo com a capacidade de lotação da edificação, que devem ser distribuídos em locais diversos, de boa visibilidade, em todos os setores, próximos aos corredores, devidamente sinalizados, evitando-se áreas segregadas de público e obstrução das saídas, em conformidade com as normas de acessibilidade, devendo acomodar acompanhante da pessoa deficiente ou com mobilidade reduzida, sendo garantida também a acomodação próxima ao grupo familiar e comunitário.

No caso de não haver comprovada procura pelos assentos reservados, esses podem, excepcionalmente, ser ocupados por pessoas sem deficiência ou que não tenham mobilidade reduzida.

Devem existir rotas de fuga e saídas de emergência acessíveis, conforme padrões das normas de acessibilidade, a fim de permitir a saída segura da pessoa com deficiência ou com mobilidade reduzida, em caso de emergência.

- **Cinema:** deve garantir, em todas as sessões, recursos de acessibilidade para a pessoa com deficiência.
- O valor do ingresso da pessoa com deficiência não poderá ser superior ao valor cobrado das demais pessoas.

O Estatuto também prevê regras para hotéis, pousadas e similares:

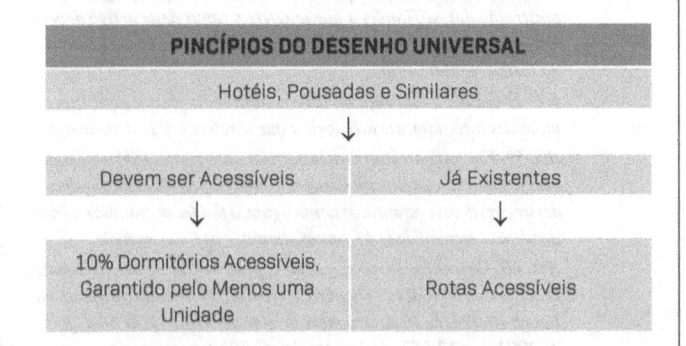

PINCÍPIOS DO DESENHO UNIVERSAL

Hotéis, Pousadas e Similares
- Devem ser Acessíveis → 10% Dormitórios Acessíveis, Garantido pelo Menos uma Unidade
- Já Existentes → Rotas Acessíveis

4.4.3 Direito ao Transporte e Mobilidade

O EPD determina diversas regras com relação ao transporte e mobilidade das pessoas com deficiência. Vamos aos dispositivos e esquematizar:

Art. 46. O direito ao transporte e à mobilidade da pessoa com deficiência ou com mobilidade reduzida será assegurado em igualdade de oportunidades com as demais pessoas, por meio de identificação e de eliminação de todos os obstáculos e barreiras ao seu acesso.

§ 1º Para fins de acessibilidade aos serviços de transporte coletivo terrestre, aquaviário e aéreo, em todas as jurisdições, consideram-se como integrantes desses serviços os veículos, os terminais, as estações, os pontos de parada, o sistema viário e a prestação do serviço.

§ 2º São sujeitas ao cumprimento das disposições desta Lei, sempre que houver interação com a matéria nela regulada, a outorga, a concessão, a permissão, a autorização, a renovação ou a habilitação de linhas e de serviços de transporte coletivo.

§ 3º Para colocação do símbolo internacional de acesso nos veículos, as empresas de transporte coletivo de passageiros dependem da certificação de acessibilidade emitida pelo gestor público responsável pela prestação do serviço.

Art. 47. Em todas as áreas de estacionamento aberto ao público, de uso público ou privado de uso coletivo e em vias públicas, devem ser reservadas vagas próximas aos acessos de circulação de pedestres, devidamente sinalizadas, para veículos que transportem pessoa com deficiência com comprometimento de mobilidade, desde que devidamente identificados.

§ 1º As vagas a que se refere o caput deste artigo devem equivaler a 2% (dois por cento) do total, garantida, no mínimo, 1 (uma) vaga devidamente sinalizada e com as especificações de desenho e traçado de acordo com as normas técnicas vigentes de acessibilidade.

§ 2º Os veículos estacionados nas vagas reservadas devem exibir, em local de ampla visibilidade, a credencial de beneficiário, a ser confeccionada e fornecida pelos órgãos de trânsito, que disciplinarão suas características e condições de uso.

§ 3º A utilização indevida das vagas de que trata este artigo sujeita os infratores às sanções previstas no inciso XX do art. 181 da Lei nº 9.503, de 23 de setembro de 1997 (Código de Trânsito Brasileiro). (Redação dada pela Lei nº 13.281, de 2016) (Vigência)

§ 4º A credencial a que se refere o § 2º deste artigo é vinculada à pessoa com deficiência que possui comprometimento de mobilidade e é válida em todo o território nacional.

Art. 48. Os veículos de transporte coletivo terrestre, aquaviário e aéreo, as instalações, as estações, os portos e os terminais em operação no País devem ser acessíveis, de forma a garantir o seu uso por todas as pessoas.

§ 1º Os veículos e as estruturas de que trata o caput deste artigo devem dispor de sistema de comunicação acessível que disponibilize informações sobre todos os pontos do itinerário.

§ 2º São asseguradas à pessoa com deficiência prioridade e segurança nos procedimentos de embarque e de desembarque nos veículos de transporte coletivo, de acordo com as normas técnicas.

§ 3º Para colocação do símbolo internacional de acesso nos veículos, as empresas de transporte coletivo de passageiros dependem da certificação de acessibilidade emitida pelo gestor público responsável pela prestação do serviço.

Art. 49. As empresas de transporte de fretamento e de turismo, na renovação de suas frotas, são obrigadas ao cumprimento do disposto nos arts. 46 e 48 desta Lei. (Vigência)

Art. 50. O poder público incentivará a fabricação de veículos acessíveis e a sua utilização como táxis e vans, de forma a garantir o seu uso por todas as pessoas.

Art. 51. As frotas de empresas de táxi devem reservar 10% (dez por cento) de seus veículos acessíveis à pessoa com deficiência.

§ 1º É proibida a cobrança diferenciada de tarifas ou de valores adicionais pelo serviço de táxi prestado à pessoa com deficiência.

§ 2º O poder público é autorizado a instituir incentivos fiscais com vistas a possibilitar a acessibilidade dos veículos a que se refere o caput deste artigo.

Art. 52. As locadoras de veículos são obrigadas a oferecer 1 (um) veículo adaptado para uso de pessoa com deficiência, a cada conjunto de 20 (vinte) veículos de sua frota.

Parágrafo único. O veículo adaptado deverá ter, no mínimo, câmbio automático, direção hidráulica, vidros elétricos e comandos manuais de freio e de embreagem.

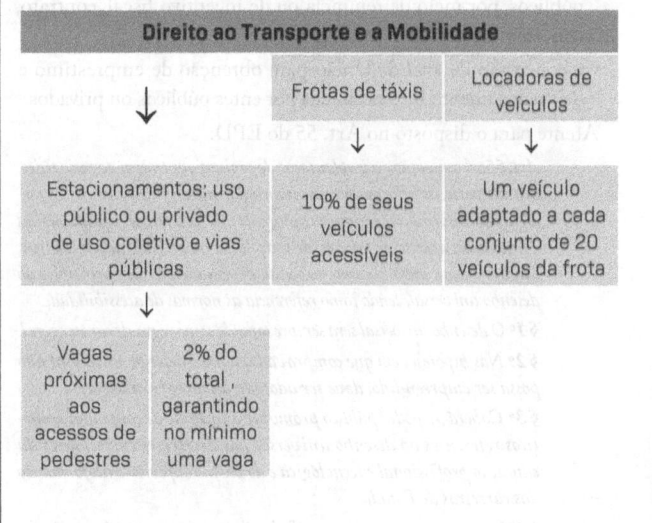

Direito ao Transporte e a Mobilidade

- Estacionamentos: uso público ou privado de uso coletivo e vias públicas
  - Vagas próximas aos acessos de pedestres
  - 2% do total, garantindo no mínimo uma vaga
- Frotas de táxis → 10% de seus veículos acessíveis
- Locadoras de veículos → Um veículo adaptado a cada conjunto de 20 veículos da frota

5 ACESSIBILIDADE

A acessibilidade é direito que garante à pessoa com deficiência ou com mobilidade reduzida viver de forma independente e exercer seus direitos de cidadania e de participação social.

Estão sujeitas às normas de acessibilidade (previstas no EPD e outras normas):

- a aprovação de projeto arquitetônico e urbanístico ou de comunicação e informação, a fabricação de veículos de transporte coletivo, a prestação do respectivo serviço e a execução de qualquer tipo de obra, quando tenham destinação pública ou coletiva;
- a outorga ou a renovação de concessão, permissão, autorização ou habilitação de qualquer natureza;
- a aprovação de financiamento de projeto com utilização de recursos públicos, por meio de renúncia ou de incentivo fiscal, contrato, convênio ou instrumento congênere; e
- a concessão de aval da União para obtenção de empréstimo e de financiamento internacionais por entes públicos ou privados.

A acessibilidade é direito que garante à pessoa com deficiência ou com mobilidade reduzida viver de forma independente e exercer seus direitos de cidadania e de participação social.

Estão sujeitas às normas de acessibilidade (previstas no EPD e outras normas):

- a aprovação de projeto arquitetônico e urbanístico ou de comunicação e informação, a fabricação de veículos de transporte coletivo, a prestação do respectivo serviço e a execução de qualquer tipo de obra, quando tenham destinação pública ou coletiva;
- a outorga ou a renovação de concessão, permissão, autorização ou habilitação de qualquer natureza;
- a aprovação de financiamento de projeto com utilização de recursos públicos, por meio de renúncia ou de incentivo fiscal, contrato, convênio ou instrumento congênere; e
- a concessão de aval da União para obtenção de empréstimo e de financiamento internacionais por entes públicos ou privados.

Atente para o disposto no Art. 55 do EPD:

> *Art. 55. A concepção e a implantação de projetos que tratem do meio físico, de transporte, de informação e comunicação, inclusive de sistemas e tecnologias da informação e comunicação, e de outros serviços, equipamentos e instalações abertos ao público, de uso público ou privado de uso coletivo, tanto na zona urbana como na rural, devem atender aos princípios do desenho universal, tendo como referência as normas de acessibilidade.*
>
> *§ 1º O desenho universal será sempre tomado como regra de caráter geral.*
>
> *§ 2º Nas hipóteses em que comprovadamente o desenho universal não possa ser empreendido, deve ser adotada adaptação razoável.*
>
> *§ 3º Caberá ao poder público promover a inclusão de conteúdos temáticos referentes ao desenho universal nas diretrizes curriculares da educação profissional e tecnológica e do ensino superior e na formação das carreiras de Estado.*
>
> *§ 4º Os programas, os projetos e as linhas de pesquisa a serem desenvolvidos com o apoio de organismos públicos de auxílio à pesquisa e de agências de fomento deverão incluir temas voltados para o desenho universal.*
>
> *§ 5º Desde a etapa de concepção, as políticas públicas deverão considerar a adoção do desenho universal.*

Toda construção, reforma, ampliação e mudanças de uso de edificação abertas ao público ou privadas de uso coletivo (museus, teatros, cinemas etc.) devem ser acessíveis, sendo obrigação de entidades de fiscalização das atividades de Engenharia, de Arquitetura e correlatas, ao anotarem a responsabilidade técnica de projetos, devem exigir a responsabilidade profissional declarada de atendimento às regras de acessibilidade previstas em legislação e em normas técnicas pertinentes.

Para aprovar licenciamento ou emissão de certificado de projeto executivo arquitetônico, urbanístico e de instalações e equipamentos temporários ou permanentes e para o licenciamento ou a emissão de certificado de conclusão de obra ou de serviço, deve ser atestado o atendimento às regras de acessibilidade.

As edificações públicas e privadas de uso coletivo já existentes devem garantir acessibilidade à pessoa com deficiência em todas as suas dependências e serviços, tendo como referência as normas de acessibilidade vigentes.

> *Art. 58. O projeto e a construção de edificação de uso privado multifamiliar devem atender aos preceitos de acessibilidade, na forma regulamentar. (Regulamento)*
>
> *§ 1º As construtoras e incorporadoras responsáveis pelo projeto e pela construção das edificações a que se refere o caput deste artigo devem assegurar percentual mínimo de suas unidades internamente acessíveis, na forma regulamentar.*
>
> *§ 2º É vedada a cobrança de valores adicionais para a aquisição de unidades internamente acessíveis a que se refere o § 1º deste artigo.*
>
> *Art. 59. Em qualquer intervenção nas vias e nos espaços públicos, o poder público e as empresas concessionárias responsáveis pela execução das obras e dos serviços devem garantir, de forma segura, a fluidez do trânsito e a livre circulação e acessibilidade das pessoas, durante e após sua execução.*
>
> *Art. 60. Orientam-se, no que couber, pelas regras de acessibilidade previstas em legislação e em normas técnicas, observado o disposto na Lei no 10.098, de 19 de dezembro de 2000, nº 10.257, de 10 de julho de 2001, e nº12.587, de 3 de janeiro de 2012:*
>
> *I. os planos diretores municipais, os planos diretores de transporte e trânsito, os planos de mobilidade urbana e os planos de preservação de sítios históricos elaborados ou atualizados a partir da publicação desta Lei;*
>
> *II. os códigos de obras, os códigos de postura, as leis de uso e ocupação do solo e as leis do sistema viário;*
>
> *III. os estudos prévios de impacto de vizinhança;*
>
> *IV. as atividades de fiscalização e a imposição de sanções; e*
>
> *V. a legislação referente à prevenção contra incêndio e pânico.*
>
> *§ 1º A concessão e a renovação de alvará de funcionamento para qualquer atividade são condicionadas à observação e à certificação das regras de acessibilidade.*
>
> *§ 2º A emissão de carta de habite-se ou de habilitação equivalente e sua renovação, quando esta tiver sido emitida anteriormente às exigências de acessibilidade, é condicionada à observação e à certificação das regras de acessibilidade.*
>
> *Art. 61. A formulação, a implementação e a manutenção das ações de acessibilidade atenderão às seguintes premissas básicas:*
>
> *I. eleição de prioridades, elaboração de cronograma e reserva de recursos para implementação das ações; e*
>
> *II. planejamento contínuo e articulado entre os setores envolvidos.*
>
> *Art. 62. É assegurado à pessoa com deficiência, mediante solicitação, o recebimento de contas, boletos, recibos, extratos e cobranças de tributos em formato acessível.*

A Acessibilidade também contempla a informação e a comunicação, determinando a legislação:

- Obrigatoriedade nos sites de internet mantidos por empresas com sede ou representação comercial no País ou por órgãos de governo, para uso da pessoa com deficiência, garantindo-lhe acesso às informações disponíveis, conforme as melhores práticas e diretrizes de acessibilidade adotadas internacionalmente, devendo ter símbolos de acessibilidade em destaque.
- Telecentros comunitários que receberem recursos públicos federais para seu custeio ou sua instalação e lanhouses devem possuir equipamentos e instalações acessíveis.Os telecentros e as lanhouses devem garantir, no mínimo, 10% (dez por cento) de seus computadores com recursos de acessibilidade para pessoa com deficiência visual, sendo assegurado pelo menos 1 (um) equipamento, quando o resultado percentual for inferior a 1 (um).

- As empresas prestadoras de serviços de telecomunicações deverão garantir pleno acesso à pessoa com deficiência, conforme regulamentação específica.
- Cabe ao poder público incentivar a oferta de aparelhos de telefonia fixa e móvel celular com acessibilidade que, entre outras tecnologias assistivas, possuam possibilidade de indicação e de ampliação sonoras de todas as operações e funções disponíveis.
- **Os serviços de radiodifusão de sons e imagens devem permitir o uso dos seguintes recursos, entre outros:**
  - subtitulação por meio de legenda oculta;
  - janela com intérprete da Libras;
  - audiodescrição.
- O poder público deve adotar mecanismos de incentivo à produção, à edição, à difusão, à distribuição e à comercialização de livros em formatos acessíveis, inclusive em publicações da administração pública ou financiadas com recursos públicos, com vistas a garantir à pessoa com deficiência o direito de acesso à leitura, à informação e à comunicação.
- Nos editais de compras de livros, inclusive para o abastecimento ou a atualização de acervos de bibliotecas em todos os níveis e modalidades de educação e de bibliotecas públicas, o poder público deverá adotar cláusulas de impedimento à participação de editoras que não ofertem sua produção também em formatos acessíveis. Consideram-se formatos acessíveis os arquivos digitais que possam ser reconhecidos e acessados por softwares leitores de telas ou outras tecnologias assistivas que vierem a substituí-los, permitindo leitura com voz sintetizada, ampliação de caracteres, diferentes contrastes e impressão em Braille.
- O poder público deve estimular e apoiar a adaptação e a produção de artigos científicos em formato acessível, inclusive em Libras.
- O poder público deve assegurar a disponibilidade de informações corretas e claras sobre os diferentes produtos e serviços ofertados, por quaisquer meios de comunicação empregados, inclusive em ambiente virtual, contendo a especificação correta de quantidade, qualidade, características, composição e preço, bem como sobre os eventuais riscos à saúde e à segurança do consumidor com deficiência, em caso de sua utilização, aplicando-se, no que couber, o disposto no Código de Defesa do Consumidor.
- Os fornecedores devem disponibilizar, mediante solicitação, exemplares de bulas, prospectos, textos ou qualquer outro tipo de material de divulgação em formato acessível.
- As instituições promotoras de congressos, seminários, oficinas e demais eventos de natureza científico-cultural devem oferecer à pessoa com deficiência, no mínimo, os recursos de tecnologia assistiva. Os congressos, os seminários, as oficinas e os demais eventos de natureza científico-cultural promovidos ou financiados pelo poder público devem garantir as condições de acessibilidade e os recursos de tecnologia assistiva.
- Os programas, as linhas de pesquisa e os projetos a serem desenvolvidos com o apoio de agências de financiamento e de órgãos e entidades integrantes da administração pública que atuem no auxílio à pesquisa devem contemplar temas voltados à tecnologia assistiva. Caberá ao poder público, diretamente ou em parceria com organizações da sociedade civil, promover a capacitação de tradutores e intérpretes da Libras, de guias intérpretes e de profissionais habilitados em Braille, audiodescrição, estenotipia e legendagem.

Também contempla a tecnologia, incentivando o acesso e a criação de recursos e facilidades para garantir a acessibilidade, ficando garantido à pessoa com deficiência acesso a produtos, recursos, estratégias, práticas, processos, métodos e serviços de tecnologia assistiva que maximizem sua autonomia, mobilidade pessoal e qualidade de vida.

O poder público desenvolverá plano específico de medidas, a ser renovado em cada período de 4 (quatro) anos, com a finalidade de:

- facilitar o acesso a crédito especializado, inclusive com oferta de linhas de crédito subsidiadas, específicas para aquisição de tecnologia assistiva;
- agilizar, simplificar e priorizar procedimentos de importação de tecnologia assistiva, especialmente as questões atinentes a procedimentos alfandegários e sanitários;
- criar mecanismos de fomento à pesquisa e à produção nacional de tecnologia assistiva, inclusive por meio de concessão de linhas de crédito subsidiado e de parcerias com institutos de pesquisa oficiais;
- eliminar ou reduzir a tributação da cadeia produtiva e de importação de tecnologia assistiva;
- facilitar e agilizar o processo de inclusão de novos recursos de tecnologia assistiva no rol de produtos distribuídos no âmbito do SUS e por outros órgãos governamentais;
- os procedimentos constantes do plano específico de medidas deverão ser avaliados, pelo menos, a cada 2 (dois) anos.

Dentro do contexto de acessibilidade, também visualizamos a participação política e na vida pública:

Art. 76. O poder público deve garantir à pessoa com deficiência todos os direitos políticos e a oportunidade de exercê-los em igualdade de condições com as demais pessoas.

§ 1º À pessoa com deficiência será assegurado o direito de votar e de ser votada, inclusive por meio das seguintes ações:

I. garantia de que os procedimentos, as instalações, os materiais e os equipamentos para votação sejam apropriados, acessíveis a todas as pessoas e de fácil compreensão e uso, sendo vedada a instalação de seções eleitorais exclusivas para a pessoa com deficiência;

II. incentivo à pessoa com deficiência a candidatar-se e a desempenhar quaisquer funções públicas em todos os níveis de governo, inclusive por meio do uso de novas tecnologias assistivas, quando apropriado;

III. garantia de que os pronunciamentos oficiais, a propaganda eleitoral obrigatória e os debates transmitidos pelas emissoras de televisão possuam, pelo menos, os recursos elencados no art. 67 desta Lei;

IV. garantia do livre exercício do direito ao voto e, para tanto, sempre que necessário e a seu pedido, permissão para que a pessoa com deficiência seja auxiliada na votação por pessoa de sua escolha.

§ 2º O poder público promoverá a participação da pessoa com deficiência, inclusive quando institucionalizada, na condução das questões públicas, sem discriminação e em igualdade de oportunidades, observado o seguinte:

I. participação em organizações não governamentais relacionadas à vida pública e à política do País e em atividades e administração de partidos políticos;

II. formação de organizações para representar a pessoa com deficiência em todos os níveis;

III. participação da pessoa com deficiência em organizações que a representem.

Quanto à ciência e tecnologia é previsto:

Art. 77. O poder público deve fomentar o desenvolvimento científico, a pesquisa e a inovação e a capacitação tecnológicas, voltados à melhoria da qualidade de vida e ao trabalho da pessoa com deficiência e sua inclusão social.

§ 1º O fomento pelo poder público deve priorizar a geração de conhecimentos e técnicas que visem à prevenção e ao tratamento de deficiências e ao desenvolvimento de tecnologias assistiva e social.

§ 2º A acessibilidade e as tecnologias assistiva e social devem ser fomentadas mediante a criação de cursos de pós-graduação, a formação de recursos humanos e a inclusão do tema nas diretrizes de áreas do conhecimento.

§ 3º Deve ser fomentada a capacitação tecnológica de instituições públicas e privadas para o desenvolvimento de tecnologias assistiva e social que sejam voltadas para melhoria da funcionalidade e da participação social da pessoa com deficiência.

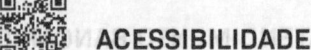

§ 4º As medidas previstas neste artigo devem ser reavaliadas periodicamente pelo poder público, com vistas ao seu aperfeiçoamento.

Art. 78. Devem ser estimulados a pesquisa, o desenvolvimento, a inovação e a difusão de tecnologias voltadas para ampliar o acesso da pessoa com deficiência às tecnologias da informação e comunicação e às tecnologias sociais.

Parágrafo único. Serão estimulados, em especial:

I. o emprego de tecnologias da informação e comunicação como instrumento de superação de limitações funcionais e de barreiras à comunicação, à informação, à educação e ao entretenimento da pessoa com deficiência;

II. a adoção de soluções e a difusão de normas que visem a ampliar a acessibilidade da pessoa com deficiência à computação e aos sítios da internet, em especial aos serviços de governo eletrônico.

5.1 Do Acesso à Justiça

É um dever do poder público assegurar o acesso da pessoa com deficiência à justiça, em igualdade de oportunidades com as demais pessoas, garantindo, sempre que requeridos, adaptações e recursos de tecnologia assistiva, para, assim, garantir acesso e igualdade no judiciário. Devem ser oferecidos todos os recursos de tecnologia assistiva disponíveis para que a pessoa com deficiência tenha garantido o acesso à justiça, sempre que figure em um dos polos da ação ou atue como testemunha, partícipe da lide posta em juízo, advogado, defensor público, magistrado ou membro do Ministério Público.

A pessoa com deficiência tem garantido o acesso ao conteúdo de todos os atos processuais de seu interesse, inclusive no exercício da advocacia, pois não raro atuação de advogados com deficiência.

A fim de garantir a atuação da pessoa com deficiência em todo o processo judicial, o poder público deve capacitar os membros e os servidores que atuam no Poder Judiciário, no Ministério Público, na Defensoria Pública, nos órgãos de segurança pública e no sistema penitenciário quanto aos direitos da pessoa com deficiência.

As pessoas com deficiência submetida à medida restritiva de liberdade ficam assegurados todos os direitos e garantias a que fazem jus os apenados sem deficiência, garantida a acessibilidade.

Cabe à Defensoria Pública e ao Ministério Público tomar as medidas necessárias à garantia dos direitos previstos nesta Lei de Inclusão.

Os serviços notariais e de registro não podem negar ou criar óbices ou condições diferenciadas à prestação de seus serviços em razão de deficiência do solicitante, devendo reconhecer sua capacidade legal plena, garantida a acessibilidade, sendo o descumprimento caracterizado como discriminação em razão da deficiência.

5.2 Do Reconhecimento Igual perante à Lei

Determina a Lei:

Art. 84. A pessoa com deficiência tem assegurado o direito ao exercício de sua capacidade legal em igualdade de condições com as demais pessoas.

§ 1º Quando necessário, a pessoa com deficiência será submetida à curatela, conforme a lei.

§ 2º É facultado à pessoa com deficiência a adoção de processo de tomada de decisão apoiada.

§ 3º A definição de curatela de pessoa com deficiência constitui medida protetiva extraordinária, proporcional às necessidades e às circunstâncias de cada caso, e durará o menor tempo possível.

§ 4º Os curadores são obrigados a prestar, anualmente, contas de sua administração ao juiz, apresentando o balanço do respectivo ano.

Art. 85. A curatela afetará tão somente os atos relacionados aos direitos de natureza patrimonial e negocial.

§ 1º A definição da curatela não alcança o direito ao próprio corpo, à sexualidade, ao matrimônio, à privacidade, à educação, à saúde, ao trabalho e ao voto.

§ 2º A curatela constitui medida extraordinária, devendo constar da sentença as razões e motivações de sua definição, preservados os interesses do curatelado.

§ 3º No caso de pessoa em situação de institucionalização, ao nomear curador, o juiz deve dar preferência a pessoa que tenha vínculo de natureza familiar, afetiva ou comunitária com o curatelado.

Art. 86. Para emissão de documentos oficiais, não será exigida a situação de curatela da pessoa com deficiência.

Art. 87. Em casos de relevância e urgência e a fim de proteger os interesses da pessoa com deficiência em situação de curatela, será lícito ao juiz, ouvido o Ministério Público, de ofício ou a requerimento do interessado, nomear, desde logo, curador provisório, o qual estará sujeito, no que couber, às disposições do Código de Processo Civil.

5.3 Crimes e Infrações

O EPD prevê 4 crimes expressos, sem prejuízo de sanções penais cabíveis. A cobrança é voltada para o texto da lei:

Art. 88. Praticar, induzir ou incitar discriminação de pessoa em razão de sua deficiência:

Pena reclusão, de 1 (um) a 3 (três) anos, e multa.

§ 1º Aumenta-se a pena em 1/3 (um terço) se a vítima encontrar-se sob cuidado e responsabilidade do agente.

§ 2º Se qualquer dos crimes previstos no caput deste artigo é cometido por intermédio de meios de comunicação social ou de publicação de qualquer natureza:

Pena reclusão, de 2 (dois) a 5 (cinco) anos, e multa.

§ 3º Na hipótese do § 2º deste artigo, o juiz poderá determinar, ouvido o Ministério Público ou a pedido deste, ainda antes do inquérito policial, sob pena de desobediência:

I. recolhimento ou busca e apreensão dos exemplares do material discriminatório;

II. interdição das respectivas mensagens ou páginas de informação na internet.

§ 4º Na hipótese do § 2º deste artigo, constitui efeito da condenação, após o trânsito em julgado da decisão, a destruição do material apreendido.

Art. 89. Apropriar-se de ou desviar bens, proventos, pensão, benefícios, remuneração ou qualquer outro rendimento de pessoa com deficiência:

Pena reclusão, de 1 (um) a 4 (quatro) anos, e multa.

Parágrafo único. Aumenta-se a pena em 1/3 (um terço) se o crime é cometido:

I. por tutor, curador, síndico, liquidatário, inventariante, testamenteiro ou depositário judicial; ou

II. por aquele que se apropriou em razão de ofício ou de profissão.

Art. 90. Abandonar pessoa com deficiência em hospitais, casas de saúde, entidades de abrigamento ou congêneres:

Pena reclusão, de 6 (seis) meses a 3 (três) anos, e multa.

Parágrafo único. Na mesma pena incorre quem não prover as necessidades básicas de pessoa com deficiência quando obrigado por lei ou mandado.

Art. 91. Reter ou utilizar cartão magnético, qualquer meio eletrônico ou documento de pessoa com deficiência destinados ao recebimento de benefícios, proventos, pensões ou remuneração ou à realização de operações financeiras, com o fim de obter vantagem indevida para si ou para outrem:

Pena detenção, de 6 (seis) meses a 2 (dois) anos, e multa.

Parágrafo único. Aumenta-se a pena em 1/3 (um terço) se o crime é cometido por tutor ou curador.

ATENDIMENTO BANCÁRIO

6 LEIS FEDERAIS, DECRETOS E RESOLUÇÕES

Segundo dados da Organização Mundial da Saúde (OMS), cerca de 10% da população mundial possuem algum tipo de deficiência. Conforme dados do Censo Demográfico de 2010, do Instituto Brasileiro de Geografia e Estatística (IBGE), 45,6 milhões de pessoas declararam possuir alguma deficiência, o que correspondia a 23,9% da população, à época. A deficiência visual atinge 18,8% da população, seguida da motora (7%), da auditiva (5,1%) e da mental ou intelectual (1,4%). Esse número pode chegar a 50 milhões de pessoas com deficiência nas projeções para o Censo Demográfico de 2020, de acordo com as perspectivas do próprio IBGE.

Pessoas com deficiência no Brasil

45.606.048

Percentual de pessoas com deficiência no Brasil, segundo o Censo 2010

23,9% Da população brasileira

Grau de instrução das pessoas com deficiência no país*

- Superior completo: 6,66%
- Sem instrução ou fundamental completo: 61,13%
- Fundamental completo ou médio incompleto: 14,15%
- Médio completo ou superior incompleto: 17,67%

*Com 15 anos ou mais de idade

Fonte dos dados: Censo 2010 - IBGE

Fonte: g1.globo.com

A partir dessa realidade, percebeu-se a necessidade de pensar a sociedade brasileira e a inclusão das pessoas com deficiência em igualdades de direitos e oportunidades, seguindo os princípios constitucionais do país, já que a Constituição prevê a igualdade material entre todos, assim sendo, é de responsabilidade do Estado criar condições capazes de fazer com que pessoas com deficiência consigam os mesmos objetivos das pessoas que não possuem deficiências.

As políticas públicas são necessárias para garantir a efetivação de direitos e essas só são possíveis se iniciadas por pesquisas referentes às situações enfrentadas pelo grupo a quem se destina a política, aos exemplos já implantados em outros países, ao contato direto com o grupo afetado, para, assim, conhecer as suas demandas, necessidades e opiniões acerca do tema. Logo, é por meio da participação popular e do comprometimento do poder público que é possível implantar uma política pública de acessibilidade de qualidade.

A acessibilidade consiste na possibilidade e condição da pessoa com deficiência ou com mobilidade reduzida de usar, com segurança e autonomia, os espaços, mobiliários e equipamentos urbanos, as edificações, os transportes e os sistemas e meios de comunicação.

Ocorre que, para a consolidação deste direito, muitas vezes é necessária a eliminação de barreiras arquitetônicas, urbanísticas, de transportes, de comunicação, tecnológicas e barreiras atitudinais. As barreiras estão previstas na Lei nº 13.146/2015, o Estatuto da Pessoa com Deficiência e podem ser lembradas a partir do mnemônico TACTAU.

```
T    A    C    T    A    U
R    R    O    E    T    R
A    Q    M    C    I    B
N    U    U    N    T    A
S    I    N    O    U    N
P    T    I    L    D    Í
O    E    C    C    I    S
R    T    A    O    N    T
T    Ô    Ç    G    A    I
E    N    Ã    I    I    C
S    I         A    S    A
     C         I         S
     A         S
```

- **Transporte:** meios de transporte.
- **Arquitetônicas:** obstáculos existentes em edifícios públicos ou privados.
- **Comunicação e Informação:** obstáculo, atitude ou comportamento que dificulte ou impossibilite expressão nos sistemas de comunicação e tecnologia da informação.
- **Tecnológicas:** dificultam ou impedem acesso às tecnologias.
- **Atitudinais:** atitudes ou comportamentos que impedem ou prejudicam a participação social igualitária.
- **Urbanísticas:** são as vias e espaços, públicos ou privados.

Infelizmente ainda é comum encontrarmos situações como calçadas esburacadas, falta de rampas, escadas sem opção de elevador ou plataforma de elevação, elevadores sem a escrita em braile e sem sinalização sonora, locais com a ausência de piso tátil, o que dificulta e até impede o acesso da pessoa com deficiência e mobilidade reduzida ao meio físico.

De acordo com a CF/88, o Direito de ir e vir deve ser assegurado a todos os cidadãos, devendo ser eliminadas todas as barreiras físicas que impeçam o acesso das pessoas com deficiência e mobilidade reduzida aos prédios públicos, aos estabelecimentos comerciais, de ensino, praças, parques, cinemas e tantos outros. Há, no cenário brasileiro, farta legislação contemplando estes direitos (artigos 227, § 2º, e 244 da CF/88; Leis nº 7.853/89, nº 10.048/00 e nº 10.098/00; Decreto nº 3.298/99 e Decreto Regulamentador nº 5.296/04, além de outras legislações estaduais e municipais), devendo ser denunciado ao Ministério Público, por meio de sua ouvidoria, qualquer violação a estes direitos.

Tanto a legislação brasileira quanto as normas técnicas apresentam uma evolução na abordagem do tema acessibilidade nas diversas áreas do conhecimento. No ambiente construído, as principais referências são a Lei nº 10.098, de 19 de dezembro de 2000, que estabelece normas e critérios básicos para a promoção da acessibilidade, o Decreto nº 5.296, de 02 de dezembro de 2004, que regulamenta esta lei, e a norma brasileira que estabelece os parâmetros técnicos para a promoção da acessibilidade, que iremos tratar nesse primeiro momento.

As Leis Federais nº 10.048 e nº 10.098 de 2000 estabeleceram normas gerais e critérios básicos a fim de promover acessibilidade às pessoas com deficiência ou às pessoas com mobilidade reduzida, temporária ou terminantemente. A primeira (nº 10.048/00) trata de atendimento prioritário e de acessibilidade nos meios de transportes e inova ao introduzir penalidades ao seu descumprimento; a segunda (nº 10.098/00) subdivide o assunto em acessibilidade ao meio físico, aos meios de transporte, na comunicação e informação e em ajudas técnicas.

LEIS FEDERAIS, DECRETOS E RESOLUÇÕES

As leis acima citadas foram regulamentadas por meio do Decreto nº 5.296, de 2 de dezembro de 2004, que estabeleceu critérios mais particulares para a implementação da acessibilidade arquitetônica e urbanística e aos serviços de transportes coletivos. No primeiro caso, no que se refere diretamente à mobilidade urbana, o decreto define condições para a construção de calçadas, instalação de mobiliário urbano e de equipamentos de sinalização de trânsito, de estacionamentos de uso público; no segundo, define padrões de acessibilidade universal para "veículos, terminais, estações, pontos de parada, vias principais, acessos e operação" do transporte rodoviário (urbano, metropolitano, intermunicipal e interestadual), ferroviário, aquaviário e aéreo.

6.1 Lei nº 10.048/2000 - Atendimento Prioritário

De início, é relevante ressaltar que a Lei nº 10.048/00 é a Lei de Atendimento Prioritário e não de Atendimento Exclusivo, lei essa que passou por duas alterações, como observamos abaixo:

O PRESIDENTE DA REPÚBLICA Faço saber que o Congresso Nacional decreta e eu sanciono a seguinte Lei:

> *Art. 1º As pessoas portadoras de deficiência física, os idosos com idade igual ou superior a sessenta e cinco anos, as gestantes, as lactantes e as pessoas acompanhadas por crianças de colo terão atendimento prioritário, nos termos desta Lei.*
>
> *Art. 1º As pessoas portadoras de deficiência, os idosos com idade igual ou superior a 60 (sessenta) anos, as gestantes, as lactantes e as pessoas acompanhadas por crianças de colo terão atendimento prioritário, nos termos desta Lei. (Redação dada pela Lei nº 10.741, de 2003)*
>
> *Art. 1º As pessoas com deficiência, os idosos com idade igual ou superior a 60 (sessenta) anos, as gestantes, as lactantes, as pessoas com crianças de colo e os obesos terão atendimento prioritário, nos termos desta Lei. (Redação dada pela Lei nº 13.146, de 2015) (Vigência)*

A partir da Lei Brasileira de Inclusão, o legislador inclui os obesos no atendimento prioritário e a alteração da terminologia Pessoa Portadora por Pessoa com Deficiência.

As lactantes não necessariamente precisam estar com a criança de colo ou amamentando.

GESTANTES
IDOSOS
LACTANTES
PESSOA C/ CRIANÇA DE COLO
OBESOS

> *Art. 2º As repartições públicas e empresas concessionárias de serviços públicos estão obrigadas a dispensar atendimento prioritário, por meio de serviços individualizados que assegurem tratamento diferenciado e atendimento imediato às pessoas a que se refere o art. 1º*
>
> *Parágrafo único. É assegurada, em todas as instituições financeiras, a prioridade de atendimento às pessoas mencionadas no art. 1º*

Em 2008, a Federação Brasileira de Bancos (Febraban) assinou um Termo de Ajuste de Conduta (TAC) com o Ministério Público Federal, os Ministérios Públicos de São Paulo e Minas Gerais e também a Secretaria Especial de Direitos Humanos na Presidência da República (SEDH), para promover acessibilidade nas agências bancárias. O Termo abrange todas as agências de bancos federais, no Brasil inteiro. Em bancos estaduais e privados, a medida tem efeito apenas nos estados de São Paulo e Minas Gerais. Nesses estados, os bancos públicos e privados precisarão realizar ajustes não apenas arquitetônicos. Essa medida tem como objetivo diminuir as barreiras que dificultam o atendimento nos bancos, de forma adequada.

Os terminais de autoatendimento e caixas deverão ser acessíveis para atender as pessoas em cadeiras de rodas. Precisará, ainda, haver garantia de demarcação de local preferencial nas filas. Os bancos com mais de um pavimento precisarão adaptar obrigatoriamente apenas um deles, desde que este andar ofereça todos os serviços às pessoas com deficiência. As adaptações devem seguir as normas estabelecidas pela ABNT (Associação Brasileira de Normas Técnicas).

> *Art. 3º As empresas públicas de transporte e as concessionárias de transporte coletivo reservarão assentos, devidamente identificados, aos idosos, gestantes, lactantes, pessoas portadoras de deficiência e pessoas acompanhadas por crianças de colo.*

Nesse artigo, vale destacar que os obesos não aparecem como prioridade.

> *Art. 4º Os logradouros e sanitários públicos, bem como os edifícios de uso público, terão normas de construção, para efeito de licenciamento da respectiva edificação, baixadas pela autoridade competente, destinadas a facilitar o acesso e uso desses locais pelas pessoas portadoras de deficiência.*

> *Art. 5º Os veículos de transporte coletivo a serem produzidos após doze meses da publicação desta Lei serão planejados de forma a facilitar o acesso a seu interior das pessoas portadoras de deficiência.*
>
> *§ 1º (VETADO)*
>
> *§ 2º Os proprietários de veículos de transporte coletivo em utilização terão o prazo de cento e oitenta dias, a contar da regulamentação desta Lei, para proceder às adaptações necessárias ao acesso facilitado das pessoas portadoras de deficiência.*
>
> *Art. 6º A infração ao disposto nesta Lei sujeitará os responsáveis:*
>
> *I. no caso de servidor ou de chefia responsável pela repartição pública, às penalidades previstas na legislação específica;*
>
> *II. no caso de empresas concessionárias de serviço público, a multa de R$ 500,00 (quinhentos reais) a R$ 2.500,00 (dois mil e quinhentos reais), por veículos sem as condições previstas nos arts. 3º e 5º;*
>
> *III. no caso das instituições financeiras, às penalidades previstas no art. 44, incisos I, II e III, da Lei no 4.595, de 31 de dezembro de 1964.*
>
> *Parágrafo único. As penalidades de que trata este artigo serão elevadas ao dobro, em caso de reincidência.*
>
> *Art. 7º O Poder Executivo regulamentará esta Lei no prazo de sessenta dias, contado de sua publicação.*
>
> *Art. 8º Esta Lei entra em vigor na data de sua publicação.*

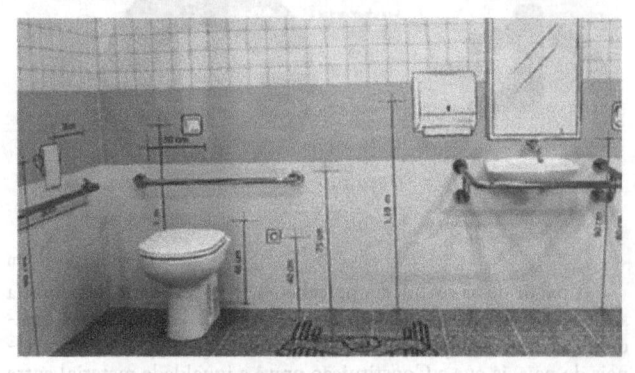

6.2 Lei nº 10.098/2000 — Promoção da Acessibilidade

CAPÍTULO I - DISPOSIÇÕES GERAIS

Art. 1º Esta Lei estabelece normas gerais e critérios básicos para a promoção da acessibilidade das pessoas portadoras de deficiência ou com mobilidade reduzida, mediante a supressão de barreiras e de obstáculos nas vias e espaços públicos, no mobiliário urbano, na construção e reforma de edifícios e nos meios de transporte e de comunicação.

No art.1º, podemos observar ainda a utilização da terminologia portador de necessidade, que foi revogado pelo Estatuto da Pessoa com Deficiência. Lembre-se de que a expressão pessoas com deficiência foi adotada oficialmente pela Assembleia Geral das Nações Unidas a partir da Convenção sobre os Direitos das Pessoas com Deficiência, de 13 de dezembro de 2006, a qual entrou em vigor em 3 de maio de 2008, subscrita e ratificada por vários países, entre eles o Brasil. Essa referida Convenção foi aprovada pelo Senado Federal em 9 de julho de 2008 pelo Decreto nº 186/2008 e, posteriormente, promulgada pela Presidência da República em 25 de agosto de 2009, a partir do Decreto nº 6.949/2009.

Em relação ao Brasil, o Decreto nº 6.949/2009 foi o primeiro documento internacional de direitos humanos que adquiriu status constitucional sob a forma de emenda à Constituição, uma vez que, nos termos do art.1º, do referido Decreto, a Convenção da ONU foi aprovada pelo Congresso brasileiros nos moldes do § 3º, do art. 5º, da Constituição Federal, o qual prevê que: "Os tratados e convenções internacionais sobre os direitos humanos que forem aprovados, em cada Casa do Congresso Nacional, em dois turnos, por 3/5 dos votos dos respectivos membros, serão equivalentes à emendas constitucionais."

Art. 2º Para os fins desta Lei são estabelecidas as seguintes definições:
I. acessibilidade: possibilidade e condição de alcance para utilização, com segurança e autonomia, de espaços, mobiliários, equipamentos urbanos, edificações, transportes, informação e comunicação, inclusive seus sistemas e tecnologias, bem como de outros serviços e instalações abertos ao público, de uso público ou privados de uso coletivo, tanto na zona urbana como na rural, por pessoa com deficiência ou com mobilidade reduzida; (Redação dada pela Lei nº 13.146, de 2015)
II. barreiras: qualquer entrave, obstáculo, atitude ou comportamento que limite ou impeça a participação social da pessoa, bem como o gozo, a fruição e o exercício de seus direitos à acessibilidade, à liberdade de movimento e de expressão, à comunicação, ao acesso à informação, à compreensão, à circulação com segurança, entre outros, classificadas em: (Redação dada pela Lei nº 13.146, de 2015) (Vigência)ela Lei nº 13.146, de 2015)

ENTRAVE
COMPORTAMENTO
OBSTÁCULO
ATITUDE

a) barreiras urbanísticas: as existentes nas vias e nos espaços públicos e privados abertos ao público ou de uso coletivo; (Redação dada p a Lei nº 13.146, de 2015)
b) barreiras arquitetônicas: as existentes nos edifícios públicos e privados; (Redação dada pela Lei nº 13.146, de 2015)
c) barreiras nos transportes: as existentes nos sistemas e meios de transportes; (Redação dada pela Lei nº 13.146, de 2015)
d) barreiras nas comunicações e na informação: qualquer entrave, obstáculo, atitude ou comportamento que dificulte ou impossibilite a expressão ou o recebimento de mensagens e de informações por intermédio de sistemas de comunicação e de tecnologia da informação; (Redação dada pela Lei nº 13.146, de 2015)

III. pessoa com deficiência: aquela que tem impedimento de longo prazo de natureza física, mental, intelectual ou sensorial, o qual, em interação com uma ou mais barreiras, pode obstruir sua participação plena e efetiva na sociedade em igualdade de condições com as demais pessoas; (Redação dada pela Lei nº 13.146, de 2015) (Vigência)
IV. pessoa com mobilidade reduzida: aquela que tenha, por qualquer motivo, dificuldade de movimentação, permanente ou temporária, gerando redução efetiva da mobilidade, da flexibilidade, da coordenação motora ou da percepção, incluindo idoso, gestante, lactante, pessoa com criança de colo e obeso; (Redação dada pela Lei nº 13.146, de 2015)

PESSOA COM DEFICÊNCIA ≠ PESSOA COM MOBILIDADE REDUZIDA

LEIS FEDERAIS, DECRETOS E RESOLUÇÕES

V. acompanhante: aquele que acompanha a pessoa com deficiência, podendo ou não desempenhar as funções de atendente pessoal; (Redação dada pela Lei nº 13.146, de 2015) (Vigência)

VI. elemento de urbanização: quaisquer componentes de obras de urbanização, tais como os referentes a pavimentação, saneamento, encanamento para esgotos, distribuição de energia elétrica e de gás, iluminação pública, serviços de comunicação, abastecimento e distribuição de água, paisagismo e os que materializam as indicações do planejamento urbanístico; (Redação dada pela Lei nº 13.146, de 2015)

VII. mobiliário urbano: conjunto de objetos existentes nas vias e nos espaços públicos, superpostos ou adicionados aos elementos de urbanização ou de edificação, de forma que sua modificação ou seu traslado não provoque alterações substanciais nesses elementos, tais como semáforos, postes de sinalização e similares, terminais e pontos de acesso coletivo às telecomunicações, fontes de água, lixeiras, toldos, marquises, bancos, quiosques e quaisquer outros de natureza análoga; (Incluído pela Lei nº 13.146, de 2015)

VIII. tecnologia assistiva ou ajuda técnica: produtos, equipamentos, dispositivos, recursos, metodologias, estratégias, práticas e serviços que objetivem promover a funcionalidade, relacionada à atividade e à participação da pessoa com deficiência ou com mobilidade reduzida, visando à sua autonomia, independência, qualidade de vida e inclusão social; (Incluído pela Lei nº 13.146, de 2015)

IX. comunicação: forma de interação dos cidadãos que abrange, entre outras opções, as línguas, inclusive a Língua Brasileira de Sinais (Libras), a visualização de textos, o Braille, o sistema de sinalização ou de comunicação tátil, os caracteres ampliados, os dispositivos multimídia, assim como a linguagem simples, escrita e oral, os sistemas auditivos e os meios de voz digitalizados e os modos, meios e formatos aumentativos e alternativos de comunicação, incluindo as tecnologias da informação e das comunicações; (Incluído pela Lei nº 13.146, de 2015)

X. desenho universal: concepção de produtos, ambientes, programas e serviços a serem usados por todas as pessoas, sem necessidade de adaptação ou de projeto específico, incluindo os recursos de tecnologia assistiva. (Incluído pela Lei nº 13.146, de 2015)

Art. 3º O planejamento e a urbanização das vias públicas, dos parques e dos demais espaços de uso público deverão ser concebidos e executados de forma a torná-los acessíveis para todas as pessoas, inclusive para aquelas com deficiência ou com mobilidade reduzida. (Redação dada pela Lei nº 13.146, de 2015)

Parágrafo único. O passeio público, elemento obrigatório de urbanização e parte da via pública, normalmente segregado e em nível diferente, destina-se somente à circulação de pedestres e, quando possível, à implantação de mobiliário urbano e de vegetação. (Incluído pela Lei nº 13.146, de 2015)

Art. 4º As vias públicas, os parques e os demais espaços de uso público existentes, assim como as respectivas instalações de serviços e mobiliários urbanos deverão ser adaptados, obedecendo-se ordem de prioridade que vise à maior eficiência das modificações, no sentido de promover mais ampla acessibilidade às pessoas portadoras de deficiência ou com mobilidade reduzida.

Parágrafo único. Os parques de diversões, públicos e privados, devem adaptar, no mínimo, 5% (cinco por cento) de cada brinquedo e equipamento e identificá-lo para possibilitar sua utilização por pessoas com deficiência ou com mobilidade reduzida, tanto quanto tecnicamente possível. (Incluído pela Lei nº 11.982, de 2009)

Parágrafo único. No mínimo 5% (cinco por cento) de cada brinquedo e equipamento de lazer existentes nos locais referidos no caput devem ser adaptados e identificados, tanto quanto tecnicamente possível, para possibilitar sua utilização por pessoas com deficiência, inclusive visual, ou com mobilidade reduzida. (Redação dada pela Lei nº 13.443, de 2017)

Art. 5º O projeto e o traçado dos elementos de urbanização públicos e privados de uso comunitário, nestes compreendidos os itinerários e as passagens de pedestres, os percursos de entrada e de saída de veículos, as escadas e rampas, deverão observar os parâmetros estabelecidos pelas normas técnicas de acessibilidade da Associação Brasileira de Normas Técnicas – ABNT.

6.2.1 Conceitos Relevantes da ABNT

Acessibilidade: possibilidade e condição de alcance, percepção e entendimento para a utilização com segurança e autonomia de edificações, espaço, mobiliário, equipamento urbano e elementos. É o processo pelo qual se atinge o acesso universal, resultado da prática do design inclusivo.

Acessível: espaço, edificação, mobiliário, equipamento urbano ou elemento que possa ser alcançado, acionado, utilizado e vivenciado por qualquer pessoa, inclusive aquelas com mobilidade reduzida. O termo acessível implica tanto em acessibilidade física como de comunicação.

Acesso Universal: condição de percepção, aproximação e utilização, ampla e irrestrita, de ambientes, produtos e ou serviços por qualquer pessoa.

Adaptável: espaço, edificação, mobiliário, equipamento urbano ou elemento cujas características possam ser alteradas para que se torne acessível.

Adaptado: espaço, edificação, mobiliário, equipamento urbano ou elemento cujas características originais foram alteradas posteriormente para serem acessíveis.

Adequado: espaço, edificação, mobiliário, equipamento urbano ou elemento cujas características foram originalmente planejadas para serem acessíveis.

Barreira Arquitetônica, Urbanística ou Ambiental: qualquer elemento natural, instalado ou edificado, que impeça a aproximação, transferência ou circulação no espaço, mobiliário ou equipamento urbano.

Deficiência: redução, limitação ou inexistência das condições de percepção das características do ambiente ou de mobilidade e de utilização de edificações, espaços, mobiliário, equipamento urbano e elementos em caráter temporário ou permanente.

Desenho Universal: concepção de ambientes, produtos e ou serviços para atender ao maior número possível de pessoas, sem necessidade de adaptação ou projeto especializado, representando o nível mais amplo de acessibilidade. O desenho universal visa atender a maior gama de variações possíveis das características antropométricas e sensoriais da população.

Equipamento Urbano: todos os bens públicos e privados, de utilidade pública, destinados à prestação de serviços necessários ao funcionamento da cidade, implantados mediante autorização do poder público, em espaços públicos e privados.

Espaço Acessível: espaço que pode ser percebido e utilizado em sua totalidade por todas as pessoas, inclusive aquelas com mobilidade reduzida.

Faixa Elevada: elevação do nível do leito carroçável composto de área plana elevada, sinalizada com faixa de travessia de pedestres e rampa de transposição para veículos, destinada a promover a concordância entre os níveis das calçadas em ambos os lados da via.

Inclusão: reconhecimento da diversidade humana, garantia do acesso universal e equidade.

Mobiliário Urbano: todos os objetos, elementos e pequenas construções integrantes da paisagem urbana, de natureza utilitária, ou

ATENDIMENTO BANCÁRIO

não, implantada mediante autorização do poder público em espaços públicos e privados.

Pessoa com Mobilidade Reduzida: aquela que temporáriao u permanentemente, tem limitada sua capacidade de relacionar-se com o meio de utilizá-lo. Entende-se por pessoa com mobilidade reduzida a pessoa com deficiência, obesa, idosa, gestante, entre outros.

Piso Tátil: piso caracterizado pela diferenciação de textura em relação ao piso adjacente, destinado a constituir alerta ou linha guia perceptível por pessoas com deficiência visual.

Tecnologia Assistiva: conjunto de técnicas, aparelhos ou instrumentos, produtos e procedimentos que visam auxiliar a mobilidade, a percepçãoe a utilização do meio ambiente e dos elementos por pessoas com deficiência.

Art. 6º Os banheiros de uso público existentes ou a construir em parques, praças, jardins e espaços livres públicos deverão ser acessíveis e dispor, pelo menos, de um sanitário e um lavatório que atendam às especificações das normas técnicas da ABNT.

Art. 7º Em todas as áreas de estacionamento de veículos, localizadas em vias ou em espaços públicos, deverão ser reservadas vagas próximas dos acessos de circulação de pedestres, devidamente sinalizadas, para veículos que transportem pessoas portadoras de deficiência com dificuldade de locomoção.

Parágrafo único. As vagas a que se refere o caput deste artigo deverão ser em número equivalente a dois por cento do total, garantida, no mínimo, uma vaga, devidamente sinalizada e com as especificações técnicas de desenho e traçado de acordo com as normas técnicas vigentes.

6.2.2 Do Desenho e da Localização do Mobiliário Urbano

Art. 8º Os sinais de tráfego, semáforos, postes de iluminação ou quaisquer outros elementos verticais de sinalização que devam ser instalados em itinerário ou espaço de acesso para pedestres deverão ser dispostos de forma a não dificultar ou impedir a circulação, e de modo que possam ser utilizados com a máxima comodidade.

Art. 9ºOs semáforos para pedestres instalados nas vias públicas deverão estar equipados com mecanismo que emita sinal sonoro suave, intermitente e sem estridência, ou com mecanismo alternativo, que sirva de guia ou orientação para a travessia de pessoas portadoras de deficiência visual, se a intensidade do fluxo de veículos e a periculosidade da via assim determinarem.

Parágrafo único. Os semáforos para pedestres instalados em vias públicas de grande circulação, ou que deem acesso aos serviços de reabilitação, devem obrigatoriamente estar equipados com mecanismo que emita sinal sonoro suave para orientação do pedestre. (Incluído pela Lei nº 13.146, de 2015)

Art. 10. Os elementos do mobiliário urbano deverão ser projetados e instalados em locais que permitam sejam eles utilizados pelas pessoas portadoras de deficiência ou com mobilidade reduzida.

Art. 10-A. A instalação de qualquer mobiliário urbano em área de circulação comum para pedestre que ofereça risco de acidente à pessoa com deficiência deverá ser indicada mediante sinalização tátil de alerta no piso, de acordo com as normas técnicas pertinentes. (Incluído pela Lei nº 13.146, de 2015)

DECRETO nº 5.296/04

REGULAMENTA AS LEIS 10.048/00 E 10.098/00

ACESSIBILIDADE NOS SERVIÇOS DE TRANSPORTES — **DECRETO 5.296/04** — **CONCEITUA AJUDA TÉCNICA**

CONCEITUA DESENHO UNIVERSAL
CONCEITUA ACESSIBILIDADE

O capítulo IV, do Decreto nº 5.296/04, que discorre sobre a Implementação da Acessibilidade Arquitetônica e Urbanística, inicia com o Art. 10, impondo que a concepção e a implantação dos projetos arquitetônicos e urbanísticos atendam aos princípios do DESENHO UNIVERSAL, tendo como referências básicas as normas técnicas de acessibilidade da ABNT, a legislação específica e as regras contidas no Decreto.

O conceito de Desenho Universal, criado por uma comissão em Washington, Estados Unidos, nos anos 1960, foi inicialmente chamado de "Desenho Livre de Barreiras" por se voltar à eliminação de barreiras arquitetônicas nos projetos de edifícios, equipamentos e áreas urbanas. Posteriormente, esse conceito evoluiu para a concepção de Desenho Universal, pois passou a considerar não só o projeto, mas principalmente a diversidade humana, de forma a respeitar as diferenças existentes entre as pessoas e a garantir a acessibilidade a todos os componentes do ambiente.

O Desenho Universal deve ser concebido como gerador de ambientes, serviços, programas e tecnologias acessíveis, utilizáveis equitativamente, de forma segura e autônoma por todas as pessoas – na maior extensão possível – sem que tenham que ser adaptados ou readaptados especificamente, em virtude dos sete princípios que o sustentam, a saber:

LEIS FEDERAIS, DECRETOS E RESOLUÇÕES

Uso flexível	Design de produtos ou espaços que atendam pessoas com diferetnes habilidade e diversas preferências, sendo adaptáveis para qualquer uso.
Uso equiparável	São espaços objetos e produtos que podem ser utilizados por pessoas com diferentes capacidades, tornando os ambientes iguais para todos.
Simples e intuitivo	De fácil entendimento para que uma pessoa possa compreender, independentemente de sua experiência, conhecimento, habilidade de linguagem, ou nível de concentração.
Informação perceptiível	Quando a informação necessária é transmitida de forma a atender as necessidades do receptor, seja ela uma pessoa estrangeira, com dificuldade de visão ou audição.
Tolerante ao erro	Previsto para minimizar os riscos e possíveis consequências de ações acidentais ou não intencionais.
Com pouca exigência de esforço físico	Para ser usado eficientemente, com o mínimo de fadiga.
Dimensão e espaço para aproximação e uso	Que estabelece dimensões e espaços apropriados para o acesso, o alcance, a manipulação e o uso, independentemente do tamanho do porpo (obesos, anões etc.) da postura ou mobilidade de usuários (pessoas em cadeiras de rodas, com carrinhos de bebê, bengalas etc.).

7 RESOLUÇÃO Nº 230/2016 - CNJ

A Resolução nº 230/16 do Conselho Nacional de Justiça orienta a adequação das atividades dos órgãos do Poder Judiciário e de seus serviços auxiliares às determinações exaradas pela Convenção Internacional sobre os Direitos das Pessoas com Deficiência e seu Protocolo Facultativo e pela Lei Brasileira de Inclusão da Pessoa com Deficiência por meio – entre outras medidas – da Recomendação CNJ 27, de 16/12/2009, bem como da instituição de Comissões Permanentes de Acessibilidade e Inclusão.

7.1 Princípios Gerais da Convenção Internacional sobre os Direitos das Pessoas com Deficiência

PRINCÍPIOS GERAIS
- RESPEITO PELA DIFERENÇA E ACEITAÇÃO DAS PESSOAS COM DEFICIÊNCIA COMO PARTE DA DIVERSIDADE HUMANA E HUMANIDADE
- NÃO DISCRIMINAÇÃO
- IGUALDADE DE OPORTUNIDADES
- ACESSIBILIDADE
- PLENA E EFETIVA PARTICIPAÇÃO E INCLUSÃO NA SOCIEDADE
- IGUALDADE ENTRE HOMEM E MULHER
- RESPEITO PELA DIGNIDADE DA PESSOA HUMANA
- RESPEITO PELO DESENVOLVIMENTO DAS CAPACIDADES DAS CRIANÇAS COM DEFICIÊNCIA E PELO DIREITO DE PRESERVAÇÃO DA IDENTIDADE

A Resolução nº 230/2016 prevê, entre outros procedimentos, atendimento e tramitação processual prioritários aos usuários com deficiência quando forem parte ou interessados. Também visa a adoção urgente de medidas apropriadas para eliminar e prevenir qualquer barreira. O intuito é assegurar a servidores, a funcionários terceirizados e a usuários em geral as adaptações necessárias para o atendimento.

7.1.1 Essência da Norma

"Art. 1º Esta Resolução orienta a adequação das atividades dos órgãos do Poder Judiciário e de seus serviços auxiliares em relação às determinações exaradas pela Convenção Internacional sobre os Direitos das Pessoas com Deficiência e seu Protocolo Facultativo (promulgada por meio do Decreto nº 6.949/2009) e pela Lei Brasileira de Inclusão da Pessoa com Deficiência (Lei nº 13.146/2015)."

7.1.2 O Que a Resolução Leva em Conta

O Art. 2º, da Resolução nº 230/2016, do CNJ, estabelece conceitos aplicáveis às pessoas com deficiência, dos quais se destacam:

- "discriminação por motivo de deficiência" significa qualquer diferenciação, exclusão ou restrição, por ação ou omissão, baseada em deficiência, com o propósito ou efeito de impedir ou impossibilitar o reconhecimento, o desfrute ou o exercício, em igualdade de oportunidades com as demais pessoas, de direitos humanos e liberdades fundamentais nos âmbitos político, econômico, social, cultural, civil ou qualquer outro, incluindo a recusa de adaptações razoáveis e de fornecimento de tecnologias assistivas;
- "acessibilidade" significa possibilidade e condição de alcance para utilização, com segurança e autonomia, de espaços, mobiliários, equipamentos urbanos, edificações, transportes, informação e comunicação, inclusive seus sistemas e tecnologias, bem como de outros serviços e instalações abertos ao público, de uso público ou privados de uso coletivo, tanto na zona urbana como na rural, por pessoa com deficiência ou com mobilidade reduzida;
- "barreiras" significa qualquer entrave, obstáculo, atitude ou comportamento que limite ou impeça a participação social da pessoa, bem como o gozo, a fruição e o exercício de seus direitos à acessibilidade, à liberdade de movimento e de expressão, à comunicação, ao acesso à informação, à compreensão, à circulação com segurança;
- "tecnologia assistiva" (ou "ajuda técnica") significa produtos, equipamentos, dispositivos, recursos, metodologias, estratégias, práticas e serviços que objetivem promover a funcionalidade, relacionada à atividade e à participação da pessoa com deficiência ou com mobilidade reduzida, visando à sua autonomia, independência, qualidade de vida e inclusão social;
- "comunicação" significa uma forma de interação dos cidadãos que abrange, entre outras opções, as línguas, inclusive a Língua Brasileira de Sinais (Libras), a visualização de textos, o Braille, o sistema de sinalização ou de comunicação tátil, os caracteres ampliados, os dispositivos multimídia, assim como a linguagem simples, escrita e oral, os sistemas auditivos e os meios de voz digitalizados e os modos, meios e formatos aumentativos e alternativos de comunicação, incluindo as tecnologias da informação e das comunicações.

7.1.3 Atendimento Prioritário à Pessoa com Deficiência

Art. 16. A pessoa com deficiência tem direito a receber atendimento prioritário, sobretudo com a finalidade de:

I. proteção e socorro em quaisquer circunstâncias;
II. atendimento em todos os serviços de atendimento ao público;
III. disponibilização de recursos, tanto humanos quanto tecnológicos, que garantam atendimento em igualdade de condições com as demais pessoas;
IV. acesso a informações e disponibilização de recursos de comunicação acessíveis;
V. tramitação processual e procedimentos judiciais e administrativos em que for parte ou interessada, em todos os atos e diligências.

Parágrafo único. Os direitos previstos neste artigo são extensivos ao acompanhante da pessoa com deficiência ou ao seu atendente pessoal, exceto quanto ao disposto no inciso V deste artigo.

Art. 3º A fim de promover a igualdade, adotar-se-ão, com urgência, medidas apropriadas para eliminar e prevenir quaisquer barreiras urbanísticas, arquitetônicas, nos transportes, nas comunicações e na informação, atitudinais ou tecnológicas, devendo-se garantir às pessoas com deficiência – servidores, serventuários extrajudiciais, terceirizados ou não – quantas adaptações razoáveis ou mesmo tecnologias assistivas sejam necessárias para assegurar acessibilidade plena, coibindo qualquer forma de discriminação por motivo de deficiência.

8 LEI Nº 8.078/1990 – CÓDIGO DE DEFESA DO CONSUMIDOR

8.1 Sobre o código de defesa do consumidor

8.1.1 Base constitucional

Como a maioria de nosso ordenamento jurídico, o Código de Defesa do Consumidor, ou apenas CDC, (Código de Defesa do Consumidor, Lei nº 8.078/1990) é um diploma de origem constitucional, tendo como pontos de partida a inclusão como direito fundamental no art. 5º, XXXII da Constituição Federal de 1988, e como princípio geral da atividade econômica brasileira no art. 170, V da CF/1988).

> *Art. 5º Todos são iguais perante a lei, sem distinção de qualquer natureza, garantindo-se aos brasileiros e aos estrangeiros residentes no País a inviolabilidade do direito à vida, à liberdade, à igualdade, à segurança e à propriedade, nos termos seguintes:*
> *[...]*
> *XXXII – o Estado promoverá, na forma da lei, a defesa do consumidor;*

Ademais, o alto grau de mutabilidade das relações consumeristas e a sujeição de tais relações às questões de regionalidades conduziu o constituinte a estabelecer a edição de normas consumeristas como hipótese de competência legislativa concorrente (art. 24, VIII da CF/1988).

> *Art. 24, CF/1988 Compete à União, aos Estados e ao Distrito Federal legislar concorrentemente sobre:*
> *[...]*
> *VIII – responsabilidade por dano ao meio ambiente, ao consumidor, a bens e direitos de valor artístico, estético, histórico, turístico e paisagístico;*

8.1.2 Conceito

Quando falamos de Direito do Consumidor, devemos levar em consideração seus fundamentos principais, vejamos:

▷ **Composição:** normas e princípios;
▷ **Objeto de preocupação:** sociedade de consumo;
▷ **Objetivo:** "tutela integral, sistemática e dinâmica" da parte vulnerável na relação consumerista, qual seja, o consumidor.

Dessa forma, o Direito do Consumidor seria conceituado como o um conjunto de normas e princípios que tratam das transações de consumo em busca da promoção da "tutela integral, sistemática e dinâmica" da parte vulnerável na relação consumerista, ou seja, o consumidor.

8.1.3 Natureza jurídica

É de consenso que o Direito do Consumidor é uma vertente jurídica, com base em princípios e normas próprias. No entanto, há divergências quanto ao seu posicionamento, pois há aqueles que declaram que é um ramo autônomo do Direito Privado, que se soma ao Direito Civil e ao Direito Empresarial, bem há aqueles que declaram como sendo considerado um o ramo autônomo de um novo direito, denominado difuso.

8.1.4 Normas do CDC

As normas do CDC incidem de forma ampla nas relações jurídicas que contenham a presença do consumidor, pois possui dicção aberta e amplo alcance para amparar a parte vulnerável.

Além disso, o Código de Defesa do Consumidor é um microssistema legislativo, ou seja, tem como base normas de Direito Público e privado, de Direito Material e Processual além de várias outras áreas do direito, e tem maior preocupação com a efetividade e a interpretação constitucional em favor do consumidor. Dessa forma, busca a implementação de seu texto em qualquer lei que afete o consumidor, que se ressalte com a adoção da Teoria do Diálogo das fontes, conforme o art. 1º do CDC.

> *Art. 1º O presente código estabelece normas de proteção e defesa do consumidor, **de ordem pública e interesse social**, nos termos dos artes. 5º, inciso XXXII, 170, inciso V, da Constituição Federal e art. 48 de suas Disposições Transitórias. (grifo nosso)*

Sobre ordem pública e interesse geral são aquelas consideradas obrigatórias, que não admitem renúncia em prejuízo ao consumidor

> **Fique ligado**
>
> Não significa que o consumidor não possa desistir em juízo, apenas que elabore qualquer forma de contrato onde **previamente renuncie aos seus direitos.**

Ainda, em casos de cláusulas abusivas (cláusulas consideradas fraudulentas) o juiz pode e deve reconhecer de ofício perante as normas do CDC, exceto nos casos relativos a seara bancária, conforme estabelecido nos termos da Súmula nº 381 do STJ.

Nesse diapasão, vemos que o nosso CDC é um exemplo de constitucionalização do direito privado, tendo em vista que demonstra a intervenção do Estado (heteronômica) na autonomia de vontade do particular ou seja o consumidor, conferida pelos princípios da autonomia da vontade e do *pacta sunt servanda* (princípio da força obrigatória dos contratos), ocorrendo a mitigação da força desses princípios, ou seja, impedindo que os contratos sejam baseados na vontade das partes, devendo-se observar a boa-fé objetiva, o equilíbrio material, conforme artes. 421 e 2.035 do Código Civil.

> *Art. 421 A liberdade contratual será exercida nos limites da função social do contrato.*
> *Parágrafo único. Nas relações contratuais privadas, prevalecerão o princípio da intervenção mínima e a excepcionalidade da revisão contratual.*
> *Art. 2.035 A validade dos negócios e demais atos jurídicos, constituídos antes da entrada em vigor deste Código, obedece ao disposto nas leis anteriores, referidas no art. 2.045, mas os seus efeitos, produzidos após a vigência deste Código, aos preceitos dele se subordinam, salvo se houver sido prevista pelas partes determinada forma de execução.*
> *Parágrafo único. Nenhuma convenção prevalecerá se contrariar preceitos de ordem pública, tais como os estabelecidos por este Código para assegurar a função social da propriedade e dos contratos.*

Assim, inviabiliza que ocorram contratos firmados com clausulas que não condizem com a relação que está sendo construída, ou seja, são inviáveis ao consumidor ou até mesmo ao fornecedor. Impedindo, assim, uma seguradora, após vigência contratual de décadas, simplesmente se recuse a renovar a apólice do consumidor sem justificativa.

8.1.5 Aplicação do CDC no tempo

Quando o CDC foi publicado, muito se cogitou quanto a sua aplicação a contratos anteriores a sua vigência, no entanto, achou-se a solução para as controvérsias no art. 5º, XXXVI da CF/1988 onde encontramos o princípio da irretroatividade das leis. Assim o CDC não se aplica em contratos anteriores ao código de defesa do consumidor.

> *Art. 5º Todos são iguais perante a lei, sem distinção de qualquer natureza, garantindo-se aos brasileiros e aos estrangeiros residentes no País a inviolabilidade do direito à vida, à liberdade, à igualdade, à segurança e à propriedade, nos termos seguintes:*
> *[...]*
> *XXXVI – a lei não prejudicará o direito adquirido, o ato jurídico perfeito e a coisa julgada;*

8.1.6 Teoria do diálogo das fontes

A Teoria do Diálogo das Fontes se desenvolve perante a existência do Pluralismo Pós-Moderno, ou seja, do surgimento de diversas fontes legislativas devido a necessidade social moderna. Seu objetivo é criar uma Coerência Derivada ou Restaurada, com o fim de promover uma aplicação legislativa coerente, coordenada e eficiente.

Assim, podemos encontrar uma forma flexível quando ocorrer pluralidade legislativa aplicável ao mesmo caso, de forma que possam conviver harmonicamente, observando sempre o princípio para o *homine* e a eficácia horizontal.

Sua aplicação ocorre de três formas:

▷ **Diálogo sistemático de coerência:** onde, na aplicação simultânea de duas leis, a primeira serve como base para a segunda;

▷ **Diálogo sistemático de complementaridade e Subsidiariedade:** onde, na aplicação coordenada de duas leis, uma deve complementar a outra;

▷ **Diálogo das influências recíprocas sistemáticas:** gera uma possível redefinição de aplicação legislativa, ou seja, quando ocorre a influência do sistema legislativo especial no geral.

9 PRINCÍPIOS DO CDC

9.1 Vulnerabilidade do consumidor e inversão do ônus da prova

Esse princípio trata da vulnerabilidade do consumidor e é expressamente reconhecido no inciso I do art. 4º do CDC, assim, a vulnerabilidade pode ser permanente ou provisória, individual ou coletiva. É uma forma de desequilíbrio entre o consumidor e o comerciante/prestador de serviços.

Existe, na doutrina, uma divisão de quatro espécies de vulnerabilidade:

- **Vulnerabilidade técnica:** quando o consumidor não tem capacidade de reconhecimento das especificações técnicas do produto ou serviço;
- **Vulnerabilidade jurídica:** quando o consumidor não possui conhecimento jurídico sobre o produto ou serviço;
- **Vulnerabilidade fática ou econômica:** quando o consumidor não possui capacidade analítica nas circunstâncias ali atreladas, quanto á comunicação (forma fática) ou de forma econômica;
- **Vulnerabilidade informacional:** quando o consumidor não possui dados suficientes com relação ao produto ou serviço.

9.2 Defesa do consumidor pelo Estado

Tal princípio se encontra no art. 4º, II do CDC, e é o direito do Estado a propor uma ação em defesa dos consumidores, podendo estipular políticas públicas de proteção ao consumidor tendo em vista ser a parte vulnerável da relação de consumo.

> **Art. 4º** *A Política Nacional das Relações de Consumo tem por objetivo o atendimento das necessidades dos consumidores, o respeito à sua dignidade, saúde e segurança, a proteção de seus interesses econômicos, a melhoria da sua qualidade de vida, bem como a transparência e harmonia das relações de consumo, atendidos os seguintes princípios:*
> *[...]*
> *II – ação governamental no sentido de proteger efetivamente o consumidor:*
> *a) por iniciativa direta;*
> *b) por incentivos à criação e desenvolvimento de associações representativas;*
> *c) pela presença do Estado no mercado de consumo;*
> *d) pela garantia dos produtos e serviços com padrões adequados de qualidade, segurança, durabilidade e desempenho.*

9.3 Harmonização

Esse princípio é regido pelo art. 4º, III do CDC, e tem como fundamento harmonização dos interesses na relação de consumo, como forma de proteger o consumidor com a necessidade de desenvolvimento econômico e tecnológico, mantendo a boa-fé e o equilíbrio entre a relação de consumo.

> **Art. 4º** *A Política Nacional das Relações de Consumo tem por objetivo o atendimento das necessidades dos consumidores, o respeito à sua dignidade, saúde e segurança, a proteção de seus interesses econômicos, a melhoria da sua qualidade de vida, bem como a transparência e harmonia das relações de consumo, atendidos os seguintes princípios:*
> *[...]*
> *III – harmonização dos interesses dos participantes das relações de consumo e compatibilização da proteção do consumidor com a necessidade de desenvolvimento econômico e tecnológico, de modo a viabilizar os princípios nos quais se funda a ordem econômica (art. 170, da Constituição Federal), sempre com base na boa-fé e equilíbrio nas relações entre consumidores e fornecedores;*

9.4 Boa-fé objetiva

O princípio da boa-fé encontra-se no art. 4º, III do CDC (citado no item anterior), assim, a boa-fé objetiva trata-se na confiança é a noção de "'confiança", onde estabelece um padrão ético de conduta para as partes.

9.5 Transparência

O princípio da a transparência visa assegurar a total transparência nas relações de consumo, conforme o art. 4º do CDC (conforme citado anteriormente). Assim tem o intuito de garantir às partes envolvidas na relação de consumo total acesso às informações relacionadas aos produtos ou serviço em questão, desde a fabricação ou execução, até sua utilização.

9.6 Informação

O princípio da informação se liga diretamente ao princípio da transparência, sendo uma forma de concretizar efetivamente a transparência, ou seja, levando toda a informação as partes na relação de consumo.

9.7 Segurança

O princípio da segurança veda ao fornecedor para que não ofereça produtos ou serviços que causem danos ao consumidor, tal princípio se encontra no art. 6º, I, do CDC.

> **Art. 6º** *São direitos básicos do consumidor:*
> *I – a proteção da vida, saúde e segurança contra os riscos provocados por práticas no fornecimento de produtos e serviços considerados perigosos ou nocivos;*

9.8 Equilíbrio nas prestações

Tal princípio trata sobre a livre iniciativa (o lucro) em acordo com os valores constitucionais, de forma que evite as vantagens desproporcionais, sendo previsto, nos termos do art. 6º, V:

> **Art. 6º** *São direitos básicos do consumidor:*
> *[...]*
> *V – a modificação das cláusulas contratuais que estabeleçam prestações desproporcionais ou sua revisão em razão de fatos supervenientes que as tornem excessivamente onerosas;*

9.9 Reparação integral

Esse princípio expõe que os danos sofridos pelo consumidor devem ser reparados de forma ampla, abrangendo todos os danos causados, conforme o art. 6º, VI:

> **Art. 6º** *São direitos básicos do consumidor:*
> *[...]*
> *VI – a efetiva prevenção e reparação de danos patrimoniais e morais, individuais, coletivos e difusos;*

9.10 Solidariedade (responsabilidade solidária)

O princípio da solidariedade trata da responsabilidade dos fornecedores, uma vez que o consumidor pode requerer a reparação do dano a todos os fornecedores da cadeia de forma solidaria.

9.11 Interpretação mais favorável ao consumidor

De acordo com o art. 47 do CDC: *as cláusulas contratuais devem ser interpretadas da melhor forma ao consumidor*, sendo tal princípio a simples aplicação do referido artigo.

9.12 Reparação objetiva

Esse princípio vem da culpa na responsabilidade civil do fornecedor por dano que tenha causado ao consumidor, sendo necessária a simples comprovação do prejuízo e o nexo causal.

9.13 Conservação do contrato

Esse princípio é o apaziguador, uma vez que diante de alguma cláusula abusiva ou algum defeito sanável, corrige-se o contrato e preserva o mesmo. Conforme inclusive o art. 51, § 2º do CDC.

Dispõe sobre a proteção do consumidor e dá outras providências.

> **Art. 51** *São nulas de pleno direito, entre outras, as cláusulas contratuais relativas ao fornecimento de produtos e serviços que:*
> *[...]*
> *§ 2º A nulidade de uma cláusula contratual abusiva não invalida o contrato, exceto quando de sua ausência, apesar dos esforços de integração, decorrer ônus excessivo a qualquer das partes.*

9.14 Obrigatoriedade dos contratos ou da intangibilidade contratual (pacta sunt servanda)

Esse princípio é o que dá a eficácia vinculante para que as disposições sejam pactuadas entre as partes em um contrato.

10 RELAÇÃO JURÍDICA DE CONSUMO

O direito do consumidor é um ramo do direito voltado a proteger as relações de consumo e principalmente a parte vulnerável.

Vejamos abaixo os principais pontos do direito do consumidor em definição.

CONCEITO	CONSUMIDOR
↓	↓
É A RELAÇÃO ENTRE CONSUMIDOR E FORNECEDOR OU PRESTADOR DE SERVIÇOS	CONSUMIDOR É TODA PESSOA FÍSICA OU JURIDICA QUE SE ENCONTRE ADQUIRINDO OU UTLIZANDO UM PRODUTO OU SERVIÇO, DESDE QUE SENDO ESTE O USUARIO FINAL!

Art. 2° Consumidor é toda pessoa física ou jurídica que adquire ou utiliza produto ou serviço como destinatário final.
Parágrafo único. *Equipara-se a consumidor a coletividade de pessoas, ainda que indetermináveis, que haja intervindo nas relações de consumo.*

FORNECEDOR
↓
FORNECEDOR É TODA PESSOA FÍSICA OU JURIDICA QUE PRODUZA, COMERCIALIZE OU PRESTE UM SERVIÇO

Art. 3° Fornecedor é toda pessoa física ou jurídica, pública ou privada, nacional ou estrangeira, bem como os entes despersonalizados, que desenvolvem atividade de produção, montagem, criação, construção, transformação, importação, exportação, distribuição ou comercialização de produtos ou prestação de serviços.
§ 1° Produto é qualquer bem, móvel ou imóvel, material ou imaterial.
§ 2° Serviço é qualquer atividade fornecida no mercado de consumo, mediante remuneração, inclusive as de natureza bancária, financeira, de crédito e securitária, salvo as decorrentes das relações de caráter trabalhista.

10.1 Internet e relações de consumo

O consumo on-line teve um crescimento gigante e de tamanha importância para a relação consumerista. Assim os consumidores virtuais, detém os mesmos direitos e obrigações em suas relações de consumo.

Com o avanço dessa modalidade o legislador teve que promover maior proteção e uniformização da legislação, dessa forma, criou-se a Lei n°12.965/2014 sendo conhecida como a Lei do Marco Civil.

Em seu art. 18, a referida lei nos diz que o **provedor** de conexão à internet não deverá ser responsabilizado de forma civil por danos gerados de conteúdo de terceiros, no entanto, em seu art. 19, disciplina que o provedor somente poderá ser responsabilizado civilmente, **após ordem judicial específica**.

10.2 Teoria da qualidade

No capítulo IV do CDC, vemos do art. 8 ao 28, a chamada teoria da qualidade, sendo chamada desta forma por ter como objetivo principal zelar pela qualidade dos produtos e dos serviços colocados no mercado.

Assim no capítulo IV, seção I, vemos os artigos relativos à proteção da saúde e segurança do consumidor, ou seja, as legislações impõem formas de cuidado e zelo na relação consumerista, vejamos:

Art. 8° Os produtos e serviços colocados no mercado de consumo não acarretarão riscos à saúde ou segurança dos consumidores, exceto os considerados normais e previsíveis em decorrência de sua natureza e fruição, obrigando-se os fornecedores, em qualquer hipótese, a dar as informações necessárias e adequadas a seu respeito.
§ 1° Em se tratando de produto industrial, ao fabricante cabe prestar as informações a que se refere este artigo, através de impressos apropriados que devam acompanhar o produto
§ 2° O fornecedor deverá higienizar os equipamentos e utensílios utilizados no fornecimento de produtos ou serviços, ou colocados à disposição do consumidor, e informar, de maneira ostensiva e adequada, quando for o caso, sobre o risco de contaminação.
Art. 9° O fornecedor de produtos e serviços potencialmente nocivos ou perigosos à saúde ou segurança deverá informar, de maneira ostensiva e adequada, a respeito da sua nocividade ou periculosidade, sem prejuízo da adoção de outras medidas cabíveis em cada caso concreto.
Art. 10 O fornecedor não poderá colocar no mercado de consumo produto ou serviço que sabe ou deveria saber apresentar alto grau de nocividade ou periculosidade à saúde ou segurança.
§ 1° O fornecedor de produtos e serviços que, posteriormente à sua introdução no mercado de consumo, tiver conhecimento da periculosidade que apresentem, deverá comunicar o fato imediatamente às autoridades competentes e aos consumidores, mediante anúncios publicitários.
§ 2° Os anúncios publicitários a que se refere o parágrafo anterior serão veiculados na imprensa, rádio e televisão, às expensas do fornecedor do produto ou serviço.
§ 3° Sempre que tiverem conhecimento de periculosidade de produtos ou serviços à saúde ou segurança dos consumidores, a União, os Estados, o Distrito Federal e os Municípios deverão informá-los a respeito.

Já na seção II do capítulo IV, vemos a responsabilidade do fornecedor, inclusive responsabilidade que é comparada pela doutrina a responsabilidade civil estabelecida pelo Código Civil, destaca-se que a doutrina separa essa responsabilização em três tipos:

▷ **Responsável real:** é o que fabrica o produto ou presta o serviço diretamente;
▷ **Responsável presumido:** é o que expõem à venda o produto ou serviço;
▷ **Responsável ficto:** é o que importa o produto ou serviço para venda doméstica;

Vejamos os artigos relativos a esta seção:

Art. 12 O fabricante, o produtor, o construtor, nacional ou estrangeiro, e o importador respondem, independentemente da existência de culpa, pela reparação dos danos causados aos consumidores por defeitos decorrentes de projeto, fabricação, construção, montagem, fórmulas, manipulação, apresentação ou acondicionamento de seus produtos, bem como por informações insuficientes ou inadequadas sobre sua utilização e riscos.
§ 1° O produto é defeituoso quando não oferece a segurança que dele legitimamente se espera, levando-se em consideração as circunstâncias relevantes, entre as quais:
I – Sua apresentação;
II – o uso E os riscos que razoavelmente dele se esperam;
III – a época em que foi colocado em circulação.
§ 2° O produto não é considerado defeituoso pelo fato de outro de melhor qualidade ter sido colocado no mercado.
§ 3° O fabricante, o construtor, o produtor ou importador só não será responsabilizado quando provar:
I – Que não colocou o produto no mercado;

II – Que, embora haja colocado o produto no mercado, o defeito inexiste;

III – a culpa exclusiva do consumidor ou de terceiros.

Art. 13 *O comerciante é igualmente responsável, nos termos do artigo anterior, quando:*

I – O fabricante, o construtor, o produtor ou o importador não puderem ser identificados;

II – O produto for fornecido sem identificação clara do seu fabricante, produtor, construtor ou importador;

III – não conservar adequadamente os produtos perecíveis.

Parágrafo único. *Aquele que efetivar o pagamento ao prejudicado poderá exercer o direito de regresso contra os demais responsáveis, segundo sua participação na causação do evento danoso.*

Art. 14 *O fornecedor de serviços responde, independentemente da existência de culpa, pela reparação dos danos causados aos consumidores por defeitos relativos à prestação dos serviços, bem como por informações insuficientes ou inadequadas sobre sua fruição e riscos.*

§ 1° O serviço é defeituoso quando não fornece a segurança que o consumidor dele pode esperar, levando-se em consideração as circunstâncias relevantes, entre as quais:

I – O modo de seu fornecimento;

II – o resultado E os riscos que razoavelmente dele se esperam;

III – a época em que foi fornecido.

§ 2° O serviço não é considerado defeituoso pela adoção de novas técnicas.

§ 3° O fornecedor de serviços só não será responsabilizado quando provar:

I – Que, tendo prestado o serviço, o defeito inexiste;

II – A culpa exclusiva do consumidor ou de terceiros.

§ 4° A responsabilidade pessoal dos profissionais liberais será apurada mediante a verificação de culpa.

Art. 15 *(Vetado)*

Art. 16 *(Vetado)*

Art. 17 *Para os efeitos desta Seção, equiparam-se aos consumidores todas as vítimas do evento.*

Continuando, a seção III trata dos vícios inerentes ao produto ou serviço e a quem cabe a responsabilidade, vejamos:

Art. 18 *Os fornecedores de produtos de consumo duráveis ou não duráveis respondem solidariamente pelos vícios de qualidade ou quantidade que os tornem impróprios ou inadequados ao consumo a que se destinam ou lhes diminuam o valor, assim como por aqueles decorrentes da disparidade, com a indicações constantes do recipiente, da embalagem, rotulagem ou mensagem publicitária, respeitadas as variações decorrentes de sua natureza, podendo o consumidor exigir a substituição das partes viciadas.*

§ 1° Não sendo o vício sanado no prazo máximo de trinta dias, pode o consumidor exigir, alternativamente e à sua escolha:

I – A substituição do produto por outro da mesma espécie, em perfeitas condições de uso;

II – A restituição imediata da quantia paga, monetariamente atualizada, sem prejuízo de eventuais perdas e danos;

III – o abatimento proporcional do preço.

§ 2° Poderão as partes convencionar a redução ou ampliação do prazo previsto no parágrafo anterior, não podendo ser inferior a sete nem superior a cento e oitenta dias. Nos contratos de adesão, a cláusula de prazo deverá ser convencionada em separado, por meio de manifestação expressa do consumidor.

§ 3° O consumidor poderá fazer uso imediato das alternativas do § 1° deste artigo sempre que, em razão da extensão do vício, a substituição das partes viciadas puder comprometer a qualidade ou características do produto, diminuir-lhe o valor ou se tratar de produto essencial.

§ 4° Tendo o consumidor optado pela alternativa do inciso I do § 1° deste artigo, e não sendo possível a substituição do bem, poderá haver substituição por outro de espécie, marca ou modelo diversos, mediante complementação ou restituição de eventual diferença de preço, sem prejuízo do disposto nos incisos II e III do § 1° deste artigo.

§ 5° No caso de fornecimento de produtos in natura, será responsável perante o consumidor o fornecedor imediato, exceto quando identificado claramente seu produtor.

§ 6° São impróprios ao uso e consumo:

I – Os produtos cujos prazos de validade estejam vencidos;

II – Os produtos deteriorados, alterados, adulterados, avariados, falsificados, corrompidos, fraudados, nocivos à vida ou à saúde, perigosos ou, ainda, aqueles em desacordo com as normas regulamentares de fabricação, distribuição ou apresentação;

III – os produtos que, por qualquer motivo, se revelem inadequados ao fim a que se destinam.

Art. 19 *Os fornecedores respondem solidariamente pelos vícios de quantidade do produto sempre que, respeitadas as variações decorrentes de sua natureza, seu conteúdo líquido for inferior às indicações constantes do recipiente, da embalagem, rotulagem ou de mensagem publicitária, podendo o consumidor exigir, alternativamente e à sua escolha:*

I – O abatimento proporcional do preço;

II – Complementação do peso ou medida;

III – a substituição do produto por outro da mesma espécie, marca ou modelo, sem os aludidos vícios;

IV – A restituição imediata da quantia paga, monetariamente atualizada, sem prejuízo de eventuais perdas e danos.

§ 1° Aplica-se a este artigo o disposto no § 4° do artigo anterior.

§ 2° O fornecedor imediato será responsável quando fizer a pesagem ou a medição e o instrumento utilizado não estiverem aferido segundo os padrões oficiais.

Art. 20 *O fornecedor de serviços responde pelos vícios de qualidade que os tornem impróprios ao consumo ou lhes diminuam o valor, assim como por aqueles decorrentes da disparidade com as indicações constantes da oferta ou mensagem publicitária, podendo o consumidor exigir, alternativamente e à sua escolha:*

I – A ré execução dos serviços, sem custo adicional e quando cabível;

II – A restituição imediata da quantia paga, monetariamente atualizada, sem prejuízo de eventuais perdas e danos;

III – o abatimento proporcional do preço.

§ 1° A ré execução dos serviços poderá ser confiada a terceiros devidamente capacitados, por conta e risco do fornecedor.

§ 2° São impróprios os serviços que se mostrem inadequados para os fins que razoavelmente deles se esperam, bem como aqueles que não atendam as normas regulamentares de estabilidade.

Art. 21 *No fornecimento de serviços que tenham por objetivo a reparação de qualquer produto considerar-se-á implícita a obrigação do fornecedor de empregar componentes de reposição originais adequados e novos, ou que mantenham as especificações técnicas do fabricante, salvo, quanto a estes últimos, autorização em contrário do consumidor.*

Art. 22 *Os órgãos públicos, por si ou suas empresas, concessionárias, permissionárias ou sob qualquer outra forma de empreendimento, são obrigados a fornecer serviços adequados, eficientes, seguros e, quanto aos essenciais, contínuos.*

Parágrafo único. *Nos casos de descumprimento, total ou parcial, das obrigações referidas neste artigo, serão as pessoas jurídicas compelidas a cumpri-las e a reparar os danos causados, na forma prevista neste código.*

Art. 23 *A ignorância do fornecedor sobre os vícios de qualidade por inadequação dos produtos e serviços não o exime de responsabilidade.*

Art. 24 *A garantia legal de adequação do produto ou serviço independe de termo expresso, vedada a exoneração contratual do fornecedor.*

Art. 25 *É vedada a estipulação contratual de cláusula que impossibilite, exonere ou atenue a obrigação de indenizar prevista nesta e nas seções anteriores.*

§ 1° Havendo mais de um responsável pela causação do dano, todos responderão solidariamente pela reparação prevista nesta e nas seções anteriores.

RELAÇÃO JURÍDICA DE CONSUMO

§ 2° Sendo o dano causado por componente ou peça incorporada ao produto ou serviço, são responsáveis solidários seu fabricante, construtor ou importador e o que realizou a incorporação.

Assim, a responsabilidade civil nas relações de consumo de caráter objetivo, onde a responsabilidade do fornecedor está clara nos artigos da Seção II, devemos apurar de forma objetiva se há responsabilidade do fornecedor pelo funcionamento inadequado de algum produto ou serviço.

10.3 Caráter solidário

A solidariedade no CDC encontra-se estabelecida nos art. 7°, parágrafo único; arts. 18, 19 e 25, §§ 1° e 2° do CDC.

Nessa relação de solidariedade, caso possua mais de um fornecedor, o texto legislativo traz que, todos serão solidariamente responsáveis por funcionamento inadequado do produto ou do serviço.

A solidariedade é um benefício ao consumidor, sendo inclusive o motivo pelo qual o CDC não admite a denunciação a lide nas demandas de consumo, conforme o art. 88 do CDC.

Art. 88 Na hipótese do art. 13, parágrafo único deste código, a ação de regresso poderá ser ajuizada em processo autônomo, facultada a possibilidade de prosseguir-se nos mesmos autos, vedada a denunciação da lide.

10.4 Vício no produto ou serviço e fato do produto ou serviço

O vício é estipulado pelos arts. 18 a 25 do CDC, **onde demonstra-se uma desordem**, entre o produto e o serviço e a expectativa de consumo. Já o fato se encontra nos arts. 12 e 14, em que quando há um dano que o consumidor experimentou, seja à integridade física ou à integridade moral.

VÍCIO = PRODUTO ≠ FATO = PESSOA

Dessa forma, o vício e o fato estão ligados diretamente ao princípio da qualidade, devendo atingir segurança, igualdade entre propaganda e expectativa final

Fique ligado

Independente do contrato o fornecedor deve reparar os vícios eventualmente encontrados no produto ou no serviço pela noção de garantia legal.

Ainda, devemos mencionar que o art. 18, diz que os fornecedores respondem solidariamente pelos vícios de qualidade ou quantidade que tornem esses produtos impróprios, que reduzam o valor do produto ou que não são condizentes com as especificações nos rótulos ou propagandas.

Art. 18 Os fornecedores de produtos de consumo duráveis ou não duráveis respondem solidariamente pelos vícios de qualidade ou quantidade que os tornem impróprios ou inadequados ao consumo a que se destinam ou lhes diminuam o valor, assim como por aqueles decorrentes da disparidade, com a indicações constantes do recipiente, da embalagem, rotulagem ou mensagem publicitária, respeitadas as variações decorrentes de sua natureza, podendo o consumidor exigir a substituição das partes viciadas.

§ 1° Não sendo o vício sanado no prazo máximo de trinta dias, pode o consumidor exigir, alternativamente e à sua escolha:

I – A substituição do produto por outro da mesma espécie, em perfeitas condições de uso;

II – A restituição imediata da quantia paga, monetariamente atualizada, sem prejuízo de eventuais perdas e danos;

III – o abatimento proporcional do preço.

§ 2° Poderão as partes convencionar a redução ou ampliação do prazo previsto no parágrafo anterior, não podendo ser inferior a sete nem superior a cento e oitenta dias. Nos contratos de adesão, a cláusula de prazo deverá ser convencionada em separado, por meio de manifestação expressa do consumidor.

§ 3° O consumidor poderá fazer uso imediato das alternativas do § 1° deste artigo sempre que, em razão da extensão do vício, a substituição das partes viciadas puder comprometer a qualidade ou características do produto, diminuir-lhe o valor ou se tratar de produto essencial.

§ 4° Tendo o consumidor optado pela alternativa do inciso I do § 1° deste artigo, e não sendo possível a substituição do bem, poderá haver substituição por outro de espécie, marca ou modelo diversos, mediante complementação ou restituição de eventual diferença de preço, sem prejuízo do disposto nos incisos II e III do § 1° deste artigo.

§ 5° No caso de fornecimento de produtos in natura, será responsável perante o consumidor o fornecedor imediato, exceto quando identificado claramente seu produtor.

§ 6° São impróprios ao uso e consumo:

I – Os produtos cujos prazos de validade estejam vencidos;

II – Os produtos deteriorados, alterados, adulterados, avariados, falsificados, corrompidos, fraudados, nocivos à vida ou à saúde, perigosos ou, ainda, aqueles em desacordo com as normas regulamentares de fabricação, distribuição ou apresentação;

III – os produtos que, por qualquer motivo, se revelem inadequados ao fim a que se destinam.

Importante destacarmos que o fornecedor possui o **prazo de trinta dias** para solucionar o problema, devendo o consumidor concedê-lo, sob pena de perda dos direitos.

▷ **Vício de quantidade:** encontra-se no art. 19 do CDC e estabelece que os fornecedores **respondem solidariamente pelos vícios de quantidade do produto,** desde que respeitadas as variações decorrentes de sua natureza.

▷ **Vício do serviço:** tendo em vista o art. 20, o fornecedor de serviços responde pelos vícios relativos a qualidade, ao valor do serviço e a divergência entre a oferta e a execução.

10.5 Fato do produto ou serviço

O fato do produto ou serviço é simplesmente a ocorrência de danos que atingem integridade física ou moral do consumidor. Destacam-se assim pela doutrina os seguintes defeitos:

▷ **Defeito de concepção:** onde há equívoco no projeto de construção, fabricação ou execução;

▷ **Defeito de fabricação:** onde mesmo com um projeto correto a execução se deu defeituosa;

▷ **Defeito de comercialização:** onde a comercialização se deu de forma inadequada.

10.5.1 Excludentes de nexo de causalidade

Inicialmente é importante destacar que o **nexo de causalidade** se trata de um dos pressupostos da responsabilidade do dano.

Assim, a existência de nexo de causalidade entre o produto ou serviço fornecido, é possível apenas na isenção de responsabilização, assim, o art. 12, § 3°, dispõe que o fabricante, o construtor, o produtor ou importador **só não será responsabilizado quando provarem que não colocaram o produto** no mercado ou que mesmo tendo colocado o defeito não é real, e a culpa é do consumidor ou fornecedor.

Não obstante, o art. 14, § 3° do CDC, estabelece que:

Art. 14 O fornecedor de serviços responde, independentemente da existência de culpa, pela reparação dos danos causados aos consumidores por defeitos relativos à prestação dos serviços, bem como por informações insuficientes ou inadequadas sobre sua fruição e riscos.

> [...]
> *§ 3º O fornecedor de serviços só não será responsabilizado quando provar:*
> *I – Que, tendo prestado o serviço, o defeito inexiste;*
> *II – A culpa exclusiva do consumidor ou de terceiros.*

Assim, caso alegada a ocorrência de vício ou fato do produto pelo consumidor o fornecedor deve comprovar tal alegação, não se valendo da inversão de ônus.

10.5.2 Teoria do risco do desenvolvimento

A teoria do risco do desenvolvimento se trata da aceitação, como uma excludente da responsabilidade do fornecedor de produtos ou serviços, uma vez que no lançamento do produto não havia meios de conhecimento do vício ou defeito, ou mesmo defeito que se evidenciou apenas após o fornecimento do produto ou serviço sendo seu dano aparente apenas após o avanço tecnológico.

No Brasil, ainda não há uma posição sobre essa teoria, no entanto, a União Europeia e os Estados Unidos a aceitam como excludente de responsabilidade.

10.5.3 Recall

O *recall* é o momento onde o fornecedor identifica a existência de defeito ou mau funcionamento e comunica o fato ás autoridades competentes e aos consumidores, para solucionar o problema de forma gratuita, conforme o art. 10, § 1º do CDC.

> ***Art. 10*** *O fornecedor não poderá colocar no mercado de consumo produto ou serviço que sabe ou deveria saber apresentar alto grau de nocividade ou periculosidade à saúde ou segurança.*
> *§ 1° O fornecedor de produtos e serviços que, posteriormente à sua introdução no mercado de consumo, tiver conhecimento da periculosidade que apresentem, deverá comunicar o fato imediatamente às autoridades competentes e aos consumidores, mediante anúncios publicitários.*

10.5.4 *Bystander*

De acordo com o art. 17 do CDC, são equiparados aos consumidores todas as vítimas de evento danoso causado por produto ou serviço, de modo que todas as vítimas do acidente de consumo são consideradas consumidoras, sendo denominados *bystanders*.

O art. 17 do CDC, equipara a consumidor todos os que forem atingidos direta ou indiretamente pelos danos decorrentes de defeitos de produtos ou serviços. Terceiros que não tenham participado da relação de consumo, passam a ser amparados em função deste artigo.

11 PRESCRIÇÃO E DECADÊNCIA NO CDC

Quando falamos de prescrição e decadência é importante a distinção entre as duas hipóteses, vejamos abaixo:

▷ **Prescrição** é a extinção da pretensão à prestação devida;
▷ **Decadência** é a perda efetiva de um direito pela perda do prazo.

Podemos encontrar nos arts. 26 e 27 do CDC, a disposição a cerca da prescrição e da decadência.

> ***Art. 26*** *O direito de reclamar pelos vícios aparentes ou de fácil constatação caduca em:*
>
> *I – trinta dias, tratando-se de fornecimento de serviço e de produtos não duráveis;*
>
> *II – noventa dias, tratando-se de fornecimento de serviço e de produtos duráveis.*
>
> *§ 1° Inicia-se a contagem do prazo decadencial a partir da entrega efetiva do produto ou do término da execução dos serviços.*
>
> *§ 2° Obstam a decadência:*
>
> *I – a reclamação comprovadamente formulada pelo consumidor perante o fornecedor de produtos e serviços até a resposta negativa correspondente, que deve ser transmitida de forma inequívoca;*
>
> *II – (Vetado)*
>
> *III – a instauração de inquérito civil, até seu encerramento.*
>
> *§ 3° Tratando-se de vício oculto, o prazo decadencial inicia-se no momento em que ficar evidenciado o defeito.*
>
> ***Art. 27*** *Prescreve em cinco anos a pretensão à reparação pelos danos causados por fato do produto ou do serviço prevista na Seção II deste Capítulo, iniciando-se a contagem do prazo a partir do conhecimento do dano e de sua autoria.*

Nesse sentido, a prescrição é aplicável ao fato, já a decadência é aplicável ao vício produto ou serviço.

Os prazos decadenciais encontram-se no art. 26 do CDC, vejamos:

> ***Art. 26*** *O direito de reclamar pelos vícios aparentes ou de fácil constatação caduca em:*
>
> *I – trinta dias, tratando-se de fornecimento de serviço e de produtos não duráveis;*
>
> *II – noventa dias, tratando-se de fornecimento de serviço e de produtos duráveis.*

O prazo prescricional tem início a partir do conhecimento do dano e da sua autoria, conforme art. 26, §§ 1º e 3º e art. 27 do CDC.

Importante aqui mencionar que os prazos para exercício de **garantia legal** iniciam-se na aquisição do produto ou serviço.

12 DESCONSIDERAÇÃO DA PERSONALIDADE JURÍDICA

12.1 Teoria maior e teoria menor da desconsideração da personalidade jurídica

A personalidade jurídica é, em suma, a separação dos bens patrimoniais da empresa dos bens pessoais dos sócios.

Para que ocorra a desconsideração da personalidade, deve ocorrer fraude ou abuso por parte dos sócios, sendo o juiz autorizado a quebrar a parede que separa o socio da empresa.

Vejamos o art. 28 do CDC:

> **Art. 28** O juiz poderá desconsiderar a personalidade jurídica da sociedade quando, em detrimento do consumidor, houver abuso de direito, excesso de poder, infração da lei, fato ou ato ilícito ou violação dos estatutos ou contrato social. A desconsideração também será efetivada quando houver falência, estado de insolvência, encerramento ou inatividade da pessoa jurídica provocados por má administração.
>
> § 1° (Vetado)
>
> § 2° As sociedades integrantes dos grupos societários e as sociedades controladas, são subsidiariamente responsáveis pelas obrigações decorrentes deste código.
>
> § 3° As sociedades consorciadas são solidariamente responsáveis pelas obrigações decorrentes deste código.
>
> § 4° As sociedades coligadas só responderão por culpa.
>
> § 5° Também poderá ser desconsiderada a pessoa jurídica sempre que sua personalidade for, de alguma forma, obstáculo ao ressarcimento de prejuízos causados aos consumidores.

12.1.1 Teoria maior

A **teoria maior tem como regra que para desconsiderar** a personalidade deve-se configurar fraude ou abuso, ou ainda confusão patrimonial entre os bens da pessoa física e os bens da pessoa **jurídica.**

12.1.2 Teoria menor

É a teoria adotada pelo CDC sendo prevista no art. 28, § 5º, onde será **desconsiderada** a **personalidade** quando for, obstáculo ao ressarcimento de prejuízos causados ao consumidor, vejamos:

> **Art. 28** O juiz poderá desconsiderar a personalidade jurídica da sociedade quando, em detrimento do consumidor, houver abuso de direito, excesso de poder, infração da lei, fato ou ato ilícito ou violação dos estatutos ou contrato social. A desconsideração também será efetivada quando houver falência, estado de insolvência, encerramento ou inatividade da pessoa jurídica provocados por má administração.
> [...]
> § 5° Também poderá ser desconsiderada a pessoa jurídica sempre que sua personalidade for, de alguma forma, obstáculo ao ressarcimento de prejuízos causados aos consumidores

13 PRÁTICAS COMERCIAIS

O art. 29 do CDC estabelece que em seu texto que:

> **Art. 29** Para os fins deste Capítulo e do seguinte, equiparam-se aos consumidores todas as pessoas determináveis ou não, expostas às práticas nele previstas.

Assim, abrangemos o sentido de consumidor, onde agora qualquer pessoa que tenha contato com a prática publicitária ou abusiva é considerado consumidor, mesmo não tendo utilizado ou adquirido o serviço ou produto

Aqui se abrange o sentido de consumidor para ampliar a proteção do CDC, podendo assim haver um controle as práticas abusivas que violam a proteção do consumidor.

13.1 Oferta

O art. 30 do CDC, é onde é tratada a informação e publicidade, obrigando o fornecedor divulgar o seu produto ou serviço cumprindo em total integridade o contrato que vier a ser celebrado, com base no **princípio da vinculação da oferta, devendo ser observada aqui a boa-fé objetiva**, devendo o fornecedor agir com lealdade, cooperação, informação e transparência

> **Art. 30** Toda informação ou publicidade, suficientemente precisa, veiculada por qualquer forma ou meio de comunicação com relação a produtos e serviços oferecidos ou apresentados, obriga o fornecedor que a fizer veicular ou dela se utilizar e integra o contrato que vier a ser celebrado.

13.1.1 Dever de prestar informações corretas e precisas

Consta do fornecedor ou prestador de garantir a informação correta ao consumidor, sendo necessária a boa-fé objetiva.

> **Art. 31** A oferta e apresentação de produtos ou serviços devem assegurar informações corretas, claras, precisas, ostensivas e em língua portuguesa sobre suas características, qualidades, quantidade, composição, preço, garantia, prazos de validade e origem, entre outros dados, bem como sobre os riscos que apresentam à saúde e segurança dos consumidores.
>
> **Parágrafo único.** As informações de que trata este artigo, nos produtos refrigerados oferecidos ao consumidor, serão gravadas de forma indelével.

Como podemos ver o art. 31 estabelece rol exemplificativo de informações que devem constar na oferta, devendo inclusive observar os princípios da transparência e da informação (art. 4º, "caput" e 6º, III do CDC).

Assim é dever do fornecedor apresentar todas as informações possíveis e uteis ao consumidor, para o bom uso e funcionamento do produto, bem como para decisão real de aquisição.

13.1.2 Ofertas de peças de reposição

O art. 32 do CDC, trata da responsabilidade pós-contratual sendo direcionada aos fabricantes e importadores. Vejamos:

> **Art. 32** Os fabricantes e importadores deverão assegurar a oferta de componentes e peças de reposição enquanto não cessar a fabricação ou importação do produto.
>
> **Parágrafo único.** Cessadas a produção ou importação, a oferta deverá ser mantida por período razoável de tempo, na forma da lei.

Este artigo denota que é importante e necessário que o fornecedor garanta a oferta de peças de reposição.

Importante mencionar que, mesmo a lei não estipulando prazo, o art. 13, XXI do Decreto nº 2.181/1997 em seu texto sana essa pendência, vejamos:

> **Art. 13, Decreto nº 2.181/1997** Serão consideradas, ainda, práticas infrativas, na forma dos dispositivos da Lei nº 8.078, de 1990:
> [...]
> XXI – deixar de assegurar a oferta de componentes e peças de reposição, enquanto não cessar a fabricação ou importação do produto, e, caso cessadas, de manter a oferta de componentes e peças de reposição por período razoável de tempo, nunca inferior à vida útil do produto ou serviço;

Assim, ao descumprir o dever de repor peças danificadas, resta configurada a prática abusiva.

13.1.3 Venda por telefone e reembolso postal

A venda por telefone é verificada no art. 33 do CDC, vejamos:

> **Art. 33** Em caso de oferta ou venda por telefone ou reembolso postal, deve constar o nome do fabricante e endereço na embalagem, publicidade e em todos os impressos utilizados na transação comercial.
>
> **Parágrafo único.** É proibida a publicidade de bens e serviços por telefone, quando a chamada for onerosa ao consumidor que a origina.

Tal dever imposto pelo artigo é relacionado ao princípio da transparência, pois utiliza a identificação do fornecedor ao recebimento do produto.

13.1.4 Solidariedade do fornecedor pelos atos dos prepostos ou representantes autônomos

O art. 34 do CDC, onde o fornecedor do produto ou serviço é solidariamente responsável pelos atos de seus prepostos ou representantes autônomos.

> **Art. 34** O fornecedor do produto ou serviço é solidariamente responsável pelos atos de seus prepostos ou representantes autônomos.

Aqui há grande relevância tendo em vista a vulnerabilidade do consumidor na relação consumerista, bem como diante da cadeia de fornecedores.

14 PUBLICIDADE NAS RELAÇÕES DE CONSUMO

Publicidade é toda a informação criada com o fim de promover produtos ou serviços aos consumidores. Assim, a publicidade pode ser institucional, ou seja, para divulgar produto ou serviço ou promocional, para abranger a venda de um produto ou serviço.

O ordenamento adota um sistema misto com o CDC e outras legislações como a Leis de proteção de Dados (LGPD), a fim de controlar as relações publicitarias.

14.1 Princípios da publicidade

14.1.1 Identificação

Estabelece que a publicidade deve ser de fácil entendimento conforme vemos no art. 36 do CDC, vejamos:

> *Art. 36 A publicidade deve ser veiculada de tal forma que o consumidor, fácil e imediatamente, a identifique como tal.*
> *Parágrafo único. O fornecedor, na publicidade de seus produtos ou serviços, manterá, em seu poder, para informação dos legítimos interessados, os dados fáticos, técnicos e científicos que dão sustentação à mensagem.*

14.1.2 Vinculação contratual

Aqui simplesmente vemos que a mensagem publicitária a vincula ao anunciante.

14.1.3 Veracidade

Toda e qualquer informação utilizada para publicidade deve ser verdadeira.

> *Art. 37 É proibida toda publicidade enganosa ou abusiva.*
> *§ 1° É enganosa qualquer modalidade de informação ou comunicação de caráter publicitário, inteira ou parcialmente falsa, ou, por qualquer outro modo, mesmo por omissão, capaz de induzir em erro o consumidor a respeito da natureza, características, qualidade, quantidade, propriedades, origem, preço e quaisquer outros dados sobre produtos e serviços.*

14.1.4 Não abusividade

Este princípio anda de mãos dada ao princípio da veracidade, uma vez que além de verdadeira a publicidade deve ser livre de componentes abusivos.

> *Art. 37 É proibida toda publicidade enganosa ou abusiva.*
> *[...]*
> *§ 2° É abusiva, dentre outras a publicidade discriminatória de qualquer natureza, a que incite à violência, explore o medo ou a superstição, se aproveite da deficiência de julgamento e experiência da criança, desrespeita valores ambientais, ou que seja capaz de induzir o consumidor a se comportar de forma prejudicial ou perigosa à sua saúde ou segurança.*

14.1.5 Transparência da fundamentação

Aqui é dever do responsável da divulgação da publicidade a publicação e veiculação de todos os dados técnicos do produto ou serviço.

> *Art. 36 A publicidade deve ser veiculada de tal forma que o consumidor, fácil e imediatamente, a identifique como tal.*
> *Parágrafo único. O fornecedor, na publicidade de seus produtos ou serviços, manterá, em seu poder, para informação dos legítimos interessados, os dados fáticos, técnicos e científicos que dão sustentação à mensagem.*

14.1.6 Lealdade publicitária

Esse princípio é voltado para licitude da publicidade comparativa, devendo ser objetiva e esclarecedora ao consumidor, conforme art. 4°, VI do CDC.

> *Art. 4° A Política Nacional das Relações de Consumo tem por objetivo o atendimento das necessidades dos consumidores, o respeito à sua dignidade, saúde e segurança, a proteção de seus interesses econômicos, a melhoria da sua qualidade de vida, bem como a transparência e harmonia das relações de consumo, atendidos os seguintes princípios:*
> *[...]*
> *VI – coibição e repressão eficientes de todos os abusos praticados no mercado de consumo, inclusive a concorrência desleal e utilização indevida de inventos e criações industriais das marcas e nomes comerciais e signos distintivos, que possam causar prejuízos aos consumidores;*

14.1.7 Publicidade abusiva e enganosa

A proibição a publicidade abusiva e enganosa é prevista no art. 37 do CDC, vejamos:

> *Art. 37 É proibida toda publicidade enganosa ou abusiva.*
> *§ 1° É enganosa qualquer modalidade de informação ou comunicação de caráter publicitário, inteira ou parcialmente falsa, ou, por qualquer outro modo, mesmo por omissão, capaz de induzir em erro o consumidor a respeito da natureza, características, qualidade, quantidade, propriedades, origem, preço e quaisquer outros dados sobre produtos e serviços.*
> *§ 2° É abusiva, dentre outras a publicidade discriminatória de qualquer natureza, a que incite à violência, explore o medo ou a superstição, se aproveite da deficiência de julgamento e experiência da criança, desrespeita valores ambientais, ou que seja capaz de induzir o consumidor a se comportar de forma prejudicial ou perigosa à sua saúde ou segurança.*
> *§ 3° Para os efeitos deste código, a publicidade é enganosa por omissão quando deixar de informar sobre dado essencial do produto ou serviço.*

Assim, tendo em vista o dano que pode ser gerado decorrente dessa publicidade abusiva. O legislador criou formas de vedar a publicidade com fraude.

Dessa forma, é importante ressaltarmos que a publicidade enganosa ela cria a veiculação de informações falsas, que tem como finalidade induzir o consumidor a erro.

14.1.8 Ônus da prova na comunicação publicitária

Encontramos o ônus da prova relativo a comunicação no art. 38 do CDC, vejamos:

> *Art. 38 O ônus da prova da veracidade e correção da informação ou comunicação publicitária cabe a quem as patrocina.*

Aqui vemos a forma de inversão da prova chamada *ope legis*, sendo diferente da inversão ocorrida pelo art. 6°, VIII do CDC, uma vez que não precisa da manifestação do juiz.

Assim em caso de questionamento sobre a publicidade o responsável deverá fornecer ao processo toda a informação necessária de forma clara e transparente.

14.2 Sanções

As sanções previstas pelo CDC em casos de publicidade enganosa ou abusiva encontram-se no art. 56, XII e art. 60 do CDC:

> *Art. 56 As infrações das normas de defesa do consumidor ficam sujeitas, conforme o caso, às seguintes sanções administrativas, sem prejuízo das de natureza civil, penal e das definidas em normas específicas:*
> *I – multa;*
> *II – apreensão do produto;*

III – inutilização do produto;

IV – cassação do registro do produto junto ao órgão competente;

V – proibição de fabricação do produto;

VI – suspensão de fornecimento de produtos ou serviço;

VII – suspensão temporária de atividade;

VIII – revogação de concessão ou permissão de uso;

IX – cassação de licença do estabelecimento ou de atividade;

X – interdição, total ou parcial, de estabelecimento, de obra ou de atividade;

XI – intervenção administrativa;

XII – imposição de contrapropaganda.

Parágrafo único. *As sanções previstas neste artigo serão aplicadas pela autoridade administrativa, no âmbito de sua atribuição, podendo ser aplicadas cumulativamente, inclusive por medida cautelar, antecedente ou incidente de procedimento administrativo.*

Art. 60 *A imposição de contrapropaganda será cominada quando o fornecedor incorrer na prática de publicidade enganosa ou abusiva, nos termos do art. 36 e seus parágrafos, sempre às expensas do infrator.*

§ 1º A contrapropaganda será divulgada pelo responsável da mesma forma, freqüência e dimensão e, preferencialmente no mesmo veículo, local, espaço e horário, de forma capaz de desfazer o malefício da publicidade enganosa ou abusiva.

Sendo a contrapropaganda a principal consequência nesses casos podendo ser administrativamente e criminalmente, uma vez que a contrapropaganda realiza uma nova publicidade que deve ser clara quanto a informação verdadeira. Vejamos sua sanção penal os arts. 67 a 69 do CDC:

Art. 67 *Fazer ou promover publicidade que sabe ou deveria saber ser enganosa ou abusiva:*

Pena – Detenção de três meses a um ano e multa.

Parágrafo único. *(Vetado)*

Art. 68 *Fazer ou promover publicidade que sabe ou deveria saber ser capaz de induzir o consumidor a se comportar de forma prejudicial ou perigosa a sua saúde ou segurança:*

Pena – Detenção de seis meses a dois anos e multa:

Parágrafo único. *(Vetado)*

Art. 69 *Deixar de organizar dados fáticos, técnicos e científicos que dão base à publicidade:*

Pena – Detenção de um a seis meses ou multa.

15 PRÁTICAS ABUSIVAS

15.1 Práticas abusivas em espécie

Art. 39 É vedado ao fornecedor de produtos ou serviços, dentre outras práticas abusivas:

I – condicionar o fornecimento de produto ou de serviço ao fornecimento de outro produto ou serviço, bem como, sem justa causa, a limites quantitativos;

II – recusar atendimento às demandas dos consumidores, na exata medida de suas disponibilidades de estoque, e, ainda, de conformidade com os usos e costumes;

III – enviar ou entregar ao consumidor, sem solicitação prévia, qualquer produto, ou fornecer qualquer serviço;

IV – prevalecer-se da fraqueza ou ignorância do consumidor, tendo em vista sua idade, saúde, conhecimento ou condição social, para impingir-lhe seus produtos ou serviços;

V – exigir do consumidor vantagem manifestamente excessiva;

VI – executar serviços sem a prévia elaboração de orçamento e autorização expressa do consumidor, ressalvadas as decorrentes de práticas anteriores entre as partes;

VII – repassar informação depreciativa, referente a ato praticado pelo consumidor no exercício de seus direitos;

VIII – colocar, no mercado de consumo, qualquer produto ou serviço em desacordo com as normas expedidas pelos órgãos oficiais competentes ou, se normas específicas não existirem, pela Associação Brasileira de Normas Técnicas ou outra entidade credenciada pelo Conselho Nacional de Metrologia, Normalização e Qualidade Industrial (Conmetro);

IX – recusar a venda de bens ou a prestação de serviços, diretamente a quem se disponha a adquiri-los mediante pronto pagamento, ressalvados os casos de intermediação regulados em leis especiais;

X – elevar sem justa causa o preço de produtos ou serviços.

XI – Dispositivo incluído pela MPV nº 1.890-67, de 22.10.1999, transformado em inciso XIII, quando da conversão na Lei nº 9.870, de 23.11.1999

XII – deixar de estipular prazo para o cumprimento de sua obrigação ou deixar a fixação de seu termo inicial a seu exclusivo critério.

XIII – aplicar fórmula ou índice de reajuste diverso do legal ou contratualmente estabelecido.

XIV – permitir o ingresso em estabelecimentos comerciais ou de serviços de um número maior de consumidores que o fixado pela autoridade administrativa como máximo.

O art. 39 do CDC que nos traz um rol exemplificativo, de práticas abusivas, práticas essas que representam a violação de princípios e padrões do CDC, pelos fornecedores.

15.2 Produtos ou serviços sujeitos ao regime de controle de preços

No art. 41 do CDC a sanção que trata da prática abusiva de fornecimento de produtos ou serviços sujeitos ao regime de controle de preços em casos de não observação dos valores corretos pelo fornecedor.

Art. 41 No caso de fornecimento de produtos ou de serviços sujeitos ao regime de controle ou de tabelamento de preços, os fornecedores deverão respeitar os limites oficiais sob pena de não o fazendo, responderem pela restituição da quantia recebida em excesso, monetariamente atualizada, podendo o consumidor exigir à sua escolha, o desfazimento do negócio, sem prejuízo de outras sanções cabíveis.

15.3 Cobrança de dívidas

Art. 42 Na cobrança de débitos, o consumidor inadimplente não será exposto a ridículo, nem será submetido a qualquer tipo de constrangimento ou ameaça.

Inicialmente cumpre salientarmos que o fornecedor tem todo o direito a realizar a cobrança de dívidas, desde que não "passe dos limites", uma vez, que o fornecedor não deve se utilizar de meios que causem constrangimento, vergonha, exposição ao ridículo ou até mesmo que utilize ameaça.

15.4 Repetição de indébito no CDC

A repetição do indébito é um dos pedidos mais utilizados em processos que envolvam o consumidor, uma que o art. 42 do CDC estabelece a devolução em dobro de um valor pago em excesso.

Art. 42, Parágrafo único. O consumidor cobrado em quantia indevida tem direito à repetição do indébito, por valor igual ao dobro do que pagou em excesso, acrescido de correção monetária e juros legais, salvo hipótese de engano justificável.

16 BANCO DE DADOS E CADASTRO DE CONSUMIDORES

Quando iniciamos o assunto de banco de dados e cadastro, vemos dois artigos principais o art. 43 do CDC e art. 2º, I da Lei nº 12.414/2011, vejamos:

> *Art. 2º, Lei nº 12.414/2011 Para os efeitos desta Lei, considera-se:*
> *I – banco de dados: conjunto de dados relativo a pessoa natural ou jurídica armazenados com a finalidade de subsidiar a concessão de crédito, a realização de venda a prazo ou de outras transações comerciais e empresariais que impliquem risco financeiro;*
>
> *Art. 43, CDC O consumidor, sem prejuízo do disposto no art. 86, terá acesso às informações existentes em cadastros, fichas, registros e dados pessoais e de consumo arquivados sobre ele, bem como sobre as suas respectivas fontes.*
> *§ 1º Os cadastros e dados de consumidores devem ser objetivos, claros, verdadeiros e em linguagem de fácil compreensão, não podendo conter informações negativas referentes a período superior a cinco anos.*
> *§ 2º A abertura de cadastro, ficha, registro e dados pessoais e de consumo deverá ser comunicada por escrito ao consumidor, quando não solicitada por ele.*
> *§ 3º O consumidor, sempre que encontrar inexatidão nos seus dados e cadastros, poderá exigir sua imediata correção, devendo o arquivista, no prazo de cinco dias úteis, comunicar a alteração aos eventuais destinatários das informações incorretas.*
> *§ 4º Os bancos de dados e cadastros relativos a consumidores, os serviços de proteção ao crédito e congêneres são considerados entidades de caráter público.*
> *§ 5º Consumada a prescrição relativa à cobrança de débitos do consumidor, não serão fornecidas, pelos respectivos Sistemas de Proteção ao Crédito, quaisquer informações que possam impedir ou dificultar novo acesso ao crédito junto aos fornecedores.*
> *§ 6º Todas as informações de que trata o caput deste artigo devem ser disponibilizadas em formatos acessíveis, inclusive para a pessoa com deficiência, mediante solicitação do consumidor.*

Podemos verificar que o banco de dados assim como o cadastro de consumidores são formas de arquivos, importante notar a diferença entre bancos de dados e cadastro de consumidores, no entanto, o banco de dados é atualizado pelos fornecedores, já nos cadastros de consumidores é atualizado pelos consumidores.

Em geral, muito se discute sobre os bancos de dados de proteção ao crédito, responsáveis por verificar a inadimplência dos consumidores e fornecer os dados negativos

Com relação a isso consideram-se três direitos básicos ao consumidor:

▷ **Direito a ser comunicado previamente:** de acordo com o art. 43, § 2º do o consumidor deve ser comunicado por escrito em caso de abertura de cadastro, ficha, registro e dados pessoais e de consumo.

Ainda, nos termos da Súmula nº 359 e Súmula nº 404 do STJ:

> *Súmula nº 359 – STJ*
> *Cabe ao órgão mantenedor do Cadastro de Proteção ao Crédito a notificação do devedor antes de proceder à inscrição*
> *Súmula nº 404 – STJ*
> *É dispensável o Aviso de Recebimento (AR) na carta de comunicação ao consumidor sobre a negativação de seu nome em bancos de dados e cadastro*

▷ **Direito de acessar a informação:** no §6º do art. 43 do CDC, vemos que o legislador é cristalino no direito do acesso amplo, integral às informações ao seu respeito.

> *Art. 43, § 6º Todas as informações de que trata o caput deste artigo devem ser disponibilizadas em formatos acessíveis, inclusive para a pessoa com deficiência, mediante solicitação do consumidor.*

▷ **Direito à correção das informações:** no §3º do art. 43, vemos que o consumidor tem pleno direito a correção das informações contidas em seus arquivos.

17 PROTEÇÃO CONTRATUAL

17.1 Princípios

17.1.1 Transparência e vinculação contratual

O princípio da transparência e vinculação contratual é a necessidade de transparecia para que o contrato seja pleno, ou seja, para que se conclua um contrato na relação de consumo o consumidor tem que saber cristalinamente o que ali está estipulado.

Art. 46 Os contratos que regulam as relações de consumo não obrigarão os consumidores, se não lhes for dada a oportunidade de tomar conhecimento prévio de seu conteúdo, ou se os respectivos instrumentos forem redigidos de modo a dificultar a compreensão de seu sentido e alcance.

17.1.2 Interpretação mais favorável

Nesse princípio vemos que as cláusulas contratuais com texto aberto a interpretação deverão ser interpretadas da melhor forma para o consumidor.

Art. 47 As cláusulas contratuais serão interpretadas de maneira mais favorável ao consumido

17.1.3 Vinculação do fornecedor

O princípio da vinculação do fornecedor é regido pelo art. 48 do CDC onde deve –se prestigiar a boa-fé

Art. 48 As declarações de vontade constantes de escritos particulares, recibos e pré-contratos relativos às relações de consumo vinculam o fornecedor, ensejando inclusive execução específica, nos termos do art. 84 e parágrafos.

17.1.4 Direito de reflexão ou de arrependimento

É o direito potestativo do consumidor de refletir e se arrepender quando não efetuada a transação em estabelecimento, uma vez que o art. 49 em seu texto traz o direito a desistir em 7 dias de uma compra ou contratação.

Art. 49 O consumidor pode desistir do contrato, no prazo de 7 dias a contar de sua assinatura ou do ato de recebimento do produto ou serviço, sempre que a contratação de fornecimento de produtos e serviços ocorrer fora do estabelecimento comercial, especialmente por telefone ou a domicílio.

Parágrafo único. Se o consumidor exercitar o direito de arrependimento previsto neste artigo, os valores eventualmente pagos, a qualquer título, durante o prazo de reflexão, serão devolvidos, de imediato, monetariamente atualizados.

17.2 Cláusulas abusivas

O legislador se preocupou em criar um rol exemplificativo no art. 51 do CDC, onde demonstram algumas cláusulas abusivas, sendo, no entanto, consideradas somente aquelas que desrespeitam os direitos e garantias do consumidor.

Art. 51 São nulas de pleno direito, entre outras, as cláusulas contratuais relativas ao fornecimento de produtos e serviços que:

I – impossibilitem, exonerem ou atenuem a responsabilidade do fornecedor por vícios de qualquer natureza dos produtos e serviços ou impliquem renúncia ou disposição de direitos. Nas relações de consumo entre o fornecedor e o consumidor pessoa jurídica, a indenização poderá ser limitada, em situações justificáveis;

II – subtraiam ao consumidor a opção de reembolso da quantia já paga, nos casos previstos neste código;

III – transfiram responsabilidades a terceiros;

IV – estabeleçam obrigações consideradas iníquas, abusivas, que coloquem o consumidor em desvantagem exagerada, ou sejam incompatíveis com a boa-fé ou a equidade;

V – (Vetado)

VI – estabeleçam inversão do ônus da prova em prejuízo do consumidor;

VII – determinem a utilização compulsória de arbitragem;

VIII – imponham representante para concluir ou realizar outro negócio jurídico pelo consumidor;

IX – deixem ao fornecedor a opção de concluir ou não o contrato, embora obrigando o consumidor;

X – permitam ao fornecedor, direta ou indiretamente, variação do preço de maneira unilateral;

XI – autorizem o fornecedor a cancelar o contrato unilateralmente, sem que igual direito seja conferido ao consumidor;

XII – obriguem o consumidor a ressarcir os custos de cobrança de sua obrigação, sem que igual direito lhe seja conferido contra o fornecedor;

XIII – autorizem o fornecedor a modificar unilateralmente o conteúdo ou a qualidade do contrato, após sua celebração;

XIV – infrinjam ou possibilitem a violação de normas ambientais;

XV – estejam em desacordo com o sistema de proteção ao consumidor;

XVI – possibilitem a renúncia do direito de indenização por benfeitorias necessárias.

XVII – condicionem ou limitem de qualquer forma o acesso aos órgãos do Poder Judiciário

XVIII – estabeleçam prazos de carência em caso de impontualidade das prestações mensais ou impeçam o restabelecimento integral dos direitos do consumidor e de seus meios de pagamento a partir da purgação da mora ou do acordo com os credores;

XIX – (Vetado)

§ 1º Presume-se exagerada, entre outros casos, a vantagem que:

I – ofende os princípios fundamentais do sistema jurídico a que pertence;

II – restringe direitos ou obrigações fundamentais inerentes à natureza do contrato, de tal modo a ameaçar seu objeto ou equilíbrio contratual;

III – se mostra excessivamente onerosa para o consumidor, considerando-se a natureza e conteúdo do contrato, o interesse das partes e outras circunstâncias peculiares ao caso.

§ 2º A nulidade de uma cláusula contratual abusiva não invalida o contrato, exceto quando de sua ausência, apesar dos esforços de integração, decorrer ônus excessivo a qualquer das partes.

§ 3º (Vetado)

§ 4º É facultado a qualquer consumidor ou entidade que o represente requerer ao Ministério Público que ajuíze a competente ação para ser declarada a nulidade de cláusula contratual que contrarie o disposto neste código ou de qualquer forma não assegure o justo equilíbrio entre direitos e obrigações das partes.

17.3 Contratos que envolvam outorga de crédito ou financiamento

Art. 52 No fornecimento de produtos ou serviços que envolva outorga de crédito ou concessão de financiamento ao consumidor, o fornecedor deverá, entre outros requisitos, informá-lo prévia e adequadamente sobre:

I – preço do produto ou serviço em moeda corrente nacional;

II – montante dos juros de mora e da taxa efetiva anual de juros;

III – acréscimos legalmente previstos;

IV – número e periodicidade das prestações;

V – soma total a pagar, com e sem financiamento.

§ 1º As multas de mora decorrentes do inadimplemento de obrigações no seu termo não poderão ser superiores a dois por cento do valor da prestação.

PROTEÇÃO CONTRATUAL

§ 2º É assegurado ao consumidor a liquidação antecipada do débito, total ou parcialmente, mediante redução proporcional dos juros e demais acréscimos.

O art. 52 do CDC dispõe sobre um padrão de transparência mínimo a ser alcançado nos contratos de crédito, devendo o consumidor possuir acesso a informação clara e pertinente, para que saiba exatamente o valor final do crédito, no intuito de prevenir o superendividamento.

O superendividamento é fácil de visualizar:

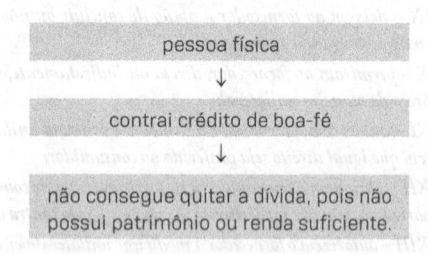

> pessoa física
> ↓
> contrai crédito de boa-fé
> ↓
> não consegue quitar a dívida, pois não possui patrimônio ou renda suficiente.

O superendividamento possui diversas formas, podendo ser:

▷ **Ativo:** nesse caso o consumidor se endivida por impulso, podendo ser consciente, onde ele contrai a dívida sabendo que não tem como pagar ou inconsciente quando ele age de forma impulsiva sem intenção de agir maliciosamente.

▷ **Passivo:** nesse caso o consumidor faz a dívida devido a imprevistos.

17.4 Capitalização dos juros

A capitalização de juros, chamada de anatocismo, ocorre quando os **juros** são calculados sobre os próprios **juros** devidos.

Algumas súmulas do STJ dispõem sobre o tema, vejamos:

> **Súmula nº 539 – STJ**
> *É permitida a capitalização de juros com periodicidade inferior a anual em contratos celebrados com instituições integrantes do Sistema Financeiro Nacional, a partir de 31/3/2000, desde que expressamente pactuada.*
>
> **Súmula nº 541 – STJ**
> *A previsão no contrato bancário de taxa de juros anual superior ao duodécuplo da mensal é suficiente para permitir a cobrança da taxa efetiva anual contratada.*

Importante mencionar o que o STJ recentemente decidiu que, quando pactuada a capitalização diária de juros remuneratórios, a instituição deve informar ao consumidor.

17.5 Comissão de permanência

A comissão de permanência é um valor cobrado diariamente do consumidor em caso de não pagamento de sua dívida. Sendo regida Resolução nº 1.129/1986 do CMN.

17.6 Cobrança indevida pela emissão de boletos bancários

Trata-se de uma prática abusiva de enriquecimento ilícito feita por instituições bancárias, uma vez que possuem tarifa interbancária, excluindo as situações onde o fornecedor cobra o mesmo valor que lhe foi cobrado.

17.7 Retenção salarial

A retenção salarial para títulos de crédito são regidas pelo art. 1º, § 1º da Lei nº 10.820/2003, onde o limite máximo de amortização é de 35%, sendo 5% exclusivos a cartão de crédito. Vejamos:

> *Art. 1º Os empregados regidos pela Consolidação das Leis do Trabalho – CLT, aprovada pelo Decreto-Lei nº 5.452, de 1º de maio de 1943, poderão autorizar, de forma irrevogável e irretratável, o desconto em folha de pagamento ou na sua remuneração disponível dos valores referentes ao pagamento de empréstimos, financiamentos, cartões de crédito e operações de arrendamento mercantil concedidos por instituições financeiras e sociedades de arrendamento mercantil, quando previsto nos respectivos contratos.*
>
> *§ 1º O desconto mencionado neste artigo também poderá incidir sobre verbas rescisórias devidas pelo empregador, se assim previsto no respectivo contrato de empréstimo, financiamento, cartão de crédito ou arrendamento mercantil, até o limite de 35% (trinta e cinco por cento), sendo 5% (cinco por cento) destinados exclusivamente para:*
>
> *I – a amortização de despesas contraídas por meio de cartão de crédito; ou*
>
> *II – a utilização com a finalidade de saque por meio do cartão de crédito.*

17.8 Cláusulas de decaimento e contratos de compra e venda de imóveis

O art. 53 do CDC traz, em seu texto, o que seriam as cláusulas de decaimento em compra e venda de imóveis, vejamos:

> *Art. 53 Nos contratos de compra e venda de móveis ou imóveis mediante pagamento em prestações, bem como nas alienações fiduciárias em garantia, consideram-se nulas de pleno direito as cláusulas que estabeleçam a perda total das prestações pagas em benefício do credor que, em razão do inadimplemento, pleitear a resolução do contrato e a retomada do produto alienado.*
>
> *§ 1º (Vetado)*
>
> *§ 2º Nos contratos do sistema de consórcio de produtos duráveis, a compensação ou a restituição das parcelas quitadas, na forma deste artigo, terá descontada, além da vantagem econômica auferida com a fruição, os prejuízos que o desistente ou inadimplente causar ao grupo.*
>
> *§ 3º Os contratos de que trata o caput deste artigo serão expressos em moeda corrente nacional.*

São as chamadas cláusulas de decaimento, ou seja, quando incluídas no contrato, dão ao fornecedor o direito a reter o pagamento de forma integral em caso de quebra contratual.

Ainda, em seu §2º, o art. 53 do CDC trata dos contratos de consorcio, sendo este um alerta ao consumidor uma vez que gera prejuízo em caso de desistência.

> *Art. 53 Nos contratos de compra e venda de móveis ou imóveis mediante pagamento em prestações, bem como nas alienações fiduciárias em garantia, consideram-se nulas de pleno direito as cláusulas que estabeleçam a perda total das prestações pagas em benefício do credor que, em razão do inadimplemento, pleitear a resolução do contrato e a retomada do produto alienado.*
>
> *[...]*
>
> *§ 2º Nos contratos do sistema de consórcio de produtos duráveis, a compensação ou a restituição das parcelas quitadas, na forma deste artigo, terá descontada, além da vantagem econômica auferida com a fruição, os prejuízos que o desistente ou inadimplente causar ao grupo.*

17.9 Contratos de adesão

Os contratos de adesão são regidos pelo art. 54 do CDC e são contratos onde apenas o proponente pode estabelecer cláusulas e diretrizes e o aderente não pode discutir ou modificar seu conteúdo. Vejamos o que diz o referido artigo:

> *Art. 54 Contrato de adesão é aquele cujas cláusulas tenham sido aprovadas pela autoridade competente ou estabelecidas unilateralmente pelo fornecedor de produtos ou serviços, sem que o consumidor possa discutir ou modificar substancialmente seu conteúdo.*

Esse tipo de contrato possui três características principais, a predeterminação onde seu conteúdo é informado pelo fornecedor previamente, a uniformidade onde as cláusulas são universais aos consumidores e a rigidez onde não há margem alguma para discussões sobre o conteúdo.

18 SANÇÕES ADMINISTRATIVAS

18.1 Sistema nacional de defesa do consumidor

No Capítulo VII do CDC trata-se das Sanções Administrativas, ou seja, a consequência administrativa para aquele que fere o direito do consumidor.

De acordo com o art. 105 do CDC, a aplicação das normas que gerem o sistema inerente a parte vulnerável é realizado pelo Sistema Nacional de Defesa do Consumidor listados em seu texto, vejamos:

> *Art. 105* Integram o Sistema Nacional de Defesa do Consumidor (SNDC), os órgãos federais, estaduais, do Distrito Federal e municipais e as entidades privadas de defesa do consumidor.

Ainda nos termos do art. 2º do Decreto nº 2.181/1997:

> *Art. 2º* Integram o SNDC a Secretaria Nacional do Consumidor do Ministério da Justiça e os demais órgãos federais, estaduais, do Distrito Federal, municipais e as entidades civis de defesa do consumidor

Importante analisarmos que sistema de tutela do Código de Defesa do Consumidor CDC é de textura aberta, ou seja, permite uma ampla integração de redes de proteção a órgãos públicos de esfera federativa e por entidades privadas, desde que diretamente ligados a defesa do consumidor.

18.2 Competência legislativa e material em matéria consumerista

A competência legislativa concorre a União, aos Estados e o Distrito Federal, nas suas respectivas áreas de atuação administrativa conforme o art. 55 do CDC. Importante aqui verificarmos que essa competência exclui os municípios.

Já no que tange a competência material de natureza concorrente, cabe União, aos Estados, ao Distrito Federal e aos Municípios o dever de fiscalizar e controlar as relações de consumo, conforme o art. 55, §1º do CDC.

Conforme dito anteriormente, a fiscalização administrativa pelos entes governamentais tem natureza concorrente, como diz o parágrafo único do art. 5º do Decreto nº 2.181/1997:

> *Art. 5º* Qualquer entidade ou órgão da Administração Pública, federal, estadual e municipal, destinado à defesa dos interesses e direitos do consumidor, tem, no âmbito de suas respectivas competências, atribuição para apurar e punir infrações a este Decreto e à legislação das relações de consumo.
>
> *Parágrafo único.* Se instaurado mais de um processo administrativo por pessoas jurídicas de direito público distintas, para apuração de infração decorrente de um mesmo fato imputado ao mesmo fornecedor, eventual conflito de competência será dirimido pela Secretaria Nacional do Consumidor do Ministério da Justiça e Segurança Pública, que poderá ouvir o Conselho Nacional de Defesa do Consumidor, considerada a competência federativa para legislar sobre a respectiva atividade econômica.

O parágrafo único deixa clara que a apuração e aplicação de sanções não pode gerar uma sanção dupla pela mesma conduta, ou seja, a fim se evitar o famoso *bis in idem*, assim em caso de dupla apuração com os mesmos fatos e partes a competência é definida pela provocação da Secretaria Nacional do Consumidor.

18.3 Sanções administrativas em espécie

As sanções administrativas em espécie são relacionadas diretamente ao art. 56 do CDC onde explica que as infrações realizadas na esfera do direito do consumidor serão aplicadas sem prejuízo as demais esferas do Direito. Sendo ainda as sanções administrativas descritas em seu texto, vejamos:

> *Art. 56* As infrações das normas de defesa do consumidor ficam sujeitas, conforme o caso, às seguintes sanções administrativas, sem prejuízo das de natureza civil, penal e das definidas em normas específicas:
> I – multa;
> II – apreensão do produto;
> III – inutilização do produto;
> IV – cassação do registro do produto junto ao órgão competente;
> V – proibição de fabricação do produto;
> VI – suspensão de fornecimento de produtos ou serviço;
> VII – suspensão temporária de atividade;
> VIII – revogação de concessão ou permissão de uso;
> IX – cassação de licença do estabelecimento ou de atividade;
> X – interdição, total ou parcial, de estabelecimento, de obra ou de atividade;
> XI – intervenção administrativa;
> XII – imposição de contrapropaganda.
>
> *Parágrafo único.* As sanções previstas neste artigo serão aplicadas pela autoridade administrativa, no âmbito de sua atribuição, podendo ser aplicadas cumulativamente, inclusive por medida cautelar, antecedente ou incidente de procedimento administrativo.

18.4 Pena de multa

A multa é uma das sanções impostas a pessoa que fere o CDC, assim o art. 57 do CDC traz em seu texto que a pena de multa será aplicada de acordo com a gravidade da infração, a vantagem auferida, a condição econômica do fornecedor. Vejamos:

> *Art. 57* A pena de multa, graduada de acordo com a gravidade da infração, a vantagem auferida e a condição econômica do fornecedor, será aplicada mediante procedimento administrativo, revertendo para o Fundo de que trata a Lei nº 7.347, de 24 de julho de 1985, os valores cabíveis à União, ou para os Fundos estaduais ou municipais de proteção ao consumidor nos demais casos.
>
> *Parágrafo único.* A multa será em montante não inferior a duzentas e não superior a três milhões de vezes o valor da Unidade Fiscal de Referência (Ufir), ou índice equivalente que venha a substituí-lo.

Importantes destacarmos aqui que a multa não será inferior a 200 e não superior a 3 milhões de vezes o valor da Unidade Fiscal de Referência.

18.5 Penas

O art. 58 trata das penas de apreensão e de inutilização de produtos, de proibição de fabricação de produtos, de suspensão do fornecimento de produto ou serviço, de cassação do registro do produto e revogação da concessão ou permissão de uso, vejamos:

> *Art. 58.* As penas de apreensão, de inutilização de produtos, de proibição de fabricação de produtos, de suspensão do fornecimento de produto ou serviço, de cassação do registro do produto e revogação da concessão ou permissão de uso **serão aplicadas pela administração, mediante procedimento administrativo, assegurada ampla defesa, quando forem constatados vícios de quantidade ou de qualidade por inadequação ou insegurança do produto ou serviço.** (grifo nosso)

18.5.1 Penas de cassação de alvará de licença, de interdição e de suspensão temporária da atividade, bem como a de intervenção administrativa

O art. 59 do traz em seu texto as penas de cassação de alvará de licença, de interdição e de suspensão temporária da atividade, bem como a de intervenção administrativa, vejamos:

SANÇÕES ADMINISTRATIVAS

Art. 59 As penas de cassação de alvará de licença, de interdição e de suspensão temporária da atividade, bem como a de intervenção administrativa, serão aplicadas mediante procedimento administrativo, assegurada ampla defesa, quando o fornecedor reincidir na prática das infrações de maior gravidade previstas neste código e na legislação de consumo.

§ 1º A pena de cassação da concessão será aplicada à concessionária de serviço público, quando violar obrigação legal ou contratual.

§ 2º A pena de intervenção administrativa será aplicada sempre que as circunstâncias de fato desaconselharem a cassação de licença, a interdição ou suspensão da atividade.

§ 3º Pendendo ação judicial na qual se discuta a imposição de penalidade administrativa, não haverá reincidência até o trânsito em julgado da sentença.

18.5.2 Imposição de contrapropaganda

A contrapropaganda como já falamos é a pior de todas as sanções, uma vez que obriga o fornecedor a ir contra a própria propaganda publicamente, esta estipulada no art. 60 do CDC, vejamos:

Art. 60. A imposição de contrapropaganda será cominada quando o fornecedor incorrer na prática de publicidade enganosa ou abusiva, nos termos do art. 36 e seus parágrafos, sempre às expensas do infrator.

§ 1º A contrapropaganda será divulgada pelo responsável da mesma forma, frequência e dimensão e, preferencialmente no mesmo veículo, local, espaço e horário, de forma capaz de desfazer o malefício da publicidade enganosa ou abusiva.

360

19 INFRAÇÕES PENAIS

O Código de Defesa do Consumidor estabelece diretrizes para as condutas que violam os direitos do consumidor o que evidencia seu poder protetivo

Salientamos aqui que o art. 61 do CDC, anão é o único que tipifica as condutas violadoras do direito do consumidor, uma vez que o Código penal em seu texto dispõe, assim como no estatuto do torcedor, etc.

Assim os tipos que vemos no CDC a partir do art. 61 ao 74 possuem as mesmas características, quais sejam:

▷ Menor potencial ofensivo, ou seja, possuem pena máxima não superior a dois anos, cumulada ou não com multa e afiançáveis por autoridade policial;
▷ Dolosos, ou seja, possuem intenção;
▷ Possuem pena de detenção;
▷ São de perigo Abstrato;
▷ Não responsabilizam a Pessoa Jurídica.

A análise dos Crimes do Código do Consumidor vem da simples leitura dos artigos, vejamos:

Art. 61 Constituem crimes contra as relações de consumo previstas neste código, sem prejuízo do disposto no Código Penal e leis especiais, as condutas tipificadas nos artigos seguintes.

Art. 62 (Vetado)

Art. 63 Omitir dizeres ou sinais ostensivos sobre a nocividade ou periculosidade de produtos, nas embalagens, nos invólucros, recipientes ou publicidade:
Pena – Detenção de seis meses a dois anos e multa.
§ 1° Incorrerá nas mesmas penas quem deixar de alertar, mediante recomendações escritas ostensivas, sobre a periculosidade do serviço a ser prestado.
§ 2° Se o crime é culposo:
Pena – Detenção de um a seis meses ou multa.

Art. 64 Deixar de comunicar à autoridade competente e aos consumidores a nocividade ou periculosidade de produtos cujo conhecimento seja posterior à sua colocação no mercado:
Pena – Detenção de seis meses a dois anos e multa.
Parágrafo único. Incorrerá nas mesmas penas quem deixar de retirar do mercado, imediatamente quando determinado pela autoridade competente, os produtos nocivos ou perigosos, na forma deste artigo.

Art. 65 Executar serviço de alto grau de periculosidade, contrariando determinação de autoridade competente:
Pena – Detenção de seis meses a dois anos e multa.
§ 1° As penas deste artigo são aplicáveis sem prejuízo das correspondentes à lesão corporal e à morte.
§ 2° A prática do disposto no inciso XIV do art. 39 desta Lei também caracteriza o crime previsto no caput deste artigo.

Art. 66 Fazer afirmação falsa ou enganosa, ou omitir informação relevante sobre a natureza, característica, qualidade, quantidade, segurança, desempenho, durabilidade, preço ou garantia de produtos ou serviços:
Pena – Detenção de três meses a um ano e multa.
§ 1° Incorrerá nas mesmas penas quem patrocinar a oferta.
§ 2° Se o crime é culposo;
Pena – Detenção de um a seis meses ou multa.

Art. 67 Fazer ou promover publicidade que sabe ou deveria saber ser enganosa ou abusiva:
Pena – Detenção de três meses a um ano e multa.
Parágrafo único. (Vetado)

Art. 68 Fazer ou promover publicidade que sabe ou deveria saber ser capaz de induzir o consumidor a se comportar de forma prejudicial ou perigosa a sua saúde ou segurança:
Pena – Detenção de seis meses a dois anos e multa:
Parágrafo único. (Vetado)

Art. 69 Deixar de organizar dados fáticos, técnicos e científicos que dão base à publicidade:
Pena – Detenção de um a seis meses ou multa.

Art. 70 Empregar na reparação de produtos, peça ou componentes de reposição usados, sem autorização do consumidor:
Pena – Detenção de três meses a um ano e multa.

Art. 71 Utilizar, na cobrança de dívidas, de ameaça, coação, constrangimento físico ou moral, afirmações falsas incorretas ou enganosas ou de qualquer outro procedimento que exponha o consumidor, injustificadamente, a ridículo ou interfira com seu trabalho, descanso ou lazer:
Pena – Detenção de três meses a um ano e multa.

Art. 72 Impedir ou dificultar o acesso do consumidor às informações que sobre ele constem em cadastros, banco de dados, fichas e registros:
Pena – Detenção de seis meses a um ano ou multa.

Art. 73 Deixar de corrigir imediatamente informação sobre consumidor constante de cadastro, banco de dados, fichas ou registros que sabe ou deveria saber ser inexata:
Pena – Detenção de um a seis meses ou multa.

Art. 74 Deixar de entregar ao consumidor o termo de garantia adequadamente preenchido e com especificação clara de seu conteúdo;
Pena – Detenção de um a seis meses ou multa.

Art. 75 Quem, de qualquer forma, concorrer para os crimes referidos neste código, incide as penas a esses cominadas na medida de sua culpabilidade, bem como o diretor, administrador ou gerente da pessoa jurídica que promover, permitir ou por qualquer modo aprovar o fornecimento, oferta, exposição à venda ou manutenção em depósito de produtos ou a oferta e prestação de serviços nas condições por ele proibidas.

Art. 76 São circunstâncias agravantes dos crimes tipificados neste código:
I – serem cometidos em época de grave crise econômica ou por ocasião de calamidade;
II – ocasionarem grave dano individual ou coletivo;
III – dissimular-se a natureza ilícita do procedimento;
IV – quando cometidos:
a) por servidor público, ou por pessoa cuja condição econômico-social seja manifestamente superior à da vítima;
b) em detrimento de operário ou rurícola; de menor de dezoito ou maior de sessenta anos ou de pessoas portadoras de deficiência mental interditadas ou não;
V – serem praticados em operações que envolvam alimentos, medicamentos ou quaisquer outros produtos ou serviços essenciais.

Art. 77 A pena pecuniária prevista nesta Seção será fixada em dias-multa, correspondente ao mínimo e ao máximo de dias de duração da pena privativa da liberdade cominada ao crime. Na individualização desta multa, o juiz observará o disposto no art. 60, §1° do Código Penal.

Art. 78 Além das penas privativas de liberdade e de multa, podem ser impostas, cumulativa ou alternadamente, observado o disposto nos arts. 44 a 47, do Código Penal:
I – a interdição temporária de direitos;
II – a publicação em órgãos de comunicação de grande circulação ou audiência, às expensas do condenado, de notícia sobre os fatos e a condenação;
III – a prestação de serviços à comunidade.

Art. 79 O valor da fiança, nas infrações de que trata este código, será fixado pelo juiz, ou pela autoridade que presidir o inquérito, entre cem e duzentas mil vezes o valor do Bônus do Tesouro Nacional (BTN), ou índice equivalente que venha a substituí-lo.
Parágrafo único. Se assim recomendar a situação econômica do indiciado ou réu, a fiança poderá ser:
a) reduzida até a metade do seu valor mínimo;
b) aumentada pelo juiz até vinte vezes.

Art. 80 No processo penal atinente aos crimes previstos neste código, bem como a outros crimes e contravenções que envolvam relações de consumo, poderão intervir, como assistentes do Ministério Público, os legitimados indicados no art. 82, inciso III e IV, aos quais também é facultado propor ação penal subsidiária, se a denúncia não for oferecida no prazo legal.

20 DEFESA DO CONSUMIDOR EM JUÍZO

As ações no Código de Defesa do Consumidor nasceu da quantidade absurda de demandas que eram geradas das práticas consumeristas, havendo, assim, a necessidade de se evitar práticas abusivas e ter meios de combate próprios.

20.1 Direitos coletivos lato sensu

Os direitos coletivos estão previstos pelo art. 81 do CDC. Em seu parágrafo único, informa que concomitante com o art. 21 da Lei de ação Civil Pública (LACP), há a aplicação de direitos coletivos a *lato sensu* de tal dispositivo, quando lido em conjunto com o art. 21 da LACP.

> **Art. 81** A defesa dos interesses e direitos dos consumidores e das vítimas poderá ser exercida em juízo individualmente, ou a título coletivo.
>
> **Parágrafo único.** A defesa coletiva será exercida quando se tratar de:
> I – interesses ou direitos difusos, assim entendidos, para efeitos deste código, os transindividuais, de natureza indivisível, de que sejam titulares pessoas indeterminadas e ligadas por circunstâncias de fato;
> II – interesses ou direitos coletivos, assim entendidos, para efeitos deste código, os transindividuais, de natureza indivisível de que seja titular grupo, categoria ou classe de pessoas ligadas entre si ou com a parte contrária por uma relação jurídica base;
> III – interesses ou direitos individuais homogêneos, assim entendidos os decorrentes de origem comum.
>
> **Art. 21** Aplicam-se à defesa dos direitos e interesses difusos, coletivos e individuais, no que for cabível, os dispositivos do Título III da lei que instituiu o Código de Defesa do Consumidor.

Assim os Direitos coletivos *lato sensu* são direitos difusos, os transindividuais, de natureza indivisível, em prol de pessoas indeterminadas e ligadas por circunstâncias de fato.

Não obstante, os direitos coletivos *strictu sensu* são indivisíveis, possuem titulares indeterminados ligados a parte contratada por uma base jurídica

Percebemos, então, que no direito difuso, temos uma relação de fato e no coletivo, uma relação jurídica.

Já os direitos individuais homogêneo são divisíveis, com titulares determinados, de origem comum, sendo um direito individual, tratado como coletivo por abranger a demais pessoas.

20.1.1 Legitimados

Os arts. 5º da Lei nº 7.347/1985 c/c 82 do CDC deixam claros quem são os legitimados para a propositura da demanda coletiva. Vejamos:

> **Art. 5º** Têm legitimidade para propor a ação principal e a ação cautelar:
> I – o Ministério Público;
> II – a Defensoria Pública;
> III – a União, os Estados, o Distrito Federal e os Municípios
> IV – a autarquia, empresa pública, fundação ou sociedade de economia mista;
> V – a associação que, concomitantemente:
> a) esteja constituída há pelo menos 1 (um) ano nos termos da lei civil;
> b) inclua, entre suas finalidades institucionais, a proteção ao patrimônio público e social, ao meio ambiente, ao consumidor, à ordem econômica, à livre concorrência, aos direitos de grupos raciais, étnicos ou religiosos ou ao patrimônio artístico, estético, histórico, turístico e paisagístico.
> § 1º O Ministério Público, se não intervier no processo como parte, atuará obrigatoriamente como fiscal da lei.
> § 2º Fica facultado ao Poder Público e a outras associações legitimadas nos termos deste artigo habilitar-se como litisconsortes de qualquer das partes.
> § 3º Em caso de desistência infundada ou abandono da ação por associação legitimada, o Ministério Público ou outro legitimado assumirá a titularidade ativa
> § 4º O requisito da pré-constituição poderá ser dispensado pelo juiz, quando haja manifesto interesse social evidenciado pela dimensão ou característica do dano, ou pela relevância do bem jurídico a ser protegido.
> § 5º Admitir-se-á o litisconsórcio facultativo entre os Ministérios Públicos da União, do Distrito Federal e dos Estados na defesa dos interesses e direitos de que cuida esta lei
> § 6º Os órgãos públicos legitimados poderão tomar dos interessados compromisso de ajustamento de sua conduta às exigências legais, mediante cominações, que terá eficácia de título executivo extrajudicial.
>
> **Art. 82** Para os fins do art. 81, parágrafo único, são legitimados concorrentemente:
> I – o Ministério Público,
> II – a União, os Estados, os Municípios e o Distrito Federal;
> III – as entidades e órgãos da Administração Pública, direta ou indireta, ainda que sem personalidade jurídica, especificamente destinados à defesa dos interesses e direitos protegidos por este código;
> IV – as associações legalmente constituídas há pelo menos um ano e que incluam entre seus fins institucionais a defesa dos interesses e direitos protegidos por este código, dispensada a autorização assemblear.
> § 1º O requisito da pré-constituição pode ser dispensado pelo juiz, nas ações previstas nos arts. 91 e seguintes, quando haja manifesto interesse social evidenciado pela dimensão ou característica do dano, ou pela relevância do bem jurídico a ser protegido.

Conforme a decisão do STF em Recurso Extraordinário e do STJ em Recurso Especial a legitimação para propor demandas coletivas é concorrente, disjuntiva e extraordinária (STF RE 193.503/SP e STJ REsp 876.936/RJ).

20.2 Estímulo à efetividade

Conforme exposto no art. 83 do CDC, para defender os direitos do consumidor são admitidas todas as espécies de ações que efetuem a adequada e efetiva tutela.

Tal fenômeno é regido pelo do princípio da amplitude do processo ou da absoluta instrumentalidade, presente nos arts. 12 e 21 da LACP c/c 83 e 90 do CDC c/c Art. 5º XXXV da CRFB/1988.

Vejamos:

> **Art. 12** Poderá o juiz conceder mandado liminar, com ou sem justificação prévia, em decisão sujeita a agravo.
> § 1º A requerimento de pessoa jurídica de direito público interessada, e para evitar grave lesão à ordem, à saúde, à segurança e à economia pública, poderá o Presidente do Tribunal a que competir o conhecimento do respectivo recurso suspender a execução da liminar, em decisão fundamentada, da qual caberá agravo para uma das turmas julgadoras, no prazo de 5 (cinco) dias a partir da publicação do ato.
> § 2º A multa cominada liminarmente só será exigível do réu após o trânsito em julgado da decisão favorável ao autor, mas será devida desde o dia em que se houver configurado o descumprimento.
>
> **Art. 21** Aplicam-se à defesa dos direitos e interesses difusos, coletivos e individuais, no que for cabível, os dispositivos do Título III da lei que instituiu o Código de Defesa do Consumidor.
>
> **Art. 83** Para a defesa dos direitos e interesses protegidos por este código são admissíveis todas as espécies de ações capazes de propiciar sua adequada e efetiva tutela.
>
> **Art. 90** Aplicam-se às ações previstas neste título as normas do Código de Processo Civil e da Lei nº 7.347, de 24 de julho de 1985, inclusive no que respeita ao inquérito civil, naquilo que não contrariar suas disposições.

É evidente que, com essas informações, o objetivo da ação coletiva e do processo que tutela dos direitos do consumidor é resolver a tutela de forma efetiva, independente do modo como foi solicitada.

20.3 Custas, emolumentos, despesas e honorários

Tendo em vista que o CDC é uma forma de acesso "tranquila" para o consumidor o art. 87 do CDC, viabilizando a ampla e efetiva tutela, estabelece em seu texto a desnecessidade de preparo para ingresso da ação, vejamos:

> **Art. 87** *Nas ações coletivas de que trata este código não haverá adiantamento de custas, emolumentos, honorários periciais e quaisquer outras despesas, nem condenação da associação autora, salvo comprovada má-fé, em honorários de advogados, custas e despesas processuais.*
> **Parágrafo único.** *Em caso de litigância de má-fé, a associação autora e os diretores responsáveis pela propositura da ação serão solidariamente condenados em honorários advocatícios e ao décuplo das custas, sem prejuízo da responsabilidade por perdas e danos.*

20.4 Ação de regresso do comerciante

A Ação de Regresso é uma forma do comerciante reaver seu valor em prol do fornecedor, nos casos de dano ou defeito do produto, e é versada pelo art. 88 do CDC dispõe que:

> **Art. 88** *Na hipótese do art. 13, parágrafo único deste código, a ação de regresso poderá ser ajuizada em processo autônomo, facultada a possibilidade de prosseguir-se nos mesmos autos, vedada a denunciação da lide.*

Importante destacarmos, que devido a esse dispositivo é vedada a denunciação **à lide nas** demandas consumeristas.

20.5 Competência

A competência é o foro correto para propor a demanda, como já sabemos. Assim o art. 93 do CDC, em conjunto com o art. 2º da LACP, preceitua o foro correto para propor demandas consumeristas, vejamos:

> **Art. 93** *Ressalvada a competência da Justiça Federal, é competente para a causa a justiça local:*
> *I – no foro do lugar onde ocorreu ou deva ocorrer o dano, quando de âmbito local;*
> *II – no foro da Capital do Estado ou no do Distrito Federal, para os danos de âmbito nacional ou regional, aplicando-se as regras do Código de Processo Civil aos casos de competência concorrente.*
> **Art. 2º, LACP** *As ações previstas nesta Lei serão propostas no foro do local onde ocorrer o dano, cujo juízo terá competência funcional para processar e julgar a causa.*

20.6 Princípio da publicidade e *right to opt in*

O art. 94, em seu texto, é o responsável por falar sobre o princípio da ampla divulgação da demanda, que se conecta diretamente ao princípio do acesso à justiça e o princípio da universalidade da jurisdição (amplo acesso). Vejamos:

> **Art. 94** *Proposta a ação, será publicado edital no órgão oficial, a fim de que os interessados possam intervir no processo como litisconsortes, sem prejuízo de ampla divulgação pelos meios de comunicação social por parte dos órgãos de defesa do consumidor.*

Podemos ver que o legislador garantiu a maior abrangência possível para que os consumidores exerçam o *right to opt in*, ou seja, o direito a demandar judicialmente.

20.7 Coisa julgada

A coisa julgada é o que torna definitiva uma decisão do poder judiciário. Após o trânsito em julgado da decisão sem recursos ocorrerá a coisa julgada e costuma ser dividida em formal e material.

▷ **Formal:** houve a decisão que transitou em julgado sem qualquer recurso;

▷ **Material:** é a qualidade de imutabilidade e indiscutibilidade, ou seja, houve uma decisão de mérito, onde a ação foi perfeitamente julgada.

Assim, o art. 103 do CDC estabelece que:

> **Art. 103** *Nas ações coletivas de que trata este código, a sentença fará coisa julgada:*
> *§ 1º Os efeitos da coisa julgada previstos nos incisos I e II não prejudicarão interesses e direitos individuais dos integrantes da coletividade, do grupo, categoria ou classe.*

Vejamos, então, um direito difuso (não pertence a um único indivíduo) + pedido procedente = coisa julgada *erga omnes*

Já em caso de Direito coletivo + pedido for julgado procedente = coisa julgada "ultra partes".

Pode haver coisa julgada sem a procedência do pedido? Sim!

Nos casos em que ocorrer a coisa julgada "sem julgamento do mérito" o autor da ação poderá propor a mesma ação novamente.

20.8 Prescrição

O prazo prescricional para propor ações coletivas é de 5 (cinco) anos. (AgRg nos EAREsp 119.895/PR, Rel. Ministro FELIX FISCHER, CORTE ESPECIAL, julgado em 29/08/2012, DJe de 13/09/2012).

20.9 Disposições processuais específicas do microssistema consumerista

As ações que versam sobre o Direito do Consumidor possuem normas e disposições própria como já sabemos, assim, o art. 101 do CDC traz as seguintes normas processuais específicas da demanda consumerista:

> **Art. 101** *Na ação de responsabilidade civil do fornecedor de produtos e serviços, sem prejuízo do disposto nos Capítulos I e II deste título, serão observadas as seguintes normas:*
> *I – a ação pode ser proposta no domicílio do autor;*
> *II – o réu que houver contratado seguro de responsabilidade poderá chamar ao processo o segurador, vedada a integração do contraditório pelo Instituto de Resseguros do Brasil. Nesta hipótese, a sentença que julgar procedente o pedido condenará o réu nos termos do art. 80 do Código de Processo Civil . Se o réu houver sido declarado falido, o síndico será intimado a informar a existência de seguro de responsabilidade, facultando-se, em caso afirmativo, o ajuizamento de ação de indenização diretamente contra o segurador, vedada a denunciação da lide ao Instituto de Resseguros do Brasil e dispensado o litisconsórcio obrigatório com este.*

A ação pode ser proposta no domicílio do autor, para garantir o acesso a justiça, como já vimos anteriormente, e é uma das principais preocupações do legislador.

O réu que houver contratado seguro de responsabilidade poderá chamar ao processo o segurador, vedada a integração do contraditório pelo Instituto de Resseguros do Brasil, quando há uma ação contra o fornecedor e, em alguns casos, pode ocorrer um seguro de responsabilidade, no qual o fornecedor poderá chamar a seguradora ao processo.

O art. 102 do CDC prevê os legitimados e a competência neste código, vejamos:

> **Art. 102** *Os legitimados a agir na forma deste código poderão propor ação visando compelir o Poder Público competente a proibir, em todo o território nacional, a produção, divulgação distribuição ou venda, ou a determinar a alteração na composição, estrutura, fórmula ou acondicionamento de produto, cujo uso ou consumo regular se revele nocivo ou perigoso à saúde pública e à incolumidade pessoal.*

20.10 LGPD e o CDC

A LGPD – Lei Geral de Proteção de Dados, veio com tudo em 2020, e gerou impacto no direito do consumidor, ficando em evidência em transações tecnológicas, via internet.

A diferença não foi enorme, uma vez que o CDC abriu portas para a Lei Geral de Proteção de Dados, conscientizando e protegendo o direito dos consumidores inclusive online.

Você já utilizou o *google* para uma pesquisa e recebeu diversas propagandas após em suas redes sociais?

Bom, a exposição que as redes sociais e a internet proporcionam para as empresas é enorme, sendo um recurso valioso a estes, que identificam seu interesse e lhe redirecionam propagandas com o tema.

Podemos ver que a propaganda on-line não mais age como um *outdoor*, que abrange apenas a quem atinge. A propaganda on-line é seletiva, ela aparece por meio de demonstrações de interesse no tema.

E a privacidade do consumidor onde fica?

Essa resposta a LGPD trouxe unindo-se ao CDC, garantindo ao consumidor o direito a necessidade de consentimento para utilização de seus dados. O famoso " Li e concordo com os termos".

Vejamos o art. 43 do CDC e o art. 7º da LGPD:

> *Art. 7º, LGPD O tratamento de dados pessoais somente poderá ser realizado nas seguintes hipóteses:*
>
> *I – mediante o fornecimento de consentimento pelo titular;*
>
> *II – para o cumprimento de obrigação legal ou regulatória pelo controlador;*
>
> *III – pela administração pública, para o tratamento e uso compartilhado de dados necessários à execução de políticas públicas previstas em leis e regulamentos ou respaldadas em contratos, convênios ou instrumentos congêneres, observadas as disposições do Capítulo IV desta Lei;*
>
> *IV – para a realização de estudos por órgão de pesquisa, garantida, sempre que possível, a anonimização dos dados pessoais;*
>
> *V – quando necessário para a execução de contrato ou de procedimentos preliminares relacionados a contrato do qual seja parte o titular, a pedido do titular dos dados;*
>
> *VI – para o exercício regular de direitos em processo judicial, administrativo ou arbitral, esse último nos termos da*
>
> *VII – para a proteção da vida ou da incolumidade física do titular ou de terceiro;*
>
> *VIII – para a tutela da saúde, exclusivamente, em procedimento realizado por profissionais de saúde, serviços de saúde ou autoridade sanitária;*
>
> *IX – quando necessário para atender aos interesses legítimos do controlador ou de terceiro, exceto no caso de prevalecerem direitos e liberdades fundamentais do titular que exijam a proteção dos dados pessoais; ou*
>
> *X – para a proteção do crédito, inclusive quanto ao disposto na legislação pertinente.*
>
> *§ 3º O tratamento de dados pessoais cujo acesso é público deve considerar a finalidade, a boa-fé e o interesse público que justificaram sua disponibilização.*
>
> *§ 4º É dispensada a exigência do consentimento previsto no caput deste artigo para os dados tornados manifestamente públicos pelo titular, resguardados os direitos do titular e os princípios previstos nesta Lei.*
>
> *§ 5º O controlador que obteve o consentimento referido no inciso I do caput deste artigo que necessitar comunicar ou compartilhar dados pessoais com outros controladores deverá obter consentimento específico do titular para esse fim, ressalvadas as hipóteses de dispensa do consentimento previstas nesta Lei.*
>
> *§ 6º A eventual dispensa da exigência do consentimento não desobriga os agentes de tratamento das demais obrigações previstas nesta Lei, especialmente da observância dos princípios gerais e da garantia dos direitos do titular.*
>
> *§ 7º O tratamento posterior dos dados pessoais a que se referem os §§ 3º e 4º deste artigo poderá ser realizado para novas finalidades, desde que observados os propósitos legítimos e específicos para o novo tratamento e a preservação dos direitos do titular, assim como os fundamentos e os princípios previstos nesta Lei.*

> *Art. 43, CDC O consumidor, sem prejuízo do disposto no art. 86, terá acesso às informações existentes em cadastros, fichas, registros e dados pessoais e de consumo arquivados sobre ele, bem como sobre as suas respectivas fontes.*
>
> *§ 1º Os cadastros e dados de consumidores devem ser objetivos, claros, verdadeiros e em linguagem de fácil compreensão, não podendo conter informações negativas referentes a período superior a cinco anos.*
>
> *§ 2º A abertura de cadastro, ficha, registro e dados pessoais e de consumo deverá ser comunicada por escrito ao consumidor, quando não solicitada por ele.*
>
> *§ 3º O consumidor, sempre que encontrar inexatidão nos seus dados e cadastros, poderá exigir sua imediata correção, devendo o arquivista, no prazo de cinco dias úteis, comunicar a alteração aos eventuais destinatários das informações incorretas.*
>
> *§ 4º Os bancos de dados e cadastros relativos a consumidores, os serviços de proteção ao crédito e congêneres são considerados entidades de caráter público.*
>
> *§ 5º Consumada a prescrição relativa à cobrança de débitos do consumidor, não serão fornecidas, pelos respectivos Sistemas de Proteção ao Crédito, quaisquer informações que possam impedir ou dificultar novo acesso ao crédito junto aos fornecedores.*
>
> *§ 6º Todas as informações de que trata o caput deste artigo devem ser disponibilizadas em formatos acessíveis, inclusive para a pessoa com deficiência, mediante solicitação do consumidor.*

Vemos que o CDC já instituía a necessidade de clara informação sobre o produto ou serviço, mais uma vez a LGPD veio trazendo seu art. 18, vejamos:

> *Art. 18 O titular dos dados pessoais tem direito a obter do controlador, em relação aos dados do titular por ele tratados, a qualquer momento e mediante requisição:*
>
> *I – confirmação da existência de tratamento;*
>
> *II – acesso aos dados;*
>
> *III – correção de dados incompletos, inexatos ou desatualizados;*
>
> *IV – anonimização, bloqueio ou eliminação de dados desnecessários, excessivos ou tratados em desconformidade com o disposto nesta Lei;*
>
> *V – portabilidade dos dados a outro fornecedor de serviço ou produto, mediante requisição expressa, de acordo com a regulamentação da autoridade nacional, observados os segredos comercial e industrial;*
>
> *VI – eliminação dos dados pessoais tratados com o consentimento do titular, exceto nas hipóteses previstas no art. 16 desta Lei;*
>
> *VII – informação das entidades públicas e privadas com as quais o controlador realizou uso compartilhado de dados;*
>
> *VIII – informação sobre a possibilidade de não fornecer consentimento e sobre as consequências da negativa;*
>
> *IX – revogação do consentimento, nos termos do § 5º do art. 8º desta Lei.*
>
> *§ 1º O titular dos dados pessoais tem o direito de peticionar em relação aos seus dados contra o controlador perante a autoridade nacional.*
>
> *§ 2º O titular pode opor-se a tratamento realizado com fundamento em uma das hipóteses de dispensa de consentimento, em caso de descumprimento ao disposto nesta Lei.*
>
> *§ 3º Os direitos previstos neste artigo serão exercidos mediante requerimento expresso do titular ou de representante legalmente constituído, a agente de tratamento.*
>
> *§ 4º Em caso de impossibilidade de adoção imediata da providência de que trata o § 3º deste artigo, o controlador enviará ao titular resposta em que poderá:*
>
> *I – comunicar que não é agente de tratamento dos dados e indicar, sempre que possível, o agente; ou*
>
> *II – indicar as razões de fato ou de direito que impedem a adoção imediata da providência.*
>
> *§ 5º O requerimento referido no § 3º deste artigo será atendido sem custos para o titular, nos prazos e nos termos previstos em regulamento.*

§ 6º O responsável deverá informar, de maneira imediata, aos agentes de tratamento com os quais tenha realizado uso compartilhado de dados a correção, a eliminação, a anonimização ou o bloqueio dos dados, para que repitam idêntico procedimento, exceto nos casos em que esta comunicação seja comprovadamente impossível ou implique esforço desproporcional.

§ 7º A portabilidade dos dados pessoais a que se refere o inciso V do caput deste artigo não inclui dados que já tenham sido anonimizados pelo controlador.

§ 8º O direito a que se refere o § 1º deste artigo também poderá ser exercido perante os organismos de defesa do consumidor.

Ainda seu art. 6º estabelece a primazia da necessidade da boa-fé e fácil acesso aos consumidores, vejamos:

__Art. 6º__ As atividades de tratamento de dados pessoais deverão observar a boa-fé e os seguintes princípios:

I – finalidade: realização do tratamento para propósitos legítimos, específicos, explícitos e informados ao titular, sem possibilidade de tratamento posterior de forma incompatível com essas finalidades;

II – adequação: compatibilidade do tratamento com as finalidades informadas ao titular, de acordo com o contexto do tratamento;

III – necessidade: limitação do tratamento ao mínimo necessário para a realização de suas finalidades, com abrangência dos dados pertinentes, proporcionais e não excessivos em relação às finalidades do tratamento de dados;

IV – livre acesso: garantia, aos titulares, de consulta facilitada e gratuita sobre a forma e a duração do tratamento, bem como sobre a integralidade de seus dados pessoais;

V – qualidade dos dados: garantia, aos titulares, de exatidão, clareza, relevância e atualização dos dados, de acordo com a necessidade e para o cumprimento da finalidade de seu tratamento;

VI – transparência: garantia, aos titulares, de informações claras, precisas e facilmente acessíveis sobre a realização do tratamento e os respectivos agentes de tratamento, observados os segredos comercial e industrial;

VII – segurança: utilização de medidas técnicas e administrativas aptas a proteger os dados pessoais de acessos não autorizados e de situações acidentais ou ilícitas de destruição, perda, alteração, comunicação ou difusão;

VIII – prevenção: adoção de medidas para prevenir a ocorrência de danos em virtude do tratamento de dados pessoais;

IX – não discriminação: impossibilidade de realização do tratamento para fins discriminatórios ilícitos ou abusivos;

X – responsabilização e prestação de contas: demonstração, pelo agente, da adoção de medidas eficazes e capazes de comprovar a observância e o cumprimento das normas de proteção de dados pessoais e, inclusive, da eficácia dessas medidas.

E qual seria a importância desses pontos?

Ora, se o consumidor é a parte vulnerável, é importante darmos a ele as ferramentas necessárias para se igualar minimamente ao fornecedor ou prestador de serviço.

20.10.1 Segurança da informação

Quando falamos em Segurança da informação vem à mente uma pessoa de terno com uma pasta "protegendo" a informação, essa pessoa é a LGPD com o CDC ao seu lado.

Vivemos em um momento em que diversas informações "vazam" na internet, temos ameaças cibernéticas, assim a necessidade de proteger a segurança do consumidor on-line se fez presente

Assim a LGPD trouxe mecanismos de defesa parecidos com o CDC, sendo a invenção do ônus.

20.10.2 Garantia individual da informação

Ainda em paralelo com o CDC a LGPD trouxe garantias individuais como:

▷ A informação é um direito básico do consumidor;
▷ É um dever dos fornecedores;
▷ É um princípio;
▷ Responsabiliza os fornecedores;
▷ Obriga o cumprimento da oferta;
▷ É um dever do estado e dos seus órgãos;
▷ É proibida, caso seja ilícita;
▷ Se for omitida, tipifica crime;
▷ Inverte o ônus da prova contra o fornecedor.

20.10.3 Consentimento na obtenção de dados

Outro tópico de suma importância que a LGPD trouxe, foi a necessidade de autorização para tratar ou usar dados dos consumidores, sendo a necessária à coleta dessa autorização da empresa

No entanto, mesmo após conceder a autorização o consumidor tem pleno direito a restringir seus dados ou corrigir, como já visto inclusive no CDC.

Bom, como podemos ver o CDC e a LGPD andam juntos e reforçam a segurança do consumidor com seus dados pessoais, implementando normas jurídicas de garantem a excelência na prevenção de fraudes ou crimes contra o consumidor.

21 NOÇÕES DE MARKETING DIGITAL

21.1 Geração de leads

Dentre os novos termos do marketing digital, leads é um dos mais importantes e tratados com reverência nas organizações, pois representa uma oportunidade de negócio importante. Ao captar leads, ou seja, clientes em potencial, a empresa tem acesso a informações de contato como nome e e-mail, em troca de um conteúdo gratuito (educativo, por exemplo). O contato acontece quando há interesse inicial do cliente em determinado produto ou serviço. A empresa disponibiliza o conteúdo gratuito, faz um anúncio na internet e atrai os clientes em potencial, que podem preencher um formulário, por exemplo, com dados (nome, e-mail) para ter acesso ao conteúdo.

Existem várias estratégias utilizadas nas empresas de e-commerce e para a captação de leads, como publicidade nas principais redes sociais e envio de e-mail marketing. É possível também fazer investimento em dinheiro em mídia para aumentar a relevância do site das organizações nos mecanismos de busca da internet, como o Google, e ainda com banners ou pop-ups que abrem quando a pessoa acessa determinado site.

Porém, o método mais comum de geração de leads é a disponibilização de algum conteúdo gratuito na internet, seja uma apostila, uma planilha de controle de gastos, um curso ou uma aula on-line no YouTube ou outra plataforma multimídia. É interessante disponibilizar o acesso ao conteúdo ou conteúdo complementar por meio da inscrição no site, via formulário. Este método é uma prática comum para captação de novos contatos, utilizado de forma ética pelas organizações, pois existe uma relação de ganha-ganha, em que o interessado tem conteúdo exclusivo sobre o produto ou serviço que pretende adquirir, numa verdadeira amostra grátis. Em contrapartida, a organização disponibiliza o conteúdo e armazena o contato desses interessados iniciais para aumentar o banco de prospecção de clientes.

21.2 Técnica de copywriting

Copywriting representa a geração de persuasão por meio de textos específicos com palavras-chave que estejam em textos de marketing em sites ou mesmo em propagandas por e-mail que tenham por objetivo geração do interesse e do convencimento para a concretização da ação da compra por parte do cliente.

Como o engajamento dos clientes é o principal objetivo deste método, pode ser utilizado das seguintes formas:

- E-mails;
- Blogs;
- Notícias em sites;
- Pop-up;
- Grupos de discussão;
- Anúncios.

21.3 Gatilhos mentais

Gatilhos mentais são elementos subjetivos em sites, blogs, formulários da internet, inclusive em vídeos divulgados no YouTube, que tiram os consumidores da zona de conforto e os estimulam a concretizar a relação de compra e venda. Isso pode ser confundido com a chamada a propaganda subliminar. São estímulos que agem diretamente no cérebro para estimular o consumo. Não se trata de nenhum método questionável ou hipnótico, mas configura a utilização de técnicas e elementos que propiciam um estímulo ao consumo.

21.4 Inbound marketing

Representa o chamado o marketing de atração, que inverte a relação tradicional de marketing. Nesse caso, as organizações que querem apresentar seu produto ou serviço não adquirem espaços tradicionais de marketing em sites, blogs ou na televisão, mas focam em geração de conteúdo de qualidade para seu público-alvo. Esse conteúdo pode ser disponibilizado gratuitamente na internet, o que gera confiabilidade do cliente. O Inbound pode ser feito de forma direta ou indireta. Um produto ou serviço pode ser apresentado em um seminário gratuito realizado pela organização, por exemplo. O cliente pode ter uma degustação gratuita, o que gera mais valor ao produto ou serviço.

22 POLÍTICA DE RELACIONAMENTO COM O CLIENTE: VENDAS E NEGOCIAÇÃO

22.1 Teoria de Philip Kotler sobre valor percebido pelo cliente

22.1.1 Valor percebido pelo cliente

A satisfação ampla do cliente só vai existir quando o valor percebido pelo comprador é positivo. Dessa forma, o valor percebido pelo cliente deve ser maior do que Valor Total (aquilo que é positivo e agrega) e o Custo Total (aquilo que é negativo e não agrega). Envolve, além do preço, a qualidade do produto oferecido e percebido.

Etapas de vendas (Kotler)

A venda não se resume ao momento de oferta e ao momento em que o cliente é convencido a comprar o bem ou serviço. Ela ocorre antes deste processo e termina após a concretização da venda, e se divide em três momentos: Pré-venda, Venda e Pós-venda.

Pré-venda

É o momento anterior à venda propriamente dita, que tem a função de levantar o público-alvo e suas características. São momentos desta etapa:

- **Prospecção:** representa o levantamento e pesquisa de potenciais clientes, a localização do público-alvo, sendo fundamental para o planejamento de vendas.
- **Qualificação:** após a prospecção reunir o contato de clientes em potencial, é feita a qualificação desses clientes na pré-venda, com o detalhamento das características de cada um e determinação dos bens ou serviços ideais para cada grupo de clientes.

Venda

Representa o momento propriamente dito de relação entre vendedor e cliente, com apresentação e negociação para aquisição do bem ou serviço. São momentos desta etapa:

- **Pré-abordagem:** representa o momento imediatamente anterior ao processo de atendimento ao cliente, que pode ser por meio de cartazes, banners ou instruções sobre o bem ou produto que será apresentado.
- **Abordagem:** é o contato inicial de atendimento ao cliente, quando o contato é estabelecido e tem início a venda propriamente dita. Nesse momento são levantadas as necessidades do cliente.
- **Apresentação:** momento em que as características do bem ou serviço são detalhadas, assim como as condições para sua aquisição, como preço e custos vinculados.
- **Superação de objeções:** momento em que o responsável pela venda argumenta ao cliente sobre barreiras existentes, como preço, características, custo-benefício etc.
- **Fechamento:** momento em que a venda é finalizada, e as condições para a aquisição do bem ou serviço são determinadas e acordadas entre as partes envolvidas. É a venda propriamente dita e finalizada.

Pós-venda

A venda não termina no momento da contratação do bem ou do serviço, sendo fundamental o momento posterior, para a manutenção da relação do cliente para vendas futuras. O objetivo dessa ação é a fidelização do cliente com a organização, visando a lucratividade contínua. São momentos desta etapa:

- **Acompanhamento:** é o processo imediato à concretização da venda, em que a instituição acompanha o momento em que o cliente recebe o produto ou serviço e o utiliza pela primeira vez.
- **Manutenção:** acompanhamento permanente da empresa com o cliente e contato esporádico para se manter a relação de vendas futuras e garantir a satisfação.

23 RESOLUÇÃO Nº 4.539/2016

O Banco Central do Brasil publicou no dia 28 de novembro de 2016 a Resolução nº 4.539, que dispõe sobre princípios a serem observados pelas instituições financeiras e demais instituições autorizadas a funcionar pelo Banco Central do Brasil no relacionamento com clientes.

Nos termos da Resolução nº 4.539/16, as instituições deverão observar os princípios de ética, responsabilidade, transparência e diligência na condução de suas atividades e no relacionamento com seus clientes e usuários.

As instituições deverão implementar uma Política Institucional de Relacionamento com Clientes que trate, dentre outros assuntos, da divisão de papéis e responsabilidades no treinamento de empregados e prestadores de serviços que desempenhem atividades relacionadas ao relacionamento com clientes.

O Banco Central do Brasil, na forma do art. 9º da Lei nº 4.595, de 31 de dezembro de 1964, torna público que o Conselho Monetário Nacional, em sessão realizada em 24 de novembro de 2016, com base no art. 4º, inciso VIII, da referida Lei.

Resolveu:

DO OBJETO E DO ÂMBITO DE APLICAÇÃO

Art. 1º *Esta Resolução dispõe sobre princípios a serem observados no relacionamento com clientes e usuários e sobre a elaboração e implementação de política institucional de relacionamento com clientes e usuários de produtos e de serviços pelas instituições financeiras e demais instituições autorizadas a funcionar pelo Banco Central do Brasil.*

§ 1º O disposto nesta Resolução não se aplica às administradoras de consórcio e às instituições de pagamento, que devem seguir as normas editadas pelo Banco Central do Brasil no exercício de sua competência legal.

§ 2º Para efeito desta Resolução, o relacionamento com clientes e usuários abrange as fases de pré-contratação, de contratação e de pós-contratação de produtos e de serviços.

DOS PRINCÍPIOS

Art. 2º *As instituições de que trata o art. 1º, no relacionamento com clientes e usuários de produtos e de serviços, devem conduzir suas atividades com observância de princípios de ética, responsabilidade, transparência e diligência, propiciando a convergência de interesses e a consolidação de imagem institucional de credibilidade, segurança e competência.*

Art. 3º *A observância do disposto no art. 2º requer, entre outras, as seguintes providências:*

I. promover cultura organizacional que incentive relacionamento cooperativo e equilibrado com clientes e usuários;

II. dispensar tratamento justo e equitativo a clientes e usuários; e

III. assegurar a conformidade e a legitimidade de produtos e de serviços.

Parágrafo único. *O tratamento justo e equitativo a clientes e usuários de que trata o inciso II do caput abrange, inclusive:*

I. a prestação de informações a clientes e usuários de forma clara e precisa, a respeito de produtos e serviços;

II. o atendimento a demandas de clientes e usuários de forma tempestiva; e

III. a inexistência de barreiras, critérios ou procedimentos desarrazoados para a extinção da relação contratual relativa a produtos e serviços, bem como para a transferência de relacionamento para outra instituição, a pedido do cliente.

DA POLÍTICA INSTITUCIONAL DE RELACIONAMENTO COM CLIENTES E USUÁRIOS

Seção I - Da Elaboração e Implementação da Política Institucional de Relacionamento com Clientes e Usuários

Art. 4º *As instituições de que trata o art. 1º devem elaborar e implementar política institucional de relacionamento com clientes e usuários que consolide diretrizes, objetivos estratégicos e valores organizacionais, de forma a nortear a condução de suas atividades em conformidade com o disposto no art. 2º*

§ 1º A política de que trata o caput deve:

I. ser aprovada pelo conselho de administração ou, na sua ausência, pela diretoria da instituição;

II. ser objeto de avaliação periódica;

III. definir papéis e responsabilidades no âmbito da instituição;

IV. ser compatível com a natureza da instituição e com o perfil de clientes e usuários, bem como com as demais políticas instituídas;

V. prever programa de treinamento de empregados e prestadores de serviços que desempenhem atividades afetas ao relacionamento com clientes e usuários;

VI. prever a disseminação interna de suas disposições; e

VII. ser formalizada em documento específico.

§ 2º Admite-se que a política de que trata o caput seja unificada por:

I. conglomerado; ou

II. sistema cooperativo de crédito.

§ 3º As instituições que não constituírem política própria em decorrência da faculdade prevista no § 2º devem formalizar a decisão em reunião do conselho de administração ou da diretoria.

§ 4º O documento de que trata o inciso VII do § 1º deve ser mantido à disposição do Banco Central do Brasil.

Seção II Do Gerenciamento da Política Institucional de Relacionamento com Clientes e Usuários

Art. 5º *As instituições devem assegurar a consistência de rotinas e de procedimentos operacionais afetos ao relacionamento com clientes e usuários, bem como sua adequação à política institucional de relacionamento de que trata o art. 4º, inclusive quanto aos seguintes aspectos:*

I. concepção de produtos e de serviços;

II. oferta, recomendação, contratação ou distribuição de produtos ou serviços;

III. requisitos de segurança afetos a produtos e a serviços;

IV. cobrança de tarifas em decorrência da prestação de serviços;

V. divulgação e publicidade de produtos e de serviços;

VI. coleta, tratamento e manutenção de informações dos clientes em bases de dados;

VII. gestão do atendimento prestado a clientes e usuários, inclusive o registro e o tratamento de demandas;

VIII. mediação de conflitos;

IX. sistemática de cobrança em caso de inadimplemento de obrigações contratadas;

X. extinção da relação contratual relativa a produtos e serviços;

XI. liquidação antecipada de dívidas ou de obrigações;

XII. transferência de relacionamento para outra instituição, a pedido do cliente; e

XIII. eventuais sistemas de metas e incentivos ao desempenho de empregados e de terceiros que atuem em seu nome.

§ 1º Com relação ao disposto nos incisos I e II do caput, e em observância ao art. 3º, parágrafo único, inciso I, as instituições devem estabelecer o perfil dos clientes que compõem o público-alvo para os produtos e serviços disponibilizados, considerando suas características e complexidade.

§ 2º O perfil referido no § 1º deve incluir informações relevantes para cada produto ou serviço.

Art. 6º *Em relação à política institucional de relacionamento com clientes e usuários, as instituições de que trata o art. 1º devem instituir mecanismos de acompanhamento, de controle e de mitigação de riscos com vistas a assegurar:*

I. a implementação das suas disposições;

II. o monitoramento do seu cumprimento, inclusive por meio de métricas e indicadores adequados;

III. a avaliação da sua efetividade; e

IV. a identificação e a correção de eventuais deficiências.

§ 1º *Os mecanismos de que trata o caput devem ser submetidos a testes periódicos pela auditoria interna, consistentes com os controles internos da instituição.*

§ 2º *Os dados, os registros e as informações relativas aos mecanismos de controle, processos, testes e trilhas de auditoria devem ser mantidos à disposição do Banco Central do Brasil pelo prazo mínimo de cinco anos.*

DISPOSIÇÕES GERAIS

Art. 7º *As instituições de que trata o art. 1º devem indicar diretor responsável pela observância do disposto nesta Resolução.*

Art. 8º *Fica o Banco Central do Brasil autorizado a baixar as normas e a adotar as medidas julgadas necessárias à execução do disposto nesta Resolução.*

Art. 9º *Esta Resolução entra em vigor 360 (trezentos e sessenta) dias após a data de sua publicação.*

24 ÉTICA E CONDUTA PROFISSIONAL EM VENDAS

24.1 Ética e concorrência

As mais importantes referências teóricas da Administração em Vendas e concorrência são de Peter Druker (teoria da globalização nas empresas) e Michael Porter (teórico da competitividade e da vantagem competitiva).

Segundo a teoria de Peter Druker, a organização se adapta à globalização quando consegue oferecer o produto ou serviço prestado de forma certa para o público certo, oferecendo distribuição, preço e momento adequado.

Segundo Porter, a organização nunca pode parar de aprender sobre o mercado em que atua, seus rivais e formular formas de melhorar sua posição competitiva. As 5 forças de Porter são: **a rivalidade entre concorrentes, o poder de negociação dos clientes, poder de barganha do fornecedor, ameaça de entrada de novos concorrentes e ameaça de produto substituídos**, conforme a imagem que segue.

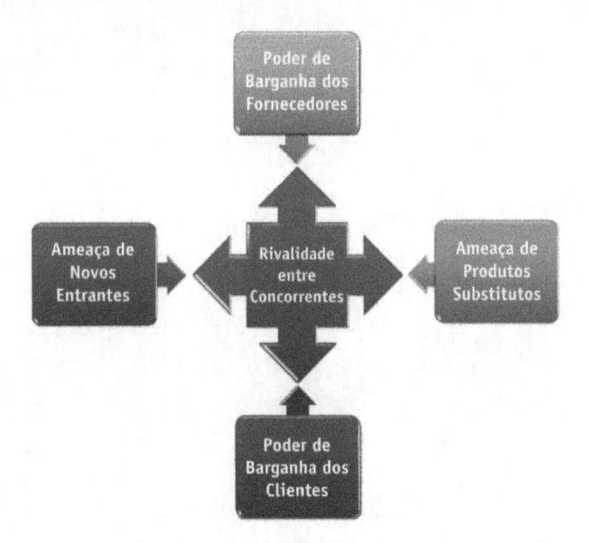

24.2 Globalização nas empresas

Considerando que o monopólio é nocivo para as organizações, Peter Drucker defende que as empresas invistam em estudo e avaliação constantes do mercado em que estão inseridas. A organização deve desenvolver a capacidade de chegar em um nível de excelência, o que se torna uma importante vantagem competitiva diante de seus concorrentes. Essa avaliação permite uma redução nos custos e uma maximização dos lucros. Entre as vantagens de análise de mercado, estão:

- Oferecer o produto certo.
- Apresentar o produto na hora certa.
- Indicar o produto para o público certo.

24.3 Competição e Mercado (Michael Porter)

O estudioso Michael Porter desenvolveu muitos estudos sobre vantagem competitiva e criou as 5 Forças de Porter, em que duas são ameaças, as quais uma organização precisa se preparar para enfrentar. Veja a seguir as Forças de Porter:

- Rivalidade.
- Poder de negociação do cliente.
- Poder de barganha do fornecedor.
- Ameaça de produto substituído.
- Ameaça de novos concorrentes.

24.4 Benchmarking

O benchmarking é uma importante ferramenta de análise para que uma empresa obtenha vantagem competitiva e possa qualificar seu atendimento aos clientes, prestação de serviços ou processos de produção. Nesse tipo de pesquisa de mercado, são observados os concorrentes, as melhores práticas, tudo para oferecer uma experiência melhor ao cliente. Além disso, é possível analisar a competitividade da empresa diante dos concorrentes. Por isso, o benchmarking é tão fundamental.

Podemos destacar alguns tipos dessa atividade:

- **Benchmarking Governamental:** feito junto aos governos de outros países.
- **Benchmarking Competitivo:** feito junto aos concorrentes e rivais.
- **Benchmarking Funcional:** feito junto aos concorrentes ou outro departamento da mesma organização buscando um elemento específico.
- **Benchmarking Setorial (Departamental):** feito internamente junto a outro setor ou departamento da mesma organização.

25 RESOLUÇÃO CMN Nº 4.860/2020

Tal resolução dispõe sobre a constituição e o funcionamento de componente organizacional de ouvidoria pelas instituições financeiras e demais instituições autorizadas a funcionar pelo Banco Central do Brasil.

RESOLUÇÃO CMN Nº 4.860, DE 23 DE OUTUBRO DE 2020
Dispõe sobre a constituição e o funcionamento de componente organizacional de ouvidoria pelas instituições autorizadas a funcionar pelo Banco Central do Brasil.

O Banco Central do Brasil, na forma do art. 9º da Lei nº 4.595, de 31 de dezembro de 1964, torna público que o Conselho Monetário Nacional, em sessão realizada em 22 de outubro de 2020, com base no art. 4º, inciso VIII, da referida Lei, resolveu:

DO OBJETO E DO ÂMBITO DE APLICAÇÃO

Art. 1º Esta Resolução disciplina a constituição e o funcionamento de componente organizacional de ouvidoria pelas instituições que especifica.

Art. 2º O componente organizacional de ouvidoria deve ser constituído pelas instituições autorizadas a funcionar pelo Banco Central do Brasil que tenham clientes pessoas naturais, inclusive empresários individuais, ou pessoas jurídicas classificadas como microempresas e empresas de pequeno porte, nos termos da Lei Complementar nº 123, de 14 de dezembro de 2006.

Parágrafo único. Ficam dispensados de constituir ouvidoria os bancos comerciais sob controle societário de bolsas de valores, de bolsas de mercadorias e futuros ou de bolsas de valores e de mercadorias e futuros que desempenhem exclusivamente funções de liquidante e custodiante central, prestando serviços às bolsas e aos agentes econômicos responsáveis pelas operações nelas cursadas.

DA FINALIDADE

Art. 3º A ouvidoria tem por finalidade:
I. atender em última instância as demandas dos clientes e usuários de produtos e serviços que não tiverem sido solucionadas nos canais de atendimento primário da instituição; e
II. atuar como canal de comunicação entre a instituição e os clientes e usuários de produtos e serviços, inclusive na mediação de conflitos.

Parágrafo único. Para efeitos desta Resolução, considera-se primário o atendimento habitual realizado em quaisquer pontos ou canais de atendimento, incluídos os correspondentes no País e o Serviço de Atendimento ao Consumidor (SAC) de que trata o Decreto nº 6.523, de 31 de julho de 2008.

DA ORGANIZAÇÃO

Art. 4º A estrutura da ouvidoria deve ser compatível com a natureza e a complexidade dos produtos, serviços, atividades, processos e sistemas de cada instituição.

Parágrafo único. A ouvidoria não pode estar vinculada a componente organizacional da instituição que configure conflito de interesses ou de atribuições, a exemplo das unidades responsáveis por negociação de produtos e serviços, gestão de riscos, auditoria interna e conformidade (compliance).

Art. 5º É admitido o compartilhamento de ouvidoria pelas instituições, observadas as seguintes situações e regras:
I. a instituição integrante de conglomerado composto por pelo menos duas instituições autorizadas a funcionar pelo Banco Central do Brasil pode compartilhar a ouvidoria constituída em qualquer das instituições autorizadas a funcionar;
II. a instituição não enquadrada no disposto no inciso I do caput pode compartilhar a ouvidoria constituída:
a) em empresa ligada, conforme definição de que trata o § 1º; ou
b) na associação de classe a que seja filiada ou na bolsa de valores ou bolsa de mercadorias e futuros ou bolsa de valores e de mercadorias e futuros nas quais realize operações;
III. a cooperativa singular de crédito filiada a cooperativa central pode compartilhar a ouvidoria constituída na respectiva cooperativa central, confederação de cooperativas de crédito ou banco do sistema cooperativo; e
IV. a cooperativa singular de crédito não filiada a cooperativa central pode compartilhar a ouvidoria constituída em cooperativa central, federação de cooperativas de crédito, confederação de cooperativas de crédito ou associação de classe da categoria.

§ 1º Para efeito do disposto no inciso II, alínea "a", do caput, consideram-se ligadas entre si as instituições autorizadas a funcionar pelo Banco Central do Brasil e as empresas não autorizadas a funcionar pelo Banco Central do Brasil:
I. as quais uma participe com 10% (dez por cento) ou mais do capital da outra, direta ou indiretamente; e
II. as quais acionistas com 10% (dez por cento) ou mais do capital de uma participem com 10% (dez por cento) ou mais do capital da outra, direta ou indiretamente.

§ 2º O disposto no inciso II, alínea «b», do caput, não se aplica a bancos comerciais, bancos múltiplos, caixas econômicas, sociedades de crédito, financiamento e investimento, associações de poupança e empréstimo e sociedades de arrendamento mercantil que realizem operações de arrendamento mercantil financeiro.

§ 3º O disposto nos incisos II, alínea «b», e IV, do caput, somente se aplica a associação de classe ou bolsa que possuir código de ética ou de autorregulação efetivamente implantado, ao qual a instituição tenha aderido.

DO FUNCIONAMENTO

Art. 6º As atribuições da ouvidoria abrangem as seguintes atividades:
I. atender, registrar, instruir, analisar e dar tratamento formal e adequado às demandas dos clientes e usuários de produtos e serviços;
II. prestar esclarecimentos aos demandantes acerca do andamento das demandas, informando o prazo previsto para resposta;
III. encaminhar resposta conclusiva para a demanda no prazo previsto; e
IV. manter o conselho de administração, ou, na sua ausência, a diretoria da instituição, informado sobre os problemas e deficiências detectados no cumprimento de suas atribuições e sobre o resultado das medidas adotadas pelos administradores para solucioná-los.

§ 1º O atendimento prestado pela ouvidoria:
I. deve ser identificado por meio de número de protocolo, o qual deve ser fornecido ao demandante;
II. deve ser gravado, quando realizado por telefone, e, quando realizado por meio de documento escrito ou por meio eletrônico, arquivada a respectiva documentação; e
III. pode abranger:
a) excepcionalmente, as demandas não recepcionadas inicialmente pelos canais de atendimento primário; e
b) as demandas encaminhadas pelo Banco Central do Brasil, por órgãos públicos ou por outras entidades públicas ou privadas.

§ 2º O prazo de resposta para as demandas não pode ultrapassar dez dias úteis, podendo ser prorrogado, excepcionalmente e de forma justificada, uma única vez, por igual período, limitado o número de prorrogações a 10% (dez por cento) do total de demandas no mês, devendo o demandante ser informado sobre os motivos da prorrogação.

Art. 7º As instituições referidas no art. 2º devem:
I. manter sistema de informações e de controle das demandas recebidas pela ouvidoria, de forma a:
a) registrar o histórico de atendimentos, as informações utilizadas na análise e as providências adotadas; e
b) controlar o prazo de resposta;
II. dar ampla divulgação sobre a existência da ouvidoria, sua finalidade, suas atribuições e formas de acesso, inclusive nos canais de comunicação utilizados para difundir os produtos e serviços;

RESOLUÇÃO CMN Nº 4.860/2020

III. garantir o acesso gratuito dos clientes e dos usuários ao atendimento da ouvidoria, por meio de canais ágeis e eficazes, inclusive por telefone, cujo número deve ser:

a) divulgado e mantido atualizado em local visível ao público no recinto das suas dependências e nas dependências dos correspondentes no País, bem como nos respectivos sítios eletrônicos na internet, acessível pela sua página inicial;

b) informado nos extratos, comprovantes, inclusive eletrônicos, contratos, materiais de propaganda e de publicidade e demais documentos que se destinem aos clientes e usuários; e

c) inserido e mantido permanentemente atualizado em sistema de registro de informações do Banco Central do Brasil.

Parágrafo único. As informações relativas às demandas recebidas pela ouvidoria devem permanecer registradas no sistema mencionado no inciso I pelo prazo mínimo de cinco anos, contados da data da protocolização da ocorrência.

DAS EXIGÊNCIAS FORMAIS

Art. 8º O estatuto ou o contrato social, conforme a natureza jurídica da sociedade, deve dispor, de forma expressa, sobre os seguintes aspectos:

I. a finalidade, as atribuições e as atividades da ouvidoria;

II. os critérios de designação e de destituição do ouvidor;

III. o tempo de duração do mandato do ouvidor, fixado em meses; e

IV. o compromisso formal no sentido de:

a) criar condições adequadas para o funcionamento da ouvidoria, bem como para que sua atuação seja pautada pela transparência, independência, imparcialidade e isenção; e

b) assegurar o acesso da ouvidoria às informações necessárias para a elaboração de resposta adequada às demandas recebidas, com total apoio administrativo, podendo requisitar informações e documentos para o exercício de suas atividades no cumprimento de suas atribuições.

§ 1º Os aspectos mencionados no caput devem ser incluídos no estatuto ou no contrato social na primeira alteração que ocorrer após a constituição da ouvidoria.

§ 2º As alterações estatutárias ou contratuais exigidas por esta Resolução relativas às instituições que optarem pela faculdade prevista no art. 5º, incisos I e III, podem ser promovidas somente pela instituição que constituir a ouvidoria.

§ 3º As instituições que não constituírem ouvidoria própria em decorrência da faculdade prevista no art. 5º, incisos II e IV, devem ratificar a decisão na primeira assembleia geral ou na primeira reunião de diretoria realizada após tal decisão.

Art. 9º As instituições referidas no art. 2º devem designar perante o Banco Central do Brasil os nomes do ouvidor e do diretor responsável pela ouvidoria.

§ 1º O diretor responsável pela ouvidoria pode desempenhar outras funções na instituição, inclusive a de ouvidor, exceto a de diretor de administração de recursos de terceiros.

§ 2º Nos casos dos bancos comerciais, bancos múltiplos, caixas econômicas, sociedades de crédito, financiamento e investimento, associações de poupança e empréstimo e sociedades de arrendamento mercantil que realizem operações de arrendamento mercantil financeiro, que estejam sujeitos à obrigatoriedade de constituição de comitê de auditoria, na forma da regulamentação, o ouvidor não poderá desempenhar outra função, exceto a de diretor responsável pela ouvidoria.

§ 3º Nas situações em que o ouvidor desempenhe outra atividade na instituição, essa atividade não pode configurar conflito de interesses ou de atribuições.

Art. 10. Nas hipóteses previstas no art. 5º, incisos I, III e IV, o ouvidor deve:

I. responder por todas as instituições que compartilharem a ouvidoria; e

II. integrar os quadros da instituição que constituir a ouvidoria.

Art. 11. Para cumprimento do disposto no caput do art. 9º, nas hipóteses previstas no art. 5º, inciso II, as instituições referidas no art. 2º devem:

I. designar perante o Banco Central do Brasil apenas o nome do respectivo diretor responsável pela ouvidoria; e

II. informar o nome do ouvidor, que deverá ser o do ouvidor da associação de classe, da bolsa de valores, da bolsa de mercadorias e futuros ou da bolsa de valores e de mercadorias e futuros, ou da entidade ou empresa que constituir a ouvidoria.

DA PRESTAÇÃO DE INFORMAÇÕES

Art. 12. O diretor responsável pela ouvidoria deve elaborar relatório semestral quantitativo e qualitativo referente às atividades desenvolvidas pela ouvidoria, nas datas-base de 30 de junho e 31 de dezembro.

Parágrafo único. O relatório de que trata o caput deve ser encaminhado à auditoria interna, ao comitê de auditoria, quando constituído, e ao conselho de administração ou, na sua ausência, à diretoria da instituição.

Art. 13. As instituições referidas no art. 2º devem divulgar semestralmente, nos respectivos sítios eletrônicos na internet, as informações relativas às atividades desenvolvidas pela ouvidoria, inclusive os dados relativos à avaliação direta da qualidade do atendimento de que trata o art. 16.

Art. 14. O Banco Central do Brasil poderá estabelecer o conteúdo, a forma, a periodicidade e o prazo de remessa de dados e de informações relativos às atividades da ouvidoria.

DA CERTIFICAÇÃO

Art. 15. As instituições referidas no art. 2º devem adotar providências para que os integrantes da ouvidoria que realizem as atividades mencionadas no art. 6º sejam considerados aptos em exame de certificação organizado por entidade de reconhecida capacidade técnica.

§ 1º O exame de certificação deve abranger, no mínimo, temas relativos à ética, aos direitos do consumidor e à mediação de conflitos.

§ 2º A designação de integrantes da ouvidoria referidos no caput fica condicionada à comprovação de aptidão no exame de certificação, além do atendimento às demais exigências desta Resolução.

§ 3º As instituições referidas no caput devem assegurar a capacitação permanente dos integrantes da ouvidoria em relação aos temas mencionados no § 1º

§ 4º O diretor responsável pela ouvidoria sujeita-se à formalidade prevista no caput, caso exerça a função de ouvidor.

§ 5º Nas hipóteses previstas no art. 5º, incisos II e IV, aplica-se o disposto neste artigo aos integrantes da ouvidoria da associação de classe, entidade ou empresa que realize as atividades mencionadas no art. 6º

DA AVALIAÇÃO DIRETA DA QUALIDADE DO ATENDIMENTO PRESTADO

Art. 16. As instituições referidas no art. 2º devem implementar instrumento de avaliação direta da qualidade do atendimento prestado pela ouvidoria a clientes e usuários.

Parágrafo único. O disposto no caput aplica-se somente aos bancos comerciais, bancos múltiplos, bancos de investimento, caixas econômicas e sociedades de crédito, financiamento e investimento.

Art. 17. A avaliação direta da qualidade do atendimento de que trata o art. 16 deve ser:

I. estruturada de forma a obter notas entre 1 e 5, sendo 1 o nível de satisfação mais baixo e 5 o nível de satisfação mais alto;

II. disponibilizada ao cliente ou usuário em até um dia útil após o encaminhamento da resposta conclusiva de que trata o art. 6º, inciso III, e § 2º; e

III. concluída em até cinco dias úteis após o prazo de que trata o inciso II.

Art. 18. Os dados relativos à avaliação mencionada no art. 16 devem ser:

I. armazenados de forma eletrônica, em ordem cronológica, permanecendo à disposição do Banco Central do Brasil pelo prazo de cinco anos, contados da data da avaliação realizada pelo cliente ou usuário; e

II. remetidos ao Banco Central do Brasil, na forma por ele definida.

DISPOSIÇÕES FINAIS

Art. 19. *O relatório e a documentação relativos aos atendimentos realizados, de que tratam os arts. 6º, § 1º, 7º e 12, bem como a gravação telefônica do atendimento, devem permanecer à disposição do Banco Central do Brasil pelo prazo mínimo de cinco anos.*

Art. 20. *O número do telefone para acesso gratuito à ouvidoria e os dados relativos ao diretor responsável pela ouvidoria e ao ouvidor devem ser inseridos e mantidos permanentemente atualizados em sistema de registro de informações do Banco Central do Brasil.*

Parágrafo único. *O disposto no caput deve ser observado, inclusive, pela instituição que não constituir componente de ouvidoria próprio em decorrência da faculdade prevista no art. 5º*

Art. 21. *O Banco Central do Brasil poderá adotar as medidas necessárias à execução do disposto nesta Resolução.*

Art. 22. *Ficam revogadas:*

I. a Resolução nº 4.433, de 23 de julho de 2015; e

II. a Resolução nº 4.629, de 25 de janeiro de 2018.

Art. 23. *Esta Resolução entra em vigor em 1º de dezembro de 2020.*

SIMULADO PARA CEF

Texto para as próximas 6 questões:

Privacidade digital: quais são os limites

Atualmente, somos mais de 126,4 milhões de brasileiros usuários de internet, representando cerca de 69,8% da população com 10 anos ou mais. Ao redor do mundo, cerca de 4 bilhões de pessoas usam a rede mundial, sendo que 2,9 bilhões delas fazem isso pelo smartphone.

Nesse cenário, pensar em privacidade digital é (quase) utópico. Uma vez na rede, a informação está registrada para sempre: deixamos rastros que podem ser descobertos a qualquer momento.

Ainda assim, mesmo diante de tamanha exposição, essa é uma discussão que precisa ser feita. Ela é importante, inclusive, para trazer mais clareza e consciência para os usuários. Vale lembrar, por exemplo, que não são apenas as redes sociais que expõem as pessoas. Infelizmente, basta ter um endereço de e-mail para ser rastreado por diferentes empresas e provedores.

A questão central não se resume somente à política de privacidade das plataformas X ou Y, mas, sim, ao modo como cada sociedade vem paulatinamente estruturando a sua política de proteção de dados.

A segurança da informação já se transformou em uma área estratégica para qualquer tipo de empresa. Independentemente da demanda de armazenamento de dados de clientes, as organizações têm um universo de dados institucionais que precisam ser salvaguardados.

Estamos diante de uma realidade já configurada: a coleta de informações da internet não para, e esse é um caminho sem volta. Agora, a questão é: nós, clientes, estamos prontos e dispostos a definir o limite da privacidade digital? O interesse maior é nosso! Esse limite poderia ser dado pelo próprio consumidor, se ele assim quiser? O conteúdo é realmente do usuário?

Se considerarmos a atmosfera das redes sociais, muito possivelmente não. Isso porque, embora muitas pessoas não saibam, a maioria das redes sociais prevê que, a partir do momento em que um conteúdo é postado, ele faz parte da rede e não é mais do usuário.

Daí a importância da conscientização. É preciso que tanto clientes como empresas busquem mais informação e conteúdo técnico sobre o tema. Às organizações, cabe o desafio de orientar seus clientes, já que, na maioria das vezes, eles não sabem quais são os limites da privacidade digital.

Vivemos em uma época em que todo mundo pode falar permanentemente o que quer. Nesse contexto, a informação deixou de ser algo confiável e cabe a cada um de nós aprender a ler isso e se proteger. Precisamos de consciência, senso crítico, responsabilidade e cuidado para levar a internet a um outro nível. É fato que ela não é segura, a questão, então, é como usá-la de maneira mais inteligente e contribuir para fortalecer a privacidade digital? Essa é uma causa comum a todos os usuários da rede.

Disponível em: .7/04/2019. Acesso em: 3 fev. 2021. Adaptado.

01. (CESGRANRIO – 2021 – BB – ESCRITURÁRIO) Um argumento que justifica a tese de que "pensar em privacidade digital é (quase) utópico" (parágrafo 2) aparece em:
a) questão central não se resume somente à política de privacidade das plataformas X ou Y" (parágrafo 4)
b) "A segurança da informação já se transformou em uma área estratégica para qualquer tipo de empresa" (parágrafo 5)
c) "a partir do momento em que um conteúdo é postado, ele faz parte da rede e não é mais do usuário" (parágrafo 7)
d) "É preciso que tanto clientes como empresas busquem mais informação e conteúdo técnico sobre o tema" (parágrafo 8)
e) "Precisamos de consciência, senso crítico, responsabilidade e cuidado para levar a internet a um outro nível" (parágrafo 9)

02. (CESGRANRIO – 2021 – BB – ESCRITURÁRIO) Depois de questionar se o conteúdo que circula nas redes é realmente propriedade do usuário (parágrafo 6), o texto desenvolve a ideia de que
a) a maior parte dos usuários no mundo acessa a internet por meio de um *smartphone*
b) a segurança da informação já se transformou em uma área estratégica para as empresas
c) as empresas e os provedores conseguem rastrear os usuários por meio de endereço de *e-mail*.
d) as organizações devem conscientizar os clientes em relação aos limites da privacidade digital.
e) as pessoas deixam rastros na rede que podem ser descobertos a qualquer momento.

03. (CESGRANRIO – 2021 – BB – ESCRITURÁRIO) O trecho em que a palavra destacada expressa uma opinião do autor é:
a) "**Atualmente**, somos mais de 126,4 milhões de brasileiros" (parágrafo 1).
b) "**Infelizmente**, basta ter um endereço de e-mail para ser rastreado" (parágrafo 3).
c) "modo como cada sociedade vem **paulatinamente** estruturando a sua política" (parágrafo 4)
d) "**Independentemente** da demanda de armazenamento de dados de clientes" (parágrafo 5)
e) "época em que todo mundo pode falar **permanentemente** o que quer." (parágrafo 9)

04. (CESGRANRIO – 2021 – BB – ESCRITURÁRIO) No trecho "Às organizações, cabe o desafio de orientar seus clientes, **já que**, na maioria das vezes, eles não sabem quais são os limites da privacidade digital" (parágrafo 8), a expressão destacada expressa a noção de:
a) condição.
b) finalidade.
c) concessão.
d) causalidade.
e) comparação.

05. (CESGRANRIO – 2021 – BB – ESCRITURÁRIO) A palavra ou a expressão a que se refere o termo em destaque está corretamente explicitada entre colchetes em:
a) "sendo que 2,9 bilhões delas fazem **isso** pelo *smartphone*" (parágrafo 1) - [rede mundial]
b) "**Ela** é importante, inclusive, para trazer mais clareza e consciência para os usuários." (parágrafo 3) - [exposição]
c) "**Isso** porque, embora muitas pessoas não saibam, a maioria das redes sociais prevê que, a partir do momento" (parágrafo 7) - [redes sociais]
d) "a partir do momento em que um conteúdo é postado, **ele** faz parte da rede e não mais do usuário" (parágrafo 7) - [momento]
e) "É fato que **ela** não é segura, a questão, então, é como usá-la de maneira mais inteligente" (parágrafo 9) - [internet]

06. (CESGRANRIO–2021–BB–ESCRITURÁRIO) No trecho "Esse limite **poderia** ser dado pelo próprio consumidor, se ele assim quiser?" (parágrafo 6), a forma verbal destacada expressa a noção de
a) dever
b) certeza
c) hipótese
d) obrigação
e) necessidade

07. (CESGRANRIO–2021–BB–ESCRITURÁRIO) De acordo com as exigências da norma-padrão da língua portuguesa, a concordância verbal está corretamente empregada na forma destacada em:
a) Para entender o público das plataformas digitais, **analisaram**-se, durante dez semanas, o comportamento de jovens considerados viciados em aplicativos.
b) Em grupos de jovens usuários de redes sociais, **constataram**-se inúmeras situações de dependência crônica do uso de aparelhos celulares.
c) Nos serviços de ouvidoria das empresas de comunicação, **atendem**-se a reclamações de todos os tipos sobre falhas nas conexões telefônicas.
d) Nas análises sobre privacidade dos usuários, **atribuem**-se corretamente aos aplicativos de conversas a maior responsabilidade pela situação atual.
e) Com base em dados estatísticos, **estimam**-se que os jovens sejam os maiores responsáveis pela navegação nas redes sociais.

08. (CESGRANRIO–2021–BB–ESCRITURÁRIO) O grupo de palavras que atende às exigências relativas ao emprego ou não do hífen, segundo o Vocabulário Ortográfico da Língua Portuguesa, é:
a) extra-escolar / médico-cirurgião.
b) bem-educado / vagalume.
c) portarretratos / dia a dia.
d) arco-íris / contra-regra.
e) subutilizar / sub-reitor.

09. (CESGRANRIO–2021–BB–ESCRITURÁRIO) De acordo com a norma-padrão da língua portuguesa, o emprego do acento grave indicativo da crase é obrigatório na palavra destacada em:
a) A exigência de entrar em contato com instituições financeiras obrigou o cliente **a** criar senhas para ter acesso aos serviços bancários.
b) A falta de leis sobre privacidade digital exige que os indivíduos se preparem para enfrentar a invasão do acesso **a** suas vidas privadas.
c) A revolução da tecnologia da informação modificou **a** realidade social, penetrando em todas as esferas da atividade humana.
d) As pesquisas tecnológicas são indispensáveis devido **a** importância de solucionar problemas causados pela invasão de dados.
e) O surgimento das redes sociais e dos sites de compartilhamento conduziu as pessoas **a** novas situações de risco na sociedade atual.

10. (CESGRANRIO–2021–BB–ESCRITURÁRIO) O pronome destacado foi utilizado na posição correta, segundo as exigências da norma-padrão da língua portuguesa, em:
a) A associação brasileira de mercados financeiros publicou uma diretriz de segurança, na qual mostra-**se** a necessidade de adequação de proteção de dados.
b) A segurança da informação já transformou-**se** em uma área estratégica para qualquer tipo de empresa.
c) Naquele evento, ninguém tinha-**se** incomodado com o palestrante no início do debate a respeito de privacidade digital.
d) Apesar das dificuldades encontradas, sempre referimo-**nos** com cuidado aos nossos dados pessoais, como CPF, RG, e-mail, para proteção da vida privada.
e) Quando a privacidade dos dados bancários é mantida, como **nos** garantem as instituições, ficamos tranquilos.

11. (CESGRANRIO–2021–BB–ESCRITURÁRIO) Antes de iniciar uma campanha publicitária, um banco fez uma pesquisa, entrevistando 1000 de seus clientes, sobre a intenção de adesão aos seus dois novos produtos. Dos clientes entrevistados, 430 disseram que não tinham interesse em nenhum dos dois produtos, 270 mostraram-se interessados no primeiro produto, e 400 mostraram-se interessados no segundo produto.
Qual a porcentagem do total de clientes entrevistados que se mostrou interessada em ambos os produtos?
a) 10%
b) 15%
c) 20%
d) 25%
e) 30%

12. (CESGRANRIO–2021–BB–ESCRITURÁRIO) A sequência de Fibonacci é bastante utilizada para exemplificar sequências definidas por recorrência, ou seja, sequências em que se pode determinar um termo a partir do conhecimento de termos anteriores. No caso da sequência de Fibonacci, escreve-se que $T_{n+2} = T_{n+1} + T_n$ e, desse modo, pode-se obter um termo qualquer conhecendo-se os dois termos anteriores. Considerando o exposto acima, determine o termo T_{2021} da sequência de Fibonacci, sabendo que $T_{2018} = m$ e $T_{2020} = p$.
a) $\dfrac{p+m}{2}$
b) $\dfrac{p-m}{2}$
c) p + 2m
d) 2p - m
e) 2m - 2p

13. (CESGRANRIO–2021–BB–ESCRITURÁRIO) J modelou um problema de matemática por uma função exponencial do tipo $a(x)=1000e^{kx}$, e L, trabalhando no mesmo problema, chegou à modelagem $b(x)=10^{2x+3}$. Considerando-se que ambos modelaram o problema corretamente, e que $\ln x = \log_e x$, qual o valor de k?
a) ln 2
b) ln 3
c) ln 10
d) ln 30
e) ln 100

14. (CESGRANRIO–2021–BB–ESCRITURÁRIO) O método da bisseção é um algoritmo usado para encontrar aproximações das raízes de uma equação. Começa-se com um intervalo [a,b], que contém uma raiz, e, em cada passo do algoritmo, reduz-se o intervalo pela metade, usando-se um teorema para determinar se a raiz está à esquerda ou à direita do ponto médio do intervalo anterior. Ou seja, após o passo 1, obtém-se um intervalo de comprimento $\dfrac{b-a}{2}$; após o passo 2, obtém-se um intervalo de comprimento $\dfrac{b-a}{4}$; e após o passo n, obtém-se um intervalo de comprimento $\dfrac{b-a}{2^n}$. Esse processo continua até que o intervalo obtido tenha comprimento menor que o erro máximo desejado para a aproximação. Para aplicar esse método no intervalo [1,5], quantos passos serão necessários para obter-se um intervalo de comprimento menor que 10^{-3}?

a) 9
b) 10
c) 11
d) 12
e) 13

15. **(CESGRANRIO – 2021 – BB – ESCRITURÁRIO)** Uma loja vende um produto em dois tipos de embalagem: unitária (com uma unidade do produto) e dupla (com duas unidades do produto). Em certo mês, foram vendidas 16 embalagens duplas e 20 unitárias, gerando uma receita para a loja de R$ 488,00. No mês seguinte, foram vendidas 30 embalagens duplas e 25 unitárias, gerando uma receita de R$ 790,00.

Qual foi a porcentagem do desconto dado em cada unidade do produto ao se comprar a embalagem dupla?

a) 5%
b) 8%
c) 10%
d) 12%
e) 15%

16. **(CESGRANRIO – 2021 – BB – ESCRITURÁRIO)** Um negociador de investimentos de uma instituição financeira pergunta ao gerente de tal instituição qual a taxa de juros anual máxima que pode oferecer a um cliente investidor, e o gerente afirma que ficará satisfeito com uma taxa anual máxima de 8,36%. O negociador entra em contato com o cliente que pretende investir um capital C_1 e diz que, ao final de um ano, ele receberá C_2, que corresponde a C_1 acrescido de 5,00% de juros, mas não tem sucesso nessa negociação inicial. O negociador resolve aplicar uma nova taxa sobre C_2, mas sem ultrapassar a taxa anual máxima que está autorizado a oferecer.

Qual o valor máximo da taxa a ser aplicada sobre C_2?

a) 2,16%
b) 2,24%
c) 3,20%
d) 7,96%
e) 16,72%

17. **(CESGRANRIO – 2021 – BB – ESCRITURÁRIO)** Um cliente montou uma estratégia financeira, aplicando parte de seu décimo terceiro salário, sempre no início de janeiro, de 2018 a 2021, conforme mostrado na Tabela a seguir.

jan/2018	jan/2019	jan/2020	jan/2021
R$ 10.000,00	R$ 10.000,00	R$ 10.000,00	R$ 10.000,00

A partir da orientação financeira de um especialista, ele conseguiu obter nesse período, com essas aplicações, uma taxa de retorno de 10% ao ano, sempre na comparação com o ano anterior. Ele pretende atingir o valor total acumulado de 65 mil reais no início de jan/2023.

Considerando-se que essa taxa de retorno se mantenha, o valor mínimo, em reais, que esse cliente precisará depositar em Jan/2022, para atingir a meta em Jan/2023, a partir das aproximações dadas, pertence ao intervalo:

Dados:
$1,1^5 = 1,611$;
$1,1^4 = 1,464$;
$1,1^3 = 1,331$.

a) R$ 8.000,00 a R$ 8.199,00
b) R$ 8.200,00 a R$ 8.399,00
c) R$ 8.400,00 a R$ 8.599,00
d) R$ 8.600,00 a R$ 8.799,00
e) R$ 8.800,00 a R$ 8.999,00

18. **(CESGRANRIO – 2021 – BB – ESCRITURÁRIO)** Devido às oscilações de receita em seu negócio durante a pandemia, um cliente vai precisar pagar um boleto, cujo principal (até a data de vencimento é de R$ 25.000,00, com 12 dias de atraso. Nesse caso, são cobrados adicionalmente, sobre o valor do principal, dois encargos: 2% de multa, mais juros simples de 0,2% ao dia. Por causa dos juros altos, o cliente procurou seu gerente, que não conseguiu uma solução menos custosa.

Com isso, nas condições dadas, o cliente deverá pagar nessa operação um valor total de

a) R$ 25.600,00
b) R$ 25.800,00
c) R$ 26.100,00
d) R$ 26.300,00
e) R$ 26.500,00

19. **(CESGRANRIO – 2021 – BB – ESCRITURÁRIO)** Um cliente fez um investimento de R$ 100.000,00 em janeiro de 2019, comprando cotas de um fundo imobiliário, o que lhe proporcionou uma taxa de retorno de 21%, ao final de 12 meses de aplicação. Em janeiro de 2020, buscando maior rentabilidade, procurou um especialista financeiro indicado pelo seu gerente, que lhe recomendou aplicar todo o montante da operação anterior em renda variável. O cliente fez conforme recomendado, o que lhe proporcionou um retorno de 96% em 12 meses, resgatando o novo montante em janeiro de 2021.

Considerando-se um sistema de juros compostos, a taxa de retorno equivalente, obtida em cada período de 12 meses pelo cliente, de janeiro de 2019 a janeiro de 2021, foi

a) 54%
b) 56%
c) 58%
d) 60%
e) 62%

20. **(CESGRANRIO – 2021 – BB – ESCRITURÁRIO)** Devido à pandemia, um microempreendedor precisou tomar um empréstimo no valor de R$ 20.000,00, em dez/2020, a ser pago em 24 prestações mensais iguais e postecipadas no sistema PRICE, de modo que a primeira fosse paga em jan/21, e a última, em dez/22. Considere que o Banco cobre R$ 660,00 de taxas, que serão financiadas juntamente com o valor do empréstimo, por escolha do cliente, e que a taxa de juros cobrada, devido ao risco da operação, seja de 3% ao mês.

Desconsiderando-se o IOF na operação e supondo-se que a primeira prestação foi paga na data de vencimento, o valor da segunda prestação, em sua respectiva data de vencimento será de, aproximadamente

Dados: $1,03^{24} = 2,033$.

a) R$ 1.120,00
b) R$ 1.220,00
c) R$ 1.320,00
d) R$ 1.420,00
e) R$ 1.520,00

21. **(CESGRANRIO – 2021 – BB – ESCRITURÁRIO)** Existem soluções de hardware e software que buscam minimizar as chances de um ataque a sistemas computacionais ser bem-sucedido. Dentre tais soluções de segurança, há uma que monitora o tráfego de entrada e saída de rede, funcionando como um filtro de pacotes, permitindo ou não a sua liberação a partir de um conjunto de regras específicas.

    Essa solução é o
    a) Antimalware
    b) Dispositivo USB
    c) Firewall
    d) Phishing
    e) SQL injection

22. **(CESGRANRIO – 2021 – BB – ESCRITURÁRIO)** O armazenamento de dados ou informações em sistemas computacionais é possível com a utilização de arquivos, que servem como importante suporte tecnológico para o atendimento das diversas demandas dos usuários.

    Do ponto de vista técnico, esses arquivos podem ser considerados
    a) abstrações feitas pelo sistema operacional das características lógicas das informações armazenadas.
    b) coleções nomeadas de informações relacionadas que são gravadas em memória secundária do computador.
    c) organizações físicas de pastas em um dispositivo de armazenamento volátil.
    d) imagens construídas utilizando os formatos jpeg, png ou bmp para identificá-los.
    e) sequências de caracteres organizados em linhas e possivelmente em páginas, quando forem arquivos de vídeo.

23. **(CESGRANRIO – 2021 – BB – ESCRITURÁRIO)** A gravação de vídeos digitais gera, em boa parte das vezes, arquivos com tamanho aumentado, o que é um desafio para a sua transmissão ou armazenamento em disco. Para contornar esse problema, existem formas de compactação e descompactação de vídeos chamadas *codecs*. Um *codec* é baseado em um algoritmo que explora algum tipo de redundância no conteúdo do arquivo como forma de reduzir seu tamanho com a menor perda possível. Existem diversos tipos de *codecs*, com características variadas.

    Um dos tipos de *codec* de vídeo é o
    a) BMP
    b) JPEG
    c) MP3
    d) MPEG
    e) UNICODE

24. **(CESGRANRIO – 2021 – BB – ESCRITURÁRIO)** Devido à pandemia, muitos funcionários de um determinado banco precisaram trabalhar de casa. Percebendo que seria necessário um novo procedimento de acesso remoto que atendesse às necessidades de segurança, o setor de TI desse banco determinou o uso de um mecanismo seguro que conectasse, via internet pública, o computador do funcionário, em sua casa, com a rede privada da instituição financeira, bloqueando o acesso de terceiros ao trânsito de informações.

    Para garantir a segurança dessa conexão, essa instituição deve adotar a tecnologia de rede conhecida como
    a) HTTP
    b) PGP
    c) VPN
    d) WEK
    e) WPA2

25. **(CESGRANRIO – 2021 – BB – ESCRITURÁRIO)** As informações sobre um processo essencial de determinado banco nunca foram documentadas, porém são conhecidas implicitamente por seus muitos funcionários. Responsável por recuperar e documentar esse conhecimento, um funcionário protagonizou uma iniciativa para que os próprios funcionários criassem a documentação, instalando e gerenciando um site baseado na tecnologia Wiki na intranet desse banco.

    Qual a principal característica dos Wikis?
    a) Gerar documentação em PDF automaticamente, facilitando a criação de documentos distribuíveis.
    b) Manter um fórum de discussões estruturado em forma de árvore e orientado a assuntos.
    c) Transformar, rapidamente, documentos Word em páginas Web.
    d) Permitir que o leitor de uma página Web edite seu
    e) conteúdo.
    f) Gerenciar listas de discussão feitas por e-mail e guardar seu conteúdo.

26. **(CESGRANRIO – 2021 – BB – ESCRITURÁRIO)** Um funcionário de um banco foi incumbido de acompanhar o perfil dos clientes de um determinado produto por meio da Análise de Dados, de forma a aprimorar as atividades de marketing relativas a esse produto. Para isso, ele utilizou uma variável classe social desses clientes, coletada pelo banco, que tem os valores A, B, C, D e E, sem referência a valores contínuos. Sabendo-se que essa é uma escala ordinal, qual é a medida de tendência central adequada para analisar essa variável?
    a) média aritmética
    b) média geométrica
    c) mediana
    d) quartis
    e) variância

27. **(CESGRANRIO – 2021 – BB – ESCRITURÁRIO)** O serviço de buscas do Google é um dos mais usados em todo o mundo. Para as pesquisas, o mais comum é a pessoa informar livremente algumas palavras e verificar se o resultado atende às suas expectativas.

    Como solicitar corretamente ao Google que seja pesquisada uma correspondência exata da frase "Prédio mais alto do Brasil"?
    a) /Prédio mais alto do Brasil/
    b) -Prédio -mais -alto -do -Brasil
    c) #Prédio #mais #alto #do #Brasil
    d) "Prédio mais alto do Brasil"
    e) exato ("Prédio mais alto do Brasil")

28. **(CESGRANRIO – 2021 – BB – ESCRITURÁRIO)** O envio e o recebimento de mensagens de correio eletrônico são atividades corriqueiras, tanto nas organizações quanto no dia a dia da grande maioria da população brasileira. No entanto, há situações em que as mensagens enviadas são devolvidas com um aviso de que não puderam ser entregues ao destinatário.

    Um dos motivos que justificam a não entrega de uma mensagem de correio eletrônico ao destinatário é porque
    a) a estação de trabalho que o destinatário utiliza está desligada.
    b) a caixa postal de correio eletrônico do destinatário atingiu algum limite predeterminado de tamanho, como por exemplo, em bytes.
    c) o destinatário possui muitos endereços de correio eletrônico cadastrados no domínio internet.
    d) o destinatário não estava utilizando a sua estação de trabalho no momento do recebimento da mensagem de correio eletrônico.
    e) o destinatário estava utilizando muitos programas ativos na estação de trabalho no momento do recebimento da mensagem de correio eletrônico.

29. (CESGRANRIO – 2021 – BB – ESCRITURÁRIO) A Segurança da Informação é uma preocupação permanente dos agentes comerciais, principalmente em relação a assuntos contratuais e financeiros e às facilidades advindas dos meios digitais.

Os recursos providos pelas áreas de TI das empresas, no que se refere à segurança da informação, incluem a irretratabilidade, que deve garantir a

a) manutenção exata e completa do conteúdo das mensagens desde a origem até o destino.
b) impossibilidade de negar a autoria de uma mensagem.
c) possibilidade do acesso a qualquer mensagem quando necessário.
d) impossibilidade de os conteúdos das mensagens serem lidos e compreendidos por pessoas não autorizadas.
e) impossibilidade de o destinatário negar o recebimento de uma mensagem.

30. (CESGRANRIO – 2021 – BB – ESCRITURÁRIO) O agente comercial de uma empresa elaborou uma planilha no software Microsoft Excel para lançar os débitos de seus clientes. Ele a configurou para controlar automaticamente as seguintes regras:

a) admitir, apenas, débitos entre R$ 40.000,00 e R$ 110.000,00; e

b) destacar, em cor diferente, os débitos entre R$ 90.000,00 e R$ 110.000,00.

Quais são os recursos do Microsoft Excel que o agente comercial deverá utilizar, respectivamente, para obter esse controle?

a) Validação de dados; Formatação condicional
b) Formatação condicional; Gerenciador de cenários
c) Verificação de erros; Teste de hipóteses
d) Função de consolidação; Formatação condicional
e) Classificar e Filtrar; Validação de dados

31. (CESGRANRIO – 2021 – BB – ESCRITURÁRIO) Um funcionário de um determinado banco, ao ser designado para trabalhar no data center da instituição, identificou problemas de segurança. Por essa razão, formulou duas propostas de melhoria: instalar um controle de acesso biométrico nas portas do data center, que estavam sempre abertas, e exigir que as senhas do servidor principal, que nunca expiravam, fossem trocadas a cada 30 dias.

Pelo tipo de controle que implementam, as melhorias propostas pelo funcionário são classificadas, respectivamente, como

a) física e processual
b) física e tecnológica
c) processual e física
d) processual e tecnológica
e) tecnológica e processual

32. (CESGRANRIO – 2021 – BB – ESCRITURÁRIO) Muitos códigos maliciosos aproveitam-se de um recurso do Windows 10 que possibilita a execução de um programa presente em um dispositivo de armazenamento USB imediatamente após a sua conexão ao computador.

Esse recurso, que pode ser desativado, é conhecido como

a) inicialização automática
b) execução automática
c) reprodução automática
d) atualização automática
e) configuração automática

33. (CESGRANRIO – 2021 – BB – ESCRITURÁRIO) O Mozilla Firefox apresentou uma página de resultado de uma pesquisa na Web na qual o usuário deseja procurar uma palavra específica.

Para fazer isso, o usuário pode acessar a caixa de texto de procura na página, pressionando, em conjunto, as teclas

a) Ctrl e T
b) Ctrl e N
c) Ctrl e P
d) Ctrl e S
e) Ctrl e F

34. (CESGRANRIO – 2021 – BB – ESCRITURÁRIO) No código de práticas de segurança da informação, recomenda-se que o acesso ao ambiente operacional (área de trabalho) do computador seja bloqueado quando o usuário do sistema se ausentar do seu posto de trabalho.

O atalho do teclado no Windows 10 para fazer esse bloqueio requer o pressionamento combinado das teclas

a) Ctrl e C
b) Ctrl e Z
c) Alt e F4
d) logotipo do Windows e D
e) logotipo de Windows e L

35. (CESGRANRIO – 2021 – BB – ESCRITURÁRIO) A segurança da informação deve fazer parte da postura dos colaboradores da empresa no dia a dia de trabalho. Com o objetivo de garantir a autoria dos seus documentos digitais, o colaborador deve executar o processo de assinatura digital para cada documento criado.

A assinatura digital é criada pelo signatário do documento com o uso da sua chave

a) pública
b) privada
c) simétrica
d) compartilhada
e) certificada

36. (CESGRANRIO – 2018 – BB – ESCRITURÁRIO) A Tabela a seguir mostra a distribuição de pontos obtidos por um cliente em um programa de fidelidade oferecido por uma empresa.

Pontos	0	2	3	4	6	8	9
Frequência	1	2	4	1	1	5	1

A mediana da pontuação desse cliente é o valor mínimo para que ele pertença à classe de clientes "especiais".

Qual a redução máxima que o valor da maior pontuação desse cliente pode sofrer sem que ele perca a classificação de cliente "especial", se todas as demais pontuações forem mantidas?

a) cinco unidades.
b) quatro unidades.
c) uma unidade.
d) duas unidades.
e) três unidades.

37. (CESGRANRIO – 2018 – BB – ESCRITURÁRIO) Os jogadores X e Y lançam um dado honesto, com seis faces numeradas de 1 a 6, e observa-se a face superior do dado. O jogador X lança o dado 50 vezes, e o jogador Y, 51 vezes.

A probabilidade de que o jogador Y obtenha mais faces com números ímpares do que o jogador X, é:

a) 1.
b) 3/4.
c) 1/4.
d) 1/2.
e) 1/6.

38. (CESGRANRIO – 2018 – BB – ESCRITURÁRIO) Um pesquisador utilizou-se de um modelo de regressão linear simples para estudar a relação entre a variável dependente Y, expressa em reais, e a variável independente X, expressa em dias.
Posteriormente, ele decidiu fazer uma transformação na variável dependente Y da seguinte forma:

$$\frac{Y_i - \text{média}(Y)}{\text{desvio padrão}(Y)}, i = 1, 2, ..., n$$

Após a referida transformação, o coeficiente angular ficou
a) aumentado da média e multiplicado pelo desvio padrão.
b) diminuído da média e dividido pelo desvio padrão.
c) inalterado.
d) diminuído da média.
e) dividido pelo desvio padrão.

39. (CESGRANRIO – 2018 – BB – ESCRITURÁRIO) Uma instituição financeira pretende lançar no mercado um aplicativo para celular. Para isso, deseja relacionar o grau de conhecimento dos clientes com as variáveis: nível de escolaridade e idade.
Uma amostra aleatória de 46 clientes foi selecionada e, posteriormente, aplicou-se o modelo de regressão linear, sendo a variável dependente o grau de conhecimento, em uma escala crescente, e as variáveis independentes (i) o nível de escolaridade, em anos de estudo com aprovação, e (ii) a idade, em anos completos.
Os resultados obtidos para os coeficientes foram:

	Coeficientes	Erro padrão	Estatística t	valor-P
Interseção	50,7	4,1	12,4	8,5E-16
Nível de escolaridade (anos de estudo com aprovação)	4,0	0,3	12,4	9,1E-16
Idade (anos completos)	-0,6	0,1	-8,4	1,2E-10

O grau de conhecimento esperado de um cliente com 10 anos de estudos com aprovação e com 30 anos de idade completos é
a) 108,7.
b) 94,1.
c) 54,1.
d) 72,7.
e) 86,1.

40. (CESGRANRIO – 2018 – BB – ESCRITURÁRIO) Uma empresa cria uma campanha que consiste no sorteio de cupons premiados. O sorteio será realizado em duas etapas. Primeiramente, o cliente lança uma moeda honesta:
se o resultado for "cara", o cliente seleciona, aleatoriamente, um cupom da urna 1;
se o resultado for "coroa", o cliente seleciona, aleatoriamente, um cupom da urna 2. Sabe-se que 30% dos cupons da urna 1 são premiados, e que 40% de todos os cupons são premiados.

Antes de começar o sorteio, a proporção de cupons premiados na urna 2 é de
a) 50%.
b) 25%.
c) 5%.
d) 10%.
e) 15%.

41. (CESGRANRIO – 2018 – BB – ESCRITURÁRIO) Há dez anos a média das idades, em anos completos, de um grupo de 526 pessoas era de 30 anos, com desvio padrão de 8 anos.
Considerando-se que todas as pessoas desse grupo estão vivas, o quociente entre o desvio padrão e a média das idades, em anos completos, hoje, é
a) 0,45.
b) 0,42.
c) 0,20.
d) 0,27.
e) 0,34.

42. (CESGRANRIO – 2018 – BB – ESCRITURÁRIO) Para obter uma amostra de tamanho 1.000 dentre uma população de tamanho 20.000, organizada em um cadastro em que cada elemento está numerado sequencialmente de 1 a 20.000, um pesquisador utilizou o seguinte procedimento:
I. Calculou um intervalo de seleção da amostra, dividindo o total da população pelo tamanho da amostra: 20.000/1.000 = 20.
II. Sorteou aleatoriamente um número inteiro, do intervalo [1, 20]. O número sorteado foi 15; desse modo, o primeiro elemento selecionado é o 15º.
III. A partir desse ponto, aplica-se o intervalo de seleção da amostra: o segundo elemento selecionado é o 35º (15+20), o terceiro é o 55º (15+40), o quarto é o 75º (15+60), e assim sucessivamente.

O último elemento selecionado nessa amostra é o
a) 19.997º.
b) 19.995º.
c) 19.965º.
d) 19.975º.
e) 19.980º.

43. (CESGRANRIO – 2018 – BB – ESCRITURÁRIO) A Tabela a seguir apresenta a distribuição da variável número de talões de cheques, X, solicitados no último mês de uma amostra de 200 clientes de um banco.

Número de talões de cheques	Frequência
0	40
1	50
2	70
3	30
5	10
Total	200

a)
$$F_X(X) = \begin{cases} 0; & se\ X < 0 \\ 0,005; & se\ 0 \leq x < 1 \\ 0,20; & se\ 1 \leq x < 2 \\ 0,40; & se\ 2 \leq x < 3 \\ 0,65; & se\ 3 \leq x < 5 \\ 1,00; & se\ x \geq 5 \end{cases}$$

b)
$$F_X(X) = \begin{cases} 0; & se\ X < 0 \\ 0,10; & se\ 0 \leq x < 1 \\ 0,20; & se\ 1 \leq x < 2 \\ 0,30; & se\ 2 \leq x < 3 \\ 0,50; & se\ 3 \leq x < 5 \\ 1,00; & se\ x \geq 5 \end{cases}$$

c)
$$F_X(X) = \begin{cases} 0; & se\ X < 0 \\ 0,20; & se\ 0 \leq x < 1 \\ 0,45; & se\ 1 \leq x < 2 \\ 0,80; & se\ 2 \leq x < 3 \\ 0,95; & se\ 3 \leq x < 5 \\ 1,00; & se\ x \geq 5 \end{cases}$$

d)
$$F_X(X) = \begin{cases} 0; & se\ X < 0 \\ 0,20; & se\ 0 \leq x < 1 \\ 0,31; & se\ 1 \leq x < 2 \\ 0,64; & se\ 2 \leq x < 3 \\ 0,75; & se\ 3 \leq x < 5 \\ 1,00; & se\ x \geq 5 \end{cases}$$

e)
$$F_X(X) = \begin{cases} 0; & se\ X < 0 \\ 0,20; & se\ 0 \leq x < 1 \\ 0,40; & se\ 1 \leq x < 2 \\ 0,60; & se\ 2 \leq x < 3 \\ 0,80; & se\ 3 \leq x < 5 \\ 1,00; & se\ x \geq 5 \end{cases}$$

44. (CESGRANRIO – 2018 – BB – ESCRITURÁRIO) Três caixas eletrônicos, X, Y e Z, atendem a uma demanda de 50%, 30% e 20%, respectivamente, das operações efetuadas em uma determinada agência bancária. Dados históricos registraram defeitos em 5% das operações realizadas no caixa X, em 3% das realizadas no caixa Y e em 2% das realizadas no caixa Z.

Com vistas à melhoria no atendimento aos clientes, esses caixas eletrônicos passaram por uma revisão completa que:

reduziu em 25% a ocorrência de defeito;

igualou as proporções de defeitos nos caixas Y e Z; e

regulou a proporção de defeitos no caixa X que ficou reduzida à metade da nova proporção de defeitos do caixa Y.

Considerando-se que após a conclusão do procedimento de revisão, sobreveio um defeito, a probabilidade de que ele tenha ocorrido no caixa Y é

a) 40%.
b) 35%.
c) 20%.
d) 25%.
e) 30%.

45. (CESGRANRIO – 2018 – BB – ESCRITURÁRIO) Dentre as atribuições de um certo gerente, encontra-se o oferecimento do produto A, de forma presencial e individualizada, aos seus clientes. A probabilidade de o gerente efetuar a venda do produto A em cada reunião com um cliente é 0,40. Em 20% dos dias de trabalho, esse gerente não se reúne com nenhum cliente; em 30% dos dias de trabalho, ele se reúne com apenas 1 cliente; e em 50% dos dias de trabalho, ele se reúne, separadamente, com exatos 2 clientes.

Em um determinado dia de trabalho, a probabilidade de esse gerente efetuar pelo menos uma venda presencial do produto A é

a) 0,54.
b) 0,46.
c) 0,20.
d) 0,26.
e) 0,44.

46. (CESGRANRIO – 2018 – BB – ESCRITURÁRIO) Os analistas de uma seguradora estimam corretamente que a probabilidade de um concorrente entrar no mercado de seguro de fiança locatícia é de 30%. É certo que se, de fato, o concorrente entrar no mercado, precisará aumentar seu quadro de funcionários. Sabe-se que, caso o concorrente não pretenda entrar no mercado desse segmento, existem 50% de probabilidade de que ele aumente o quadro de funcionários.

Se o concorrente aumentou o quadro de funcionários, a probabilidade de que ele entre no mercado de seguro de fiança locatícia é de:

a) 13/20.
b) 7/13.
c) 3/10.
d) 7/20.
e) 6/13.

47. (CESGRANRIO – 2018 – BB – ESCRITURÁRIO) Uma escola de Ensino Médio decide pesquisar o comportamento de seus estudantes quanto ao número de refrigerantes consumidos semanalmente por eles. Para isso, uma amostra aleatória de 120 estudantes foi selecionada, e os dados foram sintetizados no histograma abaixo, em classes do tipo [0, 5), [5, 10), [10, 15), [15, 20), [20, 25) e [25, 30).

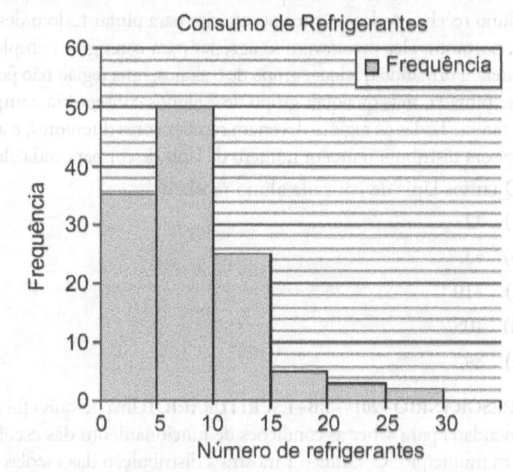

Qual o valor da amplitude interquartílica, obtido por meio do método de interpolação linear dos dados agrupados em classes?

a) 15.
b) $\dfrac{15}{2}$.
c) $\dfrac{29}{5}$.
d) $\dfrac{47}{7}$.
e) 10.

48. **(CESGRANRIO – 2018 – BB – ESCRITURÁRIO)** Numa amostra de 30 pares de observações do tipo (x_i, y_i), com $i = 1, 2, ..., 30$, a covariância obtida entre as variáveis X e Y foi -2. Os dados foram transformados linearmente da forma $(z_i, w_i) = (-3x_i + 1, 2y_i + 3)$, para $i = 1, 2, ..., 30$. Qual o valor da covariância entre as variáveis Z e W transformadas?

    a) 41.
    b) 36.
    c) -7.
    d) 12.
    e) 17.

49. **(CESGRANRIO – 2018 – BB – ESCRITURÁRIO)** Uma amostra aleatória de tamanho 5 é retirada de uma população e observa-se que seus valores, quando postos em ordem crescente, obedecem a uma Progressão Aritmética.

    Se a variância amostral não viciada vale 40, qual é o valor da razão da Progressão Aritmética?

    a) 3.
    b) $5\sqrt{2}$.
    c) 4.
    d) $2\sqrt{5}$.
    e) 1.

50. **(CESGRANRIO – 2018 – BB – ESCRITURÁRIO)** Uma professora do jardim da infância entregou um mesmo desenho para cada um de seus 10 alunos e distribuiu vários lápis de cor entre eles. A tarefa era pintar o desenho, que possuía diversas regiões. Cada uma dessas regiões apresentava a cor com a qual deveria ser pintada. Todos os alunos receberam a mesma quantidade de lápis de cor, mas nenhum aluno recebeu todas as cores necessárias para pintar todo o desenho e, portanto, eles precisavam se agrupar para conseguir completar a tarefa. Formando qualquer grupo de 6 alunos, uma região não poderia ser pintada, mas qualquer grupo de 7 alunos conseguiria completar a tarefa. Todas as regiões deveriam receber cores diferentes, e a professora distribuiu o menor número de lápis de cor para cada aluno.

    Quantos lápis de cor cada aluno recebeu?

    a) 42.
    b) 63.
    c) 210.
    d) 105.
    e) 84.

51. **(CESGRANRIO – 2018 – BB – ESCRITURÁRIO)** Uma pesquisa foi encomendada para saber as condições de funcionamento das escolas de um município. O Gráfico I mostra a distribuição das escolas pelas quantidades de alunos, e o Gráfico II mostra a presença ou não de cantina e ginásio nas escolas com mais de 500 alunos.

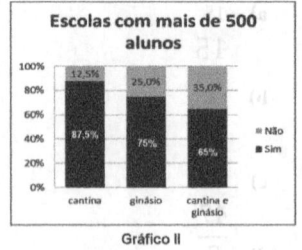

    O número de escolas, com mais de 500 alunos, que não possuem cantina nem ginásio é

    a) 15.
    b) 12.

    c) 2.
    d) 4.
    e) 6.

52. **(CESGRANRIO – 2018 – BB – ESCRITURÁRIO)** Define-se como desvio interquartílico a distância entre o 1º e o 3º Quartis. É usado para avaliar a existência de possíveis valores atípicos em um conjunto de dados. Valores aquém ou além de limites estabelecidos com base nessa medida devem ser investigados quanto à sua tipicidade em relação à distribuição. Geralmente o limite inferior é estabelecido como 1 vez e meia o valor desse desvio, abaixo do primeiro Quartil, enquanto o limite superior, como 1 vez e meia acima do terceiro Quartil.

    Considere os resumos estatísticos das três distribuições de consumo de energia elétrica, em kW, dos 50 apartamentos com mesma planta, de um edifício, em três períodos diferentes ao longo de um ano, conforme abaixo:

Consumo de Energia (kW)	PERÍODOS		
	Janeiro-Abril	Maio-Agosto	Setembro-Dezembro
Média	87	70	80
Mediana	85	75	80
Moda	83	77	80
1o Quartil	80	68	75
3o Quartil	90	80	85
Menor Valor	75	49	62
Maior Valor	102	92	99
Número de Apartamentos	50	50	50

    Conclui-se, a partir desses resumos, que

    a) **um período** apresenta pelo menos um apartamento com consumo **abaixo**, e **dois períodos** apresentam pelo menos um apartamento com consumo **acima** da tipicidade estabelecida.
    b) **um período** apresenta pelo menos um apartamento com consumo **abaixo**, e **um período** apresenta pelo menos um apartamento com consumo **acima** da tipicidade estabelecida.
    c) em **nenhum período** foram observados possíveis consumos atípicos.
    d) apenas **um período** apresenta pelo menos um apartamento com consumo **abaixo** da tipicidade estabelecida.
    e) apenas **um período** apresenta pelo menos um apartamento com consumo **acima** da tipicidade estabelecida.

53. **(CESGRANRIO – 2018 – BB – ESCRITURÁRIO)** Para ilustrar a importância da análise gráfica em análises de regressão linear, F. J. Anscombe produziu quatro conjuntos de pares (x, y) a partir das mesmas estatísticas suficientes, como: coeficientes linear e angular; soma dos quadrados dos resíduos e da regressão; e número de observações. Os diagramas de dispersão para as quatro bases de dados, juntamente com a reta da regressão ($y = 4 + 0{,}5\,x$), encontram-se abaixo.

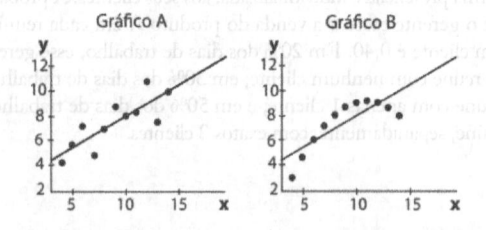

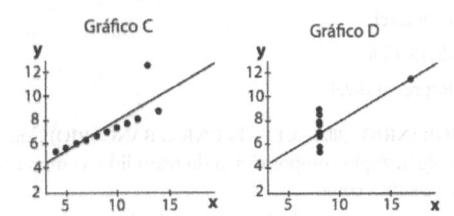

Com base nesses gráficos, considere as seguintes afirmativas:

I. O gráfico B mostra um valor influente para gerar uma regressão linear.

II. O gráfico C mostra uma possível observação *outlier* na regressão linear.

III. O gráfico D mostra uma possível observação *outlier* na regressão linear.

Está correto **SOMENTE** o que se afirma em

a) II e III
b) I e III
c) I
d) II
e) III

54. (CESGRANRIO – 2018 – BB – ESCRITURÁRIO) Em um jogo, os jogadores escolhem três números inteiros diferentes, de 1 a 10. Dois números são sorteados e se ambos estiverem entre os três números escolhidos por um jogador, então ele ganha um prêmio. O sorteio é feito utilizando-se uma urna com 10 bolas numeradas, de 1 até 10, e consiste na retirada de duas bolas da urna, de uma só vez, seguida da leitura em voz alta dos números nelas presentes.

Qual é a probabilidade de um jogador ganhar um prêmio no sorteio do jogo?

a) $\dfrac{1}{90}$
b) $\dfrac{1}{30}$
c) $\dfrac{1}{5}$
d) $\dfrac{1}{15}$
e) $\dfrac{1}{20}$

55. (CESGRANRIO – 2018 – BB – ESCRITURÁRIO) Um professor elaborou 10 questões diferentes para uma prova, das quais 2 são fáceis, 5 são de dificuldade média, e 3 são difíceis. No momento, o professor está na fase de montagem da prova. A montagem da prova é a ordem segundo a qual as 10 questões serão apresentadas. O professor estabeleceu o seguinte critério de distribuição das dificuldades das questões, para ser seguido na montagem da prova:

Questão	Dificuldade
1	Fácil
2	Fácil
3	Média
4	Média
5	Média
6	Média
7	Média
8	Difícil
9	Difícil
10	Difícil

De quantas formas diferentes o professor pode montar a prova seguindo o critério estabelecido?

a) 2520
b) 128
c) 6
d) 1440
e) 252

56. (CESGRANRIO – 2018 – BB – ESCRITURÁRIO) Na versão 1.4.6 do Sqoop, é função do argumento

a) *--warehouse-dir* especificar o diretório padrão onde os dados serão exportados do HDFS para o destino.
b) *--staging-table* criar uma tabela integradora ETL no processo de exportação para uma tabela relacional.
c) *--incremental* permitir, no modo append, a atualização das linhas de dados da tabela de origem.
d) *--meta-connect* especificar a string de conexão ao metastore configurado com a ferramenta sqoop metastore.
e) *--password* solicitar a senha mediante o console a cada execução do Sqoop, desde que o arquivo de configuração esteja setado para chmod 400.

57. (CESGRANRIO – 2018 – BB – ESCRITURÁRIO) No âmbito de bancos de dados relacionais, uma tabela que esteja na

a) segunda forma normal pode conter dependências funcionais parciais.
b) segunda forma normal não pode conter dependências funcionais transitivas.
c) terceira forma normal não pode conter dependências funcionais parciais.
d) terceira forma normal pode conter dependências funcionais transitivas.
e) segunda forma normal não pode conter chave primária composta.

58. (CESGRANRIO – 2018 – BB – ESCRITURÁRIO) Pig Latin é uma linguagem de programação orientada a workflows, onde cada operação realizada gera um novo conjunto de dados.

Dentre suas diversas características, **NÃO** se identifica a seguinte:

a) poder definir um elemento de dados como nulo (null), cuja semântica é de valor desconhecido; qualquer operação aritmética que o envolva retornará null.
b) possuir natureza declarativa: os usuários especificam o que desejam sem se preocupar com a forma como isso é feito.
c) combinar os operadores cogroup e foreach de forma equivalente a uma operação de junção (join), com a segunda utilizando o modificador flatten sem nulos nas chaves.
d) possuir, além dos tipos básicos de dados, três tipos complexos: maps, tuples e bags, sendo que um tipo complexo pode conter dados de quaisquer outros tipos.
e) especificar expressões condicionais com o operador bincond (?), na seguinte forma: <teste> ? <retorno 1> : <retorno 2>

Texto para as próximas 3 questões:

Relacionamento com o dinheiro Desde cedo, começamos a lidar com uma série de situações ligadas ao dinheiro. Para tirar melhor proveito do seu dinheiro, é muito importante saber como utilizá-lo da forma mais favorável a você. O aprendizado e a aplicação de conhecimentos práticos de educação financeira podem contribuir para melhorar a gestão de nossas finanças pessoais, tornando nossas vidas mais tranquilas e equilibradas sob o ponto de vista financeiro.

Se pararmos para pensar, estamos sujeitos a um mundo financeiro muito mais complexo que o das gerações anteriores. No entanto, o nível de educação financeira da população não acompanhou esse aumento de complexidade. A ausência de educação financeira, aliada à facilidade de acesso ao crédito, tem levado muitas pessoas ao endividamento excessivo, privando-as de parte de sua renda em função do pagamento de prestações mensais que reduzem suas capacidades de consumir produtos que lhes trariam satisfação.

Infelizmente, não faz parte do cotidiano da maioria das pessoas buscar informações que as auxiliem na gestão de suas finanças. Para agravar essa situação, não há uma cultura coletiva, ou seja, uma preocupação da sociedade organizada em torno do tema. Nas escolas, pouco ou nada é falado sobre o assunto. As empresas, não compreendendo a importância de ter seus funcionários alfabetizados financeiramente, também não investem nessa área. Similar problema é encontrado nas famílias, nas quais não há o hábito de reunir os membros para discutir e elaborar um orçamento familiar. Igualmente entre os amigos, assuntos ligados à gestão financeira pessoal muitas vezes são considerados invasão de privacidade e pouco se conversa em torno do tema. Enfim, embora todos lidem diariamente com dinheiro, poucos se dedicam a gerir melhor seus recursos.

A educação financeira pode trazer diversos benefícios, entre os quais, possibilitar o equilíbrio das finanças pessoais, preparar para o enfrentamento de imprevistos financeiros e para a aposentadoria, qualificar para o bom uso do sistema financeiro, reduzir a possibilidade de o indivíduo cair em fraudes, preparar o caminho para a realização de sonhos, enfim, tornar a vida melhor.

BANCO CENTRAL DO BRASIL. **Caderno de Educação Financeira** – Gestão de Finanças Pessoais. Brasília: BCB, 2013. p. 12. Adaptado.

59. (CESGRANRIO – 2021 – CEF – TÉCNICO BANCÁRIO) O texto tem o objetivo primordial de:
a) ensinar a gerir as finanças pessoais de maneira eficaz.
b) sensibilizar sobre a importância da educação financeira.
c) prevenir quanto aos perigos do acesso facilitado ao crédito.
d) alertar para a complexidade maior do mundo financeiro atual.
e) sugerir a incorporação do hábito de elaborar orçamento familiar.

60. (CESGRANRIO – 2021 – CEF – TÉCNICO BANCÁRIO) Considere a palavra destacada no seguinte trecho do parágrafo 2: "A ausência de educação financeira, aliada à facilidade de acesso ao crédito, tem levado muitas pessoas ao endividamento **excessivo**".
Essa palavra pode, sem prejuízo do sentido desse trecho, ser substituída por
a) básico
b) essencial
c) inevitável
d) desmedido
e) imprescindível

61. (CESGRANRIO – 2021 – CEF – TÉCNICO BANCÁRIO) Considerando-se a organização composicional do texto lido, compreende-se que ele se classifica como
a) argumentativo, pois defende a ideia de que é importante saber lidar com o dinheiro.
b) narrativo, pois relata o episódio de uma conversa sobre gestão financeira entre amigos.
c) descritivo, pois reproduz uma cena de elaboração de orçamento no cotidiano de uma família.
d) expositivo, pois apresenta informações objetivas sobre conceitos da área de educação financeira.
e) injuntivo, pois instrui acerca da elaboração de orçamentos para uma vida financeira mais saudável.

62. (CESGRANRIO – 2021 – CEF – TÉCNICO BANCÁRIO) O paralelismo sintático é uma das convenções estabelecidas para a escrita oficial.
A frase cuja organização sintática está plenamente de acordo com essa convenção é:
a) É muito salutar que as pessoas se programem em relação à saúde e financeiramente.
b) O mundo financeiro, hoje, facilita o acesso ao crédito e leva ao endividamento progressivo.
c) Nossa vida financeira é saudável quando possibilita equilíbrio, segurança e que realizemos nossos sonhos.
d) A educação financeira orienta-nos na revisão de gastos excessivos e que comprometem nosso orçamento.
e) Os especialistas aconselham as escolas a promoverem momentos de discussão sobre educação financeira com os pais dos alunos e que ofereçam aulas sobre o tema para os alunos.

63. (CESGRANRIO – 2021 – CEF – TÉCNICO BANCÁRIO) Sendo a clareza um requisito básico da escrita, assinale a frase que **não** apresenta ambiguidade, estando apta a figurar em um texto oficial.
a) A empresa que investe em seus funcionários cuida de seu equilíbrio financeiro.
b) O economista discutiu com o presidente da empresa, em sua sala, a melhor forma de gerir os negócios.
c) O nível de educação financeira da população, que cresceu muito nos últimos anos, é o tema da próxima palestra.
d) O diretor da escola comunicou ao professor que ele ofereceria um curso de educação financeira para a comunidade escolar.
e) Depois de ler o edital e seu anexo, o gestor solicitou a alteração deste.

64. (CESGRANRIO – 2021 – CEF – TÉCNICO BANCÁRIO) As vírgulas estão plenamente empregadas de acordo com o padrão formal da língua escrita em:
a) Há algumas décadas, se alguém falasse, em educação financeira, causaria um certo estranhamento.
b) Relacionar-se bem com o dinheiro de acordo com os especialistas, é uma forma de levar uma vida mais saudável, sem percalços.
c) É preciso criar uma cultura de discutir, na família, na escola, com os amigos, sobre como usar melhor os recursos financeiros.
d) A educação financeira, apesar de não resolver o problema da falta de dinheiro pode auxiliar, com um controle maior, de seu gasto.
e) Não gastar em demasia, não acumular dívidas, refletir sobre seus ganhos, e gastos, poupar são estratégias para gerir melhor suas finanças

65. (CESGRANRIO – 2021 – CEF – TÉCNICO BANCÁRIO) A colocação do pronome oblíquo átono está em acordo com a norma-padrão da língua portuguesa em:
a) Poder-se-á levar a educação financeira para as salas de aula, o que será muito proveitoso.
b) Nos perguntam sempre sobre como gerir melhor a vida financeira.
c) As famílias nunca preocuparam-se com a educação financeira como parte da formação de seus filhos.
d) Aqueles que relacionam-se bem com o dinheiro têm uma vida mais organizada.
e) Compreenderia-se melhor o desempenho da empresa, se o mercado fosse estudado.

66. (CESGRANRIO – 2021 – CEF – TÉCNICO BANCÁRIO) Considerando-se as regras da norma-padrão da língua portuguesa, a concordância nominal da palavra destacada está adequadamente construída em:
a) Naquela palestra, foram **abordadas** ensinamentos e orientações sobre o bom uso do dinheiro.
b) Sempre há **bastante** investidores interessados em discussões que abordam o mercado de ações.
c) Perderemos **menas** oportunidades se nos mantivermos sempre atentos ao mercado financeiro.
d) O mercado está vendo crescer uma tendência de conglomerados **francos-brasileiros** no país.
e) É **proibida** a movimentação financeira efetuada por menores no âmbito do direito financeiro.

67. (CESGRANRIO – 2021 – CEF – TÉCNICO BANCÁRIO) Preocupado com sua saúde, um professor decidiu começar a correr. O profissional que o orientou estabeleceu como meta correr 5 km por dia. Entretanto, como o professor está fora de forma, terá de seguir um programa de treinamento gradual. Nas duas primeiras semanas, ele correrá, diariamente, 1 km e caminhará 4 km; na terceira e na quarta semanas, correrá 1,5 km e caminhará 3,5 km por dia. A cada duas semanas, o programa será alterado, de modo a reduzir a distância diária caminhada em 0,5 km e a aumentar a corrida em 0,5 km.

Desse modo, se o professor não interromper o programa de treinamento, ele começará a correr 5 km diários na
a) 9ª semana
b) 12ª semana
c) 17ª semana
d) 18ª semana
e) 20ª semana

68. (CESGRANRIO – 2021 – CEF – TÉCNICO BANCÁRIO) Para ampliar o capital de giro de um novo negócio, um microempreendedor tomou um empréstimo no valor de R$20.000,00, em janeiro de 2021, a uma taxa de juros de 5% ao mês, no regime de juros compostos. Exatamente dois meses depois, em março de 2021, pagou 60% do valor do empréstimo, ou seja, dos R$20.000,00, e liquidou tudo o que devia desse empréstimo em abril de 2021.

A quantia paga, em abril de 2021, que liquidou a referida dívida, em reais, foi de
a) 11.352,50
b) 11.152,50
c) 10.552,50
d) 10.452,50
e) 10.152,50

69. (CESGRANRIO – 2021 – CEF – TÉCNICO BANCÁRIO) Na semana da renda fixa promovida por um determinado banco, o cliente X fez um investimento de 150 mil reais em um banco que paga 8% ao ano, com prazo de vencimento de 1 ano. Nesse mesmo dia, o cliente Y aplicou 150 mil reais na poupança, cuja taxa esperada é de 5% ao ano. Um ano depois, os dois sacaram o montante de cada operação. Considere que o cliente X pagou 20% de imposto de renda sobre os juros obtidos com a aplicação, enquanto o cliente Y não pagou imposto algum, e que nenhum dos dois sacou qualquer valor antes desse resgate.

A partir dessas informações, verifica-se que a diferença entre o ganho de capital do cliente X e o ganho de capital do cliente Y, comparando-se apenas as operações apresentadas, em reais, foi de
a) 2.100,00
b) 2.400,00
c) 3.500,00
d) 4.100,00
e) 4.500,00

70. (CESGRANRIO – 2021 – CEF – TÉCNICO BANCÁRIO) Um cliente pagou, via internet banking, quatro duplicatas vencidas com exatamente 12 dias de atraso, cujos valores de face são de R$4.200,00; R$3.800,00; R$2.600,00 e R$7.400,00. Nesse caso, para pagamentos até 30 dias após o vencimento, são cobrados juros simples à taxa de 6% ao mês, mais uma multa de 2% sobre o valor de face de cada duplicata.

Considerando-se o mês comercial (30 dias), o valor total pago, em reais, por essas quatro duplicatas vencidas foi de
a) 18.432,00
b) 18.792,00
c) 18.872,00
d) 18.912,00
e) 18.982,00

71. (CESGRANRIO – 2021 – CEF – TÉCNICO BANCÁRIO) Um banco oferece a um cliente um empréstimo de financiamento imobiliário pelo sistema SAC, no valor de R$120.000,00, pelo prazo de 12 meses, com taxa de juros de 1% ao mês.

Qual é o valor da segunda prestação, em reais, a ser paga pelo cliente?
a) 10.000,00
b) 10.500,00
c) 10.900,00
d) 11.100,00
e) 11.200,00

72. (CESGRANRIO – 2021 – CEF – TÉCNICO BANCÁRIO) Uma pessoa tem uma dívida no valor de R$2.000,00, vencendo no dia de hoje. Com dificuldade de quitá-la, pediu o adiamento do pagamento para daqui a 3 meses.

Considerando-se uma taxa de juros compostos de 2% a.m., qual é o valor equivalente, aproximadamente, que o gerente do banco propôs que ela pagasse, em reais?
a) 2.020,40
b) 2.040,00
c) 2.080,82
d) 2.120,20
e) 2.122,42

73. **(CESGRANRIO–2021–CEF–TÉCNICO BANCÁRIO)** Um cliente de um banco está tentando simular o valor de financiamento imobiliário que pode conseguir para adquirir uma casa. Fazendo seu orçamento, estabeleceu que poderia pagar uma prestação inicial (1º mês) de R$2.669,33.

    Sabendo-se que o banco utiliza o sistema Price em seus financiamentos, uma taxa de juros de 1% a.m., um prazo de 60 meses e uma amortização inicial (1º mês) de R$1.469,33, qual o valor máximo aproximado, em reais, que ele pode receber?

    a) 120.000,00
    b) 146.933,00
    c) 160.159,80
    d) 266.933,00
    e) 413.866,00

74. **(CESGRANRIO–2021–CEF–TÉCNICO BANCÁRIO)** Um empréstimo deve ser pago pelo sistema SAC em 5 parcelas mensais com juros de 3% ao mês.

    Se a terceira parcela paga no financiamento do empréstimo for igual a R$26.160,00, o valor total do empréstimo, em reais, será de

    a) 120.000,00
    b) 124.000,00
    c) 128.500,00
    d) 132.800,00
    e) 135.600,00

75. **(CESGRANRIO–2021–CEF–TÉCNICO BANCÁRIO)** Um banco possui, atualmente, um modelo de financiamento em regime de juros compostos, em que as parcelas são pagas, mensalmente, a uma taxa de juros de 2% ao mês. Para um certo perfil de clientes, o banco pretende possibilitar o pagamento da dívida a cada três meses, a uma taxa de juros trimestral equivalente à praticada no modelo atual.

    A melhor aproximação para o valor da taxa de juros trimestral desse novo modelo de financiamento é:

    a) 2,48%
    b) 6,00%
    c) 6,12%
    d) 7,28%
    e) 8,00%

76. **(CESGRANRIO – 2021 – CEF – TÉCNICO BANCÁRIO)** Um imóvel pode ser comprado à vista pelo valor de R$240.000,00 ou pode ser financiado em 24 prestações mensais, a serem pagas de acordo com o sistema Price de amortização. Um potencial comprador, ciente da taxa de juros do financiamento, calculou quanto seria a soma das 24 prestações, encontrando, corretamente, o valor de R$272.331,64.

    A melhor aproximação para o valor da terceira parcela do financiamento, em reais, é de

    a) 10.200,00
    b) 10.240,00
    c) 10.460,08
    d) 11.124,12
    e) 11.347,15

77. **(CESGRANRIO – 2021 – CEF – TÉCNICO BANCÁRIO)** Os alunos de certa escola formaram um grupo de ajuda humanitária e resolveram arrecadar fundos para comprar alimentos não perecíveis. Decidiram, então, fazer uma rifa e venderam 200 tíquetes, numerados de 1 a 200. Uma funcionária da escola resolveu ajudar e comprou 5 tíquetes. Seus números eram 75, 76, 77, 78 e 79. No dia do sorteio da rifa, antes de revelarem o ganhador do prêmio, anunciaram que o número do tíquete sorteado era par.

Considerando essa informação, a funcionária concluiu acertadamente que a probabilidade de ela ser a ganhadora do prêmio era de

a) 1,0%
b) 2,0%
c) 3,0%
d) 4,0%
e) 5,0%

78. **(CESGRANRIO–2021–CEF–TÉCNICO BANCÁRIO)** Seis candidatos, aprovados para a penúltima etapa de um processo seletivo, foram submetidos a um teste de conhecimentos gerais com 10 itens do tipo "verdadeiro/falso". Os dois primeiros candidatos acertaram 8 itens cada, o terceiro acertou 9, o quarto acertou 7, e os dois últimos, 5 cada. Pelas regras do concurso, passariam, para a etapa final da seleção, os candidatos cujo número de acertos fosse maior ou igual à mediana do número de acertos dos seis participantes.

Quantos candidatos passaram para a etapa final?

a) 2
b) 3
c) 4
d) 5
e) 6

79. **(CESGRANRIO – 2021 – CEF – TÉCNICO BANCÁRIO)** Recentemente, a Organização Mundial da Saúde (OMS) mudou suas diretrizes sobre atividades físicas, passando a recomendar que adultos façam atividade física moderada de 150 a 300 minutos por semana. Seguindo as recomendações da OMS, um motorista decidiu exercitar-se mais e, durante os sete dias da última semana, exercitou-se, ao todo, 285 minutos.

Quantos minutos diários, em média, o motorista dedicou a atividades físicas na última semana?

a) Mais de 46 min
b) Entre 44 e 46 min
c) Entre 42 e 44 min
d) Entre 40 e 42 min
e) Menos de 40 min

80. **(CESGRANRIO – 2021 – CEF – TÉCNICO BANCÁRIO)** Um analista de investimentos acredita que o preço das ações de uma empresa seja afetado pela condição de fluxo de crédito na economia de um certo país. Ele estima que o fluxo de crédito na economia desse país aumente, com probabilidade de 20%. Ele estima também que o preço das ações da empresa suba, com probabilidade de 90%, dentro de um cenário de aumento de fluxo de crédito, e suba, com probabilidade de 40%, sob o cenário contrário.

Uma vez que o preço das ações da empresa subiu, qual é a probabilidade de que o fluxo de crédito da economia tenha também aumentado?

a) $\dfrac{1}{2}$
b) $\dfrac{1}{5}$
c) $\dfrac{2}{9}$
d) $\dfrac{9}{25}$
e) $\dfrac{9}{50}$

81. **(CESGRANRIO – 2021 – CEF – TÉCNICO BANCÁRIO)** Por estudos estatísticos, estima-se que um cliente de um certo banco tem 75% de probabilidade de ir para atendimento de caixa eletrônico, e 25% de ir para um atendimento personalizado.

Em uma amostra de quatro clientes entrando no banco, qual é a probabilidade de que a maioria deles se dirija ao atendimento personalizado?

a) $\dfrac{1}{64}$

b) $\dfrac{5}{256}$

c) $\dfrac{3}{64}$

d) $\dfrac{13}{256}$

e) $\dfrac{27}{64}$

82. (CESGRANRIO – 2021 – CEF – TÉCNICO BANCÁRIO) Arquivos digitais de uso em computadores são produtos comuns no dia a dia das organizações. Eles podem conter relatórios, planilhas ou quaisquer outros elementos que viabilizem, de alguma forma, a execução dos processos de negócio. O acesso aos arquivos de um sistema pode ser realizado de diferentes formas.

Qual o método de acesso a registros de um arquivo, que demanda a especificação de uma chave?

a) Exclusão mútua
b) Não estruturado
c) Reentrância
d) Indexado
e) Sequencial

83. (CESGRANRIO – 2021 – CEF – TÉCNICO BANCÁRIO) A computação distribuída permite que as máquinas integrantes de uma rede, que utilizam esse modelo computacional, executem o seu próprio processamento. Esse cenário permite que as organizações se beneficiem da integração de serviços, por meio da interconexão oferecida pelas redes de computadores, otimizando recursos e maximizando o poder de seu parque computacional.

Nesse cenário, o modelo de redes ponto a ponto se caracteriza por

a) agrupar um conjunto de computadores, localizados em ambientes físicos distintos, para processar grandes volumes de dados.
b) existir um servidor frontal (front-end) que se comunica com outro servidor traseiro (back-end), este responsável pelos dados do processamento.
c) inexistir a figura de um servidor dedicado, já que qualquer equipamento pode desempenhar a função de servidor de um determinado serviço.
d) interligar um conjunto de computadores, de forma que pareça um supercomputador com considerável poder computacional.
e) oferecer um modelo em que existe a figura de um equipamento servidor, responsável por atender às requisições de equipamentos clientes.

84. (CESGRANRIO – 2021 – CEF – TÉCNICO BANCÁRIO) Equipes do Microsoft Teams reúnem pessoas com o objetivo de facilitar a colaboração entre seus membros. Todo conteúdo público de um canal é visível aos membros da equipe, o que, em uma organização, pode não ser conveniente. Por vezes, é necessário que um subconjunto do grupo discuta questões confidenciais, sem ter que fazê-lo em uma equipe alternativa.

Qual recurso do Microsoft Teams viabiliza a criação de uma área exclusiva dentro de uma equipe?

a) Caderno
b) Tarefas
c) Insights
d) Canais privados
e) Links para a equipe

85. (CESGRANRIO – 2021 – CEF – TÉCNICO BANCÁRIO) A possibilidade de configuração de conexões, oferecida pelo navegador Firefox, revela-se recurso interessante para organizações que necessitam, por exemplo, acessar um servidor de proxy que disponibiliza um serviço específico, não acessível ao público externo.

No menu Configurações, qual a opção na qual a janela de configuração de conexão é acessada?

a) Geral
b) Início
c) Pesquisa
d) Sync
e) Privacidade e Segurança

86. (CESGRANRIO – 2021 – CEF – TÉCNICO BANCÁRIO) O compartilhamento de experiências de uma equipe de vendas pode ser uma interessante abordagem do departamento comercial de uma empresa. Para isso, uma solução é utilizar um sistema de páginas modificáveis por qualquer pessoa da equipe, em um formato que permita a edição, no formato de código de páginas (como HTML, por exemplo) ou em um que seja intuitivo, como um editor de textos padrão. Outra importante funcionalidade é a manutenção do histórico de versões.

Como são designados os ambientes que implementam as funcionalidades descritas?

a) Correio eletrônico
b) Podcasts
c) Telnet
d) Vídeo blogs (VLOGS)
e) Wikis

87. (CESGRANRIO – 2021 – CEF – TÉCNICO BANCÁRIO) As resoluções assumidas por um gestor dependem, fundamentalmente, da consolidação de dados e informações que sustentam o processo de tomada de decisão.

Assim sendo, ferramentas que têm por objetivo organizar e apresentar dados e informações relevantes ao processo de tomada de decisão são denominadas

a) codecs
b) dashboards
c) hardening
d) weblogs
e) LMS (Learning Management Systems)

88. (CESGRANRIO – 2021 – CEF – TÉCNICO BANCÁRIO) O aplicativo de correio eletrônico pode ser configurado para enviar mensagens e acessar as caixas de mensagens que estão no servidor de correio.

Um dos protocolos de comunicação mais utilizados para acessar as mensagens da caixa de entrada é o

a) SMTP
b) IMAP
c) SMB
d) SSH
e) RDP

89. (CESGRANRIO – 2021 – CEF – TÉCNICO BANCÁRIO) A assinatura digital é um controle de segurança que permite a verificação da integridade e da autenticidade do documento digital. Sabe-se que o certificado digital do signatário (CertSignatário) foi emitido pela Autoridade Certificadora 1 (AC1); o certificado da AC1 (CertAC1) foi emitido pela Autoridade Certificadora Raiz (ACZ); e que o certificado da ACZ (CertACZ) é autoassinado.

Para validarmos a assinatura digital do signatário de um documento digital, nessa infraestrutura de chaves públicas em cadeia, é necessário:
a) apenas o CertSignatário
b) apenas o CertAC1
c) apenas o CertACZ
d) apenas o CertSignatário e o CertACZ
e) todos os certificados da cadeia (CertSignatário, CertAC1 e CertACZ)

90. (CESGRANRIO – 2021 – CEF – TÉCNICO BANCÁRIO) O Microsoft Edge pode sincronizar o histórico, os favoritos, as senhas e outros dados do navegador de um usuário em todos os dispositivos conectados. Para ativar a sincronização, deve-se selecionar a opção Sincronizar, pressionar o botão Ativar sincronização, selecionar os itens que devem ser sincronizados e pressionar o botão Confirmar.

A opção Sincronizar é uma das subopções da opção de configuração de
a) Perfis
b) Sistema
c) Proteção para a família
d) Cookies e permissões de site
e) Privacidade, pesquisa e serviços

91. (CESGRANRIO – 2021 – CEF – TÉCNICO BANCÁRIO) Um supervisor de equipe precisa redigir um memorando para envio à chefia imediata. Ele precisa da colaboração dos seus subordinados na edição deste texto. Todavia, o supervisor quer ter acesso ao histórico de alterações (quem alterou o quê), a fim de que possa julgar quais sugestões ele aceita ou não.

Qual recurso do MS Word 365, versão português, oferece essa possibilidade?
a) Correspondências
b) Layout
c) Pesquisar
d) Revisão
e) Suplementos

92. (CESGRANRIO – 2018 – BASA – TÉCNICO BANCÁRIO) De acordo com o Código de Defesa do Consumidor Lei nº 8.078/1990, o fornecedor de produtos e serviços que, posteriormente à sua introdução no mercado de consumo, tiver conhecimento da periculosidade que estes apresentem deverá comunicar o fato imediatamente às autoridades competentes e aos consumidores.

Essa comunicação deve ser feita por meio de
a) carta simples
b) correspondência registrada
c) telegrama
d) editais de convocação
e) anúncios publicitários

93. (CESGRANRIO – 2018 – BASA – TÉCNICO BANCÁRIO) Se um usuário tem duas pastas em uma mesma partição de um disco rígido de um computador rodando o Windows 10 em português, o que acontece se esse usuário, utilizando o botão esquerdo do mouse, arrasta uma pasta sobre a outra?
a) Aparece uma mensagem perguntando se o usuário quer mover a pasta e todo o seu conteúdo ou somente o conteúdo da pasta.
b) A pasta arrastada e o seu conteúdo são copiados para a outra pasta.
c) A pasta arrastada e todo o seu conteúdo são movidos para a outra pasta e deixam de existir na localização original.
d) O conteúdo da pasta arrastada é movido para a outra pasta, mas a pasta de origem, agora vazia, continua a existir na localização original.
e) O usuário recebe uma mensagem de erro advertindo-o de que pastas não podem ser aninhadas.

94. (CESGRANRIO – 2018 – BASA – TÉCNICO BANCÁRIO) Considere a Figura a seguir.

A pequena seta no canto inferior esquerdo da imagem indica que
a) o arquivo foi modificado, mas não foi salvo.
b) o arquivo tem atributos de somente leitura.
c) o arquivo foi apagado.
d) existe um backup do arquivo na nuvem.
e) este é um atalho para o arquivo.

95. (CESGRANRIO – 2018 – BASA – TÉCNICO BANCÁRIO) A imagem abaixo foi extraída da barra de ferramentas do LibreOffice:

Essa ferramenta é utilizada para
a) apagar parte da figura.
b) apagar parte do texto.
c) pintar uma área de texto.
d) pintar uma área de figura.
e) copiar a formatação.

96. (CESGRANRIO – 2018 – BASA – TÉCNICO BANCÁRIO) O protocolo que permite a navegação na internet segura através de criptografia de informações é o
a) HTTPS
b) HTTP
c) HTML
d) XHTML
e) XML

97. (CESGRANRIO – 2018 – BASA – TÉCNICO BANCÁRIO) Está sintaticamente correto o seguinte endereço de e-mail:
a) vendas?Consultas.example.com.@.br
b) vendas@consultas.example.com.br
c) @vendas@consultas@example.com.br
d) vendas.consultas.example.com.br
e) vendas@online@consultas.example.com.br

98. (CESGRANRIO – 2018 – BASA – TÉCNICO BANCÁRIO) No conjunto dos números reais, considere as seguintes duas inequações:

Inequação 1: $5x - 7 > x^2 - x + 1$

Inequação 2: $x + 6 > -x + 10$

Um número real x, que é solução da inequação 2, também será solução da inequação 1, se, e somente se, for solução da inequação:

a) $-x < -4$
b) $4x - 16 < 0$
c) $x^2 - 16 > 0$
d) $x + 1 > x + 9$
e) $\dfrac{1}{x} < \dfrac{1}{4}$

99. (CESGRANRIO – 2018 – BASA – TÉCNICO BANCÁRIO) Sabe-se que 30% dos clientes de um banco são do sexo masculino e os 70% restantes são do sexo feminino. Entre os clientes do sexo masculino, a média do tempo de vínculo com o banco é igual a 4 anos e, entre os clientes do sexo feminino, é igual a 6 anos. Considerando-se todos os clientes, de ambos os sexos, qual é a média do tempo de vínculo de cada um com o banco?

a) 5 anos
b) 5,3 anos
c) 6 anos
d) 5,4 anos
e) 5,7 anos

100. (CESGRANRIO – 2018 – BASA – TÉCNICO BANCÁRIO) Um valor inicial C_0 foi capitalizado por meio da incidência de juros compostos mensais constantes iguais a 6,09%. Ao final de 6 meses, isto é, após 6 incidências dos juros, gerou-se o montante M.

A partir do valor inicial C_0, seria alcançado o mesmo montante M ao final de 12 meses (12 incidências), se os juros compostos mensais constantes tivessem sido iguais a

a) 1,045%
b) 1,450%
c) 3,045%
d) 3,450%
e) 3,000%

101. (CESGRANRIO – 2018 – BASA – TÉCNICO BANCÁRIO) Considere a sequência numérica cujo termo geral é dado por $a_n = 2^{1-3n}$, para $n \geq 1$. Essa sequência numérica é uma progressão

a) geométrica, cuja razão é $\dfrac{1}{8}$
b) geométrica, cuja razão é -6.
c) geométrica, cuja razão é -3.
d) aritmética, cuja razão é -3.
e) aritmética, cuja razão é $\dfrac{1}{8}$

102. (CESGRANRIO – 2018 – BASA – TÉCNICO BANCÁRIO) O comprimento de um grande fio corresponde à soma dos comprimentos de 24 fios menores. São eles:
- 12 fios, cada um dos quais com comprimento que mede 14,7 cm;
- 4 fios, cada um dos quais com comprimento que mede 0,3765 km;
- 8 fios, cada um dos quais com comprimento que mede 13,125 dam.

Esse grande fio foi dividido em 3 fios de igual comprimento, chamados de unidade modelo. Qual é a medida, em metros, do comprimento de uma unidade modelo?

a) 6385,500
b) 2557,764
c) 852,588
d) 94,302
e) 31,434

103. (CESGRANRIO – 2018 – BASA – TÉCNICO BANCÁRIO) De acordo com as normas explicitadas no Manual de Redação da Presidência da República, um memorando deve conter

a) agradecimento efusivo dirigido ao destinatário da comunicação.
b) linguagem cotidiana permeada por termos do jargão burocrático.
c) nome, cargo e endereço do destinatário da comunicação oficial.
d) pronome de tratamento combinado a verbo na segunda pessoa do singular.
e) tipo e número do expediente, seguido da sigla do órgão que o está expedindo.

1 GABARITOS

01	C	02	D	03	B	04	D	05	E
06	C	07	B	08	E	09	D	10	E
11	A	12	D	13	E	14	D	15	C
16	C	17	A	18	C	19	A	20	B
21	C	22	B	23	D	24	C	25	D
26	C	27	D	28	B	29	B	30	A
31	A	32	C	33	E	34	E	35	B
36	A	37	D	38	E	39	D	40	A
41	C	42	B	43	C	44	A	45	E
46	E	47	D	48	D	49	C	50	E
51	C	52	D	53	D	54	D	55	D
56	D	57	C	58	B	59	B	60	D
61	A	62	B	63	E	64	C	65	A
66	E	67	C	68	C	69	A	70	B
71	D	72	E	73	A	74	A	75	C
76	E	77	B	78	B	79	D	80	D
81	D	82	D	83	C	84	D	85	A
86	E	87	B	88	B	89	E	90	A
91	D	92	E	93	C	94	E	95	E
96	A	97	B	98	B	99	D	100	E
101	A	102	C	103	E				

Impresso por:

META
www.metabrasil.com.br